# JOHNNY

R. S. Rose e Gordon D. Scott

# JOHNNY

## A vida do espião que delatou a rebelião comunista de 1935

Tradução de
Bruno Casotti

EDITORA RECORD
RIO DE JANEIRO • SÃO PAULO
2010

Título estrangeiro
*Johnny: a spy's life*

Capa: Gabinete de Artes/Axel Sande

CIP-BRASIL. CATALOGAÇÃO-NA-FONTE
SINDICATO NACIONAL DOS EDITORES DE LIVROS, RJ

R718j Rose, R. S.
Johnny: a vida do espião que delatou a rebelião comunista de 1935 / R. S. Rose e Gordon D. Scott; [tradução Bruno Casotti]. – Rio de Janeiro: Record, 2010.

Tradução de: *Johnny: a spy's life*
Inclui bibliografia e índice
ISBN 978-85-01-08253-4

1. Graaf, Johnny de. 2. Espiões – Biografia. 3. Espionagem. 4. Serviço de inteligência. I. Scott, Gordon D. II. Título.

09-0523 CDD: 929.932712
CDU: 929:341.326



Este livro foi revisado segundo o novo Acordo Ortográfico da Língua Portuguesa.

Direitos exclusivos desta tradução reservados pela
EDITORA RECORD LTDA.
Rua Argentina, 171 – Rio de Janeiro, RJ – 20921-380 – Tel.: 2585-2000

Impresso no Brasil
2010

ISBN: 978-85-01-08253-4

*Em memória de Violet Lilly Scott*

Os autores são gratos pela permissão para usar partes dos seguintes trabalhos de R. S. Rose: "Johnny's Two Trips to Brazil", *Luso-Brazilian Review*, vol. XXXVIII, nº 1, verão de 2001; e *Uma das coisas esquecidas: Getúlio Vargas e controle social no Brasil, 1930-1954*, São Paulo: Companhia das Letras, 2001.

# Sumário

# Agradecimentos

De início, R. S. Rose deseja manifestar uma palavra de gratidão a Knut Sveri em Estocolmo: *fordi du ga meg ønske*. Em segundo lugar — embora mereçam justificadamente o primeiro — estão Ernst Krüger; sua mulher, Waltraud; e também Oskar e Leni de Graaf, além de seu filho Johann de Graaf III. Sem a ajuda deles, esta biografia parcial nunca teria sido escrita.

Originalmente, foi o fato de Rodolph de Graaf aprovar o interesse cada vez maior de R. S. Rose por seu primo que ajudou o lado dele. Rodolph deu a permissão da família para o acesso a documentos reservados da polícia política do Rio de Janeiro. Sem William Waack em Berlim, e mais tarde no Rio, o caminho para esses documentos e aqueles que estavam na Alemanha e na Rússia teria sido muito mais demorado. Nesse sentido, Yuri Ribeiro foi incansável e uma pessoa realmente generosa. John W. F. Dulles, em Austin, e Wilhelm Mensing, em Bonn, foram de tanta ajuda que R. S. Rose nunca conseguirá expressar totalmente sua gratidão. Depois de saber que os De Graaf haviam conseguido voltar para Londres em 1940, uma multidão de canadenses se manifestou, sendo o mais importante deles Gordon Scott.

Durante sua juventude em Montreal, Scott conheceu Johnny e Gerti. Ele se lembra, quando era um menino de oito anos, deles voltando tarde da noite para sua casa, onde ficariam por pouco tempo. Johnny ia na ponta dos pés até a cabeceira de sua cama e depositava uma moeda ou duas num cofrinho de madeira que havia lhe dado. Gerti se inclinava e beijava sua testa. Mais tarde, Johnny, Gerti e os pais de Scott visitariam as casas uns dos outros frequentemente para conversar, comer e jogar bridge. Nenhum dos filhos tinha, porém, permissão para visitar a casa de Johnny e Gerti, sob o pretexto de que trabalhavam à noite e dormiam durante o dia. A verdade foi revelada mais ou menos um ano depois, quando souberam sobre a ocupação especial de Johnny e sobre o hóspede vigiado que residia no porão. Scott prometeu então que algum dia escreveria a história da vida de Johnny.

Este projeto contou também com um grupo maior de pessoas de todo o mundo, que ajudaram de tempos em tempos. Além dos canadenses, houve alemães, americanos, argentinos, austríacos, bielorrussos, brasileiros, dinamarqueses, franceses, húngaros, ingleses, noruegueses, poloneses, romenos, russos, suecos e ucranianos, todos oferecendo seus conhecimentos para ajudar a compreender o homem que estava por trás dos rumores sobre Johnny de Graaf. Portanto, obrigado a Valtair Almeida, Кирилл Михайлович Андерсон, Stefan Antheck, Jack e Audrey Armitage, Candy Ashbridge, Nilo Batista, Dean Beeby, Gus Begalki, Gilles Bengle, Lars-Erik Björlin, Cecil Borer, Shirley Brawn, Roger Chartrand, Andy e Leona Chatwood, Stanley Clark, Blake Clarke, Ligia Cruz, Андрей Доронин, Marcel Douek, Edward Duffy, Peter Erler, Sándor e Angela Fegyverneky, Bill Flores, Paulo Apulcro de Fonseca, Peter Gabrielsson, Arch Getty, Yelena Gogolieyn, Frances Grandbois, J. Barry Gurdin, Norm e Odette Harder, Gusztáv Harsányi, Gusztáv Harsányi Jr., Joe Hartman, Stanley Hilton, Kurt Jacobsen, Andrzej Kawczynski, E. Kefalidis, Endre Kovács, Tadeusz Krawczak, Joachim Krüger, Lieselotte Krüger, Leslie Laczko, Alan Lecomte, Luiz Cláudio e Cecília Marigo, Jack McClelland, Lícia Medeiros, Eliana Furtado de Mendonça, Myriam Mensing, Lisa Meranger, Joseph Naszady, Bogdan Oźlański, Waldecy Catharina Magalhães Pedreira, Elina Pessanha, Neil Pollock, Jorge Posse, Pedro Posse, Vera Queiroz, Gerhard Schrempp, Eleanor Scott, Ron Scott, Violet Scott, Michael Smith, Joanne Stanbridge, N. Leslie Sterritt, Ron Stewart, Don Swayne, Anja Teymourian, Andrew Thorpe, Vladimir Tismaneanu, Jim Warren, Selena Williams, Nancy Winder, Artur Wiśniewski, Ingrid Woods, Mirosław Worona, Glenn Wright e Wilmont Young. Ned Root foi a ponte que reuniu os dois autores.

Um agradecimento especial vai para Donna Scott, pelo permanente apoio e incentivo ao marido, Gordon, ao longo dos anos. Da mesma forma, R. S. Rose é profundamente grato a sua mãe, Juanita Vertresse Rose, por lhe emprestar dinheiro suficiente para que fosse ao Canadá antes de ela morrer. Ela foi uma das poucas pessoas que acreditaram no que ele estava fazendo em 1995, quando veio do Brasil para a Califórnia sem um tostão, mas sonhando em encontrar Gerti viva em Montreal.

# Abreviações

| | |
|---|---|
| AHI | Arquivo Histórico do Itamarati. |
| AHPBA | Archivo Histórico de la Provincia de Buenos Aires (Arquivo Histórico da Província de Buenos Aires), La Plata. |
| ANL | Aliança Nacional Libertadora. |
| APERJ | Arquivo Público do Estado do Rio de Janeiro. |
| BAN | Arquivo Nacional, Brasil. |
| BStU | Bundesbeauftragte für die Unterlagen des Staatssicherheitsdienstes der ehemaligen Deutschen Demokratischen Republik (Comissário Federal para os Registros do Serviço de Segurança do Estado da Antiga República Democrática Alemã). |
| CCP | 中国共产党 (Partido Comunista da China) |
| CIA | Central Intelligence Agency (Agência Central de Inteligência – EUA). |
| CIC | Citizenship and Immigration Canada (Cidadania e Imigração Canadá). |
| CNA | Canada, National Archives (Arquivo Nacional, Canadá). |
| Comintern | Internacional Comunista – O Comintern existiu de 1919 a 1943 com o objetivo exclusivo de exportar re- |

voluções ao estilo soviético para outros países. A China e o Brasil foram dois dos principais alvos.

CPC — Communist Party of Canada (Partido Comunista do Canadá).

CPGB — Communist Party of Great Britain (Partido Comunista da Grã-Bretanha).

CSIS — Canadian Security Intelligence Service (Serviço de Inteligência e Segurança Canadense).

DESPS — Delegacia Especial de Segurança Política e Social – A polícia política brasileira no Rio de Janeiro e em outras cidades de 10 de janeiro de 1933 a 28 de março de 1944.

Divisão "C" — Royal Canadian Mounted Police, Quebec Branch (Polícia Montada Real Canadense, Braço Quebec).

Divisão "O" — Royal Canadian Mounted Police, Ontario Branch (Polícia Montada Real Canadense, Braço Ontário).

FBI — Federal Bureau of Investigation (Escritório Federal de Investigação – EUA).

GBF — Bundesarchiv Freiburg (Arquivo Federal de Freiburg – Alemanha).

GHD — Hauptstaatsarchiv Düsseldorf (Principal Arquivo Estatal de Düsseldorf – Alemanha).

GSA — Stadt Ahlen (Cidade de Ahlen – Alemanha).

GSH — Staatsarchiv Hamburg (Arquivo Estatal de Hamburgo – Alemanha).

ИККИ (IKKI) — Исполнительный комитет коммунистического интернац (Comitê Executivo da Internacional Comunista).

KPD — Kommunistische Partei Deutschlands (Partido Comunista da Alemanha).

M4 — Inteligência do Exército soviético.

MI5 — Military Intelligence 5 (Inteligência Militar 5 – Grã-Bretanha). Áreas de operação de 1930 a 1940: inteligência externa e contraespionagem. Em 1931, foi reba-

| | |
|---|---|
| | tizado de Serviço de Segurança, mas a sigla "MI5", ou simplesmente "5", ainda é usada. |
| MI6 | Military Intelligence 6 (Inteligência Militar 6 – Grã-Bretanha). Áreas de operação de 1930 a 1940: inteligência interna e contraespionagem. O nome correto é Secret Intelligence Service (Serviço Secreto de Inteligência), mas a sigla "MI6", ou simplesmente "6", ainda é usada. |
| НКВД (NKVD) | Народный коммиссариат внутренних дел (A Polícia secreta soviética de 1934 a 1946). |
| ОГПУ (OGPU) | Объединенное государственное политическое управле (A Polícia secreta soviética de 1923 a 1934). |
| OMC (OMS) | Отдел международных связей (Departamento de Contatos Internacionais – também traduzido como Departamento de Conexões Internacionais). O setor do Comintern responsável por ligações com partidos comunistas fora da União Soviética. Mais tarde, foi rebatizado de Departamento de Comunicação. |
| PCA | Partido Comunista de la Argentina (Partido Comunista da Argentina). |
| PCB | Partido Comunista Brasileiro. |
| PCR | Partidul Comunist Român (Partido Comunista Romeno). |
| QPP | Quebec Provincial Police (Polícia da Província de Quebec – Canadá). |
| RA | Revolutionärer Ausschuß (Comitê Revolucionário). |
| RCMP | Royal Canadian Mounted Police (Polícia Montada Real Canadense). |
| RFB | Roter Frontkämpferbund (Organização Combatente Frente Vermelha). |
| РГАСПИ | Российский государственный архив социально-политической истории (Arquivo Estatal Russo de História Sociopolítica). |

| | |
|---|---|
| SA | Sturmabteilung (Divisão Tempestade), os "camisas marrons" – milícia nazista. |
| SIS | Secret Intelligence Service (Serviço Secreto de Inteligência – veja MI6). |
| SPD | Sozialdemokratische Partei Deutschlands (Partido Social-democrata Alemão). |
| UKCC | United Kingdom, The Control Commission for Germany (Comissão de Controle para a Alemanha, Reino Unido). |
| UKFCO | United Kingdom, Foreign and Commonwealth Office (O Departamento de Relações Exteriores do Reino Unido). |
| UKNA | United Kingdom, National Archives (Arquivo Nacional do Reino Unido). |
| USDS | United States, Department of State (O Departamento de Relações Exteriores dos EUA). |
| USNA | United States, National Archives (Arquivo Nacional dos EUA). |
| USPD | Unabhängige Sozialdemokratische Partei Deutschlands (Partido Social-democrata Alemão Independente). |
| ВКП(б)(VKP[b]) | Всесоюзная коммунистическая партия (большевиков) (Partido Comunista Soviético [Bolcheviques]). O Partido Comunista da URSS de 1925 a 1952. |
| ZK | Zentral Komitee (Comitê Central do KPD). |

# Nota explicativa

Todas as citações entre aspas e sem referência em nota final são comentários de Johnny de Graaf ou de alguém que ele está mencionando. A maioria dessas observações foi registrada por Gordon Scott e transcrita mais tarde. Nos casos em que as observações de Johnny foram registradas de outra maneira, receberam um número de nota final que identifica a fonte. Johnny não deixou diário. Fazer isso poderia significar uma sentença de morte se as páginas caíssem em mãos erradas. Todas as citações e outros itens mencionados por Johnny foram corroborados quando possível. Apenas um número limitado de exemplos divergiu de fontes secundárias, e cada um deles é mencionado em uma nota final correspondente. As outras notas finais estão relacionadas especificamente a uma palavra quando estão junto a ela em uma frase; ou a um parágrafo, quando estão no fim deste. Elas *não* estão relacionadas a todas as informações que estão entre dois números de notas finais.

Em 1940, em uma tentativa de dar alguma proteção a Johnny, os ingleses sugeriram, e ele concordou, em mudar o nome De Graaf para De Graff. Essa mudança é adotada em parte do capítulo 16 — a partir do ponto em que é decidida — e em todos os capítulos posteriores.

Além disso, o material divulgado pelo Escritório Federal de Investigação dos Estados Unidos, retirado da entrevista de 101 páginas feita pelo

FBI com Johnny em 1952, em Montreal, teve muitos nomes censurados por funcionários do Departamento de Justiça norte-americano. Uma cópia desse documento fundamental foi dada à Polícia Montada Real Canadense — provavelmente como uma das condições para que a entrevista fosse concedida — e gentilmente liberada aos autores pelo Serviço de Inteligência de Segurança Canadense, sem qualquer alteração nas palavras. Aqui, o relato do FBI será uma versão padrão, exceto nas situações em que o nome censurado é revelado na cópia da RCMP e usado no texto. *Thank you, Canada! Merci, Canada!*

# Introdução

A história que você está prestes a ler é incrível. É a aventura de um homem considerado um herói por alguns e um adversário por outros. Certamente, no papel de herói, não foi de modo algum o protagonista ideal. Estava longe de ser perfeito. Evitava os judeus, podia ser vingativo e provavelmente assassinou uma de suas mulheres. Também era teimoso e muita vezes inflexível. Esses defeitos poderiam muito bem justificar nossa atenção de homens inferiores. No caso de Johnny de Graaf, porém, o que fez pelo governo de Sua Majestade, e mais tarde pelos Aliados, supera as falhas e justifica contar sua história.

Diferentemente de muitas biografias, *Johnny* é em grande parte uma história extraída das palavras do próprio personagem. Elas refletem suas opiniões e seus preconceitos, que não são necessariamente os dos autores, especialmente no que se refere ao capítulo 12. O projeto começou com uma série de entrevistas feitas por Gordon Scott iniciadas em fevereiro de 1975. Quase instantaneamente, o telefone de sua casa foi grampeado por desconhecidos. Durante um ano, viajou de Ottawa para Brockville, em Ontário, no Canadá, hospedando-se no hotel turístico de Johnny, Horningtoft, e gravando conversas com o conhecido de longa data. Quando concluiu as entrevistas, em 31 de janeiro de 1976, havia uma pequena montanha de fitas. À medida que fazia as entrevistas, Scott as transcrevia a mão completamente, para depois datilografá-las ao voltar para Ottawa ou quando tinha tempo. Dessa maneira, criou um manuscrito do trabalho. Mais tarde, as fitas foram jogadas fora, mas a versão datilografada e parte da versão escrita a mão sobreviveram. Neste livro, podem ser identificados vários dos problemas que levaram à destruição do manuscrito. Na época das entrevistas, Johnny tinha pouco mais de 80 anos e aos poucos se tornava senil, esquecendo nomes ou propositalmente alterando-os para esconder ou enaltecer fatos desconhecidos. Também falava em inglês com um forte sotaque alemão, o que não ajudou. Scott não fala alemão. Houve, portanto, erros na pesquisa à medida que Scott escutava e escrevia o que estava sendo falado na fitas, como, por exemplo, no caso de Arthur Ewert, citado originalmente como Avid Eban. Em outras situações, Johnny deixou de fora detalhes inteiros, como a morte de Helena Krüger em Buenos Aires.

R. S. Rose iniciou a investigação sobre Johnny depois de se tornar o primeiro acadêmico a ter permissão para examinar demoradamente os arquivos da polícia política brasileira no Rio de Janeiro, em 1991. Posteriormente, durante 14 anos, em 13 países, usou a experiência no estudo, ou seja, o conhecimento sobre livros, onde encontrar fatos e como confirmar declarações. Também procurou e entrevistou demoradamente os parentes de Johnny que restavam na Alemanha, bem como a família Krüger, no Brasil.

Johnny trabalhou durante anos para o MI6, da Grã-Bretanha. Os britânicos e argentinos foram os únicos atores importantes que se recusaram a responder a todas as perguntas — exceto duas pelos ingleses — feitas para a obtenção de informações sobre ele. Mesmo com permissão da família de Johnny, os teimosos e poderosos ingleses permaneceram firmes em sua recusa a deixar que fosse contada a verdade sobre um de seus agentes cruciais durante o período imediatamente anterior à Segunda Guerra Mundial e enquanto a guerra durou. Alegaram que a revelação dessas informações colocaria em risco sua capacidade de fazer trabalhos de inteligência contemporâneos e a segurança nacional. Os argentinos se negaram a fornecer qualquer coisa, exceto o atestado de morte de Helena Krüger. Mesmo com a ajuda da embaixada americana, burocratas do governo em Buenos Aires se recusaram a revelar o que têm em seus arquivos a partir de 1936 sobre Francisco Grube (pseudônimo de Johnny lá). Como essas duas fontes de informação se retraíram, esta biografia detalhada é na realidade incompleta.

Recusando-se a desistir, Rose obteve informações em arquivos e serviços de inteligência dos governos americano, brasileiro, canadense, alemão e russo. Conversou com qualquer um que soubesse alguma coisa sobre o homem, inclusive com canadenses que lidaram com o caso. Uma das concessões do governo britânico, aliás, foi uma peça importante do quebra-cabeça. Até receber em 1994 uma carta de M. T. Murray, do Departamento de Relações Exteriores do Reino Unido[1], Rose acreditava que Johnny e Gerti haviam morrido no mar, em 1940, quando seguiam para a Inglaterra, sendo ironicamente torpedeados por um submarino alemão. A carta de Murray e arquivos de jornais confirmaram que não foi isso o que aconteceu. Os ingleses forneceram apenas mais um grupo de documentos. Nos Arquivos Nacionais, nos arredores de Londres, Rose descobriu uma pasta sobre Johnny secreta o suficiente para poder ser vista pelo público apenas a partir de 1º de janeiro de 2047. O material cobre o período da vida de Johnny de 1940 a 1946. Depois de dois anos de batalha pela suspensão da proibição, 14 páginas foram liberadas. Continham poucas novidades.

# 1

# Wilhelmshaven

Perto do mar, muitas coisas se movimentam. Há algo quase magnético nessa beleza mutante, em seu poder. Há igualmente algo que nos atrai à saga de um homem que fez muita coisa, mas nunca foi apanhado ou descoberto. Até ele ficou impressionado, anos depois, por ter escapado de tudo.[1] A viagem de Johann Heinrich Amadeus de Graaf começou onde o rio Weser deságua, no mar do Norte e, por fim, no oceano Atlântico. O lugar era Nordenham, na Alemanha, em 11 de maio de 1894.[2]

No fim do século XIX, Nordenham era uma cidade pacata, a uma distância curta, de barca, de Bremerhaven, um dos principais portos da Alemanha. A linhagem De Graaf chegara gerações antes, através da fronteira com a Holanda. Johnny,[3] como foi chamado durante toda a vida, era o mais velho de sete filhos. Depois dele vieram Sophie, Willy, Oscar, Waldemar, Paula e Walter, de 3 de maio de 1908.[4]

De estatura média e olhos azuis brilhantes, Johann Wilhelm Ludwig de Graaf era um pouco mais baixo do que a futura mulher. Conhecido pelo segundo nome, Wilhelm de vez em quando usava um pincenê com armação de ouro, que estava sempre perdendo. Era gentil, carinhoso, circunspecto e raramente se zangava. Nascido em 22 de julho de 1868 em Geestemünde ou Geestendorf, ambas hoje parte de Bremerhaven, teve com certeza uma infância muito feliz, porque era muito dedicado aos pais.[5]

Wilhelm vivia para a música, e desde a juventude cercou-se de melodias e composições. Mas a vida era dura para muitos músicos na Alemanha do fim do século XIX. Pianista, Wilhelm vivia dos ganhos de uma apresentação musical até que outra aparecesse. Conheceu Amanda quando se apresentava em um concerto em Bremen, apaixonou-se e se casou em 2 de março de 1892, na mesma cidade.[6] Dominado pela mulher, os sentimentos por ela se intensificariam ao longo dos anos seguintes, cegando-o para a realidade.

Anna Louise Henriette Amanda de Graaf, nascida Schulte e conhecida como Amanda, tinha 23 anos na época em que Johnny nasceu, 1,63 metro e cabelos de um preto intenso. Considerada por muitos atraente, nascera em 30 de agosto de 1871, em uma família de classe média, em Hamm, ao sul de Nordenham, na província de Vestfália. O pai morrera quando ela era jovem e a mãe e a irmã permaneceram em Hamm. Em todos os lugares onde as duas viveram nos anos seguintes, nunca visitaram Amanda, o marido ou os filhos, nem mesmo no Natal.[7]

A carreira de Wilhelm progredia, mas a remuneração não aumentava muito. O padrão de vida da família continuava no nível de subsistência.[8] Wilhelm e a família mudaram-se para Hamburgo em 16 de setembro de 1912. Ele achou que a cidade grande ofereceria mais chances de encontrar ocupações. Num golpe de sorte, conseguiu um trabalho temporário tocando piano na Orquestra Filarmônica de Hamburgo. Mas as coisas não continuariam assim tão bem. Na verdade, viviam se mudando de uma residência de classe operária para outra. Seriam 33 apartamentos e casas entre 11 de novembro de 1912 e 17 de julho de 1918. Quando podia, Wilhelm ajeitava um lugar para praticar piano, o que pode ter provocado a ira de vizinhos menos artísticos e acrescentado um motivo para as mudanças tão frequentes. Mas a principal razão para tantas trocas de endereço — o que só poderia aumentar a instabilidade da família — era a pobreza.[9]

Antes de tentar a vida em Hamburgo, quando Johnny ainda vivia em casa, a família morou em Wilhelmshaven. Entre 1900 e 1912, mudaram-se oito vezes nessa cidade.[10] A vida de músico profissional à procura de trabalho consumia cada vez mais o tempo de Wilhelm. Esteve em Paris, Copenhague, Berlim e em cidades menores durante longos períodos. Cada vez que tinha uma folga e voltava para casa, era uma ocasião alegre, mesmo que fosse apenas um fim de semana ou alguns dias. Embora passasse muito tempo fora, Wilhelm sempre enviava mensagens para a família de um navio, um trem ou um hotel.

Apesar da ausência do marido, Amanda aparentemente não era solitária. Mantinha cada casa onde morava imaculada, os filhos bem alimentados e bem-vestidos e administrava as finanças da família da melhor maneira possível de acordo com as circunstâncias. Quando voltava de viagem, Wilhelm lhe dava seu salário inteiro, e muitas vezes no mesmo dia pedia a ela algum trocado para ir ao barbeiro ou comprar cigarros. Certa vez, deu-lhe 400 marcos, uma boa quantia naqueles tempos.

Como Johnny era o filho mais velho e mais forte, a mãe esperava que fosse o ajudante número um. Cuidando dos irmãos e das irmãs ou fazendo todo o trabalho pesado de homem, as obrigações eram muitas e nunca acabavam. Aos poucos, um peso cada vez maior era posto sobre seus ombros sob ameaças de surra se não conseguisse fazer tudo com perfeição. As duas meninas ajudavam pouco, exceto por Sophie. De vez em quando, oferecia-se para auxiliar o irmão, contrariando a mãe.

Johnny adorava visitar os avós paternos. Antes de sair de casa, porém, Amanda sempre exigia que vestisse a roupa mais surrada. Odiava fazer isso, porque tinha muitas peças boas para usar, mas Amanda era inflexível. Os avós caíam no logro. Mesmo com recursos limitados, compravam para qualquer das crianças que os visitava alguma peça de roupa nova; e depois a abasteciam de comida para levar para casa. O mesmo acontecia quando o marido estava fora e os avós que visitavam a família. Quando eles entravam, seus olhares se fixavam no que achavam que era a pobre família de Wilhelm, quase em trapos, esfomeada e com o armário da cozinha vazio. Sentindo-se mal com o que viam, compravam coisas para as crianças. Quando partiam, Amanda guardava os presentes em um dos numerosos esconderijos. Assegurava-se de que os pequenos atores estavam bem treinados para responder a qualquer pergunta, sob a ameaça habitual: a surra Durante muitos anos, essa mentira esvaziou os bolsos dos sogros. Deve ter chegado um momento em que os avós de Johnny questionaram a interminável mendicância. Por orgulho de família, porém, hesitaram em perguntar ao filho sobre sua situação financeira.

Quando tinha sete anos, Johnny se rebelou e contou à avó sobre a encenação de família pobre. Logo depois, as visitas e os presentes diminuíram, para frustração de Amanda. Ele ainda recebia roupas novas dos avós nas visitas sozinho, mas os presentes ficavam na casa deles. Com essa mudança, cada vez que Johnny voltava para casa com as mesmas roupas surradas era recebido por uma mulher irritada, que batia nele, tentando descobrir por que o poço havia secado. Cheio de dores devido às pancadas que recebia com o que estivesse à mão — cabo de vassoura, pá de lareira, potes e panelas — o jovem Johnny se recusava a admitir que revelara o embuste. Amanda tinha certeza de que havia algo e suspeitava de que ele estivesse por trás. Mas, apesar de todas as ameaças, o filho permaneceu em silêncio. Sophie e Johnny combinaram que não diriam nada ao pai sempre que ele estivesse em casa e a atmosfera familiar, leve e alegre. Queriam poupá-lo da dor e também duvidavam de que acreditaria neles. Wilhelm se refugiava no romantismo, na música, nos sonhos de amor e no prazer. Evitava tudo o que tivesse a ver com a realidade, particularmente a certeza sobre os desvios da mulher.

A escola deve ter se tornado para Johnny uma ilha distante da loucura em casa. Mas o espaço livre e a fonte de estímulo que representava duraram pouco. Em 1900, Whilhelmshaven tinha uma grande base de treinamento do Exército e da Marinha. Johnny e os companheiros de infância passavam grande parte do tempo livre assistindo com entusiasmo ao vaivém de soldados e navios. Às vezes, eram enxotados do porto militar em Kaiserliche Werft,[11] para reaparecer em outro local. Ficavam fascinados com aquele poder armado em exibição e conversavam sobre como os homens eram tratados pelo sistema prussiano de estrita disciplina e rígida arregimentação.

A educação militar era compulsória na escola. Poder-se-ia esperar que Johnny se encaixasse bem nesse currículo devido à curiosidade com que assistia ao treinamento de soldados e marinheiros. Parte do currículo envolvia os habituais treinos e exercícios e havia aulas sobre as gloriosas forças armadas alemãs. Mas Johnny logo aprendeu a odiar esses momentos e passou a ver com desprezo a máquina militar gigante. Para ele, era difícil demais engolir o dogma nacionalista. Em vez disso, como refúgio, começou a ir para a praia de Wilhelmshaven, transferindo o assombro para os grandes navios cargueiros e de passageiros ancorados ou se preparando para navegar para lugares exóticos, em diferentes partes do mundo.

Johnny se sentava sobre os pilares e observava o movimento ou construía pequenas balsas e remava até os navios ancorados em Handelshafen e Neuer Hafen.[12] Durante a juventude, essas áreas portuárias tiveram parte das atividades transferidas para Interim Handelshafen, uma enseada ao largo de Jade Busen. O motivo da mudança foi a construção da ponte Cáiser Guilherme, que cortava Handelshafen e Neuer Hafen no meio. A ponte se tornaria o símbolo da cidade. Mas como Johnny estava interessado no mar, prestava pouca atenção à ponte que surgia. Em vez disso, memorizava os tipos de navios, as bandeiras de países e os membros da Marinha Mercante. As conversas com marinheiros nas docas lhe abriram um panorama de grande aventura e excitação. "Então você quer ir para o mar, pirralho?", observavam, rindo. "É uma vida dura, mas uma vida de homens. Coma bem, cresça forte e talvez um dia, se você quiser, navegará conosco."

Por algum tempo, a mãe de Johnny aliviou a pressão e, depois da escola, ele começou a ir diretamente para casa com mais frequência. As tarefas diárias incluíam levar os irmãos para tomar ar em uma carroça e resolver alguma coisa na rua. Quando terminava, com os dois pfennige (1 pfennig = 1/100 de um marco) que ganhava pelo trabalho, tomava o bonde até as docas. Ela nunca lhe dava as moedas antes de ele terminar completamente as tarefas, apesar de seus apelos repetidos. Johnny não tinha nenhuma outra maneira de ganhar dinheiro, então, ou trabalhava para ela por uns trocados ou caminhava de onde moravam até o porto. Sempre que tinha uma oportunidade, ia até o porto para olhar todos os grandes navios e sonhar. Imaginava-se em uma daquelas embarcações, despedindo-se para sempre de Wilhelmshaven e daquele lar difícil. Prometeu a si mesmo que um dia isso se tornaria realidade.

Havia um incentivo a mais ao interesse cada vez maior de Johnny pelo mar. Vinha da tia Johanna, irmã do pai. Ela se casara com um capitão, Dietrich Gerkins. O casal tinha um filho, Walter, mais ou menos da mesma idade de Johnny. Às vezes, Johnny era convidado para ir à casa dos Gerkins, em Bremerhaven. Quando isso acontecia, se os dois meninos tinham sorte, Dietrich levava o sobrinho e o filho a bordo de seu navio, o *Niobe*. O veleiro de madeira pesava 505 toneladas, tinha quase 65 metros de comprimento e fora construído em 1863, em Glasgow.[13] O capitão Gerkins passeava com os meninos pelo navio de três mastros e pacientemente respondia às perguntas. Era um excelente navegador — tornara-se capitão do *Niobe* quando tinha apenas 24 anos. Ensinava aos garotos tudo sobre as 300 cordas do navio, cada uma com uma função diferente. Deixava-os subir alto no cordame, para aprenderem mais sobre nós, marés, ventos e as diversas velas. Os tios foram muito amáveis com Johnny durante esse período e o encheram de carinho. Johnny desejava o mar, as ondas, o ar salgado e um convés balançando sob os pés — e os tios sabiam disso. Ao mesmo tempo, a vida em casa se tornava mais desagradável do que nunca.

Em uma certa tarde de sábado, quando o marido estava fora, a mãe de Johnny lhe deu alguns pfennige e o mandou ir até o porto nadar. Ela nunca lhe oferecera dinheiro sem querer algo em troca. O sorriso de Amanda e a insistência o deixaram cismado. E havia acontecido outra coisa estranha na semana anterior. Ela o mandara levar um anúncio à redação do jornal. Como soube anos depois, o anúncio dizia: "Quem emprestar 100 marcos a uma jovem mulher será recompensado." Finalmente tudo faria sentido e apenas aumentaria seu interminável questionamento de autoridade.

Johnny aceitou o dinheiro para ir nadar e se despediu da mãe. "Passe a tarde fora e aproveite", gritou ela enquanto o filho caminhava pela calçada. Ele seguiu calmamente pela rua. Quinze minutos de passeio vagaroso haviam se passado quando ele se virou e voltou ainda sem pressa.

Ao entrar no quintal, vindo pela rua de trás de casa, Johnny foi diretamente para uma pequena varanda acima da entrada da cozinha. Pulou e sentou-se na cerca antes de subir em uma coluna até a sacada. Cruzando a varanda, conseguiu alcançar a calha na beira do telhado. Lentamente, moveu-se, mão após mão, segurando a fina tira de metal até alcançar a outra varanda, diante do quarto dos pais. Foi uma daquelas tolices da juventude. Se não tivesse conseguido se segurar, teria caído de uma altura de três andares e quebrado vários ossos, ou até morrido.

Assim que seus pés tocaram o corrimão da varanda, ele desceu para o chão firme, sem fazer barulho. Abraçando a parede ao lado das amplas portas de vidro, e escondido pelas cortinas do lado de dentro, olhou, nervoso. Lá estava a mãe, completamente nua na cama, deitada de costas, enquanto sobre ela se mexia um estranho sorridente, completamente nu, que empurrava o corpo para a frente e para trás entre as pernas da mulher. Chocado, Johnny recuou, o rosto vermelho, o corpo tremendo de raiva. De alguma maneira, ele conseguiu atravessar o telhado, segurando em tudo o que via, até descer ao chão. Então, correu pelo gramado e se enfiou no meio de um grupo de árvores, tão denso que mal conseguia enxergar dentro ou fora.

Com o rosto quase enterrado na terra úmida, chorou baixinho, profundamente sentido, e bateu os punhos repetidamente na terra. Por quanto tempo se debateu nesse pesadelo não saberia dizer, mas o sol estava se pondo quando se recompôs e voltou para casa.

"Você está atrasado!", gritou a mãe. "E olhe suas roupas! Suba e se lave[14] antes de descer para jantar!" Johnny não disse nada; o rosto dela era uma mancha e aquelas palavras não faziam sentido enquanto ele corria até o segundo andar para sumir da frente dela. Durante o jantar, Amanda ficou achando que o filho parecia doente. Estava mal-humorado e quieto. As perguntas que fez, sondando-o, não tiveram respostas, cessaram tão rapidamente quanto haviam começado e culminaram em olhares exasperados. Depois que a louça foi lavada, ele foi para o quarto e trancou a porta. Mais uma vez refletiu sobre a descoberta. Tentou não pensar no pai e, quando o fez, sentiu um nó na garganta. Naquela noite, ficou se virando na cama e dormiu pouco, até finalmente elaborar um plano.

Na manhã seguinte, foi cedo para a escola e no caminho parou em um posto de telégrafo. Sophie havia lhe emprestado algum dinheiro sem que ele explicasse para quê, e ele mandou um telegrama para o hotel onde o pai estava, em Berlim. "Urgente, venha para casa imediatamente, Johnny." Em silêncio, rezou para que a orquestra não tivesse ido para outra cidade.

Dois dias depois, Wilhelm chegou, para surpresa da mulher. Rapidamente, chamou Johnny para ouvir uma explicação em particular. Os joelhos de Johnny tremiam, e sua voz também, quando contou o que havia testemunhado, sabendo muito bem que ao fazer isso estava ferindo o coração do pai. A expressão de Wilhelm tornou-se vazia. Durante alguns minutos, permaneceu em silêncio. Agradecendo ao filho, entrou em casa a passos largos. A calma deve ter dado lugar à raiva, porque ele e a mulher começaram uma briga feia. As crianças os ouviam gritando um com o outro. Amanda negou tudo firmemente e fez repetidas acusações ao filho, tais como "Mentiroso imundo!", "Encrenqueiro!" e "Moleque safado!".

As últimas palavras de Wilhelm foram: "Sim, aprendi agora que há uma grande diferença entre alguns homens e algumas mulheres." A casa, é claro, estava imaculada; ela havia se assegurado de que nenhuma pista revelasse o que fizera com o visitante. Johnny só conseguiu imaginar que a mãe havia feito sua habitual magia com o pai, porque uma hora depois tudo estava calmo entre eles. Wilhelm partiu na mesma noite para se juntar à orquestra, que agora estava prestes a seguir de Berlim para Londres. Amanda era a encarnação da ternura e do amor quando o beijou ao se despedir dele à porta. "Cuide de sua mãe e faça o que ela lhe disser, Johnny", murmurou o pai, dando um tapinha no ombro do filho. "Ela o convenceu", pensou Johnny, enquanto via o pai sumir de vista.

A partida de Wilhelm causou uma onda de terror e retaliação contra Johnny. Ele foi obrigado a escrever cartas aos avós, que ela ditava, cheias de mentiras sobre sua constante desobediência. Aparentemente acreditaram no que leram, porque na visita seguinte o repreenderam por um ou outro mau comportamento. Isso apesar dos vigorosos protestos de que tudo era mais uma artimanha da mãe contra ele e os avós. Entretanto, não era necessário muito convencimento. Há muito tempo percebiam o demônio agindo na nora e começaram a evitá-la.

As outras crianças — as que tinham idade suficiente para entender o que estava acontecendo — ficaram do lado da mãe. Sophie tentava manter a paz na família. Ao fazer isso, porém, era acusada de ficar do lado de Johnny na interminável peleja. Amanda vencia as disputas, enquanto a vida de Johnny se tornava um inferno maior do que em qualquer outro período da infância, que se esvaía rapidamente. Só havia algumas poucas pessoas com as quais podia falar, entre elas o amigo mais próximo, Nose. Mas Johnny nunca sobrecarregou essas pessoas. Os problemas eram pessoais demais. As atribulações eram discutidas apenas com a avó. Ela era a única verdadeira confidente.

Mesmo com a pressão em casa, Johnny recebeu boas notas em muitas matérias no *Gymnasium* Cáiser Guilherme.[15] Entretanto, a abordagem prussiana e a falta de liberdade para questionar acabariam afetando-o. Tornou-se um iconoclasta sem saber o que essa palavra significava. A rebeldia era mais evidente em relação aos professores que incutiam nos alunos as glórias do Estado alemão e a necessidade de uma disciplina férrea. Atenção plena era a regra, e as aulas de história eram as piores. Cursos que deveriam ter aberto mentes curiosas para as maravilhas do passado eram como campos de treinamento inquestionáveis. A unidade alemã de 1881 até o período seguinte à guerra com a França, todas as batalhas e todas as vitórias eram abordadas e memorizadas. Ao fim de uma hora, todos tinham de se levantar e homenagear o cáiser cantando. "Heil Dir im Siegerkranz" (Nós o saudamos, vencedor coroado).[16]

Duvidando cada vez mais de que lhe diziam a verdade, Johnny começou a fazer perguntas do tipo: "Como pode ser que nós alemães sejamos os bons enquanto aqueles do outro lado da fronteira são sempre a escória do planeta?" É claro que esse rude questionamento não era o que os professores queriam. Eles respondiam com comentários como: "Não cabe a você perguntar. Você tem que seguir seus educadores e a sabedoria deles." Johnny respondia: "O senhor consegue me provar que as pessoas que vivem na Holanda, na França e na Suíça realmente não valem nada? Acho que são tão boas quanto as de nosso país." Essa franqueza só resultou em doses mais pesadas de desaprovação dos educadores. O jovem Johnny logo desenvolveu um ódio ao nacionalismo onde quer que o encontrasse. Mais tarde, aprenderia que esse nacionalismo não estava confinado à Alemanha, mas podia ser encontrado em todos os países em todas as épocas. Apenas a quantidade era diferente.

Johnny não estava sozinho na descoberta de que era difícil encontrar sentido nos livros de história. Um amigo, Fritz Frimmer, tinha o mesmo problema. Frimmer levou Johnny para visitar o pai, editor do jornal social-democrata local. *Herr* Frimmer deu ao filho e a Johnny um livro de história alemã condensada e lhes disse: "Estudem-no, porque foi escrito por um alemão que reduziu o nacionalismo às devidas proporções. Quando acabarem, se não entenderem algumas partes, venham me procurar e lhes darei uma ajuda." Terminaram o livro sem problemas e então ele lhes emprestou outro sobre a França, porque a Alemanha parecia estar sempre em guerra com os franceses. Social-democrata de longa data, Frimmer chamou a atenção dos meninos para muitas coisas. Eles lhe fizeram perguntas não permitidas na escola. Ele as respondeu. Quanto mais liam, mais ficavam contra a Alemanha dos cáiseres.

Todo ano, o aniversário do cáiser Guilherme II era um grande acontecimento na escola. Os estudantes tinham uma hora de aula e depois ficavam livres para as festividades. Nesse dia especial, Johnny e os colegas de turma cantavam a habitual "Heil Dir im Siegerkranz" e mais uma canção, "Der Kaiser ist ein lieber Mann" (Nosso cáiser é um homem querido). Começava assim: "Nosso Cáiser é um homem querido que vive em Berlim, e se ele não estivesse tão longe daqui, eu iria diretamente até ele." Mas Johnny continuou a questionar os professores; e quanto mais questionava, mais os professores tornavam as coisas difíceis para ele. Alguns podem ter notado que dentro daquele jovem acontecia uma grande batalha, e não gostaram do que viram. Na Alemanha daqueles tempos, a resposta habitual a esses alunos incontroláveis era a punição física. A rotina era chamar mais dois meninos para que segurassem, cada um em um dos braços, o causador de problemas, enquanto este ficava sobre um banco e era espancado com uma vara. Johnny sofria essa humilhação repetidamente. Mas, à medida que o tempo passou, esse tipo de repreensão se tornou mais difícil, porque Johnny cresceu consideravelmente na adolescência e conseguia se contorcer e se libertar dos meninos com alguma facilidade. Certa vez, foi preciso que quatro garotos o segurassem. Johnny conseguiu, porém, usar os dedos do pé como alavanca e se jogou para a frente, derrubando os quatro. Sua cabeça bateu na barriga do professor, que voou, com livros e tudo. A recompensa foram dez varadas extras no gabinete do diretor e um longo sermão. Apesar do resultado, vários colegas ficaram ao seu lado depois de testemunharem seu desafio aberto. Sabiam por experiência que todos os meninos eram tratados da mesma maneira. Do outro lado da sala, as meninas raramente tinham conflitos com os professores; mas, como espectadoras, com certeza ficavam muito assustadas.

A aula de ciências de Johnny abordava trovões, raios e marés, o que lhe interessava muito. Albert Giesler,[17] que se sentava à sua frente, era um dos maiores trapaceiros da escola. Sempre tentava se sentar na cadeira do professor antes que este chegasse. Observava o que todos estavam fazendo e escrevia no quadro-negro para que o professor visse quando entrasse na sala. O pequeno delator também dizia coisas como: "Fritz tomou café da manhã na sala", o que era proibido. Johnny não suportava Giesler, assim como a maioria dos colegas.

Certo dia, os alunos estavam trabalhando em um projeto sobre tempestades elétricas. Todos os deveres de Johnny haviam sido concluídos, estavam bem redigidos e prontos para serem rapidamente examinados pelo professor. De repente, Giesler se virou para trás. Na mesma hora, Johnny lhe disse para cuidar de seu próprio trabalho, já que esta era uma das muitas maneiras pela qual Albert copiava o trabalho do outro para se dar bem. Quando Giesler ouviu isso, cuspiu no livro de Johnny e empurrou sua tinta, molhando e manchando todas as páginas. Johnny agarrou o frasco de tinta que estava em sua carteira e o derramou inteiro sobre o trabalho de Giesler. O professor, Herr Feilder, ficou lívido e ordenou a Johnny que fosse para a sala de preparação do segundo grau e esperasse por ele.

Ex-oficial militar não comissionado, logo Feilder irrompeu na sala, onde estava também um dos irmãos mais novos de Johnny. Segurando uma vara, disse a Johnny para levantar os dedos com as pontas voltadas para cima. Johnny permaneceu em silêncio e o professor repetiu a ordem. Ele franziu a testa com raiva, apanhou uma lousa numa carteira próxima e a enfiou na cabeça de Feilder, deixando-o emoldurado e fazendo a turma rir. O professor segurou os cotovelos de Johnny e os bateu contra a mesa repetidamente, até o sangue de seus braços escorrer pelas calças e chegar ao chão. Johnny se contorceu de dor, saindo fraco daquele episódio que o deixou com cicatrizes pelo resto da vida.

Feilder mandou que ele se lavasse em uma pequena pia nos fundos da sala. Depois de se limpar tão bem quanto possível, Johnny voltou, apanhou outra lousa e de novo a enfiou na cabeça do professor. Em seguida, correu pela sala, abriu uma janela e pulou, sabendo que havia uma caixa de areia embaixo, no primeiro andar. Aterrissou com facilidade, recompôs-se e correu para casa. Quando abriu a porta às pressas, a mãe perguntou o que havia acontecido. Ele respondeu que levara um tombo durante a ginástica. Wilhelm, que estava em casa, entre um compromisso e outro, levou o filho ao médico, que limpou os ferimentos, e fez suturas e curativos nos cotovelos. Mais tarde, Johnny se aproximou do irmão mais novo, que testemunhara tudo, e disse a ele que, se desse com a língua nos dentes, acabaria com sua vida. O irmão nunca disse uma palavra.

Seguindo as recomendações médicas, Johnny ficou seis semanas sem ir à escola. O doutor havia perguntado como aquilo acontecera. Mas Johnny respondera: "Foi uma situação em que alguém me machucou e, acredite, eu machuquei ele também." O médico sabia que havia muitas coisas que o paciente não estava lhe contando. E uma coisa era certa: os danos não haviam sido causados por um acidente em uma aula de educação física.

Quando voltou, Feilder o chamou para conversar no corredor. Perguntou a Johnny se o pai o processaria. Johnny respondeu: "Herr Feilder, eu não sou Albert Giesler!" Feilder ficou sem fala, impressionado — e também assustado. Então, disse a Johnny: "Você já é um adulto, não é, Johnny?" Johnny ameaçou: "Se me tocar novamente, eu mato o senhor!" "E seu pai?", resmungou Feilder. "Meu pai", respondeu Johnny, "me mandou para o médico porque eu menti para ele." "Você fez isso?" "Fiz", disse Johnny, "eu disse a ele que estava fazendo ginástica e caí." Feilder disse: "Você cresceu rápido demais." Nunca mais tocou em Johnny.

O primeiro amor entrou na vida de Johnny em 1908, na forma de uma bela colega de sala, de cabelos castanhos, chamada Emma Todicain. Brincavam juntos e compartilhavam segredos e sonhos. Johnny costumava carregar os livros dela para casa depois da aula, e de vez em quando eles saíam sozinhos ou com outros estudantes. Uma de suas boas lembranças era de quando ele e Emma juntavam suas poucas moedas para comprar uma barra de chocolate. Os pais dela eram pessoas muito boas, principalmente o pai, que trabalhava no estaleiro. Um dia, ele perguntou: "Bem, Johnny, como você está indo com minha filha? Vocês brincam juntos, vão dançar, essa coisas?" "Sim", respondeu Johnny. "Nunca tire nada a mais dela", ordenou Herr Todicain. "Eu nunca pedi nada a mais", respondeu Johnny. "Eu sei; você é um bom menino, Johnny", prosseguiu. "Não quero que você nem Emma cometam erros de juventude, embora no fundo eu saiba que vocês não farão isso." Johnny admirava muito aquele homem. Respeitava-o demais, e a sua filha, para tentar fazer alguma besteira além dos beijos ocasionais.

Enquanto vivia aquele pequeno romance, Johnny fugia da mãe tanto quanto possível, para evitar conflitos. Já fizera os primeiros pequenos trabalhos, carregando malas na estação de trem de Wilhelmshaven e juntando garrafas vazias em um carrinho de madeira que havia construído. Todo o dinheiro que conseguia, a mãe tirava dele com a ajuda de Sophie e Waldemar. Os dois seguravam seus braços enquanto ela vasculhava seus bolsos. Logo decidiu que não poderia levar para casa os trocados que ganhava. Dava tudo a Nose, assim como toda roupa nova, e o amigo escondia em sua casa. Quando Johnny precisava de alguma coisa e pedia dinheiro à mãe, ela sempre negava. Aos 12 anos já comprava sozinho sapatos e roupas. Tinha até casaco e relógio pagos com a própria renda.

Subitamente, mais uma reviravolta. Johnny ficou surpreso quando lhe pediram para levar duas panelas de ferro cheias de comida para um trabalhador no porto — mais um dos amantes da mãe? Ele explodiu: "Não vou fazer isso!" Ela apanhou a pá da lareira. Ele a agarrou, puxando-a com força das mãos da mãe, e gritou: "Se você usar isso mais uma vez, bato em você!" Em seguida atirou a pá pela janela enquanto ela gritava que iria contar para o pai dele. Johnny respondeu: "Diga a ele!" À noite, a mulher contou a Wilhelm o que havia sucedido. Logo o pai o interpelou: "Você levantou a mão contra sua mãe?" O jovem respondeu: "Sim, pai, e se você levantar a mão contra mim a mesma coisa vai acontecer. Não vou mais tolerar ser espancado." O pobre Wilhelm ainda acreditava em quase tudo o que Amanda lhe dizia sobre o filho. Embora nunca tivesse batido nos filhos, aquela conversa indicou o que poderia acontecer se ele de repente decidisse fazê-lo. Johnny continuou: "Contra *ela*, resistirei com todas as minhas forças." O pai notou, com tristeza, que o filho começara a se referir à mãe na terceira pessoa.

Mesmo que Johnny estivesse mais afastado dos professores e da mulher que o gerara, o Natal era uma época especial. Em meio a toda a alegria e aos preparativos para o feriado, os irmãos e irmãs escreviam seus pedidos em listas, que colocavam dentro de uma meia comprida. Wilhelm sempre esperava os pequenos adormecerem no dia 24 de dezembro antes de sair para comprar os presentes. Certa vez, quando o Natal se aproximava, provavelmente em um período em que Wilhelm estava sem trabalho, Johnny tinha posto apenas um item em seu pedaço de papel, um pequeno trem elétrico. Quando a manhã de Natal chegou, entretanto, não havia brinquedo algum sob a árvore. O pai olhou para ele e não disse nada, sabendo muito bem o quanto o filho estava sentido. Em seguida, comentou: "O *Christkind* (Menino Jesus) não tinha, Johnny."[18] No dia seguinte, Johnny lhe pediu para dar uma volta na cidade e, durante o passeio, passaram por uma vitrine com trens. Johnny disse: "Pai, se você não tem dinheiro, não minta para mim. Sei que não existe Menino Jesus. Você é o Menino Jesus." Wilhelm pôs os braços sobre o filho e começou a chorar.

Em 1908, faltava pouco para Johnny concluir o segundo ano do ensino secundário quando decidiu ir para o mar.[19] Mal completara 14 anos e se dedicava mais do que nunca aos estudos, sabendo que eram necessários para uma vida de marinheiro. Um professor lhe perguntou o que ele queria fazer ao sair da escola. Johnny respondeu inesperadamente que seria capitão de um navio em alto-mar. "Ah", disse o educador, "Você já é tão selvagem." Quando o ano escolar terminou, o professor perguntou novamente e Johnny respondeu: "Sim, quero isso mais do que nunca." O professor fez um sinal com a cabeça, em solene aprovação, e desejou boa sorte àquele jovem que florescia diante dele.

Quando Johnny disse ao pai que queria ser marinheiro, Wilhelm respondeu que ele deveria esperar. "Fique na escola por mais dois anos, Johnny, e então vá para o mar", aconselhou. "Quando você se cansar do oceano, poderá ir para uma universidade e ter tudo o que precisa para ser um bom músico. Eu o ajudarei." "Não, pai", respondeu Johnny. "Se fôssemos só eu e você em casa, talvez eu ficasse. Mas não consigo mais aguentar aquela mulher."

Por fim, Wilhelm deu a bênção ao futuro homem do mar e assinou os documentos de permissão. Devido à idade, a Polizei (polícia) exigia aprovação dos pais. Quando Amanda soube que o marido havia dado a licença, na mesma hora se apossou dos formulários. Para piorar as coisas, recusou-se a dar dinheiro a Johnny, sem dúvida temendo que ele o usasse para ir para o mar.

Amanda guardava o dinheiro sobre a mesa de cabeceira, entre as camas iguais do quarto principal do apartamento da família na época, em Mitscherlich Straße.[20] Junto ao dinheiro estavam os papéis de permissão. Um dia, quando estava sozinho, Johnny viu sobre a mesa vários marcos que ela havia lhe tomado na noite anterior. Ainda tinha mais sete marcos escondidos na casa de Nose. Então ele parou, hesitante. Em outra parte da mesa estavam cerca de 400 marcos que ele sabia que realmente poderia usar. Johnny apanhou as notas e as manteve nas mãos com os documentos de permissão. Durante um longo tempo, ficou parado, lutando com a consciência. Uma voz lhe dizia: "Pegue todo o dinheiro!" Outra voz o exortava: "Pegue apenas o papel de autorização e os marcos que lhe pertencem!" Tomou sua decisão: apanhou o que precisava e saiu. Ninguém o viu partir; não houve despedidas.

Johnny viajou de Wilhelmshaven para Bremerhaven, onde caminhou até a casa dos tios, na esperança de embarcar no *Niobe*. Sentia orgulho de si mesmo por ter vencido a tentação de apanhar os 400 marcos sobre a mesa da mãe. Certamente, poderia navegar com o tio devido à boa relação entre eles e à recepção calorosa que sempre tinha naquela casa. Quando chegou, Johanna perguntou: "Sua mãe lhe deu consentimento para você ser um marinheiro, Johnny?" Ele respondeu: "Tia, ela não deu e peguei apenas o dinheiro que me pertencia. Não quero mais nada dela." Johanna disse: "Bem, talvez devesse mandá-lo para casa". "Se a senhora decidir fazer isso, tia, eu a atiro da janela!" Ela sorriu diante da determinação do sobrinho. "Não tenha medo, Johnny", prosseguiu. "Pode ser que você não saiba, mas nenhum de nós jamais gostou muito de sua mãe." Johnny disse: "Sei disso e entendo o motivo. Vocês têm boas razões para não gostar dela." "Bem, meu menino, vamos ver o que podemos fazer por você", disse, enquanto levava Johnny para a cozinha aquecida, sabendo que ele não comia havia algum tempo.

Para sorte de Johnny, o tio guardava no sótão todo tipo de coisa, inclusive sabão, sapatos e roupas impermeáveis. Era necessário equipamento para o marinheiro novato. Johanna o levou ao andar de cima e lhe deu tudo de que precisava. Agora Johnny estava pronto, faltando apenas a rede de marinheiro. E em pouco tempo a tia bondosa lhe conseguiu uma para ele. No dia seguinte, depois de um farto café da manhã, abraços e despedidas, ele foi para o navio do tio. Ao anoitecer, o *Niobe* estava navegando a toda a velocidade no mar do Norte. A bordo, um aprendiz de 14 anos estava na primeira etapa de uma aventura que atravessaria cinco décadas.

# 2

# Marinha Mercante

O *Niobe* navegava para o sul, rumo à costa africana. Mais tarde, a viagem o levaria a cruzar o Atlântico Sul, passando pelo cabo Horn, chegando ao lado do Pacífico na América do Sul e depois ao norte, em vários portos do México. Na volta, o *Niobe* se aventuraria ainda mais longe no Pacífico e pararia na Austrália para se abastecer de lã para os mercados de pele da Inglaterra. Havia uma grande competição entre navios pela carga de lã, particularmente entre aqueles que podiam entregá-la no prazo. O furor em torno das roupas de lã britânicas na Europa exigia um fluxo estável do produto para que o comércio fosse lucrativo.

O *Niobe* era uma escuna mercante de três mastros. Navios de ferro estavam apenas começando a aparecer nos mares, iniciando uma competição entre velas e motores a vapor por rotas comerciais importantes. Havia embarcações de todo tipo, incluindo navios de passageiros, de carga e os que combinavam vela e vapor. Um dilúvio de empresas anunciava seus destinos internacionais e horários nos grandes jornais diários. O *Niobe* participava dessa exibição. Era tripulado pelo capitão Gerkins, um oficial-chefe, terceiro e quarto oficiais, um contramestre, um suboficial, um carpinteiro, um fabricante de velas e 17 marinheiros. Na parte de baixo da lista estavam os aprendizes: Johnny e seu primo Walter Gerkins, que também decidira se inscrever em Bremerhaven.

Os dois novatos iniciaram a educação no mar carregando alimentos do depósito para a cozinha. Outras obrigações eram engraxar as botas dos marinheiros, limpar o refeitório e os banheiros e fazer todas as outras coisas maçantes que os mais graduados não queriam fazer. Também ficavam de sentinela das 8h às 18h. Johnny e Walter gostavam do horário, que lhes permitia uma boa noite de sono. Mas, ao soar estridente do despertador, um dos tripulantes chegava e os sacudia para acordá-los, gritando: "Acordem, seus palermas, é hora de trabalhar! Está chovendo." As condições climáticas eram sempre mencionadas.

Treinavam com afinco subir nas velas diante do olhar observador do chefe, que gritava uma ou outra instrução a respeito das cordas ou das lonas. De início, a maioria dos ajustes tinha de ser praticada no convés, e não no cordame. O treinamento incluía a bússola. Tinham de saber os movimentos para trás e para a frente, e até como consertá-la. No começo, era muito difícil lidar com esse instrumento fundamental de navegação.

A comida não era especial, nem muito imaginativa, mas era consistente e digerível. Toda a carne era temperada com sal e guardada em barris, pois o *Niobe* não tinha refrigeração. Batatas e repolhos eram raros, pois não duravam muito. Frutas frescas — que não podiam ser obtidas a não ser nos portos — apodreciam rapidamente no mar. Em pouco tempo, todas as provisões se tornavam muito monótonas. O principal item nas refeições era o feijão. Aos homens era servido feijão, muito feijão. Na verdade, como a tripulação o comia com muita frequência, o capitão Gerkins era conhecido como "Capitão Feijão". Havia muita flatulência no *Niobe*.

Durante a viagem, Walter logo se tornou arrogante. Reclamou com o pai que um marinheiro o esbofeteara. O capitão Gerkins chamou toda a companhia para o convés superior. Olhando na direção dos homens, disse: "Este calouro aqui é meu filho. Se ele acha que tem algum privilégio por ser quem é, está redondamente enganado. Vocês devem transformar esses dois jovens em marinheiros." Em seguida, virando-se para Johnny, salientou que, embora fosse seu sobrinho, estava trabalhando duro e aprendendo rapidamente. "Se esses meninos algum dia vierem registrar uma reclamação contra algum de vocês, vou atirá-los para fora da minha cabine. Vocês fazem deles marinheiros, não eu."

A tripulação ficou satisfeita e respeitou a atitude do capitão, deixando o pobre Walter ardendo de raiva e constrangimento. Em geral, os homens a bordo do *Niobe* eram sensatos, mas rudes. Apesar de grandes e fortes por fora, demonstravam compreensão e tolerância. Johnny não tinha dúvida de que ele e o primo frequentemente testavam a paciência deles. Por outro lado, ninguém podia dizer que os dois não estavam se tornando marinheiros. Os tripulantes se orgulhavam das conquistas dos aprendizes e os repreendiam pelas falhas. Era uma vida dura, mas Johnny adorava, e aprendia cada vez mais com os toscos instrutores. A linguagem dos marinheiros era tão grosseira quanto sua aparência, e soava como uma salva de tiros diária, até se tornar lugar-comum aos ouvidos dos recrutas. Histórias de todos os tipos enchiam a névoa envolvente e os mares agitados diante dos dois novatos. Felizmente, Johnny se sentia cada vez mais aceito pela tripulação. Em contraste, Walter ainda sofria com o orgulho frustrado. Progredia também, mas tinha dificuldade para esquecer o status idealizado, muitas vezes tratando com desprezo os que conviviam com ele. Tinha uma perna a bordo e a outra fora, como Johnny lhe dizia, aborrecendo-o.

Sob brisa estável, mares mansos e a toda a velocidade, o *Niobe* logo chegou à costa africana. Dois dias no litoral, ancorados em Matadi,[1] no que se tornava o Congo Belga,[2] deram aos tripulantes tempo para esticar as pernas. Ao chegar à terra firme, testemunharam um dos últimos resquícios da desumanidade do homem na costa oeste da África — os mercados de escravos ainda ativos. Em 1908, os africanos continuavam sendo capturados vez ou outra no interior e vendidos em leilões em portos do Atlântico.[3] Muitos anos antes, os alemães tinham sido os primeiros a proibir o transporte de escravos em seus navios. A Grã-Bretanha fez o mesmo, por motivos que não eram completamente altruístas,[4] deixando que a França, Portugal e outras nações brigassem pelo domínio do comércio de escravos para o Novo Mundo. Johnny afirmou que durante toda a vida se horrorizara com essa vergonha perante Deus. Reconheceu que foi uma lição amarga para um jovem de sua idade, suscetível. Contudo, logo observaria que os africanos submetidos aos esquemas de europeus padeciam de outras formas.

Os belgas estavam construindo uma ferrovia que ligava a foz do rio Congo a Leopoldville (hoje Kinshasa), com cerca de 750 quilômetros de extensão. No interior havia muitos mosquitos e doenças. Capatazes brancos adentravam os arbustos e capturavam centenas de negros. Muitos morriam em decorrência da rotina de trabalho selvagem ou de mordidas de insetos. Johnny conversou com um escravo de Camarões, que falava alemão, e ele lhe contou que embaixo de cada dormente de madeira havia cinco mortos. Eles sucumbiam enquanto abriam o caminho, um buraco era cavado e os restos atirados nele e cobertos de terra. O procedimento de apagar os vestígios continuava sem interrupções. Johnny considerou isso uma prova visível do poder do colonialismo e da exploração de povos nativos. Cada vez que pensava nessa história, seu sangue fervia. Quando estava no mar e se lembrava dela, ficava quieto e triste. Disse que a pressão internacional trouxe um bocado de atenção e vergonha para os belgas devido ao envolvimento com a escravidão.

Seguindo para o sul, o *Niobe* chegou à Cidade do Cabo, desembarcou a carga, recebeu outra e supriu a cozinha. Em 48 horas, estava de novo no mar, dessa vez atravessando o Atlântico Sul. A viagem em torno do cabo Horn foi uma intensa experiência de natureza para o jovem Johnny. Tempestades furiosas caíram e o tempo ficou gelado. O capitão Gerkins fez várias tentativas antes de entrar no estreito de Magalhães e passar por Punta Arenas. Johnny viu as primeiras geleiras em picos que passavam nas correntes mais calmas do canal. Finalmente no Pacífico, o navio seguiu para o norte, chegando ao Chile, onde muitas pequenas indústrias floresciam. Algumas tinham certa importância. Abasteciam uma cervejaria cujo produto era distribuído ao longo do litoral ocidental. Mas, de modo geral, as pessoas eram pobres e miseráveis, forçadas a obedecer a governantes que controlavam a costa até o Peru. O cenário praticamente não mudava dali até o México.

Ventos brandos e mares medianos impulsionaram o *Niobe* para o oeste, cruzando o Pacífico até a Austrália. Depois de entrar no porto de Melbourne, o navio baixou âncora e os homens começaram a retirar a carga. Trabalhadores australianos — muitos deles ex-presidiários de prisões britânicas — fizeram grande parte do descarregamento e carregamento. Alguns eram simplesmente pessoas indesejadas, enviadas à Austrália por tribunais ingleses. Isso se aplicava a homens e mulheres. Os deportados eram brutalmente jogados nos navios e transportados para a colônia britânica para trabalhar praticamente como escravos nas docas. As mulheres trabalhavam como cozinheiras ou arrumadeiras para burocratas coloniais e oficiais militares. Se tinham bom desempenho, acabavam sendo libertadas, de acordo com os termos dos patrões. Enquanto trabalhavam no *Niobe*, os estivadores escravos receberam ordem dos guardas para não falar com os tripulantes.

A polícia tinha um bom pequeno negócio em Melbourne. Quando um marinheiro desertava, qualquer policial podia ganhar 20 libras esterlinas a mais por devolver o fugitivo ao navio. O marinheiro tinha então de pagar a recompensa, reabastecendo os fundos do navio com a quantia determinada. Por outro lado, os navegadores ficavam livres de detenção se os navios partissem sem eles.

Johnny estudou e comparou o sistema britânico de exploração e descobriu que diferia pouco daquele praticado por outras nações. Mas os ingleses agiam melhor em um aspecto: havia alguma civilização em seu tipo de controle, em vez de nenhuma. Ainda assim, Johnny se revoltava contras as injustiças que via em todos os lugares onde o *Niobe* atracava. Opiniões preconcebidas que ele esperava confirmar desapareceram de seus pensamentos. Foi lançado à deriva na dura realidade na era do imperialismo. Cada choque aumentava sua consciência sobre nações e líderes. Na primeira viagem, o desgosto e a indignação cresceram rapidamente, em vez de diminuir. A rebelião vivida na infância, na escola e agora no mar ganhava força. Johnny chorava por dentro pelos fracos e oprimidos, acorrentados como animais a uma riqueza ilícita.

A carga de lã do *Niobe* encheu os porões, embalada em sacos. Melbourne sumiu de vista enquanto a escuna voltava a navegar. Dessa vez, o destino era a Inglaterra. Para Johnny, estava tudo bem. Ele sentia falta do mar aberto. O convés balançando, o ar salgado e as velas estufadas eram conhecidos por tranquilizar um espírito agitado.

O capitão Gerkins ordenou que todos trabalhassem para chegar ao rio Tâmisa e à capital inglesa o mais rapidamente possível. Quanto mais depressa o navio chegasse a Londres, mais dinheiro o capitão daria como prêmio. Obrigou os tripulantes a trabalhar como troianos, esticando cada pano que o navio pudesse carregar. Sobrecarregado, o fabricante de velas teve de fornecer ao navio mais tecidos, rapidamente adicionados em algum lugar. Era o início de uma corrida no oceano, e o tempo era o adversário.

O *Niobe* conseguiu tanta velocidade que durante o caminho ultrapassou vários vapores, que supostamente eram muito mais rápidos do que qualquer embarcação a vela. Os tripulantes enfrentaram tempestades fortes nos oceanos Índico e Atlântico, mas, segundo o capitão, se a escuna perdesse alguma lona, pouco importaria. Carregavam panos suficientes para substituição. Era preciso verdadeira habilidade, não apenas para navegar no *Niobe* naquelas condições, como para reagir rapidamente aos constantes comandos da ponte. A única perda verdadeira foi uma pequena vela no meio do navio. A viagem de Melbourne a Plymouth, na Inglaterra, demorou 53 dias. Normalmente, levava de 56 a 57. Todos a bordo ficaram justificadamente orgulhosos com o feito.

Infelizmente, Johnny e Walter acabaram tendo várias desavenças durante a viagem. "Walter, se você acha que pode mandar em mim ou em qualquer outra pessoa neste navio, vou atirar você no mar!", bradou o jovem Johnny, repreendendo o primo. Walter riu. "Estou fazendo isso", respondeu. O filho do capitão Gerkins agiu dessa maneira até Johnny começar a ignorá-lo. Depois de Londres, o *Niobe* deslizou pelo mar do Norte até Roterdam, para apanhar uma carga e voltar para a Austrália. Walter ficou tão arrogante durante essa curta travessia para a Holanda que Johnny decidiu conversar sobre ele com o tio.

"Tio Dietrich, o senhor poderia, por favor, acertar minhas contas?", pediu. "O que há de errado, Johnny?", perguntou o capitão, surpreso. "Falando francamente", afirmou Johnny, "se fizer outra viagem com seu filho, provavelmente o atirarei ao mar." "Hum, hum", resmungou Gerkins. "Eu temia isso." Johnny explicou que não queria que Walter fosse forçado a deixar o *Niobe*. "Será justo!", reagiu com severidade o capitão Gerkins. "Walter precisa crescer!"

Os dois marinheiros em formação deixaram o *Niobe* em Roterdam e conseguiram trabalho separadamente, em dois dos muitos navios que estavam no porto. Para tormento de Johnny, dois anos depois Walter e seu navio se perderam no oceano Índico. A embarcação desapareceu sem deixar rastro. Nenhum corpo nem destroços jamais foram encontrados. A notícia abalaria Johnny profundamente; como fizera com que Walter fosse posto para fora do *Niobe*, sentia-se responsável por aquilo. Por causa da culpa, parou de escrever para os tios.

O novo navio de Johnny era um mercante italiano, o S.S. *Caterina Acalo*. A situação em alguns navios europeus não era das melhores naquela época, uma vez que conflitos pareciam explodir por qualquer motivo em tripulações mistas. Johnny evitava brigas deixando de tomar partido e se concentrando nas tarefas. Tinha um ouvido bom para línguas e começou realmente a entendê-las no *Caterina Acalo*, já que no *Niobe* quase todos os tripulantes eram alemães. Seu novo navio viajou para muitos países, e as folgas em terra firme lhe deram oportunidade de conversar com vários oficiais e continuar sua educação por meio da experiência direta.

Uma viagem levou o *Caterina Acalo* à costa sul da China e dali a Hong Kong. Depois da atracação, Johnny notou operários chineses carregando carvão sobre pranchas inclinadas, que descarregavam em carvoeiras de navios a vapor. Repetidamente, como formigas, subiam na tábua. Recebiam uma *coppa*, como diziam, um pedaço de lata, por cada balde de carvão que derramavam nas carvoeiras dos navios. Um balde cheio pesava aproximamente 18 quilos, Johnny calculou ao erguer um deles. Alguns eram mais pesados. O mau tratamento dispensado a pessoas que estavam apenas tentando levar uma vida miserável o comoveu, e aqueles eram os indivíduos que tinham os bons empregos.

Quanto aos empregos ruins, naquela época muitas nações que faziam comércio marítimo tinham as caldeiras dos navios a vapor limpas em portos chineses. Durante esse procedimento de manutenção, os sedimentos eram retirados de dentro da caldeira. Era um trabalho intenso, perigoso, principalmente quando se sabe que os navios entravam no porto e os chineses começavam a trabalhar nas caldeiras quase imediatamente. O trabalho era tão necessário, e tão mal pago, que uma ou outra morte ou ferimento não tinham muita importância para os proprietários e gerentes daqueles navios. Ninguém se importava realmente. Os ricos viviam majestosamente em nome da lei e da ordem, enquanto os chineses dormiam no chão como cães.[5]

O *Caterina Acalo* seguiu adiante pela costa até Xangai, onde os britânicos e alemães controlavam os trabalhadores chineses com gurkhas, os guerreiros ferozes do norte do Nepal. Os britânicos e franceses eram espertos. Raramente usavam as próprias forças. Queriam que os chineses vissem a polícia como as próprias brigadas especiais de Satã, não diretamente associadas à Grã-Bretanha ou à França. Um operário recebia quatro centavos por dia, por 14 horas de trabalho, com um monte de brutamontes uniformizados gritando para que eles andassem mais rapidamente e carregassem mais.

O *Caterina Acalo* seguiu para a colônia alemã de Kiautschou (hoje Qingdao), onde abusos aconteciam em meio ao abandono etnocêntrico. Agricultores chineses com baldes de peras vendiam cada uma por um pfennig em barracas nas ruas. Algumas frutas tinham o tamanho de um nabo em fase de crescimento. Johnny comprou uma bela pera de um agricultor ladeado por dois baldes de frutas. Um grupo de rudes marinheiros alemães apanhou todas as peras, jogando para o homem cinco pfennig, mais ou menos três centavos da moeda inglesa. O chinês disse "dinheiro, por favor, dinheiro". A insistência para que lhe pagassem um preço justo indignou os marinheiros, que o agarraram e o jogaram na rua. Observando isso estavam 16 homens do *Caterina Acalo*, entre eles Johnny. Apesar de estar em número inferior, tomaram para si a ofensa dos alemães arrogantes e decidiram lhes dar uma lição.

Johnny e os companheiros perseguiram muitos dos cruéis alemães até o navio deles. Quando a briga acabou, foram detidos e jogados em uma cela. Foi a primeira prisão de Johnny. Haveria muitas outras. O capitão do *Caterina Acalo* pagou a fiança para libertar seus homens e lhes fez uma severa advertência verbal. Johnny protestou, mas isso resultou apenas em ordem para voltar para o navio e ficar lá.

Por fim, o *Caterina Acalo* içou âncoras e seguiu pelo Pacífico até Valparaíso, no Chile, com uma carga de salitre para munição. Não havia cais na cidade. Era preciso pôr a carga em pequenos barcos, na baía, e levá-la até a praia. Navios ancorados ajudavam uns aos outros, de modo que quando um deles era descarregado, as tripulações começavam a descarregar outro. O capitão do *Caterina Acalo* ordenou que alguns dos homens fossem ao *Niobe* dar uma ajuda. Johnny perguntou ao capitão se poderia escolher outra pessoa, porque não queria encarar Dietrich Gerkins. Mas o capital do *Acalo* não deu a menor importância. "Disse para você ir com eles!", gritou. Ordens são ordens, portanto o marinheiro Johnny não teve escolha a não ser se juntar aos companheiros. O tio estava junto ao parapeito quando se aproximaram remando. Assim que Johnny chegou ao convés, Dietrich o segurou, pôs um braço sobre seu ombro e perguntou: "O que há de errado com você, Johnny?"

"Soube que Walter sumiu no mar e me sinto muito mal por isso." "Não, Johnny", explicou Gerkins, "você não deveria, a vida é assim. Poderia ter sido você e me sentiria mal da mesma forma. Sabia que ele teria muita dificuldade no mar com suas atitudes. Agora, se você não nos visitar da próxima vez que estivermos no porto, mandarei a polícia prender você, seu diabinho. Agora você é nosso filho e queremos que saiba que nossa casa será sempre sua. Sua tia e eu queremos que você seja nosso menino por adoção." Johnny abraçou o tio com lágrimas nos olhos. Voltou para o navio sentindo uma grande culpa por ter desaparecido, sabendo agora que o tio nunca o considerara culpado pela morte do primo. Ele e a mulher o queriam bem tanto quanto ao filho. Deus os abençoasse. Que tolo achou que havia sido, culpando-se.

Quando a viagem terminou, Johnny trocou de navio e partiu para a Austrália no vapor S.S. *Furth*, da Linha Alemã-Austrália. Os marinheiros chamavam o *Furth* de "navio de puta", por causa da ração. Era um cargueiro no qual a tripulação raramente via um pedaço de pão. Alguns homens pegavam escorbuto e perdiam os dentes. O capitão e os oficiais eram brutos, verdadeiros nacionalistas alemães que andavam com algemas penduradas nos cintos, prontas para serem usadas.

Certo dia, um dos marinheiros vigiados por Johnny ficou doente. Johnny relatou isso à ponte quando estava de serviço. Disseram: "Mande-o vir aqui em cima." Johnny respondeu: "Senhor, é impossível ele ir até a ponte." "O que você está dizendo?", gritaram. "Não é problema seu, agora traga-o aqui!" O capitão chamou então o contramestre, que, nervoso, observou que o marinheiro estava realmente muito doente. Depois disso, ordenou a Johnny que assumisse o leme enquanto o chefe, que era outro tirano, sempre culpando os marinheiros por tudo, descia para ver o homem doente. Não havia médicos a bordo de muitos navios, e os oficiais chefes tinham poucos conhecimentos médicos além de treinamento em primeiros socorros. Deitado moribundo sobre o convés, o pobre marinheiro recebeu duas aspirinas e ficou por isso mesmo.

Johnny estava no leme havia duas horas e pediu a seu superior para ser substituído. "Quando minha vigília acabar, libero você!", disse o superior, mal-humorado. O homem deve ter se sentido provocado, porque no minuto seguinte partiu para cima de Johnny. Felizmente, Johnny o viu chegando e esquivou-se. Partiu para cima do homem, bateu nele nos dois lados da cabeça e o forçou a pôr um dos braços atrás das costas até ele gritar de dor. Finalmente, liberou o oficial.

De acordo com a lei do mar, o golpe era considerado motim. Depois do episódio, o oficial ficou rindo repetidamente de Johnny e lhe dizendo que arcaria com as consequências quando o navio chegasse a Newcastle, em New South Wales. "Faremos com que você seja preso pelo cônsul alemão!", disse, com um sorriso sarcástico. Johnny olhou para ele e provocou: "Por que você não me desafia para alguns rounds aqui?" "Você gostaria disso?", rebateu ele. "Sim", respondeu Johnny, "gostaria muito!" Johnny achou que o mataria se tivesse uma chance. Mas antes que pudessem resolver a questão, metade da tripulação, incluindo foguistas e bombeiros, entrou em greve. Exigiam pão branco assado uma vez por semana, e não biscoitos de água e sal o tempo todo. O capitão e os oficiais cederam às exigências. Depois disso, não ousaram prender nem confinar nenhum tripulante antes de conseguir chegar à Austrália, ainda que tentassem servir de exemplo.

Johnny percebeu que antes de o *Furth* atracar em Newcastle teria de deixar o navio. Com base em viagens anteriores, estava consciente também da lei australiana e da prisão de desertores pela polícia. Uma recompensa de 20 libras era uma verdadeira tentação naquela época. Não apenas teria de fugir do navio antes da chegada, como teria de se afastar do porto até o *Furth* partir. Quando o navio entrava no porto de Newcastle, Johnny pulou no mar. Nadou para a praia sem ser visto, seguiu até a North Coast Highway (hoje Pacific Highway) e começou a caminhar para o sul.

Logo, estava a muitos quilômetros da costa, sentado à beira de uma estrada, quando um morador passou em uma carroça. Perguntou a Johnny se ele era marinheiro e ele respondeu que sim. "Uma corda da minha bandeira se soltou e não tenho ninguém para subir no mastro e colocá-la de volta. Que tal me dar uma mão, filho?" Johnny lhe disse que o faria se lhe desse algo para comer antes de começar o trabalho. O fazendeiro concordou. Johnny subiu na carroça e logo estava em uma pequena fazenda, onde lhe serviram bacon, ovos, torradas e café; uma refeição com a qual sonhava quando estava a bordo do *Furth*.

Assim que terminou de comer, subiu no mastro e trouxe a ponta da corda para baixo entre os dentes. O fazendeiro deu a Johnny uma nota de uma libra e lhe serviu mais uma boa refeição ao meio-dia. "Você gostaria de um trabalho em horário integral na minha fazenda?", perguntou. Johnny recusou delicadamente, dizendo que era marinheiro e não estava disposto a viver em um rancho. "Pela maneira como você subiu naquele poste, não há dúvida de que você não é agricultor", o homem respondeu. Deu a Johnny um copo de cerveja e se despediram.

Johnny voltou pela North Coast Highway. Logo chegou a um lugarejo, mantendo-se afastado do porto. Rondando a comunidade, encontrou um homem descansando na calçada. Descobriu que estava tão esfomeado quanto ele próprio. Como tinha uma libra que não havia gasto, disse ao homem para ficar ali enquanto ia a uma fazenda buscar algo para comer.

Quando voltou, os dois se refestelaram com pão, salsichas e leite, e depois combinaram de procurar trabalho no dia seguinte. Mais tarde, naquela noite, encontraram um lugar para dormir em um campo próximo à estrada. Na manhã seguinte, Johnny descobriu que seu novo conhecido o havia roubado e desaparecido. Johnny sempre pegava no sono rapidamente. O ladrão com certeza havia observado onde ele guardava o dinheiro, fingiu dormir e o surrupiou durante a noite.

Ocorreu a Johnny que o homem provavelmente iria para a cidade e gastaria o dinheiro. Então, caminhou até a vila mais próxima. Entrou no único bar e lá estava o ladrão. Silenciosamente, Johnny aproximou-se por trás e o agarrou. Segurando o indivíduo firmemente pelos braços, disse: "Teria lhe dado metade do dinheiro que tinha, que seriam cinco xelins, mas você quis tudo sem fazer nada." Johnny o empurrou e o jogou porta afora. Em seguida, puxou o cinto e deu umas boas correadas no homem diante de uma pequena multidão. Quando o sujeito já havia sofrido o suficiente, pegou os dez xelins, chutou-lhe o traseiro e seguiu seu caminho.

Continuou sua viagem para o sul, em direção a Sydney e Melbourne, calculando, enquanto caminhava, que a essa altura seu antigo navio deveria ter partido de Newcastle e era um homem livre. Johnny tinha tudo com ele, exceto seu livro de marinheiro, que estava ainda na cabine do capitão, a bordo do *Furth*, com seu cartão do Sindicato dos Marinheiros e Bombeiros. Entretanto, ao perceber que se tivesse problemas com as autoridades não seria mandado de volta ao *Furth*, teve uma sensação agradável, o que o levou a diminuir o passo enquanto descia para a costa. Conseguiu vários trabalhos temporários, a maioria em restaurantes onde podia obter refeições e um pouco de dinheiro fazendo faxina, lavando pratos e varrendo. Em Sydney, trabalhou e dormiu em galpões do porto. Aos poucos, economizou o que precisava para obter outro cartão do sindicato. Mas, quando foi à sede da federação, soube que não poderia falar com um oficial antes de fazer um teste de navegação. Fez o teste, e logo todos os documentos necessários estavam em suas mãos. Podia procurar um novo navio.

No porto de Jackson (em Sydney), havia um navio alemão, o S.S. *Tübingen*, batizado com o nome de uma cidade do sul da Alemanha. Johnny o observava quando o capitão, no parapeito do navio, gritou, perguntando se estava procurando um navio. Johnny, que tinha 18 anos, respondeu que sim. Em 1912, ainda não era um marinheiro completo, já que os novatos precisavam passar quatro anos na Marinha Mercante para conseguir os documentos de marinheiro apto. Johnny assinou o contrato com o *Tübingen* como marinheiro comum. Um dos oficiais cadetes do navio havia quebrado a perna e precisavam substituí-lo.[6] O capitão do navio era o senhor Krenick; e o destino do *Tübingen* era Bremerhaven. Outro oficial cadete ficou doente e teve de permanecer em terra, e então mais um desocupado, como Johnny, foi contratado antes de o navio deixar a Austrália.

Os regulamentos internacionais exigiam a presença de um número determinado de marinheiros qualificados em cada navio. O capitão Krenick perguntou a Johnny quanto tempo precisaria para se tornar um. Johnny disse: "Depende inteiramente do senhor. Tenho as qualificações e estou disposto a provar isso." Como o outro marinheiro também se sentia qualificado, o capitão disse aos dois que fossem para as extremidades opostas da ponte. Em seguida, disse a eles as tarefas necessárias para dominar completamente as técnicas de marinheiro. A primeira da lista era a junção de cordas. Durante o teste, Krenick ia de um candidato a outro para ver como estavam se saindo.

Depois de uma hora de comandos e tarefas, pediu que parassem e disse a Johnny: "Você teve um ano para viajar, levante-se. Já ouviu falar que nos velhos tempos pegavam uma espada e a punham na sua mão? Não tenho uma espada, mas de hoje em diante você é um marinheiro apto." O outro havia cumprindo apenas metade das tarefas, mas o capitão foi gentil e lhe disse de maneira educada que teria de passar mais um ano como marinheiro comum antes de poder ser qualificado como apto.

Quando o *Tübingen* chegou a Bremerhaven, Johnny recebeu o pagamento, sem qualquer outro documento além daquele que conseguira em Sydney. Não era como o original, que provavelmente estava no escritório do cônsul alemão na Austrália. O capitão lhe pagou 30 marcos e ele foi para a casa dos marinheiros de Bremerhaven, uma espécie de hospedaria.

Johnny optou por ingressar no SPD (Sozialdemokratische Partei Deutschlands — Partido Social-Democrata da Alemanha) em 1912. Foi o único período que passou na terra natal naquele ano.[7] Também decidiu procurar o tio, embora não tivesse visto o *Niobe* no porto. Dietrich e Johanna estavam em casa. Ambos ficaram felizes por vê-lo. Johanna repreendeu Johnny por não ter aparecido antes e por se culpar pela morte de Walter. O capitão Gerkins relembrou a ele sua oferta: "Está claro para Johnny, não? Agora que não temos filhos, você será nosso filho." A mente de Johnny viajou de volta à juventude em Wilhelmshaven. Com um aperto na garganta, respondeu: "Sim, amo muito vocês dois."

Ao fim da visita, Johnny prometeu escrever e caminhou até as docas à procura de um navio. Poderia ter assinado contrato com o tio, mas não queria navegar com ele. Não sabia por que, mas talvez ainda pensasse no primo morto. O *déjà vu* de voltar ao *Niobe* certamente seria uma lembrança permanente de Walter. O que precisava era de uma cama nova, e de um convés se movendo sob os pés.

Johnny assinou contrato com um navio alemão vendido a uma empresa britânica, o S.S. *Bremerhaven*. Ele e outro rapaz haviam acabado de colocar suas assinaturas no diário de bordo quando o capitão lhes informou que navegaria descumprindo regulamentos. Todas as válvulas de fundo haviam sido roubadas. Salientou que era melhor seus dois novos marinheiros saberem nadar, caso o navio inundasse e afundasse.

Sob o manto da escuridão, o *Bremerhaven* conseguiu deslizar ilegalmente para fora do porto e logo estava cortando as águas do mar do Norte, seguindo depois para o sul, pelo canal da Mancha. Naquela noite, uma forte tempestade os atingiu. Foi uma experiência terrível. A água inundou a área sob o convés, entrou nos depósitos e as cargas flutuaram e se deslocaram, em um trabalho pesado. Enquanto o *Bremerhaven* adernava, os tripulantes usavam bombas de aspiração. De algum modo, continuaram flutuando e por fim conseguiram chegar ao porto galês de Swansea. Johnny deixou sorrateiramente o navio. Não queria permanecer no *Bremerhaven*, já que certamente não era confiável. A viagem toda havia durado apenas dois dias, mas haviam sido os dois piores dias de sua vida no oceano.

Johnny se instalou na casa dos marinheiros em Swansea. Permaneceu ali até o *Catilina A. Walmen*, um navio italiano de três mastros, aparecer e atracar. Cinco marinheiros — dois alemães, incluindo Johnny, dois belgas e um escocês — assinaram contratos, substituindo cinco que haviam decidido deixar o navio. A maioria da tripulação era italiana e muito mal treinada, com pouco conhecimento de navegação. Os novos tripulantes sentiram pela primeira vez o gosto do tempo ruim a caminho de Gênova, Itália. Depois de uma vigília, estavam embaixo, tentando se manter aquecidos, quando receberam ordem para voltar para o convés. Ao sair do refúgio, ficaram horrorizados ao ver os tripulantes italianos arrancando as velas com facas. Nesse momento, ficou óbvio que o navio iria se debater nas águas. Como poderia continuar sem as velas? O *Catilina A. Walmen* certamente acabaria nas pedras muito rapidamente.

Johnny e os quatro colegas apanharam alguns pedaços de pau grossos e subiram para o castelo de proa. Eram cinco para enfrentar 35 tripulantes enfurecidos. O cozinheiro traduziu para os tripulantes o que Johnny e os outros queriam dizer. Disseram aos tolos marinheiros que estavam cometendo um crime contra todos no navio, e contra o próprio navio. Alguns puxaram facas e partiram para cima dos cinco, mas pararam diante dos porretes. Em questão de minutos, nenhum dos italianos tinha qualquer faca e os sujeitos considerados durões estavam deitados no convés com as cabeças espancadas. Durante todo o tempo, o capitão ficara onde estava, observando tudo sem dizer palavra.

Mais tarde, quando as velas foram consertadas e a tempestade passou, o capitão convidou os salvadores do *Catilina A. Walmen* para ir à sua cabine para um copo de vinho. Disse que os tripulantes haviam agido daquela maneira porque estavam com inveja por receber como pagamento menos da metade do que os novos marinheiros. “Isso é problema deles”, observou Johnny. Seus companheiros disseram ao capitão que “se achavam que deveriam receber mais, deveriam se organizar e entrar para um sindicato, como fizemos”. “Ah”, disse o capitão, “eles nunca fariam isso.” Então estava bem, mas Johnny e seu grupo pediram permissão para fixar a vela principal. Embora fosse um trabalho que exigisse dez homens, o fariam sozinhos. “Mantenha o resto da tripulação longe dessa vela, porque se houver alguma interferência, faremos o mesmo que fizemos antes", advertiram. O capitão concordou e manteve a palavra. Os cinco protetores cuidaram da vela principal e a tripulação italiana permaneceu a distância, depois de aprender a lição.

Assim que o *Catilina A. Walmen* atracou em Gênova, representantes da empresa do navio subiram a bordo e disseram que a tripulação estava demitida. O capitão ficou realmente chateado, mas Johnny lhe disse que não poderia esperar o melhor de uma tripulação se não fosse bem remunerada. Ele e seu grupo também foram dispensados, já que nenhum deles queria mais nada com o navio. Os marinheiros mercantes eram bastante desconfiados, e o que havia acontecido no *Walmen* apenas aumentara o ceticismo deles. Mais tarde, Johnny veria o *Catilina A. Walmen* novamente no oceano Índico, mas não soube dizer se os mesmos homens estavam a bordo ou não.

Agora encalhados na Itália, o único navio que estava à procura de novos marinheiros era o S.S. *Barbarrossa*, da North German Lloyd. Era um navio de passageiros grande, de estrutura dupla, cheio de imigrantes que navegavam entre a Alemanha e os Estados Unidos. Como se entendiam bem, os cinco membros do grupo do *Catilina A. Walmen* fizeram um pacto de permanecer juntos, se possível. Mas o *Barbarrossa* só precisava de dois marinheiros, então Johnny e um companheiro assinaram contratos, enquanto os três colegas se esconderam em botes salva-vidas. Foram bem supridos de comida e água, e durante toda a viagem os passageiros clandestinos não foram detectados. Houve alguns apertos, mas a calma e o raciocínio rápido permitiram ao pequeno grupo vencer todos os obstáculos. A primeira parada do *Barbarossa*, em Argel, durou apenas algumas horas. Em seguida, foi uma arrancada só até o outro lado do Atlântico e os Estados Unidos. Ao chegar às docas reconstruídas[8] da North German Lloyd, em Hoboken, Nova Jersey, do outro lado do rio Hudson em relação a Manhattan, os dois marinheiros oficiais se demitiram e conseguiram levar para terra firme os outros três sem ser descobertos.

Havia uma greve no porto e o sindicato pediu a todos os marinheiros que não assinassem contrato com nenhum navio novo, porque havia uma disputa com empresas de navegação. Os cinco juntaram o pouco dinheiro que tinham, que para Hoboken em 1913 era suficiente. Podia-se comprar uma caneca de cerveja e uma refeição por 5 centavos.[9] Era uma cidade de marinheiros com cerca de 280 tabernas ao longo de 800 metros de docas e com uma grande comunidade que falava alemão.[10] A North German Lloyd Lines ficava no píer próximo à 4$^{th}$ Street. A maioria dos bares ia da 5$^{th}$ Street à Newark Street. Podem ter dormido no andar de cima de tabernas por mais um níquel, ou até mesmo recorrido ao Heilsarmee (Exército da Salvação), mantido por alemães, onde na década anterior camas eram alugadas por dez centavos a noite. Se tomaram a barca para atravessar o Hudson até Nova York, pagaram mais cinco centavos.[11]

Quando a greve terminou, os cinco assinaram contrato com o S.S. *Cayo Manzanillo*, da Red Funnel Line, de propriedade cubana, de eixo único, destinado ao porto de origem, Londres, sob o comando do capitão McL. Hunter.[12] Depois de cruzarem o Atlântico e chegarem à metrópole inglesa, Johnny permaneceu a bordo. Em pouco tempo, o *Cayo Manzanillo* seguiu para Kristiania (rebatizada de Oslo em 1925) e dali para Antuérpia. Chegaram na noite de Natal e um pastor conseguiu uma pequena celebração de Jul-tide para os marinheiros. No fim da festa, o clérigo viu Johnny deixando o saguão e perguntou: "Quanto dinheiro você vai gastar hoje à noite?" "Ah", disse Johnny, "cerca de cem kroner noruegueses" (US$ 18,18 no câmbio da época).[13] Era uma boa quantia para aqueles tempos anteriores à Grande Guerra.

O pastor perguntou a Johnny se não havia alguém em casa que poderia fazer feliz. A hesitação serviu apenas para o clérigo perguntar o que havia de errado. Então Johnny sucumbiu e lhe contou a história da família com toda a fealdade. Johnny sabia que o pastor queria que enviasse dinheiro para casa. O homem explicou como se enviava dinheiro por telegrama, com uma garantia de que seria entregue. Então, Johnny lhe deu um dinheiro norueguês. De algum modo, o pastor conseguiu fazer a entrega na noite de Natal, apesar do grande fluxo de telegramas.

Quando o dinheiro chegou, Wilhelm enviou um telegrama em resposta ao pastor: "Onde está meu filho?" O pastor lhe informou o porto e o nome do navio. Felizmente, o *Cayo Manzanillo* permaneceu em Antuérpia várias semanas descarregando e carregando, enquanto eram feitos alguns consertos. Não demorou muito para Johnny receber uma carta do pai. O jovem que deixara a casa para viajar pelos mares aos 14 anos abriu o envelope e soube das tragédias que haviam acontecido na Alemanha. O pai explicou que, enquanto Johnny viajava, a família ficara em um apartamento no segundo andar, em Breitergang 43, localizado praticamente em uma favela de Hamburgo. Amanda vendera os instrumentos musicais e os móveis, até não sobrar nada. Então, estendeu jornais no chão para Sophie, Willy e Oscar se sentarem e abandonou a família em 2 de abril de 1914, levando os três filhos menores.[14] Partiu com todo o dinheiro e um amante. Mais tarde, apareceu em Hamm e ficou com o viúvo da irmã. Com certeza sabia que o marido logo estaria em casa. Quando ele chegou, ficou arrasado. Instalou os filhos restantes por um breve período em um abrigo para crianças,[15] encontrou um novo lugar para morar e contratou uma empregada. Wilhelm e Sophie decidiram criar os dois meninos até crescerem e casarem.

Johnny ficou chocado ao ler o relato, e daí em diante escrevia frequentemente para o pai, quando podia. Toda a aversão à mãe veio à tona e a amaldiçoou. Johnny só podia imaginar o desespero e a luta do pai para tentar manter todos juntos. Enviava o que conseguia economizar para aliviar o fardo financeiro deles.

Estranhamente, não demorou muito para receber uma carta exatamente da pessoa que havia causado os problemas. Achou que ela só podia ter conseguido o endereço no Escritório de Informações da Marinheiros Internacional. O cônsul alemão deu a Johnny a carta selada e, diante da bela caligrafia habitual da mãe, ficou imaginando o que ela queria.

Sentado em um restaurante chamado The Green Doggy, um lugar pequeno em uma ruela de Antuérpia onde muitos marinheiros iam se divertir, começou a ler a carta. Dizia: "Meu querido filho, sei que fiz coisas terríveis com você, mas às vezes fazemos coisas e depois nos arrependemos. Sei disso hoje e lamento muito. Você decidiu ser marinheiro e viajar pelo mar aberto. Sabe-se muito bem que os marinheiros são descuidados com dinheiro. Pense no futuro, envie algum dinheiro para casa (dava o endereço) e o porei no banco, de modo que você possa aumentar suas economias. Com amor, Mãe."

Uma garota francesa que estava com Johnny disse: "Qual é o problema com você? Você está com um sorriso cínico no rosto." Antes que pudesse responder, um fotógrafo se aproximou e perguntou se podia tirar uma fotografia de Johnny e da companheira sentados à mesa com uma garrafa de champanhe. O homem tirou duas fotos. Quando foram reveladas, Johnny escreveu alguma coisa no verso de uma delas e a enfiou em um envelope endereçado à mãe. O texto dizia: "Sua carta foi recebida, veja para onde meu dinheiro vai, Johnny."

Durante essas férias em terra, Johnny fez uma tatuagem do rosto daquela jovem, ou de outra mulher, no antebraço direito. O mesmo antebraço tinha um desenho de uma águia capturando uma cobra. O outro braço, logo abaixo do cotovelo, viria a ser decorado para sempre com uma âncora proeminente.[16]

Por fim, em abril, o *Cayo Manzanillo* deixou Antuérpia com destino ao porto mexicano de Veracruz. Sua declaração de carga dizia que transportava maquinaria, mas na verdade levava metralhadoras, fuzis, pistolas e munição. Durante a Revolução Mexicana (1910-1920), Veracruz recebeu navios alemães e de outras nacionalidades carregados de armas para as forças do presidente autocrata do México, Victoriano Huerta. Mas, ao chegar à costa caribenha do México, na entrada da Baía de Veracruz, o *Cayo Manzanillo* foi barrado pela Marinha dos Estados Unidos. Um couraçado ordenou que jogasse a âncora enquanto os americanos bombardeavam a cidade, em 21 de abril de 1914, deixando dezenas de mortos. Foi o chamado Incidente de Tampico, em que a diplomacia americana da canhoneira sufocou um ditador que costumava se embriagar.[17] Quando o bombardeio naval terminou, os navios de guerra tomaram a carga do *Cayo Manzanillo*. A embarcação acabou sendo liberada e seguiu imediatamente para Wilmington, Delaware, onde recebeu uma carga de frete antes de voltar para Antuérpia.

Em 18 de julho de 1914, o *Barbarossa* deixou Bremen para sua última viagem a Nova York. Em algum lugar do Atlântico, passou lentamente pelo *Cayo Manzanillo* quando Johnny estava no leme. O capitão Hunter gritou: "Guerra entre Inglaterra e Alemanha!", e mais um monte de coisas que não foram compreendidas. Então o imediato assumiu o timão para que Johnny pudesse gritar, em alemão, a mensagem de seu capitão para o *Barbarossa*. Eles gritaram: "Muita sorte para vocês!", e Johnny respondeu gritando a mesma coisa, enquanto o *Barbarossa* seguia para um destino incerto nos Estados Unidos.[18]

Quando o *Cayo Manzanillo* atracou em Antuérpia, desembarcou a carga e recebeu uma de carvão para a viagem de volta a Wilmington. De Delaware o navio seguiu para Savannah, Geórgia. Antes de chegar ao porto, Johnny tentou saber do capitão se seria detido quando estivesse em Savannah, já que ainda era de nacionalidade alemã. Ainda não estava empregado pelos britânicos há tempo suficiente para requerer a cidadania inglesa. O capitão Hunter lhe informou que em Savannah, diferentemente de Wilmington, ele provavelmente seria detido. "Vamos ficar na costa ou vamos para a Grã-Bretanha?", perguntou-lhe Johnny. "Vamos voltar para a Grã-Bretanha", respondeu Hunter firmemente. Johnny estava realmente em um aperto, porque não tinha a menor intenção de ficar confinado na Inglaterra como civil, nem desejava ser forçado a ingressar nas forças armadas alemãs. Havia seis anos era marinheiro, mas ainda era inexperiente demais para estar familiarizado com a duplicidade da moralidade americana em ação.

Depois de atracar em Savannah, no início de setembro de 1914,[19] Johnny perguntou ao capitão Hunter se acertaria suas contas, como havia feito com mais dois tripulantes, um russo e um belga. Hunter se recusou, apesar dos apelos repetidos de Johnny. Então Johnny foi a uma casa de marinheiros, onde explicou o problema a um pastor. Um advogado foi chamado e concordou em cuidar do caso. Ao chegar ao navio, o trio pressionou o capitão a apresentar o livro de marinheiro de Johnny e seus ganhos, que chegavam a US$ 200.[20] A autoridade do porto de Savannah examinou o diário do navio e apoiou a reivindicação. O russo e o belga haviam sido pagos, então por que não Johnny?

Disseram a Hunter para pagar, mas ainda assim ele se recusou. Levando Johnny para um canto, o advogado lhe disse que acabaria recebendo o pagamento, mas demoraria. Sugeriu ao cliente que deixasse o navio antes que ele partisse novamente, enquanto levava o caso a autoridades superiores. Johnny concordou, e quando a noite envolveu o *Cayo Manzanillo* na escuridão, pulou do navio e nadou até a praia. As águas de Savannah eram conhecidas pelos tubarões. Ele tinha US$ 100 no bolso, as roupas do corpo e uma pequena trouxa com objetos pessoais. Ao chegar à praia, foi diretamente para a ferrovia no oeste da cidade. Secando-se e recompondo-se, esperou em uma das últimas plataformas dos subúrbios de Savannah. Subiu no primeiro trem que passou, comprou o bilhete com o condutor e logo estava sentado, enquanto a locomotiva e os vagões corriam para o norte. Quando a viagem de mais de 1.200 quilômetros terminou, estava mais uma vez de volta a Wilmington.

Se não está no mar, o lugar de um marinheiro é na praia, entre os navios. Johnny foi diretamente para o porto e começou a investigar cada navio nas docas, bem como aqueles que estavam ancorados no rio Delaware. "Você tem de fazer alguma coisa. Logo os americanos estarão envolvidos nessa guerra, que vai se espalhar e virar um conflito maior", pensou, parando junto a um cruzador americano. Os pensamentos foram interrompidos quando, em algum lugar acima, houve uma ordem de comando de um oficial e um homem desceu a prancha. Perguntou se era um marinheiro à procura de um navio e Johnny respondeu que sim. "Você gosta desse navio, filho?", perguntou o oficial. Johnny fez que sim com a cabeça. "Venha e vou lhe mostrar", disse, cordialmente, mostrando o caminho.

A embarcação era incrivelmente limpa, muito moderna, com tudo bem arrumado e pronta para a guerra. Ele convidou Johnny para jantar no refeitório dos oficiais. Johnny agradeceu, mas recusou. "Tenente", disse, "preferiria comer com os marinheiros, se o senhor não se importar." "Ah, acho que você quer saber o que vai comer se vier para esse navio", afirmou o homem. "Não o culpo." Então Johnny disse que já vira o bastante, estava bem impressionado, mas queria dar uma olhada em como os marinheiros viviam.

O navio era uma maravilha, com comida excelente e boas acomodações, a alegria de um marinheiro. Johnny concordou em assinar o contrato e no dia seguinte foi submetido a uma inspeção médica. Foi declarado A-1, excelente candidato. Mas a coisa degringolou na manhã seguinte, depois que um oficial de imigração surgiu do nada. Alegou que Johnny não podia ser contratado porque não era cidadão americano; além do mais, "é um desertor". Evidentemente, o capitão Hunter espalhara a notícia.

Foi levado de volta à praia, mas a tristeza repentina logo acabou, com a chegada dos documentos do advogado, que o alcançaram quando estava pensando no que fazer. Foi o primeiro certificado de intenção americano já dado a um fugitivo. Consequentemente, poderia usá-lo para se tornar cidadão americano. O papel afirmava que não apoiava a Alemanha e jamais empunharia armas contra os Estados Unidos. Com essa notícia de boas-vindas estava um cheque referente aos salários no *Cayo Manzanillo*, descontada a taxa do advogado. Johnny estava exultante. Agora as coisas com certeza iam melhorar.

Logo descobriu, porém, que ninguém o contrataria, porque a maldade de Hunter havia se espalhado por quase todos os navios do porto. Calculou que com certeza havia uma lista negra circulando com seu nome. Vagando pelo porto, acabou se encontrando com o capitão Marquis Square. Como já havia navegado com Square, recebeu uma oferta de trabalho. O navio estava seguindo para a Grã-Bretanha e depois para Roterdam. Square sugeriu que Johnny assinasse o contrato como sueco, para evitar ser detido na Inglaterra. Também poderia ficar a bordo em Roterdam, porque correria um grande risco se pusesse os pés em um solo onde a nacionalidade poderia levá-lo a ser recrutado pelas forças armadas alemãs. O capitão lhe assegurou que manteria o segredo e que o acordo ficaria estritamente entre eles.

Limpo e arrumado, o navio tinha registro holandês. Era o S.S. *Sondike*. Partiu de Wilmington e imprimiu uma boa velocidade sobre o mar manso. Quando se aproximava das ilhas Scilly, a sudoeste da Cornualha, um cruzador britânico o acompanhou até Plymouth. Oficiais militares e de imigração perguntaram ao capitão se havia indivíduos a bordo que não eram holandeses. Square respondeu que havia um sueco e pediram para vê-lo.

"Você é sueco?", perguntaram. Johnny respondeu que sim. "Onde estão seus pais?" "Meus pais morreram", respondeu Johnny. "Você tem namorada?" "Tenho uma namorada em cada porto", foi a resposta. Aquilo pareceu satisfazê-los, até que um oficial disse: "Vá para aquela sala e o veremos novamente em alguns minutos". Dez minutos se passaram e Johnny esperava, quando de repente a porta foi aberta com força por um irlandês pequeno, trôpego. Ele começou a se dirigir a Johnny falando um sueco incompreensível, começando com *Hej* (Oi). Seguiram-se várias perguntas, às quais Johnny respondeu com fluência suficiente para enganar o bêbado. Finalmente, o irlandês cambaleou até um oficial na outra sala e disse: "Ah, é um maldito sueco, sim, senhor." Johnny foi liberado e teve permissão para voltar para o navio, que partiu para Roterdam.

Durante a viagem iniciada em Delaware, Johnny ficou cada vez mais desconfiado do capitão Square. Ouvia falar de holandeses que eram pró-alemães e esperava que não fosse um deles. Mas as suspeitas continuaram. Enquanto o *Sondike* passava calmamente por Hoek van Holland, no caminho pelo rio Maas para o porto de Roterdam, decidiu que não podia se arriscar. Quando as luzes da praia começaram a refletir na água escura, abandonou o navio com a roupa do corpo, algum dinheiro, uma faca e o documento de intenção americano, enrolado em um invólucro à prova d'água.

Logo que chegou à margem, começou a caminhar em direção a um bosque no fundo de um campo. Poderia se secar, descansar e talvez fazer uma visita à sede do sindicato no dia seguinte. Quando estava prestes a entrar nas árvores, parou, olhou para trás e viu as luzes da popa do *Sondike* desaparecerem em uma curva do Maas, em silêncio mortal. Johnny havia completado 20 anos em maio. Tornara-se um homem de pouco mais de 1,80 metro e 84 quilos. Tinha uma ossatura grande e mãos fortes. Os olhos azuis herdados do pai, a inteligência e o jeito contido, principalmente quando escolhia as palavras, davam-lhe um certo carisma.[21] Era 16 de outubro de 1914. O conflito na Europa se desenrolava há mais de dez semanas.

3

# Recrutado

O sol fraco de outubro aquecia as costas de Johnny enquanto passava pelas ruas laterais de Roterdam, em um percurso em zigue-zague, até o escritório do Sindicato Internacional dos Navegantes. Ele havia dormido profundamente na floresta e acordado confortavelmente renovado. Lavara-se rapidamente em uma fonte próxima e estava pronto para o encontro. Quando entrou na cidade, sentiu que a confusão de pessoas e do trânsito lhe daria cobertura no meio da manhã.[1]

Johnny chegou à sede do sindicato, subiu dois lances de escadas e abriu a porta de vidro. Uma recepcionista matrona lhe deu um questionário e indicou uma cadeira enquanto saía pelo corredor para localizar o secretário. Em questão de segundos, estava de volta e lhe disse que o secretário o receberia, indicando a direção do escritório. Johnny foi recebido por um rosto familiar. Diante dele estava um antigo colega de escola de Wilhelmshaven, Wilhelm Johansen. "Oi, Johnny, por onde você tem andado?", perguntou Johansen, alegremente. Johnny apertou com força a mão do conhecido. "Estive por toda a parte enquanto você trabalhava para subir na vida, em terra firme, para finalmente chegar aqui como secretário do Navegantes", respondeu. "É um prazer vê-lo, Johnny. Você sabe que, como holandês, pode vir para casa para sempre e se estabelecer", informou. Estava se referindo ao fato de o sobrenome de Johnny ter origem holandesa.

A conversa estava apenas começando quando a porta se abriu e entrou Marquis Square. O capitão do *Sondike* ficou tão surpreso quanto Johnny. Explicou o repentino desaparecimento como um esforço para não lhe causar problemas por ter um alemão a bordo no porto, o que ele entendeu e aceitou. Square pareceu relaxar.

Os detalhes foram explicados a Johansen, que fez sinal positivo com a cabeça. "Você não deverá ter problemas aqui, Johnny, porque o elemento pró-Alemanha da cidade pensaria duas vezes antes de deter um membro do Sindicato Internacional dos Navegantes neutro", assegurou. Square concordou. "Politicamente", continuou, "você é a favor de Karl Liebknecht e Rosa Luxemburgo?" Liebknecht era membro social-democrata independente do Reichstag (parlamento) e orador que se manifestava contra as apropriações para a Guerra Mundial. Luxemburgo era uma ativista de centro-esquerda. Em 15 de janeiro de 1919, seriam assassinados por membros do reacionário *Freikorps* ("Corpos Livres", ou milícias), uma multidão desordenada de soldados desmobilizados e outras pessoas leais a comandantes antigos e de situação, e que essencialmente se opunha ao comunismo na Alemanha.[2]

Johnny lhes disse que não discutiria política, ao que Johansen reagiu: "Por que não? Então você é um covarde, porque não há nada a temer aqui. Se não pretende defender seus princípios, como eu, então por definição você tem de ser um covarde."

Johnny ficou muito irritado, gritou que nunca alguém o chamara de covarde e que diria a Johansen como se sentia politicamente, mas que talvez ele lamentasse o que seria dito. De início lentamente, logo a sala foi inundada pelo cáiser, pela máquina de guerra da Alemanha imperial e por todas as opiniões e ódios de Johnny. Prosseguiu por vários minutos, vagamente consciente da presença do capitão Square, que murmurou alguma coisa sobre listas de tripulantes, desculpou-se e saiu no meio dos comentários contundentes de Johnny.

Exausto, finalmente concluiu e se jogou em uma cadeira. "Você já viveu e viu muita coisa", disse Johansen, suavemente. "Se soubesse ou tivesse vivido o que você viveu, nunca teria lhe pedido sua opinião. Por favor, me perdoe." Por um instante, os dois ficaram em silêncio. Então, sacudiram a poeira e passaram a discutir o desejo de Johnny de embarcar em um novo navio em Roterdam. Os dois se despediram logo em seguida, combinando de se encontrar no dia seguinte, quando uma nova lista de navios estaria disponível, já que muitas embarcações eram aguardadas no porto. Johnny apertou a mão de Johansen, totalmente inconsciente de que o segundo encontro deles nunca aconteceria.

Johnny não viu o capitão Square do lado de fora do escritório ao sair. Seguiu pelas ruas, contente com a possibilidade de um navio. Caminhara apenas um quarteirão quando um carro parou ao lado, dois homens o agarraram e o jogaram no banco de trás. Tudo aconteceu tão rapidamente, que Johnny não percebeu que havia sido preso. Estava imprensado entre dois fortes acompanhantes, algemado, no banco traseiro, quando o carro saiu disparado pelo trânsito.

Não houve quase conversa antes de a surpresa inicial de Johnny passar. Por fim, disse, irritado: "Que diabo significa isso?" "Você está preso como cidadão alemão e está sendo deportado para a Alemanha", disse uma voz firme no banco da frente. Johnny gritou, alegou ser inocente, mas nada adiantou. Toda a sua gritaria chegou a ouvidos moucos. Chocado, finalmente caiu em um estado silencioso de descrença, olhando diretamente para a frente.[3]

O carro zuniu até a fronteira holandesa, não muito longe de Emmerich, na Alemanha. Quando parou, os captores saltaram do veículo e cumprimentaram com entusiasmo os guardas da fronteira alemã. "Outro especial de Square para vocês", foi a apresentação aos soldados sorridentes, enquanto Johnny era arrancado do carro e literalmente jogado em seus braços. "A Alemanha agradece ao capitão", foi a resposta alegre, enquanto as portas eram fechadas. O carro virou e arrancou em uma nuvem de poeira, voltando para Roterdam.

Johnny foi levado para um escritório de madeira e permaneceu em pé entre dois guardas armados enquanto um terceiro telefonava para pedir transporte. Irritado consigo mesmo, fumegou com a estupidez, sobretudo por ter algum dia confiado em Square, aquela cobra.[4] "Como me joguei bem em suas mãos, apenas para escapar mas em seguida cair em suas garras novamente, por falta de cuidado", refletiu.

Square com certeza se deliciou com parte de seu discurso contra o governo, e então telefonou animadamente do território neutro do sindicato para que fosse preso. Johnny podia ver tudo isso em sua cabeça, desde a permanência de Square ali até se desculpar e sair para cuidar de um negócio. Que tolo havia sido. Na verdade, havia colaborado para o prestígio de Square como informante. "Pobre Johansen", pensou Johnny, "não espere por mim amanhã. Deixarei sua vida assim como entrei, repentinamente." Ele deve ter encontrado sozinho um navio, concluiria Johansen. E, sem pensar muito mais, continuaria o dia de trabalho.

Um pequeno caminhão se aproximou, interrompendo os pensamentos de Johnny. Ele foi empurrado para dentro do veículo e se juntou a dois soldados armados que se sentaram ao lado, no longo banco de madeira. Foram dadas instruções ao motorista, que seguiu para Wesel, sede do comando distrital do Exército.

O oficial encarregado do bastião de Wesel era um militar convicto, grisalho, que observou Johnny de perto. Johnny ainda segurava sua bolsa de marinheiro coberta com várias bandeiras do mundo. As mãos estavam inchadas, mas agora livres das algemas. O robusto oficial ouviu atentamente enquanto Johnny lhe contava sua história, olhando de vez em quando para um colega que permanecia ao lado da mesa reluzente.

"Agora você vai ingressar nas forças armadas da pátria", anunciou, quando Johnny encerrou a história. "Não vou e o senhor não pode me obrigar. Exijo meus direitos de acordo com esse documento de cidadania americana." Johnny tirou da bolsa o documento de intenção dos Estados Unidos, com uma folha de ouro como selo, e o jogou na mesa do oficial. Os guardas que o escoltavam fizeram um gesto para contê-lo, mas o comandante fez um aceno para que se afastassem enquanto olhava o papel.

"Um pedaço de papel insignificante, sem valor aqui", irrompeu, sarcasticamente. "Você servirá ao país onde nasceu, jovem companheiro, ou será fuzilado. Olhe por aquela janela e verá um poste onde amarramos rebeldes alemães e os executamos se insistem em resistir." Johnny olhou pela janela e de fato havia um poste que parecia perfurado e lascado em alguns lugares. Não havia dúvida de que dizia a verdade. A mente fervia enquanto decidia o que fazer. Se fosse fuzilado, que fosse por algo que valesse mais a pena do que aquilo. Não havia muita escolha. "Está bem", disse ao oficial, ele se alistaria. Seu oponente deu um sorriso perverso. "Poderia antes visitar meu pai, que não vejo há seis anos, em Hamburgo?", perguntou Johnny. "Não, não pode", gritou o oficial. "Sabemos quem você é e quanto mais rapidamente você estiver nas forças armadas, melhor e mais seguro será para nós. Entretanto, informaremos seu pai por telegrama sobre seu atual paradeiro e sem dúvida ele ficará satisfeito por você estar disciplinado e agora servindo à pátria. Que ramo das forças armadas você escolhe?" A escolha não foi difícil.

Cinco dias depois de pular de um navio em Roterdam, Johnny se tornou um novo recruta da Marinha Imperial alemã, a *Kaiserliche* Marine.[5] Quando a papelada ficou pronta, recebeu um bilhete militar para o trem. Viajaria diretamente para a 2ª Divisão de Artilharia Naval, na base de Wilhelmshaven. Lá, iniciaria seu *Grundausbildung*, ou treinamento básico. Era exatamente o lugar onde, quando menino, ele e seus companheiros assistiam de longe à preparação de recrutas. Agora seria um deles, e outros meninos provavelmente o observariam por buracos em cercas.

Não havia dúvida sobre tentativas de fuga, como por exemplo não aparecer em Wilhelmshaven na data determinada. Em tempo de guerra, se fosse apanhado, receberia uma longa sentença de prisão se tivesse sorte. Muito provavelmente, seria fuzilado por estar ausente sem permissão. Desgostoso com a sorte, seguiu para a estação de trem e apresentou o bilhete de terceira classe, mas provavelmente foi para um vagão de segunda classe, já que durante a guerra não havia vagões de terceira classe. Jogou a bolsa de marinheiro no bagageiro e se acomodou para a viagem. "Daqui a um dia", pensou, "estarei usando o maldito uniforme deles. Eles podem achar que me têm agora, mas não me têm! Terão de me matar antes que me renda! Maldita Alemanha! Malditos sejam todos!"

Sopros de vapor, gritos de partida e despedidas apressadas interromperam os pensamentos desafiadores. Uma lufada de fumaça de óleo e sons abafados se espalharam pelo compartimento fechado quando a porta se abriu para que um cavalheiro e sua mulher entrassem. Ereto como uma vara, era um homem de meia idade, alto e magro, com têmporas grisalhas. Sua acompanhante tinha um semblante agradável e aparentava ter quase a mesma idade. Tinha um rosto sorridente e segurou em seu braço firmemente enquanto ele se apoderava do assento acolchoado em frente ao de Johnny.

O trem deu um pequeno solavanco para a frente em meio a novos barulhos ensurdecedores. Do lado de fora, os objetos fixos começaram a se mover, indicando a partida do trem. Logo, a estação desapareceu da janela suja, substituída por um movimento sacolejante e uma monotonia rumorosa. "Você é da Marinha Mercante?", perguntou o estranho. Johnny o fitou, sentado com suas roupas civis. "Sim, sou", respondeu. "Você gosta de estar na Marinha?" Johnny não se conteve. "A marinha que conheço é a Marinha Mercante, e não a Kaiserliche Marine. Aqueles filhos da puta sequer me deram tempo para ver minha família, que não vejo há seis anos", disse, com desdém.

O homem olhou atentamente para a bolsa de Johnny com enfeites coloridos, no bagageiro acima de sua cabeça. "Sim, as pessoas nem sempre sabem o que fazer, então seguem as regras ao pé da letra, infelizmente!" Conversaram por algum tempo e aos poucos o mau humor de Johnny passou, exatamente quando a cidade de Bremen surgia. O homem correto estava muito interessado nas funções que Johnny exercera em navios e em suas viagens, enquanto os dois balançavam para a frente e para trás. Minutos depois, o trem entrou na *Hauptbahnhof* (principal estação de trem) de Bremen e parou, com um chiado. "Agora, marinheiro, vá com calma. Não é bom se rebelar. Tenha cuidado e vai sair inteiro", aconselhou, procurando tranquilizá-lo. Rabiscando algo no verso de um cartão, levantou-se e o estendeu para Johnny. Era um passe militar para a base naval. No verso, estava escrito: "Três dias depois desta data, apresente-se para o dever. Use este passe como prova." Seguia-se uma assinatura que Johnny não conseguiu decifrar. A satisfação era ilimitada. "Quem é o senhor?", perguntou, de modo suspeito.

Ele não respondeu de início, ocupado em retirar as maletas do bagageiro. Virando-se antes de sair, sorriu, dizendo: "Boa sorte, tivemos uma boa conversa, que com certeza foi benéfica para nós dois. Por favor, aceite meu conselho e aprenda a digerir as novas experiências que você terá nas forças armadas." Acenou e desapareceu no meio da multidão na plataforma. Perplexo e surpreso com aquele encontro, Johnny ficou sentado, brincando com o cartão na mão e perdido em pensamentos. Finalmente, percebeu que o trem estava se movendo novamente.

"Hamburgo, lá vou eu", pensou. Logo, Johnny veria novamente o pai, Sophie e o resto dos irmãos e irmãs. Localizou a nova casa da família, aproximou-se e bateu na porta. Wilhelm devia estar perto da entrada, porque abriu rapidamente, mal dando tempo ao filho para dar uma olhada na nova casa. "Johnny, é você!", gritou, admirado, enquanto o filho mais velho sorria. O abraço espontâneo os levou às lágrimas. Sophie e os outros, todos falando sem parar, vieram correndo, beijando-o e fazendo algazarra. Sophie crescera e se tornara uma jovem bastante atraente. Os irmãos de Johnny — exceto Waldemar — também haviam mudado desde a última vez que os vira.

O pai contou novamente sobre a partida da mãe, sua luta para manter as coisas andando com a ajuda de Sophie e como o dinheiro ocasional de Johnny havia ajudado. Wilhelm relaxou sua mente preocupada enquanto Johnny o ouvia e se emocionava. Os presentes que comprara depois de descer do trem incluíam alimentos e algo especial para cada um. Parecia um Natal, com exclamações de surpresa prazerosa, abraços apertados, o chão cheio de papéis de embrulho espalhados. Os poucos dias que tiveram juntos foram agradáveis. Johnny voltava a conhecer cada um deles.

O pai, Sophie e Johnny discutiram a situação da Alemanha e a guerra, com todos os aspectos negativos para o povo alemão. Não conseguiam ver sentido naquele conflito e, como muitos alemães na época, odiavam a máquina militar do governo, com seu apetite insaciável. Deixava apenas morte e destruição como resultado. O cáiser, apoiado pelo SPD, queria que a Alemanha fosse uma potência mundial. Ameaças e apropriação de terras eram as bases da política externa.

Um grupo dissidente se desligou dos social-democratas em abril de 1917 e adotou o nome de USPD (Unabhängige Sozialdemokratische Partei Deutschlands — Partido Social-Democrata Alemão Independente). Na verdade, a facção surgira pouco antes do Natal de 1915, quando um grupo de membros do SPD no *Reichstag* votou contra recursos adicionais para a Guerra Mundial. Defendiam a paz sem vencedores, mas foram derrotados pelos nacionalistas da principal linha do SPD. Entretanto, o USPD continuou a ganhar apoio público com uma atitude franca e desafiante. Wilhelm Dittmann, Georg Ledebour e Hugo Haase eram os líderes do novo partido.[6]

Rebeldes e antinacionalistas formavam uma grande parcela dos membros do USPD. Juntaram-se a muitos alemães comuns que se opunham à guerra e ao cáiser. Perseguições, espancamentos e desprezo acompanhavam esses não conformistas, forçando-os a atuar clandestinamente. Comícios pequenos resultavam em brigas e derramamento de sangue, enquanto rivais se concentravam dentro e fora dos encontros do USPD. Partidos pró-governo plantavam intimidadores em pontos cruciais, para provocar confusão. Em ataques coordenados, e em número superior, invadiam e esmagavam as assembleias dos dissidentes. Nenhuma reunião era segura se não fosse secreta. Ainda assim, espiões se infiltravam no movimento, forçando os dissidentes a manter grupos menores, mais coesos e mais confiáveis.

Johnny acreditava no Partido Social-Democrata Independente. Não apenas era contra a guerra como discordava das opiniões nacionalistas, que passara a odiar na juventude, de "Alemanha, a Grande". Johnny já abandonara o SPD por causa da questão da guerra em 1914. Três anos depois, ficaria formalmente ao lado daqueles que estavam construindo o USPD.[7] Seu pai compartilhava suas convicções, mas apenas a ponto de dizer a seu filho, pois se mantinha em seu próprio grupo.

Logo aquele intervalo agradável acabou, pois chegou o dia da partida de Johnny. Em meio a demonstrações de afeto e promessas de escrever, deixou a família reunida na plataforma da estação. Apesar das objeções do pai, pôs várias notas nas mãos dele, antes de embarcar. Com o rosto pressionado contra o vidro, ainda pôde vê-los acenando na plataforma enquanto o trem partia de Hamburgo.

Wilhelmshaven era maior do que a base do mar do Norte da qual Johnny se lembrava. Conseguiu ver uma grande parte da propriedade através dos arcos iguais do portão principal em Göker Straße[8] quando o sargento em serviço lhe pediu os documentos. O terceiro dia havia chegado rapidamente, mas sua presença às 8 horas provou que era um homem de palavra. O guarda baixo, atarracado, examinou tudo com suspeita, particularmente quando Johnny apresentou o pequeno cartão que contrariava a ordem de viagem. "Ei", gritou, como um pequeno elefante, notando a ordem contrária. "Calma, sargento", disse Johnny tranquilamente, "isso é oficial, portanto o senhor poderia, por favor, informar ao capitão Friker que estou aqui?"

O sargento estava nitidamente confuso. Johnny não era nada além de um marinheiro mercante insignificante e tinha o descaramento de lhe dizer o que fazer. Virando-se irritado, deu um telefonema e foi instruído a encaminhar o recruta ao escritório principal. Resmungando e xingando, seguiu rapidamente à frente, obrigando Johnny a quase correr para acompanhá-lo. Ao chegar ao quartel-general, Johnny mal reconheceu o homem de roupas civis que encontrara no trem. Agora estava com o uniforme completo, com quatro fitas. "Então, vejo que você conseguiu chegar aqui a tempo", disse, calorosamente. "Sim, senhor", respondeu Johnny, "e me orgulho disso." "Dê o melhor de si a nós, filho. Porque precisamos de marinheiros como você", aconselhou.

Johnny passou pela divisão de registro, pelo posto médico e pela seção de provisões. Entre 30 recrutas da 6ª Companhia, recebeu roupas, uniforme e um estojo, que incluía escova de dentes. Juntou tudo sob os braços enquanto caminhava hesitante para o alojamento, do outro lado de um grande campo de desfiles. Ao entrar no prédio, cada homem depositou a bagagem sobre mesas longas no centro da sala. Com camas estreitas enfileiradas dos dois lados, os 30 novatos começaram a marcar seus objetos com números e nomes. Um marinheiro uniformizado que todos começaram a chamar de Scoopies[9] começou a dar ordens, talvez achando que acabara de herdar uma nova classe de imbecis. Interrompendo o que escrevia, Johnny reconheceu de repente um companheiro da Marinha Mercante com o qual havia navegado em várias viagens. Estava na extremidade da mesa e, no meio da conversa geral, Johnny gritou para ele em italiano, atraindo seu olhar e fazendo-o expressar uma surpresa prazerosa.

O marinheiro da Kaiserliche Marine olhou para os dois, a irritação colorindo a aparência austera. "Ah, agora vou ensinar a vocês uma lição, seu bando de vagabundos internacionais", irrompeu. "Vocês, espertinhos, acham que não sei o que estão dizendo, mas vou mostrar para vocês." "Se você entendeu o que eu disse", afirmou Johnny, "sabe que apenas dissemos alô". "Cale a boca!", retrucou Scoopies. "Pegue seu fuzil e seu casaco e venha cá!"

A última semana de outubro era fria dentro e fora, enquanto rajadas de vento anunciavam a chegada do inverno. Scoopies apanhou um banco de três pernas, virou-o de cabeça para baixo e ordenou a Johnny que se sentasse sobre uma das pernas viradas e girasse o fuzil pesado. Johnny se recusou a cumprir a ordem, enfurecendo o homem ainda mais. Tremendo descontroladamente, gritou em tom agudo: "Seu marinheiro mercante ordinário! Vagabundos, todos vocês! Seu imbecis miseráveis, vocês deveriam estar satisfeitos e agradecidos por comerem o pão do cáiser e orgulhosos por vestir os uniformes dele!"

Aquilo era demais! Johnny balançou o fuzil, fazendo um arco largo, com a ponta para frente, só parando ao bater na cabeça do atormentador. Um grito gutural vibrou na sala e Scoopies caiu inconsciente no chão. Assovios e gritos vieram de algum lugar, as portas se abriram, pessoas seguraram Johnny no meio da confusão. Algemas foram fechadas sobre seus punhos e pernas, enquanto seu corpo era brutalmente arrastado para as celas da prisão militar. Não se lembrou de ter sido atacado e derrubado, mas sim de ter sido empurrado com força pela polícia naval, que reagia ao tumulto no alojamento.

De manhã, Scoopies e Johnny estavam diante do oficial de comando, no escritório dele. O pobre Scoopies certamente não parecia bem com suas recém-adquiridas faixas de ataduras em torno de três quartos da cabeça. Parecia uma bala usada, depois de atingir uma parede de tijolos. O oficial lhe pareceu alguém muito familiar, e Johnny se lembrou de que havia navegado com ele. Fora o mais jovem oficial e o mais jovem tripulante do S.S. *Seiten*. O oficial estudou o relatório sobre a mesa, fazendo perguntas ao acusador de Johnny enquanto continuava a ler. Então, virando-se para Johnny, perguntou: "Este relatório está correto quando afirma que você derrubou Scoopies?" "Sim, senhor", respondeu Johnny, prontamente, "mas faltou uma coisa. Eu o derrubei porque nos chamou de sujos, fedorentos, escória do planeta; e disse que deveríamos estar satisfeitos por comermos o pão do cáiser e vestir seus uniformes." "O quê?" Johnny prosseguiu: "Nesse caso, o senhor também é a escória do planeta por ter sido oficial da Marinha Mercante." "Você disse essas coisas, Scoopies?", inquiriu. Johnny interrompeu: "Não pergunte a ele, senhor, chame as 30 testemunhas de nosso alojamento e elas lhe dirão quem está certo." "Vá com calma, marinheiro", exigiu ele, aborrecido. "Não precisamos disso. Scoopies, você disse essas coisas?" Cabeça baixa, o marinheiro resmungou que sim. "Quatorze dias de prisão, marinheiro, agora saia!"

Virando-se para Johnny depois que o outro saiu, disse, gentilmente: "Ouça, garoto, eu me lembro de você como um marinheiro bom, capaz, que nunca demonstrava medo. Estou confinando-o a uma cela por três dias. Pegue seis pacotes de pão para levar." Sorriu e balançou a cabeça enquanto Johnny saía. No primeiro dia, Johnny acabou com o pão. Achou que era o confinamento mais confortável que já tivera, e de fato teve sorte por receber uma punição tão leve.

Logo reencontrou os companheiros, que sentiam o mesmo que ele em relação à Alemanha e seus objetivos imperialistas. Havia rostos novos no grupo, mas todos eram literalmente homens da Marinha Mercante recrutados como ele havia sido, com reprimida oposição a seus captores. O substituto de Scoopies era um suboficial cabeça-dura, mais um homem do cáiser completo. Ele e um grupo de outros suboficiais prometeram consertar os novos recrutas. Xingavam, rebaixavam e tratavam os recrutas como lixo sempre que tinham oportunidade. Por outro lado, o apoio que tinham devia ser frágil, porque não se aventuravam a ir a lugar algum sozinhos. Eram sempre vistos em grupos de três ou quatro. A hostilidade irradiava-se em ondas cada vez que os dois lados se encontravam.

Um dia, importunaram Johnny, cercando-o do lado de fora, em um frio congelante, sem que estivesse de casaco. Foi obrigado a engatinhar, apoiando-se nos joelhos e nos cotovelos, com um fuzil preso aos dentes, como se fosse um osso. "Agora, seu vagabundo, rasteje até o ginásio de esportes", ordenaram, entre gritos, zombarias e pontapés. O ginásio de esportes ficava a 2.400 metros, depois de um caminho de cascalho, pelo campo de desfiles, de um caminho de pedra e de uma barragem íngreme. Os companheiros de Johnny não puderam ajudá-lo porque foram trancados no alojamento e dois capangas montavam guarda do lado de fora.

Quando Johnny começou a se mover, pedrinhas cravaram-se em seus cotovelos e joelhos. "Mais rápido", gritaram os oficiais enquanto se arrastava. Aos poucos, o movimento rasgou a pele, transformando-a em uma mistura de sangue e carne. Morrendo de dor, fez o percurso. Os movimentos diminuíram e cessaram completamente quando chegou ao ginásio e caiu. Chutes atingiram seus braços e pernas ensanguentados enquanto ordenavam: "Agora, volte!"

O ódio que Johnny sentira no início se misturava agora à determinação de não se submeter ao que pediam. "Você não consegue se levantar?", perguntou uma voz estridente. "Não, senhor", murmurou Johnny, vagamente. Ele se lembrou de ter sido erguido por muitas mãos e depois desmaiar. Quando acordou, estava com muita dor, na sala de exames impecável do Marine Lazarett (hospital), em Kaiser Straße. Que ironia, deve ter pensado, por estar a apenas um quarteirão de sua antiga escola, o Kaiser Wilhelm Gymnasium. Quem poderia imaginar que aquele jovem que abandonara a educação formal aos 14 anos para ingressar na Marinha Mercante estaria um dia todo arrebentado em um hospital a apenas metros de distância?

Era como se o fantasma de um médico pairasse sobre ele, examinando seus cotovelos, joelhos e a carne ferida, rasgada até o osso em alguns pontos e pingando sangue. As palavras de raiva do médico penetravam no pensamento de Johnny. "Como isso aconteceu?", perguntou ao suboficial que o acompanhava. "Este homem vai precisar de várias operações." "Ele se feriu durante um treinamento, senhor", foi a resposta, em uma voz fraca. "Ferido durante um treinamento? Que tipo de treinamento?", interrogou o médico. "Ele não caiu. Seus ferimentos são de algum tipo de punição desumana que nem um cachorro poderia aguentar." "Foi uma questão de disciplina, senhor", a voz hesitante se manifestava novamente. "Ele é um causador de problemas e tivemos que dar uma lição para ele próprio e seus camaradas." "Disciplina não rasga a pele de um homem como um bife cru, seu tolo", gritou o médico. "De agora em diante você vai parar com esse tipo de tratamento, entendido? Fique sabendo que você terá um problema sério quando concluir meu relatório. Agora suma da minha frente, seu sádico!"

Resmungando consigo mesmo, o médico limpou e cobriu as feridas de Johnny e lhe deu uma injeção contra tétano. Orientou um assistente a verificar se estava pronto para ser operado na manhã seguinte e para informá-lo de que permaneceria sob seus cuidados durante pelo menos duas semanas, até que as feridas curassem. Antes de partir, naquela noite, ele se debruçou sobre o leito do paciente e lhe disse que lamentava ver o que havia acontecido. Advertiu Johnny de que nas forças armadas as pessoas não eram solicitadas a pensar ou se expressar abertamente. A regra era obedecer e cumprir ordens. Os questionamentos e as discussões livres da vida civil não existiam. Johnny foi aconselhado a ouvi-lo atentamente. "Se quer continuar vivo, submeta-se, não importa se é certo ou errado. Siga meu conselho e verá que está correto. Desconsidere isso e a punição que você teve será apenas um arranhão comparada ao que um homem é capaz de fazer com um companheiro." Não havia lugar para rebeldes no sistema do cáiser. "Você é jovem e não sabe dessas coisas. Pense com liberdade, se tem necessidade, mas guarde isso com você e, quando a guerra acabar, poderá praticar aquilo em que acredita. Espero que tenha uma vida longa."

Embora Johnny tenha dito que sempre se lembraria das palavras do médico, seu espírito permaneceu inquebrantável. Na manhã seguinte, foram feitos vários enxertos de pele. Logo, as feridas curaram. Os cuidados médicos e a boa comida permitiram que voltasse ao serviço militar em duas semanas, ainda fraco. Os companheiros se alegraram com o retorno. Disseram-lhe que foram informados de que recebera o que merecia e que os outros poderiam esperar o mesmo se não se rendessem à autoridade dos oficiais. Essa ameaça só serviu para unir ainda mais os recrutas. Daquele momento em diante, traçaram sua estratégia e seu desafio com um cuidado meticuloso, buscando todos os meios à disposição para atrapalhar o odiado treinamento militar. Onde pudessem minar, romper ou destruir, o fariam, sem considerar a segurança pessoal. Começaram a pensar em si mesmos como o Grupo dos 42, homens fortemente movidos por um ardente objetivo em comum.

O aprendizado progrediu rapidamente, com instrução para uso de armas, treinos, educação física e conhecimentos sobre navegação. Devido à experiência na Marinha Mercante, Johnny e os companheiros eram muito mais hábeis do que os recrutas habituais. Quando as várias semanas de instrução chegaram ao fim, missões foram designadas e os 42 homens se separaram. Pôde-se ver que o comandante da base não era tolo pela maneira como transferiu os rebeldes para dez navios de apoio a couraçados. Ao dividir os causadores de problemas, enviando-os para lugares diferentes, o oficial-chefe visava ao controle e à submissão. A teoria era "divididos, eles caem".

Mas foi um erro. Na verdade, os laços e as crenças mútuas dentro do grupo estavam tão bem definidos que a atitude de separá-los só provou ser a disseminação de mais sementes de inquietação em um campo agora muito maior. Os 42 se dispuseram a prosseguir em seus esforços, sendo cada um deles um líder que daria continuidade. Lugares de encontro e métodos de comunicação foram combinados antes de assumirem seus postos. Johnny e mais dois foram designados para um navio detector de minas explosivas, que tinha como destino o mar do Norte. Explodiria um obstáculo no mar britânico, ao largo da costa alemã, permitindo que navios da Kaiserliche Marine ultrapassassem a barreira. Assim, os navios de guerra ficariam mais perto do coração da Grã-Bretanha e causariam perdas à Marinha daquele país.

A operação aconteceu à noite; no momento em que eles alcançaram suas coordenadas em mar aberto, fazia um frio terrível. O mar alto e os ventos fortes faziam o navio balançar para frente e para trás de modo quase insuportável, sob uma lua que permanecia convenientemente escondida atrás das nuvens. Na popa oscilante, cinco marinheiros e Johnny — todos com coletes salva-vidas — reuniam-se com um tenente que ordenava que pulassem na água gélida e nadassem até as redes. Ao chegar às barreiras, deveriam amarrar explosivos programados que romperiam a teia.

Os homens argumentaram que em um mar como aquele não conseguiriam alcançar as redes. "Não seria melhor chegar mais perto, prender os explosivos e então acioná-los eletricamente?", perguntaram. O oficial ficou lívido e não lhes deu ouvidos. Apesar do coro de protestos e apelos à razão, estava irredutível.

Com grande dificuldade, os seis homens se jogaram no mar pela lateral, carregados de explosivos em mochilas presas no alto dos volumosos coletes salva-vidas. O mar imediatamente os jogou para trás. Eles nadavam com toda a força, apenas para serem encobertos por onda após onda. O navio balançava descontroladamente, apesar de a proa enfrentar a água agitada. A embarcação tremia e lutava a cada onda que batia e se transformava em jatos de água salgada. Depois de muitas tentativas inúteis, Johnny e os companheiros não conseguiam fazer mais nada. Estavam totalmente exaustos e com os corpos dormentes por causa do frio. Um após o outro, arrastaram-se para subir no navio, a estibordo, quando uma onda forte os jogou contra o convés.

O oficial estava furioso. Com a ajuda de alguns poucos aliados, literalmente chutou e empurrou os marinheiros cansados de volta ao mar. Johnny e os companheiros não sabiam se viveriam ou morreriam. Suas seis cabeças raspadas não podiam ser contadas coletivamente, uma vez que algumas estavam subindo em uma onda, outras estavam na crista e outras ainda estavam em um canal entre as ondulações. A hipotermia estava próxima. O frio paralisava até a medula. As mãos e pernas congeladas não se moviam. Os homens pareciam peixes mortos na superfície, mantidos na linha d'água apenas pelos coletes salva-vidas. O peso das bolsas de explosivos lhes tirava o equilíbrio, enquanto mais ondas estouravam sobre eles. A carga tornava-se insuportável. Com um esforço fenomenal, homem após homem forçou suas mãos insensíveis sobre os ombros de outro e soltou os pacotes de explosivos. Cinco conseguiram voltar para o navio. Hans, o sexto, nunca mais foi visto. Conseguiu a paz na morte, depois de quatro horas no mar revolto.

Sobre os corpos ensopados e tossindo, encolhidos no convés, o oficial que os havia mandado para a água gritava e se enfurecia. Chutava os cinco sobreviventes enquanto xingava, mas os homens aos seus pés não pareciam se importar. O frio cortante e a exaustão foram interrompidos com uma pancada dolorosa na cabeça de Johnny. A bota do tenente o atingira, trazendo-lhe percepção e consciência. Johnny se lembrou de ter se ajoelhado e depois se levantado. Vagamente, viu um rosto diante dele. Reagindo com toda a energia que conseguira reunir, bateu o punho congelado contra o objeto. O oficial cambaleou com o impacto e, se não fosse pela tripulação que o amparou quando caiu para trás, teria batido no convés, sendo varrido para fora da embarcação. Aparentemente, recebeu todo o impacto do golpe no rosto, o que cortou seu lábio e fez cair alguns dentes, que se tornaram souvenires para a tripulação.

Cuspindo e pingando sangue, o tenente gritava palavras sem sentido, como um louco, e deu outro chute na figura débil de Johnny, que caíra imediatamente depois de lançar sua mensagem pessoal de protesto. "Levem-no para a cela", gritou o tenente sobre o vento uivante, apesar de a tripulação reclamar. Cinco marinheiros carregaram Johnny para o confinamento, embaixo. Dez minutos depois, com os olhos inchados e a cabeça tonta, viu a porta se abrir. Foi levado para fora. O oficial, desgrenhado e ensopado de sangue, que escorria da boca aberta, foi jogado na cela e a porta foi trancada.

Johnny soube que, depois de o levarem para baixo, os tripulantes voltaram para a popa e viram o tenente chutando e xingando as figuras prostradas restantes. Era o suficiente. Eles o agarraram e lhe deram alguns golpes na virilha, no meio do torso e na cabeça. Depois de amarrar mãos e pés, arrastaram-no para baixo, para ficar no lugar de Johnny.

O resultado disso tudo foi uma sessão de grupo com o capitão. Quando foi informado sobre o que acontecera e sobre onde estava o primeiro oficial, pôs os cinco marinheiros nos dormitórios, sob guarda. Receberam cobertores, café e conhaque, seguidos de sopa e sanduíches. O tenente permaneceu na cela. Suas tarefas foram cumpridas por um suboficial que ficara do lado dos tripulantes. Mais tarde, o capitão visitou os cinco sobreviventes e ouviu pacientemente suas histórias. Em seguida, repreendeu cada um deles severamente, referindo-se ao cumprimento de ordens, apesar dos fatores envolvidos e do que cada um deles pensava. O capitão reconheceu que o oficial não tinha direito algum de chutar qualquer pessoa. Ele responderia por isso assim que o navio chegasse à base.

A viagem de volta foi rápida, porque o capitão percebeu que tinha problemas a bordo. O comandante da base achou que seria o curso mais seguro a tomar, considerando o mar tempestuoso e a tripulação revoltada. O tenente foi libertado por ordem do capitão um dia antes de chegarem a Wilhelmshaven. Ninguém o viu, porque foi liberado do serviço e permaneceu isolado na cabine até a chegada.

O grupo que agora esperava a chegada do navio na plataforma da doca era formado por oficiais de alta patente, alguns de nível mais baixo e um destacamento da polícia naval. Os rebeldes foram confinados na cela da base, a pão e água, até que uma corte marcial se reunisse, dias depois. Não viram o capitão do navio e o primeiro oficial testemunharem. A corte marcial foi rápida e eficiente, uma vez que atrasos não são uma vantagem em tempo de guerra. Todos fizeram seus relatos. O tenente teve a patente reduzida e ficou preso durante algum tempo. Johnny recebeu uma pena de 30 dias de prisão e uma repreensão verbal. Apesar disso, achou que teve justificativas para fazer o que fizera. A permanência em confinamento na base transcorreu sem incidentes. Vários membros do Grupo dos 42 também estavam lá, depois de causar distúrbios em seus navios. Hans foi considerado herói e a família avisada de que morrera durante uma missão perigosa no mar, tendo servido bem ao cáiser. Hans teria se revirado em seu túmulo no mar se soubesse disso, porque não se sentia bem na função de servir à Alemanha. Os outros tripulantes se separaram e foram designados para outros navios.

Dittmann, Ledebour e Haase, os três políticos do USPD, tornaram-se conhecidos entre alguns membros do Grupo dos 42. Como ouviam falar das proezas dos recrutas desde o início, passaram a se encontrar com vários deles, geralmente sozinhos e sempre fora da base. Foi oferecida ajuda financeira, bem como apoio total do partido. Folhetos e panfletos com críticas ao cáiser logo apareceram em torrentes nas bases militares alemãs. Nos meses que se seguiram, o USPD continuou a se encontrar com o "42" para reabastecê-lo de propaganda, discutir planos para um motim e conseguir equipamentos para ajudá-lo a romper a Kaiserliche Marine. O movimento começou a ser chamado de Revolutionärer Ausschuß (Comitê Revolucionário), ou RA. Cresceu e se fortaleceu rapidamente, com novas células surgindo em navios e bases navais. Os 42 originais logo se tornaram mais de 2 mil só em Wilhelmshaven.

Cada pequena unidade de três ou quatro homens se expandiu e se dividiu como uma ameba, até que havia literalmente centenas de células na Marinha alemã. Havia uma pequena presença até mesmo na prisão, um lugar em que muitos se convertiam à causa. Sob ameaça de morte, os nomes de cada aliado e todas as reuniões do RA eram secretos. Durante muito tempo, a sociedade clandestina foi mantida como um mistério bem guardado, apesar de constantes investigações militares e espiões tentarem descobrir informações. A despeito das tentativas, a Marinha não conseguia conter o RA. Frequentemente, o canhão de um navio entupia, areia fazia máquinas pararem e uma peça de substituição se perdia no meio do caminho. Os golpes se tornavam maiores e mais arrojados à medida que o poder e a ousadia do RA aumentavam.

Depois de sair da prisão, Johnny foi designado para a função de guarda da base. Recebeu ordem para vigiar uma ponte adjacente ao complexo naval. Durante a primeira patrulha, reencontrou Emma Todicain. Quando a antiga namorada da escola tentava cruzar a ponte, a reconheceu, embora tivessem se passado oito anos desde o último encontro dos dois, em 1908. Ela não se lembrou dele imediatamente. Apresentou a Johnny um passe, mas no verso estava impresso "Entrada proibida". "Emma", disse, "é um prazer ver você." "Como ousa?", reagiu, sem reconhecê-lo. Então recuou; o espanto cobriu seu rosto enquanto exclamava, surpresa: "Meu Deus! É você, Johnny!" Eles se abraçaram, enchendo um ao outro de perguntas e respostas ao mesmo tempo.

Estava casada e feliz e os pais ainda moravam em Wilhelmshaven. Johnny e Emma tiveram um encontro alegre, ao fim do qual a deixou cruzar a ponte para comprar alimentos do outro lado. Era preciso um passe especial para fazer a travessia, devido à proximidade da ponte com a base, embora a via fosse bastante usada. "Como você pode estar na Marinha,

Johnny, quando queria o mar aberto mas nenhuma ligação com as forças armadas?", perguntou, ao se despedir. "Circunstâncias, Emma, mas ainda vou derrubá-los", respondeu, com determinação. "Tenho certeza de que sim, Johnny. Você sempre foi alguém que se rebelava contra coisas que os outros aceitavam sem questionar. Boa sorte, estarei pensando em você." Ao chegar à extremidade da ponte, acenou, assim como ele. "Querida Emma", pensou, "como você capturou meu coração quando era jovem." No dia seguinte, não foi designado para o serviço na ponte, e então supôs que os guardas, que obedeciam às regras ao pé da letra, como só os alemães conseguem fazer, teriam impedido Emma de passar, se tivesse retornado.

Logo foi designado para um navio de guerra, o SMS *Westfalen*, sob o comando do capitão Johannes Redlich.[10] Era um navio importante, da emergente *Hochseeflotte*, ou Frota de Alto-Mar, e Johnny teve um papel significativo na Batalha de Jutland, no fim de maio de 1916.[11] Essa foi a única grande batalha naval da Primeira Guerra Mundial, e os dois lados alegam ter saído vitoriosos. Na verdade, os alemães afundaram mais navios, mais toneladas, e perderam menos homens. Mas foi apenas uma vitória no papel, porque a proporção de navios de guerra entre as duas marinhas permaneceu mais ou menos a mesma.[12] Os britânicos continuaram a ter mais de tudo.

Johnny fora promovido a primeiro-sargento-chefe, ou *Bootsmann*, encarregado das torres de canhão do *Westfalen*. O navio liderou a linha alemã em determinado momento na Batalha de Jutland e foi total ou parcialmente responsável por afundar cinco destróiers britânicos: HMS *Ardent*, *Fortune*, *Sparrowhawk*, *Tipperary* e *Turbulent*. Mais cinco foram danificados: HMS *Broke*, *Contest*, *Petard*, *Porpoise* e *Spitfire*.[13] Johnny recebeu a Cruz de Ferro de 1ª Classe por bravura durante o combate e ganhou uma ilustração da batalha assinada pelo cáiser. Só os alemães que participaram do confronto receberam essas gravuras. Johnny recusou a medalha, retirando o casaco militar e atirando-o no convés. Pelo ato de insubordinação, foi posto na cela por 28 dias e mais tarde instado a aceitar a homenagem.[14]

Naquela época, a Alemanha tinha 60 mil marinheiros, grande parte convencida de que o caminho alemão não era o deles. O comando em Wilhelmshaven pediu a muitos desses homens que treinassem voluntariamente para se tornar oficiais, mas a maioria se recusou, inclusive Johnny. Alguns, cujas convicções não eram firmes, como as de um grupo maior de insatisfeitos, aceitaram. Talvez se sentissem como o médico que cuidou das feridas de Johnny. Como estavam na Marinha, talvez vivessem da melhor maneira possível e tentassem atravessar a guerra sãos e salvos.

Quanto a Johnny, um oficial lhe deu outra séria advertência: cooperar ou sofrer as consequências. Dessa vez, o orientador foi o tenente-comandante Wolf, que passou pela rígida fila de marinheiros rebeldes que se apresentavam para inspeção no tombadilho do *Westfallen*. Wolf dirigiu comentários cáusticos a cada um dos homens. Quando chegou a vez de Johnny parou e o examinou de cima a baixo. Sem avisar, levantou a mão rapidamente e arrancou o quepe de Johnny. "Seu chapéu estava torto, pegue-o e ponha-o direito, seu vagabundo", gritou.

As últimas palavras mal haviam saído da boca quando Johnny, como se fosse pegar o quepe no chão, apanhou uma caixa de ferramentas metálica junto à perna esquerda. Erguendo-a rapidamente para frente, com grande força, bateu com ela no rosto assustado de Wolf. O oficial cambaleou para trás com o golpe, gritou e viu seu sangue começar a jorrar por todos os lados. Como acontecera quando derrubara Scoopies, seguiram-se ordens furiosas, uma briga e Johnny foi agarrado e levado para dentro do navio, sob guarda. Foi jogado na cela, dessa vez por cinco dias. Wolf, assim como Scoopies, não ficou bem. Durante uma semana, exibiu uma variedade de ataduras, provocando comentários e risos dissimulados de tripulantes.

Otto Klutzka,[15] membro de um grupo rebelde, manteve Johnny informado sobre os acontecimentos na base durante o confinamento. Johnny lhe disse para entrar em contato com líderes do grupo e fazer atividades do RA em protesto. Um dia depois, Johnny ouviu uma forte explosão, quando um depósito de munição foi pelos ares. Ninguém se feriu, mas o caos se instalou em Wilhelmshaven. As autoridades nunca souberam que Johnny fora o motivo da explosão. Depois de ser retirado do confinamento, foi transferido para outro navio e, com mais quatro marinheiros, logo se encontrou com Dittmann e Haase na cidade. Foi um encontro em que traçaram planos para uma ação contínua. Johnny e os quatro colegas foram informados de que cada base naval alemã se tornara um foco de rebelião. Até mesmo unidades do Exército e da Aeronáutica estavam envolvidas.

O Revolutionärer Ausschuß decidiu intensificar os esforços e marcar uma data para um motim naval geral. Enquanto isso, o Alto Comando alemão — constantemente frustrado com a falta de apoio à guerra entre os marinheiros — criara uma eficiente rede de espionagem. Isso resultou em várias prisões e quatro sentenças de morte para marinheiros do *Westfalen*. O traidor era um marinheiro chamado Adams.[16] Entretanto, àquela altura as sabotagens e a propaganda do RA já haviam começado a mostrar resultados surpreendentes. Falhas de equipamento e desrespeito geral se tornaram lugar-comum. Células do RA continuavam a crescer e a Frota de Alto-Mar da Alemanha Imperial entrou em estado de inatividade. As missões geralmente não eram bem-sucedidas, por causa da incompetência, dosada com rumores diários sobre uma possível revolta. O governo em Berlim estava transtornado e clamava por medidas mais firmes.

A força silenciosa estava efetivamente atrapalhando o grande sonho do cáiser e solapando seu poder. Brigas entre oficiais e marinheiros eram cada vez mais frequentes, enquanto tumultos explodiam desde os banheiros até os postos de vigília localizados nos mastros. Uma grande reunião estava prestes a acontecer. Seria o início do ataque final. Eram um pequeno grupo de dissidentes em 1915, porém, mais de dois anos depois, estavam a ponto de derrubar o governo.

Sem aviso, em 17 de agosto de 1917, um grupo considerável do RA — inclusive o "42" original — foi preso. A base se tornara um acampamento armado, enquanto mais de 2 mil membros da Marinha eram acordados sob a ponta de baionetas, detidos e levados. Alguns foram rapidamente transportados para prisões em outras partes da Alemanha. Johnny estava entre aqueles sob forte vigilância em um lugar que conhecia bem, a prisão da base de Wilhelmshaven. Por meio de espiões e agentes provocadores, os almirantes haviam finalmente obtido os nomes que formavam todo o círculo interno do motim.[17]

Os insurgentes do *Westfalen* foram submetidos a uma corte marcial, assim como os de outros navios. Tiveram de vestir os uniformes completos, com medalhas. Johnny estava com as fitas do serviço militar e a Cruz de Ferro.[18] O pobre Klutzka, o amigo que mantivera Johnny informado na cela, estava aterrorizado. Era um jovem inocente, vindo de uma família de mineiros de carvão da região do Ruhr. De certa maneira, fora coagido a ingressar no grupo. Johnny lhe assegurou que falaria a seu favor no julgamento e declararia que fora forçado a ingressar no "42" contra a vontade. Quando a audiência aconteceu, a situação de Klutzka foi explicada a um grupo de juízes, que ainda assim o condenaram a cinco anos de prisão. Ao ouvir a sentença, Johnny se levantou e gritou: "É essa a justiça de vocês para este homem?" Sua interferência com certeza abalou os magistrados, porque eles se reuniram durante algum tempo e mudaram a sentença. Otto Klutzka foi libertado.

Alguns dos outros foram considerados líderes e condenados à morte. Dois inocentes, Max Reichpietsch e Albin Köbis, foram fuzilados. Johnny enfrentaria o pelotão de fuzilamento, mas, graças à interferência de seus capitães, teve a sentença reduzida, em 13 de outubro de 1917, para um ano e nove meses de trabalhos forçados.[19] Seria levado para um lugar especial no leste da Polônia, o Forte Osowiec, para começar a cumprir ali sua sentença. A fortaleza de Osowiec já fora território russo, mas, em 1917, era controlada pela Alemanha.

Depois das audiências, o Grupo dos 42, agora reduzido a um membro, foi transferido de Wilhelmshaven para Kiel. Foram jogados em um navio ancorado, vigiados por 84 guardas armados e dois soldados.[20] Quando o vapor partiu para o leste, Johnny, pensou em Klutzka e se sentiu satisfeito. Klutzka era um homem que não sofreria. Johnny não sabia que dos outros 40 membros — 33 do *Westfalen* —[21] apenas sete estariam vivos nove meses depois.

# 4

# Osowiec

O trem com os rebeldes vindo da costa seguiu até parar na plataforma da estação de Osowiec. Esperava por eles, no início de dezembro de 1917,[1] um dia extremamente frio — a temperatura chegava a 28 graus Celsius negativos. Rapidamente, todos foram postos em um caminhão e transportados para o bastião polonês, encarapitado, a menos de um quilômetro, em um cenário pitoresco de bosques e encostas. As roupas dos recém-chegados eram os leves uniformes de marinheiro e sapatos. Não usavam sobretudos, quepes nem luvas.[2]

Entre 1880 e 1890, a Rússia construiu o complexo de Osowiec em etapas, para ser o centro da rede de defesa contra a Alemanha. A cidadela com quatro fortes fechava a única passagem pelos vastos pântanos do rio Biebrza. Cercada por um grande número de canais, fossos e barragens, caiu nas mãos do Exército alemão em 1915, como resultado de uma retirada estratégica de tropas russas. As forças do cáiser passaram a usar parte dela como prisão.[3]

As instalações eram impressionantes. Havia muros altos em alguns pontos e uma ponte levadiça sobre um impetuoso riacho cheio de pedras, que jorrava água quando não estava congelado. Em postos de observação, fuzis apontados na direção dos prisioneiros se impunham sobre os penhascos de granito ao redor. A construção se destacava no horizonte, dos dois lados da ponte. Os guardas desembarcaram os prisioneiros, entregando-os aos novos vigilantes, armados de fuzis e revólveres.

Em filas duplas, os condenados foram obrigados a marchar sobre a ponte e seguir por um caminho de cerca de 200 metros até uma área de concentração de 100 metros quadrados. O desfile de correntes retinindo finalmente recebeu dos guardas a ordem de parar. Haviam chegado ao destino. Os rebeldes da Kaiserliche Marine estavam à espera de inspeção diante de um longo prédio administrativo.[4] Por toda a parte havia guardas ameaçadores, prontos para atirar. Advertindo-os sobre a pouca chance de escapar, flocos de neve se acumulavam em todos os cantos, tornando ainda mais úmidas as roupas finas e os sapatos gelados. O frio agudo penetrava fundo nos corpos enquanto os 41 do "42" original tremiam, em formação hesitante.

Uma ordem de silêncio foi dada repentinamente. Um apito agudo levou todos a uma rígida atenção, enquanto o comandante da prisão aparecia. Capitão Hoffman Bermann, um estrito disciplinador de pouco mais de 1,80 metro, perfil delgado e uniforme militar perfeito. Usava um capacete prussiano com uma ponta, botas altas e luvas. Vestia-se de maneira imaculada, com uniformes limpos, impecáveis. Era um dos orgulhos do cáiser. Era também um homem bruto, que se deleitava rompendo espíritos e corpos ao mesmo tempo. Johnny e os outros descobriram mais tarde que Bermann já fora encarregado de uma cidade da Alsácia-Lorena, mas, devido aos escândalos que provocou, fora substituído e designado para Osowiec.

O capitão Bermann caminhou de maneira arrogante diante dos prisioneiros reunidos, demonstrando um prazer estranho com a situação penosa de cada homem à sua frente. Aquecido pelas roupas, a arrogância se manifestava em cada gesto enquanto examinava o trêmulo grupo de prisioneiros. Com um guarda armado de cada lado, iniciou o discurso em alemão: "Nenhum de vocês, traidores imundos, deixará esta fortificação vivo. Vocês não têm país; vocês, conspiradores que queriam que a pátria perdesse a guerra."

Repetia-se várias vezes enquanto os cativos começavam a congelar, afundando em dez centímetros de neve fresca. "Nenhum de vocês, monstros desumanos, deixará este lugar vivo", gritou. Bermann continuou falando descontroladamente durante mais de uma hora, chamando os prisioneiros de tudo que vinha à mente. Alguns homens logo tombaram na neve, que chegava aos tornozelos, inconscientes. Outros, quando já não conseguiam aguentar, aumentavam seu sofrimento urinando nas calças leves. Mais corpos caíam no pátio coberto de neve, com os rostos para baixo, enquanto ventos em redemoinho emitiam um uivo de morte sobre suas figuras desmaiadas.

A repreensão de Bermann foi encerrada. Os prisioneiros que ainda estavam de pé receberam ordem de recolher os companheiros caídos e marchar a passos largos até o prédio. De algum modo, conseguiram fazer isso, os quase congelados carregando os semicongelados, empurrados por chutes e golpes com a ponta de fuzis. Lá dentro, foram tratados e levados novamente para fora, na direção de um dos buracos usados para estocar munição quando o forte estava sob domínio russo. Ao entrarem, a luz quase desapareceu enquanto desciam degraus molhados, talhados rudemente na pedra, até um andar inferior, onde foram jogados em um calabouço escuro. Era uma das muitas catacumbas aglomeradas em meio a água gelada e mofo. Pequenos fragmentos de caixas de munição de madeira apodreciam na sujeira. Um cheiro pungente de podridão e destruição penetrava nos sentidos já abalados daqueles homens.

Logo souberam que outros calabouços em Osowiec continham mais prisioneiros, 60 em cada. Johnny e seus 40 colegas foram comprimidos naquele confinamento com um colchão e um cobertor, úmidos e sujos, para cada cinco homens. Os que desmaiaram no pátio externo finalmente receberam ajuda dos mais capazes, que os esfregaram para que a circulação voltasse. Todos os prisioneiros tinham ulcerações causadas pelo frio, cujas cicatrizes ficariam na pele para sempre. O espaço para dormir não favorecia os dedos enegrecidos dos pés e das mãos. Cada grupo de cada cela era obrigado a fazer revezamentos para dormir nos colchões, com cobertores esfarrapados. Embolados e apertados, viravam-se aproximando-se uns dos outros para compartilhar o precioso calor do corpo. Wolfgang, o primeiro dos 41 a cair no pátio, recuperou a consciência, mas a palidez doentia e a fraqueza geral eram preocupantes. A figura pequena estava banhada em gotas de suor que mal conseguia suportar. Entrava e saía de estados de delírio durante a noite.

A luz fraca do lado de fora tremulava com o impacto das botas dos guardas. De vez em quando, paravam diante da porta de madeira espessa de alguma cela para espreitar através de uma pequena grade com sólidas barras de ferro. Os xingamentos e as cusparadas contra os prisioneiros ecoavam na escuridão. Para os homens ali dentro, não havia dúvida de aqueles guardas não haviam sido escolhidos por outro motivo que não fosse a brutalidade. Gritos de tortura e loucura rompiam continuamente o silêncio. Cada barulho de pancada e gemido dizia aos prisioneiros que uma ponta de fuzil novamente atingira a cabeça de alguém.

A primeira noite de terror em Osowiec fortaleceu ainda mais os laços entre os homens do desmantelado RA. Prometeram cuidar uns dos outros, não importava o que acontecesse. No momento em que faziam o acordo, um guarda anunciou sarcasticamente, fora da cela, que a temperatura subira dez graus. Diante da porta trancada, de capa de chuva, também teve o prazer mórbido de revelar como muitos prisioneiros haviam morrido até aquele momento. Mas os comentários apenas fizeram com que os homens na cela de Johnny ficassem ainda mais determinados a sobreviver. Pela manhã trouxe uma ração de pão mofado e um pouco de água com gelo se formando no topo. Depois, mais nada, e outra noite chegou, com o chão de pedra molhado sendo usado como cama para os que não estavam de pé.

Sem se barbear e em trapos, os 41 marchavam escada acima e em seguida na direção do prédio da administração, para ser interrogados. Para acelerar a travessia, os guardas usavam fartamente porretes, chicotes e correntes. Mais tarde, os prisioneiros eram levados de volta às celas, acabados e sangrando, para tratar dos ferimentos por um breve período, antes de serem novamente levados escada acima, repetidamente. Sob esse tipo de tormento, os condenados de Wilhelmshaven logo perderam peso, o que reduziu homens fortes a vestígios do que um dia foram. Johnny também emagreceu. As costas sofreram cortes e ficaram com terríveis cicatrizes devido às repetidas surras. Os ferimentos eram tão feios que, quando curaram, raramente ficava sem camisa em público.[5]

Fixados por toda parte, ao longo dos corredores lodosos, havia avisos de que os guardas que capturassem ou matassem um fugitivo seriam recompensados com três semanas de férias. Quatro membros do grupo de Johnny morreram devido aos espancamentos na primeira semana. Certa noite, Wolfgang começou a tossir sem parar. Os gritos e apelos para que o ajudassem foram ignorados pelos guardas. De manhã, também havia morrido. De início, a tristeza e a raiva pelos amigos mortos eram intensas para todos. À medida que os meses passaram, porém, a sensibilidade do grupo diminuiu. A morte se tornara uma companhia diária.

Certo dia, às 6 horas, foi anunciada uma mudança na política. Os prisioneiros receberam a habitual ração de pão úmido. Em seguida, foram postos em fila e marcharam até o mundo branco do lado de fora do forte. A mesma ferrovia que os levara a Osewiec serpenteava para o nordeste, atravessando a paisagem de floresta até a comunidade de Grawejo.[6] Para equilibrar os amargos meses de inverno, o trabalho deles agora era manter a ferrovia limpa e em operação. Os trabalhos de reparo em desníveis, junções e no leito da estrada de ferro nunca acabavam, já que haviam deixado a linha chegar a um estado de ruína. Para cumprir a tarefa, cada homem recebeu um par de tamancos, sem meias. Nenhuma outra peça de roupa foi fornecida. Trapos eram a única proteção contra as rajadas de vento e a neve no inverno. Em grupos de oito, outros prisioneiros trabalhavam na mesma linha, perto do local onde estavam Johnny e mais sete. Um guarda bem armado era responsável por cada grupo, posicionado com seu casacão quente em cada curva. Mas eram o frio e a umidade do inverno, e não os guardas, que forçavam os prisioneiros a trabalhar com suas pás e picaretas. Era a única maneira de impedi-los de morrer congelados. Com cabeças e mãos desprotegidas, reuniam toda a energia que conseguiam para manter a circulação. Mãos que tocavam metais ficavam em carne viva. Os rostos congelavam, assim como pés que ficassem muito tempo sem se movimentar. O vento cortante penetrava nas roupas, que eram quase uma gaze, e chegava à pele, que latejava, vermelha.

Fugir era impossível, já que a bala de um guarda viajava mais rapidamente do que qualquer tentativa de chegar ao limite da floresta. Os carcereiros estavam em alerta o tempo todo, doidos para ganhar um bônus de férias longe daquele inferno congelado. Qualquer um que alcançasse as árvores ileso seria perseguido e baleado, se não morresse antes devido às condições do tempo. A neve que chegava à cintura no bosque e o tempo ruim constante eram um inferno, não um refúgio. Seria suicídio certo de todos os ângulos. Membros de outros grupos que tentaram fugir não sobreviveram.

Hans, o mais jovem e mais desolado membro do grupo de Wilhelmshaven, achava que tinha de ir embora. Proveniente de Berlim, era alto e magro. Seu desânimo causava grande preocupação no grupo. Dia após dia, noite após noite, não falava em outra coisa senão em escapar. Via os integrantes do grupo definhando desde que haviam chegado a Osowiec. A cada semana, companheiros morriam de frio. Fugir continuava sendo sua obsessão, e não havia argumento que o convencesse do contrário. "É suicídio, não há chance de fazer isso e continuar vivo", diziam-lhe, repetidamente, com apelos para que mudasse de ideia.

As coisas transcorreram razoavelmente bem nas duas semanas seguintes. Depois disso, Hans foi ficando mal-humorado e deprimido em um ritmo que correspondia à desilusão com a possibilidade de escapar. Apesar das condições deploráveis de todos e da falta de esperança geral, tentavam tornar as conversas positivas e alegres ao lidar com Hans. O grupo chegou a compartilhar a pequena ração de pão com ele quando suas condições mentais e físicas deterioraram. Então, certa manhã, Hans subitamente ficou feliz. Os outros ficaram tão satisfeitos que imediatamente lhe deram mais porções de ração, na esperança de que sua fome constante, assim como a deles, de algum modo fosse aplacada.

De maneira animadora, o dia transcorreu com apenas uma neve suave, enquanto o grupo manejava pás e enxadas ao longo da ferrovia. Um sol claro brilhava calorosamente, sem que uma única brisa resfriasse os raios gloriosos daquele calor delicioso. Os guardas pareciam menos brutos, chegando a falar sem desprezo, uma raridade que o grupo ainda não tinha experimentado.

Sem aviso prévio, a mágica foi rompida. "Ei, Wolf, lá vão suas férias", alguém avisou, enquanto os prisioneiros erguiam a cabeça para ver Hans correndo na direção do bosque, um segundo depois de largar a enxada. Seguiu-se uma pausa, como se as pessoas estivessem em choque, e então o sargento Wolf se virou, apontou e atirou. Hipnotizados, os prisioneiros ouviram o tiro mortal e viram a distância uma figura cair na neve macia. Seguiu-se a voz estrondosa de Wolf: "Ele vai viver e guardar uma boa lembrancinha", assegurou aos observadores perplexos. Os prisioneiros correram todos ao mesmo tempo até o corpo caído. Ofegavam devido à longa corrida quando chegaram perto, mas não havia esperança. Hans estava morto. Nos segundos que se seguiram ao tiro, o sangue jorrara do corpo frágil, tornando a neve em torno repulsivamente vermelha.

Johnny e os outros homens olharam aquele jovem caído com tristeza. O sargento Wolf viu sua caça derrubada com grande satisfação, em meio a tapinhas nas costas e um coro de elogios dos colegas pelo tiro certeiro. O ódio se apoderou dos condenados, fazendo-os desviar o olhar do companheiro morto para os rostos sorridentes do assassino e dos guardas. Se seguissem os impulsos, teriam se jogado sobre os guardas e matado alguns antes de ser contidos. Os punhos cerrados, porém, advertiram os guardas, que apontaram as armas para os prisioneiros e gritaram para que voltassem ao trabalho. Quatro homens foram incumbidos de carregar o corpo de Hans para o forte.

Mais dois meses de imundície, fome e privações se passaram lentamente. Em fevereiro de 1918, restavam 27 homens dos 41 originais. A cada semana, o número diminuía. As chamadas matinais revelavam figuras apáticas, que mal haviam sobrevivido à noite anterior. Alguns homens não conseguiam sequer se levantar. A marcha até a ferrovia abatia outros. Uma queda durante o trabalho produzia uma torrente de pancadas com a ponta de fuzis contra corpos indefesos. Aqueles que tinham a sorte de ser enviados para a enfermaria morriam de qualquer modo, apesar da ajuda médica. Os prisioneiros considerados recuperados logo eram levados de volta às celas insalubres e ao trabalho congelante.

O sargento Wolf se encheu de orgulho pela fama de matador brutal. Enquanto outros guardas procuravam se controlar, Wolf tratava cada situação com força máxima. Feliz e renovado com as férias de três semanas, voltou com ânimo redobrado para caçar a próxima recompensa. Rapidamente, o nome de Wolf passou a fazer os prisioneiros de Osowiec tremerem de medo. Seus atos de crueldade abalavam as novas vítimas ainda não escolhidas.

Junto às turmas de trabalho diário havia agora um pelotão de soldados alemães. Trabalhavam na ferrovia também, e em geral ficavam chocados com o tratamento dispensado aos prisioneiros. De vez em quando, arriscando-se, entregavam furtivamente aos presos um pedaço de pão preto ou de alguma outra coisa que sobrara de uma refeição. Se fossem apanhados, teriam que se juntar aos que tentavam ajudar. Mas, sem ser descobertos, continuavam a ajudar os prisioneiros. Em um dia de março de 1918, um soldado que trabalhava ao lado de Johnny murmurou: "Vou lhe dar um pouco de peixe amanhã." Johnny ficou satisfeito e sussurrou uma resposta de agradecimento. "Como posso fazer para lhe entregar?", prosseguiu o soldado, sem olhar para Johnny e continuando a bater a marreta. Johnny lhe disse que não poderia entregar a comida diretamente, porque isso seria notado. Um pouco acima da linha do trem, entretanto, havia um ponto irregular sob os trilhos. Ele poderia colocá-la lá, perto de um barril de lixo. Ao entardecer, antes de ir para o calabouço, indicou o local para o soldado.

Johnny estava bastante animado no dia seguinte quando foi até o lugar combinado. Sob os trilhos, havia vários arenques embrulhados em um papel coberto de neve. Inclinou-se, apanhou rapidamente o pequeno pacote e o pôs apressadamente sob o casaco. "Wolf", gritou um suboficial, "mais férias à vista!" Johnny congelou, sem ousar dar um movimento, sabendo que Wolf não hesitaria em atirar. Wolf chamou Johnny à frente, enquanto baixava o fuzil até a dobra do braço. Johnny caminhou pela neve crepitante em sua direção, sem olhar para o fuzil agora plácido de Wolf. "O que você apanhou ali?", perguntou Wolf severamente, enquanto um sorriso torto surgia nos cantos de sua boca. Johnny mentiu, dizendo: "Vi alguém jogando alguma coisa na lata de lixo, então fui lá e peguei." Todo o trabalho foi interrompido, enquanto o resto da turma da ferrovia observava, com temor nos olhos. Wolf estendeu o fuzil, tocando o pacote, arrancando-o das mãos congeladas de Johnny e em seguida pisando-o com suas botas pesadas sobre os pequenos peixes na neve. Johnny olhou para baixo apenas por um segundo. Wolf ergueu a ponta do fuzil e atingiu sua cabeça. Johnny se lembrou da pancada lancinante, seguida de uma escuridão, enquanto caía inconsciente na neve.

Quando acordou, estava na enfermaria, com a cabeça enfaixada e uma dor latejante. Um médico estava diante dele. “Isso é obra do sargento Wolf?”, perguntou. Johnny confirmou com um sinal. O médico balançou a cabeça. Manteve Johnny sob observação durante duas semanas, enquanto tratava do corte profundo na cabeça e da dor. Rações extras foram fornecidas a Johnny, que as devorou avidamente. Não era apenas uma comida adicional recebida por um paciente voraz, mas uma espécie de garantia, uma vez que se esperava que Johnny mantivesse silêncio sobre o incidente. Quando se sentiu melhor, foi liberado e voltou ao trabalho na ferrovia. Os colegas de cela ficaram felizes por vê-lo. Achavam que havia morrido, como acontecera com mais seis enquanto estivera na enfermaria.

O sargento Wolf se regozijou ao ver que a presa havia voltado para mais um round. Johnny se encontrou com o médico várias semanas depois, quando foi retirado da cela para uma inspeção matinal. Pode-se imaginar seu choque quando, naquele dia, pensando que o médico era um homem bondoso, revoltado com as proezas de Wolf, viu o doutor se voltar para o sargento e dizer: “Esse aí ainda está forte, vai levar mais.” Pouco tempo depois, Wolf foi transferido. Nenhum dos prisioneiros jamais soube para onde havia ido. Mas todos ficaram radiantes quando souberam que finalmente se fora.

A temperatura moderada e o sol diário finalmente fizeram a neve derreter. O riacho sob a ponte levadiça descongelou, árvores estavam em flor e brisas quentes se misturavam ao cheiro da terra úmida, elevando o ânimo dos condenados. O grupo logo foi transferido para a unidade de agricultura, passando a ajudar camponeses poloneses a plantar. Depois da chamada matinal, e sob guarda, marchavam por estradas rurais até a nova área de trabalho. Os agricultores eram bondosos, na maioria, e, quando podiam, davam pequenas porções de comida aos homens. Isso não era fácil, uma vez que os guardas continuavam a rondar, como galinhas chocas, suspeitando de tudo, até da fraqueza dos prisioneiros. Embora sob ameaça de morte pelas forças de ocupação, os poloneses nunca deixaram de aproveitar as oportunidades de ajudar os prisioneiros de Osowiec. Muitos odiavam o Exército alemão e sentiam simpatia pelos excluídos — uma situação não muito diferente da deles próprios.

Novembro de 1917 foi um mês importante na história da humanidade: o início da Revolução Russa. Na primavera de 1918, Johnny e os colegas já tinham ouvido falar sobre os acontecimentos fantásticos e esperavam uma invasão russa. Como isso não aconteceu, concluíram que uma grande batalha estava acontecendo em algum lugar na Rússia. Acharam que com o tempo a luta chegaria à Polônia e, com isso, seriam libertados. No verão, os poloneses sussurraram aos prisioneiros que o Exército alemão fora cercado e que se podia esperar a chegada das forças russas nos meses seguintes. Todos nas celas ficaram ansiosos para que isso acontecesse.

Johnny continuava a trabalhar nos campos, vendo seus companheiros morrerem, embora não na mesma proporção do inverno. Muitas vezes, essas mortes aconteciam quando alguém aproveitava uma chance e apanhava um ramo de trigo ou algumas uvas. O tempo mais ameno não trouxera um tratamento melhor por parte dos guardas de Bermann. A fome dos prisioneiros era tanta que alguns já não se importavam com as pancadas que recebiam. Apanhar um pouco de um alimento colhido era estritamente proibido. No frio de todo fim de tarde, quando o grupo cada vez menor começava a marchar de volta ao forte, a cena era a mesma, apesar da ausência de Wolf. Homens doentes e fracos caíam no chão e pontas de fuzis continuavam a bater nas cabeças deles.

O 1º de setembro de 1918 começou de maneira incomum. Normalmente, toda manhã, depois da única refeição diária, os prisioneiros iam para o trabalho. Naquele dia, porém, não receberam ordem para trabalhar. Às 6h, a refeição foi reforçada. Porções extras de pão foram servidas, regadas a café, e não a água. Algo estava acontecendo. Para aumentar o mistério, um cozinheiro passou e anunciou: “Boa comida hoje. Vocês terão sopa de ervilha com bacon.” Mais surpresas estavam reservadas: chegaram novos cobertores e colchões para cada um dos homens. Os antigos foram retirados. Baldes de água morna, sabão e esfregões foram postos diante de cada porta para que limpassem as celas imundas e fedorentas. Depois, equipes espalharam por todas as catacumbas um produto contra piolhos e carrapatos. Os prisioneiros cochicharam, impressionados com a intrigante atividade.

Finalmente, um guarda confidenciou que o brigadeiro Luiz Freiherr von Liliencron, inspetor das instituições penais militares, estava prestes a chegar para examinar Osowiec.[7] Agora tudo fazia sentido, uma vez que von Liliencron era uma grande figura nacional, respeitado e poderoso. Era do Estado-Maior alemão em Berlim. As mudanças que estavam testemunhando eram uma encenação, que duraria apenas enquanto estivesse ali. Os prisioneiros sabiam que os cobertores e colchões limpos logo desapareceriam e seriam substituídos pelos outros, manchados de suor e surrados, que conheciam tão bem.

Oficiais vieram fazer uma inspeção antes que von Liliencron chegasse. Advertiram firmemente cada prisioneiro de que se o brigadeiro dirigisse a palavra a eles, deveria ser tratado como "Vossa Excelência". Para todas as perguntas sobre comida e condições da prisão, a única resposta permitida seria "Boa, Vossa Excelência". Todos os prisioneiros se alinharam do lado de fora das celas, no corredor úmido, quando foi sinalizada a aproximação de von Liliencron. Era um homem alto, de postura militar e expressão amigável. Quando parou diante dos prisioneiros, os acompanhantes, agruparam-se em torno dele, com sorrisos falsos para disfarçar a tensão.

Parando para trocar algumas palavras com cada prisioneiro, logo chegou a Johnny, que estava com um humor diabólico. Diante do olhar compassivo e das perguntas, do tipo "Como vai?", Johnny pediu pelo grupo. "Vossa Excelência, o senhor realmente não precisa perguntar como estamos, porque o senhor certamente pode dizer, não?" O brigadeiro olhou Johnny diretamente nos olhos. "Sim, posso", respondeu, solenemente. A raiva e o desprezo transpareceram no rosto do comandante do campo e de outros oficiais. "Apenas olhe ao nosso redor, Vossa Excelência", continuou Johnny, a essa altura tendo a atenção dele só para si. "Olhe ao redor as condições em que vivemos e isso lhe dirá tudo."

Vários guardas suboficiais haviam se aproximado mais do brigadeiro. Quando fizeram isso, von Liliencron pôs a mão sobre o ombro de Johnny e disse: "Vamos mudar isso, meu filho." Quando disse "meu filho", Johnny sentiu o sangue alemão ferver. Virando-se, von Liliencron seguiu em frente, enquanto abriam para ele a próxima série de portas, que dava passagem para outros corredores e celas. Assim que desapareceu, Johnny recebeu sua recompensa.

Um cobertor foi atirado sobre sua cabeça enquanto um grupo de guardas jogava o presidiário sarcástico no chão. Johnny lutou o quanto pôde, mas nada conseguiu fazer contra as pontas de fuzis e os chutes que choveram sobre ele. Não demorou muito para que o deixassem inconsciente. O corpo desfalecido foi carregado para uma cela especial do lado de fora do prédio, mas ainda dentro da fortificação. Correntes foram presas em suas pernas e braços e depois enroladas em seu pescoço. Uma sentença de 21 dias naquele buraco havia começado.

De manhã, ainda acorrentado e com dores em todo o corpo, pediram-lhe que saísse da cela com o penico. Foi um esforço considerável. Encurvado, teve de saltar e abaixar a cabeça para conseguir que as mãos tivessem corrente suficiente para apanhar o penico. Por fim, alcançou, trôpego, a saída, mas não se moveu rapidamente o suficiente e um guarda lhe deu um chute no traseiro. Johnny voou e foi parar no corredor, mas o penico escorregou e foi pelos ares, despejando o conteúdo sobre o carcereiro antes de cair. Johnny acabara de se levantar quando o guarda o chutou novamente. Depois, agarrou a corrente e atirou Johnny na cela. A porta de metal bateu e seguiram-se xingamentos do carcereiro, que falava alto com dois assistentes. A cela estava congelada. Havia cristais de gelo nas paredes e no chão de cimento. Preso às correntes, Johnny ficou encolhido em um canto, gemendo de frio e da dor causada pelos novos ferimentos.

Vinte e quatro horas depois, o guarda reapareceu, mas dessa vez Johnny estava pronto para ele. Durante a noite, conseguira afrouxar a corrente em torno do pescoço, o que lhe deu espaço suficiente para as mãos chegarem até o quadril acorrentado. Escondeu um punhado de corrente em uma das mãos. O guarda entrou na cela zombando de Johnny, que estava encolhido. Quando se virou para sair, ordenando que o prisioneiro o seguisse, Johnny aproveitou a oportunidade. Ergueu-se com a mão cheia de corrente, lançou-a e prendeu o guarda pela cintura. A reação dele foi imediata. Caiu para a frente, batendo na porta da cela e atraindo os dois assistentes, que vieram correndo. Os três homens pularam sobre Johnny, espancando-o com força e pondo-o logo de joelhos. Vencido, Johnny teve as correntes apertadas a ponto de ter que saltar curvado até a porta toda manhã e estender a mão acorrentada para entregar o penico e apanhar uma fatia de pão. Mais três semanas foram acrescentadas ao confinamento solitário.

Por fim chegou o dia em que Johnny voltou a conviver com os companheiros de cela. Depois de 11 meses em Osowiec, restavam apenas sete membros do grupo original. Estavam mais mortos do que vivos. Eram meros fantasmas vagando, deixados para trás para sofrer um pouco mais. O que viviam estava demonstrado no peso. Johnny pesava 86 quilos, mas em novembro de 1918 estava com 47, e definhando um pouco mais a cada dia, enquanto procurava migalhas para comer. Toda a carne havia sido reduzida a um osso branco e seco, do qual os prisioneiros se alimentavam. Os olhos embotados e escavados de Johnny brilhavam por trás de profundas olheiras. A pele antes saudável e agora enrugada se esticava sobre costelas e ossos quase expostos. Piolhos e carrapatos eram companhias constantes. Como era de esperar, a limpeza das celas cessou depois da visita de von Liliencron.

Em 3 de novembro de 1918, uma segunda revolta naval explodiu na Alemanha. No dia 9, o cáiser abdicou e fugiu para a Holanda. Em Osowiec, 9 de novembro foi um dia diferente de todos os outros para Johnny e os sobreviventes.[8] Quando acordaram, o silêncio era de morte. A quietude substituiu os habituais gritos de ordens para se levantar, os xingamentos dos guardas, a marcha e as pancadas com a ponta dos fuzis. As portas das celas, sempre trancadas, abriram-se quando as tocaram. Lentamente, os prisioneiros foram para o corredor, impressionados por não encontrar um guarda sequer, nem sinal da existência deles. Com o coração apertado, fizeram o percurso bem conhecido pelo corredor e, passo a passo, subiram até o andar de cima. Houve várias pausas acompanhadas de um silêncio assustador, que deu ao grupo de homens incrédulos a coragem necessária para prosseguir. Em todos os lugares para onde olhavam, viam a mesma coisa: uma partida às pressas e nenhum sinal de uniforme alemão. O que teria acontecido durante a noite para causar aquela retirada em massa, perguntavam-se. Teriam os russos chegado à Polônia e obrigado o Exército alemão a fugir?

Movidos pela excitação, e falando mais alto, logo chegaram à saída do antigo depósito de munição, mas o portão do corredor ainda estava trancado. Por mais que o puxassem e empurrassem, permaneciam presos. Usando duas colheres, começaram a cavar em torno das dobradiças cimentado que fixava um lado da porta. Depois de algumas horas, pedaços das laterais se soltaram. Tão cansativo era o trabalho para aqueles homens fracos que tinham de descansar, revezando-se dois a dois, em turnos de dez minutos. Quando conseguiram passar pela porta, foram até o portão do prédio principal. Para sua tristeza, encontraram-no solidamente fechado. Naquela nova posição, porém, conseguiam ver além do pátio da fortaleza. Cada homem ficou nervoso com o gosto da liberdade. Só faltava a ponte levadiça.

Atacando a principal barreira do prédio, os prisioneiros começaram a se revezar novamente com as colheres, cavando os trincos presos no cimento. Enquanto dois homens trabalhavam, os outros cinco ficavam sentados no chão, espreitando pela grade. De repente, um grito fraco interrompeu o esforço. Todos se viraram e viram Kurt apontando o braço emaciado. Eles se animaram ao ver o que chamara a atenção dele. Sim, viam um movimento; uma figura apareceu, e depois outra. Eufóricos, os presidiários viram aquelas pequenas formas correndo em sua direção.

Os prisioneiros gritaram o mais alto que podiam, balançando os braços para cima e para baixo enquanto mais figuras seguiam em sua direção. Logo, uma multidão de agricultores e camponeses atacou o portão usando ombros e barras de metal. Num instante, conseguiram abrir a grade e correram para socorrer os homens que haviam acabado de libertar. A alegria dos dois lados não poderia ser expressada em palavras. Os poloneses estavam livres do Exército alemão. Johnny e o que restava de seu grupo haviam sido libertados. Aqueles homens fracos e maltratados foram embrulhados em cobertores quentes e carregados pelo pátio até carroças, que cruzaram a ponte levadiça. As carroças estavam cheias de feno, cobertores e velhos casacos, que os aconchegaram ainda mais.

Os homens foram alimentados lentamente, para evitar que os estômagos encolhidos rejeitassem a comida. Os camponeses lhes deram tudo o que tinham nos estoques escassos de roupas e provisões. Na pequena vila próxima, começaram a responder às muitas perguntas dos libertados. Eles souberam que toda a guarnição militar partira durante a noite, indo para a Alemanha. As forças russas estavam agora a apenas dois dias de marcha, incutindo o temor a Deus em cada alemão capturado fora de seu país. A área anexada pela Alemanha ficava a apenas alguns quilômetros. O leste da Prússia estava logo além. Os soldados em fuga haviam cruzado a fronteira e estavam em casa.

Os agricultores alimentaram os ex-cativos, ofereceram-lhes banho e, com suprimentos médicos limitados, limparam e cuidaram de suas feridas. Os ex-presidiários se deleitaram com a atenção, mas perceberam que ficar ali poderia ser um perigo para todos. Por trás dos braços e sorrisos abertos, os camponeses temiam ser apanhados ajudando alemães. Ser flagrado fazendo isso poderia significar um pelotão de fuzilamento tanto para os poloneses quanto para os prisioneiros recém-libertados. Ninguém tinha dúvida de que havia uma grande preocupação com as forças que avançavam pelo leste. Assim, depois daquele breve dia de alimentação e descanso, os alemães proscritos decidiram partir. Quando a decisão foi tomada, alguns veteranos apareceram e deram ao grupo fuzis antigos, para a viagem. Era uma estranha coleção de armas de épocas diversas. Cada uma vinha com alguns cartuchos de munição e todas estavam funcionando. Num gesto final de amizade, receberam roupas quentes, guias, mais comida e transporte para o oeste, até a Alemanha.

A noite caía quando os últimos rebeldes partiram em duas carroças. A escolta os levou até a fronteira, passando pelo caminho sem guardas. Os dois grupos se despediram com apertos de mão calorosos e palavras de adeus sussurradas. Os homens que iam para a Alemanha atravessaram a fronteira e se misturaram às sombras do luar. Logo, acomodaram-se sob os galhos de um amplo pinheiro, já pesado com uma neve inicial. Ali, decidiram se separar, seguindo cada um seu próprio caminho. Isso reduziria as chances de serem apanhados. Antes de partir, fizeram um pacto de jamais revelar as identidades uns dos outros, mesmo sob tortura. Então, os homens que haviam passado por tanta coisa juntos disseram um *auf Wiedersehen* coletivo e sumiram, em busca de suas lembranças. Johnny recordou ter feito uma prece em silêncio enquanto o manto da floresta os encobria, um a um.

Johnny sabia que queria voltar para Hamburgo. Era uma boa distância, quase 900 quilômetros, mas pegando carona conseguiria chegar em apenas dois dias. Logo soube, porém, que a família havia se mudado para Bremen em julho.[9] Em meados de novembro de 1918, depois do anúncio do armistício, aproximou-se da periferia de Bremen. Não conseguia deixar de pensar que haviam se passado três anos desde que vira pela última vez os irmãos e o pai. Finalmente, ao chegar em casa, a noite estava fria e ventava, mas o vento não o incomodava. Aquecido por botas e um casaco grosso com gola alta que haviam lhe emprestado, e com o estômago bem abastecido, sua expectativa o fazia ignorar a friagem do inverno enquanto partículas de neve caíam pelo ar. A luz estava acesa na sala de estar, então supôs que não devia ser muito tarde. Apenas para se certificar, rodeou a casa lentamente e minutos depois surgiu entre os grossos arbustos junto à porta da frente. Afobadamente, bateu na porta, recuando imediatamente para as sombras.

Segundos se passaram como uma eternidade antes de a porta se abrir, revelando Sophie, delineada por um feixe de luz. Johnny permaneceu ali, fitando-a e contendo as lágrimas. Com um sentimento opressivo na voz, disse: "Não tenha medo, só quero um pouco de pão." Ela recuou, olhando-o da cabeça aos pés. O medo transpareceu em seus olhos quando notou as roupas velhas, o rosto magro, os olhos fundos e as dolorosas condições físicas daquele idoso diante dela. Recompondo-se, Sophie disse suavemente: "Meu bom homem, não temos muito." "Um pouco", respondeu Johnny, "serei muito grato." Então ela o conduziu a um pequeno saguão, onde o pai apareceu, depois de ouvir a porta bater.

Sophie se dirigiu à cozinha enquanto Wilhelm permanecia ali, olhando para Johnny. De início, recuou, mas em seguida, com coragem e curiosidade, deu um passo à frente, olhando de perto nos olhos do filho mais velho. O rosto de Wilhelm ficou branco quando recuou novamente e suas mãos se ergueram até a boca agora aberta. "Meu filho, meu menino, é você? O que fizeram com você?", perguntou, impressionado. Diante disso, o coração de Johnny explodiu, enquanto se seguravam um no outro, para um abraço apertado. Ao voltar com uma casca de pão preto na mão, Sophie a deixou cair e parou, perplexa, para em seguida se precipitar para a frente. Lágrimas corriam na face macia quando jogou os braços em torno de Johnny, chorando descontroladamente.

Logo estavam sentados diante do calor da lareira da sala de estar Entre bocados de comida que Shophie lhe empurrava, Johnny conseguiu lhes contar um pouco do passado recente. Mas a voz foi sumindo e caiu em um sono profundo, na cadeira macia diante do fogo restaurador. Havia muito tempo não sabia o que era um descanso agradável como aquele. O frio, a tortura e a fome haviam passado.

5

# A Alemanha no caos

A pátria estava uma bagunça. Em Osowiec, Johnny já tinha ouvido falar. Durante a convalescença em casa, jornais trombeteavam manchetes e reportagens alarmantes. Era quase uma convulsão contínua nas páginas, somada a soluções de um tipo ou de outro. Algumas fórmulas podiam funcionar; outras eram coisas de louco. O USPD perdera o apoio dos grupos jovens, que em setembro de 1916 formaram uma organização dissidente chamada Spartacus Bund (Liga Spartacus).[1] Organizados clandestinamente por Karl Liebknecht e Rosa Luxemburgo, esses rebeldes, treinados por desertores da Marinha, reuniam-se secretamente em porões e sótãos para planejar ataques e provocar desordem. Com ódio generalizado pelos ricos, a Spartacus Bund incentivava os pobres a lutar contra o governo. Suas táticas incluíam perturbar encontros nacionalistas com bombas de mau cheiro, apoderar-se de itens reunidos para o esforço de guerra e jogar ratos mortos em postos da polícia. Um ato que provocava uma ira sem fim dos conservadores foi retratar o cáiser pendurado em uma forca. A imagem aparecia em incontáveis lugares. Cópias impressas foram passadas de mão em mão.

Os dois partidos mais fortes no poder no fim de 1918 — o SPD e o Partido de Centro Católico (conhecido como Zentrum) — apoiavam as forças do cáiser e sua família, os Hollenzollern. Liebknecht e Luxemburgo travavam uma batalha incessante para ser ouvidos, mas descobriram que tinham pouca influência no Reichstag. A oposição a Liebknecht e Luxemburgo por membros de outros partidos cresceu apenas devido à sinceridade deles. Pregando uma sociedade mais humana, suas palavras chegavam aos ouvidos moucos de mentes tradicionalistas forjadas durante várias gerações no caldeirão de patriotismo, expansionismo e militarismo. Também recém-libertados da prisão, Karl Liebknecht e Rosa Luxemburgo representavam uma alternativa desconfortável aos poderosos da Alemanha. Johnny admirava ambos, especialmente Luxemburgo.[2]

A agitação na Marinha — momentaneamente contida no ano anterior com a prisão dos "42" — estava longe de ser suprimida. Outros dissidentes ocupavam o lugar deles. Ernst Friedrich Wollweber, um navegador troncudo do couraçado SMS *Helgoland*, mantinha a causa viva com o apoio de oficiais navais, bem como de Wilhelm Dittmann, do USPD, e colegas dele. O ressentimento e o ódio continuavam na Kaiserliche Marine. Centenas de marinheiros ainda passavam fome, moravam em cômodos apertados e sofriam punições lamentáveis. Os superiores viviam frequentemente em um mar de luxo, bebendo o melhor vinho e degustando a melhor comida. Os homens alistados queriam mais do que simplesmente o fim da guerra. Buscavam vingança por todas as degradações do passado. Comitês de ação foram formados e se reuniam em banheiros de estaleiros, que eram o centro das reuniões revolucionárias clandestinas. As deserções também aumentavam, enquanto marinheiros partiam para lugares desconhecidos, vendendo os uniformes para comprar comida. Em Munique e Berlim, nas províncias de Saxônia e Silésia, fugitivos armados se misturavam à população civil, formando e treinando recrutas para o movimento. As cortes marciais cresciam, enquanto mais líderes de grupos eram presos, julgados e executados por pelotões de fuzilamento.

Em 28 de outubro de 1918, enquanto Johnny e seus últimos colegas apodreciam na Polônia, a Frota de Alto-Mar recebeu ordem de partir para um ataque suicida à flotilha inglesa. Leais à classe, oficiais navais alemães falavam com animação sobre a "viagem da morte" da armada. Tentando sufocar sentimentos de que a guerra estava prestes a acabar, informaram aos tripulantes que esperavam que afundassem com os navios. De algum modo, os oficiais achavam que o estoicismo em grupo no vale da morte ganharia o respeito e a honra da Alemanha por aqueles que haviam criado a Marinha. De fato, a Hochseeflotte estava se preparando para navegar com números maiores do que a força que enfrentara os britânicos em Jutland.[3] O povo de Kiel, Bremen, Hamburgo e portos menores esperava inquieto. Os navios de guerra partiriam realmente para mares abertos com tripulações tão cheias de maus sentimentos? O momento de avaliação havia chegado. Em 3 de novembro de 1918, assim que deixaram os ancoradouros, Kiel explodiu em motim.

A bordo do couraçado SMS *Thüringen*, os homens alistados ocuparam o navio. Coros de "Abaixo o cáiser! Abaixo a guerra! Queremos paz!" ecoaram de navio a navio, de porto a porto, apoiados por famílias que esperavam lacrimosas diante dos portões. O couraçado *Helgoland* foi paralisado, enquanto foguistas apagavam as caldeiras. Quinhentos e oitenta amotinados a bordo do *Thüringen* foram presos nos aposentos à espera de uma corte marcial. Com ajuda do povo, rebeldes os resgataram horas depois e recuperaram o controle do navio. O navegador Wollweber correu até o mastro traseiro e arriou a bandeira do cáiser. Rasgou-a em pedaços e hasteou a primeira bandeira vermelha da frota.

Durante toda a noite, marinheiros se apropriaram de caminhões, alguns carregados de metralhadoras. Em caravanas, e exibindo as bandeiras da revolução, os veículos se dirigiram a Bremen e outras cidades. Pessoas se alinhavam na estrada para saudar os caminhões. Trabalhadores aderiram à revolta, armando-se de pistolas, baionetas e ferramentas. Marinheiros invadiram a Prisão de Oslebshausen, nos arredores de Bremen, e libertaram um grande número de prisioneiros, que puseram casacões sobre seus uniformes de presidiários e se misturaram à multidão nas ruas. Oficiais das forças armadas e da polícia eram agredidos caso se recusassem a entregar as armas. Enquanto isso, amotinados desfilavam com a faixa de seus quepes navais virada ao contrário e fuzis sobre os ombros, com as pontas para cima. A cidade capitulou sem resistência quando os moradores se uniram ao protesto. Na sacada da prefeitura, Wollweber declarou: "Tiramos as botas do cáiser, agora vamos liquidar os capitalistas. Vida longa à República Soviética Alemã."

Hamburgo, tradicionalmente a cidade mais vermelha da Alemanha, seguiu o exemplo de Bremen quando os soviéticos tomaram o poder ali também. Revoltas explodiram uma após a outra quando os marinheiros seguiram para o território anticáiser, ao sul. O governo prussiano cedeu e a Baviera foi proclamada república. Legalistas tentaram restaurar a ordem quando os regimentos 75 e 213 do Exército cinza voltaram da frente de batalha, esfomeados e enlameados. Ao entrar em Bremen, vindos pelo noroeste, os oficiais dos dois contingentes marcharam com os sabres desembainhados. Embora tenham sido rapidamente desarmados pelos soldados revolucionários, algumas unidades se recusaram a ceder e recuaram. Voltaram para cidades mantidas pelo cáiser, no leste. Durante algumas noites, cavalos abandonados pelo Exército vagaram pelas ruas. Foram capturados e abatidos por moradores, para suplementar a dieta já escassa.

Com o fim da Primeira Guerra Mundial, Johnny pôde viajar como homem livre, enquanto a desmobilização militar se seguia ao fim das hostilidades. Quando se sentiu mais forte, foi para Bremen,[4] na esperança de obter ajuda do USPD. Para sua surpresa, porém, o USPD lhe virou as costas e rejeitou o pedido de emprego ou de algum tipo de ajuda financeira. Ignorou até sua ligação com o RA, Dittmann e os parceiros de antigamente na base naval de Wilhelmshaven. Aparentemente, o Partido Social-Democrata Independente achou que a utilidade de Johnny era coisa do passado.

Desiludido, Johnny fez contatos com a Spartacus Bund. Logo se encontrou com muitos membros que conhecera, ex-marinheiros da Kaiserliche Marine. Durante várias semanas, participou de reuniões da Spartacus e teve um papel ativo em debates e discussões. Mas a Spartacus Bund tinha problemas financeiros e não estava em condições de lhe dar ajuda ou emprego. Toda noite participava de reuniões, acreditando na causa contra o antigo cáiser, os Hollenzollern e seus aliados, o SPD e o Zentrum. Combinados, defendiam o respeito ao nacionalismo. O SPD era o pior. Abandonara as esperanças da classe operária em favor das próprias ambições.

Sem dinheiro e sem trabalho, Johnny recorreu ao escritório militar de Hamburgo. No balcão de registro, foi recebido por rostos nada amigáveis de soldados. Não os informou sobre sua terrível experiência no leste da Polônia. Disse apenas que estava necessitado e procurando trabalho. Deram-lhe uma nota de seis marcos (menos de US$ 1,50) por semana para viver e prometeram lhe arrumar um emprego.

Durante mais duas semanas ele permaneceu em casa e deu os seis marcos ao pai, de modo que a família pudesse ter um pouco mais para comer. Fielmente, toda noite Johnny participava de reuniões do partido. Durante o dia, ajudava no trabalho de planfletagem. Até que o chamaram ao escritório militar. Quando chegou, com mais 11 marinheiros, foi informado de que havia trabalho em minas de carvão em *Ruhrgebiet* (região do Ruhr). Essas minas ficavam na parte norte do Ruhr naquela época.[5] "Se você não for, não conseguirá mais nada", informaram. Era o trabalho lá ou a fome, dizia a mensagem nas entrelinhas.

Johnny correu para casa, despediu-se da família e, com um marco e uma passagem fornecida pelo escritório militar, embarcou em um trem em Hamburgo para a viagem em direção ao sul, até Ahlen, Vestfália. Ao chegar a Ruhrgebiet, aparentemente passou algum tempo na cidade de Münster. A viagem para o Ruhr na época demorava 11 horas. Naquele dia, provavelmente 11 de dezembro de 1918,[6] demorou 24 horas, devido à comoção causada pelas forças revolucionárias. Insurgentes haviam bloqueado trilhos, causado destruição com toras de madeira e danificado pontes. Embora apenas 12 marinheiros estivessem no trem com ele, muitos já haviam ido para a região e outros iriam, até que haveria mais de 2 mil marinheiros rebeldes nas minas de carvão do Ruhr.

Ahlen se situa no ápice do nordeste do vale do Ruhr e, antes de uma construção feita em décadas posteriores, a plataforma da estação de trem oferecia uma vista panorâmica da região. Ao sair do trem, o grupo de marinheiros desceu um lance de escadas e atravessou um túnel curto para chegar à vila, dividida entre leste e oeste pela ferrovia. O leste era ocupado pelos mineiros e o oeste, pela classe média mais rica. Todas as casas eram de tijolos. No escritório das Minas de Carvão de Vestfália Número Um e Dois, Johnny e seus colegas assinaram contrato e perguntaram sobre alojamentos. Dirigindo-se àqueles que haviam desembarcado, Johnny verificou que todo o pessoal da Marinha que havia deixado o trem estava acomodado em algum lugar.

A caminho de Allen, se lembrara de que Otto Klutzka, o amigo de Wilhelmshaven que defendera na corte marcial, morava na cidade. Johnny sabia que vinha de uma família de mineiros e, muitas vezes, durante os tempos de Marinha, Otto pedira a Johnny para procurá-lo quando visitasse a família em períodos de licença. Johnny nunca mais o encontrara, mas, devido às muitas conversas que haviam tido, sentia como se conhecesse sua família.

Logo estava à porta de Klutzka, e a família o recebeu como se fosse um velho amigo. Evidentemente, Klutzka havia contado sobre a ajuda que recebera de Johnny no julgamento. Ao chegar em casa, uma hora depois, Klutzka viu Johnny e os dois imediatamente se abraçaram. O pai de Klutzka, Anton[7] era um homem alto, forte, com um cabelo preto espesso. Falava animadamente enquanto apresentava os outros membros da família. Diferentemente do marido, de ascendência polonesa, Margarete[8] nascera no centro da Alemanha. Robusta e de altura mediana, tinha um rosto redondo e enrugado, que demonstrava claramente a constante vida dura. Margarete era muito religiosa; uma mulher caseira que Johnny logo descobriria que era tudo menos uma dona de casa. Klutzka era baixo e tinha cabelo louro. Era um exemplo de boa forma física, devido ao trabalho árduo. Filho único, era um sujeito bom, esperto e trabalhador do qual qualquer família se orgulharia.

Emma, a filha mais velha, trabalhava numa fábrica de potes e panelas em Ahlen.[9] Tinha 20 e poucos anos, era alta, gorducha, com cabelos de um preto intenso. Parecia enérgica nos modos de agir e falar. Tinha uma filha de 3 anos, mas não era casada. A menina lhe tomava um bocado de atenção. Maria, de 18 anos, era uma jovem tímida, quieta, com uma personalidade bastante agradável. Cabelo castanho emoldurando o rosto sorridente, estatura baixa, 1,60 metro, e 50 quilos. Trabalhava na mesma fábrica de Emma, ambas no turno diurno. Era chamada de Maria, Mia ou Maria-Mia. Seguiam-se duas irmãs mais novas, Anna e Dora, ambas em idade escolar, um delas loura e a outra morena, sempre ativas dentro e fora da casa.

A casa dos Klutzka era de um tipo padrão, com estrutura de tijolos e dois andares. Tinha um amplo banheiro no primeiro andar, na parte de trás, com duas grandes banheiras e ganchos na parede para roupas de trabalho cobertas de poeira. Ao lado desse cômodo havia uma cozinha de bom tamanho e uma área para as refeições. A sala de estar tinha móveis gastos e um fogão a carvão, junto ao qual havia um pequeno quarto de mais ou menos 1,80 por 2,5 metros, no qual havia uma cama de solteiro e um armário embutido. Dois quartos grandes ocupavam todo o andar de cima, separados por um banheiro muito concorrido. As meninas e o bebê dormiam em um dos quartos. O outro era o principal, maior, belamente decorado, com uma cama de casal e dois guarda-roupas.

De início, Johnny foi acomodado no pequeno quarto junto à sala de estar, mas, assim que começou a trabalhar na mina, em turnos diferentes dos de Klutzka e do pai, os dois amigos passaram a se revezar para dormir ali, enquanto Anton e Margarete dormiam no andar de cima, sem serem perturbados. Klutzka chegava tarde, então, era mais fácil um homem entrar e pedir a cama enquanto o outro saía para trabalhar. Talvez isso acontecesse também porque uma coisa que incomodava Johnny, desde o dia em que chegara, era a constante desarrumação na casa. Era um total descaso com a limpeza e a ordem. Anton era um homem limpo e arrumado, e constantemente cobrava de Margarete que mantivesse a casa da mesma maneira. Mas ela e as filhas lhe davam pouca atenção, para sua frustração.

Depois de uma refeição escassa mas satisfatória na primeira noite, Klutzka e Johnny tiveram uma longa conversa sobre o trabalho na mina. Johnny não queria começar como um mineiro novato, alguém com o salário baixo e que recebia as piores e mais árduas atribuições. Ele não tinha conhecimento algum sobre o trabalho na mina, mas certamente não planejava começar do nível mais baixo. Os dois amigos concordaram que deveria fingir que era um mineiro experiente vindo da Austrália e, assim, com sorte, juntar-se-ia a Klutzka e Anton, no turno deles. Se conseguissem que fosse contratado como um terceiro homem, poderiam lhe mostrar como a coisa funcionava enquanto lhe davam cobertura. Ele teria um cargo melhor e seria pago como mineiro experiente.

Às 6 horas, pontualmente, chegaram ao escritório do despachante, onde Johnny preencheu um pedido de emprego, afirmando que trabalhara em Newcastle, Austrália. Sua mentira demoraria algum tempo para ser checada, se houvesse disposição para isso. Um engenheiro entrou, olhou o formulário e cumprimentou o atendente movimentando a cabeça. "Então", disse, "você afirma ter experiência?" Johnny respondeu: "Sim, na Austrália." "Bem, descobriremos em duas ou três semanas se você é mineiro de primeira classe ou não, quando nossos inspetores checarem seu trabalho", disse, firmemente. Com isso, o engenheiro se virou para o atendente, sussurrou algumas palavras e uma hora depois Johnny estava nas profundezas, trabalhando junto a Klutzka e o pai.

Inicialmente, o trabalho era uma perda de tempo, porque conseguia dar apenas um golpe de picareta enquanto os companheiros davam cinco ou seis. Os dois homens mostraram a Johnny como trabalhar com segurança e rapidez usando o mínimo de esforço e energia física. Faziam o trabalho de segurança com vigas e reforços enquanto respondiam às perguntas do novo mineiro. Johnny não poderia ter encontrado dois professores melhores e mais experientes, porque lhe deram um curso intensivo de três semanas, noite e dia. Tinham anos de experiência. O que discutiam em casa era aplicado no trabalho, enquanto a mente de Johnny tentava entrar em harmonia com seus músculos doídos e cansados. Não estava em boas condições físicas, ainda magro devido à vida difícil na prisão. Maria se sentiu atraída pelo novo morador da casa sem ser incentivada. Em fazendas locais, conseguia comida suficiente para suplementar as rações diárias dele. Aos poucos, Johnny recuperou a força e o peso.

Certo dia, depois de três semanas trabalhando na mina com os Klutzka, um engenheiro e dois inspetores apareceram na escavação. "Cavalheiros, eis o nosso mineiro australiano", informou a eles o engenheiro, apontando para Johnny. Usando todas as habilidades que aprendera, continuou sem parar, com os examinadores ao lado. Eles o observaram durante algum tempo, viram como aquele homem com experiência na Austrália trabalhava e saíram convencidos de que era um mineiro experiente. Naquele dia, Johnny saltou para o nível de remuneração mais elevado. Havia conseguido.

Logo depois, foi designado para outra equipe e outro turno, deixando com pesar Klutzka e Anton. Graças a eles, não precisara começar de baixo e poderia continuar trabalhando como mineiro em qualquer lugar, com uma classificação confirmada. Todos se alegraram com a pequena vitória. Maria continuava a fazer tudo o que podia para agradar a Johnny, desde conseguir mais comida até embrulhar o almoço. Sem trégua, tentava atrair a atenção e o interesse dele. Johnny percebeu que ela estava se apaixonando, mas não lhe deu qualquer incentivo. Não queria compromisso naquele momento. Não se apaixonou por ela, sentindo apenas simpatia pelo empenho e esforço contínuos.

Certo dia, quando voltava da mina, Emma o abordou. Com seu jeito suave de falar, e sem hesitação, disse que poderiam ser muito mais do que amigos. Johnny não sentia afeto algum por Emma, e lhe disse isso. "Não pretendo me ligar a ninguém, muito menos a você", afirmou. Ela compreendeu os sentimentos dele e daí em diante desistiu, considerando-o uma causa perdida, para satisfação de Johnny. Dias depois, quando estava deitado na cama, depois de voltar de um dia cansativo, escutou algumas palavras de uma conversa na cozinha entre Mia e Emma. Mia estava reclamando e Emma respondia: "Não seja boba, entre de mansinho na cama dele e ele a possuirá. Então você terá o seu homem." Mia reagiu com raiva. "Não posso fazer isso!" Uma conversa breve, mas suficiente para ele saber muito bem que era o candidato sugerido.

Em 15 de janeiro de 1919, Johnny ingressou formalmente na Spartacus Bund e iniciou um novo capítulo em Ahlen. Apenas duas semanas antes, no fim de dezembro de 1918, e depois de discussões entediantes, a Spartacus Bund havia se transformado no Partido Comunista da Alemanha, o KPD (Kommunistische Partei Deutschlands). Sempre que tinha um tempo livre, Johnny viajava pelo Ruhr, procurando companheiros marinheiros que pudessem ser simpáticos aos ideais da Bund. Fazendo isso, outras unidades da Spartacus foram estabelecidas.[10] As táticas e manifestações da Spartacus continuaram, como antes, nas ruas de Berlim, Bremen, Hamburgo e outros lugares.

De fato, a insatisfação levou a um conflito em Berlim, em janeiro de 1919. O novo primeiro-ministro, Friedrich Ebert (1919-1925), mudou seu governo para Weimar. Também entregou a defesa de Berlim a Gustav Noske, que usou os Freikorps e o que restava das tropas comandadas por oficiais do Front Ocidental para impedir as tentativas do KPD de tomar o poder. Ao receber esse novo trabalho, Noske fez uma observação que o perseguiria pelo resto da vida: "Alguém tem de ser o cão de caça."[11] O "cão de caça" decretou que todo rebelde armado capturado seria executado imediatamente; qualquer pessoa que desobedecesse a um toque de recolher seria executada imediatamente; e todos os prisioneiros desarmados seriam levados para a Prisão de Moabit, em Berlim. Os soldados dos Freikorps seguiram as ordens ao pé da letra. Sem resistência na capital, reduziram alguns bairros a escombros, em lutas contra a Spartacus Bund. Da mesma forma, executaram centenas de civis, inclusive Karl Liebknecht e Rosa Luxemburgo. Em 15 de janeiro, Rosa, assim como Karl, foi assassinada por um grupo de oficiais liderados pelo capitão Waldemar Pabst. Luxemburgo foi fuzilada e seu corpo jogado no canal Landwehr. O corpo só foi encontrado cinco meses depois, inchado, pútrido e amarrado a pedras.[12]

Em Bremen, marinheiros gritaram: "Enquanto tivermos uma metralhadora, pão de carneiro e linguiça de fígado, não temos nada a temer!"[13] A luta nas ruas de Munique, Hamburgo e Silésia continuou sem trégua. Em 27 de janeiro, aniversário do cáiser — até então feriado nacional — houve confusão em meio a uma grande desordem, enquanto grupos opostos se enfrentavam. Atirando garrafas e pedras, marinheiros com tarjas vermelhas nos braços e seus aliados tentaram acabar com todo tipo de comemoração da linhagem dos Hollenzollern.

Em fevereiro, a devastação em Berlim se repetiu em outras cidades. O *Reichswehr* (Exército da República de Weimar) e soldados dos Freikorps, sob o comando de Noske, esmagaram soldados revolucionários. Em 3 de fevereiro, trabalhadores de Bremen se armaram em meio a um rumor de que a força de 3.500 homens do general Wilhelm Gerstenberg, vinda de Berlim, estava a caminho.[14] Usando bicicletas, jovens da Liga Spartacus foram mobilizados para atuar como emissários. Foram comandados pelo Comitê de Defesa Revolucionário, e era pouco provável que levantassem suspeitas e fossem detidos pelas forças legalistas que avançavam.

Tiroteios, bombardeios e lutas corpo a corpo, rua a rua, aconteceram enquanto as forças leais ao cáiser invadiam Bremen para capturar suas pontes. Posicionados em portas, janelas e telhados, operários e marinheiros dispararam contra os legalistas. Enquanto as divisões treinadas tomavam a cidade, tirando-a do controle soviético em apenas dois dias, sangue escorria pelos canais. Quando a derrota estava certa, líderes do KPD escaparam disfarçados. Cidades anticáiser deram abrigo aos vermelhos que recuavam, fortalecendo suas defesas de rebeldes locais enquanto as tropas da oposição continuavam a avançar. Seguiu-se uma onda de violência após a outra. Os presos e detidos foram torturados, sumariamente fuzilados ou enforcados.

A esquerda sentia profundamente a perda de Liebknecht e Luxemburgo. Mais determinados do que nunca a rejeitar a troca de governo pelo cáiser, Johnny e seus camaradas formaram equipes de apoio e descontentamento por todo o Ruhr.[15] Gradativamente, a adesão cresceu. Johnny se empenhou tanto em suas tarefas de ajudar nos planejamentos que semanas e meses se passaram sem que notasse. Entre os turnos na mina, as atividades do partido e os pedidos de Mia, foi engolido por um interminável dilúvio de atividades.

Em um dia trágico, o turno de Mia na fábrica terminou no momento em que um tufo de seu cabelo foi arrancado pela raiz. Ela ficara presa em uma máquina da linha de montagem. Por mais doloroso que aquilo tenha sido, o choque e o constrangimento foram piores, levando Mia à depressão. Johnny sentiu muito por ela, lembrando-se constantemente de sua bondade com ele. Ela o amava, mas em troca ele só conseguia demonstrar simpatia. Sentindo-se pessoalmente culpado pelos sentimentos desencontrados de ambos, saiu para dar uma caminhada e refletir. Sabia que ficaria preso ao Ruhr por um bom tempo. Mia tinha feito tudo o que podia para despertar afeto nele. Mas Johnny continuava sendo o objeto de amor, e não alguém que lhe dava amor, algo que o deixava desconfortável. Em meio à pena pela situação de ambos, e determinado a agir da melhor forma, tomou uma decisão precipitada.

Ao voltar para casa, pediu Maria em casamento, para surpresa dela e alegria da família. Uma grande animação tomou conta da casa enquanto os preparativos para a união começavam. Duas semanas depois, em 20 de fevereiro de 1919,[16] casaram-se em uma cerimônia simples. Metade de Ahlen saiu para assistir à bodas e lhes desejar felicidades. O pai e a mãe de Maria estavam radiantes, como só pais orgulhosos podem se sentir, extremamente satisfeitos por Johnny finalmente se tornar um membro oficial da família. Quando a cerimônia terminou, Klutska e as irmãs encheram os noivos de votos de felicidades. Em seguida, amigos e convidados participaram de um pequeno banquete, seguido de uma roda de dança animada.

Infelizmente para Johnny e Mia, eles não conseguiram encontrar imediatamente uma casa e tiveram de continuar onde estavam. Maria continuou a trabalhar na fábrica, Johnny ficou na mina. Só se viam quando seus horários coincidiam. Ela fazia todas as suas vontades, sendo compreensivamente tolerante até mesmo com sua recusa a ir à igreja. Johnny nunca frequentou a igreja. Duvidava da existência de Deus, opinião baseada nas crueldades que havia visto e vivido. Na sua opinião, assassinatos, fome, tortura e trabalho escravo não combinavam com um criador que realmente se importasse com suas criaturas. Mas Maria não ia à igreja sem ele, embora ele lhe dissesse repetidamente para ir de qualquer modo. Então os dois se afastaram, o que incomodava a mãe dela. Quando Johnny punha algo na cabeça, porém, não havia conversa nem ameaça que o fizesse mudar de opinião. Foi uma característica sua durante toda a vida.

Maria e Johnny se deram bem de início, mas aos poucos as coisas mudaram. Um dia, ele se deparou com muitas caixas de blusas e saias guardadas no sótão. Johnny chamou Maria e lhe mostrou que as roupas — que ela lhe disse serem dela — ainda podiam ser usadas. "Tire-as daí, conserte-as, lave-as, dê algum uso para isso", sugeriu. Ela concordou, mas dias depois ele encontrou as roupas de novo no sótão. Evidentemente, o esforço para limpá-las seria demais. Sua raiva aumentou com aquele desperdício de roupas boas que sua nova família acumulava, mas se recusava a usar por pura preguiça de lavar. Esse modo de vida estava longe da noção que tinha sobre o que era cuidar de alguém e cuidar daquilo que havia em volta desse alguém. Isso o enfurecia. Isso também o aliviava de sua culpa pelo trabalho que estava fazendo para o partido. Suas responsabilidades políticas o levavam cada vez mais longe de Ahlen, em visitas a outras minas para mobilizar redutos de oposição. Johnny também acompanhava as notícias fora do Ruhr e, com outros ativistas, participava de reuniões em lugares secretos e cidadezinhas fora do vale. Frequentemente ia a esses encontros em sua motocicleta.[17]

O grupo original de cinco recrutadores — incluindo Albert Funk e Johnny — havia crescido bastante desde a formação, no início de 1919.[18] Dois mil marinheiros se envolveram sem precisar de muito estímulo. Por sua vez, formaram novas células de apoio com trabalhadores da região. Os grupos de discussão política constituídos por poucas pessoas aumentaram rapidamente, exigindo cada vez mais espaço para reuniões com os novos aliados. Eles recebiam panfletos e propaganda impressos em porões sujos, com máquinas clandestinas, contrabandeadas de lugares fora do Ruhr.

Com mais dois esquerdistas locais, Johnny participou de uma reunião em Unna, uma cidadezinha a leste de Dortmund, na qual um membro do SPD encarregado da produção de carvão fez um discurso. O homem falou e falou, sem abordar o sofrimento que havia, referindo-se, em vez disso, a uma queixa popular. “Nabos de manhã, nabos ao meio-dia, nabos à noite. Vamos nos livrar de todo esse negócio de nabos!”, gritou. Em seguida, enalteceu as glórias que o Partido Social-Democrata conquistara para o povo. Sem conseguir mais controlar os sentimentos contidos, Johnny se levantou e rasgou o discurso que preparara. Em seguida, questionou o representante do SPD diante da plateia subitamente atenta. Gritou para os espectadores: “O que ele e seu grupo realmente fizeram pelo povo alemão?” Desmentindo o homem, Johnny expôs aos ouvintes uma saraivada de fatos que demonstravam a absoluta incompetência do SPD — enquanto o orador, no palco, olhava furioso em sua direção.

Quando Johnny deixou o salão, uma emboscada policial o prendeu. O orador do SPD havia cuidado disso. Amigos informaram a Johnny que o homem continuara a falar para aqueles que restavam no auditório sobre como Johnny era uma alma miserável e que tudo o que dissera era mentira. "Não vamos deixar que o que esse animal disse fique em nossas mentes", gritou. Ao mesmo tempo, do lado de fora, seis policiais dominavam Johnny, jogando-o no chão com murros, chutes e pancadas de porretes. Algemado, foi jogado semiconsciente em um caminhão e levado para um hospício.

Durante uma semana Johnny ficou confinado, enquanto seus algozes tentavam provar que era demente. Tentaram obrigá-lo a segurar uma pá em brasa. Como não conseguiram, serviram-lhe excrementos humanos como se fosse um jantar. Repetidamente eles tentaram e repetidamente falharam. Johnny dormia e comia pouco durante seu novo pesadelo. Sua exigência inicial de um médico foi ignorada. Depois de uma semana, apareceu um homem que lhe fez perguntas demoradamente, enquanto lia o relatório da instituição. Examinou Johnny e comentou, chocado: "É de se espantar que você ainda esteja vivo, garoto. Você deve ser feito de ferro. Não há nada de errado em sua mente. Não tenho a menor ideia sobre quem o enviaria para um lugar como este." O médico era membro do Partido Social-Democrata Independente e odiava o SPD e o cáiser tanto quanto Johnny.

Em 28 de novembro de 1919, Maria deu à luz seu primeiro filho,[19] um menino grande e robusto de 4,173 quilos, para alegria de Johnny e da mulher. Eles o chamaram de Johnny Junior e, à medida que cresceu, provou que o nome era apropriado. Quase ao mesmo tempo, surgiu um lugar para morar, em Schuckertstraße 20. Era um pequeno apartamento, em um prédio que tinha mais três moradias. Johnny e a nova família se instalaram no apartamento no andar térreo, com quarto, banheiro, sala de estar pequena e cozinha conjugada. Não era espaçoso, mas era deles. Doações de móveis dispensados em boas condições logo preencheram a residência pintada de bege.

Maria deixara o emprego antes de o pequeno Johnny chegar, para poder cuidar dele em tempo integral. Para repugnância de Johnny, porém, o ninho arrumado logo assumiu a aparência da casa dos pais de Maria, ficando em permanente desordem, com roupas, comida e caixas de suprimentos empilhadas por toda parte. Johnny voltou a falar com Maria de maneira gentil, explicando-lhe repetidamente a necessidade de manter a casa limpa e arrumada. Ela prometeu tentar. Mas dia após dia, semana após semana, foi pequeno o progresso e os cômodos continuavam bagunçados. Ele ficou tão exasperado que limpou a casa sozinho, mostrando a Maria como tirar a poeira, varrer e lavar. Mas nada adiantou. Dias se passavam com louça suja empilhada na cozinha, camas que permaneciam desfeitas e desordem por toda a parte. Aquilo se tornou um desgosto tão grande que Johnny comentou com o pai de Maria. Anton lhe sugeriu dar uma boa surra nela com uma correia. "Isso conserta gente preguiçosa num instante", observou. Talvez, mas a estratégia do sogro era drástica demais na opinião de Johnny. Maria também começou a engordar. Preguiçosa, nada fazia para queimar gordura. Como ficou claro para o marido que queria viver como uma porca, ele ficava fora de casa cada vez mais, enquanto os compromissos políticos no tempo livre aumentavam. O ressentimento com a mulher e com o cáiser tornou-o um homem amargo.

O ano de 1920 Johnny jamais esqueceria. Em fevereiro, o primeiro-ministro Friedrich Ebert exigiu que os mineiros trabalhassem horas extras, em benefício da nação. Mas eles não tinham comida suficiente para sequer um turno de oito horas sem desabar de fraqueza. Os salários dos mineiros não eram altos e o custo com a comida aumentava. Na mesma época, o irmão mais novo de Johnny, Oscar, que trabalhava em uma fazenda, apareceu inesperadamente em Ahlen. Queria trabalhar com Johnny nas minas. Oscar era um jovem bem-apessoado de 16 anos. Johnny e Maria ficaram felizes por recebê-lo em sua casa.

A ordem do governo para trabalhar mais foi transmitida pelo braço do KPD em Berlim para a sede do partido, em Essen, que a repassou para o braço geral, na região de Hamm. Ao longo do percurso, os camaradas do KPD combinaram fazer reuniões para obter apoio na oposição à diretriz do primeiro-ministro Ebert. Em Ahlen, uma reunião foi convocada e Johnny foi um dos que se pronunciaram no salão lotado. "Camaradas", começou, "sei que a Alemanha precisa de carvão, assim como nossas famílias, viúvas e inválidos. Entretanto, nós mineiros também sabemos muito bem que não podemos trabalhar mais horas sem mais para comer. Exigimos que o governo dê mais comida àqueles que foram convocados a trabalhar horas extras; do contrário, não vamos produzir mais carvão."

Em meio a aplausos entusiasmados, os trabalhadores permaneceram unidos. Em todo o Ruhr, assembleias semelhantes aconteceram. Funk e até Oscar ajudaram Johnny nessas reuniões. O sentimento era o de que os mineiros haviam se manifestado. Cabia ao governo em Berlim tomar a próxima atitude. Como o governo se recusou a fazer qualquer coisa, toda a região do Ruhr entrou em greve. Mas houve pouca violência, se é que alguma, por parte dos grevistas, porque não queriam antagonizar a polícia. Os manifestantes nada tinham contra os policiais. Muitos eram amigos e vizinhos. Se quisessem o apoio da Polizei à sua causa, não podiam enfrentá-los ao mesmo tempo. Essa estratégia cuidadosamente planejada de protesto pacífico foi amplamente seguida, ganhando numerosos simpatizantes na polícia.

Quarenta e oito horas depois, o Ruhr estava paralisado, e o governo cedeu. Suprimentos adicionais de pão, salsicha e banha americana foram distribuídos aos trabalhadores sobrecarregados. A paralisação foi interrompida. De maneira suspeita, porém, a comissão de greve continuou a achar que o governo acabaria usando a força para eliminar os ganhos dos mineiros. O KPD começou a reservar fundos especiais para famílias que não pudessem se sustentar. Se um chefe de família tivesse de fugir, ou fosse preso ou morto devido a envolvimento em alguma ação nas ruas, a Rote Hilfe Deutschland (Assistência Vermelha Alemã) do KPD estaria ali.

Nessa época, Johnny se tornara conhecido em todo o Ruhr, de Hamm a Duisburg, como o "mineiro marinheiro". Era um tratamento de rebelde-herói, e isso lhe causou problemas. Quando, por exemplo, as crianças nas ruas o chamavam de "General Johnny", isso o levava a imaginar quem estaria ouvindo. Informantes do governo, por exemplo, estavam. Discretamente, seu nome foi posto em listas de procurados. Entretanto, a polícia de Ahlen não queria se arriscar a prendê-lo. Tinha consciência de que se fizesse isso provocaria uma nova reação dos mineiros.

As paralisações de trabalho ocorriam com tanta frequência[20] que o governo finalmente decidiu reunir uma centena de soldados do quartel militar provincial em Münster e enviá-los a Ahlen. Sabendo do avanço da força, Johnny e seus companheiros se prepararam. Südstraße, a estreita rua principal de Ahlen, logo começou a tremer ao som das botas em marcha se aproximando. Mas assim que os soldados entraram com determinação na pequena via, um grande grupo de mulheres de Ahlen os cercou. Homens da cidade surgiram em telhados, armados com paus, garrafas, pedras e velhos fuzis. Diante de soldados cercados e confusos, as mulheres começaram a pedir calmamente a eles para baixar as armas. Enquanto falavam, Johnny gritou para que se rendessem e voltassem ilesos para Münster. Um jovem e nervoso tenente liderava os soldados. Ele cumpriu as ordens que recebera durante alguns minutos, mas acabou entregando a arma, presa à cintura. Em seguida, as mulheres cuidadosamente desarmaram os soldados que estavam sob seu comando e os homens nos telhados permaneceram em posição, prontos para qualquer reação. Com os soldados despidos de tudo, exceto seus uniformes, o povo da cidade empilhou as armas. Emissários foram enviados a Essen e Hamm para informar a vitória ao KPD. Os soldados marcharam de volta ao quartel em Münster. Os comandantes militares ficaram furiosos.

Enquanto isso, novas greves eram convocadas, enfurecendo ainda mais o governo, já que cada paralisação reduzia a produção de carvão. Por meio de sua rede de inteligência,[21] o KPD logo ficou sabendo que um segundo contingente de 300 soldados seguia para Ahlen. Mais uma vez, os mineiros se armaram antes de ocupar telhados e janelas. Dessa vez, as mulheres foram orientadas a permanecer em casa com as crianças. Enquanto elas se recolhiam e esperavam, homens e adolescentes se equiparam com as armas retiradas do primeiro grupo de soldados.

Quando o destacamento avançou sobre Ahlen, não havia qualquer sinal dos habitantes. Então, Johnny gritou do alto de um dos prédios: “Soldados, não queremos nada de vocês além do direito de viver. Não temos motivo para lutar contra vocês, mas, se vocês não recuarem, serão abatidos como cães! Somos todos alemães. Portanto, não vamos tirar a vida uns dos outros. Isso certamente resultaria na morte de todos vocês. Não queremos sequer pedir a vocês para se desarmarem, simplesmente virem-se e voltem para casa.” Eles o fizeram.

Entre esses dois episódios, o ministro do interior prussiano, Carl Severing, foi à cidade e pediu aos moradores para abaixar as armas e voltar ao trabalho. Como o discurso não produziu os resultados esperados, ordenou uma segunda demonstração de força. A vigilância da polícia também foi intensificada. Indivíduos da força de segurança regional começaram a manter mineiros selecionados sob vigilância permanente. De sua casa na Schuckertstraße, Johnny podia ver, quase diariamente, do outro lado da rua, o guarda designado para vigiá-lo.

Aproximadamente uma semana depois de os últimos soldados de Münster darem meia-volta, Johnny foi acordado no meio da noite por batidas na porta dos fundos. Um vizinho queria falar com ele. Era um oficial da polícia, mas bastante simpático ao KPD. "Johnny, saia agora! Eles têm ordem para prender você e outros líderes. Entre em contato com eles, fujam rápido, não posso lhe dizer mais nada."

Johnny sabia que se ficasse causaria um banho de sangue. Jogando algumas coisas em uma bolsa, beijou Maria e o pequeno Johnny e pediu a Oscar que cuidasse deles. Seguiu de bicicleta por uma rua de trás e avisou três companheiros. De manhã, estavam a muitos quilômetros de distância, pedalando o mais rápido que os pés aguentavam. Chegaram a Rhine, perto da fronteira com a Holanda, em poucos dias. Sabendo que seriam detidos se fossem reconhecidos, eles viajavam por estradas secundárias. Dormiam no campo. Suas famílias e seus aliados no Ruhr jamais revelariam seu paradeiro. Veriam também que todas as armas e toda a munição estavam reunidas e escondidas no fundo de minas nos arredores.

Pararam por algum tempo na região de Niederrhein, a área pitoresca do baixo rio Reno. Em um golpe de sorte, um *Schlot Baron* ("barão do canal", pessoa de grande influência no rio) chamado Karl Haniel, que Johnny chamava de "von" Haniel, em respeito, estava precisando de mineiros. Haniel era um homem abastado, que mantinha seus assistentes fazendo o mínimo de perguntas. Possuía também uma frota de navios que subiam e desciam o Reno. A mina era de carvão leve, uma variedade de superfície cujos poços chegavam à profundidades de apenas três a seis metros. A segurança, entretanto, deixava muito a desejar, já que não havia iluminação nos túneis. Os mineiros tinham que usar simples lanternas de carbono. A chama constante dessas lamparinas, em lugares onde o pó preto era usado como dinamite, era um perigo mortal, sem falar no gás subterrâneo. Acompanhados de um mineiro russo, eles enchiam vagões de meia tonelada chamados Loren por oito marcos a carga. O grupo de cinco homens trabalhava duro e por muito tempo, e dormia em um abrigo próximo, que era uma espécie de dormitório.

Os fugitivos mantinham contato com o KPD, transmitindo instruções para colegas e tranquilizando mulheres e filhos. Isso era feito por meio do serviço de emissários do partido. Tudo começou a ficar calmo novamente. A Polizei chegou a abandonar a caça aos mineiros procurados. As greves continuavam na ausência deles, mas a família de cada um dos homens estava sendo bem assistida com fundos do partido.

Certo dia, Haniel iniciou uma conversa: "Johnny, preciso de mais carvão para os meus navios. Vocês se importariam de trabalhar mais horas?", perguntou. "Sem problema", respondeu Johnny, "se você nos pagar mais." "Isso eu não posso fazer", reagiu Haniel, "porque não tenho permissão para pagar mais do que os preços do sindicato." Em resposta, Johnny disse: "Não trabalhamos sob as condições do sindicato em suas minas, portanto o senhor não está preso a esses preços. O senhor está bem consciente das condições inseguras aqui, sob as quais apenas homens como nós trabalhariam." Então ele ofereceu mais oito marcos por cada *Lore* a mais. Johnny rebateu com "vinte", com o que Haniel acabou concordando, depois de refletir um bocado.

De repente, os salários deles dispararam para algo entre 200 e 300 marcos por dia, enquanto a pequena equipe produzia cargas adicionais com gosto. Eles permaneceram nas minas por vários meses. Por fim, o ministro do Interior, Carl Severing, concedeu perdão geral aos líderes comunistas. Johnny e os camaradas podiam voltar para casa sem ser presos. As famílias e os amigos se alegraram. Os homens voltaram a trabalhar nas minas de Vestfália sem oposição ou queda de posição. O número de membros do KPD aumentou e as reuniões do partido se tornaram muito maiores com a anistia. As greves acabaram e a região do Ruhr ficou em paz por algum tempo. A vida se tornou agradável e com uma aparência de normalidade.

Mas não foi uma vida sem uma tragédia pessoal. No início de uma manhã de 1920, Oscar perguntou ao irmão se podia trabalhar no turno das 12 às 18 horas. Geralmente, trabalhava das 18 horas à meia-noite, mas tinha uma namorada e queria levá-la à última sessão de cinema naquela noite. Johnny falou com o encarregado e um vizinho idoso, com uma família de cinco pessoas, trocou de lugar com Oscar. Às 18 horas, feita a troca, Johnny e o companheiro estavam na entrada da mina e a turma do turno anterior estava prestes a chegar à superfície. Os cabos acima chiaram e gemeram quando a grande cesta de vime contendo Oscar e mais 57 homens chegou à superfície. Mas, antes que pudessem abrir o portão, ouviu-se um barulho e os cabos se romperam. A carga humana despencou de mais de 600 metros. O irmão mais novo de Johnny estava morto aos 17 anos.

Johnny ficou paralisado de tristeza. Oscar fora um bom amigo e irmão, e ele lamentou sua perda durante muito tempo. Toda a vila foi aos funerais, todos profundamente tristes com a tragédia. Três semanas depois, mais nove vidas foram perdidas nos buracos onde os homens davam tudo de si para sustentar suas famílias.

Em 1921, Johnny ganhou uma marca de mineiro permanente. Trabalhando sem camisa, ele caiu quando erguia a picareta e feriu levemente o rosto. A poeira entrou na ferida e ele ficou com uma cicatriz preto-azulada de 2,5 centímetros acima da bochecha pelo resto de seus dias.[22] O dorso da mão esquerda também tinha uma marca. Ele o queimara certa vez, ficando com uma superfície bastante macia e uma cicatriz branca. Essas áreas sobressaíam em relação à cor normal, realçando veias e ossos com uma aparência um pouco diferente.

Depois da Primeira Guerra Mundial, muitos homens das antigas forças armadas da Alemanha imperial se viram desempregados. Em 1919, o tratado de paz de Versalhes estipulou que a Alemanha tinha de reduzir o número de soldados para 100 mil. Com isso veio uma sensação de que os Quatorze Pontos de Woodrow Wilson não passavam de um truque para fazer a Alemanha cumprir os acordos de Versalhes, e não o resto do mundo. O humor no país piorava a cada redução do número de militares. As reparações de guerra causariam problemas adicionais à Alemanha nos anos 1920, quando uma comissão finalmente concordou em pagar 6,6 milhões de libras esterlinas. Além disso, a Alemanha perdeu todas as colônias para outras potências imperialistas; foi proibida de formar com a Áustria um Estado único de língua alemã; teve de ceder território na Europa; construir navios para os antigos Aliados; e assumir a culpa por ter iniciado a guerra. O economista britânico John Maynard Keynes observou que era coisa demais para os alemães e acabaria levando-os a buscar vingança.[23]

Como as coisas podiam ter ficado tão ruins? Esse era o sentimento de muitos alemães. No verão anterior ao armistício, parecia que as potências centrais estavam vencendo a guerra. Quando uma unidade após outra foi desativada, espalharam-se rumores na Alemanha de que comunistas, judeus e outros desprezíveis — só interessados em pacifismo e lucros — haviam apunhalado pelas costas os quase vitoriosos soldados da Frente Ocidental. No inverno de 1918-1919, os Aliados permitiram à Alemanha manter um grande número de soldados nos países bálticos para ajudar esses Estados em sua busca de independência em relação aos bolcheviques na Rússia. No fim de 1919, e na época um Freikorp, as unidades bálticas foram retiradas e reposicionadas em Dallgow-Döberitz, a oeste dos limites de Berlim.

Dentro desse caldeirão, o capitão Waldemar Pabst usou um dos fundadores do Partido Pátria, de direita, Wolfgang Kapp, para explorar o governo de coalizão de Gustav Bauer e seu vice-chanceler e ministro das finanças, Matthias Erzberger. Erzberger era membro do Zentrum, e liderara a delegação que assinara o Tratado de Versalhes. Pabst, Kapp e o coconspirador deles, o general Walther Freiherr von Lüttwitz, com o apoio disfarçado do general Erich Ludendorff, queriam uma mudança de regime em Berlim. Havia indícios de que Kapp realmente queria um retorno da monarquia. Mas Wolfgang Kapp era aberto demais em suas intenções menos óbvias e acabaria sendo preso. Isso levou o tenente-comandante Hermann Ehrhardt, de uma das duas brigadas de fuzileiros navais bálticas em Dallgow-Döberitz, a dar, por exigência de Lüttwitz, um ultimato em 12 de março de 1920 para que Kapp fosse libertado e um novo governo nacional instalado. O governo discutiu as opções durante a maior parte da noite antes de rejeitar as exigências de Ehrhardt ao amanhecer do dia 13. Mas a essa altura, a força do tenente-comandante, de mais de 5 mil soldados, havia marchado para a capital. Muitos dos homens de Ehrhardt usavam suásticas nos capacetes. Foi a primeira vez que a capital foi inundada por um símbolo que viria a significar um mal tão grande.

O ministro da Defesa, Noske, pediu ao chefe do Estado-Maior, general Hans von Seeckt, para usar seus 2 mil soldados para defender o governo.[24] O oficial, chamado de "A esfinge de monóculo",[25] recusou-se. Bauer e seu gabinete foram de carro para Dresden e depois Stuttgart. Antes de partir, porém, deram ordem para uma greve geral — cumprida imediatamente.

Às 7 horas, a Alemanha tinha um novo governo, com Wolfgang Kapp na liderança e o general von Lüttwitz como ministro da Defesa. Durante os cinco dias seguintes, o governo de Kapp tentou fazer Berlim voltar à ordem. Mas seus esforços estavam condenados, porque a greve geral de Ebert paralisava quase todo o país. Serviços de gás, eletricidade, jornais e água foram completamente interrompidos. Leis foram ignoradas e os saques se tornaram comuns, principalmente em Berlim. Ao sul, em Stuttgart, quando Ebert concordou em fazer eleições, Kapp disse que suas exigências haviam sido cumpridas. Em seguida, renunciou e partiu para o exílio na Suécia.

Durante o breve reinado de Kapp, a luta irrompeu no Ruhr. Em 14 de março de 1920, no quartel-general em Münster, o comandante militar do distrito, tenente-general Oskar Baron von Watter, enviou uma parte de seus soldados do Freikorp e do Reichswehr formal para pontos-chaves da província. A região de Vestfália estava inflamada com o USPD, o SPD, o KPD e grupos radicais comunistas, sindicalistas e de tendência anarquista — todos se opondo ao Putsch (golpe) de Kapp. Durante as três semanas seguintes, os dois lados — compostos por cerca de 60 mil soldados legalistas e cerca de 50 mil soldados informais esquerdistas-idealistas, que se autointitulavam Exército Vermelho do Ruhr — enfrentaram-se. Os últimos estavam sob a liderança de um ex-oficial da era do cáiser, Karl Stemmer. Bons combatentes, os soldados do Exército Vermelho do Ruhr de início empurraram as forças do governo para fora do vale em batalhas que pareciam intermináveis.[26]

A seção de Johnny fez uma conferência permanente em Essen, que durou três dias. Eles já haviam derrotado o Weißenstein Freikorp e ainda a polícia para tomar o poder na cidade.[27] Quando se espalharam informações de que mais soldados do Putsch estavam se aproximando, Johnny voltou para Ahlen. Depois de desembarcar de um trem, ele e seus aliados formaram o batalhão "Rosa Luxemburgo", de 700 homens, concentrando-se em torno da estação ferroviária. Johnny foi escolhido líder em votação oral. O grupo fez uma bandeira vermelha com o nome da mártir. Junto a outros líderes do partido, Johnny foi para as minas apanhar dinamite, armas e ferramentas escondidas, que haviam sido tiradas, em grande parte, das unidades do exército vindas de Münster. Era um estoque pequeno, mas foi levado para a superfície e distribuído. A estação de trem foi rebatizada de Comissão de Trabalhadores e Soldados e se tornou o quartel-general do "Rosa Luxemburgo".

Cada cidade ao longo do Ruhr formou grupos semelhantes, prontos para agir quando convocados. A Comissão de Trabalhadores e Soldados foi informada de que as primeiras unidades do Putsch haviam sido localizadas a 10 ou 12 quilômetros, entre Ahlen e Hamn. Os defensores entraram em contato com o centro nervoso em Essen e foram orientados a assumir suas posições. Insuficientemente armados, logo formaram linhas de batalha diante da força que se aproximava e a combateram com tenacidade antes de ser obrigados a recuar. Johnny entrou em contato com Essen novamente e disse que se não mandassem reforços, a onda de soldados bem armados do Putsch não poderia ser contida.

Ele recebeu ordem para recuar para o rio Lippe, um pequeno afluente do Reno, perto de Hamn. O batalhão "Rosa Luxemburgo" chegou em 18 de março de 1920[28] e ocupou uma área nos arredores da cidade, incluindo um grande salão de baile. Johnny pôs seus homens em pontos estratégicos e posicionou observadores em torno do salão. Duas noites depois, os soldados do Putsch entraram na cidade sem resistência dos 30 mil moradores. Afastaram os representantes da comunidade eleitos e lhes explicaram como seriam as coisas, o que significava realmente que os Hollenzollern voltariam a governar o país. Alguns políticos aprovaram isso e mais tarde, naquela noite, em um grupo pequeno, caminharam até o rio que separava os dois lados. Os observadores relataram a chegada deles e o Exército Vermelho do Ruhr começou a preparar suas armas.

Cada um dos delegados carregava uma bandeira branca. Avançando tanto quanto conseguiram ousar, gritaram diante do Lippe que o Exército Vermelho do Ruhr não conseguiria vencer. "O que vocês estão tentando fazer é loucura! Abaixem suas armas e voltem para suas famílias em paz!" Em seguida, pediram que os rebeldes que não fossem esquerdistas radicais tivessem permissão para sair e voltar para casa. Os homens de Johnny observaram nervosos quando ele se levantou e disse aos emissários que a oferta era um conto de fadas. Seus combatentes-chaves permaneceram em todos os lados do salão. O resto do contingente se sentou no chão. "Seu grupo marchou com o cáiser e agora vocês marcham com o Putsch. Eu me recuso", gritou Johnny na direção das bandeiras brancas que tremulavam. Voltando-se para os soldados reunidos no auditório, ele explicou o que haviam acabado de ouvir. Mas pôde perceber uma certa hesitação em alguns daqueles que estavam sentados encostados nas paredes. Considerou que deviam estar pensando em partir e especulou que a maioria era partidária do SPD.

Em um tom firme, disse aos soldados: "Toda a Spartacus neste canto, SPD e independentes naquele canto e católicos romanos naquele outro canto." Depois que os soldados foram para os locais designados, Johnny lhes disse para escolherem o rumo que iriam seguir. Aqueles que realmente quisessem ir embora poderiam ir, mas teriam que deixar todas as armas ao saírem. Qualquer tentativa de levar uma arma seria impedida a tiros.

Os soldados leais a Johnny encararam os outros enquanto, lentamente, alguns daqueles dispostos a sair se levantavam. Eles deixaram suas armas empilhadas no chão e saíram, um a um, com as mãos levantadas. Analisando o cenário, Johnny viu que havia perdido metade de seus homens. Mas pelo menos todas as armas haviam ficado. Mais tarde, soube que o general von Watter prendera os delegados políticos que enviara para negociar a situação.

Naquela noite, o batalhão "Rosa Luxemburgo" cruzou a ponte nos arredores de Hamm e foi recebido com fogo de metralhadora pesado. As forças do Putsch estavam agora a 10 quilômetros, mas tinham alguns companheiros ao longo do Lippe, perto de Hamm. Segundo relatos, as unidades dos Freikorps que entraram em Hamm enganaram os moradores, levando-os a pensar que estava tudo bem. Chegaram a fazer uma apresentação musical na praça principal. No dia seguinte, porém, os soldados dos Freikorps começaram a prender e executar pessoas indiscriminadamente.[29]

O batalhão "Rosa Luxemburgo" lutou bravamente enquanto seguia para a pequena vila de Pelkum. Semanas antes, cerca de cem de seus aliados haviam sido mortos ali, inclusive enfermeiras uniformizadas.[30] Travando uma intensa batalha durante todo o percurso, perderam mais 93 homens antes de chegar a Pelkum. O quartel-general do Exército Vermelho do Ruhr em Essen estava a menos de 45 quilômetros. Como seu número de homens diminuíra bastante e os reforços ainda não haviam chegado, Johnny tomou emprestado o único meio de transporte disponível. Um fazendeiro de Pelkum e ex-soldado lhe cedeu um cavalo branco, grande e selado, que ele usou para galopar até Essen.

Em Essen, tudo estava desordenado e a cidade se preparava para receber a força nacionalista que avançava. Johnny não conseguiu obter ajuda do KPD; mas asseguraram-lhe de que todos os batalhões de mineiros do Ruhr haviam sido mobilizados. Foi orientado a seguir para Dortmund, que estava enfrentando uma intensa batalha. Voltou para seus homens a tempo de saber que o inimigo havia avançado até um ponto a apenas quilômetros de distância, pela estrada. Moveu suas unidades para Dortmund e lutou junto aos defensores da comunidade. Foi uma luta quase inútil, que acabou resultando em uma retirada. O êxodo aconteceu na direção nordeste, e várias unidades dispersas e pessoas locais se juntaram a eles. Isso aumentou seu contingente para 12 mil homens. Mas o contingente do *Pustch* também havia se modificado, saltando para 80 mil homens, uma superioridade de mais de seis para um.

Johnny anunciou aos que queriam partir que a hora era aquela. Àqueles que ficaram, disse: "Lutaremos até perder o último homem. Se atacarmos e tivermos que ir contra Hamm, provavelmente vocês todos morrerão!" Era um prognóstico sinistro, mas ninguém desistiu. O confronto que se seguiu ficou conhecido como a Batalha de Pelkum. Em determinado momento, Johnny explodiu as laterais de um despenhadeiro, matando muitos soldados legalistas.[31] Sua habilidade com explosivos chamou a atenção de alguns soviéticos que Moscou havia enviado em apoio. Mas não foi o suficiente e o momento não era aquele.

O batalhão "Rosa Luxemburgo" reforçado sofreu outras grandes baixas antes de chegar à saída do canal, a 6 quilômetros de Essen, com pouca munição. Então, Carl Severing apareceu, como em um passe de mágica, e pediu uma reunião para discutir uma trégua. Novamente, Berlim estava tentando dividir as forças insurgentes oferecendo anistia em troca de desarmamento. Severing falou como se fosse neutro e não apoiasse o Putsch, mas poucos acreditaram nele, se é que alguém acreditou.

Os soldados liderados por Johnny se organizaram para tomar o canal a qualquer custo. Não demorou muito para um major aparecer do outro lado, agitando uma bandeira branca e caminhando até o meio de uma ponte. "Rapazes, vocês têm lutado bem, mas não percebem que é inútil? Seus poucos contra nossos muitos não podem vencer. Por que não abaixam as armas e voltam vivos para casa, para seus entes queridos?" Johnny gritou em resposta: "Major, seus superiores vão concordar com o que o senhor está nos pedindo?" Ele respondeu algo sobre não poder prometer. "Bem, com certeza o senhor sabe que não vamos desistir, e sim continuar a lutar."

O oficial abaixou a bandeira branca e voltou para a linha de frente. Um dia depois, Johnny enviou um emissário a Essen em busca de munição. Quando voltou, estava trêmulo e tinha uma expressão vazia. O mensageiro relatou com lágrimas nos olhos que Essen caíra. "Impossível!", reagiu Johnny. Mas estava errado. Deserções e disputas internas em meio às atrocidades cada vez mais frequentes de Von Watter e daqueles sob seu comando acabaram com a fortaleza da esquerda em Essen durante a primeira semana de abril de 1920.[32]

Reunindo os líderes do grupo, Johnny lhes deu a má notícia e uma ideia sobre a situação do "Rosa Luxemburgo". "Uma possibilidade é lutar até a parte antiga de Essen, onde os metalúrgicos são simpáticos à nossa causa. Em seguida, poderíamos continuar a seguir para o leste, até Hattingen, e tentar obter mais apoio. Em Hattingen, podemos ficar para ver se nossas forças gerais podem se unir a nós."

Os homens decidiram rapidamente seguir o curso, encontrando pouca resistência. Aos poucos, com os Freikorps pressionando logo atrás, entraram em Alten-Essen (Essen Antiga). Abrindo caminho, seguia um caminhão equipado com metralhadoras. Quando os soldados do "Rosa Luxemburgo" passaram pelas ruas, foram saudados por pessoas enfileiradas que gritavam "Bravo! Bravo! Viel Glück! (Boa sorte!)". O apoio dos trabalhadores ficou evidente quando mulheres entregaram aos rebeldes um pouco de comida. Idosos e meninos festejaram e saudaram a combalida procissão.

Ao chegar a Hattingen, novamente encontraram multidões amigáveis que os aplaudiram. Não houve oposição. Nem um único tiro foi disparado. O batalhão continuou. Alguns dos soldados pareciam exaustos, caminhando com roupas esfarrapadas, manchadas do sangue e da lama da batalha. "Você não acha que deveríamos nos render, Johnny?", perguntou um grupo de homens cansados e sujos. "Vocês podem partir se quiserem. Embora precise de vocês, o outro lado tem muito pouca piedade." Eles pensaram por um momento, voltaram para o caminho por onde haviam chegado, com lágrimas nos olhos, e partiram. Várias centenas os seguiram, esgotados e esfomeados. Johnny não podia culpá-los. Nem faria qualquer tentativa de impedir alguém, uma vez que o grupo todo lutara bem.

Tudo o que restou foram 9 mil dedicados combatentes da Spartacus, divididos em grupos de cem. Johnny convocou uma reunião com os líderes da unidade, enquanto os homens descansavam em um campo próximo. Discutiram a situação. "Johnny, vamos tomar o vale do Wupper e vencer!", afirmaram, com entusiasmo.

Incomodado com a sugestão, Johnny lhes disse que nunca fora ladrão e não seria agora que se tornaria um. Eles não haviam chegado a ponto de ter que roubar de pobres agricultores — as mesmas pessoas pelas quais estavam lutando. Ele também queria oferecer uma oportunidade àqueles que estavam menos convencidos. Os poucos que haviam pensado em investir contra o Wupper obviamente sentiram remorso, embora o batalhão estivesse em uma situação muito ruim.[33] A munição do "Rosa Luxemburgo" fora gasta; os soldados estavam em condições deploráveis, e, apenas alguns quilômetros atrás, as forças dos Freikorps os perseguiam. Tudo parecia sombrio, mas não se tornariam bandidos no Wupper para sobreviver.

Examinando o terreno montanhoso com binóculos, Johnny se surpreendeu ao ver uma bandeira britânica tremulando no alto de um penhasco. Ocorreu-lhe que eles haviam parado para descansar numa zona internacional, perto do setor da Alemanha ocupada controlado pelos britânicos. Para fazer cumprir os termos do Tratado de Versalhes, no início de março de 1921, os franceses, belgas e ingleses haviam enviado forças para partes do Ruhr, apesar das objeções da Alemanha. A Grã-Bretanha ocupara vastas áreas ao norte de Colônia. De repente, Johnny ficou animado. Ele e os assistentes acharam que haviam encontrado um refúgio.

Johnny anunciou que as forças de ocupação britânicas estavam acima deles e que ele havia navegado em navios britânicos. A justiça nessas embarcações era maior do que na própria Alemanha. Em seguida, afirmou que visitaria as tropas britânicas para ver o que poderia conseguir. Pediu aos homens que tivessem paciência.

Todos gritaram em aprovação. Cada um sabia que o necessário agora era tempo, e este se esgotava rapidamente. Virando-se para um dos assistentes, Johnny lhe entregou sua pistola e lhe disse para guardá-la até que voltasse. Segurando uma grande bandeira branca, caminhou até os penhascos distantes, observado por uma multidão de homens, que lentamente se ergueu para se enfileirar e acompanhá-lo. Eles pararam diante de uma cerca de arame farpado, onde Johnny ordenou que deixassem qualquer objeto que não lhes pertencesse. "Conheço os britânicos", gritou Johnny. "Se eles encontrarem qualquer coisa desse tipo com vocês, serão tratados como ladrões; mas se tiverem apenas o que é de vocês, vão ajudá-los. Não seremos tratados como prisioneiros de guerra, mas como internos de uma guerra civil."

Quando se afastou, um suboficial britânico o saudou diante do portão. "O que você vê atrás de nós são 9 mil combatentes que têm lutado contra a Alemanha. Acabamos de enfrentar as forças do Putsch, que nos superam na proporção de dez para um. Peço permissão para falar com seus oficiais." O jovem soldado de uniforme impecável o cumprimentou e correu até o telefone de campo. Logo depois, um major e alguns soldados apareceram.

"Sim, sabemos sobre suas forças", afirmou o major. "Vocês perderam o controle das cidades que tinham." "Certo, isso é correto, senhor", respondeu Johnny. "Mas nos erguemos e lutamos contra 100 mil homens que vocês e as outras potências dos aliados permitiram que o outro lado tivesse. Só estou pedindo um abrigo para meus oficiais e homens." O oficial inglês sorriu e disse a Johnny para esperar enquanto entrava em contato com o quartel-general em Colônia, por telefone.

Passaram-se dez minutos e ele voltou. "Vocês podem entrar, mas diga a seus homens para se desarmarem antes", ordenou. "Isso inclui toda a munição e as granadas", acrescentou. Então Johnny perguntou se podia enterrar sua pistola, porque achava que precisaria dela depois. "Você é um homem audacioso", retorquiu. "Esconda onde você possa localizar depois."

Voltando até os soldados, Johnny pediu-lhes que deixassem as armas e a munição à esquerda e à direita, ao lado do portão, ao entrarem no complexo. Ninguém desobedeceu a ordem. O major perguntou se podia revistar os homens depois de eles se reunirem, explicando que era a condição para eles entrarem. Na revista cuidadosa feita na grande formação, os soldados britânicos não encontraram uma arma ou cartucho de munição sequer. Johnny ficou orgulhoso.

Mais tarde, Johnny foi informado de que as forças do Putsch haviam exigido que os britânicos enviassem os rebeldes de volta ao outro lado da barreira, ou as deixassem entrar para retirá-los, mas os ingleses haviam se recusado terminantemente. Se os Freikorps chegassem perto das linhas de ocupação dos Aliados, o acordo de ocupação seria violado e o inferno desceria sobre o governo alemão.

Imediatamente, o que restara do batalhão "Rosa Luxemburgo" foi transportado de trem para Grevenbroich, perto de Colônia. Ao chegar, Johnny e seus homens notaram outro trem em um trilho adjacente, preparando-se para partir na direção oposta. Para abrir espaço para os remanescentes do "Rosa Luxemburgo", os britânicos haviam liberado milhares de policiais alemães sob custódia. Eram homens que representavam a lei quando o cáiser estava no poder. Estavam a caminho de um campo mais ao sul. "Há um trabalho bom para vocês", disse o major, apontando para os vagões lotados do trem ao lado. "São seus amigos do passado, não são?", comentou o major, com um leve sorriso no rosto. "O senhor nos permitiria?", perguntou Johnny. "Sim, mas só por 30 minutos e depois chega", respondeu, com uma expectativa radiante.

O grupo do "Rosa Luxemburgo" saltou e seguiu em massa para o trem do trilho adjacente. Pularam para dentro e iniciaram uma pancadaria com a antiga polícia. Johnny e seus homens se saíram bem. A Polizei do cáiser levou uma surra. Enquanto isso, os soldados britânicos descansavam, assistindo à briga sangrenta diante deles durante meia hora. Um apito finalmente soou, sinalizando o fim do combate, enquanto o trem com os policiais se preparava para partir, agora com uma carga humana espancada.

O campo de internamento de Grevenbroich era uma propriedade ampla, com longas barracas cinzas, cercadas por quilômetros de cercas de arame farpado e altas torres de sentinela coroadas por holofotes. O batalhão marchou, passou pelos guardas do portão principal e, em grupos de cem, seguiu para os alojamentos que lhe foram determinados. Pouco depois, o major e o coronel Elbrick, comandante do campo, chamaram Johnny e seus líderes para uma conversa. Falando alemão fluentemente, o coronel abriu a reunião: "Cavalheiros, os senhores travaram uma batalha maravilhosa contra os chamados inimigos de seu país. Uma grande batalha realmente. Gostariam de fazer uma nova tentativa?" "Perdão, senhor", disse Johnny, achando que não ouvira corretamente. "Vocês gostariam de enfrentar os Freikorps novamente?", perguntou o coronel. "Isso seria impossível", reagiu Johnny. "Não podemos ter esperança de ganhar."

Em seguida, Johnny pediu permissão para interromper a conversa por um momento. Queria ver se seus homens estavam acomodados com bebidas quentes e comida, das quais estavam bastante necessitados. Ao retornar para continuar a discussão, levou consigo dez de seus oficiais.

Elbrick explicou que liberariam o batalhão para enfrentar os soldados do Putsch e que os britânicos chegariam em seguida para ocupar o território recém-conquistado.

Vários dos homens de Johnny receberam a ideia com entusiasmo, enquanto ele permanecia em silêncio, sua mente tentando imaginar o raciocínio britânico. "Vocês terão minha resposta assim que me disserem tudo", disse, finalmente, notando que os olhos de Elbrick não haviam saído de cima dele em nenhum momento. O coronel prosseguiu, explicando que receberiam todo o butim apreendido com os alemães, armas, munição e transporte para combater o Putsch. Isso significaria declarar guerra a eles, pensou Johnny, enquanto os britânicos permaneceriam neutros, como fornecedores do equipamento do batalhão e recebendo os ganhos da vitória.

Encarando friamente o olhar do coronel, Johnny rebateu, dizendo que ele e seus homens não se tornariam bandoleiros dos imperialistas britânicos. Em seguida, observou que as tropas inglesas tinham soldados e equipamento para derrotar as forças do Putsch sem grandes problemas. Se o Exército de Sua Majestade queria mais território, teria de conquistar por conta própria.

Elbrick olhou seriamente para os alemães e em seguida sorriu, dizendo calmamente: "Você apresentou seu argumento e eu o admiro." Mais tarde, os britânicos pediram ao batalhão "Rosa Luxemburgo" que fornecesse um homem de cada grupo de mil para trabalhar com os ingleses no fornecimento de comida, roupas e outros itens. Tudo seria feito sob o comando de Johnny e de um alto oficial britânico. No fim das contas, Johnny e outros três tiveram permissão para ir duas vezes por semana a Colônia, sem escolta, para comprar suprimentos para o campo.

Vários meses depois, o ministro do Interior, Carl Severing, fez um pronunciamento no rádio informando a todos os alemães que o governo havia proclamado uma anistia. "Todos aqueles que participaram de batalhas serão tratados como homens livres; podem voltar para casa e ficar em paz, desimpedidos", proclamou. "A exceção", prosseguiu, "são os líderes e comandantes das forças contrárias ao governo. Esses criminosos e reacionários serão perseguidos e presos." Logo o coronel foi aos alojamentos do "Rosa Luxemburgo" perguntar se eles tinham ouvido a proclamação. Se não, esta havia sido gravada e ele poderia transmiti-la no sistema de informações públicas do campo. Isso não seria necessário, porque os homens de Johnny tinham conhecimento da mensagem. Entretanto, todo o campo foi convocado para se reunir e, pelos alto-falantes do campo, Johnny explicou o que a notícia vinda de Berlim significava. "Com exceção dos oficiais, vocês podem voltar para casa sem medo de ser presos. Quanto aos líderes, não há garantia de segurança. Voltem para casa com os cumprimentos de Herr Severing."

Reunindo seus oito oficiais, Johnny lhes disse que os britânicos tinham dado 48 horas para ir embora. Eles também estavam livres para partir com os soldados, mas pessoalmente não recomendava que corressem esse risco.[34] Achava que os soldados do Putsch os matariam se simplesmente saíssem ou fossem capturados. Os oficiais concordaram, mas os soldados comuns queriam saber quem os conduziria. Johnny disse que poderia se arrepender disso, mas os levaria até os limites de Hamm. Dali em diante, poderiam usar o transporte ferroviário e se defender sozinhos.

Em meio a despedidas dos britânicos, e com patrulheiros partindo antes, o grosso do batalhão "Rosa Luxemburgo" deixou o refúgio inglês e marchou para o território controlado pelos alemães. O batalhão avançou diretamente por áreas controladas pelo Putsch sem ser desafiado. Ao deixar seus soldados nos arredores de Hamm, Johnny e os oito oficiais tomaram outra direção.

Atravessaram pântanos, tropeçaram em árvores caídas e passaram por lamaçais mergulhados até a cintura. Depois de semanas escondendo-se em florestas e campos, foram localizados por um emissário do KPD vindo de Hamburgo. Todos os nove estavam cansados e famintos. Haviam comido apenas o que conseguiam colher e caçar. O emissário explicou que precisavam se dividir e continuar vivendo clandestinamente. Parecia fácil dizer, mas o tempo total em que permaneciam incógnitos passava de seis meses.[35] Em um esconderijo em Hamburgo, comeu a primeira refeição de verdade e dormiu na primeira cama de verdade em meses. Sem contar com os braços do pai, das irmãs e dos irmãos, como acontecera depois de Osowiec, ainda assim ele conseguiu relaxar novamente durante um momento.

## 6

# *Die* KPD

Um dos sete de Osowiec foi enviado para apanhá-lo. Por motivo de segurança, o partido decidira que o novo destino de Johnny seria o mar Báltico. Seu contato era Willy Hazor. Limpo e com roupas novas, Johnny foi a um café perto da estação ferroviária de Hamburgo, onde Hazor o esperava com duas passagens para Kiel. Ao se aproximar da mesa, Hazor levantou os olhos sem dar sinal de que o reconhecera, e perguntou: "Em que posso servi-lo, senhor?" "Quero o rato de Osowiec", respondeu Johnny, enquanto Hazor a olhava mais atentamente. De início, não reconhecera o rosto daquele estranho, porque Johnny ganhara peso desde os tempos na Polônia. Mas a simples menção daquele pedido foi suficiente para Hazor se levantar discretamente, apanhar suas coisas e caminhar com Johnny para a estação.

Ao entrarem na estação ferroviária, estavam prestes a descer uma das longas escadas para as plataformas quando soou uma voz que fez ambos gelarem. Hazor e Johnny ficaram paralisados ao reconhecer a voz do sargento Wolf, o guarda da Polônia. Estava gritando e apontando para Johnny enquanto pessoas assistiam, confusas. Hazor murmurou: "Pelo amor de Deus, Johnny, vamos sair daqui! Caminhe atrás de mim!" Pessoas se aproximaram, perguntando: "O que aquele homem fez?" Hazor explicou como Wolf matara alemães em Osowiec. Quando Wolf caminhava no meio da multidão, na direção deles, pessoas se viraram para o ex-guarda e gritaram: "Matem o imbecil! O porco!" Cercaram-no, esmurrando-o e chutando-o com fúria.

Os alto-falantes anunciavam que o trem estava partindo quando os dois desceram correndo os degraus e embarcaram em um vagão. Ouviram apitos e viram pela janela a polícia correndo para o andar de cima para investigar o tumulto. Johnny só podia santificar os esquerdistas de Hamburgo e o raciocínio rápido de Hazor por ter escapado por pouco. Tudo acontecera tão rapidamente — o grito, a briga, a partida e depois a polícia — que seu coração continuou batendo furiosamente durante minutos.

Depois de Johnny desembarcar do trem em Kiel, muitas pessoas o encaminharam de uma cidade para outra de trem, carro e táxi. Ficou na cidade apenas o suficiente para tentar embarcar em um navio, mas não conseguiu. Empurrado por outros dissidentes, entrou em um redemoinho de viagens intermináveis, pontuado por uma parada em um lugar isolado à beira do mar do Norte. Ali, manteve contato com o partido enquanto trabalhou como mineiro por mais de um ano. Três líderes rebeldes se juntaram a ele. O quarteto acabou conseguindo deixar a região e viajou para Bremen.

A oeste de Bremen, na cidade de Oldenburg, Johnny foi preso, em julho de 1920, por não ter os documentos apropriados para conseguir trabalho. Não se sabe que tipo de ocupação estava procurando ou exercendo na época, mas trabalhou para a Rote Hilfe Deutschland, do KPD, durante esse período. O governo levou em conta suas atividades anteriores e lhe deu uma sentença de 18 meses de prisão. Ficou encarcerado até novembro, quando uma segunda anistia foi proclamada. Dessa vez, incluiu todos os esquerdistas do Ruhr.[1]

Johnny voltou para Ahlen sem ser importunado pelas autoridades, mas houve uma complicação. Foi informado de que as minas não poderiam mais aproveitá-lo. Um aviso de "Não contratar" estava estampado em seu registro de trabalho, documento que todos os alemães tinham de dar aos empregadores antes de começar qualquer tipo de emprego legal.[2] Seus companheiros mineiros quiseram fazer greve por causa da proibição, mas, em uma reunião do partido, Johnny lhes disse que isso não adiantaria nada, apenas causaria um derramamento de sangue desnecessário. Viajou para Hamm e Essex em busca de trabalho, mas nenhuma das minas desses lugares quis contratá-lo. Não teve escolha a não ser enfrentar o desemprego até conseguir encontrar uma ocupação, ainda que o trabalho no partido continuasse e se intensificasse. Em lugares como a mina Saxon, perto de Hamm, as autoridades começaram a segui-lo. Acabaram fazendo isso por toda a parte no Ruhr. Em determinado momento, em 1922, ele e Albert Funk foram presos pelo envolvimento nos confrontos armados entre pequenos grupos de trabalhadores e os franceses e belgas perto de Düsseldorf e Duisburg. Johnny foi condenado a mais 18 meses de prisão, mas aparentemente recebeu um indulto.[3]

Deve-se destacar aqui que a literatura disponível sobre duas conferências do KPD é inconclusiva em relação à contribuição de Johnny. Menciona-se que participou da 8ª Conferência Nacional do KPD, em Lepizig,[4] de 28 de janeiro a 1º de fevereiro de 1923,[5] e fez um breve comentário sobre isso no encontro distrital de um dia (o Bezirkskonferenz) em Essen, em 23 de março de 1923.[6] O respeitado Herman Weber situa Johnny em Essen, mas pode ter se confundido.[7] Pode-se presumir que Johnny foi à reunião em Essen devido às suas atividades no partido na região. O que se sabe é que decididamente se opôs aos esforços de Ruth Fischer e seus seguidores em uma conferência ou em ambas.

Em 1923, a Organização Combatente Frente Vermelha (ou RFB, a Rotfrontkämpfer Bund) tinha 2 milhões de membros. A RFB era a ala do KPD de combatentes de rua durante a República de Weimar. Muitos marchavam pelas ruas de Berlim e Leipzig em pelotões que agitavam bandeiras vermelhas e usavam tarjas vermelhas no braço. Mais de 2 mil membros do KPD participaram da reunião em Leipzig. O principal encontro aconteceu em um salão sindical todo enfeitado. Clara Zetkin, amiga de Lenin, foi a mais importante participante feminina.[8] Antes membro do SPD, abriu a conferência. Os membros do poderoso partido em Berlim, incluindo Ruth Fischer (pseudônimo de Elfriede Eisler) acompanharam Zetkin até o púlpito. A camarada Fischer não escondeu sua intenção de liderar os comunistas alemães. Exortou os participantes a “relaxar”, principalmente o grupo de Hamburgo-Hamm, que, segundo ela, estava balançando o barco político. Fischer e outros queriam que o KPD continuasse com sua estratégia de "manifestações pacíficas". Isso suscitou grandes aplausos do grupo de representantes. "Marchem pelas drogas das ruas usando laços vermelhos e bonés vermelhos e batendo tambores com toda a força durante todo o percurso até os portões do maldito Reichstag", gritou ela. "Façam barulho e seremos ouvidos!"

Johnny achou que nunca tinha ouvido tanta besteira na vida. Fischer também falava grosserias demais para o seu gosto. Ele e vários outros queriam que o povo de Berlim fosse substituído por trabalhadores que demonstrassem mais bom senso. Aqueles que pensavam dessa forma se uniram e insistiram para que Fischer e August Thalheimer fossem substituídos. O pedido deles — contrário à opinião da maioria — causou um debate acalorado. Mas se mantiveram firmes.

Um delegado de Berlim segurou Johnny pela roupa e lhe perguntou: "Johnny, o que você está fazendo?" Talvez o questionador não estivesse pronto para uma resposta brusca. "Não posso acreditar, e não vou acreditar, que cornetas de crianças, tambores de brinquedo, laços e chapéus vermelhos sejam alguma coisa além de um monte de bobagens! Podemos organizar a classe trabalhadora de uma maneira adulta, para lutar por uma causa, sem recorrer a brincadeiras de criança e a uma política infantil", respondeu Johnny. Perplexo, o delegado murmurou algo e pediu licença.

Outro membro do partido se levantou e disse: "Vá para casa, Fischer! Vá para casa com seus filhos, volte para Berlim. Sabemos o que vamos fazer!" Enquanto esses comentários provocavam murmúrios no palco, várias delegações se concentraram em torno de Johnny. "O que fazemos agora?", perguntaram vozes nervosas. "Vamos enviar uma mensagem ao Zentral Komitee [ZK, ou Comitê Central] ou à delegação, se for preciso, pedindo que resolvam o problema", respondeu Johnny.

Quando se reuniram no dia seguinte, Johnny foi o único delegado que votou contra outra resolução do partido. Dois delegados que estavam perto dele tentaram levantar a mão em sinal de aprovação, mas ele os afastou e, irritado, levantou-se para dizer que votaria contra a medida. Isso incomodou vários linhas-duras poderosos, que mais uma vez pressionaram Johnny e tentaram fazê-lo mudar de ideia, sem sucesso. Eles o acusaram de tentar dividir o partido, mas Johnny não se importou. Na sua opinião, imbecis controlavam o KPD. Ele achava que o presidente do partido, Heinrich Brandler, era um exemplo disso. Brandler se tornaria membro da Oposição de Direita depois da morte de Lenin, em 1924.[9]

Representando o Comintern (Internacional Comunista),[10] Arthur Ernst Ewert, "um varapau com a cabeça mole", ofendeu-se com a intromissão de Johnny e o repreendeu diante dos outros delegados. Foi uma atitude perigosa. Johnny reagiu dando início a uma batalha que duraria anos. Um representante de Berlim, Willy Leow, tentou acalmá-lo e puxá-lo para o lado deles, mas Johnny lhe disse para sair de sua frente. Leow foi até Fischer e seu grupo, tremendo como uma vara, apontando para Johnny e dizendo a ela o que acabara de ouvir dele.

No terceiro dia, Fischer e seus aliados usaram seu trunfo. Eles haviam feito contato com Moscou antes da conferência. O camarada Karl Radek, na época editor do jornal *Pravda* ("Verdade"), fora instruído a ir a Leipzig e oferecer seu apoio, se necessário. Radek (cujo sobrenome verdadeiro era Sobelson)[11] era um homem pequeno, de óculos grossos e língua afiada. Quando chegou, seguiu para a conferência e depois se reuniu com os dissidentes. Esse novo encontro aconteceu no último andar do Prédio do Sindicato do Comércio de Leipzig. Dirigindo-se a Johnny, disse, irritado: "Você é o delegado que mais se manifesta contra a eleição de Ruth Fischer. O que está tentando conseguir? Uma divisão de todo o partido? Para quê?"

Exaltado, Johnny respondeu: "Sim, sou contra a eleição dela e vou lutar contra a maioria que é a favor. Não queremos dividir, apenas limpar o partido. Queremos pessoas com objetivos, trabalhadores que possam prover uma liderança e que sejam capazes de alcançar o que o partido estabelece." Isso apenas provocou horas de debate, nas quais Radek usou sua habitual estratégia de ser espirituoso. Por fim, Johnny lhe disse sem rodeios que "os líderes políticos de Berlim precisam ser endireitados" e que poderia "dizer a Moscou exatamente isso".

Radek logo percebeu que o humor não funcionaria e que os oito aliados de Johnny comandavam uma sólida maioria em seu território. Então sugeriu que os nove dissidentes se tornassem membros do Comitê

Central do KPD. Fez isso em grande parte para satisfação deles, uma vez que ganharam uma voz mais forte. Quando chegou finalmente o grande dia de reeleger Fischer, um dos delegados do Ruhr votou nela. Johnny ergueu a mão contra essa atitude, enquanto mais uma vez alguns membros da oposição tentavam manter o braço abaixado. Esforçando-se para ficar em pé, bateu no rosto daqueles que tentavam contê-lo enquanto gritava: "Se algum de vocês tentar impedir meu voto durante essa eleição livre, vai haver problemas." A negociação continuou por algum tempo, até que chegou a hora da principal votação. Com os resultados, para alegria da facção de Johnny, Fischer e seus colegas foram afastados do ZK. Johnny ficou radiante com a vitória. A convenção terminou e os delegados foram para casa enviar relatórios para seus braços locais.

Johnny permaneceu no Ruhr, ainda desempregado e infeliz em casa. Buscava algum tipo de refúgio no trabalho, enquanto a vida com Maria se tornava ainda mais instável. A mulher, que fora bem amparada durante sua ausência, tornara-se mais preguiçosa do que nunca. Negligenciava todo o trabalho em casa enquanto ganhava feias dobras de gordura. Certa manhã, ao balançar Johnny Junior — que tinha quase 3 anos — nos joelhos, Johnny sentiu o pescoço e as costas coçando. Ao examinar o filho, descobriu que tinha piolhos. Explodiu com Maria. Ela chorou, prometendo repetidamente limpar tudo. Johnny encontrou as janelas tão pretas que riscou um "Z" em uma delas, indicando "porca", e disse que queria vê-las todas limpas quando voltasse para casa. Naquela noite, depois de um dia malsucedido em busca de trabalho, encontrou a janela que riscara limpa, enquanto as outras continuavam sujas e intocadas. Johnny ameaçou ir embora se aquilo continuasse, apesar dos apelos de Maria. Na época, ela de fato passou a cuidar da limpeza, mas pouco tempo depois o lugar voltou à habitual sujeira.

Em um golpe de sorte, Johnny conseguiu um trabalho com Heinrich Lehmann, membro do Stahlhelm (Capacete de Aço, ou Soldados da Associação do Front). O Stahlhelm era o maior grupo dos Freikorps durante a República de Weimar. Bem mais tarde, em 1934, foi incorporado à Sturmabteilung (Divisão Tempestade, ou SA), os camisas-marrons nazistas.[12]

Lehmann tinha uma grande mercearia fora de Ahlen. Pediu a Johnny para vender sabão nas comunidades de mineiros do Ruhr, ficando com o que conseguisse acrescentar ao preço de varejo. Carregando caixas de sabão em barra em uma carroça grande, Johnny começou a bater à porta das casas dos mineiros. Brincavam com ele por causa do novo trabalho, mas compravam o produto em quantidade. O negócio foi tão bom durante aqueles meses que em alguns dias vendia mais de mil barras e conseguia um bom lucro.

À noite, ele participava das reuniões do partido, chegando em casa muito tarde. Lehmann ficou tão satisfeito, que pediu a Johnny para trabalhar na loja, como assistente. Johnny aceitou a nova missão e gostou de trabalhar com aquele homem gorducho, careca e agradável, que sempre tinha uma palavra gentil e tempo para conversar com os clientes, na maioria mineiros e suas famílias.

Lehmann tinha um cachorro grande que seguia Johnny aonde ele ia. Muitas vezes, quando Johnny trabalhava até tarde, o animal ficava com ele. Logo Lehmann notou a troca de lealdade do cão e o deu a Johnny. Feliz, ele seguiu pela estrada com o novo amigo ao lado, ao voltar para Ahlen. Vários veículos passavam por eles, vindo por trás e projetando as longas sombras de Johnny e seu cachorro, que ficavam cada vez menores até que o automóvel ou caminhão passasse em um sopro de vento. De repente, as luzes de um carro pareceram fora do lugar. O veículo em velocidade atingiu repentinamente o cachorro e o atirou na estrada. Arrasado e chorando, Johnny correu para casa carregando o cão nos ombros. Ele o limpou e cuidou de seus ferimentos, pensando em levá-lo a um veterinário no dia seguinte. Ao colocá-lo para dormir cuidadosamente sob um cobertor, embaixo da mesa da cozinha, o cachorro lhe deu uma lambida antes de as luzes serem apagadas. Na manhã seguinte, Johnny o encontrou morto. Angustiado com a perda, explicou o que acontecera a Lehmann, que gentilmente consolou o empregado. "Ele sempre foi seu cachorro, Johnny", disse, "em vida e agora na morte."

A mãe de Heinrich Lehmann, social-democrata convicta, não gostou de saber que o filho contratara Johnny. Odiava qualquer pessoa que não fosse membro ou simpatizante do partido de sua preferência. O filho resistia a sua insistência para que demitisse Johnny, o que frequentemente resultava em discussões agressivas. Apesar do rancor da mulher, Lehmann e Johnny se tornaram bons amigos e decidiram conseguir pedidos de compras batendo de porta em porta em Ahlen e cidades vizinhas. Foi uma ótima ideia. Logo estavam recebendo pedidos diariamente. Johnny os anotava em um caderno e fazia as entregas na semana seguinte. Os preços eram os mesmos em toda a parte, mas a variedade de ofertas de Lehmann era bem maior e a entrega em casa era uma vantagem a mais. Também aceitava compras a crédito. Lehmann ficaria satisfeito alguns meses depois quando Johnny lhe contou que tinha um novo filho. O menino nasceu em 4 de abril de 1924[13] e se chamava Oscar, em homenagem ao irmão caçula de Johnny morto no acidente na mina quatro anos antes.

Na época em que trabalhava com Lehmann, a cautela de Johnny com judeus se tornou mais visível. Esse comportamento se acentuou devido a dois motivos principais. Achava que os judeus o trapaceavam quando entregava mercadorias; e engolia a propaganda de que haviam contribuído muito para o colapso econômico da Alemanha depois da Primeira Guerra Mundial.[14] Dos dois raciocínios, o primeiro provavelmente era o mais importante. Costumava dizer: "A maioria das pessoas dá aos necessitados. Os judeus vão vender a você." Esse pensamento deturpado era em parte produto de sua época. As críticas antissemitas eram abundantes na Europa muito antes do advento dos nazistas. Hitler e seguidores apenas jogaram gasolina no fogo. Mas seria de se esperar mais de Johnny, que desprezava os que deturpavam a moralidade e a verdade. A honestidade era algo que valorizava muito, fosse de um judeu ou não judeu. Deve ter havido momentos em que questionou seu preconceito, uma vez que há casos em que o superou. Algumas pessoas próximas a ele eram judias. Todos que o conheciam, porém, sabiam que era um homem de palavra.[15] É desnecessário dizer que esperava o mesmo das outras pessoas. Fazia o impossível por um amigo, mas se alguém fizesse algum mal a ele, seria seu inimigo para sempre.

Um dos resultados da Conferência de Leipzig em 1923 foi um esforço que passaria a ser considerado prioridade máxima algum tempo depois. Tratava-se não apenas de uma nova tentativa de aumentar o número de membros e de organizar trabalhadores para uma derradeira derrubada do governo, mas também de uma importação de armas e cérebros. O KPD recebeu agentes soviéticos e oficiais de inteligência do M4 (Inteligência do Exército Soviético), que ajudavam em treinamentos e forneciam dinheiro para a compra de munição. O contato soviético de Johnny na região era um agente de voz suave e cabelo à escovinha chamado Karlovich Berzin (na verdade, Peteris Ķuzis).[16] Os dois gostaram um do outro quase imediatamente. Assim como faziam os colegas espalhados por toda a Alemanha, Berzin fornecia fundos e instrução. O pessoal de Johnny usava o dinheiro para comprar fuzis, granadas e metralhadoras de forças de ocupação britânicas, francesas e americanas que queriam ganhar um dinheiro extra clandestinamente. Johnny se lembrou de ter conseguido com soldados dos Aliados quatro fuzis por alguns dólares cada um, metralhadoras por 15 ou 20 dólares e caixas de granada por um dólar.

Como muitos tinham simpatia pelos comunistas, os franceses eram os melhores fornecedores de equipamento militar no início de 1923. Portanto, provavelmente não foi surpresa quando as forças de ocupação descobriram que alguns soldados estavam ganhando muito dinheiro com essas vendas ilegais. O resultado final foi uma incansável política de perseguição aos compradores. A polícia militar dos Aliados tentou capturar o grupo de Johnny depois de se infiltrar em algumas de suas células e comprar um número limitado de armas. Em maio de 1923, perto de Dortmund, os franceses detiveram Johnny por agitação antimilitar. Já tinham um pedido de prisão contra ele, mas não sabiam como era sua fisionomia. Enviado para o Posto de Polícia de Steinwache, conseguiu escapar no mês seguinte para uma área da Alemanha que não estava sob ocupação dos Aliados. Ao fazer isso, porém, teve uma briga com um policial alemão e o derrubou.[17] Por contrabando de arma, propaganda e agressão ao policial, Johnny estava agora nas listas de procurados da França e da Alemanha. O comando o orientou a sumir por algum tempo até as coisas esfriarem.

Johnny escapou pela fronteira com a Bélgica em junho e mais uma vez se tornou marinheiro. Seu navio era uma pequena barca, o *Onn 6*, de Estrasburgo, que circulava pelo Reno com cargas diversas. Em uma viagem, Johnny se atirou no rio e salvou uma mulher que tentava cometer suicídio. Ao levá-la para a margem, reavivou-a apenas para receber uma torrente das piores ofensas verbais. Ela queria morrer e ele a impedira quando já estava quase conseguindo. Irritado, ele deitou a mulher sobre seus joelhos e a espancou, tentando fazê-la acordar para o que havia tentado.[18] Não se sabe se ela tentou o suicídio depois.

Bem escondidas a bordo do *Onn 6* havia mais armas, compradas em portos de escala seguros ao longo do rio. Johnny navegava usando seu nome verdadeiro, mas sem passaporte, o que ele sabia que lhe causaria problemas se não fosse resolvido logo. Ao chegar a Duisburg, foi ao escritório do KPD e ficou desanimado ao saber que não o ajudariam a conseguir algum documento, genuíno ou falso. Desejaram-lhe sorte e ele partiu. Então teve a ideia de procurar o comandante da cidade, um oficial francês. Ao entrar no escritório, contou sua história em alemão e em um francês ruim. Disse-lhe que era marinheiro e perguntou se podia lhe arrumar um trabalho em um navio mercante francês.

"Sim", respondeu o oficial, "você pode navegar, mas tem que ter um passaporte." Johnny respondeu que também era um combatente revolucionário e lutara recentemente contra os fascistas alemães que queriam outra guerra. Naquele momento, estavam procurando por ele. "Ah", disse o homem, *les boches* ("os *kraut*[19]", ou, no caso, os *kraut* do governo). O homem escreveu um bilhete para ele levar ao escritório do cônsul da cidade e pedir um passaporte. Johnny seguiu as instruções e conseguiu o passaporte sem dificuldades. Armado com a segurança de sua nova identificação, continuou a navegar pelo Reno, comprando armas e transferindo-as para esconderijos em terra.

Outubro de 1923 chegou em meio a rumores sobre uma revolta comunista. O treinamento para uma insurreição vinha acontecendo em todas as principais cidades da Alemanha. Destacamentos de soldados vermelhos (tanto na Armada quanto na Marinha Mercante), estivadores e trabalhadores sindicalizados vinham mantendo contato com fontes clandestinas há meses, para obter armas. Durante dias a fio, a decisão de Moscou sobre uma rebelião geral oscilou na balança. Um emissário após o outro chegava a Berlim, vindo de Moscou. O Kremlin ordenou uma revolução, cancelou a ordem e a expediu novamente. Em Berlim, o ZK estava indeciso. Líderes locais estavam mergulhados em disputas internas e confusos em relação às ordens incoerentes vindas da União Soviética. O ZK era composto de "direitistas" como Heinrich Brandler, August Thalheimer, Gerhard Eisler, Wilhelm Pieck, Walter Ulbricht e Arthur Ewert. Em oposição, os "esquerdistas" eram Ernst Thälmann, Ruth Fischer, seu namorado Arkadi Maslow e Willy Schwan.[20]

O USPD estava dividido em relação à questão de autonomia versus unificação com o KPD. Quando a ala da esquerda se recusou a se unir ao KPD, e a participar da revolta planejada, Thälmann teve uma explosão de raiva e enviou emissários a pontos-chaves da Alemanha com ordens para o levante. Diante disso, outros membros do Comitê Central saltaram de suas cadeiras, olhando uns para os outros sem acreditar. Brandler foi o primeiro a recuperar a compostura. Enviou um homem para impedir os mensageiros. Mas o emissário enviado a Hamburgo já estava adiantado. O homem de Brandler correu até a estação. "Tarde demais", disseram-lhe. "Lá vai o trem." Em seguida, foi para casa.

Na véspera de 23 de outubro de 1923, o grupo de Hamburgo atacou. Sem saber que estava sozinho e sem apoio, deu início a distúrbios de uma ação revolucionária. Postos de polícia foram alvos de tiros, trens e caminhões foram incendiados e barricadas construídas, enquanto bandos armados seguiam os planos traçados. Um grande número de soldados do Reichswehr e policiais correu para a cidade para ajudar os defensores sitiados. Recuando rua após rua, os vermelhos aos poucos sucumbiram à força devastadora do governo. Alguns escaparam, mas a maioria pagou com a própria vida, acreditando que batalhas paralelas estavam acontecendo em outros lugares na Alemanha. Naquela noite, o partido de Hamburgo foi destruído pelo erro infeliz de um líder e um emissário. Marxistas no Ruhr foram advertidos, assim como outros na Alemanha, a cancelar a revolta. Cada célula foi orientada a permanecer quieta até que a calma voltasse, enquanto o KPD lidava com um grande revés do qual demoraria anos para se recuperar.

Em fevereiro de 1924, autoridades detiveram Johnny em Mannheim, a bordo do *Onn 6*. Devolveram-no aos alemães para que enfrentasse as acusações de ataque a um membro do departamento de polícia e de ser o organizador de um esquema de contrabando de armas. Johnny recebeu uma sentença de dois anos e foi levado para a Prisão de Trabalho de Henchingen, para ser libertado dez meses depois, na segunda quinzena de novembro de 1924.[21] Ao voltar para Ahlen, em 24 de novembro, estava profundamente desanimado com a vida revolucionária. Ainda assim, o partido lhe forneceu ajuda por meio da Rote Hilfe enquanto procurava trabalho como marinheiro. Mas nenhum navio o contratou e voltou para o Ruhr para tentar novamente um emprego como mineiro. Isso também não deu em nada. Depois de sete meses desempregado, em junho de 1925 o KPD o enviou para Hamm, com ordens para organizar a Frente Vermelha da cidade. Era a primeira vez que Johnny estava diretamente na folha de pagamento do KPD.[22]

Em meados de 1926, fez um curso de três meses, de economia e política, em Dresden. Quase cem estudantes de toda a Alemanha frequentaram as aulas. O KPD pagou tudo. Naquela Páscoa, sob os auspícios da Frente Vermelha, Johnny organizou uma marcha em homenagem às vítimas das insurreições no Ruhr. Hermann Schmans, de Wiescherhöfen, e Albert Funk o ajudaram. Os manifestantes concordaram em não caminhar com paus, porretes, armas brancas ou de fogo. Mais de mil pessoas participaram. Foi uma marcha pacífica, e o contingente de Johnny, de Ahlen, era o maior.[23]

Johnny foi preso novamente em junho de 1926, sob acusações de perturbar a paz e ser o organizador/líder de uma unidade da RFB que havia lutado contra os criminosos do Capacete de Aço. Dessa vez, a sentença foi de 21 meses.[24] Seu encarceramento o fez perder o nascimento do terceiro filho. Em 4 de setembro de 1926, Maria teve uma menina.[25] Batizaram-na de Marianne, e foi a última filha deles. Ao longo dos anos seguintes, Johnny Jr., Oscar e Marianne se tornariam quase estranhos para o pai. Também ficou dolorosamente claro que a situação conjugal se tornara irrecuperável. Johnny achava que o ambiente em sua casa não era propício para criar filhos, muito menos para tê-los. Quando estava em casa, não havia um dia em que ele e Maria não brigassem. Suas discussões eram sempre sobre a falta de arrumação e limpeza da casa. A preguiça de Maria, o peso excessivo e o total desleixo com o asseio causaram tantos atritos e provocaram tanta raiva que, depois de repetidas ameaças, Johnny foi embora. A partir daí, viveu longe da mulher e dos filhos, mas continuou a lhes dar todo o apoio financeiro que podia. Não há dúvida de que isso representou um grande sofrimento para todos, mas as tentativas de salvar o casamento haviam fracassado. Johnny e Maria não tiveram escolha a não ser levar a vida da melhor maneira que podiam, lamentando-se e, se possível, sem hostilidades. Os períodos intermitentes de trabalho e atividades do partido à noite disfarçavam apenas levemente a situação conjugal infeliz. Johnny sempre se sentiu culpado pelos problemas que a separação causou aos filhos. Com certeza, eram vítimas inocentes daquela união malsucedida.

Em janeiro de 1927, o ZK conseguiu a libertação de 40 prisioneiros, inclusive Johnny.[26] Wilhelm Florin, do KPD, pôs Johnny para distribuir o jornal comunista do distrito, *Ruhr Echo*.[27] Sua rota incluía Essen, Dortmund e Hamm, em uma viagem de mais de 60 quilômetros, em um só sentido. Recebia 120 marcos por mês trabalhando 15 horas por dia no jornal e 9 horas organizando os veteranos. Só dormia — e não muito bem — quando estava nos trens entre as três cidades. Além disso, em 1927, Thälmann, que se tornara chefe do KPD dois anos antes,[28] ofereceu a Johnny o cargo de líder da RFB em Hamburgo. Recusou, afirmando que queria ficar no Ruhr. Finalmente encontrou um trabalho regular em maio, na região de Ahlen-Hamm, como asfaltador. Isso lhe permitiu parar de distribuir o jornal, uma vez que Florin ingressara na ala de direita do KPD, de Heinrich Brandler.[29]

Devido a outro acontecimento, 1927 foi um ano significativo. Em um comício de Pentecostes do KPD, em 5 de junho, em Berlim, acompanhado de Maria, da qual estava separado, e de pelo menos dois dos filhos, em um grupo vindo de Ahlen, Johnny teve seu olhar atraído por Helena Erma Krüger, de 9 anos. Por meio de uma ligação política, conseguiu se alojar no apartamento dos Krüger enquanto estava na capital. Não foi fácil, uma vez que esquerdistas em Berlim frequentemente recebiam pedidos para abrigar membros do KPD quando as assembleias eram grandes. Os Krüger — Gustav Ernst Karl e a mulher Pauline Emilie — moravam em um apartamento na Pappellallee 32, no distrito de Prenzlauer Berg. Tinham três filhos: Helena (que tinhas os apelidos de Elena, Lena e Lee), Gertrude (ou Gerti) e Ernst.[30]

De início, Johnny foi atraído por Helena. Frau Krüger (as pessoas sempre a chamavam de Emilie) chegou a incentivar o relacionamento. Quando estava na casa dos Krüger, é claro que Johnny conheceu Gertrude. Pequena e de bochechas rosadas, pareceu-lhe uma princesa em miniatura, de cabelo encaracolado. Houve uma espécie de atração instantânea entre Gerti e Johnny, apesar da diferença de idade. Em determinado momento, Emilie observou: "Parece que nossa filha, Gerti, apaixonou-se por você, Johnny, e isso é muito raro, porque ela é muito tímida com estranhos." Embora a relação tanto com Helena quanto com Gerti tivesse de esperar, deve-se ter cuidado antes de rotulá-lo de pedófilo. A primeira e a quarta mulher tinham quase a sua idade. Para Emilie, Johnny parecia ser um membro influente do partido. Deve ter pensado que havia dinheiro ali em algum lugar. A ajuda econômica que Johnny acabaria lhe dando, de tempos em tempos, provaria que ela estava certa.[31]

Depois de Johnny voltar do comício em Berlim, um emissário lhe informou que estava sendo chamado à sede do partido em Essen, imediatamente. Recebeu permissão do chefe para ir e partiu em sua motocicleta, imaginando por que estava sendo convocado. Um oficial lhe disse que fora eleito por trabalhadores do Ruhr secretário do partido para o distrito de Hamm.[32] Era, de fato, uma grande honra. Johnny também sabia que cinco homens haviam ocupado o cargo em pouco mais de um ano, uns substituindo os outros devido à ineficiência.

De início ele recusou-se, dizendo que tinha um trabalho, bem como um pouco de paz, e que por enquanto queria que as coisas permanecessem como estavam. Um representante do KPD de Berlim informou-lhe, porém, que não podia dizer não. Era uma ordem. No novo emprego, Johnny receberia 200 marcos, o que rejeitou também, argumentando que ganhava o dobro. Negociou durante uma hora, até que aumentaram a oferta para 350 marcos. Ele aceitou com a promessa de que mais tarde receberia mais. Seu distrito ficava cerca de 90 quilômetros a leste de Hamm e quase 120 quilômetros a oeste. A região se estendia de Gronau, perto da fronteira com a Holanda, até o distrito católico de Münster.

Trabalhando muitas horas, em dois anos Johnny e seus camaradas conseguiram aumentar significativamente o número de membros do KPD na região. Faziam muitas reuniões e imprimiam panfletos. Com a ajuda de seus companheiros em Hamm, cada célula da região era mantida informada. A propaganda era distribuída às forças armadas alemãs também, o que pôs o grupo de Johnny em rota de colisão com a polícia. Havia tantas coisas a fazer, tão pouco dinheiro e tão pouco tempo para fazê-las que o trabalho se tornou um pesadelo.

Entretanto, satisfeito com os resultados, o partido pediu a Johnny para assumir a seção ocidental de Gronau também. Era uma região têxtil importante, que ele achava impossível acrescentar à carga de responsabilidades já pesada. O partido prometeu enviar oradores para ajudá-lo e continuou a insistir, até que aceitou. Solicitou a ajuda de 20 membros do partido e mais 70 camaradas da RFB em Hamm. Com a ajuda combinada, conseguiu promover bem-sucedidas manifestações contra a guerra. Por conta disso, o partido o exortou a falar mais sobre a vida política, já que havia expectativas não-realistas de que toda a cidade poderia ser convertida em questão de meses. Asseguraram-lhe que os mais hábeis agitadores lhe dariam uma ajuda. Logo, informou-se que o KPD de Berlim estava enviando um orador que era membro do Reichstag. Johnny e sua equipe foram instruídos a alugar um salão e imprimir panfletos anunciando a reunião.

Antes dos discursos, Johnny informou ao orador que conseguiam lotar os salões por falarem a língua dos trabalhadores, e não um discurso político abstrato. "Fale na linguagem deles, e não na nossa", disse-lhe Johnny. Para decepção de todos, porém, apenas 15 pessoas apareceram. O convidado iniciou seu discurso, mas a plateia gritou, interrompendo-o. Queriam ouvir Johnny. Ele informou aos ouvintes que aquele homem os representava no Reichstag e pediu que o ouvissem sem interrompê-lo. "É um político, e, embora não fale como vocês e eu, ouçam-no, porque tem uma mensagem", gritou Johnny. "Não, não", gritaram em resposta. "Não queremos ele. Fale você, Johnny." A reunião foi um fracasso, porque Johnny se recusou a fazer sombra ao convidado e anunciou à plateia que não falaria. Então os ouvintes saíram, deixando-o com uma conta gorda pelo aluguel do salão para aquela noite.

Um mês depois, Berlim informou que estava enviando um segundo orador. O partido queria que Johnny preparasse uma assembleia e alugasse outro salão. Ele lhes disse que seriam bem-vindos, mas dessa vez sua filial não pagaria pelo auditório. Não tinha condições de arcar com a despesa. Berlim pediu uma concessão. Johnny acabou concordando, mas disse que alugaria um cine-teatro e que eles poderiam exibir os filmes sociais que tinham, de várias partes do mundo. "Vamos anunciar 'Orador: Johnny de Graaf'. Vou abrir a sessão, mas vou me retirar dizendo que tenho laringite e, assim, entregar a reunião ao homem de Berlim."

Naquela noite, o teatro estava lotado. Johnny subiu à tribuna e disse: "Camaradas, sinto muito, mas estou com um resfriado terrível esta noite e não consigo falar. Então, pedirei ao nosso amigo de Berlim aqui para assumir meu lugar." Eles o deixaram falar por 15 minutos e em seguida gritaram para que se sentasse. "Queremos Johnny!", protestaram. "Ele é o único que nos entende!" Diante disso, Johnny se levantou, disse algumas palavras e em seguida teve início um belo filme, *Mãe*, baseado no romance do escritor russo Maxim Gorki. Pintava um quadro cor-de-rosa sobre como os russos viviam. O escritório central do partido ficou incomodado com o fato de seus principais oradores não obterem sucesso e os oradores locais lotarem os salões. Johnny também estava irritado porque, como suposto executivo do partido, era proibido de marchar em manifestações, regra que quase sempre ignorava.

Arthur Ewert e outros oficiais do partido ainda não conseguiam entender; as pessoas no Ruhr queriam líderes com os quais se identificassem. Era preciso atuar junto aos trabalhadores, no nível deles, e não acima deles, com palavras e pronunciamentos pretensiosos que não entendiam. Aceitavam os comunistas e se relacionavam com eles, mas não toleravam importações políticas empoladas. Johnny teve muitos confrontos com Ewert sobre esse ponto. Isso não diminuiu a animosidade que já florescia entre eles.

Em Essen, Johnny instalou um pequeno escritório do partido e iniciou um trabalho de propaganda disfarçado de negócio legal. Quando a noite caía, imprimia boletins que eram distribuídos nas ruas, especialmente a soldados do Reichswehr. Tudo parecia correr calmamente. Em novembro de 1929, dois membros da polícia política — um deles com o apelido de "Willy Pombo" — fizeram uma visita inesperada ao escritório do partido.[33] Willy era um sujeito muito curioso. Com feições enrugadas que lembravam um falcão, olhos penetrantes e estatura baixa, examinou tudo. "Tenho de dar uma olhada, Johnny", disse, com um sorriso arrogante. "Apenas rotina." Johnny suspeitou das intenções de Willy Pombo quase imediatamente. Mexendo em pilhas de papéis e revirando gavetas, ele e seu assistente magricela não deixaram passar nada. Johnny ficou ansioso e imaginou se encontrariam algo. Escondidos no porão estavam 2 mil folhetos recentemente impressos. Por fim, para alívio de Johnny, Willy disse: "Bem, não há nada aqui."[34] Johnny sorriu e começou a se recompor. "Willy", disse, estendendo a mão, "esta é uma caixa de coleta para os prisioneiros do nosso lado, que poderia receber mais uma doação". Willy Pombo forçou um sorriso, pôs cinco marcos na caixa e disse: "Johnny, você só quer me manter aqui". "Não", reagiu, "só estou pedindo seu apoio para uma causa digna."

Despedindo-se de Johnny e seguido por seu magro assistente, ele abriu a porta e saiu. Todos respiraram aliviados. Dois dias depois, Willy Pombo, juntamente com a polícia local, abordou Johnny quando abria o escritório. Willy disse: "Pus cinco marcos naquela caixinha outro dia, Johnny, mas agora, para tê-los de volta, tenho de levá-lo com ela."[35]

Seguiram para a prisão provincial de Münster, onde Johnny foi informado sobre uma acusação preliminar, de traição ao Estado alemão. Estava sujeito a uma sentença de sete a oito anos de prisão. Foi jogado em uma pequena cela e abandonado durante uma semana, até ser levado à presença de um juiz. A comida era pão preto e água, mas ele não foi maltratado pelos guardas, provavelmente porque muitos deles pareciam ter saído do KPD.

Diante do magistradc e de um grupo de oficiais militares, ouviu a leitura das acusações. Haviam aumentado para alta traição, publicações ilegais e perturbação da paz.[36] Ficou impressionado por terem um volumoso dossiê sobre ele, com informações sobre tudo o que havia feito durante anos. Um oficial observou que haviam admirado a estratégia e as táticas do grupo de Johnny durante as greves de 1920. Johnny foi informado de que podia fazer perguntas e contratar um advogado. Agradeceu e disse que defenderia a si próprio quando o julgamento acontecesse, em três semanas. De volta à cela, um guarda lhe sussurrou que gostava de seu espírito de luta, assim como outros, mas que não podia dizer isso abertamente por medo de perder o emprego.

Vários dias depois, o KPD enviou dois advogados, Dr. Horstmann e Dr. Obuch,[37] ambos ex-membros do Reichstag. Disseram que poderiam conseguir que as acusações fossem retiradas. Conseguiram libertá-lo antes do julgamento, em janeiro de 1930, depois de convencer o tribunal de que Johnny era um homem de família, com filhos, e não fugiria. A promotoria queria condená-lo a seis meses de prisão, mas Johnny achava que na verdade poderiam ser de sete a dez anos.[38] Assim, sua decisão de fugir foi fácil, mas pode ter sido ajudada por outro acontecimento.

Durante os dois anos e meio que se seguiram à sua volta do comício de pentecostes, Johnny mantivera contato com os Krüger. Chegara a levar o filho mais velho para morar com eles. Emilie e Ernst, porém, não gostaram da ideia, e Johnny Junior foi embora com o pai depois de alguns dias.[39] Autoritários com os filhos,[40] os Krüger e Johnny tiveram longas conversas, caminhando juntos pelo Tiergarten e por outros parques de Berlim. Johnny incluía esses prazeres em suas viagens a Berlim pelo partido. Viagens à capital precisavam de algum tipo de diversão, uma vez que Berlim se tornara um lugar infernal nos últimos anos da década de 1920. Cada vez mais, os camisas-marrons nazistas combatiam comunistas, socialistas e idealistas nas ruas. Em uma dessas ocasiões, um membro beligerante da SA, Horst Wessel, organizou um ataque à sede regional do Partido Comunista em Friedrichshain, ferindo gravemente quatro camaradas do KPD. Ele também era conhecido em outras áreas vermelhas de Berlim, como Prenzlauer Berg, onde os Krüger moravam.

Em 14 de janeiro de 1930, Wessel, um homem marcado, começou a discutir com a dona do apartamento onde morava, Frau Salm, sobre o aluguel. Vivia com Wessel uma prostituta ou ex-prostituta, Erna Jaenicke, o que poderia levar a mulher a perder a posse da moradia. Frau Salm, que havia sublocado o apartamento, era viúva de um comunista. Por esse motivo, Wessel não gostava dela. A viúva alegou que ele ameaçara bater nela. Em vez de entrar em contato com a polícia e se arriscar a perder o apartamento, foi ao bar vizinho pedir ajuda. A taverna tinha um grande número de membros do KPD entre os clientes habituais. Johnny estava no estabelecimento ou na cidade e foi procurado para ajudar a organizar uma resposta à arrogância de Horst Wessel. Dois homens, Ali Höhler e Erwin Rückert, foram escolhidos. Foram ao apartamento e bateram na porta. Quando o nazista abriu, Höhler deu-lhe um tiro na boca. Wessel agonizou longamente e morreu num hospital em 23 de fevereiro. Joseph Goebbels, futuro ministro da Propaganda nazista, transformou um dos poemas encontrados no apartamento de Wessel em "Horst Wessel Lied" (A canção de Horst Wessel). Tornou-se o hino oficial do Partido Nazista, perdendo em importância na Alemanha apenas para "Deutschland, Deutschland über Alles".[41]

Johnny deu a provável arma do crime, uma Parabellum 9mm, a Gustav Krüger, que a manteve escondida quando a família se mudou de Papelallee 32 para 75. Os Krüger sempre moraram em Prenzlauer Berg. Quando foram para Sonnenburger Straße 22, Gustav enterrou a arma no fundo do aquário da casa, embrulhada em um pano e coberta de areia. Mais tarde, quando a família se mudou para Bornholmer Straße 81, escondeu a pistola embaixo do assoalho de um dos cômodos do apartamento. Não se sabe, mas é provável que Gustav Krüger tenha levado a arma com ele quando a família se mudou para sua última residência em Berlim, em Gleim Straße 10, quarto andar.[42]

Logo Johnny estava em um trem seguindo para o sul, da Alemanha para a Suíça. Walter Ulbricht e Wilhelm Pieck haviam lhe fornecido dinheiro e seu primeiro passaporte falso.[43] Olhando pela janela, de alguma maneira sabia que estava deixando para trás sua terra — para nunca mais vê-la da mesma maneira.

# 7

# Estudante em Moscou

Um sol radiante de inverno o animou quando o trem chegou a Berna.[1] Alfred Langner (pseudônimo de Tuure Lehén),[2] finlandês que trabalhava na embaixada do país, era o novo contato de Johnny. As informações eram que Langner era “um especialista em guerra revolucionária [e] membro do Quarto Departamento do Exército Vermelho”.[3] Mais tarde, Johnny soube que era também secretário permanente do Departamento de Guerra e Antimilitarismo do Comintern. O ZK lhe forneceu o nome de Langner e escolheu um local conveniente para o primeiro encontro deles.

Em 1930, Langner tinha entre 35 e 40 anos, 1,83 metro, um rosto fino e rosado e cabelos louros, lisos e bem repartidos, sobre um nariz proeminente.[4] Os dois homens se encontraram em um parque em Marzili, no coração de Berna e ao sul de Hauptbahnhof. Depois de se identificar, passearam por caminhos cobertos de neve, onde Johnny soube que Langner era oficial militar soviético. Encoberto pelas funções diplomáticas, fazia recrutamentos.

Já informado sobre o passado de Johnny, Langner abordou os problemas e as ações no vale do Ruhr. “Se você tivesse permanecido na Alemanha, Johnny, estaria amargando uma longa prisão em uma cela de Münster”, afirmou, calmamente. “Tenho bastante consciência disso”, replicou

Johnny, "e aprecio imensamente toda a ajuda que o partido tem me dado, resgatando-me e me ajudando a escapar." Langner sorriu e balançou a cabeça, concordando. "Com seu conhecimento e sua experiência, você poderia ser mais valioso para seus benfeitores e para você mesmo caso se juntasse a nós na União Soviética", comentou, discretamente. "Você gostaria de estudar na Universidade de Lenin à nossa custa?" O pulso de Johnny se acelerou quando pensou no quanto desejara uma educação universitária. Langner deve ter notado sua satisfação pela maneira como Johnny começou a falar alto.

"Venha para a Rússia, meu amigo, e tudo o que você sempre desejou de nosso estilo progressista estará disponível para você", explicou Langner, com entusiasmo. "Você será matriculado em muitos cursos, de economia a política, e será assistido pelos melhores cérebros do sistema universitário soviético. Estudantes de muitos países, inclusive da Alemanha, estão lá nesse momento, ampliando seus conhecimentos." O quadro apresentado a Johnny o levava além do que sempre sonhara, enquanto Langner desvelava paisagens atraentes com palavras escolhidas cuidadosamente. O coração de Johnny batia aceleradamente enquanto o outro expunha cada detalhe agradável, sabendo que o apetite de conhecimento do interlocutor era insaciável. As aulas seriam dadas na língua nativa. O quarto no campus seria provido de refeições, roupas e despesas pagas pelo Estado soviético, até um dinheiro mensal para uso pessoal.

Johnny concordou rapidamente em ir, para satisfação de Langner. Não poderia voltar à Alemanha para morrer de fome e se arriscar a ser preso novamente. Mas, se estivesse remotamente consciente do que o aguardava, e de sua desilusão, teria recusado a oferta. Estava, porém, orgulhoso e alegre com a honra que lhe fora concedida. Seria um estudante mais velho, aos 36 anos, mas que importância tinha isso?

Discutiram os detalhes da partida de Johnny no dia seguinte, encontrando-se novamente em Marzili. Langner explicou que entraria na Rússia como comprador de lã e que conseguiria rapidamente os documentos e passes necessários para confirmar a história. Outras instruções se seguiram, e Johnny as repetiu até Langner ficar satisfeito. Depois de tudo corretamente memorizado, um sorriso caloroso e um aperto de mão com votos de boa sorte selaram o último encontro. Os dois partiram, cada um em uma direção.

A viagem de trem de Berna para Moscou passava por novas fronteiras e paisagens interioranas. Johnny nunca vira a maior parte daqueles lugares. Chegou aos limites da Alemanha, rompendo a fronteira com um espírito aventureiro. Tudo acontecera tão rapidamente que mal conseguiu comer. Teve de mudar de trem ao longo do caminho, e a rota o levou a passar por Itália, Áustria, Tchecoslováquia e Polônia, antes de entrar na União Soviética. Apenas a região entre Varsóvia e Białystok lhe pareceu de algum modo familiar. O frio do lado de fora e a língua polonesa lhe trouxeram lembranças de Osowiec e seus companheiros mortos. Preso aos pensamentos, o tempo passou rapidamente até que, em 14 de fevereiro de 1930, placas sucessivas, todas indicando MOCKBA, apareceram aos poucos na janela enquanto o trem parava na Estação de Belorusskaya.[5]

Seguindo as instruções, atravessou a plataforma sem cobertura, erguendo e descendo até o peito um pequeno lenço vermelho na mão esquerda. Momentos depois, um homem se aproximou e disse: "Camarada Johnny, siga-me", enquanto caminhava. Johnny se virou e o seguiu, mantendo o olhar sobre suas costas. Os dois homens passaram pela multidão da estação e chegaram à porta aberta do banco traseiro de um carro que os aguardava do lado de fora. O misterioso homem — que mais tarde Johnny descobriria tratar-se do camarada Leibovitch[6] — dirigiu até o escritório do Отдел международных связей (Departamento de Contatos Internacionais), conhecido no Ocidente como OMS. Era o órgão responsável pelas relações com partidos comunistas estrangeiros. Isso incluía fornecer fundos secretos, propaganda, passaportes e documentos para missões do exterior.

Johnny foi conduzido ao escritório do subchefe, Alexander Lazarovich Abramov. O camarada Abramov suspeitou de Johnny e o interrogou sobre o que estava fazendo na União Soviética. Satisfeito com o que ouvira, enviou o recém-chegado para um hotel e ordenou que ficasse ali. Talvez Abramov não soubesse que Johnny tinha apenas sete rublos no bolso. Além disso, estava faminto e não falava russo. Depois de se registrar e passar cerca de 36 horas sozinho no quarto, Johnny se lembrou de que um amigo alemão, Gerhart Fuchs, trabalhava na sede do Comintern. Deixou um aviso em alemão preso à porta do quarto: "Saí para comprar cigarros", saiu do hotel e localizou Fuchs, que o levou a um restaurante. Embora não se saiba quando esse hábito começou, Johnny fumava cigarros e passou a usar uma pequena piteira sempre que possível.[7]

Depois da refeição, voltou para o hotel e descobriu que alguém estivera procurando por ele. O visitante era o general Alex, que viria a conhecer melhor mais tarde. Quando o general voltou, quis saber onde Johnny estivera, uma vez que fora avisado para não sair. Alex tinha entre 1,75 e 1,78 metro, pesava algo em torno de 80 quilos e tinha no máximo 45 anos, um nariz eslavo reto e dentes da frente cobertos de ouro. Fora oficial do Exército polonês e ingressara no Exército Vermelho em 1917.[8]

Saudou Johnny com uma cáustica repreensão. Em meio à rude reclamação por ele ter deixado o hotel, contrariando ordens explícitas, conseguiu se apresentar. Mas ficou bastante evidente que se sentia ofendido, uma vez que Johnny mal conseguiu se defender. O general deixou claro: a fome não era motivo para desobedecer a uma ordem. Nenhuma explicação ou argumento foi aceito e continuou a despejar insultos sobre o recém-chegado da Alemanha por uma boa meia hora.

O general levou Johnny ao Centro de Recepção de Residência, na Universidade Lenin Internacional, e urrou instruções ao perplexo sujeito que estava de serviço. Segundos depois, virou-se abruptamente e saiu. Após alguns instantes, o atendente chocado se recompôs e resmungou algo para si mesmo sobre "malditos militares imbecis!". Em seguida, pediu a Johnny que assinasse formulários. Outro homem o apresentou às novas acomodações.

Caminharam por corredores e subiram vários lances de escada até pararem diante de uma porta de carvalho marrom, com o número 809. O quarto era bastante agradável. Tinha em torno de 3 x 4 metros e fora pintado recentemente de verde claro. Isso lhe dava uma aconchegante tonalidade dourada quando a luz do sol entrava pela grande janela que dava para um terreno bem-cuidado. A cama ficava no meio do quarto, com a cabeceira encostada na parede. Havia uma escrivaninha com uma luminária junto à janela e uma cômoda com gavetas, perto de um armário embutido. Tudo complementado por um pequeno tapete marrom claro. O guia lhe mostrou o grande banheiro coletivo com chuveiros, no fim do longo corredor.

O novo hóspede mal havia se inteirado do novo ambiente quando uma batida na porta introduziu um oficial uniformizado da polícia secreta, a OGPU (ou ОГПУ Объединенное государственное политическое управление — Diretoria Política do Estado Combinado, também traduzida como Diretoria Política do Estado de Toda a União). Cada alojamento tinha um administrador da OGPU cuja responsabilidade era vigiar os estudantes, apresentar relatórios sobre eles e agir como um anfitrião provedor de informações aos recém-chegados, o *ombudsman*, às vezes uma mulher. Estavam ali para ouvir reclamações e chamar a atenção dos estudantes para as infrações. A OGPU controlava todos: civis, militares e estrangeiros.

Apresentou-se como camarada Pavel Vasiliev, um simples inspetor de alunos.[9] Johnny analisou por algum tempo aquele homem com a mão estendida e um sorriso amistoso. Maciço seria a melhor palavra para descrevê-lo. Era enorme, com pelo menos 1,83 metro, uma cabeça grande coberta por um cabelo preto espesso, mãos que pareciam as patas de um urso e um físico sólido, com uma estrutura bem-amparada sobre sapatos tamanho 46. De início, a aparência rude deixou Johnny desconcertado. Mas, depois de aprender russo, passaria a admirar o belo uso que o camarada Vasiliev fazia da língua. E mesmo naquele primeiro dia, quando conversaram em alemão, Vasiliev falou com uma voz suave. Além do mais, era mais do que apenas um inspetor de alunos. Era o superior imediato de Alfred Langner e responsável pela Орготдел, ou Orgotdel, o Departamento de Organização, Instrução e Registros do partido.[10]

Depois de perguntar a Johnny se estava bem acomodado no novo quarto, começou a informá-lo sobre as regras e regulamentos para estudantes estrangeiros. Tinham de assinar um livro no vestíbulo cada vez que saíssem. Deveriam obedecer aos horários de recolher e informar sempre ao recepcionista o destino, bem como a data e hora previstas para o retorno. A língua russa nunca deveria ser falada fora do prédio, apenas a nativa. Bebidas eram proibidas em toda a área da escola. Finalmente, não deveria haver contato com o sexo oposto. Vasiliev disse a Johnny que o procurasse — e a ninguém mais — em caso de pedidos e vontades especiais, e que ele cuidaria disso. Se Johnny notasse ou ouvisse falar de algum desrespeito às regras por um estudante, bem como algum descontrole ou manifestação contra o Estado, era seu dever relatar a ele imediatamente. O contato externo com a população soviética era proibido, exceto para necessidades de serviço. Infrações deveriam ser relatadas. Novamente, enfatizou que Johnny deveria falar alemão fora do campus.

Johnny escutou cada palavra, enquanto o prédio lhe era apresentado, desde salas de aula, biblioteca, escritórios de funcionários e ginásio de esportes até o amplo refeitório, arrumado, limpo e bem-iluminado, com lugares para muitas centenas de pessoas. Johnny descobriria que a comida servida ali era simples, mas abundante e bem preparada. Os 50 rublos por mês eram mais do que suficientes para as despesas externas e os cigarros, que podiam ser comprados no refeitório. Durante um intervalo para o café, o camarada Vasiliev o apresentou a estudantes alemães, que lhe pareceram bastante amigáveis.

Ao voltar para o quarto, depois do longo passeio de sábado com o oficial da OGPU, Johnny ficou agradavelmente surpreso ao encontrar na escrivaninha livros escolares em alemão e um suprimento de cadernos, canetas e lápis. Em poucos dias, suas roupas escassas seriam substituídas dessa mesma maneira discreta, enquanto assistia às aulas. O fim de semana passava rapidamente, enquanto Johnny caminhava pela extensa propriedade e por todos os prédios, desde auditórios até o hospital do campus. As residências das mulheres eram separadas e os estrangeiros ficavam separados dos soviéticos, em um grande plano mestre: "Divididos, eles não são contaminados e, portanto, conquistados."

A manhã de segunda-feira chegava rapidamente, com uma chamada às 6h para levantar e fazer 30 minutos de ginástica, comandada por um instrutor do Exército Vermelho. O café era às 7h, no refeitório. As aulas começavam às 8h e terminavam às 18h, com uma hora para o almoço. Sábado também era dia de aula, mas só até as 15h. Os professores eram extremamente bem-versados e incentivavam perguntas e discussões em grupo, em uma atmosfera altamente educacional. À medida que o tempo passava, estudantes formados de outros países passavam a assistir às aulas com os da universidade. Esses veteranos frequentemente respondiam a perguntas que desafiavam os professores, mas nunca de maneira depreciativa. Essa abordagem era muito comum entre os outros estudantes, uma vez que permitia a todos expressar conhecimento e experiências. Os cursos duravam seis meses, um ano e três anos. Depois de três meses, apenas os que eram considerados qualificados ou capazes tinham permissão para continuar. As matérias incluíam leninismo, estrutura de partido, economia marxista, história da União Soviética, agricultura, organização sindical, organizações de frente e treinamento militar. Muitos comunistas importantes, até Stalin, eram oradores convidados ocasionalmente.[11]

As semanas corriam tão rapidamente que não se notava que passavam, tão intensa era a programação. Johnny geralmente usava o tempo livre para se preparar para as tarefas da semana seguinte. Isso lhe deixava poucas oportunidades para explorar paisagens e experiências fora do campus. No início, porém, conseguiu permissão do oficial da OGPU para visitar algumas *dachas* (casas de verão) nos arredores de Moscou. Havia casas reservadas para o pessoal da inteligência que concluíra missões e estava à espera de outras, frequentemente nos países de origem. Depois de voltar para casa, continuavam sendo agentes soviéticos altamente secretos. Alguns chegavam a posições tão influentes que seu valor para o Estado soviético era imensurável. Johnny gostava de conversar durante horas com essas pessoas sobre suas missões passadas. Seu interesse evidente tinha, porém, um motivo secundário. Crescia nele, aos poucos, o desejo de deixar a União Soviética.

"Em primeiro lugar, os trabalhadores!", proclamava o sistema, embora em quase toda parte Johnny visse fatos que mostravam o contrário. "Nenhuma classe rica, todos são iguais!" — não era o que acontecia. As disparidades eram gritantes: os políticos bem-vestidos do partido passavam de limusine por camponeses puxando carrinhos de mão. As liberdades básicas de expressão e escolha, nas quais Johnny acreditava profundamente, não existiam. O Estado, com sua polícia política, assegurava, através de uma rede de informantes onipresentes, que as prisões e os campos de trabalho siberianos ficassem sempre cheios de dissidentes. Os julgamentos eram simulações. Tanto inocentes quanto culpados eram pré-julgados sem direito a recurso. Um deslize da língua, mesmo entre amigos, podia resultar no desaparecimento de alguém. O dogma pregado não era o praticado. Era um processo de perseguição à alma, e Johnny não conseguia encontrar justificativa para isso. A corrupção e as mentiras o incomodavam. Noite após noite rolava na cama, até finalmente elaborar um plano. Estava na União Soviética havia apenas três meses.[12]

A ideia surgiu quando percebeu que forças militares viajavam para além das fronteiras. O Exército Vermelho estava sempre em movimento, às vezes em outras terras, onde seria possível desertar. À medida que esse pensamento se fixava, Johnny começou a passar longas horas na vasta biblioteca, mais do que os estudos exigiam. Um bibliotecário solícito o mantinha suprido de volumes sobre guerras, estratégias e táticas de muitos países. Batalhas, manobras e lutas ressoaram na cabeça de Johnny durante semanas a fio. É desnecessário dizer que essa atividade extra não passou despercebida. Um dia, foi chamado ao escritório do assessor da OGPU. Enquanto se apressava para o encontro, cheio de expectativas, não conseguiu evitar a sensação de que, naquela pescaria diligente, a isca fora mordida pela primeira vez.

Vasiliev recebeu Johnny calorosamente, conduzindo-o ao escritório bem-iluminado, mas opressivamente cinza. O corpanzil do oficial destoava da pequena mesa bem polida. "Por favor, sente-se, camarada." Vasiliev indicou uma cadeira de madeira surrada diante de Johnny. Ao se sentar, ereto, Johnny enfrentou o olhar penetrante, de observador analítico. "Fui informado por muitas fontes de que você tem praticamente acampado na biblioteca." Johnny assentiu com a cabeça. "Todos os livros que retira são volumes militares, que estuda tarde da noite." Estava inflado de orgulho pelo sistema eficiente de obtenção de informações. "Estou bem informado sobre suas conquistas nos estudos aqui, bem como sobre suas experiências anteriores. Seus esforços no vale do Ruhr e os problemas que criou para o cáiser estão em nosso arquivo. Portanto, como pode ver, camarada Johnny, nós o conhecemos bem", sorriu ele. "Está interessado em guerras, meu amigo?" "Sim", respondeu Johnny. "De fato, estou profundamente fascinado com isso. Entretanto, tenho consciência de que tenho de conhecer política e muitos outros assuntos também, camarada Vasiliev."

Ele sorriu, concordando, e orientou Johnny a continuar a buscar o aprendizado que poderia levá-lo a importantes oportunidades. Seguiu-se um aperto de mão firme, esmagador, e a breve conversa foi encerrada. Johnny ficou exultante, porque não era difícil compreender o funcionamento do sistema da OGPU de transmissão de informações, boas ou ruins, para oficiais do Estado cruciais. O peixe chegara à isca sem saber que o anzol havia sido preparado "Continue nadando, continue nadando", refletiu. "Logo vou puxar você na linha."

Duas semanas depois, Johnny ficou surpreso ao receber uma ordem para ir novamente ao escritório de Vasiliev. Foi informado de que estava sendo transferido para a Academia Militar de Frunze. Com aparente humildade, mas empolgado por dentro, agradeceu ao superior pela oportunidade. Começaria a treinar como cadete do Exército Vermelho. Os dois homens estavam orgulhosos, e o estudante modelo partia para dar início à fase dois de seu plano para fugir da União Soviética.

Edifícios de tijolos vermelhos, cobertos de videiras, estendiam-se em uma imensa área, de milhares de metros quadrados, semelhante a um parque, na periferia norte de Moscou. Era a Frunze, com os ostensivos campos de desfile, ginásios de esportes, garagens militares e filas e mais filas de compridas salas de aula e residências. Operado pelo M4, e vigiado pela seção do Comintern de Alfred Langner,[13] o prédio da administração central se situava no meio de um círculo interminável de atividades constantes. Caminhões e tanques rugiam em uma área de treinamento, enquanto rígidas colunas de cadetes se exercitavam em outras. Uma cerca de tela alta circundava a vasta operação militar, guardada por portões de controle e postos de inspeção armados.

Ali se percebia o grande poder do futuro marechal do Estado-Maior soviético Semyon Mikhailovich Budenny, amigo íntimo de Stalin e homem que Johnny conheceria no devido tempo. Johnny não estava sozinho no primeiro dia, quando recebeu o estojo com itens básicos e a roupa militar completa. Mais 42 homens (35 alemães e sete tchecos) se enfileiravam no escritório do oficial responsável pela distribuição dos suprimentos. As calças pretas dos cadetes, do tipo de cavalaria, combinavam com a jaqueta militar marrom claro, mais tarde enfeitada com patentes.

Os alojamentos dos candidatos a oficial eram dormitórios longos, pintados de cinza semelhantes a barracas, com 15 camas de metal de cada lado. Uma sólida caixa de madeira para roupas ficava diante de cada cama, em frente a ganchos de parede para casacos e quepes. Na extremidade das novas acomodações havia mesas de estudo dispostas de maneira organizada e complementadas por luminárias adjacentes às paredes vazias. Oficiais impecavelmente uniformizados explicaram cuidadosamente as regras rígidas da academia, desde bater continência para oficiais até evitar mulheres soviéticas quando estivessem fora da base. Todas as atividades eram impostas com uma disciplina bastante rígida.

Em pouco tempo, Johnny e os companheiros do dormitório descobriram afinidades, ajudados pela habitual segregação de nacionalidades e pela instrução para falar a língua nativa. O dia começava com um toque de corneta às 7h, café da manhã das 8h às 9h e depois, aulas. O comandante da academia era ninguém menos do que o general Alex, o oficial irritado que Johnny conhecera no hotel em Moscou. Johnny desejou que o general tivesse esquecido o incidente quando se pôs diante da turma para apresentar — com ajuda de um tradutor — os instrutores, um a um. Alguns Johnny conheceria para sempre apenas pelo primeiro nome.

O major Max, instrutor de armas e explosivos, era um oficial baixo, robusto, de boa aparência. Fora prisioneiro de guerra da Alemanha durante a Primeira Guerra Mundial. Era um homem bastante agradável, com grande senso de humor e domínio razoável da língua alemã. O general Manfred Stern,[14] um oficial alto, de aparência distinta, com bochechas vermelhas e brilhantes e rosto redondo, era o especialista em treinamento de campo. Austríaco, também fora prisioneiro da Alemanha. Seguiam-se outros oficiais que eram autoridades em suas áreas. Havia o general Tony, especialista em transmissões por rádio, e o coronel Petrov, que ensinava sabotagem. O major Waldemar explicava códigos, cifras, fotografias, tintas invisíveis e microfilmagem. Alfred Langner lecionava sobre impressão e distribuição de ideias proibidas no Ocidente capitalista. O capitão Werner dava aulas de estratégia militar, com os tenentes-coronéis Kurt Fischer e Otto Braun.[15] Werner era um ex-capitão do Exército do cáiser. Incontáveis instrutores de níveis inferiores preenchiam as áreas de armamento mecanizado e transportes, história russa, educação física, primeiros socorros, política e outras disciplinas.

O general Alex, que não falava outra língua além do russo, estava sempre acompanhado da intérprete. Chamava-se Maria e era extremamente atraente e altamente eficiente. Como as aulas e os treinamentos eram dados em alemão, era mais fácil compreender as matérias dele com os textos de acompanhamento. Rapidamente Johnny se sentiu em casa naquele novo mundo, dedicando-se com afinco a aprender tudo o que podia. Ele e outros aspirantes corriam ao fim da cada aula para chegar na hora ao curso seguinte. Exercícios com e sem armas, judô, caratê e treinamento de ataque e defesa enrijeciam os corpos e lhes davam autoconfiança. À noite, ocupavam-se atentamente dos livros. Com os músculos doídos, juntavam-se para conversar e caíam exaustos na cama quando era dada a ordem para apagar as luzes.

Ninguém reclamava das refeições, cujo gosto melhorava graças aos exercícios pesados. Em incontáveis manobras em campo, conduzidas pelo general Stern, os candidatos a oficial escalavam muros, moviam-se em cordas e nadavam em rios com mochilas cheias. O treinamento incluía rastejar sobre terreno acidentado enquanto tiros de metralhadora explodiam sobre as cabeças. As aulas de línguas sempre melhoravam o humor, enquanto os homens lutavam para se tornar mais fluentes nos muitos idiomas que haviam aprendido antes de chegar a Frunze. Adoravam o curso de armas e explosivos do major Max, porque era um professor nato, que acrescentava leves toques de humor ao falar alemão de maneira desajeitada. Certo dia, recebeu os cadetes com um monte de peças de pequenas armas internacionais, depositadas desordenadamente a seus pés. “Vocês estudaram o funcionamento e lidaram com conhecidas armas pequenas de todos os principais países", observou. "Agora, provem o que aprenderam", ordenou. Estendendo a mão, deu a cada homem um pequeno cartão com uma foto de uma arma pequena. "Quando contar até cinco, vocês terão de procurar as partes de sua arma nessa bagunça. Juntem-nas em ordem e a apresentem a mim", anunciou. "Antes de começarem, gostaria de informá-los, espertos companheiros, que terão dez minutos para cumprir essa tarefa simples."

Quando contou até cinco, os homens avançaram sobre a confusão de metais, apanhando parafusos, pinos e canos em uma afobação desenfreada. Pela sala, ressoou um coro desordenado de "Essa é muito curta!", "Preciso de uma mola!", "Ei, essa coronha é minha!", entre outras frases, enquanto todos reviravam, escolhiam e trocavam peças tão rapidamente quanto possível para montar as armas. Parecia que o trabalho havia apenas começado quando o major Max soprou seu apito. "O tempo acabou e nenhuma arma foi concluída", exclamou, imperturbável. "Vocês diriam que têm muito a aprender?", perguntou. Desapontados, os estudantes concordaram.

Uma semana depois, conseguiu que os alunos montassem as armas com as peças da pilha em cinco minutos. Mais uma semana se passou e conseguiam fazer isso de olhos vendados em tempo recorde. O conhecimento dos cadetes aumentou e logo chegou a um ponto em que montavam as armas em menos de um minuto, em todos os tipos de condições. Mais tarde, aprenderam a montar armas maiores, passando pelo mesmo processo, até que o major Max ficasse satisfeito.

Certo dia, o major apareceu diante dos cadetes com uma metralhadora leve nas mãos e um dedo sobre o gatilho. Começou a procurar uma palavra, mas por mais que tentasse não conseguia se lembrar de como se dizia em alemão o objeto que o dedo estava pressionando. Praguejava em russo, enquanto a frustração se transformava em irritação consigo mesmo. Os estudantes gargalhavam, vendo a arma subir e descer enquanto xingava e se irritava cada vez mais. "Auslöser", gritaram os cadetes, entre risos incontroláveis. Se ele ouviu ou não a palavra, não deu indicação. Seguiram-se mais gargalhadas e ele gritou em meio ao barulho: "Não riam. Vou me lembrar. Vocês sabem a palavra que significa essa coisa, como um homem faz com uma mulher!"

Os estudantes choravam de rir, acompanhados agora pelo próprio Max. Apesar das dificuldades, Max sempre encontrava uma maneira de se expressar. Sem exceção, todos os estudantes achavam que era um deles. Sua grande humanidade e bondade fizeram com que ganhasse respeito como uma pessoa fora de série e um excelente especialista em armas.

Apesar de achar a nova vida interessante, Johnny nunca perdeu de vista seu objetivo. Não aceitava o sistema soviético com seus chamados novos caminhos visionários; caminhos que não resolviam o problema dos 84% de analfabetos no país, segundo Johnny. Percebeu que as cidades imaculadamente limpas que conhecera enfrentavam grandes problemas básicos que ainda não haviam sido resolvidos. Pelos muitos livros que lera, tinha consciência de que o governo do cáiser que tanto odiava articulara o transporte de Lenin da Suíça para a Rússia para organizar a Revolução de 1917. Abominava os métodos aplicados pelos bolcheviques e jamais quis, de nenhuma maneira, tornar-se parte do legado deles.

Um companheiro comunista e mineiro do vale do Ruhr que Johnny conhecia bem, Heinrich Fomferra, também estava na academia. Heinrich estava se especializando em radiotelegrafia e códigos, e mais tarde se tornaria instrutor da Seção de Rádio da Inteligência do Exército Vermelho.[16] Viam-se frequentemente e desenvolveram uma amizade que duraria muitos anos. Num fim de semana em que estava de licença, Fomferra confirmou a suspeita de Johnny de que agentes femininas treinadas integravam a rede de comunicação da academia. "Essas meninas que às vezes você vê por aí na base, fluentes em muitas línguas, dão o corpo, se for preciso, para obter seus pensamentos mais secretos", afirmou. "Uma verdadeira armadilha, Johnny." Fomferra prosseguiu: "Vários companheiros que saíram com algumas dessas meninas descobriram tarde demais que eram informantes fazendo carreira. Horas depois entregavam os ingênuos, que rapidamente eram expulsos como dissidentes, sem direito a ser ouvidos." Johnny manteve distância das mulheres, achando que até as raras soviéticas que falavam alemão eram o que Fomferra dizia. Ninguém podia confiar em ninguém na União Soviética. Havia informantes por toda a parte, escondidos em todas as ocupações.

O general Alex tinha muitas discussões acaloradas com os estudantes. Frequentemente, muito se perdia na tradução do russo do general Alex para o alemão. Isso causava um bocado de mal-entendidos. Certa vez, Johnny disse que as traduções de Maria eram ruins e que deveria ficar na cama com Alex, que era o seu lugar. A irritação de Maria com o comentário a fez bufar e ficar da cor de seu cabelo ruivo brilhante, infelizmente levando Johnny a sério. Uma hora depois, o general Alex chamou Johnny e vários outros estudantes a seu escritório. Seguiu-se uma dura repreensão, que resultou em uma missão extra de guarda para Johnny e os outros provocadores. Alex e Johnny não mais se olhariam nos olhos. Isso resultou em inúmeras outras pequenas desavenças e consolidou a rixa entre eles.

A impopularidade do general não se limitava a Johnny. Vários outros cadetes não gostavam do jeito cáustico e da impaciência irritante. Isso foi aumentando, o que levou o general Alex a um comportamento ainda mais desfavorável. Johnny recordou uma de suas aulas pouco frequentes, intitulada “Como o Partido Bolchevique estabeleceu o sistema clandestino de inteligência de três zonas”. Maria traduzia as palavras perfeitamente, enquanto ele lia partes do texto de um livro de história russa. O assunto era formação de células, propaganda e impressões clandestinas. Falava sobre como, mais de cem anos antes, terroristas na Rússia haviam trabalhado e conspirado para derrubar o governo. Alex fez uma pausa para mostrar a máquina de impressão rudimentar que haviam usado. “Vocês deveriam fazer a mesma coisa, utilizar o mesmo equipamento usado por esses camaradas”, concluiu, enfaticamente.

Johnny se levantou e afirmou educadamente: “Camarada Alex, o que se podia fazer em espaços bastante amplos na União Soviética não podia ser feito em países controlados por uma polícia bem organizada, como Alemanha, Polônia ou qualquer outro lugar onde não houvesse chumbo para o tipógrafo. Conseguir chumbo para ser usado com esse objetivo seria quase impossível nessas sociedades.” Irritado com Johnny, o general xingou, virou-se abruptamente e saiu batendo a porta e deixando o comentário sem resposta. Sem dúvida, Johnny o desagradara com sua franqueza. Mais tarde, ao discutir o incidente com o general Mandred Stern, este assegurou a Johnny que ele estava correto e que Alex jamais admitiria estar errado.

O general Stern, um oficial que sabia bastante sobre revoluções e derrubadas de governos, era também um veterano experiente e acabou sendo transferido da Academia Militar de Frunze para o M4, sob o comando do Estado-Maior. Em breve, Johnny e Manfred Stern trabalhariam juntos em uma missão. Por enquanto, porém, Johnny perdera sua orientação e sua amizade, assim como muitos outros.

O general Alex voltou duas semanas depois para continuar as aulas sobre inteligência e o papel de agentes secretos e abertos. Condenou com desprezo os que desobedeciam a uma regra fundamental da espionagem: nunca cumprimentar ou conversar com um companheiro oficial da inteligência na rua ou em qualquer tipo de transporte público. "Finjam que não se conhecem, porque isso pode significar a sua morte e a morte de uma missão, se por acaso espiões inimigos atentos estiverem observando", ordenou, com determinação. Aquilo fazia bastante sentido, porque no trabalho de inteligência um agente jamais podia revelar sua existência a todos. Sua observação foi tão forte e tão assustadora que nenhum estudante jamais esqueceria a importância dessa regra de vida ou morte. Daí em diante, Johnny passou a dizer a todos os seus conhecidos na União Soviética e a outros que não o cumprimentassem quando o vissem em qualquer lugar do mundo.[17]

O treinamento se intensificou e ficava cada vez mais claro que a unidade de Johnny estava sendo preparada para o trabalho de inteligência do Exército Vermelho em outros países. O major Max logo mostrou seu parque de diversões aos alunos, deixando-os boquiabertos. Diante deles, havia vários campos que iam além do que se podia imaginar. O primeiro era um campo amplo, completamente cheio de todo tipo de transporte disponível. Por toda a parte havia trens sobre trilhos, tanques, carros, caminhões e aviões. Uma outra área cercada tinha um número quase interminável de canhões de campo. À esquerda, a uma boa distância, havia chaminés enferrujadas e deques de navios espalhados em uma área onde a grama crescia. O espanto dos cadetes foi contido quando começaram a estudar o uso de explosivos. Uma mistura — um pó preto altamente perigoso — atingia a temperatura de 5 mil a 6 mil graus Celsius quando levemente em contato com umidade e açúcar. Um pequeno pacote dessa substância escondido no tabique de um navio explodiria sozinho ao absorver a umidade natural. O efeito era devastador. A grande vantagem dessa substância é que permitia que o agente tivesse tempo suficiente para se afastar quilômetros antes da explosão. Além do treinamento e do uso prático de explosivos, aprenderam a disparar fuzis sem mirar. O major Max fazia isso muito bem. Podia disparar uma arma de uma locomotiva em movimento com bastante precisão. Mesmo depois de semanas de prática constante, nenhum estudante conseguiu superá-lo.

Aprenderam a danificar artilharia, inutilizando-a para forças inimigas. Depois, a consertar essas mesmas armas. Um dia suas vidas poderiam depender do uso de armas destruídas deixadas por um inimigo em retirada. As experiências nesses campos inacreditáveis permitiram que cada cadete aperfeiçoasse suas habilidades a tal ponto que conseguia fazer suas tarefas praticamente de olhos fechados. Por fim, tiveram aulas sobre radiotelegrafia; codificação e decodificação, e papéis, tintas e documentos, aprendendo a forjá-los. Estudando corantes e substâncias químicas, desenvolvendo contatos e aprendendo a usar disfarces e fachadas, ficavam praticamente sem tempo livre.

Os cadetes se debruçaram horas a fio sobre cada aspecto do trabalho de inteligência e se tornaram versados em tirar vantagem de objetos simples. Aprenderam, por exemplo, como uma máquina fotográfica comum podia ser usada para fotografar importantes documentos, lugares ou pessoas e depois, em meio a uma conversa leve, tornar-se uma arma mortal de ataque ou defesa. Na análise final, Johnny percebeu que os métodos soviéticos de treinamento em inteligência não perdiam para nenhum outro, mesmo nos primeiros anos da década de 1930.

A festa da graduação chegou, e todos os esforços feitos pelos cadetes nos meses anteriores culminaram em uma noite animada em junho de 1930. Com uniformes impecáveis, os 42 alunos da turma de Johnny sentaram-se diante de longas mesas dispostas horizontalmente, ao estilo russo, diante da mesa principal, cheia de enfeites coloridos. O convidado de honra era o próprio Joseph Stalin, com o bigode espesso e sorrindo para todos em um uniforme imaculado e cheio de condecorações. Sentado junto a Stalin estava um grupo de oficiais formado pelo major Max e pelos generais Voroshilov, Alex, Stern, Berzin e Yagoda,[18] futuro chefe da НКВД ou NKVD.[19] Também estavam presentes Alfred Langner e outros assessores de Stalin.

Discursos e mais discursos no salão foram seguidos de aplausos. Stalin elogiou os esforços de todos e glorificou futuras vitórias. Em seguida, sentou-se em meio a uma ovação interminável. O general Alex e outros discursaram depois, durante uma refeição com comidas e bebidas especiais. Trataram os formandos como príncipes. Seguiram-se brindes, prêmios e apresentações. Cada cadete teve a oportunidade de apertar a mão de Stalin ao receber seu diploma. Naquela noite, Johnny se tornou major do Exército Vermelho.

Sem deixar por menos, os estudantes tiveram vários prêmios deles próprios a oferecer. Oito homens formaram uma unidade armada e fizeram uma grande apresentação ao general Alex. Stalin riu quando o camarada Alex foi presenteado com uma grande estrela soviética de madeira maciça, pintada de vermelho e presa a uma corrente enferrujada. Na estrela estava escrito: "Ao general Alex, perdoado por não cumprir promessas." Alex ficou bastante constrangido e nervoso, reprimindo seus sentimentos com um sorriso amarelo. Stalin, por outro lado, achou aquilo tudo hilariante, assim como os assessores, considerando uma ótima piada. Seguiu-se um momento mais solene em que a turma, com grande respeito e afeição, levantou-se e presenteou o major Max com um isqueiro de prata gravado. Ele se emocionou ao ler a inscrição: "Ao nosso querido professor Max." Comoveu a todos profundamente quando a voz embargada deixou transparecer a emoção que manifestou nas palavras de agradecimento. Foi uma noite memorável.

A manhã chegou, trazendo uma ordem para se apresentar à sede do Estado-Maior, em Moscou. Johnny mal conseguiu conter a excitação ao correr para aquele compromisso. Ao chegar, foi conduzido por um assessor ao espaçoso escritório do general Berzin. Um rosto sorridente sob um corte de cabelo à escovinha recebeu Johnny atrás de uma mesa de mármore. Aproximando-se, Johnny cumprimentou habilmente o oficial familiar sentado à sua frente. Ian Berzin indicou-lhe uma cadeira enquanto ele observava o tapete felpudo, as prateleiras com livros enfileirados, os armários e os quadros coloridos que enfeitavam as paredes bege. "Perdoe-me, general, mas já não havíamos nos encontrado antes da noite passada?", perguntou Johnny educadamente. Um leve movimento com a cabeça e os suaves olhos acinzentados lhe asseguraram que estava certo. Johnny prosseguiu, enquanto as peças se encaixavam: "Alemanha, vale do Ruhr, Berlim", afirmou, com convicção. "Sim", reagiu Berzin. "Você tem uma boa memória, porque fui o agente que lhe deu instruções e dinheiro para comprar armas quando você organizava sua revolução." Os dois tiveram uma conversa bastante agradável, encerrada quando o general informou ao novo major que ele ingressaria na Divisão Internacional no Extremo Oriente, sob o comando do general V. V. Blücher (sobrenome verdadeiro: Galem). Por enquanto, trabalharia para o M4 sob o comando de Berzin.[20] Também faria um curso especial de inteligência avançada em estratégia e táticas europeias. As aulas seriam dadas no mesmo prédio onde estavam conversando.

Havia 24 estudantes no curso, que fez uma análise detalhada das nações europeias e dos métodos do M4 para se infiltrar nelas. Ao fim das aulas, todos se sentiram mais conscientes da oposição que cada novo agente enfrentaria em suas missões internacionais. Vários instrutores falaram, com experiência pessoal, sobre esse novo mundo de espionagem em outros países. Ao fim do curso, Johnny foi designado agente de inteligência junto ao Comando Extremo Oriente do Exército Vermelho, ligado ao Estado-Maior em Moscou e reportando-se ao M4.

A nova residência de Johnny passou a ser um dos hotéis de agentes, não muito distantes da Praça Vermelha, mantidos pela OGPU. Em vários desses hotéis, os agentes permaneciam enquanto esperavam ser convocados para missões ou depois de concluí-las, ao voltar para a União Soviética. Os agentes eram donos de seu tempo, a não ser em algumas horas restritas do dia, durante as quais tinham de estar nos quartos caso o centro de comando quisesse fazer contato com eles. As mensagens aguardavam pelos agentes no balcão da recepção ou eram passadas em breves telefonemas para os quartos, informando a hora e a data do compromisso. Não era permitida nenhuma conversa sobre esses telefonemas gravados da OGPU. Os agentes deveriam estar no centro de comando na hora indicada. Ao chegar, recebiam instruções detalhadas. Sempre que possível, Johnny se vestia com esmero ao usar roupas civis.[21] Não recebera ordem para fazer isso. Durante uma semana, fez passeios turísticos em Moscou vestido da melhor forma. Certa manhã, quando estava deitado no quarto, esperando uma chamada do M4 e pensando no que faria quando deixasse o hotel, levou um susto quando o telefone realmente tocou, convocando-o para ir à sede. De maneira simples e breve, uma voz desconhecida disse: "Uma hora da tarde, amanhã", e desligou abruptamente.

No dia seguinte, sentado no escritório de Langner, Johnny ficou surpreso ao saber que uma mudança inesperada de acontecimentos havia alterado sua primeira missão prevista. Com Langner estavam Fritz Heckert, representante do KPD, e Dmitri Manuilski, uma das forças do ИККИ (IKKI — Comitê Executivo da Internacional Comunista). Conhecer Manuilski provaria ser algo benéfico para Johnny perto do fim da década.[22]

Langner explicou que o Comintern precisava de alguém para um cargo que não conseguia preencher. Prosseguiu observando que o M4 e o Comintern trabalhavam independentemente em alguns projetos e em outros, juntos. Para essa iniciativa, o Comintern precisava de um coordenador que soubesse tudo sobre mineração de carvão, uma vez que o carvão era o combustível da crescente economia soviética. O indivíduo escolhido chefiaria um campo de mineração na região de Donbass, na Ucrânia. A crise econômica mundial, somada ao desemprego maciço na Alemanha, fomentava a situação. Nos meses de verão de 1930, entre 4 mil e 5 mil alemães embarcariam em trens especiais para a União Soviética, muitos deles partindo de Essen. Membros do KPD, ou alemães simpáticos ao partido, seriam levados à União Soviética para trabalhar em minas, em construção e na indústria siderúrgica.[23]

Um dos primeiros grupos de indivíduos aprovados tinha centenas de integrantes.[24] Logo estariam a caminho da União Soviética. Johnny foi informado de que se apresentaria a eles como um dos representantes do novo campo vindo de Moscou. Era sua primeira grande missão para os superiores. O trabalho seria assegurar que os trabalhadores proletários convidados recebessem comida e abrigo. Seria preciso conseguir escolas para os filhos. Os chefes de habitação, planejamento e construção do Comintern coordenariam essa missão com Johnny e lhe dariam toda a assistência necessária. Ficaria emprestado ao Comintern de julho a dezembro de 1930,[25] enquanto os trabalhadores estivessem aprendendo a lidar com a operação. Depois, seria chamado de volta a Moscou. Langner percebeu que Johnny estava decepcionado com tudo aquilo, pois pensou que estava sendo convocado para uma missão fora do país. Isso teria de esperar, uma vez que o Estado-Maior concordara em emprestar ao Comintern o benefício do talento e da experiência de Johnny nessa área.

Apesar do que sentira, Johnny percebeu que não adiantaria protestar. Seria mantido na pátria russa sem esperança de escapar através da Polônia ocupada pelos soviéticos. Langner estava apenas seguindo instruções. Johnny não podia culpá-lo. Sem dúvida, lamentou por seu agente, sabendo que Johnny queria uma missão no exterior. Ao sair, Johnny agradeceu ao superior e Langner lhe desejou boa sorte, afirmando acreditar que da próxima vez conseguiria uma missão de inteligência.

Seguiram-se longas sessões de discussão com funcionários do projeto na sede do Comintern para analisar as necessidades da operação. A construção de alojamentos já fora iniciada, enquanto se examinavam numerosos planos e esboços para toda a empreitada. O principal local da missão de Johnny seria a Comuna de Juny, perto de Kharkov. Era um dos cinco empreendimentos em desenvolvimento na época. Os outros se espalhavam por toda a valiosa região conhecida como Donbass. Havia alguns nos arredores de Moscou, mas um número maior no sudoeste da Sibéria ou espalhados por Kuznetsk Basin.[26] Kuznetsk tinha a maior reserva de carvão do mundo. Ali, poços de mineração e equipamentos já eram plenamente usados. A primeira tarefa de Johnny seria acelerar a construção de estruturas para acomodar os recém-chegados. Era uma função de coordenação, para facilitar a acomodação dos trabalhadores de língua alemã importados. Tudo parecia ótimo no papel, mas Johnny tinha dúvidas sobre o que encontraria quando chegasse. Os alemães haviam sido informados de que, depois de chegar, se quisessem voltar para casa, poderiam, fazendo uma solicitação ao cônsul alemão, sem oposição dos soviéticos. Com o tempo, Moscou se arrependeria dessa atitude. Havia também problemas de recrutamento na Alemanha. Alguns trabalhadores estavam doentes ou inválidos devido a ferimentos sofridos na Primeira Guerra Mundial. Outros não estavam familiarizados com a mineração.[27]

Viajando dia e noite de trem e caminhão, logo Johnny se viu nas instalações do Campo nº 6 da Comuna de Juny, a menos de 30 quilômetros de Kharkov.[28] Quarenta soviéticos trabalhavam nas minas, vivendo em casas recém-construídas que por fora pareciam bastante agradáveis. Florestas espessas com altos pinheiros, interrompidas em alguns trechos por abruptos penhascos rochosos, circundavam o lugarejo, na baixada de um vale. Estradas acidentadas e poeirentas cortavam a amplidão virgem. Poços de mineração e buracos de escoamento se espalhavam pelo vale, em meio a um grupo de prédios administrativos. Johnny admirou o grande esforço, claramente evidente. Longos meses de trabalho árduo haviam levado à formação daquele lugar. Da área de habitação, protegida e aplanada, partiam caminhos abertos na pedra que desciam irregularmente até as minas. Tão íngreme era a subida a partir da área dos poços que correias transportadoras se estendiam para cima, até platôs abertos, onde caminhões recebiam a carga preta cortada em pedaços. Motoristas com mais habilidade do que cérebro circulavam para cima e para baixo, vagarosamente, carregando seu fardo até uma estação de trem a 80 quilômetros de distância. Ladeiras íngremes e estradas estreitas com curvas fechadas, por onde passava um veículo de cada vez, representavam risco de morte instantânea para os motoristas. Nos precipícios abaixo, viam-se miniaturas de destroços de caminhões em silêncio total.

Andrei Milov, um sujeito robusto e atarracado, de rosto redondo, sempre com uma ponta de cigarro nos lábios, era o gerente de obras. Recebeu Johnny com entusiasmo e os dois inspecionaram o lugarejo com lama pelo tornozelo. Uma barba preta bastante crescida fazia jus a seu cabelo desgrenhado e à aparência rude. “Bem-vindo ao Campo 6, camarada”, disse, entre baforadas de cigarro. “Você gosta das casas novas que está vendo, prontas ou em construção, não?”, prosseguiu, enquanto

Johnny lhe assegurava que sim. Cada residência era feita de tijolos e madeira e tinha muitos cômodos grandes. Os telhados, com cumes altos, eram feitos para resistir à neve.

"Não se deixe enganar pela embalagem até ver o conteúdo", observou Milov quando cruzavam a estrada para entrar na primeira casa não ocupada. Johnny exclamou com aflição: "Meu Deus!" Por dentro, observou que o acabamento ordinário era inacreditável. "Agora você entende, camarada. O que digo é verdade", acrescentou o gerente, diante da surpresa do convidado. "Paredes deformadas, camarada, portas descentralizadas, vigas tortas, pisos com saliências e paredes desniveladas com o telhado", continuou. "Isso é apenas uma parte daquilo com o qual tenho de conviver diariamente."

Johnny analisou a moldura de uma janela, torta como a perna traseira de um cachorro. A janela se inclinava de um canto da parede ao outro com uma diferença de 2,5 centímetros entre o peitoril e a moldura. Com facilidade, deslizou os dedos pela abertura até o lado de fora. "Isso está pronto?", perguntou Johnny, impressionado e irritado com a relaxada atitude de complacência e a despreocupada falta de vergonha do outro. "Sim", disse Milov, melancólico. "Está pronto, assim como muitas outras como essa." Johnny olhou para o homem, achando que estava brincando, porque nenhum gerente de obras respeitável aprovaria algo tão grosseiro. Era uma tentativa amadora de construir. "Que diabo, homem!", gritou Johnny. Perguntou como uma coisa daquelas podia acontecer bem embaixo de seu nariz. Em seguida, ordenou que os homens retomassem o trabalho, pusessem aquilo abaixo e começassem de novo. Chamando o homem de "mentecapto", afirmou que crianças fariam um trabalho melhor. Em seguida, quis saber se precisaria mostrar a maneira corretar de construir casas onde pessoas pudessem morar.

Os olhos de Milov se estreitaram e ele olhou diretamente para Johnny, as mãos enluvadas agora cerradas. "Conheço construção como a palma de minha mão, camarada, e não vou tolerar trabalho desleixado e construção ruim." Johnny e Milov se encararam rangendo os dentes. Milov continuou: "Camarada, aqui as coisas não são como em Moscou. Recebemos uma quantidade específica de madeira, por tamanho de tábua, para cada casa. Tentamos deixar as tábuas verdes retas, esticar as pranchas de 1,52 por 1,83 metro e cortar os nós ruins, para fazer tábuas sólidas. Os planos têm de ser cumpridos, mas o material é pouco, inferior e verde. Além disso, não é suficiente para concluir sequer o trabalho básico necessário. Reclamei com o Campo de Madeiras do Estado, com o pessoal do Comintern em Moscou e com todos os outros, mas não consegui nada", disse. "Todos transferem a culpa, e o Comintern diz que estamos desperdiçando material, porque calcularam tudo no orçamento, até a última tábua. Instalamos canos de calefação, mas não temos forno. Os encanamentos não estão ligados a nada. Eles dizem que enviaram vasos sanitários, pias e banheiras, mas isso nunca chegou aqui. Camarada, você é novo aqui. Vai ver o que estou querendo dizer."

Johnny conteve a raiva enquanto andavam de cômodo em cômodo, de casa em casa, testemunhando os fatos cabais, as dificuldades burocráticas e o esforço para resolver a situação. Depois da inspeção, os dois permaneceram em silêncio. Foram até o depósito de madeira de Milov, procurando desesperadamente se esquentar diante do aquecedor a carvão instalado no meio do espaço vazio. O gerente mostrou a Johnny um quarto onde havia uma cama de molas velha, um tosco guarda-roupas com três gavetas e uma cabeceira queimada de cigarro com uma lamparina a óleo empoeirada. Uma pequena janela mal ajustada, implorando para ser limpa, destacava-se entre cortinas sujas, abertas para um mundo de lama, pedras e florestas. O tempo ficara feio cedo.

Diante de uma refeição de pão preto, mingau e pepino, empurrada para dentro com goles de vodca, Johnny analisou bem o anfitrião durante a noite. Foi uma conversa pessoal quase lacrimosa, durante a qual Milov revelou a mais profunda frustração com a burocracia que o mantinha em uma camisa de força. Aborrecido e preocupado com aquilo tudo, Johnny teve dificuldade para dormir. A incompetência da situação decidia por si própria. Faria um escarcéu como nunca antes e sacudiria alguns oficiais idiotas para limpar a bagunça que herdara.

Na manhã seguinte, os dois saíram a cavalo para ir a vários lugares. Poderiam ter embarcado em um caminhão a partir da mina, já que dois estavam para chegar. Mas nenhum dos dois apareceu. Havia outro, completamente carregado de carvão, mas quebrara, com um eixo entortado, não muito longe do campo. Os cavalos eram a única saída. Assim, passaram a maior parte do dia sobre os cavalos, que se cansaram mas foram pacientes enquanto seguiam pela estrada. Anoitecia quando os homens e os animais chegaram à estação de trem no meio do nada. Depois de alimentar os cavalos e pô-los num abrigo, Johnny e Milov entraram na estação para esperar o último trem. Um solitário funcionário da estação se juntou a eles diante de um fogareiro, enquanto os viajantes mastigavam pão e pequenas salsichas.

Horas depois, a bordo de um lento vagão, estavam a caminho da cidade mais próxima, a comunidade de onde partiam as remessas de madeira. A luz do dia os encontrou caminhando por ruas ainda desertas, esperando que o depósito de madeira abrisse. Depois que os portões foram abertos, um encontro de duas horas com o responsável pelas tábuas não resolveu a difícil situação das construções no campo. As cobranças só o levaram a tentar mostrar que havia enviado a madeira de acordo com as instruções de Moscou. Quando Johnny e Milov lhe mostraram os projetos das casas, balançou a cabeça, reconhecendo que o material não chegava perto do que era realmente necessário. O homem se escondeu atrás de ordens que dizia seguir e, embora simpático ao problema em Kharkov, não pôde oferecer ajuda alguma além de dizer que levaria o caso àqueles que determinavam os procedimentos. A mesma história foi contada no estabelecimento fornecedor de encanamento e calefação, onde um gerente magro e malnutrido lamentou o atraso de vasos sanitários e pias, mas afirmou que não podia enviar o que não tinha. O problema era dos fabricantes em Stalingrado, que muitas vezes o faziam esperar mais de um ano para conseguir os itens necessários.

Milov e Johnny saíram dali cansados, seguindo na carroceria de um caminhão para a estação de trem. Johnny telegrafou para a sede do Comintern em Moscou, pedindo o envio de um projetista. Saltaram para dentro do primeiro trem de carga e ao amanhecer chegaram à estação, onde os cavalos os aguardavam. Ao descer do trem, os dois homens comeram na estação e depois selaram os cavalos para a longa viagem de volta ao Campo 6. Durante a ausência deles, uma chuva fria havia caído, aumentando os problemas das obras ao transformar as estradas acidentadas em lamaçais escorregadios. Por causa do mau tempo, as obras seguiam a passos de tartaruga e materiais essenciais só podiam ser levados sob um grande risco. Em questão de dias, o trabalho foi paralisado.

Uma semana depois, alguns caminhões chegaram, dois deles com suprimentos e outros carregando novos moradores alemães que não eram esperados até que tudo fosse concluído. "Camarada, não estamos preparados para abrigar esses trabalhadores", reclamou Johnny ao líder do transporte. "Veja por você mesmo, não devia ter feito isso antes de estarmos prontos." "Isso não é problema meu", retrucou o homem. "Estou apenas cumprindo ordens como você. Como disseram 'leve essas pessoas', eu vim." Johnny redigiu um telegrama a Moscou, explicando a situação, e o homem concordou em enviá-lo da estação, quando fosse embora.

Às pressas, montaram um centro de comando temporário com a ajuda de Milov, alguns dos trabalhadores e Igor, o gerente da mina. Ao fazer isso, começaram a organizar um pouco os alemães. Os recém-chegados foram despachados em grupo para as casas supostamente concluídas, para escapar do frio. Várias famílias teriam de ficar juntas até que as casas restantes fossem concluídas. Depois disso, Johnny, Milov e os assistentes entraram no depósito onde os estoques eram escassos e começaram a retirar cobertores e outros suprimentos essenciais. Os itens foram distribuídos da maneira mais justa possível. Johnny lamentou por aqueles voluntários trazidos de suas terras, que agora percebiam que o lugar para onde haviam sido levados estava longe de ser o paraíso dos trabalhadores, conforme haviam prometido. Durante o dia inteiro e noite adentro, todos da administração do campo trabalharam para de alguma maneira alimentar, abrigar e ajudar os alemães. Exaustos, os trabalhadores finalmente adormeceram, um após o outro, agasalhados, junto ao fogão do alojamento de Milov, enquanto do lado de fora giravam em redemoinho os primeiros flocos de neve do inverno russo.

Como era de se prever, a manhã trouxe mais problemas, uma vez que os chefes da mina reuniram os novos trabalhadores e os arrastaram, ladeiras enlameadas abaixo, até os poços cobertos de neve. Milov desapareceu para supervisionar seus construtores, enquanto Johnny ficava para lidar com uma horda de donas de casa furiosas. As mulheres tinham longas listas de reclamações, as mesmas que o haviam irritado na chegada. Tomando nota de cada reivindicação, atravessou lama e neve, de casa em casa, acalmando nervos com garantias de que estava trabalhando para solucionar os problemas. Naquela noite, Milov e Johnny se debruçaram sobre as reclamações, procurando encontrar soluções em curto prazo, até que Moscou desse as caras. Apesar das especificações, acabaram concordando em construir as moradias restantes corretamente, diminuindo a quantidade e o tamanho das casas, sem procurar esticar o material.

No dia seguinte, as crianças da vila colheram musgos na floresta para vedar buracos nas casas concluídas. Isso ajudou a afastar o vento frio e a umidade. Uma semana depois, todos ficaram empolgados com a chegada de um caminhão com duas dúzias de aquecedores a carvão. De algum modo, o motorista os conseguira em um depósito de suprimentos do Exército, a 240 quilômetros de Kharkov. Johnny não perguntou como conseguira e lhe deu uma garrafa de vodca pelo esforço. Os homens de Milov rapidamente montaram os aquecedores de ferro preto, usando canos de esgoto de casas não concluídas como chaminés. A perda desses canos não foi considerada uma tragédia, já que não havia banheiras nem vasos sanitários onde pudessem ser conectados. Pouco tempo depois, outros caminhões chegaram. Traziam mais madeira, comida e pequenas pias de metal. Apesar disso, a satisfação de Johnny se transformou em raiva quando leu um telegrama do Comintern entregue por um dos motoristas: "Todos os suprimentos de construção de acordo com nossas especificações deveriam estar no local. Encanamento prometido foi enviado meses atrás. Não vemos necessidade de mais assistência para esse fim." Johnny praguejou diante daquela estupidez cega, despachando imediatamente outro telegrama, com palavras mais firmes, para a capital. Lá estavam eles em Moscou, aquecidos, bem-alimentados e confortáveis, enviando papéis enquanto a incompetência causava o caos. Amaldiçoou aqueles homens e o sistema soviético que os criara.

Nesse meio-tempo, foi iniciada a construção de banheiros externos, com madeira destinada a novas casas. Aos poucos, construíram sua própria versão de novas moradias familiares, o que aliviou um pouco o congestionamento, mas não animou muito os trabalhadores alemães. Foram identificadas algumas mães que haviam sido professoras e, com um número limitado de livros que as crianças haviam levado, foi criada uma escola em uma das casas.

Certo dia, Igor reclamou com Johnny que os novos trabalhadores certamente não eram os melhores do vale do Ruhr. Achava que o Comintern só havia mandado dissidentes e problemas para Donbass, que os homens, na maioria, eram despreparados e causadores de problemas, implicando sem motivo com os colegas soviéticos. Duas noites se passaram e houve uma briga em frente à administração. Johnny observou e viu o número de espectadores aumentando. Antes que um tumulto maior começasse, saiu e disse aos alemães e soviéticos que abaixassem os porretes e fossem para os alojamentos. Um mineiro alemão grande, picareta na mão, avançou em sua direção, encarando-o e prometendo que o derrubaria no chão. Quando o homem estava a pouco menos de 2 metros de distância, Johnny sacou seu revólver e ordenou que largasse a picareta, do contrário não hesitaria em enfiar uma bala no meio de seus olhos. O homem parou, xingou, largou a ferramenta, virou-se e foi para casa. Os outros o seguiram. Johnny era a única pessoa armada no Campo 6. Andava com a arma o tempo todo. Aquela fora a primeira vez que a sacara. Daí em diante, sua simples presença era suficiente para encerrar uma briga. Os homens sabiam que a vantagem estava com o homem que apoiava Moscou.

As objeções à comida eram um problema permanente, uma vez que o pão preto e os pepinos russos do café da manhã não se adequavam à cultura alimentar alemã. Aqueles homens estavam acostumados ao pão e à grossa salsicha da Alemanha. Vários meses se passaram até que um oficial do Comintern chegou e Johnny teve a oportunidade de apresentar seus argumentos, em vez de apenas enviar telegramas. Johnny explicou que tudo aquilo tinha de ter sido levado em conta antes de o projeto começar. O representante reagiu às críticas com agressividade. “Esses malditos alemães podem comer nossa comida ou morrer de fome!”, disse, em uma explosão de raiva. Milov foi o alvo da agressão seguinte, quando o burocrata deu uma olhada nas tentativas de improvisar moradias. Apesar do esforço de Milov para explicar os problemas com material e falta de equipamento, o homem não lhe deu ouvidos, esbravejando: "Os planos formulados não foram seguidos."

Durante dois dias, houve uma intensa discussão, enquanto o funcionário percorria a Comuna de Juny. Johnny e sua equipe debateram e defenderam suas ações. Mas o funcionário continuou a ignorar as explicações. Gritava repetidamente, "Vocês não seguiram o plano!" Foi informado de que o plano estava errado, mas isso também não teve impacto em seu raciocínio. Por fim, partiu irado, embarcando em um caminhão até a ferrovia e dizendo àqueles que deixava para trás que teriam sérios problemas. Johnny e os outros acharam que o relatório dele seria tão desfavorável que seriam dispensados e enviados para casa. Por causa dos obstáculos em Moscou, já estavam saturados, embora fossem seu suor e suas lágrimas que haviam feito o Campo 6 funcionar.

Durante o verão, Johnny recebeu uma ordem para viajar cerca de 350 quilômetros até Shepetovka, depois de Kiev. Era uma estação de trem ucraniana, perto da fronteira com a Polônia. Sua tarefa era chefiar a comissão que receberia famílias alemãs que vinham para a União Soviética trabalhar sob contratos de um ano. Foi uma ocasião festiva, com música e bandeiras tremulando ao vento quando o trem especial chegou do Ocidente. A saudação de boas-vindas de Johnny foi curta e direta: "Talvez alguns de vocês não encontrem o que imaginaram. Mas todos precisam colaborar para a realização do Plano de Quinquenal."[29] Em outra viagem a Shepetovka, disse a um grupo menor: "Não pensem que terão tudo de bandeja, mas sim que vieram para cooperar com o objetivo maior da construção."[30] Em seguida, trens e caminhões partiriam com os trabalhadores e as famílias, rumo às minas às quais estavam destinados. A viagem para Donbass geralmente levava um dia, enquanto aqueles que seguiam para a região de Kuzbass demorariam mais de uma semana para chegar.

Em 2 de agosto de 1930, Maria, que assinara um contrato de um ano, Johnny Jr., Oscar e Marianne chegaram a Shepetovka. Viajaram juntos para a Comuna de Juny.[31] A chegada da família, porém, não teve efeito algum. Johnny não podia se permitir passar muito tempo com eles, uma vez que as coisas continuavam a ser feitas de maneira descuidada. Viajava de um campo para o outro tentando melhorar a sorte dos trabalhadores e o que estavam produzindo. Não bastasse isso, faltava energia elétrica em momentos inesperados, a higiene era precária e havia casos de febre tifoide.[32] Às vezes, os mineiros encontravam apenas água gelada nos chuveiros quando voltavam para a superfície, ao fim de um turno. Oscar se lembrou de que o pai corria tanto de um lugar para outro que só o viu duas vezes quando estava ali. Na primeira ocasião, Johnny chegou para verificar se os chuveiros tinham água quente. Na segunda vez, foi uma visita. Sempre que possível, comia com os trabalhadores e as famílias. Os operários provocaram Johnny mais de uma vez por causa disso. Uma piada sarcástica que ouviu foi: "Está bem, agora você come pepinos conosco, mas não sabemos o que você come em Moscou."[33]

Essa foi apenas mais uma das intermináveis reclamações sobre a comida. De fato, as queixas nunca cessaram realmente. Mesmo que Johnny tentasse ser justo, presidindo como juiz as disputas pessoais num Tribunal informal dos Camaradas, as críticas continuavam.[34] Muitos alemães — pelo menos metade dos originais 4 mil ou 5 mil — recorreram ao cônsul alemão e receberam permissão para voltar para a Alemanha. Muitas vezes, voltaram por causa das condições de vida ruins na União Soviética. Outras vezes, partiram porque ouviam rumores de que as coisas haviam melhorado com Hitler. Aqueles que ficaram, mais tarde retornariam, em geral quando o terror stalinista teve início, na primavera de 1937. Os últimos foram expulsos pela NKVD pouco antes da invasão alemã à União Soviética, em junho de 1941. Alguns alemães continuaram ali durante a guerra, trabalhando praticamente como escravos.[35]

Johnny soube que em outros campos desse tipo a maioria dos recém-chegados ficava pouco tempo e depois retornava para a Alemanha. Maria foi mais resistente. Era casada com Johnny. Mas assim que o contrato de um ano terminou, e vendo pouco o marido, também fez as malas e partiu. Maria e os filhos ficaram com Gustav e Emilie Krüger em Berlim durante um mês antes de voltar para Ahlen, em 3 de outubro de 1931. Johnny havia pedido aos Krüger que cuidassem da família quando voltasse. Sentiu-se mal por terem partido para outro desastre.[36]

No campo havia poucas pessoas devido aos êxodos periódicos; mas ainda havia, apesar de suprimentos cruciais nunca chegarem. Certa tarde, na terceira semana de fevereiro de 1931,[37] um caminhão parou Johnny quando seguia em uma égua cinzenta pela principal estrada da vila em Kharkov. "Aqui, camarada Johnny", gritou o motorista fatigado, inclinando-se para fora da janela da cabine. "Espero que seja uma boa notícia." Ele entregou um telegrama e ficou olhando para Johnny, ao volante, enquanto rasgava o envelope. Excitadamente, leu a curta mensagem. "Onze horas sexta-feira", assinado Berzin, Moscou. "Boa notícia, camarada?", perguntou o motorista, notando a expressão de felicidade de Johnny. "Excelente notícia, meu amigo", respondeu Johnny. "Parto hoje para Moscou." "Fico feliz por você, camarada Johnny", disse, com satisfação. "Você tem trabalhado duro e merece um longo descanso."

Milov, Igor e outros amigos desejaram boa sorte a Johnny, enquanto arrumava as coisas apressadamente. Logo, a Comuna de Juny sumiu de vista enquanto o caminhão o levava até a estação de trem. Mais tarde, Johnny saberia que, depois de um ano, apenas seis dos 900 alemães que haviam chegado inicialmente continuavam em vilas de mineiros. Os soviéticos só podiam culpar a si próprios pelo fracasso. Johnny se lembraria durante muito tempo da experiência, que o ensinou a se virar sem ter nada além de determinação e criatividade. Mais tarde, um engenheiro que confrontara por causa do campo foi executado por um pelotão de fuzilamento. Disseram, de forma duvidosa, que o homem se envolvera com o primeiro diretor do Comintern, Gregory Zinoviev, e com o chefe do partido em Moscou, Lev Kamenev, em uma conspiração contra Stalin.[38]

Quando se encontrou com Johnny, o general Berzin riu ao discutir as desavenças dele com o Comintern. "Sabíamos que não seria fácil, Johnny", explicou. Foi talvez nesse momento que Berzin informou que Johnny fora transferido do KDP para o Всесоюзная Коммунистическая партия (большевиков). Ou seja, o ВКП(б), ou VKP(b), no alfabeto latino. Tornara-se o membro nº 2.173.673 do Partido Comunista da União

Soviética.[39] Berzin sem dúvida felicitou Johnny, que deve ter disfarçado a satisfação. Depois das congratulações, voltou a se reportar a Langner no Comintern. Dessa vez, estava certo de que as coisas seriam diferentes.

Durante as seis semanas seguintes, foi educado à maneira do Comintern. Recebeu um codinome, "camarada August". Especialmente importante em sua instrução foi o modo como o Comintern tentava organizar células dentro das forças armadas de nações capitalistas e desmoralizar os soldados que não conseguia organizar. Como parte de suas responsabilidades, Johnny examinou os arquivos de Langner e estimou que havia aproximadamente 200 agentes em campo. Esses agentes não estavam identificados nos registros. Alguns eram "legais", ou estavam protegidos por imunidade diplomática, tais como Langner havia sido em Berna, enquanto outros eram "ilegais", ou seja, não tinham qualquer proteção.

Finalmente, Langner convocou o major Johnny para ir ao seu escritório, por meio de um telefonema oficial informando a hora do encontro. "Até que enfim, a prometida missão no exterior!", pensou Johnny. Se o pressentimento estivesse certo, achava que isso lhe permitiria escapar do sistema soviético de uma vez por todas.

# 8

# Missão Romênia

Langner informou a Johnny que sua primeira missão no exterior seria nos Bálcãs.[1] Partiria no início de abril de 1931. Berzin acrescentou que seu trabalho para o M4 seria organizar células comunistas contra o Exército romeno. Além disso, deveria obter uma planta dos oleodutos da Refinaria de Ploesti, 56 quilômetros ao norte de Bucareste.

Johnny recebeu um salário para metade do ano de US$ 1.200, mais US$ 500 de Abramov (ou seja, US$ 23.800 de 2008),[2] e foi orientado a apanhar 20 mil xelins austríacos em Viena. Os soviéticos sempre lhe pagaram em dinheiro americano dentro da União Soviética. Langner também lhe deu detalhes datilografados sobre um passaporte alemão falso e lhe disse para memorizar os dados da nova identidade e depois devolver a notificação ao OMC. Apanharia o passaporte quando chegasse a Berlim. O nome nos novos documentos seria Ludwig Dinkelmeyer, engenheiro de mineração. Em seguida, partiu de Moscou em um trem em direção à capital alemã usando um passaporte diferente, suíço.[3]

Protegido na cabine durante dois dias, Johnny teve bastante tempo para pensar, enquanto os vastos campos do oeste da Rússia e depois da Polônia passavam pela janela. O trem, que indicava Москва-Берлин (Moscou-Berlim), tinha o habitual corredor em um dos lados do vagão, de frente para as cabines. Johnny logo se cansou de ficar sentado, abriu a porta e foi dar uma volta. Quando passou por um homem de pé diante de uma janela, ele se virou de repente e disse: "Divirta-se, Johnny." Perplexo, ficou paralisado por alguns instantes e em seguida olhou para trás para ver o rosto sorridente do general Alex. Era seu impopular instrutor, que havia dito aos alunos para nunca desobedecerem a uma regra importante da espionagem — em nenhuma circunstância, reconhecer um companheiro agente em campo ou falar com ele como se o conhecesse. De repente, uma voz interna soou na mente de Johnny: "Pegue-o!" Alex teve sorte por Johnny geralmente tomar decisões rapidamente. A calma substituiu a irritação quando respondeu, em alemão: "Sinto muito, senhor. Não entendo. O que o senhor está dizendo?"

Se ficou chocado com a reação de Johnny à sua estupidez, é impossível dizer, porque o general Alex se calou, lançou um olhar raivoso para o ex-aluno e abruptamente se afastou. Estava em uma cabine no mesmo vagão e ali permaneceu até desembarcar em algum lugar ao longo do caminho. Johnny não o viu mais durante o resto da viagem. Sabia que Alex contaria sobre ele.[4] Só podia esperar que o relato do general tivesse alguma semelhança com a verdade ou alguma mentira que sua própria versão revelaria. É claro que tudo poderia ter sido um teste para checar sua lealdade — à Rússia ou ao que aprendera, ou às duas coisas.

Em Berlim, procurou seu contato, Paul Wilhelm,[5] em uma tabacaria em Wedding, no subúrbio. Em um café da vizinhança, Johnny trocou o passaporte suíço por outro, alemão, com o nome de Dinkelmeyer, e cuidou de conseguir na embaixada romena o visto necessário. Assim que foi expedido, tomou um trem para Viena e encontrou o novo contato, identificado apenas como "Alois". O encontro aconteceu na casa de Alois, onde recebeu os 20 mil xelins em um envelope selado. No dia seguinte, assim que amanheceu, Johnny estava na plataforma, enfrentando o frio à espera do trem para Bucareste.[6]

Ao chegar à capital romena na manhã seguinte, deixou a Estação Gară, seguiu as instruções memorizadas e se registrou no hotel designado, no centro de Bucareste. O contato romeno do partido apareceu uma hora depois, com uma leve batida na porta do quarto. Sem dúvida, Johnny observara a chegada do homem do VKP(b) e o observara o suficiente para perceber que era o mesmo indivíduo da foto fornecida pelo Comintern. Ao abrir a porta, Johnny foi cumprimentado por um sujeito atarracado, careca, de meia-idade. "Vai ficar muito tempo?", perguntou. "Só até a noite cair, minutos depois", respondeu. A pergunta e a resposta codificadas confirmaram o contato. Quando a porta se fechou, o homem deu verbalmente a Johnny dois números de telefone. Um deles era para telefonar dentro de uma semana e o outro estaria disponível 24 horas por dia, em caso de emergência. Seguiram-se um breve resumo da situação militar, palavras códigos para o telefone, um aperto de mão e o visitante se foi. Nada sabia sobre Johnny; e Johnny nada sabia sobre ele. Dessa maneira, se um dos dois fosse preso, virtualmente não tinham nenhuma ligação.

Johnny esperou duas horas depois da partida do contato e fechou a conta, informando na recepção que seus planos haviam mudado subitamente devido a uma doença na família. Mala na mão, caminhou por ruas laterais até que uma placa de "Aluga-se quarto" em uma janela atraiu sua atenção. A proprietária da casa era uma viúva austríaca idosa, muito gentil e agradável, que mostrou a Johnny um quarto confortável no andar de cima, perfeitamente adequado às suas necessidades. Explicou que era engenheiro de mineração alemão de férias e ela lhe informou que o marido era um oficial alemão morto na Primeira Guerra Mundial. Era uma senhora frágil, grisalha, de altura mediana, que mostrou não ser muito curiosa. O quarto tinha uma janela grande e clara, com vista para a rua abaixo. Deixava a luz entrar, em raios quentes. Johnny faria todas as refeições fora, já que o acordo com a mulher só incluía o quarto.

De manhã, apresentou-se à Siguranza, a fraca polícia política romena. Exigiam que os estrangeiros se registrassem em até 24 horas depois de chegar. Contou a mesma história sobre ser engenheiro de mineração e apresentou os documentos. Eles também podiam dizer que ele era minerador devido à marca levemente azulada na parte superior do lado direito de seu rosto. Foi tudo bastante superficial. Devidamente registrado, Johnny seguiu seu caminho.

Passou-se uma semana, durante a qual não fez contato algum. Geralmente, ficava lendo no quarto ou saía para comer ou passear pela cidade.

Soldados passavam com uniformes surrados, rasgados, e botas acabadas. Mal pagos e ridicularizados em público por oficiais, esses arremedos de integrantes de uma força de combate eram perfeitos para uma revolução. Certa vez, Johnny estava no centro da cidade, sentado em um banco nos Jardins Cişmigiu,[7] famosos pela beleza, quando um oficial interrompeu um soldado que passava. O que disseram um para o outro não conseguiu ouvir, mas de repente o oficial bateu na cara do recruta, derrubando-o. Imediatamente Johnny se levantou, avançou e despejou sua raiva no oficial. Informou-lhe que a maneira como tratara o recruta seria relatada no *Manchester Guardian*, na Grã-Bretanha. O oficial vociferou e lhe lançou um olhar de desprezo antes de sair do parque. O recruta se levantou e correu. Mais adiante, no caminho do parque, três soldados estavam discutindo com um fotógrafo. Parecia que um dos homens não tinha dinheiro suficiente para pagar pela foto. Johnny foi até o fotógrafo irado, disse-lhe para tirar três fotos em duplicata que ele pagaria por elas. Um oficial passou quando isso estava acontecendo. No rosto estava claramente expresso o desprezo por aquele intrometido que ajudava os recrutas. Mas Johnny só conseguia sentir pena daqueles pobres-diabos que eram apenas soldados comuns, como havia sido anos antes na Kaiserliche Marine.

Um dia, viajou até uma chácara perto de Bucareste para se encontrar com um homem que de vez em quando ajudava o Comintern. O Comintern o chamava de "colaborador". Depois de um sinal de reconhecimento, apresentou-se como "Julius". Em seguida, foi encaminhado a um sujeito do qual se lembrou apenas como "Junescu" (muito provavelmente um pseudônimo de Eugen Iacobovici, secretário-geral interino do Partidul Comunist Român, o PCR, ou Partido Comunista Romeno).[8] Dois dias depois, foi combinado que se encontraria em lugares públicos com dois membros do pequeno PCR, obrigado a se tornar clandestino em 1924. Esses dois camaradas ajudariam Johnny a realizar sua missão.

Sem confiar em telefones particulares, fez uma ligação, certa noite, de um telefone público para o primeiro dos contatos do PCR.[9] Uma voz feminina atendeu e ele falou em alemão. "O tempo está bom para nadar no mar Negro, se você estiver livre", disse. "O sol estará mais forte ao meio-dia de amanhã", foi a resposta em código. Os dois desligaram. A partir daí, Johnny e o contato não poderiam mais ser enganados. Lembravam-se da voz um do outro, e palavras em código não seriam necessárias. Até onde sabia, a polícia romena não grampeava telefones na época, porém mais tarde teria suas suspeitas. De qualquer modo, Johnny agia com cuidado. Pode ter sido naquela noite ou em outra. Estava caminhando em Bucareste e ouviu alguém dizer algo para ele — em russo. Continuou andando sem olhar na direção da pessoa. Podia ser mais um teste, se de fato o encontro com o general Alex no trem fora um. Achou que se dessa vez tivesse olhado na direção da voz, o Comintern o teria matado por revelar sua identidade.[10]

Encontraram-se no dia seguinte, ao meio-dia, em Constanța, no mar Negro, a duas horas e meia de Bucareste, de trem. Johnny a conheceu como "Paulina", mas é quase certo que o nome verdadeiro fosse Cornelia. Assim como o primeiro contato romeno, conhecia a fisionomia de Johnny e o reconheceu facilmente. Ao falar de maneira casual, e pela maneira como ele respondeu, Paulina soube que estava diante da pessoa certa. Era uma garota esguia, atraente, com pouco mais de 20 anos, cabelo castanho escuro e medidas proporcionais. Mas, infelizmente, estava desgastada fisicamente e, com 1,60 metro, parecia pesar menos de 45 quilos.[11] Johnny mergulhou na água e nadou até uma boa distância da praia. Então, virou-se e começou a boiar. Ela foi para a beira do mar, afastando-se da praia cheia de gente, entrou na água e se aproximou dele, bem distante de ouvidos curiosos e informantes. Emergindo ao lado de Johnny, começou a relatar as informações políticas e militares que tinha sobre a situação agitada na Romênia.

Com base em suas observações, e a partir do que Paulina lhe dissera, concluiu que o PCR precisava de muitas melhorias. O camarada Béla Kun,[12] secretário do partido para os Bálcãs, parecia ser o principal problema. Concentrava-se demais no prestígio de seu escritório e em seus objetivos de poder. Húngaro, Kun negligenciava melhorias nas bases em países sob sua responsabilidade. Os resultados eram falta de direção, um grande número de disputas e crescimento reprimido. Na Romênia, isso produzia descontentamento entre os membros do PCR e possíveis informantes — o que resultava em problemas. Havia uma boa liderança local, que permanecia adormecida e sem objetivo devido à negligência e a uma cadeia de comando restritiva. Além disso, os fundos de US$ 500 do partido, enviados pelo Comintern para serem doados a escolas em forma de compra de equipamentos, desapareciam de algum modo. Béla Kun era uma vergonha para o PCR e o movimento comunista em geral. Johnny considerou que alguma coisa tinha de ser feita.

Paulina tinha uma memória fantástica para detalhes e acontecimentos. Essa mulher bastante inteligente nunca deixou de impressionar Johnny com seus conhecimentos, objetivos e sua energia. Mas reprimia a feminilidade. Podia entender por que fora escolhida para ser sua agente local; sem dúvida fora treinada em Moscou. Depois de voltarem à praia, ela lhe deu um exemplar de um livrete do partido que em breve seria distribuído em bases militares. O texto era em alemão. Disse-lhe que poderia fazer acréscimos e cortes, ou revisá-lo, se achasse conveniente, para torná-lo mais eficiente antes de ser divulgado.

Johnny e Paulina combinaram de se encontrar novamente na praia de Constanţa três dias depois. Chegaria primeiro, nadaria como antes e ela o alcançaria. Johnny voltou para o quarto e começou a trabalhar no livrete. Dias depois, após a segunda reunião nas águas, foram a um restaurante pequeno e seguro próximo à praia. Enquanto almoçavam, sem ser observados, Johnny deu a Paulina o livrete revisado. Na mesma ocasião, Junescu levou com ele um homem que Johnny conheceu apenas como "Saul", que organizaria células comunistas dentro das forças armadas romenas.[13]

Johnny foi apresentado como "Hans" àquele ex-soldado romeno da Primeira Guerra Mundial. Na época do encontro, Saul era fiandeiro em uma fábrica de lã em Kišin'ov, Bessarábia. Evidentemente, o Comitê Central Romeno decidira que ele era a pessoa certa para o trabalho devido à experiência em tempo de guerra. Johnny o levou a Constanţa. Depois de alugar um esquife, disse a Saul para viajar por terra até Eforie Sud, uma vila mais ao sul, ao longo da costa. Seguiria por mar e o encontraria. No local combinado, ensinou a Saul, durante mais ou menos três dias, a arte de formar células vermelhas. Voltaram separadamente para Bucareste e continuaram a se encontrar quase toda semana. Três meses depois, o romeno tinha cinco ou seis células comunistas funcionando em quartéis do Exército fora da capital.

Junescu encaminhou a Johnny mais dois homens para serem treinados em atividades de espionagem. Evidentemente, não eram reconhecidos como comunistas pela polícia secreta. Foi apresentado a eles em momentos diferentes como camarada Julius. Isso foi um erro. A rotina normal exigia um nome diferente para cada homem, o que seria explicado a ele na volta a Moscou.

Os dois foram levados a uma vila onde o rei Carol II tinha uma casa de campo. O PCR cuidou das acomodações, em uma fazenda. Durante 12 dias, Johnny lhes ensinou a organização de um aparelho de espionagem básico e o uso de códigos e métodos para manter medidas de segurança rigorosas. Ao concluir a instrução, deu a cada um deles 5 mil xelins. Mais tarde, soube que um deles conseguira adquirir as plantas dos campos de petróleo de Ploesti, enquanto o outro, por meio de um contato com uma gráfica, conseguira obter cópias recentes de diretrizes estabelecidas pelo Estado-Maior romeno. Isso permitiu aos soviéticos ter conhecimento sobre as mais altas ordens militares do país antes mesmo de a maioria dos oficiais romenos as receber. Os dois homens acabaram sendo descobertos e presos. Um deles cometeu suicídio pulando de uma janela no quarto andar, depois de ser ameaçado de tortura. O outro não teve essa triste opção. Foi espancado até a morte. Johnny foi informado de que os dois acabaram sendo declarados Heróis da Classe Operária Romena. Nunca soube seus nomes verdadeiros. A fonte para obtenção da planta do complexo de Ploesti fora um simpatizante comunista, diretor das instalações.[14]

Paulina e o colega vindo de Moscou se encontraram cinco dias depois no mar Negro. Assim como fizera com Saul, Johnny alugou um barco. A diferença foi que Paulina nadou para encontrá-lo. Johnny continuava cativado por aquela romena altamente eficiente. Considerava-a uma agente preciosa, cujo valor para o partido local como tradutora era inestimável. A reunião teve de ser limitada, uma vez que informantes pagos frequentemente relatavam à polícia secreta encontros em parques, lojas e restaurantes dentro dos limites da cidade. Em Bucareste, era uma época em que ninguém tinha certeza sobre quem era confiável. Conversas em lugares isolados eram a única política segura a seguir, e mesmo assim tinham de ser breves. Durante um desses encontros, Johnny deu a Paulina dinheiro para comprar um vestido novo. Foi um presente inesperado que a alegrou.

A proprietária também tinha uma surpresa para Herr Dinkelmeyer. Disse-lhe que dois engenheiros de mineração o haviam procurado enquanto ele estivera fora. Perguntaram se sabia onde ele estava. Respondeu-lhes que não e o descreveu como um cavalheiro muito bom, que estava de férias e muito interessado em mineração de carvão. Sabia pouco sobre Johnny além do que havia lhe dito deliberadamente. "Ele recebe cartas?", haviam perguntado. "Não", respondeu, "mas escreve cartas". "A senhora sabe para quem?", sondaram. Disse que havia visto apenas uma carta, inacabada. Achava que era para uma mulher. Essa carta curta era para uma das irmãs Krüger em Berlim, e nada continha além de saudações. Os visitantes pediram à mulher que informasse a ele que lhe fariam uma visita no dia seguinte às 14h. Johnny sabia que eram da Siguranza.

Agradeceu à senhora pela informação e subiu para o quarto, que encontrou intocado. Esse acontecimento repentino o incomodou e ele achou que deveria se mudar, mas rapidamente afastou essa ideia, uma vez que a Siguranza sem dúvida estava vigiando a casa. Mesmo que não estivessem esperando do lado de fora, se partisse inesperadamente aumentaria as suspeitas sobre ele. Ludwig Dinkelmeyer ficou onde estava.

No dia seguinte, pontualmente às 14h, dois homens bem-vestidos, de ternos de executivo, se apresentaram, ambos falando em alemão. À primeira pergunta — sobre se estava gostando da Romênia — respondeu que gostava de algumas coisas e não gostava de outras, o que costumava ser sua reação em todos os países. Conversaram sobre mineração e Johnny manifestou interesse em conhecer uma das minas de carvão romenas. De algum modo surpresos, convidaram-no com entusiasmo para uma visita de dois dias a uma grande mina em Floreşty (hoje parte da

Federação Russa), comunidade onde vivia a família de um dos agentes. Era uma viagem de carro considerável ao norte de Bucareste. "Gostaríamos de ter sua opinião sobre como melhorar a produção e reduzir as despesas da mina", asseguraram.

Partindo de manhã, chegaram à cidade quando o sol estava se pondo. Ofereceram-se para instalar Johnny em um hotel, mas ele se recusou, afirmando que seria melhor ficar em um quarto como o dos trabalhadores. Teve de ser extremamente cuidadoso ao rejeitar a oferta de um hotel, que um turista normalmente aceitaria. Achou, porém, que o quarto poderia estar grampeado e vigiado. Johnny lhes disse: "Não precisam gastar dinheiro comigo nesses grandes hotéis. Se me arrumarem qualquer lugar que tenha uma cama, onde eu possa ter um bom descanso à noite, para mim está bom e vocês economizam seu dinheiro." Eles aceitaram a explicação e um dos agentes o levou para a própria casa. Foi instalado em um quarto bastante confortável, no andar de cima, e conheceu a simpática mulher do agente e duas menininhas.

Depois do jantar, Johnny e o agente conversaram sobre a indústria de carvão, a situação política na Europa e assuntos gerais. O policial relaxou, assim como Johnny, ambos apreciando a conversa. Seguiram-se dois dias de passeio com capacetes, botas e macacões. No fim do passeio, Johnny os aconselhou a tomar medidas que reduziriam os custos e aumentariam a produção. Depois de agradecer à mulher do agente pela hospedagem agradável, foi levado de volta ao quarto em Bucareste. Aparentemente, os dois homens da Siguranza estavam convencidos de que era apenas um engenheiro bem-informado e competente.

Pouco tempo depois, Johnny recebeu um bilhete solicitando que visitasse o escritório da polícia para ter o passaporte carimbado. O pessoal da polícia foi bastante simpático ao recepcioná-lo. Informaram-no de que deveria se apresentar novamente em duas semanas. Disseram-lhe que se tivesse algum problema legal, na cidade ou em qualquer outro lugar do país, deveria procurá-los e eles cuidariam disso. Os agentes que o haviam levado à mina certamente o haviam elogiado para que fosse tratado daquela maneira. Paulina, Johnny e os dois militares continuaram a se encontrar. Johnny forneceu aos dois agentes das forças armadas orientação sobre expansão de células, uso de armas e preparação e distribuição de propaganda.

Nos primeiros anos do reinado de Carol II, a inquietação aumentara nas fileiras do Exército romeno. Oficiais, políticos e ricos levavam vidas luxuosas, exatamente o oposto dos soldados. Tudo isso era talhado sobre a bigorna do fascismo europeu, sob as marteladas de Corneliu Zelea Codreanu e de seus *Legionários* antissemitas. Em 1930, Codreanu formou um grupo de unidades paramilitares dos Legionários chamadas Guardas de Ferro para combater o Partido Comunista da Romênia, com seus 1.500 membros.[15] Era um solo bastante fértil para plantar as sementes do descontentamento e de uma consequente rebelião.

Johnny conseguiu marcar um encontro com o secretário político e organizador-chefe do PCR. Viajou novamente até a praia para se deparar com um homem firme, de meia-idade, com uma grande cicatriz no tornozelo direito. Johnny o fez levantar a calça para se assegurar de que era ele mesmo. Satisfeito, alugaram um veleiro e se afastaram a uma boa distância, pelo mar Negro. Enquanto faziam um piquenique, seguiam ao sabor de uma brisa suave. Johnny disse ao representante do PCR o que fora feito até então, o que o homem relataria mais tarde a Béla Kun. O relacionamento que o parceiro de Johnny no veleiro havia desenvolvido com Béla Kun era estranho, porque nenhum dos dois homens concordava com o que Johnny estava fazendo nem com a maneira como organizavam células no Exército.[16]

Como se isso não bastasse, Johnny suspeitava de que dentro do grupo havia pelo menos um espião. Incontáveis vezes, a Siguranza havia sido informada sobre atividades do PCR e pontos de encontro, coisas que só eram conhecidas por membros do partido. Segredos rigidamente guardados vazavam. Johnny chegou a ficar preso por um breve período no início de agosto de 1931, sob acusações desconhecidas, mas um russo conseguiu libertá-lo.[17] O principal suspeito era uma mulher que era membro ativo do partido. Johnny conseguiu que fosse observada por dois membros do PCR confiáveis, um homem e uma mulher. Esses dois agentes foram orientados a se reportar apenas a Johnny, que transmitiria suas informações para o

Comitê Central do PCR. Uma semana depois, forneceram provas concretas de contatos daquela mulher com a polícia secreta romena.

Johnny apresentou as descobertas em uma reunião do Comitê Central do PCR a portas fechadas. Decidiram executar a mulher a tiros e joga o corpo de um penhasco sobre o mar. O comitê pediu a Johnny que cuidasse dessa missão, mas ele se recusou. "Camaradas, vocês sabem muito bem que não sou covarde, mas não posso matar uma mulher. Por favor, tirem essa ordem das minhas mãos e deem-na a outra pessoa, se quiserem fazer isso." Como era agente do comando geral do M4, não podiam obrigá-lo a cumprir uma ordem do PCR. Assim, foram escolhidas outras pessoas, que pegaram a garota, mataram-na a tiros e a amarraram com fios. Seu corpo foi então preso a uma pedra, de modo que demorasse bastante para vir à superfície. Johnny não quis ter participação naquilo, não testemunhou a execução nem o lançamento do corpo no mar.

Restavam dois dias da temporada de Johnny em Bucareste, nos quais foram resolvidas questões de natureza política e militar. A próxima etapa seria uma viagem secundária, aparentemente até a comunidade de Hunedoara. Ao chegar à estação, saiu à procura de acomodação, enquanto checava a situação militar — o verdadeiro objetivo da visita. Passando os olhos pelo jornal, deparou com um anúncio de um quarto oferecido pela mulher de um major da artilharia. Correu até o endereço, conversou rapidamente com a mulher, viu o quarto e o alugou, refeições incluídas.

O major, um homem grande, forte e arrogante, gostou de Johnny, de modo que, durante sua permanência, conseguiu obter um bocado de informações úteis. Logo soube que, como muitos oficiais militares romenos, o major contava com dois soldados que trabalhavam como seus criados. Esses dois homens lavavam os pratos, limpavam a casa, faziam a comida e lavavam a roupa. Johnny perguntou à mulher do major, logo depois de se mudar, se ela poderia lhe indicar uma lavanderia. "Dê-me isso", reagiu ela, falando um alemão excelente. "Os soldados vão lavar e passar a ferro para você." Johnny protestou, mas ela insistiu. Naquela noite, ele teve a oportunidade de conversar com os dois recrutas. Eles lhe informaram que o regimento fornecia aos oficiais "ajuda para as tarefas diárias". Eles recebiam comida e um salário bem pequeno por seus esforços. Os homens cumpriam ordens tanto da dona da casa quanto de seu marido.

Foi incrível a quantidade de informações de cunho militar que ele obteve naquela casa. Os ajudantes, assim como a família, simplesmente o receberam como a um turista. Além disso, a mulher do major era uma daquelas pessoas que falam sem parar — e Johnny prestava atenção em cada palavra. Fazendo perguntas aparentemente inofensivas, conseguiu pintar um bom quadro do Exército romeno.

As novas células do PCR estavam funcionando bem e exigiam pouca assistência. Algum tempo depois, Johnny voltou a Bucareste e fez contato com Paulina, para lhe passar as últimas informações antes de partir. Todas as informações eram entregues a ela e ao secretário distrital do partido verbalmente. Eles as repetiam até memorizar tudo. Mais tarde, o PCR as datilografava em duas cópias, que enviavam a Béla Kun e ao Comintern em Moscou, via mensageiro. O Comintern, por sua vez, passava-as ao general Berzin, em um relatório.

Cada vez que achava que uma missão estava completa, Johnny podia simplesmente fazer as malas e partir sem receber instrução nesse sentido. Quando foi libertado da prisão, em agosto, informou a alguns funcionários romenos do partido que em breve iria à Turquia. Isso era um sinal. O PCR transmitiria a informação sobre a viagem à Turquia ao Comintern em Berlim. Eles saberiam que ele estava na verdade voltando para Moscou via capital alemã.

Um céu nublado e sombrio e uma chuva saudaram Johnny no dia da partida, na Estação Gară. Estava prestes a entrar no trem quando alguém chegou correndo na plataforma, chamando em voz alta por Dinkelmeyer. Sem olhar para trás, Johnny embarcou rapidamente no vagão, enfiou-se no banheiro e trancou a porta. Nunca descobriu com certeza o que foi aquilo e pensou, ao ouvir seu nome sendo gritado, que sua missão estava prestes a ir por água abaixo. O problema pode ter ocorrido pelo fato de ele ter mencionado a alguém de fora do PCR que trabalhava em negócios de petróleo.[18] Se checaram isso com a Siguranza, suspeitas devem ter sido imediatamente levantadas.

Ao deixar Bucareste, Johnny viajou para Viena, para férias curtas de quatro dias. Em seguida foi para Berlim, onde entrou em contato com o Escritório do Comintern para a Europa Ocidental e trocou o passaporte em nome de Dinkelmeyer por outro. Esse centro altamente eficiente fazia contato com todos os agentes que passavam por Berlim. Fornecia aos agentes os documentos necessários e dinheiro adicional, recebia relatos verbais para passar adiante. Enviaram o relato sobre a missão duplicada de Johnny diretamente para o M4, para que as versões verbal e por escrito fossem cruzadas.

Algum tempo depois, foi ao consulado da Polônia para obter um visto. Um *contato limpo* — um alemão treinado na União Soviética — era um agente pouco atuante na embaixada polonesa. O homem servia às necessidades ocasionais e informais de Moscou como um dos representantes formais de Varsóvia. Sem querer estender demais a permanência na Alemanha, embarcou em um trem para Moscou na mesma noite, enviando um cartão-postal aos Krüger antes de partir. Aparentemente, não os visitou durante essa viagem, mas sabia que gostariam de ser lembrados. Para não oferecer riscos a eles, e a si próprio, foi a melhor maneira, já que ainda era procurado na República de Weimar.

Ao chegar à Estação de Belorusskaya, na segunda metade de agosto de 1931, pôs um lenço branco no bolso do casaco e logo foi abordado por um agente, que o levou à sede do M4 e a um encontro com Ian Berzin. Quando ele chegava a Moscou de trem, sempre havia sinais previamente combinados para a missão. Às vezes, usava uma flor ou um lenço colorido. Outras vezes, era uma folha de papel que carregava na mão esquerda. Não foi preciso apresentação, porque o enviado para o transporte estava bastante consciente de seu papel, assim como o agente que ele encontraria. Como fora uma missão dupla, Johnny veria primeiro o M4 e depois o Comintern, dando a ambos seus relatos verbal e escrito.

“Então, Johnny, você apanhou em uma armadilha um amigo durante essa operação, ou deveria dizer um homem com o qual você teve uma briga há muito tempo?”, disse Berzin, mostrando conhecimento. “Quem?”, perguntou Johnny, já que não havia comentado com ninguém o encontro com o general Alex no trem. "Diga-me você", respondeu Berzin, sorrindo. Johnny decidiu pôr todas as cartas na mesa, relatando o encontro, mas sem mencionar o nome da pessoa. "Ele se diz instrutor para trabalhos ilegais", disse Johnny, com desdém. Berzin perguntou a Johnny o nome do homem, mas este lhe disse que não poderia dizer mais do que já havia falado sobre o assunto. Berzin insistiu, mas Johnny continuou a se recusar, sabendo que seu superior poderia descobrir essa informação facilmente através de seus muitos contatos importantes em inúmeros departamentos. Johnny estava certo de que Ian já descobrira tudo o que queria e tudo mais que o general Alex havia falado sobre o assunto antes de ele chegar a Moscou. Por hora, Berzin e Johnny deixariam as coisas como estavam.

Como agente do M4, Johnny teria normalmente se hospedado no Novo Moskovskaya, em frente à Praça Vermelha. Mas, depois daquela viagem, ficou no Hotel Passage.[19] Um dia depois de chegar, seguindo ordens de Berzin, reportou-se à sede do Comintern em Moscou, onde conversou com Pavel Vasiliev, organizador do Comintern, entre outras pessoas. Foi levado a uma grande sala de reuniões e se sentou a uma mesa diante dos mais altos funcionários do Comintern, incluindo Béla Kun. Enquanto discutiam em voz alta o relato de Johnny, Béla Kun se levantou abruptamente e começou a xingá-lo, acusando-o de ladrão. Alegava que haviam sumido US$ 500 para equipamento escolar que o PCR esperava e que haviam sido enviados para Johnny. Béla Kun garantiu que havia remetido o dinheiro.

A irritação tomou conta de Johnny. Afirmou que era um mentiroso descarado. Explicou que seu relatório expunha subornos, propinas, corrupção e uso impróprio de fundos do partido. Béla Kun se levantava e se sentava, até que Johnny o silenciou com uma observação feita originalmente por Lenin, de modo que Béla Kun ficou com cara de tacho.[20] Os líderes do partido ficaram extremamente aborrecidos com o representante húngaro e com o relato incriminador. Johnny estava saturado também. Levantou, virou-se e saiu, subindo as escadas até o escritório de Langner, para esperá-lo voltar. Pavel Vasiliev o seguiu.[21] Chamando a atenção de Johnny, disse: "O que você fez lá embaixo é compreensível, mas você não pode falar com secretários do partido dessa maneira." Johnny disse: "Não posso? Eu o fiz simplesmente porque não posso ficar sentado escutando mentiras enquanto Béla Kun acusa membros do partido de coisas que ele fez."

Enquanto Vasiliev tentava acalmá-lo, a conferência prosseguia lá embaixo com uma grande discussão. Pediram a Johnny para voltar. Ao retornar, disse que se fosse insultado mais uma vez por Béla Kun, sairia. "O senhor pode apresentar sua reclamação contra mim ao Estado-Maior", disse, irritado, ao húngaro. Béla Kun se levantou e pediu desculpas a Johnny, mas continuou sustentando que havia enviado o dinheiro. O presidente da comissão lhe pediu que se sentasse. Frequentemente, Johnny via membros do partido serem chamados e acusados de todo tipo de coisa, da mesma maneira. Os líderes usavam essas pessoas como bodes expiatórios para proteger seu poder e seu controle, evitando, assim, a exposição da própria incompetência.

Anos depois, após Johnny completar uma missão, o secretário do Agi-Prop, o Departamento de Agitação e Propaganda, contou-lhe sobre o destino dos dois homens com os quais se encontrara em Bucareste — aqueles que haviam sido declarados Heróis da Classe Operária Romena. Johnny lhe perguntou se naquilo havia o dedo de Béla Kun. O homem do Agi-Prop olhou sério para Johnny, mas não respondeu. Béla Kun foi afastado em 4 de setembro de 1936, preso em 28 de junho de 1937 e executado em 29 de agosto de 1938 por ter trabalhado para a polícia secreta húngara e disseminado propaganda contrária ao partido. Disseram também que insultara Stalin.[22]

Johnny teve um descanso agradável no Hotel Passage, enquanto aguardava a nova missão. Visitou o interior do país e foi a museus. Um dia, Berzin o chamou para uma conversa. "Você está satisfeito, camarada?", perguntou-lhe. "Satisfeito com o quê?", reagiu Johnny. Ainda irônico, Berzin prosseguiu: "O homem de que você gostava tanto, aquele que quebrou a regra fundamental, foi afastado." "Isso deve salvar a vida de agentes", observou Johnny sem remorso. Mas por dentro sabia que não demoraria muito para o general Alex importunar alguém novamente.

# 9

# Missões britânicas

Foi nos últimos dias de agosto de 1931 que Langner, sorridente, informou a Johnny sua próxima missão. Seria enviado à Inglaterra. "Uma nova experiência para você, Johnny, e de grande importância para nós", acrescentou Langner, enquanto Johnny escutava, todo ouvidos. "Pedi ao camarada Pavel Vasiliev que se reunisse conosco hoje, uma vez que o pessoal dele tem uma participação nessa missão também." Apontou para Vasiliev, obviamente sem saber que já haviam se encontrado várias vezes. Vasiliev fez um sinal para Johnny, em reconhecimento. Dmitri Manuilski também estava na sala.[1]

Durante duas horas, discutiram a operação. Moscou achava que o que estava acontecendo na Grã-Bretanha era uma oportunidade de ouro. O governo do primeiro-ministro Ramsay MacDonald estava tentando lidar com as dívidas adquiridas na Guerra Mundial fazendo o país voltar ao padrão ouro. A partir de 1925, isso havia produzido reduções nos gastos públicos. Mas com a quebra da Bolsa de Valores em 1929 — que de início favoreceu a libra esterlina mas depois a dificultou, enquanto o mercado americano secava — mais medidas draconianas para apertar o cinto foram propostas para 1931. As novas determinações incluíam impostos mais elevados, redução de benefícios para desempregados e de salários de funcionários públicos, inclusive militares. Como isso estava relacionado às forças armadas do país em uma sociedade rigidamente baseada em classes, como era o Reino Unido nos anos 1930, os oficiais sofreriam um corte de salários menor do que os soldados comuns. Na Marinha Real, por exemplo, um tenente-comandante sofreria uma redução de 3,7%, enquanto um marinheiro comum perderia 25% de sua remuneração já baixa. Marinheiros do nível de suboficial para baixo se opunham agressivamente a essas medidas parlamentares. A aprovação causaria um pesadelo para marinheiros que mantinham famílias em portos, obrigadas a viver com seus ganhos já parcos.[2]

Embora Moscou ainda não soubesse sobre os cortes propostos, o "Relatório May" — assim chamado devido ao presidente da comissão, Sir George May — era conhecido desde 31 de julho de 1931. De maneira bastante clara, afirmava que, para recuperar a confiança dos banqueiros estrangeiros e sustentar o padrão ouro, o governo teria de economizar 120 milhões de libras. O corte ignorava o fato de que, durante a Grande Depressão, o desemprego havia aumentado de 1,2 milhão, em 1929, para 2,7 milhões, no outono de 1931. A implementação das medidas apresentadas no Relatório May era uma fórmula para o desastre social.[3]

A missão de Johnny era ajudar George Aitken,[4] um importante membro do Partido Comunista da Grã-Bretanha, o CPGB. Usando propaganda e agitação, o trabalho deles seria abater o moral dos marinheiros a ponto de iniciarem um motim. Aitken estava em Moscou fazendo um curso. Johnny o veria antes de partir. Eles se encontraram na Inglaterra uma semana depois. O nome falso de Johnny seria "Johanssen", de origem suíço-dinamarquesa mas que viajava com passaporte britânico. Berzin perguntou se Johnny correria o risco de passar pela Alemanha a caminho. Johnny não teve a menor apreensão em relação a isso e, na verdade, achou que seria muito importante para seu novo disfarce de comerciante de vinhos. Sua rota o levaria de Moscou a Berlim e em seguida a Hamburgo. Herman Schubert, secretário-geral do KPD no distrito de Hamburgo, seria seu contato na Alemanha. Schubert foi instruído a fornecer a Johnny uma bolsa com amostras de vinho e documentos de negócios.[5] Vasiliev também conhecia Schubert e disse que poderia ser muito útil. Johnny foi avisado ainda de que Harry Pollitt, secretário-geral do CPGB, estava enviando à União Soviética o que Moscou suspeitava serem falsas histórias sobre os esforços antimilitares do partido no Reino Unido. Johnny teria de avaliar a veracidade desses temores.[6]

Conforme combinado, no dia seguinte Johnny se encontrou com Aitken, simpatizando imediatamente com aquele homem de rosto rosado e um pouco acima do peso que conhecia a Grã-Bretanha como a palma da mão. Aitken era membro do Comitê Central do CPGB e dava a impressão de que mantinha os pés firmes no chão. Mais tarde, lutaria orgulhosamente com a Brigada Internacional na Espanha. Ficou combinado que Johnny usaria seu nome no partido, Alfred Mattern. Ao chegar a Londres, procuraria a mulher de Aitken e ela o ajudaria a encontrar acomodações seguras.[7]

Na tarde seguinte, Jóhnny embarcou em um trem para Berlim.[8] Chegou à capital alemã e ficou com os Krüger no apartamento deles em Papellallee 32, Prenzlauer Berg. Antes de partir para Hamburgo, Gustav e Emilie Krüger o convenceram a levar a filha mais velha com ele para a Inglaterra.[9] Embora de início se preocupasse com ela,[10] durante o restante da viagem não conseguiu parar de pensar em fugir da União Soviética. Ali estava uma excelente oportunidade, mas, assim como na missão romena, partira sem suas carteiras de identidade do VKP(b) e do antigo KPD. O M4 assegurava-se que todos os passes, identificações e documentos fossem entregues antes de um agente deixar a União Soviética. Era uma maneira eficiente de impedir as pessoas de abandonar o barco. Johnny percebeu que teria de se preparar para isso com muito mais cuidado.

Ao chegar a Hamburgo, fez contato com Herman Schubert, o conhecido da polícia com o qual convivera no vale do Ruhr e que agora era secretário distrital do KPD. Encontraram-se em um restaurante a oeste de Hauptbahnhof, no distrito de St. Pauli, onde Schubert avisou a Johnny que os novos passaportes estariam prontos em dois dias. Johnny e Helena ficaram na casa de um membro do Partido Comunista local enquanto aguardavam. Sem fazer qualquer pergunta para checar sua identidade, o emissário do partido lhe entregou o passaporte falso em nome de Herman Schneider. Recebeu também uma bolsa com amostras de vinho, cartões de visita e documentos em papel timbrado de uma empresa em Hamburgo, além de atestados de que era importador e exportador de vinho.[11] De Hamburgo, viajaram de trem até Copenhague e em seguida para Esbjerg, na costa oeste da Dinamarca, onde embarcaram em um dos navios que partiam todos os dias — exceto nos fins de semana — para Harwich, Inglaterra.[12] Era uma maneira mais fácil de sair da Alemanha. A alfândega mal olhou seu passaporte inglês de fabricação soviética feito em nome de Johanssen. Nessa viagem, levou também um passaporte alemão, um finlandês e outro suíço, além daquele em nome de Herman Schneider.

Johnny e Helena tomaram um táxi no porto e percorreram 112 quilômetros até Londres, ficando em uma pensão em Charing Cross. Telefonou para o recém-chegado Aitken, que o encontrou em um restaurante e conduziu o casal pela linha Bakerloo do metrô até um quarto em Kenton, onde se encontraram com um casal de comunistas, conhecidos apenas como "Milly" e "Billy". Para se certificarem de que estavam seguros, Johnny e Helena permaneceram ali durante a noite, sem se aventurarem a sair. Milly trabalhava para a Amtorg, a Junta de Comércio Soviética, em Londres. Falava russo e sabia o nome de Johnny, assim como seu objetivo na Grã-Bretanha. Para Johnny, isso indicou que faltavam ao CPGB procedimentos de segurança suficientes, uma vez que ela não deveria saber nada daquilo. Mais tarde, soube que estava decepcionada com o movimento comunista no Reino Unido.[13] Era uma situação potencialmente perigosa, principalmente se Milly resolvesse entregar um camarada ou se fosse presa e interrogada. A mudança de opinião de Milly não era de conhecimento de Johnny quando ele e Helena chegaram.

Depois de dois dias com o casal, Johnny e Billy tomaram o metrô e foram ao consultório de um médico perto da estação ferroviária de Waterloo. Johnny tinha de ser acompanhado por Billy aonde fosse em Londres, por ordem de Aitken. À espera deles estavam William Rust, editor do *Daily Worker*, Aitken e o secretário-geral do CPGB, Harry Pollitt. Fizeram a Johnny um relato radiante sobre o trabalho antimilitarismo que era feito na Grã-Bretanha. Aitken podia estar apenas recitando as diretrizes do partido. Johnny achou que Pollitt e Rust pareciam nervosos. O relato coletivo deles parecia exagerado.[14]

Johnny queria ver por si mesmo. Então, Aitken o levou ao porão de uma loja de conserto de sapatos na Junction Road, perto do Tufnell Park, onde era impresso o *Soldier's Voice*.[15] O local tinha entrada e saída convenientes, em uma viela abandonada. A loja não podia estar mais bem situada, já que no negócio que funcionava no andar de cima havia máquinas que abafavam o barulho da impressora. Quando o barulho em cima parava, a operação de impressão no andar de baixo também parava, reiniciando apenas quando as máquinas voltavam a funcionar.

Estava presente um jovem que trabalhava na impressão. Disse a Johnny que 500 exemplares eram impressos a cada edição. Era um número bem distante dos 5 mil que Harry Pollitt havia assegurado a Moscou. Os jornais recém-impressos eram empacotados e distribuídos pelo próprio Aitken. Instalações do Exército e da Marinha eram os alvos favoritos. Johnny foi à base de Aldershot. Conseguiu entregar exemplares a cem soldados que estavam do lado de fora do posto e eram membros ou simpatizantes do partido. Em outra instalação militar, o CPGB atirava punhados do *Soldier's Voice* na área cercada por um muro alto, na esperança de que fossem espalhados pelo vento. É claro que na manhã seguinte pelotões com baionetas limpavam rapidamente o chão. Mas alguns sobravam e eram passados de mão em mão dentro de quartéis e portos. Pollitt alegou que 2.500 chegavam aos soldados. Johnny calculou, porém, que apenas um ou dois os alcançavam. Na Marinha Real Johnny encontrou apenas um ou dois comunistas e apenas 40 simpatizantes.[16]

Durante os três meses seguintes, Johnny reorganizou completamente a distribuição do *Soldier's Voice*. Trabalhando horas a fio, Johnny, Aitken e alguns auxiliares da gráfica produziram montes de informativos. Logo, três circulares saíam a cada semana: *The Red Army*, *The Red Soldier* e o mais popular, *The Red Gun*.[17] Esses folhetos tinham editoriais com títulos que eram palavras de ordem e conteúdo que discordava de decisões de Westminster e das forças armadas. No *Daily Worker*, Rust contribuía com artigos mensais. Os leitores eram informados sobre opiniões progressistas e sobre as ações que podiam tomar diante de cada situação criticada — até a possibilidade de motim. Os tabloides eram distribuídos a portuários comunistas, que os depositavam em banheiros de navios da Marinha em Plymouth, Portsmouth e Chatham. Todas essas tentativas de promover uma revolta da classe trabalhadora levaram, porém, à promulgação da Lei de Incitação ao Descontentamento, de 1934, que proibiu tentativas de promover sublevações nas forças armadas.[18]

Pollitt recebia 30 mil libras por ano de Moscou, e pedia mais 5 mil libras para as despesas com as publicações. Johnny pôde perceber que a liderança do CPGB estava guardando uma boa parte desse dinheiro. Em outra reunião no consultório médico, Pollitt insinuou que Johnny o caluniaria quando voltasse para Moscou. Johnny negou, dizendo que apenas diria a verdade. Para tornar seu trabalho ainda mais difícil, Johnny sofreu um acidente de motocicleta, aparentemente durante esse período de intensa atividade, o que exigiu que fosse hospitalizado.[19]

Mesmo antes de o centro médico lhe dar alta, o CPGB estava discordando na questão da filiação partidária. Afirmava que tinha 4.500 membros no fim do ano[20], mas Johnny achava que tinha apenas 2 mil camaradas mal organizados. Isso mudou mais tarde, com um esforço conjunto. Na véspera da Segunda Guerra Mundial, o partido chegaria a 17.539 adesões — mais as contribuições que cada uma delas levava.[21] Em 1931, ainda faltavam oito anos para isso. No início dos anos 1930, o partido era minúsculo e dependia quase totalmente de Moscou para obter recursos. Alguns anos antes, quando os conservadores estavam no poder e o país iniciou a greve geral de 1926, os sindicatos trabalhistas soviéticos apoiaram a ação com uma doação de 60 mil libras. As verbas foram aceitas e também desapareceram dos cofres do CPGB com apenas um "Obrigado!". Isso foi tudo que Moscou obteve. A União Soviética não ganhou nada por sua grande doação, nem estava ganhando naquele momento, na opinião de Johnny.

Para levar ao conhecimento dos oficiais e do comando da Marinha o quanto as reduções de pagamento propostas seriam difíceis, os marinheiros convocaram uma operação-tartaruga nos navios de guerra ancorados em Cromarty Firth, nas Highlands do noroeste da Escócia. Esses navios representavam o eixo da Frota Atlântica da Grã-Bretanha. A ação teve início em 11 de setembro de 1931 e perdurou até o dia 16 seguinte, quando foi dada uma ordem para dispersar os navios, enviando-os aos portos de origem. A imprensa foi reprimida, o que levou o Motim de Invergordon — como ficou conhecido — a parecer maior do que era.[22] O potencial para a rebelião naval não havia sido organizado pelo Partido Comunista britânico, mas pelos soldados insatisfeitos. Johnny reiterou isso aos camaradas ingleses. Eles não se manifestavam a favor de nenhum esforço de trabalhadores se não estivessem ligados ao partido.

Tornou-se quase impossível localizar Harry Pollitt. Esse fantasma de secretário-geral e seus associados não eram a favor das táticas sugeridas por Johnny e aceitas por Aitken. Queriam um motim em escala total. O que Pollitt defendia era o caminho "classe *versus* classe" para o socialismo. O único problema era que essa abordagem não rendera ao CPGB muitos novos membros ou simpatizantes. Eles tinham consciência de que nunca conseguiriam gerar uma rebelião militar em larga escala. Quando finalmente Johnny se encontrou com Pollitt novamente, ele observou: "Johnny, não podemos fazer o que Moscou gostaria, mas podemos ajudar nessa greve." Conseguiram então que um oficial proeminente, reformado, fizesse uma reunião com alguns parlamentares-chaves. Excelente orador, disse aos políticos: "Nossos militares não querem lutar contra o próprio país, mas serão obrigados a fazer isso se os soldos forem cortados e se a vida de suas famílias piorar." Foi bastante aplaudido. "Três vivas ao rei!", gritou alguém. Todos gritaram em conjunto em reverência a George V.

Enquanto isso, o KPD estava contente com os acontecimentos na Grã-Bretanha. Enviou um telegrama de congratulações aos rebeldes da Frota Atlântica. Nos Estados Unidos, o Partido Comunista americano também enviou um telegrama. É claro que tinham consciência de que o comando da Marinha em Londres não cederia às exigências dos marinheiros. Para salvar a honra, cabeças rolariam — as dos participantes do Motim de Invergordon. Os comunistas americanos protestaram antecipadamente contra as punições que sabiam que ocorreriam.[23]

Apesar das reclamações de conservadores, o governo acabou decidindo não cortar os soldos. Fez o anúncio pelo rádio, levando os navios nos portos de todo o país a içar bandeiras em agradecimento. Foi uma grande vitória para os marinheiros, e bem celebrada. Com a derrota da lei, a greve terminou em 24 horas, mas não o mal-estar. Tripulações receberam a promessa de que não haveria reduções nos pagamentos pelo resto do ano, nem prisões de líderes do motim. Logo, porém, duas cortes marciais se reuniram e 36 marinheiros foram expulsos da Marinha Real.[24] A atmosfera ficou tensa durante meses.

Johnny sabia que a continuidade da insatisfação era em parte resultado da desconfiança em relação ao governo. As pessoas achavam que o governo MacDonald poderia enviar as reduções de pagamento discretamente ao Parlamento mais tarde. Afinal de contas, o próprio primeiro-ministro havia mudado de lado no Parlamento para permanecer no cargo um mês antes da operação-tartaruga de Invergordon.[25] O homem tinha uma aura de suspeita em torno dele. Johnny percebeu também que os marinheiros eram britânicos até a alma e orgulhosos da categoria profissional. Seria preciso mais para que erguessem armas contra os oficiais. Os soldos insuficientes que recebiam mal davam para manter as famílias vivas. Novos cortes seriam uma loucura, mas ainda não suficientes para causar uma reação revolucionária em massa.

Em meio aos protestos, Johnny tentava permanecer na sombra sempre que possível. Em determinado momento, porém, quase se privou dessa situação. Saiu em passeata audaciosamente até um escritório não identificado do governo e foi encaminhado a um indivíduo encarregado da segurança. Ao relatar ao burocrata que fora marinheiro e vivera na Grã-Bretanha durante muitos anos, denunciou o mau tratamento dispensado aos militares britânicos. "É uma desgraça essa confusão causada pelos poderes no Parlamento", bradou. "Se essa decisão não for mudada, vocês terão de lidar com uma rebelião bastante desagradável, passando o jogo diretamente para as mãos do inimigo." "Você é bastante político", observou o funcionário. "Sim", disse Johnny, "e se tivesse poder como aquelas pessoas lá do Parlamento, resolveria esses distúrbios antes que a nação se arrependesse." Johnny não lhe disse mais nada sobre si mesmo. Se tivesse dado alguma pista sobre quem era, teria problemas muito sérios tanto em Londres quanto em Moscou. Sem dúvida, o burocrata registrou aquilo como uma conversa com um excêntrico irado.

Quando a disputa em torno dos pagamentos esfriou, o CPGB continuou a tentar atrair novos membros com mais propaganda. Johnny foi informado de que um membro conservador do Parlamento, Walter Sidney Liddall, ao comentar uma exportação pendente de petróleo soviético para a Grã-Bretanha, dissera que os trabalhadores soviéticos recebiam muito menos do que os colegas britânicos nas refinarias de petróleo.[26] Milly chamou atenção para isso e perguntou a Johnny se era verdade. Ele lhe disse que não acreditava que fosse, mas que informaria ao Comintern em Moscou. Johnny percebeu que seus superiores na União Soviética considerariam tal declaração feita por um legislador britânico embaraçosa, mas uma informação valiosa.

Certo dia, Harry Pollitt entregou a Johnny um bilhete informando-o de que deveria voltar para Moscou. Era uma boa notícia, uma vez que os recursos estavam acabando e a missão fora essencialmente cumprida. Logo, estava se despedindo de George Aitken e de outros ao embarcar para a França.[27] Helena foi deixada em Londres, uma vez que Johnny tinha outros planos. Eram arriscados, mas uma chance que estava determinado a aproveitar. Escondidos entre suas coisas estavam os antigos documentos de intenção americanos, que não haviam sido solicitados pelo M4 antes de ele sair de Moscou. Na verdade, os soviéticos nunca souberam da existência desses papéis. Johnny não tinha outro papel para provar quem era. Sem qualquer identificação soviética, não podia provar que era agente do M4 ou membro do VKP(b). Provas sobre seu pseudônimo e sua ocupação eram abundantes, mas inúteis. Será que os americanos lhe dariam asilo com base apenas naqueles documentos com selo de ouro? Essa era uma pergunta que ficava fazendo a si mesmo.

Sem querer se expor ao risco de caminhar até a embaixada americana em Paris, decidiu viajar de ônibus para a Alemanha e tentar ir ao consulado americano em um território que conhecia bem, a muito mais tranquila Colônia, no Ruhr. Ao chegar à cidade, foi até o prédio marrom de dois andares em Kaiser-Friedrich-Ufer 83 (hoje Konrad-Adenauer-Ufer), na margem esquerda do Reno. O prédio parecia um mau presságio, apesar da calorosa bandeira americana tremulando sob a brisa suave. Tomando coragem, passou pela porta principal decorada com uma águia e pediu orientação ao atendente para se dirigir a um funcionário. Houve uma curta espera, e então foi chamado a um escritório pequeno e bem iluminado, onde se apresentou a Edward S. Parker, um vice-cônsul de aparência frágil. Parker ouviu a história de Johnny e sua oferta de serviços com uma expressão fria de tédio completo. O cônsul escorregou um par de óculos para a ponta do nariz e os olhos cinzentos examinaram rapidamente os papéis de intenção diante dele. Sem fazer qualquer comentário, telefonou para dois colegas e pediu que se juntassem a ele. Logo, diante de três americanos, Johnny contou sua história novamente. "Que outra prova de identidade você tem, além dessa?", perguntou um funcionário de pele morena, apontando um dedo grosso para os documentos de intenção. "Nenhuma", respondeu Johnny, "expliquei isso." Ele observou Johnny com um indisfarçável desprezo em seu rosto esburacado.

"Não tome nosso tempo!", irrompeu o frágil Parker. "Você não nos deu prova de sua verdadeira identidade e, além disso, diz que serviu em um exército inimigo." "Como assim?", reagiu Johnny, desafiante. "O documento não lhe diz que eu não era contra os Estados Unidos durante meu período e minhas experiências na Alemanha?" "Ele não diz porcaria nenhuma além do fato de você ter esse documento, que pode nem ser seu!", gritou o terceiro homem, que até então permanecera recuado, em silêncio. "Não sabemos sequer se você é a pessoa registrada neste documento. Você não pode nos provar quem você é realmente, a não ser nos dizendo isso!", observou, irritado. Johnny começou a reagir, mas Parker ergueu a mão exatamente quando ele ia falar. "Por que você não diz aos seus superiores soviéticos ou alemães ou quem quer que sejam que esse golpe não funcionou?", afirmou, friamente, com os olhos fixados em Johnny. O homem moreno assumiu o controle, segurando Johnny firmemente pelo braço. "Não tome nosso tempo!", repetiu. "E tire sua carcaça daqui, compreendeu?" Johnny encarou os olhares, tirou aquela mão do braço e saiu rapidamente, louco de raiva. "Imbecis!", murmurou para si mesmo.

Saturado dos americanos, Johnny se assegurou de escapar de qualquer sombra que o cônsul Parker pudesse ter decidido pôr para segui-lo. Fez vários contornos e voltou atrás. Em seguida, fez às pressas uma conexão de trem para Berlim. Depois de encontrar um assento no trem, cerrou os dentes, determinado a não desistir do plano de fuga. De algum modo, de um jeito ou de outro, encontraria um meio de provar sua identidade e sair da União Soviética. Tinha de haver uma maneira, e prometeu a si mesmo que iria encontrá-la.

Ao chegar à velha Bahnhof (estação) Lehrter, em Berlim, foi ao escritório do Comintern na Europa Ocidental e obteve vários novos passaportes e dinheiro suficiente para voltar para Moscou. Sua próxima parada era o apartamento dos Krüger. O departamento de obras da cidade de Berlim empregava Gustav Krüger. Ele instalava encanamentos de gás e água. Era um trabalho bem remunerado. Quando Johnny bateu na porta, Gustav a abriu surpreso. Os Krüger ficaram felizes ao vê-lo e lhe agradeceram pelas cartas e pelos postais. Ele inventou uma desculpa para explicar por que Helena ainda estava em Londres. Agora Gerti era quase uma adolescente,[28] ainda uma princesa, e gostava de brincar de lutar com o tio Johnny no tapete. Ela o adorava.

Como tinha algumas horas antes de tomar o trem, Johnny levou Gerti à sorveteria e conversou com ela o tempo todo. A tarde estava luminosa e a neve que caíra antecipadamente tornara a atmosfera revigorante. Tiveram momentos maravilhosos, mas foi tudo muito rápido. Antes de se despedir, Emilie Krüger disse a Johnny que Gerti juntara todos os grãos de café que podia enquanto ele estava fora. Assim, poderia servir a ele um café fresco, e não a mistura estocada que lhe era servida em suas visitas esporádicas. Johnny ficou feliz ao saber desse segredo, e também profundamente emocionado. Com abraços, beijos e promessas de escrever, despediu-se e partiu tristemente em direção à estação de trem.

Quando desembarcou em Moscou, ninguém o esperava, o que era muito estranho. Reportou-se à sede do M4. O camarada Abramov, do

OMS, ficou surpreso ao vê-lo entregando os documentos de viagem no escritório. "O que você está fazendo em casa, Johnny?", perguntou, rispidamente. "Fui chamado de volta e aqui estou", respondeu Johnny, irritado. Nem sempre Abramov e Johnny se entendiam bem. "Quem ordenou que voltasse?", perguntou. "Harry Pollitt, na Grã-Bretanha, me deu um bilhete ordenando a volta, o que não questionei, uma vez que ele é o secretário-geral do CPGB", explicou Johnny, tentando da melhor maneira possível conter sua irritação. "Há algo estranho aí!", prosseguiu Abramov, nitidamente intrigado pelo seu tom de voz. "Não esperávamos você ainda, nem o chamamos. Então o que está acontecendo?" "Não tenho a menor ideia", respondeu. "Se você me chamou de volta, teria de ser por intermédio de Pollitt. Estava com pouco dinheiro e teria voltado por conta própria em uma semana, de qualquer modo, se não pudessem arcar com as despesas adicionais." "O que Berlim disse quando você chegou lá?", perguntou Abramov. "Absolutamente nada. Eles me deram dinheiro e documentos e disseram para prosseguir até Moscou", explicou Johnny. "Não ficaram surpresos ao vê-lo sem se anunciar?", perguntou Abramov. "Não, e se ficaram não me perguntaram sobre isso." "Eles não disseram que era estranho você aparecer nem mandaram que voltasse para a Grã-Bretanha depois de lhe dar dinheiro?" "Não, não disseram nada." "Droga!", gritou. "Algo está cheirando mal e vamos chegar ao fundo disso, acredite!"

Pelos registros soviéticos, não fica claro o que Abramov fez, embora Johnny tenha sido repreendido por violar o plano geral. Isso pode ter acontecido por ele não ter seguido à risca as diretrizes de Moscou para esperar o motim, por voltar cedo ou simplesmente porque Abramov havia feito um relatório. Nada foi feito em relação a Johnny, além de um registro em seu arquivo.[29] Entretanto, foi iniciada uma investigação sobre Pollitt e o escritório em Berlim. Tanto Pollitt quanto Aitken acabaram recebendo ordens para ir a Moscou.

Depois de deixar Abramov, Johnny subiu até o escritório do general Berzin, intrigado com aquela estranha descoberta. Ian Berzin também ficou surpreso ao ver o agente. Ao relatar a missão, Johnny explicou todos os detalhes que dera a Abramov. "Johnny, estou imaginando se Harry Pollitt planejou esse pequeno golpe para tirar você da área dele e economizar fundos para despesas", refletiu. "Quando você chegou a Berlim, por que não questionaram sua volta e por que não nos avisaram que você estava vindo?", considerou. Infelizmente, Johnny não podia esclarecer. Se tivesse decidido retornar por conta própria, o procedimento teria sido informar Pollitt, que passaria a informação a Berlim. Berlim entraria em contato com o M4 e o Comintern. Se Moscou discordasse, Johnny seria avisado em questão de horas, antes de partir. Inversamente, um chamado de volta teria sido originado nos escritórios do M4 em Moscou, transmitido ao escritório do Comintern na Europa Ocidental e em seguida a Pollitt, em Londres, para depois ser passado a Johnny. Em casos isolados, uma abordagem mais direta teria sido usada. Uma ordem do M4 teria sido enviada por meio de um emissário do Comintern ou de outro agente do M4 diretamente para o agente no local. Esse método poderia ser usado se Johnny tivesse a missão de investigar Pollitt ou outras pessoas. Numa situação dessas, Johnny teria chegado à Grã-Bretanha secretamente e teria sido chamado de volta sem que ninguém soubesse de sua presença no país.

Berzin estava satisfeito com o que fora feito na Grã-Bretanha, dando pouca importância ao fato de que não havia sido um sucesso total. A história sobre o comentário do parlamentar era valiosa, assegurou a Johnny. "O Comintern vai gostar disso." Talvez essa informação, passada a Johnny por Milly, tenha ajudado a disfarçar a impressão de missão incompleta, embora Johnny não pudesse entender por quê. Parecia algo trivial.

Quando a conversa com Berzin chegou ao fim, Johnny deixou o prédio do M4 e foi para o Metropole, outro hotel de agentes. Quando caminhava para lá, a neve fazia o chão afundar e rajadas de vento tempestuosas cortavam a Praça Vermelha. Em frente ao hotel estava um amigo da Alemanha, Albert Schmidt. Johnny o conhecia como primeiro oficial sob comando de Max Hoelz e como ativo participante da rebelião de 1923 na Alemanha. Hoelz, um comunista falastrão, de algum modo conseguira que a rebelião de Hamburgo ficasse conhecida por causa dele. Era apenas um organizador de nível inferior, mas um grande enganador e, portanto, capaz de colher elogios injustificados por esforços mínimos. Convenceu tão bem as pessoas sobre seus grandes feitos heroicos que foram feitas muitas reuniões do partido em sua homenagem na Alemanha.

"Oi, Johnny, que bom encontrar você!", exclamou, trêmulo, com os dentes trincando de frio. Johnny observou aquele homem alto e mal alimentado, notando que usava uma roupa leve e nenhum casaco. Flocos de neve o cobriam de branco da cabeça aos pés, calçados com sapatos de verão. "Onde está Hoelz?", perguntou Johnny, enquanto apertava a mão congelada do pobre homem. "Humm, aquele porco! Está aqui em Moscou. Convidado dos soviéticos para ser usado como propaganda", disse, com desdém. "Agora é um grande herói e Moscou o está enviando em viagens de propaganda e publicidade, como orador importante", acrescentou. "Está vivendo cercado de luxo, enquanto tento sobreviver com roupas surradas." "Você não o viu nem lhe pediu alguma roupa de inverno?", perguntou Johnny. "Ah, é claro que sim!", respondeu Schmidt. "Ele me mostrou seu armário transbordando com mais de uma dúzia de casacões militares. Cada vez que puxava um casaco de inverno, dizia por que não podia dá-lo. Cada um deles havia sido presente de um oficial diferente. O imbecil não me deu nada!"

Johnny lamentou muito por Schmidt e cuidou para que partisse devidamente vestido, alimentado e com alguns rublos no bolso. Meses depois, ao voltar de outra missão, foi informado de que Hoelz morrera. "Como?", perguntou ao contato. "Não sei", foi a resposta sorridente que ouviu, "mas um dia o corpo foi encontrado flutuando no rio Volga, na Sibéria. Estava em um barco, completamente bêbado, e o barco virou. Não nos preocupamos em ajudá-lo." Johnny apertou a mão do homem e disse: "Bom trabalho!" Piscou um olho e se foi. Hoelz recebera o que merecia.

Algo incomodava Johnny desde que chegara à União Soviética, em 1930, deixando a mulher, Maria, e os filhos em Ahlen. Havia proposto o divórcio e ela o recusara. Não mantinham contato próximo, mas Johnny sabia que o KPD estava cuidando dela razoavelmente bem. Também lhe enviava dinheiro de vez em quando. Johnny achava que não havia motivo para ambos permanecerem ligados legalmente se ela podia ficar livre para se casar novamente. Certamente não havia chance de voltarem a ficar juntos. Fizera contato com um tabelião e conseguira que preparasse documentos legais que beneficiariam Maria se aceitasse o divórcio. Johnny havia lhe enviado um volumoso envelope. Meses depois, veio a resposta. Ao abrir o envelope, os documentos que ele havia enviado caíram no chão, rasgados em pedaços. Um bilhete dizia: "Querido Johnny, obrigada por sua atitude, mas não quero o divórcio. Sei que fui a culpada por nossa separação. Embora tenha tentado manter a arrumação, fracassei. Não vou mudar você, sei disso. Tudo o que peço é que, quando morrer, morra sendo sua esposa. Um pequeno pedido, mas significativo para mim. Amor, Maria." Pouca coisa mais podia ser feita além de cumprir seus desejos. Ele sempre achou que poderia ter sido de outra maneira.

Passaram-se duas semanas e meia e Harry Pollitt chegou a Moscou. Dois dias depois, o trem de George Aitken também chegou. Pollitt foi instalado no Lux, outro hotel de agentes, enquanto Aitken recebeu um quarto no Metropole. Johnny foi instruído a assegurar que ficassem separados. Manuilski convocou uma pequena conferência do IKKI. O general Berzin disse a Johnny que o Comintern havia pedido que comparecesse como observador. Também presente estava Marcel Cachin, um dos fundadores do Partido Comunista da França, além de representantes do KPD, do Partido Comunista Italiano e duas pessoas do Partido Comunista Polonês. Do IKKI estavam Dmitri Manuilski, Osip Piatnitski e Langner, entre outros.[30] Vasiliev também participou.

Manuilski presidiu o evento, em um salão grande, mas lotado. Johnny assistiu a tudo em um balcão superior. Um vidro especial cercava a área dos espectadores, permitindo que visse aqueles que estavam embaixo sem ser observado. Manuilski pediu a Johnny para acompanhar os pronunciamentos por meio de um fone, prestando atenção particularmente ao relato de Harry Pollitt sobre a greve naval britânica. Selecionando a sintonia do fone, Johnny podia ouvir a tradução dos discursos em uma das muitas línguas faladas pelos participantes. Ao mesmo tempo, outro fone permitia a ele ouvir os comentários de Manuilski mesmo enquanto eram feitos os pronunciamentos. A conferência começou com uma introdução de Manuilski. Depois, um a um, os representantes se levantaram e apresentaram seus relatos em meio a críticas por não terem feito o suficiente na área da propaganda antimilitar.[31]

Harry Pollitt levantou-se e começou a detalhar as conquistas do CPGB. Quando também foi criticado pela falta de resultados, tentou apresentar desculpas e em seguida culpou George Aitken por tudo. Fascinado, Johnny ouviu Pollitt responder a cada pergunta com respostas ficcionais. Quando começou a falar sobre as 30 mil libras esterlinas para as despesas, uma luz vermelha piscou no fone direito de Johnny. "Ouça isso", sussurrou Manuilski para Johnny. Manuilski questionou Pollitt sobre a situação dos portuários britânicos. Pollitt tertou blefar, alegando que houvera grandes avanços. Afirmou, porém, que era crucial obter mais apoio financeiro para expandir a propaganda e a educação e aprofundar o contato com os estivadores. Johnny ouviu mentira após mentira. Aitken teve a chance de se defender e deu respostas confiáveis. Sem dúvida, o CPGB sob a liderança de Pollitt não fizera nenhuma tentativa de obter adesões nas docas. Ele estava mentindo descaradamente.[32]

Depois que a conferência foi interrompida, Manuilski pediu a Harry Pollitt e Johnny que fossem ao seu escritório. Dirigindo-se a Johnny por seu nome no VKP(b), começou: "Camarada Mattern, você acaba de voltar da Grã-Bretanha, tendo feito um excelente trabalho lá. Pelo seu conhecimento sobre a situação britânica, concorda com as declarações do camarada Pollitt de que precisam de mais 30 mil libras?" "Na minha opinião", Johnny respondeu, "há trabalho suficiente para justificar essa despesa, mas também tenho consciência de grandes desperdícios. Se o senhor decidir cortar essa quantia, corte primeiro um pouco dos salários, onde há um bocado de gordura." O pobre Pollitt começou a ficar rubro, terminando por protestar contra as declarações e a presença de Johnny na sala.

Manuilski olhou firme para ele e deixou bem claro que convidara Johnny para a conferência e para aquela reunião. "O que Mattern diz é verdade", reclamou. "Sabemos o que está acontecendo e valorizamos a opinião deste homem." Pollitt olhou com raiva para Johnny, em um silêncio hostil. "Você não acha que seria melhor gastar os recursos adicionais com a organização de um secretariado especial que desenvolveria um novo jornal exclusivo para os portuários?", perguntou, olhando primeiro na direção de Johnny. Pollitt interrompeu aquele olhar ao se voltar para Manuilski. Johnny aproveitou a oportunidade e explicou que não poderia comentar mais sobre os portuários porque não tivera contato com eles. Entretanto, estava bastante consciente do trabalho duro que faziam servindo a navios mercantes e da Marinha Real. Johnny prosseguiu enfatizando que conhecia portos em todo o mundo e achava que até então nenhum esforço havia sido feito na Grã-Bretanha para desenvolver esse setor.

Gritando de raiva, Pollitt protestou, mas Johnny se manteve firme. "Você fez alguma coisa para a distribuição nos portos de nossos três jornais britânicos?", perguntou. "Não", respondeu ele. "Chega", exclamou Manuilski. "Nenhum esforço nessa área, camarada? Bem diferente do que você afirmou hoje diante de mim e do congresso." Pollitt olhou para os pés, com o rosto rubro de constrangimento por ter sido desmascarado. Manuilski perguntou então como os progressistas alemães haviam trabalhado nos portos. Johnny explicou como a infiltração do partido fora bem-sucedida naquele país.

Depois dessa conversa, o CPGB recebeu apenas 15 mil libras, e tudo deveria ser gasto em infiltração. Para assegurar que o projeto fosse executado, o Comintern contactou o M4. O general Berzin ordenou então que Johnny retornasse à Grã-Bretanha como assessor desse novo projeto.[33]

De volta à Grã-Bretanha, Johnny novamente usou o disfarce de comerciante de vinhos proveniente de Hamburgo e ficou no mesmo lugar, em Kenton.[34] Dessa vez, Pollitt não quis envolvimento com Johnny e assegurou, depois do primeiro encontro, uma semana depois, que Aitken se tornasse o contato com o partido britânico. Pollitt também evitou a todo custo qualquer envolvimento pessoal com o projeto nas docas. Mas, é claro, foi mantido informado pelos camaradas do CPGB, pelo menos para se voltar contra Johnny caso seus esforços com os estivadores falhassem. Esse arranjo foi bom para Johnny, já que ele e Aitken se davam muito bem. Tinham opiniões muito semelhantes sobre Pollitt e seu controle cada vez menor.

Foi lançado um novo jornal, politicamente sintonizado com os portuários, com editoriais honestos e não enganadores. A consciência do poder do sindicato dos estivadores, seu apoio e sua influência tornavam isso um pré-requisito. Johnny deu a membros do partido instruções para lidar com questões trabalhistas, mas não se envolveu na aplicação de uma estratégia específica. Todos os relatórios sobre o progresso eram encaminhados diretamente a ele, mostrando avanços e trabalhos que ainda precisavam ser feitos. A zona portuária já estava bem organizada por um sindicato que tinha uma visão fortemente socialista, o que contribuía para a causa e para a propaganda. Os portuários eram leais à Coroa, mas buscavam salários maiores e benefícios socializados para a força de trabalho e as famílias.

Johnny viajou para vários portos, de Edimburgo a Plymouth. A tática comum era frequentar os bares e conversar com os estivadores, em meio a copos de cerveja. Isso lhe permitia obter opiniões honestas. Transmitia assuntos e reclamações discutidos e ouvidos casualmente aos jornais do partido. Uma semana depois, esses tópicos se tornavam editoriais amplamente distribuídos nos portos. Os estivadores tinham seu próprio jornal.

Em novembro de 1932, tudo corria bem.[35] As pessoas estavam treinadas e eram eficientes. Então, Johnny fez contato com Berlim, informando que estava voltando. Ao deixar a operação britânica em mãos capazes, sentiu que erguera mais um pilar nos planos de fuga. Esperava que o aparente sucesso da missão desse ao Comintern e ao M4 uma falsa sensação de segurança. E cruzou os dedos.

Johnny apanhou Helena e foi diretamente para Berlim. Essa viagem tinha apenas um objetivo. Deixou-a com os pais e seguiu para a União Soviética, passando por Copenhague, Estocolmo e Helsinque. Queria pôr fim à relação com a mais velha das irmãs Krüger. Em Copenhague, encontrou-se com um representante do escritório do Comintern da Europa Ocidental. O emissário recolheu os documentos de comerciante de vinho e lhe deu um passaporte holandês em nome de Herman van Heussen. Em Estocolmo, registrou-se em um hotel e logo foi procurado por um sueco que apanhou o passaporte. Em troca, deu-lhe documentos suíços em nome de Bruno Zimmermann. Se as autoridades suecas e finlandesas o questionassem, diria ser um comerciante de madeira que comprava o produto na União Soviética. O novo passaporte já tinha um visto soviético e estava pronto para ser usado.[36]

Em Moscou, Johnny foi recebido no M4 com um estrondoso "Muito bem!", de Berzin, assim que leu o relatório. "Tire algumas semanas para descansar", sugeriu, generosamente. "Você merece." Foi o que o camarada Mattern fez, aproveitando paisagens fora da capital soviética, na esperança de que o grande salto estivesse mais próximo — e agora ao alcance.

10

# Berlim e Praga

"Vou correr o risco e ir à Alemanha mesmo neste momento. Porque, como você disse, a missão é crucial." Com essas palavras, Johnny aceitou o pedido de Langner para que viajasse a Berlim com o objetivo de organizar a nervosa RFB. Esperava encontrar em Berlim militantes mais bem preparados do que os que encontrara nos montes Urais. Não muito tempo depois da última missão britânica, Johnny fora enviado aos Urais, a leste, para checar os mineiros poloneses e o ânimo deles. Disse a Langner que o estado de coisas entre os poloneses era o mesmo que havia observado em 1930 entre imigrantes políticos alemães na Ucrânia.[1] Não era uma situação boa para o Comintern.

Ao discutir a nova missão com Berzin, Vasiliev e Manuilski, ficou claro que Moscou queria saber qual era a força do Partido Comunista Alemão. As eleições no Reichstag estavam próximas e a Alemanha vivia uma batalha política, particularmente entre os candidatos de direita e esquerda. Hitler e os nazistas, o SPD e o KPD lutavam uns contra os outros, buscando o domínio supremo. E uma avaliação imediata era necessária.

Vinte mil refugiados alemães — muitos seguidores do KPD — já haviam fugido para a União Soviética e outros países. A Alemanha se revolvia em apreensão e esperanças em relação a quem chegaria ao alto da torre.

Havia distúrbios populares e confusão em toda parte. Quantos membros de organizações da Frente Vermelha restavam depois do êxodo em massa? Conseguiriam as forças de esquerda restantes permanecer unidas na oposição ao crescente movimento nazista? O SPD recuperaria o poder? E, se isso acontecesse, atacaria outros elementos políticos? Essas eram perguntas que Moscou queria que fossem respondidas. Felizmente, para essa missão Johnny conseguira, furtivamente e por meio de empréstimos, uma grande quantidade de documentos de identificação soviéticos, e nem todos eram dele. Escondera seu livro do Partido Comunista soviético, cartões de acesso do Estado-Maior e outros itens, inclusive passes para o salão de jantar do Estado-Maior. Se a sorte estivesse ao seu lado, estava pronto para fazer outra mudança.[2]

Caía uma chuva forte quando Johnny chegou à Schlesischer Bahnhof (hoje Ostbahnhof), em Berlim, usando um passaporte falso em nome de Herman Schneider, na noite de 6 de janeiro de 1933. O passaporte estava prestes a expirar. Levava apenas US$ 200, que seriam suficientes para um mês. Quando o documento de viagem perdesse a validade, faria contato novamente com Walter Ulbricht. Wilhelm Pieck seria sua opção, se não conseguisse encontrar Ulbricht.[3]

Bem disfarçado para evitar qualquer reconhecimento pela polícia, seguiu para a sede do ZK, perto da Bülow Platz. Havia congestionamentos em toda parte. Uma enorme manifestação tomava conta de ruas e calçadas, enquanto um fluxo interminável de pessoas marchava sob a chuva fria. Ombro a ombro, lado a lado em número de 16, seguiam, gritando, tocando cornetas, batendo tambores e erguendo faixas. Protestavam contra os nazistas.[4]

Comprimido pela multidão de observadores nas calçadas, Johnny deparou-se com o Dr. Friedrich Stampfer, editor do *Vorwärts* ("Avante"), jornal do SPD.[5] Não o reconheceu, atento que estava à movimentação. Virando-se para ele, Johnny comentou: "Dr. Stampfer, o senhor acredita que todas essas pessoas são comunistas? Ou acha que são social-democratas que não estão dispostos a fazer nada em relação a Hitler e vão simplesmente deixá-lo assumir o poder?" O rosto de Stampfer ficou branco enquanto se virava e dizia nervosamente: "Não pense uma coisa dessas. Não queremos problemas ou derramamento de sangue." Com isso, afastou-se de Johnny, perdendo-se entre corpos e casacos molhados. Johnny percebeu que aqueles tipos do SPD estavam dispostos a aceitar açúcar, balas e sonhos pelos quais acabariam pagando com a vida.

Procurou contatos que conhecera, mas só conseguiu localizar Jakob Göbel, funcionário regional da RFB. Göbel disse a Johnny que embora tivesse relatado que a força da RFB era de 250 mil pessoas, na verdade era de 2 mil. O grupo se despedaçara sob a liderança corrupta de Willy Leow, próximo de Thälmann, líder do KPD. Leow não era encontrado em lugar algum. Johnny não confiava nele. Considerava-o corrupto desde que falara pela primeira vez com ele, na conferência de Leipzig em 1923, e depois em outros encontros. Estava em uma posição elevada, mas fazia pouco pelo partido com o poder e o dinheiro que controlava. Jogava de todos os lados apenas para obter ganhos pessoais. Por fim, Johnny o encontrou e pediu a ele um novo passaporte e algum dinheiro. Leow se negou a ajudá-lo. Disse que não tinha dinheiro e que deveria buscá-lo em alguma outra fonte.[6] Mas não indicou nenhuma.

Arthur Ewert estava na sede, mas também não era alguém com quem podia contar. As inúmeras desavenças entre eles no passado — quando o camarada Ewert estava por cima no partido em Berlim — ainda doíam fundo na alma de Johnny. Se os líderes do KPD estavam ocupados ou ausentes, sem demora Ewert assumia as responsabilidades de maneira arrogante. Johnny se lembrava de que certa vez Ewert fora de Berlim ao Ruhr para reordenar o partido. Brandindo uma longa declaração, ordenou que a delegação aceitasse e assinasse uma resolução do ZK condenando Leon Trotski. Mas os comunistas do Ruhr se recusaram. Johnny pediu a Ewert para explicar o que estava por trás daquilo. "É um pronunciamento do partido que exige apoio total", disse. "Por que, de repente, Trotski fora proscrito?" Johnny queria saber, assim como muitos dos outros camaradas do Ruhr. Ewert sempre fora um fantoche do partido, na opinião de Johnny. Jogava para ganhar, sempre tentando controlar os outros. Pediu a aprovação da resolução por todo o partido que reunia sete cidades no Ruhr. A proclamação foi derrubada e Ewert, lívido, foi despachado de volta.

Outro homem chegou, depois da partida apressada de Ewert. Mas novamente o partido do Ruhr se recusou a assinar a resolução até que apresentasse o motivo para a mudança de opinião em relação a Trotski. Por que o melhor organizador de Lenin de repente era chamado de traidor? O segundo enviado também foi embora sem conseguir apoio. Então, o próprio Ernst Thälmann visitou o Ruhr, agradecendo a todos por não terem assinado, uma vez que também queria uma razão para o repúdio a Trotski. Conheciam-no apenas pelos textos e como fundador do Exército Vermelho. O tempo revelaria o que nenhum deles sabia — ou talvez apenas suspeitasse — sobre o conflito Stalin-Trotski.

Por sorte, Johnny localizou dois camaradas do Ruhr no centro de Berlim. Eles o informaram de que delegações de todo o país participariam no dia seguinte de uma reunião especial do partido. O Comitê Central do KPD havia convocado os principais funcionários e ativistas para uma assembleia aberta em Schützenhalle, perto da estação ferroviária Zoologischer Garten. Quando a reunião foi aberta, havia um número razoável de pessoas em meio a rumores e uma incômoda expectativa. Quando Wilhelm Florin, do Comitê Central, se levantou para falar, um silêncio mortal tomou conta do lugar.

Florin começou observando que todos pareciam nervosos. Em seguida, afirmou que não precisavam temer, porque Hitler jamais se tornaria chanceler. O ministro sem pasta Franz Bracht — do então governo de Franz von Papen — receberia o cargo.[7] Poderiam contar com isso, disse. Aplausos efusivos e comentários alegres seguiram-se às palavras tranquilizadoras. Florin continuou o pronunciamento cuidando das feridas que agora se fechavam. Outros oradores fizeram discursos estimulantes, consolidando a firme crença de que Hitler não conseguiria conquistar o prêmio final. A questão da ascensão do líder nazista era um grande ponto de interrogação na mente de Johnny também. Heinz Neumann, um político importante na época, cometera um deslize em uma conferência ao discutir o hitlerismo, e Johnny se lembrava de suas palavras em momentos como aquele. "O melhor que pode acontecer ao povo alemão é enfrentar essa bagunça e depois se tornar comunista." E irritou tanto Johnny que ele poderia ter agredido Neumann.

Enquanto ouvia Florin, Ewert e outros, lembrou-se de Neumann e se viu pensando: "Você não acredita nisso! Você não pode dizer a verdade porque isso iria contra as regras". Florin e o partido estavam unidos, enviando inocentes para a morte — pessoas que confiavam e acreditavam neles e na causa comunista. Quarenta homens — alguns deles do Ruhr, todos da RFB — estavam sentados em uma mesa perto de Johnny. Inclinando-se, sussurrou ao homem que estava mais próximo: "Passe a informação adiante, vamos nos reunir hoje à meia-noite na Floresta Grunewald [entre Berlim e Potsdam]. Se possível, traga armas." Sem olhar ao redor, fez um sinal positivo.

Checou o relógio, era quase meia-noite. Johnny esperava a chegada dos camaradas da Frente Vermelha em uma pequena clareira, protegido por uma lua enevoada. Um por um, eles apareceram — pessoas de responsabilidade e amigos próximos. De pé no meio deles, começou dizendo que ninguém poderia chamá-lo de mentiroso. Cada um deles sabia que era um homem de palavra. Então expôs sua opinião sobre os comentários de Florin e assinalou que os que acreditavam que Franz Bracht seria o novo chanceler eram tolos. "Adolph Hitler se tornará o líder da nação." Quando isso acontecesse, a Gestapo iria atrás de todos os membros do KPD. Exortou os camaradas a avisar às famílias e aos amigos para que deixassem o país imediatamente.

Sem muita necessidade de discussão, o grupo concordou e se dissolveu na escuridão. Se permanecessem na Alemanha, seriam esmagados pelo regime nazista. Como se veria dias depois, quando Hitler conquistou o poder, milhares de pessoas das listas da SS foram imediatamente presas. Buracos já haviam sido cavados, em uma preparação para os assassinatos em massa de inimigos conhecidos há anos.

Depois de fazer a advertência em Grunewald, Johnny tentou localizar membros do partido que não haviam ido embora. Dos milhares da Frente Vermelha, conseguiu encontrar apenas algumas centenas ainda em Berlim. "Vá embora! Fuja", dizia aos que encontrava, "ou sua vida logo chegará ao fim!" Sempre que podia, fornecia assistência, rotas de fuga e uma pequena ajuda financeira, o que rapidamente consumiu seus recursos.

A nomeação de Hitler como chanceler da Alemanha foi anunciada em um dia gélido do fim do mês: 30 de janeiro de 1933. Naquela noite, enquanto um assustador desfile de nazistas à luz de tochas passava pela Chancelaria do Reich e pelo novo chanceler, outros nazistas estavam nas ruas, em abundância. Consciente de que estariam à sua caça também, Johnny buscou abrigo seguro. De início, dormiu em porões. Passou quase sete meses na clandestinidade, às vezes sem se barbear e faminto. Chegou a imprimir propaganda antinazista em uma pequena máquina que mantinha em uma cripta de um cemitério em Berlim. No fim de fevereiro de 1933, Walter Ulbricht quis que Johnny lutasse nas ruas, explodisse pontes de ferrovias e fizesse sabotagem contra os nazistas.[8] Ele se recusou, dizendo que causar distúrbios simplesmente, sem um objetivo estratégico, seria contrário aos princípios do leninismo.

Mas os nazistas tinham um objetivo estratégico. Em 18 de março, por meio do que restara do partido, soube que Maria morrera em Ahlen. Decidiu não ir ao funeral, calculando que a Gestapo estaria à espera. Dois meses depois, tropeçou em um folheto que oferecia uma recompensa de 100 mil marcos por sua captura. Não havia retrato, mas uma descrição — era o número 11 da lista — que correspondia perfeitamente, incluindo a cicatriz de carvão na parte superior do lado direito do rosto.[9] Não bastasse a agonia que esses dois acontecimentos causaram, um problema ainda mais urgente rugia nas entranhas de Johnny: a fome.

Quando estava fora do país, o salário soviético de Johnny era cuidadosamente entregue. Na maior parte do tempo, as despesas eram grandes, não permitindo qualquer gasto extra além do mínimo. Moscou acreditava que ainda tinha bastante dinheiro. O que dera para ajudar outras pessoas não fora muito, mas o suficiente para deixá-lo liso mais rapidamente do que o esperado. A solução: com Willy Leow e outro membro do KPD, Hans Rogalla, recorreu aos 10 mil marcos dos fundos do partido em posse de Leow. As circunstâncias da expropriação provariam ser fatais para Leow e Rogalla. Johnny receberia uma sentença de dois anos sem trabalho importante, e talvez só tenha sido salvo da execução por Vasiliev e Manuilski.[10]

Mas o que aguardava os três homens em Moscou ainda estava alguns meses à frente. Leow morava em um belo apartamento no centro. Johnny sabia que tinha uma namorada, uma mulher atraente na casa dos 20 anos, que morava com os pais em um apartamento no subsolo, em um bairro de classe operária. O erro de Leow era ser mesquinho ao ajudar membros do KPD a conseguir comida e roupas ou a fugir. Também guardava uma boa quantidade de fundos de emergência sem usá-los.

Depois de obter as roupas necessárias com outro camarada que também precisava sair da cidade, Johnny foi à casa da garota. Asseado e usando um chapéu de feltro verde, um pesado casaco de inverno com gola levantada e óculos, parecia um oficial do governo. Bateu energicamente à porta, esperou e depois bateu novamente, até que os pais da garota acordaram e responderam sonolentos. Johnny mostrou rapidamente uma espécie de distintivo e disse: "Comissário criminal." O casal começou a tremer de medo diante do que acharam que era um membro da Gestapo. Recuando nervosamente, eles permitiram que Johnny entrasse e fecharam a porta. "Não se preocupem", disse. "Não sou nazista, mas sim social-democrata. Estou aqui para ajudá-los. Vocês conhecem Willy Leow?" "Sim", admitiram. "Sua filha está com ele?" "Não sabemos", sussurraram. "Digam a sua filha para ficar longe de Leow, do contrário será presa com ele pela Gestapo!" Eles resmungaram algo, esforçando-se para sorrir em agradecimento, enquanto Johnny rapidamente abria a porta e partia.

Horas depois, diante do prédio de Leow, do outro lado da rua, viu quando ele colocava às pressas suas malas em um carro. Os pais da garota o haviam avisado, como Johnny sabia que aconteceria. Leow saiu da Alemanha para Paris, com o resto do dinheiro do partido, como se o diabo estivesse atrás dele. Naquele mesmo dia, Moscou recebeu um telegrama de Johnny avisando sobre o desaparecimento de Leow com os recursos do partido.

Em junho de 1933, escolher a hora certa para escapar do sistema soviético era o que movia Johnny. Decidiu ir à embaixada americana em Berlim, achando que com uma prova de identidade poderia pedir para se tornar refugiado político. Johnny tinha de ser extremamente cuidadoso, porque o pandemônio reinava na Alemanha enquanto a rede nazista se fechava rapidamente. A morte parecia procurá-lo em toda parte. Tinha de ser naquele momento ou nunca.

Apresentando-se ao embaixador dos Estados Unidos, William Edward Dodd, relatou sua história. De cabelos grisalhos e aparência distinta, Dodd leu os documentos e ouviu atentamente o que dizia, sem interrompê-lo. Por fim, disse que lamentava, mas a Lei americana proibia aceitar agentes de outros países. "Certamente o senhor pode ver que lutei contra a Alemanha e contra cada ditadura", apelou Johnny. "Sempre lutei pela justiça, pela justiça democrática. Agora, venho até o senhor oferecer meus serviços e o senhor diz não!" "Sinto muito", respondeu o embaixador, firmemente. "É a nossa Lei. Bom dia e boa sorte."

Johnny partiu desanimado, achando que perdera a maior luta de sua vida. Faminto e cansado, mas sem querer desistir, decidiu em um impulso procurar a embaixada britânica, em Tiergartenstraße 17. Abraçando as sombras do início da noite, tentou afastar de sua mente pensamentos sobre o que aconteceria se fosse apanhado com o passaporte alemão falso. Cautelosamente, caminhou por becos secundários e ruas laterais mal iluminadas até chegar à embaixada do governo de Sua Majestade. Talvez ali acreditassem em sua história.

Foi apresentado a Frank Foley,[11] primeiro-secretário e oficial de controle de passaportes. Era um homem bem-apessoado, esguio, com um rosto pequeno e vivaz e cabelos grisalhos e cuidadosamente penteados. Mais tarde, naquela década, passaria a usar óculos e seu cabelo se tornaria ralo, mas em 1933 Johnny não sabia que estava diante do segundo oficial do MI6 na Alemanha, também chamado SIS (Serviço Secreto da Inteligência). Encoberto pela posição de primeiro-secretário, realizava suas verdadeiras missões sob imunidade diplomática, livre da prisão e de todas as restrições a viagens. Embora encarregado da inteligência interna no Reino Unido, o MI6 era mais influente do que o SIS. O SIS já vivera tempos melhores e estava carente de recursos nos anos anteriores à Segunda Guerra Mundial. Nem sempre restritas a suas esferas de atividades, as agências disputavam entre si, cooperavam uma com a outra ou atuavam no território uma da outra.[12]

"Senhor Foley", começou Johnny, "vou resumir minha história e depois, se o senhor não tiver nenhum lugar para mim, esqueça o que eu disse e permita-me seguir meu caminho." Foley concordou, relaxado atrás de sua grande mesa polida, em um escritório confortável, forrado de mogno. Johnny começou a contar a história de sua vida mais uma vez. Prosseguiu por mais de uma hora, mostrando documentos e relatando incidentes enquanto Foley, sem muitos comentários, absorvia tudo. "Quero romper com esse sistema e combatê-lo", concluiu Johnny.

Então Foley começou a fazer uma pergunta sagaz após a outra, cada uma cuidadosamente formulada de modo a obter respostas e revelar mentiras. Johnny lhe deu o nome verdadeiro, fornecendo cada detalhe e registro, até Foley reunir várias folhas de fatos por escrito. "Posso ficar com esses documentos por 24 horas?", perguntou, indicando a Johnny a identificação soviética falsa e diversos passes. "Sim", concordou Johnny. "Tudo que lhe peço é que, se decidir não me aceitar, esqueça este encontro, não relate nada e me deixe escapar de Berlim", acrescentou, nervosamente. "Combinado", afirmou Foley, com um sorriso de honestidade e firmeza.

Foley aprovou a sugestão de Johnny de que entrasse em contato com ele no dia seguinte, ligando para um telefone público, em uma hora específica, em um restaurante seguro. Ao partir, sabia que Foley poderia facilmente checar sua história por meio de incontáveis fontes à disposição. Em questão de horas, poderia obter todo um dossiê.[13]

Minutos antes da hora marcada, Johnny entrou no restaurante obscuro por uma porta lateral e ficou perto do telefone da parede enegrecida. Já usara aquele lugar para dar e receber telefonemas. O telefone tocou uma vez. Ele atendeu. "Johnny", sussurrou a voz de Foley. "Número errado", respondeu. "Ligue de novo." Continuou com o fone no ouvido. "Venha agora."

Ajudado por mais uma manta de neblina noturna, Johnny chegou à embaixada, entrou por uma porta destrancada em uma viela e foi levado diretamente ao escritório do primeiro-secretário. Foley o cumprimentou calorosamente, sorrindo o tempo todo enquanto apertava sua mão. "Você conheceu um membro do Reichstag chamado Dittmann?", perguntou.

"Sim", respondeu Johnny. "Haase?" "Sim, ele também. Quando o Partido Trabalhista se separou do SPD, eram os líderes do USPD." "Você conheceu um membro do Reichstag chamado Ledebour?" Johnny disse que sim. "Você foi um dos organizadores, não?", perguntou Foley. "Sim, está correto", assentiu. "Sabemos sobre você, e agora temos a honra de conhecê-lo pessoalmente." Johnny o fitou completamente surpreso.

"Os três líderes estavam trabalhando para nós, e o USPD, que financiamos, era parte disso", explicou. "Parabéns, Johnny, você trabalhou para nós diariamente, recebendo dinheiro e informações de nosso escritório, que você passou para os navios de combate, durante o motim." "Uau!", exclamou Johnny, completamente surpreso. "Então estava trabalhando para vocês o tempo todo sem saber?" Foley sorriu e fez que sim com a cabeça, demonstrando orgulho e satisfação com o espanto de Johnny.

"De início, tudo correu bem", disse, "mas em algum lugar houve um vazamento e todo o plano fracassou. Teria tido sucesso, uma vez que a Marinha estava pronta, mas o Exército não agiu conforme planejado." Johnny ficou perplexo com as informações. "Se soubesse na época que vocês haviam ajudado, financiado e apoiado Dittmann e os outros do Partido Independente, não teria feito aquilo. Naquele momento certamente não queria lutar por um poder capitalista e contra outro, disso você pode ter certeza." "Caramba, homem! Gosto de você, Johnny", retorquiu Foley. "Você está aqui, diante de mim, lutando por sua vida, e tem a coragem de me dizer que se soubesse não teria participado do plano de motim." "Isso mesmo." Os olhares dos dois homens se encontraram em mútua determinação. "Quem você quer combater agora?", perguntou, discretamente. "Os nazistas", respondeu Johnny, sem hesitar.

Conversaram por mais uma hora, durante a qual Johnny pediu asilo político. Nenhuma decisão foi tomada em relação a isso, mas combinaram de se encontrar novamente no dia seguinte. Foley deu a Johnny um pouco de dinheiro para comida. Na noite seguinte, o surpreendeu. "Você gostaria de continuar trabalhando para os soviéticos?", perguntou. "E ao mesmo tempo nos informando sobre todos os movimentos e missões? Dessa maneira você pode ser uma grande vantagem para nós." Johnny se recusou terminantemente. "Tudo que quero é asilo político", afirmou. "Aceitaria trabalhar para vocês, mas não como agente duplo. Quero deixar a União Soviética e o comunismo de uma vez por todas."

Olhando diretamente nos olhos de Foley, Johnny continuou: "Não posso conceber o que o senhor me pede, embora veja a necessidade disso. O senhor realmente quer saber o que está sendo feito na União Soviética e o que pretendem fazer no exterior, não?", perguntou. Foley assentiu, sem tirar os olhos de Johnny. Em seguida, discutiram a proposta com mais detalhes. Por fim, horas depois, Johnny concordou. "Está bem, sou um homem de vocês. Prefiro trabalhar para a Grã-Bretanha do que para os soviéticos", disse. Havia, porém, uma condição: "Nunca me peça para pôr as mãos em um trabalhador comunista, porque uma pessoa não se torna comunista sem mais nem menos", disse. "Eles pagaram preços terríveis durante a Guerra Mundial, a depressão, e agora isso tudo. Entretanto, não hesitarei em lutar contra seus líderes."

Johnny e Foley apertaram as mãos, concordando e pondo fim às discussões noturnas com um firme compromisso. Outro encontro foi combinado para a noite seguinte. Johnny pensou no quanto aquilo era estranho. O destino transformava o inimigo de ontem no amigo de hoje. Gostara de Foley. Ao se aproximar do esconderijo no porão, ficou surpreso ao deparar com um emissário do Escritório da Europa Ocidental. Ao reconhecer Johnny, disse animadamente: "Graças aos céus o encontrei, Johnny, tenho procurado por você em toda parte. Moscou entrou em contato conosco ontem. Disseram para você sair de Berlim imediatamente e ir para lá, via Praga.[14] Tudo que podia ser feito pela Frente Vermelha foi feito. Moscou quer você fora da Alemanha rapidamente, agora que Hitler está no poder."

Johnny agradeceu ao homem, que lhe disse que teria deixado a Alemanha no dia anterior se tivesse conseguido localizá-lo e transmitir-lhe a mensagem. Desejaram boa sorte um ao outro e então o mensageiro deu meia-volta e desapareceu no mesmo caminho por onde viera. Em seguida, Johnny entrou em contato com Jakob Göbel e ordenou que o ex-organizador da RFB fosse para Moscou. Seu objetivo com isso era ter lá alguém que pudesse testemunhar contra Leow.[15]

Esse novo desdobramento favoreceu os planos de Foley. Johnny telefonou com urgência para a embaixada, bem antes de o sol nascer. Deu a Foley a notícia e ele ficou satisfeito. Também não expressou surpresa quando Johnny lhe disse que não tinha um pfennig no bolso. Depois de assegurar a ele que isso poderia ser resolvido, eles passaram a discutir a remuneração e os métodos de contato do novo agente duplo da contra-inteligência. O salário britânico de Johnny seria depositado em Londres. Poderia retirá-lo a qualquer momento por intermédio de Foley e haveria ainda dinheiro para as despesas. Sempre que saísse da União Soviética, teria de fazer contato com os britânicos via Copenhague. Antes de voltar, também teria de fazer contato.

Graças ao disfarce diplomático, Foley poderia se encontrar com Johnny em qualquer lugar do mundo. Era preciso apenas informá-lo. Em nenhum momento Johnny recebeu um número de agente.[16] Foley insistiu em que nunca deveria telefonar ou entrar em contato diretamente com qualquer missão diplomática ou instituição britânica a não ser que fosse instruído. Todos os nomes, pseudônimos e números de telefone eram memorizados. Se Johnny fosse preso, de modo algum seria associado aos britânicos, nem poderia contar com a intervenção deles. Para a Grã-Bretanha, oficialmente ele não existia; a relação jamais poderia ser admitida.

Foley forneceu a Johnny dinheiro para a viagem a Praga, na verdade tão distante quanto Moscou. Na Tchecoslováquia, Johnny teria de entrar em contato com Foley em Berlim usando o pseudônimo "August". Foi a primeira e última vez que isso foi feito. Todas as outras vezes seria chamado de Johnny. Ao ser avisado, Foley encontraria o novo agente em um restaurante combinado, em Praga, antes que ele voltasse para Moscou.

Naquela noite, Johnny foi ao apartamento dos Krüger. Haviam se mudado para Sonnenburger Straße 22.[17] Os Krüger ficaram contentes por ver Johnny inesperadamente. Mas foi apenas uma visita rápida, o suficiente para pedir a Helena para viajar até Ahlen e ver como os filhos estavam. Em poucas horas, seguiu para a fronteira com a Polônia com um companheiro do partido. Paul Wilhelm, do Escritório da Europa Ocidental, que também estava fugindo separadamente, combinou tudo. O parceiro de viagem de Johnny tinha um pequeno caminhão. Os dois dirigiram a noite toda e entraram na Polônia na manhã seguinte, sem incidentes, no momento em que o sol de junho nascia.

No mesmo dia chegaram a Praga.[18] Johnny se despediu do companheiro, saltou do caminhão e foi para a embaixada soviética. Forneceu seu contato no M4 em Moscou, o general Berzin, e disse que tinha de se reportar a ele. O funcionário tcheco lhe pediu que levasse de volta a Moscou dois camaradas que estavam em Berlim. Johnny não viu problema algum nisso, mas ficou surpreso quando o tcheco lhe disse que sabia sobre sua próxima missão. Como sabia disso Johnny jamais poderia imaginar, porque nem ele próprio sabia. O burocrata achou que, como bom comunista, Johnny deveria saber. "Você será enviado primeiro à Manchúria e depois à China", disse. Johnny agradeceu, duvidando seriamente se era verdade.

De volta a Berlim em junho de 1933, Helena cruzou a Alemanha até Ahlen, para procurar os filhos de Johnny. Oscar e Marianne estavam morando com Emma Klutzka, irmã de Maria. Helena não ficou muito tempo, temendo que os nazistas a prendessem, como estavam fazendo com outras pessoas da esquerda em Ahlen. Levou dinheiro, roupas novas e uma carta de Johnny. Dizia que enviaria mais fundos depois. As crianças a chamaram de "Lena". Estranhamente, nenhuma delas falou de Maria, que morrera apenas três meses antes. Johnny pedia fotos de Oscar, Marianne e seu homônimo, mas Johnny Jr. não estava lá. Fora a Berlim para ficar com os Krüger. Vinha de uma família rompida e sem recursos próprios, e o KPD de Berlim cuidara de tudo. Tinha agora 14 anos, mas logo seguiria para o leste.

Quando Maria voltou de Kharkov para a Alemanha, os superiores do marido fizeram com que entrasse em contato com ela e lhe dissesse que queria que seus dois filhos fossem para a União Soviética viver com ele. Moscou estava cuidando para que Johnny se tornasse um agente internacional. Era uma maneira de assegurar que retornasse ao concluir as missões no exterior. De início, Maria se recusou, levando Johnny a ameaçar interromper o apoio econômico à família. Evidentemente, a advertência funcionou. Disse ao marido afastado que poderia ficar com o filho mais velho.[19]

Após dois meses em Praga, o Comitê Central do Partido Comunista local deu a Johnny e aos dois alemães dinheiro e documentos de viagem para seguirem de trem até Moscou uma semana depois. A pedido de Vasiliev, Johnny recebeu um passaporte soviético. O grupo estava livre para fazer o que quisesse até a hora da partida. Na primeira oportunidade Johnny comprou um cartão-postal. Preencheu-o rapidamente e o enviou a Foley, em Berlim. Dizia: "Estou tendo momentos muito bons em minhas férias. August." Foley saberia que estava tudo bem e tomaria um trem para Praga.

Johnny alugara um pequeno quarto de Adolf Resnicek, não muito distante da Praça Karl. Era no quarto andar da rua transversal em Ječná 1. Aproveitava o tempo livre para visitar lugares. Foi quando, sem avisar, Helena chegou. Quase histérica, tinha uma carta dos pais pedindo a Johnny que a deixasse ficar, porque estava deprimida com a separação de Johnny. Ele achou que não tinha outra escolha. Quando lhe disse que estava indo para Moscou, Helena de bom grado concordou em viajar com ele.[20]

Quando o trem de Frank Foley chegou e ele entrou em contato, Johnny foi ao seu encontro em um restaurante seguro, não muito distante da embaixada britânica em Praga. Johnny o informava sobre sua possível viagem à Manchúria e à China. Foley parecia perplexo. "Como esse rapaz saberia sobre a próxima viagem e o que pretendem que você faça lá, Johnny?", perguntou, franzindo as sobrancelhas. "Não sei como esse homem poderia saber, Frank, porque ele não está em posição de saber", respondeu Johnny. "A não ser que seja uma missão dupla Comintern-M4 e ele ouviu alguém do Comintern comentando. Não me disse mais nada, mas o verei novamente amanhã e tentarei descobrir se sabe mais." Os dois combinaram de se encontrar na noite seguinte, no salão de espera da estação ferroviária.

Na manhã seguinte, Johnny foi de novo à embaixada soviética. Localizou o informante e, diante de uma xícara de café na lanchonete quase deserta, tentou sondá-lo. Só pôde fornecer mais alguns detalhes, muito aquém do que esperava. Johnny evitou pressioná-lo muito.

"Eles suspeitam de um agente soviético residente na Manchúria", disse Johnny a Foley naquela noite, na grande e agitada estação. "Foi tudo que pôde me dizer sobre isso. Na China, tudo que sabia é que será uma missão conjunta de natureza militar. Não muita coisa para prosseguir, mas parecia confiável e sincero. Não diria, porém, onde obteve essa informação. Acho que está assustado."

Foley balançou a cabeça, concordando, enquanto puxava a fumaça de seu cachimbo preto. "Quando você parte para Moscou, amanhã à noite?", perguntou. "Nove da noite, amanhã", confirmou Johnny. "Vamos ver se haverá desdobramentos até lá", murmurou Foley, quase em um sussurro, enquanto falava com o jornal que mantinha aberto à sua frente. Johnny permanecia de costas para ele, observando o embarque no trem e levando um lenço ao nariz cada vez que falava. Eles foram para um restaurante, fazendo apenas uma pequena mudança. Foley se acomodou em um compartimento, de frente para a parede dos fundos. Johnny se sentou no compartimento adjacente, de costas para Foley. A conversa deles prosseguiu sem que fosse notada. Um anúncio estridente da chegada de um trem vibrou na fachada de vidro alta e abobadada do prédio principal. Levantando-se, Foley murmurou: "Sete da noite aqui", enquanto esbarrava nele e se afastava para pagar a conta. Johnny passeou por ali durante meia hora, comprando uma revista e tomando um café antes de deixar a estação e penetrar na agitação da noite, do lado de fora.

No dia da partida, Johnny entrou em contato com a embaixada soviética novamente, no fim da tarde. Queria saber se Moscou fizera alguma mudança nos planos. Uma confirmação da partida de Praga e da hora de chegada a Moscou fora enviada à sede do M4. Nenhuma modificação havia sido feita. Johnny não viu o informante nem o procurou, para não despertar suspeitas. Disse a Helena para encontrá-lo mais tarde e pegou um táxi até a estação, para o encontro final com Foley.

Ao despachar sua mala, eram 18h30. Johnny foi até um bar e fez uma refeição leve. Meia hora depois, estava observando cartazes na parede de um salão de espera um pouco congestionado. Em questão de minutos, Foley estava ao seu lado. "Alguma mudança, algo novo?", perguntou Foley. Olhando para a frente, diante da parede ocupada, Johnny respondeu:

"Não." Em seguida, o oficial do MI6 em Berlim deu a seu agente instruções e contatos tanto na Manchúria quanto na China, caso realmente fosse enviado para esses lugares. "Boa sorte, Johnny, mantenha contato", foram suas últimas palavras antes de desaparecer. Helena e os outros dois viajantes chegaram separadamente. Um deles partiu para Moscou;[21] embora tivesse bebido cervejas demais, sentia-se bem.

O trem de Johnny e Helena chegou a Moscou na primeira quinzena de setembro de 1933.[22] Foram recebidos e levados para a sede do M4. Johnny fez o relato completo de sua missão a Ian Berzin. "Você deu o melhor de si", observou Berzin. "Estava uma bagunça de louco e não tivemos escolha a não ser tirá-lo de lá rapidamente. Agora o partido está sendo terrivelmente atacado, com Hitler no poder, e vai demorar muito para arrumarmos essa bagunça. Não vale a pena manter nenhuma vida comunista sob o regime nazista, principalmente a sua."

A partida de Willy Leow viera à tona e a caçada comunista a ele estava a todo vapor. "Você prestou um serviço valioso ao nos informar sobre o desvio de fundos feito por ele", disse Berzin, calorosamente. "Vamos pegar esse sujeito, não importa aonde ele vá." Johnny concordou. Aquilo não poderia acontecer com alguém melhor, pensou Johnny, com seus sentimentos hostis ainda à flor da pele. Johnny não teve arrependimento por denunciá-lo e nenhuma dúvida em relação ao terrível destino que o aguardava.

Naquela noite, Johnny e Helena se registraram no Hotel Passage. Receberam o quarto 17.[23] Estava morto de cansado da viagem e de toda a atividade mental. Na portaria, recebeu uma carta com carimbo de Ahlen, Alemanha, enviada aos cuidados de uma caixa postal em Moscou. No quarto, abriu o envelope enquanto se sentava na cama. Leu as primeiras linhas e reviveu o que soubera em Berlim e que Helena explicara ao chegar à pensão em Praga. Sua cunhada, Emma, informava-o de que Maria falecera em 18 de março de 1933. Estava acima do peso e sucumbira a um ataque cardíaco. Não completara ainda 34 anos. Sua filha Marianne sempre acharia que o pai fora de alguma maneira responsável.[24]

Embora estivesse em Berlim, foi uma boa decisão não ter ido ao funeral. A polícia e os soldados de Hitler o esperavam em Ahlen. Um número estimado em 3 mil pessoas encheu as ruas entre o hospital onde ela morrera e o cemitério. Algumas estavam ali em respeito à sua memória, outras para ver se o marido apareceria para se despedir. Os sentimentos em relação ao casal eram ambíguos. Durante todos aqueles anos, os filhos haviam sido rejeitados por terem como pai um comunista famoso.[25] Mas naquela noite, a quase 2 mil quilômetros de distância, Johnny ficou horas paralisado na cama em Moscou, enquanto o passado e o casamento fracassado fluíam diante dos olhos.

# 11

# Manchúria e China

O som estridente do telefone na cabeceira despertou Johnny de uma curta noite de sono intermitente. Pegou o fone para ouvir uma voz distante dizendo "11h" e em seguida um sinistro clique. Ao olhar para o relógio na cabeceira, ficou chocado ao notar que já eram 10h. Tomou um banho rápido, barbeou-se e comeu algo apressadamente no andar de baixo antes de seguir para o encontro com Berzin.

Johnny deu ao general a carta de Emma, que ele leu em silêncio. Em seguida, olhando para Johnny, disse respeitosamente: "Sinto muito que sua mulher tenha morrido, Johnny", e lhe estendeu a mão. Johnny agradeceu, um pouco incomodado pelo fato de o regulamento do M4 exigir que relatasse todos os assuntos pessoais. Berzin informou que Willy Leow fora detido em Paris. Com ele estava a maior parte dos fundos do partido. Leow disse a funcionários do Comintern que não fugira, mas saíra da Alemanha para evitar ser preso.

"O Comintern está fazendo uma audiência sobre esse assunto agora", disse Berzin. "Você gostaria de aparecer como testemunha?" Johnny concordou, e meia hora depois os dois estavam em uma pequena sala na sede do Comintern. O ladrãozinho Leow estava ali, diante de um grupo de funcionários, e olhou nervosamente na direção de Berzin e Johnny quando entraram na sala. Negando veementemente ser um ladrão que abandonara o posto sem permissão, considerava o episódio uma armação. "Por que você não nos informou sobre sua saída e por que não contatou o partido ao chegar a Paris?", perguntou um dos inquisidores. "Não houve tempo", respondeu. "Tive de sair da Alemanha em questão de horas quando soube que queriam me prender." Eles se digladiaram enquanto Leow tentava explicar por que não procurara o Partido Comunista Francês. Seu único pensamento, garantiu, havia sido deixar Berlim o mais rapidamente possível.

De repente, Leow se levantou e, tremendo de raiva, apontou o dedo para Johnny, gritando: "Ele armou contra mim! Ele é que deveria estar sendo julgado!" O presidente da sessão bateu o martelo, obrigando Leow a afundar de novo na cadeira. Em seguida, Johnny se levantou e testemunhou sobre a partida de Leow, seu aviso a Moscou a respeito da fuga e as dificuldades enfrentadas por membros do partido em Berlim devido à avareza de Leow e à falta de dinheiro. Leow se levantou novamente, acusando Johnny de estar por trás daquilo e de querer apanhá-lo.

Foi advertido para se conter e sentar-se, enquanto o grupo lhe explicava que Johnny fora um bom comunista ao relatar a fuga de Berlim. "Mattern fez a coisa certa ao nos avisar imediatamente. Portanto, você não tem motivo para atacar esse verdadeiro membro do partido, que na verdade lhe fez um favor", responderam. O clímax aconteceu quando o grupo decidiu afastar Leow por má conduta. Foi banido para a cidade de Engels/Pokrovsk, capital da República do Volga, para trabalhar no cargo inferior de editor. Mais tarde, Johnny soube que, ao chegar a Engels, ficara tão enlouquecido ao saber que não tinha poder algum que andou até o meio de uma rua, abaixou as calças e defecou para que todos vissem. Em 26 de fevereiro de 1936, foi apanhado pela NKVD em Engels e acusado de organizar um grupo de terroristas trotskistas. No início de outubro de 1937, foi considerado culpado e executado.[1]

Durante o processo do Comintern contra Leow, naquele setembro de 1933, camaradas que conheciam Johnny foram ao quarto dele e de Helena no Hotel Passage. Durante uma visita, eles tiveram uma conversa sobre Rogalla e Leow. Johnny descreveu Rogalla como a "vergonha do VKP(b)".[2] Concordaram que o dever deles era lutar contra Rogalla e Leow e que no Comintern "elementos podres acobertam uns aos outros".[3] Mais tarde, Johnny acusou A. I. Gekker de ter se afastado da investigação no caso Leow, defendendo Rogalla, atos de terrorismo e acobertamentos no processo. Isso levou Gekker a chamá-lo de porco.[4] Johnny guardou esse comentário para usá-lo contra Gekker mais tarde, se houvesse oportunidade. Rogalla acabou sendo considerado culpado de participar de propaganda contra-revolucionária fascista entre emigrantes alemães e condenado a cinco anos em um gulag. Foi enviado para Magadan, no extremo Oriente. Em março de 1938, foi preso sob acusação de sabotagem e em maio foi executado.[5]

Na manhã seguinte à decisão do conselho sobre Leow, Johnny foi novamente chamado à sede do M4, onde Berzin e Langner o receberam.[6] Trocaram algumas opiniões sobre a decisão em relação a Leow e em seguida mergulharam no trabalho. A nova missão seria curta e doce — os dois anos sem uma posição importante evidentemente foram ignorados. Conforme fora informado em Praga, estava sendo enviado à Manchúria. O aparelho soviético lá era na maior parte o Comintern, mas havia algumas pessoas do Estado-Maior e um oficial em particular que fora um dos instrutores de Johnny na Academia Militar de Frunze, o capitão Werner. Formara uma rede internacional de inteligência e espionagem considerável, que servia à União Soviética. O que chamava a atenção de Moscou, entretanto, era que essa rede era financeiramente autossuficiente. Queriam saber como esse aparelho excelente e confiável funcionava e como conseguia operar sem ajuda financeira, quando todas as outras redes não conseguiam. "Esse homem ainda não pediu nada", afirmou Berzin. "Descubra como faz isso." O ex-capitão tinha orgulho da autonomia. Entretanto, a autossuficiência ia contra a política soviética, que determinava o controle dos orçamentos e, portanto, das pessoas e das operações. Incomodava Moscou ter um independente bem-sucedido agindo livremente.

Werner era agente do Comintern, portanto o comando geral do M4 não tinha a função nem a permissão de investigar. As disputas internas eram contínuas na relação entre essas duas organizações. Nenhuma confiava no papel da outra em trabalhos que frequentemente se sobrepunham. Era essencial que o Comintern não fosse informado sobre a nova missão de Johnny. Seria não oficial em muitos aspectos. O pretexto era que um agente que estava apenas passando por lá ouvira falar da fabulosa operação e queria indicações para fazer o mesmo em outros lugares. Se o Comintern soubesse que o comando geral estava investigando suas unidades, seria um inferno explicar isso a Stalin.

Provavelmente na segunda quinzena de agosto de 1933,[7] viajando sozinho, Johnny seguiu pela ferrovia Trans-Siberiana, atravessando a União Soviética até Chabarovsk e fazendo em seguida uma conexão até Vladivostok. Contando com fundos de Abramov,[8] pegou carona de Vladivostok para Mukden, capital de Manchukuo,[9] a Manchúria controlada pelos japoneses, onde Werner estava. Foi encaminhado a um agente polonês que lhe forneceu um novo passaporte e os documentos necessários.

Naquela primeira noite, depois de se instalar em um hotel, enviou um cartão-postal para Frank Foley em Berlim. Dizia: "A caminho de casa, J." Foley saberia que seu agente estava na Manchúria, mas apenas por pouco tempo. Durante dois dias, Johnny descansou, sem fazer contato com Werner. No terceiro dia, telefonou para ele, explicando que agora era agente do M4 e queria rever o antigo instrutor. "Você gostaria de me fazer uma visita?", perguntou Johnny, "e compartilhar comigo uma garrafa de vodca em meu quarto de hotel?" Werner aceitou, mas pediu vinho francês em vez de vodca.

Werner chegou não muito tempo depois. Era um homem jovial, de rosto redondo, baixo e troncudo, que se sentiu confortável pouco depois de entrar no quarto. Em meio a alguns drinques, Johnny lhe disse que estava a caminho de Hong Kong, Xangai e depois Cingapura, e que apreciaria muito qualquer conselho ou informação para que pudesse estabelecer unidades com a mesma alta qualidade. "Sou um novato nisso", disse Johnny, "e com certeza orientação e ajuda de alguém experiente seriam úteis. Se você tiver alguma dúvida em relação ao que digo, por favor, contate Moscou e confirmarão isso". Werner balançou a cabeça.

"Não será necessário", disse, satisfeito com sua avaliação verbal e pessoal. Se tivesse feito isso, e contatado o M4, Berzin teria dado sustentação a Johnny. Se tivesse decidido procurar o Comintern, entretanto, este ficaria bastante surpreso e seria informado, o que resultaria na temida batalha. Felizmente, não mantinha contato com qualquer das duas organizações. Werner foi bastante prestativo, afirmando que arranjaria para que Johnny conhecesse as operações, os livros e os métodos usados, de modo a ajudá-lo. Não apenas fez isso como mais tarde forneceu a Johnny contatos em cada cidade que pretendia visitar.

A próxima parada era o centro de operações de Werner em Dairen (hoje Dalian), 370 quilômetros a sudeste, pela costa. Próximo à cidade de Port Arthur, Dairen era um lugar agitado, que se projetava sobre o mar Amarelo. Werner realmente era bom em táticas para obter inteligência sem custo algum para Moscou. Johnny obteve uma explicação sobre a estrutura, ficando maravilhado com a eficiência. Para sua surpresa, soube que o financiamento de Werner vinha por meio da venda de automóveis e caminhões da Ford. Mais três comunistas trabalhavam com ele vendendo veículos para chineses e para o exército do Kuomintang, de Chiang Kai-shek. Johnny conseguiu verificar completamente tudo que disseram e partiu duas semanas depois impressionado e cheio de elogios à estrutura.[10]

Viajou para Hong Kong, para fazer o itinerário mencionado ao ex-professor da Academia de Frunze, caso Werner decidisse acompanhar seus movimentos. Em Xangai, fez contato com o oficial de vistos do consulado-geral britânico, George Vernon Kitson.[11] Foley lhe fornecera o nome de Kitson durante a reunião em Praga e dissera a Johnny para seguir em frente e contatá-lo, apesar das ordens anteriores. O oficial de vistos era um contato de inteligência que transmitiu as descobertas de Johnny para Foley em Berlim.

Em Hong Kong, Johnny embarcou discretamente em um vapor para Vladivostok, tomou o trem para Chabarovsk e depois seguiu pela ferrovia Trans-Siberiana de volta a Moscou.[12] Quando entrou no escritório de Berzin, em outubro de 1933,[13] seu chefe quase teve um colapso ao ser apresentado aos relatórios escrito e verbal sobre a missão na Manchúria. "Uma revendedora de carros! Esses sujeitos deveriam estar nos dando assistência aqui em Moscou", disse, rindo. Bem mais tarde, quando foi informado pessoalmente, Foley também explodiu em uma gargalhada. "Que diabinhos espertos. Eles são ótimos!", disse.

Johnny recebeu uma breve licença de dois dias em Moscou, encerrada abruptamente quando foi convocado a se reportar à sede do M4. O general Berzin lhe informou que iria para a China. "Essa missão é organizada pelo Comintern, mas também temos grande participação e interesse nela", explicou. "Seu trabalho será treinar o Exército Chinês Ocidental, comandado pelo general Zhu De, em táticas de guerrilha e estratégia, desenvolvendo as forças militares dele para atacar Chiang Kai-shek e o deslocamento japonês na costa."

Para sua grande satisfação, Johnny foi informado de que o supervisor — que já estava em Xangai — seria o general Manfred Stern, instrutor da Academia de Frunze que admirava muito. Xangai se tornara um dos centros mais vitais da luta proletária na China.[14] Arthur Ernst Ewert, velho inimigo de Johnny, liderava os esforços do Comintern. Embora tenha gostado da possibilidade de trabalhar com Stern, Johnny detestou a ideia de ter qualquer envolvimento com Ewert. O general Berzin e outros oficiais do Estado-Maior reunidos advertiram Johnny: "Cuidado, a única semelhança entre o Comintern e nós é que buscamos levar forças para o norte da China passando pelo exército de Chiang."

Além disso, os britânicos e o pessoal de Chiang Kai-shek ainda estavam refletindo sobre operações que haviam feito contra o Escritório do Extremo Oriente em Xangai no fim de 1931, prendendo líderes importantes do Comintern na cidade. Já haviam detido Joseph Ducroux (que tinha os nomes falsos de Serge Lefranc e "Dupont") em 1º de junho de 1931. Sob intenso interrogatório, Ducroux revelou informações suficientes para que a polícia capturasse Ho Chi Minh em Hong Kong e Hsiang Chung-fa, secretário-geral do Partido Comunista Chinês (CPP), em Xangai. Por fim, documentos sobre Ducroux o ligaram a Hilaire Noulens. Noulens — na verdade um agente soviético do Comintern, Yakov (ou Yacob) Rudnik — chegara à cidade em março de 1930. Seu trabalho era reformar as atividades do OMS em Xangai e dar apoio a agentes do

Comintern. Quando ele e a mulher foram apanhados em 15 de junho de 1931, uma informação caiu por acaso nas mãos das autoridades. A história recente, a extensão do material em posse da polícia e o julgamento de Noulens em agosto de 1932 contribuíram para tornar o ambiente delicado e perigoso para qualquer um que Moscou planejasse enviar à China.[15]

Johnny recebeu um salário de US$ 3 mil, US$ 1 mil para despesas e cinco passaportes antes de embarcar em um trem para Helsinque. Helena mais uma vez foi deixada para trás. Johnny usou um passaporte suíço para ir de Moscou a Helsinque e atravessar o mar Báltico de navio até a Suécia; um passaporte belga para seguir de trem de Estocolmo a Copenhague; e um passaporte suíço para ir de Copenhague à França, passando pela Alemanha. Em Paris, recebeu um passaporte americano em nome de Harry Wickman, rico fazendeiro de gado do Texas.

Ao longo do caminho, fez contato com Frank Foley, com quem se encontrou em Paris, antes de Johnny partir para Veneza a bordo do navio italiano S.S. *Congo Russo*, que fazia uma linha regular para Xangai. Enquanto ainda estava na Europa, Johnny recebeu um cheque de US$ 30 mil retirado do Banco de Hong Kong para Arthur Ewert, mas emitido para Harry Wickman.[16] Johnny avisou Foley sobre a operação e o dinheiro que estava levando, e combinou de manter contato por meio do oficial de vistos britânico em Xangai. Foley o informou de que os Krüger estavam bem. Isso foi uma boa notícia e conseguiu que recebessem mais fundos por meio de Foley.

A viagem de 21 dias pelo mar foi tranquila, dando-lhe bastante tempo para estudar a missão antes de chegar a Xangai, no início de novembro de 1933. Registrou-se no primeiro hotel de estilo ocidental da cidade, o Astor (hoje Pujiang). Mais tarde, mudou-se para uma pensão mantida por Frau Walter, uma nazista alemã que vivera toda a vida em Xangai.[17] O camarada Milton, agente do Profintern, o Sindicato do Comércio Soviético Internacional, subordinado ao Comintern, logo contatou Johnny no Astor e o levou de riquixá até a casa de Arthur Ewert, nos Apartamentos Foncim, na Rota Frelepu 643, apartamento 34D, na Concessão Francesa.[18] Arthur e a mulher, Elise, ou "Sabo", haviam chegado a Xangai, usando passaportes americanos falsos, em 13 de setembro de 1932. O disfarce de Ewert era de homem de negócios que trabalhava para a empresa americana Construction Supplies Company.[19]

"Então nos encontramos novamente, Mattern", começou Ewert, com um sorriso arrogante nos lábios. Olhando para baixo na cabeça de Ewert, de 1,73 metro,[20] mas diretamente nos olhos, Johnny respondeu: "Nunca gostei de você, Ewert, e serei contra você enquanto viver." "Está bem, como quiser", respondeu Ewert, ligeiramente ofendido. "Você também deve saber que agora estou sob o comando do general Stern, do Estado-Maior, e não sob seu controle", continuou Johnny. "Ah, está, é?", reagiu. "Você é amigo do general Stern?" "Sim, é meu comandante e um excelente oficial." Ewert olhou para Johnny com desprezo e em seguida caminhou para outra sala, fechando a porta e ignorando-o. Era a primeira vez que os dois se encontravam desde os tempos da Alemanha.

Ewert nascera pobre no leste da Prússia, em 13 de novembro de 1890.[21] Ingressara no SPD aos 18 anos, trabalhara no negócio de selas do tio e em seguida em uma usina siderúrgica. Abençoado com inteligência e com uma forte paixão pela leitura, mas limitado pela arrogância, conheceu a futura mulher, Elise Szaborowski, por meio da irmã, Minna, em um baile organizado pelo movimento SPD Jovem. Ela era 4 anos e 1 dia mais velha do que Ewert.[22] O SPD os enviou para Toronto em maio de 1914, para fazer contato com grupos que tinham opiniões semelhantes. Durante os quatro anos seguintes, Ewert e Sabo participaram ativamente de grupos socialistas no Canadá e, em menor grau, nos Estados Unidos. Ativistas profissionais, não tinham tempo para filhos quando Sabo engravidou, no Canadá. Ela fez um aborto. O casal foi preso em Toronto, em março de 1918, pelas atividades políticas. Ewert foi deportado para a Alemanha, para onde Sabo seguiu mais tarde, em fevereiro de 1920.

Ewert envolveu-se completamente com grupos da Spartacus e em seguida com o KPD. Trabalhou para a empresa de energia elétrica alemã AEG durante os anos pós-guerra. Sabo e Ewert finalmente se casaram em 28 de setembro de 1922.[23] O KPD o enviou de volta aos Estados Unido cinco anos depois, em agosto de 1927, como único delegado do Comin tern na convenção do Partido dos Trabalhadores americano. Foi influenciado pela facção minoritária de comunistas americanos liderada por Jay Lovestone, em detrimento do bloco majoritário liderado por William Z. Foster. Infelizmente para Ewert, sua ausência ajudou Ernst Thälmann a consolidar sua candidatura, e não a de Ewert, à liderança do KPD. O sucesso de Thälmann se deveu também, em parte, a sua aceitação da preferência de Moscou por Foster em detrimento de Lovestone.

Ewert foi eleito para o Reichstag alemão e atuou como delegado do KPD de 1928 a 1930. Em 1928, foi a Moscou para o VI Congresso do Comintern e recebeu uma advertência pela tendência direitista. Foi repreendido por defender — havia muito tempo — a cooptação de esquerdistas do SPD, uma visão oposta à de Stalin, que o repreendeu pessoalmente, chamando o SPD alemão de bando de "fascistas sociais". Stalin apoiou Thälmann. Essa parcialidade acabaria tirando Ewert do KPD, apesar de ter renegado suas convicções, levando-o para o patamar inferior dos que só eram considerados úteis para receber do Comintern missões perigosas no exterior.

Em 1929 recebeu uma ordem de preparar-se para ser transferido à América Latina. Enquanto estudava espanhol, seu conhecimento da língua inglesa resultou em outra missão nos Estados Unidos, em 1930. Moscou queria saber como a facção de Foster — a essa altura vitoriosa — estava agindo com os seguidores de Lovestone expulsos. Moscou também queria saber como Ewert lidaria com sua lealdade anterior. Estava bem consciente de ser observado e agiu de acordo com o desejo soviético. Os seguidores de Foster relataram alegremente à União Soviética sua satisfação com Ewert.[24]

Em 1931, foi enviado ao Uruguai para chefiar o Escritório Sul-Americano do Comintern. Enquanto estava em Montevidéu, envolveu-se em acontecimentos que determinariam não apenas o resto de sua vida, mas também a de um dos brasileiros mais importantes do século XX, Luís Carlos Prestes.[25]

Usando um intérprete, e se autointitulando camarada Chung, Johnny deu aulas em Xangai para 15 soldados do 8º Exército da Rota. Mais tarde, lecionou para um segundo grupo de 20 soldados da mesma força. Os dois cursos tiveram o objetivo de treinar comunistas chineses em prática de guerrilha. Depois de concluí-los, os soldados voltaram para suas unidades em Jiangxi (também chamada de Kiangsi).[26]

Johnny sempre tivera uma boa opinião sobre Manfred Stern, um homem com vasta experiência em campo, mas sem inclinações políticas. Judeu[27] e um verdadeiro modelo de soldado, Stern era um lutador. Em termos de manobras de campo, era altamente competente; em termos de táticas de guerrilha, não sabia nada. Sem dúvida, era um soldado exemplar e um amigo valioso. Johnny foi recebido com estardalhaço: "Que bom que é você, Johnny! Estou muito feliz por vê-lo! Preciso de um lutador para acabar com aquele maldito..." Johnny o interrompeu: "Qual é o problema, Fred (apelido do general Stern)?" "Ewert!", respondeu. "Aquele rato quer fazer tudo, sempre bisbilhotando e sendo motivo de irritação! Está constantemente atrasando meu trabalho, sobre o qual não sabe nada, mas acha que sabe." Stern mostrou a Johnny um mapa em grande escala da parte leste da China. Na região de Jiangxi, o Exército Comunista chinês de 100 mil homens mal armados, mas bem-treinados, erguia-se contra as forças de Chiang Kai-shek. O general Hans von Seeckt, ex-chefe do Estado-Maior alemão, ajudava o exército de Chiang.[28] Ao longo da costa sul, os japoneses esperavam. Johnny estudou o mapa com atenção, observando a maneira como Stern esquematizara os planos em zonas, em um típico estilo de Estado-Maior. Certamente, não era um esquema do zoneamento de uma batalha de guerrilha para uma ofensiva agressiva. Johnny disse: "Posso ficar com esse mapa, Fred, e você me faria um favor?" Ele fez que sim. "Você é um excelente oficial de campo, Fred, mas não um guerrilheiro", comentou. "Você está absolutamente certo! Não sou um estrategista de guerrilha", reagiu Stern. "Aqui, precisamos de uma prática de guerrilha para cumprir a missão que o Estado-Maior espera de nós, Fred", observou Johnny. "Que tal sair para um café e me dar três horas ininterruptas de trabalho sobre este mapa?" "Não, não seja maluco, Johnny", respondeu. "Esta é nossa única cópia, e deve ser entregue ao Comintern." "Deixe eu me preocupar com isso, Fred", reagiu. "Não se preocupe, apenas me deixe desenvolver um novo mapa e Ewert não notará a diferença." Stern hesitou, mas em seguida levantou as mãos e saiu.

Johnny corrigiu todo o esquema, reformulando-o para uma ofensiva de guerrilha. Quando Stern voltou e olhou o novo desenho, disse: "Você deveria ser o general e eu o pequeno major." "Mas você é o pequeno major", respondeu Johnny, brincando. Os dois riram. Ao olhar novamente o mapa, Stern disse com entusiasmo: "Está ótimo, exatamente o que o médico recomendou." O plano modificado tinha o objetivo de tomar a cidade de Nanchang e forçar os soldados de Chiang Kai-shek a entrar em um corredor entre as províncias de Jiangxi, Fujian (também conhecida como Fukien) e Zhejiang.[29]

Concordaram em apresentar o mapa revisado a Ewert e à equipe do Comintern apenas a título de informação. Stern e Johnny apostaram que, por serem políticos, Ewert e os associados tinham pouco conhecimento sobre forças militares. Johnny pediu a Stern para assinar o mapa, mas ele se recusou, dizendo que era um trabalho de Johnny. "Quero que você receba as honras. Portanto, assine." "Se o Estado-Maior perguntar a você, conhecendo suas qualificações, você decide se diz que é meu." "Johnny, você vai causar mais problemas aqui do que o irritante diabo chamado Ewert!"

Combinaram uma reunião com o Comintern para aquela noite. A ideia era Stern indicar as modificações no mapa dizendo: "Camaradas, este é o plano de ataque e posicionamento de soldados." Então, Ewert demonstraria como entendia pouco. Na hora marcada, Ewert mal olhou o mapa. "Isso não será aceito", comentou. Então Johnny se levantou, agradeceu a ele e disse: "Este mapa e todos os outros documentos serão enviados por via aérea ao Estado-Maior em Moscou". "Além disso, posso prever que a resposta deles a essa rejeição fará com que você seja obrigado a deixar seu posto aqui e seja chamado de volta." Havia muito mais poder no Estado-Maior do que no Comintern, o que não hesitariam em demonstrar. "É assim que vamos proceder", informou Johnny. "Em breve, nossa própria estação de radiotelegrafia estará montada e não precisaremos mais de suas instalações de comunicação", acrescentou. Ewert se levantou, lançou um olhar frio sobre Johnny e saiu, batendo a porta.

Otto Braun (codinome de Karl Wagner),[30] o assessor militar do Comintern em Xangai, estava na reunião e, naturalmente, do lado de Ewert. Chegara à China como parte de uma equipe de dois homens, cada um deles com US$ 20 mil para dar a Richard Sorge, que estava em Xangai para comprar a liberdade dos Noulen. Braun também ignorou ou se recusou a seguir as diretrizes de Stern, ou as cumpriu tarde demais para que fossem eficazes. Johnny achou-o egoísta e impaciente. Não estava sozinho. Braun também não se deu bem com o general Zhu De. Os dois brigaram e Zhu De demitiu Braun.[31]

O mapa modificado, com um esquema completo dos planos e da estratégia, foi despachado para Moscou naquela noite. A proposta foi aprovada no dia seguinte. Meses depois, Ewert seria afastado do cargo e chamado de volta a Moscou. O relatório que acompanhou a decisão o mostrava como um tolo que não conseguia entender um bom mapa de campanha militar. Entre os itens mencionados aos superiores na União Soviética estava o descuido. Tinha hábitos letais para um espião. Deixava documentos comprometedores em casa. Foi advertido repetidamente para guardá-los em segurança. Certa ocasião, seu apartamento em Foncim foi arrombado e roubaram uma única nota de US$ 500, aparentemente deixada à vista. Ewert alegou que havia outras notas de US$ 500 no mesmo lugar. O camarada Milton, assim como Stern, Johnny e outro camarada, achou que o arrombamento era obra da Polícia Municipal de Xangai. Johnny enviou detalhes sobre o caso a Vasiliev, em Moscou.

O incidente questionável com a nota de US$ 500 se juntou a outro: visitar a viúva de Sun Yat-sen. Pai espiritual do Partido Kuomintang, Sun havia se casado com Soong Ching-ling, que não gostava de Chiang Kai-shek. Depois da morte do marido, Soong morou em Berlim antes de retornar a Xangai, onde residia na rua Molière, na Concessão Francesa. A polícia de Chiang mantinha a casa sob constante vigilância, observando atentamente cada pessoa que entrava. A prisão de vários comunistas chineses — particularmente aqueles com os quais Ewert mantinha contato — estava plausivelmente associada ou ao roubo dos US$ 500 ou à(s) visita(s) a Soong.[32] Havia também a questão do passaporte. Ewert usara um americano falso, nº 542.115, com o nome de Harry Berger, na missão anterior na América do Sul e agora o usava na China.[33]

Além dos erros, houve mais uma mancha na reputação de Ewert na China. Tudo aconteceu aproximadamente dez dias depois da desavença entre Stern, Johnny e Ewert sobre o plano militar reformulado. Ewert pediu a Johnny para treinar Milton em sabotagem. Durante uma viagem a 40 quilômetros de distância de Xangai, para testar um fusível à prova d'água, Johnny descobriu que o camarada Milton estava tentando matá-lo — a pedido de Ewert. O novo fusível fora preso a uma bomba que explodiu antes da hora. Johnny suspeitou imediatamente de Milton, conseguiu que confessasse, desistisse da tentativa de assassinato e o ajudasse a relatar os movimentos de Ewert. Na explosão, Johnny se feriu na perna. O ferimento exigiu uma ida ao hospital quando voltavam para Xangai.[34]

O camarada Milton era na verdade Eugene Dennis. No fim da Segunda Guerra Mundial, Dennis se tornaria o secretário-geral do Partido Comunista dos Estados Unidos da América, o CPUSA,[35] cargo que exerceria até 1957; de 1959 a 1961 seria o presidente nacional. A tentativa frustrada de assassinato convenceu Johnny de que a hostilidade em relação a Ewert chegara a um nível mais elevado. Teria de cuidar dele, se tivesse oportunidade. Do contrário, o adversário poderia atingi-lo.

Quando a perna ficou curada, Johnny se preparou para viajar para o oeste para iniciar o treinamento das tropas do general Zhu De. Stern permaneceria em Xangai para comandar o posto. Certa noite, antes da partida, Johnny foi à casa do oficial de vistos britânico disfarçado de vendedor ambulante. Por uma senha, George Kitson reconheceu Johnny da visita anterior a Xangai. Discutiram detalhes do trabalho, que o inglês disse que transmitiria a Foley em Berlim. Johnny seguiu para a frente de batalha de trem. Ao longo do caminho, o general Zhu De e sua equipe — que embarcaram no meio da viagem — apresentaram Johnny a Zhou Enlai. Zhou, vice-presidente da Comissão Militar Revolucionária Central, que controlava o Exército Vermelho,[36] pareceu bastante amável e interessado nos planos da ofensiva. Zhu De, um homem baixo e magro, tinha uma trajetória de vitórias com Zhou, o que fazia com que Johnny não tivesse dúvida sobre sua alta capacidade.

Ao chegar ao destino, em Huangshi, seguiram de avião até o centro de operações. Johnny foi levado para um reconhecimento do campo, que terminou, naquela noite, com uma longa reunião. Teve uma boa impressão dos oficiais e soldados do general Zhu De, que já formavam uma boa força de guerrilha. Durante anos enfrentariam o exército de Chiang Kai-shek, que era bem maior e bem superior.[37] A missão de Johnny era ensinar a eles táticas avançadas, estratégias e manobras de batalha insurrecional. O moral dos 100 mil lutadores estava bastante elevado. Zhu tirava o chapéu quando conversava com os homens.[38] Ao examinar as armas, porém, Johnny ficou chocado ao descobrir que tinham uma grande quantidade de fuzis estrangeiros diversos, de diferentes calibres, e quase nenhuma munição.

Começaram a selecionar armas e balas, de modo que cada homem e cada unidade tivesse a munição correta para a arma correspondente. Dessa maneira, formaram companhias, algumas apenas com armas britânicas, outra com francesas e ainda outra com americanas. Depois de distribuir as armas disponíveis, Johnny descobriu que ainda tinham poucas e começou a procurar fornecedores. Compraram suprimentos militares de soldados do sul que tentavam permanecer neutros, mas concordavam em ajudar os combatentes do general Zhu De se o preço fosse bom. Essas armas foram contrabandeadas através de uma província neutra para as mãos de Mao Tse-tung, no território comunista de Jiangxi.[39]

Embora a quantidade de armas aumentasse, Johnny começou a ensinar líderes de grupos e soldados a usar explosivos. Ateve-se ao básico, gastando um bocado de tempo no treinamento antes de permitir que qualquer pessoa lidasse com pólvora. Era preciso estar familiarizado com o explosivo quando estivesse seco. Ninguém deveria mexer no material depois que ele esquentasse. Isso foi apreendido tão profundamente por aqueles homens que eles podiam armar explosivos dormindo. Nas batalhas, explodiram alojamentos, equipamentos e de vez em quando navios, a quilômetros de distância, em segurança.

Por fim, depois de uma reunião com informações detalhadas, tudo parecia pronto. Johnny enviou um telegrama a Fred Stern no comando em Xangai para mantê-lo informado. Como o início da ofensiva era iminente, os oficiais de Zhu De deram uma ordem estrita aos soldados: qualquer homem apanhado roubando ou pilhando fazendeiros ao longo do caminho enfrentaria uma sentença de morte executada pelo pelotão de fuzilamento. Eles disseram aos soldados, "Se os camponeses puderem vender a vocês comida ou suprimentos, de qualquer tipo, paguem." Segundo Johnny, somente dois homens foram executados por desobedecerem a essa diretriz durante as batalhas que se seguiram.

A marcha começou em direção ao noroeste. O objetivo era circundar as forças de Chiang e atacar primeiro os japoneses. Sendo bem-sucedidos nisso, eles enfrentariam o Exército do Kuomintang, com 2 milhões de homens. Os soldados de Zhu De estavam em número bem menor, mas a tática esquerdista de "morda aqui, lute lá" produzia grandes resultados. Os soldados de Chiang nunca souberam quando ou onde as unidades de Zhu De atacariam nem a força que tinham. Logo, o comando original de Zhu De, de 100 mil homens, ganhou tamanho e impulso. Recebeu meio milhão de seguidores. Camponeses armados o haviam inchado. Confiavam nos que pagaram por seus produtos, enquanto os soldados de Chiang roubavam, estupravam e assassinavam.

Nesse ínterim, Stern vinha conversando com representantes de Cai Tingkai, líder do 19º Exército da Rota, localizado na costa próximo à cidade de Fujian. Cai não defendia Chiang Kai-shek nem os comunistas, mas concordou em ajudar Zhu De a impedir que as tropas de Chiang tomassem suas posições. Zhu De pôde, então, atacar Chiang Kai-shek de dois lados, usando o 19º Exército da Rota como aliado. Em troca, Zhu De garantiu a Fujian total independência mais tarde. Se tudo corresse bem, Chiang seria apanhado em um clássico movimento de pinça.

Ewert foi informado sobre o acordo, mas cometeu um ato fatal. Contrariando a vontade expressa de Stern, deu uma entrevista de três páginas ao semanário *China Forum*, de Xangai, no fim de novembro de 1933, condenando a aliança. As consequências foram desastrosas. O artigo anônimo do *China Forum* revelou os arranjos das forças comunistas com o 19º Exército da Rota. Ewert também chamava os líderes de Fujian de personalidades burguesas interessadas apenas em preservar o regime militar contra a vontade do CCP. Chegou a dizer que Cai Tingkai e o 19º Exército da Rota estavam alinhados com os Estados Unidos.[40] A reação era previsível. Cai Tingkai voltou atrás no acordo. Graças a Ewert, daí em diante Cai Tingkai permaneceu realmente neutro.

Johnny e Stern ficaram irados, depois de tudo que haviam feito para obter ajuda de Cai Tingkai. Stern e Ewert chegaram a se enfrentar de armas em punho.[41] Ainda assim, as forças rebeldes comandadas por Mao e Zhu De continuaram a obter vitórias. Johnny relataria mais tarde que os revolucionários vermelhos destruíram 76 aviões no aeroporto militar de Nanquim sem uma única perda.[42] Mas a oportunidade de esmagar o Exército do Kuomintang, depois de um ano da "Campanha de Extermínio" de Chiang, escapou.

Johnny denunciara toda a organização comunista em Jiangxi a Londres, por meio do oficial de vistos britânico em Xangai, que provavelmente informou o Kuomintang. Mao foi rebaixado ao papel de governante sem autoridade. Aqueles que não sucumbiram às forças de Chiang — 120 mil soldados e 30 mil civis — começaram a deixar a região em outubro de 1934. O plano de fuga foi de Zhou Enlai. Mao queria ficar e lutar. A viagem deles para o oeste seria o início da famosa Longa Marcha.[43]

Meses antes do êxodo, Chiang Kai-shek empreendeu a caça aos comunistas em Xangai.[44] Stern e Johnny se mantiveram informados sobre a situação militar nos confins mais seguros do Assentamento Internacional. O camarada Milton retirou as responsabilidades políticas de Ewert, que se refugiou no apartamento da mulher, em Bubbling Well Road 941, na antiga Concessão Americana.[45] Por fim, Stern foi chamado de volta a Moscou, encerrando sua participação na missão chinesa, o que separou os dois. Johnny lhe desejou boa sorte quando apertaram as mãos e se abraçaram antes da partida de Stern, provavelmente em abril de 1934.[46]

Na noite em que Stern partiu, Johnny foi à casa do contato britânico disfarçado novamente de vendedor ambulante. Discutiram as conquistas da missão e o tempo que Johnny teria pela frente sem supervisão até que Moscou telegrafasse. Kitson começou a falar sobre um problema britânico particular de longa data. Aparentemente um espião estrangeiro vinha obtendo segredos industriais ingleses há 30 anos sem ser detectado. Por mais que tentassem, não conseguiam localizar os fornecedores ilícitos.

"Esses homens estão passando informações, sabemos disso, mas como o fazem e para quem passam, não conseguimos determinar", disse Kitson. "Se estivesse dirigindo essa estrutura de inteligência", explicou Johnny, "usaria uma lavanderia chinesa como fachada. Esses negócios têm muita gente entrando e saindo o dia inteiro sem levantar suspeitas. Você já considerou essa possibilidade?". "Não", respondeu Kitson, refletindo. "Mas parece lógico, agora que você mencionou. A cidade é cheia desses estabelecimentos."

Durante o resto da noite, discutiram o problema e possíveis soluções, até que um plano de ação foi desenvolvido. Além de Johnny, havia oito agentes de inteligência estrangeiros do SIS. Um dos membros desse time — ou um daqueles que o escolheram — pode ter sido Harry Steptoe, vice-cônsul britânico em Xangai e agente do SIS. Steptoe tivera uma participação na prisão de Hilaire Noulens.[47] O que precisavam era de algo que ele sabia fazer. O grupo foi atrás de seis suspeitos. Durante algum tempo, puderam ver se havia algum denominador comum. Dois outros agentes e Johnny começaram a checar a teoria das lavanderias chinesas da vizinhança. Os agentes se reuniram na manhã seguinte, no porão de um armazém deserto. Durante o dia todo, mapearam a estratégia para vigiar e relatar até que todos se familiarizassem com as táticas a serem usadas. Reduziram os milhares de lavanderias de Xangai às 20 mais próximas da casa de cada suspeito. Em seguida, checaram o passado do proprietário de cada uma delas. Depois de apenas duas semanas, chegaram a uma que dois suspeitos haviam visitado separadamente, uma vez cada um, nas duas semanas anteriores. Era de um japonês e ficava perto daqueles que eram investigados até então. Achando que podia ser o ponto de contato, passaram a vigiar o prédio 24 horas por dia, de um quarto alugado do outro lado da rua. Três agentes mantiveram a vigília enquanto os colegas continuavam a observar os suspeitos.

Mais duas semanas se passaram. Nada de estranho aconteceu enquanto cada suspeito era fotografado. As fotos foram entregues a Kitson para serem comparadas com as fotografias de burocratas de nível médio que trabalhavam para empresas que faziam negócios com os britânicos. Na terceira semana, descobriu-se que um dos fotografados era engenheiro-chefe de uma empresa britânica que até então não estava sequer sob suspeita. Por volta das 12h do dia seguinte, mais uma foto foi tirada. Era também de uma pessoa insuspeita. Como começou a ser seguida, Johnny ficou sozinho no apartamento alugado. Conseguiu descansar um pouco em uma pequena cama portátil nos fundos do quarto. Tarde da noite, quando as atividades da loja fossem encerradas, o proprietário sairia e Johnny poderia dormir. Ele e seus colegas agentes acharam que estavam chegando a algum lugar, porque os suspeitos haviam deixado algo na lavanderia mas não haviam sequer voltado para buscar.

Durante um mês inteiro Johnny permaneceu em seu posto, dia e noite, checando periodicamente se havia informações de Moscou, que pareciam nunca chegar. Frequentemente, as quatro paredes e o tédio da vigilância o aborreciam, mas sua profunda sensação de que a chave estava do outro lado da rua lhe dava forças para continuar. Por fim, em uma terça-feira à noite, a descoberta aconteceu. Um por um os oito suspeitos chegaram, deixaram seus pacotes e saíram. Todos partiram de mãos vazias. Enquanto cada um chegava e saía, Johnny fez contato com seus homens, que telefonaram enquanto seguiam os suspeitos.

Depois de observar o segundo cliente chegar com seu agente, Johnny soube que aquela seria a noite. Instruiu rapidamente os outros agentes a voltar para o quarto alugado depois de ver seus suspeitos em casa. Quando o último cliente saiu, quatro de seus homens haviam voltado. Quando o último agente chegou, atravessaram a rua correndo, e cercaram as saídas da lavanderia. Em seguida, três pessoas bateram na porta da frente. A porta foi ligeiramente aberta e, com armas em punho, os agentes jogaram seu peso contra ela, lançando para trás o dono da loja, que cambaleou e caiu.

Rapidamente, levantaram o proprietário, obrigando-o a passar pelo balcão mal iluminado e por pacotes variados até chegar ao quarto de trás. Nessa área de trabalho, empilhados sobre uma mesa, estavam os pacotes especiais da lavanderia. Perto deles, desembrulhados, havia projetos de produção britânicos secretos e uma máquina fotográfica em miniatura.

O dono da lavanderia tentou pegar uma pequena espada na parede. Os companheiros de Johnny o seguraram enquanto implorava para que o deixassem se matar. Johnny concordou, mas só depois que fosse interrogado. Começou a relatar como trabalhara sem ser detectado durante anos, obtendo dos informantes documentos militares que fotografava e enviava ao Japão. Os originais eram discretamente enviados para as casas dos informantes na mesma noite. Em seguida, eles colocavam os documentos de volta nos arquivos da empresa. Todas essas declarações foram anotadas. Exausto, ele finalmente pediu a espada e teve permissão para pegá-la. Em seguida, ajoelhando-se em um pequeno tapete, segurou a espada com as duas mãos, murmurou uma prece e, diante dos olhares perplexos de todos, enterrou-a na barriga volumosa. Ao cometer o *hara-kiri*, morria sem desonra. Johnny, que vira suicídios de prisioneiros em Osowiec, mas nunca um ritual de suicídio japonês, achou aquilo chocante.

Eles deixaram um guarda de plantão no local. Uma equipe o liberou no dia seguinte e revistou tudo. Ao mesmo tempo, outros agentes detiveram os colaboradores em suas casas e locais de trabalho. Todos foram presos, julgados e condenados.

No fim de agosto de 1934, Johnny, o camarada Milton, os Ewert e o operador de rádio de Ewert receberam um telegrama ordenando que retornassem a Moscou. Johnny avisou o contato britânico e embarcou em um navio com os outros. A embarcação contornou a península coreana e atracou em Vladivostok. Em seguida, os cinco comunistas tomaram um trem para Chabarovsk e dali seguiram no Expresso Trans-Siberiano, em uma longa viagem de seis dias de volta a Moscou.[48] Ao desembarcar na capital soviética, Johnny foi levado à sede do M4, onde Berzin o aguardava. O general era todo sorrisos e congratulações. Se tivesse a mais remota consciência sobre a vida dupla de seu agente, teria executado Johnny na hora — ele próprio.

Depois de discutir a missão na China, Berzin observou: "Stern e eu achamos que talvez devêssemos manter você ou outro agente na China para garantir que nossos esforços não se percam." "Senhor, isso não é necessário", reagiu Johnny, com confiança, "porque aqueles soldados são os melhores. Neste exato momento, estão dando uma lição que Chiang não esquecerá. Têm essa determinação. Com certeza não precisam de alguém os vigiando e os estimulando para assegurar que não haja trégua até Chiang ser derrotado." "Você deve saber, Johnny, estou convencido", afirmou Berzin, com um sorriso amigável no rosto.

Pouco tempo depois, Johnny foi informado de que Stern assinara o mapa do plano de batalha na China, que enviara a Moscou. Usara suas iniciais, mas embaixo escrevera o número de Johnny como agente do M4, "X-502".[49] Berzin conhecia o número e disse: "Obrigado por ajudar um de nossos melhores comandantes em campo." Ao se encontrar com Stern depois, Johnny reclamou. Stern reagiu: "Espere aí, Johnny, você fez os mapas e o certo seria constar sua assinatura e você receber todo o crédito." Johnny considerava Stern um oficial bom e honrado. Era também um amigo leal. Mal sabia que anos depois agentes americanos o interrogariam sobre Stern. Sem que Johnny soubesse, o amigo estaria então em um gulag. Mas naquele momento, em Moscou, estava determinado a não desapontar Stern.

12

# Brasil um

"Você gostaria de ir comigo à Espanha em uma missão?", perguntou o general Stern a Johnny enquanto eles conversavam durante um almoço em um hotel de agentes em Moscou. Johnny olhou para ele, curioso. "Fred, conheço a Espanha, o que há de bom e ruim", respondeu ele. "Também conheço você. Ou vão matá-lo, aqueles filhos da puta chamados Legionários [liderados por Francisco Franco], ou vão tornar sua vida completamente insuportável. De um jeito ou de outro, é um bom país para evitar." "Eu acabo de voltar da Espanha", reagiu Stern, observando a surpresa no rosto de Johnny. "Quando você esteve lá, Fred?", perguntou Johnny, ainda meio espantado. "Enquanto você estava na China, achando que eu tinha voltado para Moscou", afirmou o general tranquilamente, divertindo-se com a reação de Johnny à notícia.

Aos poucos, Stern esclareceu seu companheiro, afirmando que a Espanha tinha poucos soldados treinados. O balanço vinha do Mediterrâneo, mas não era um bom material. Ele desenvolvera numerosos planos, mas tinha problemas para executá-los. Cansado e frustrado na Espanha, pedira para ser chamado de volta. Stern retornou a Moscou via Ucrânia. "Você acha que poderia ter mudado as coisas e ter tido sucesso na missão na China, Johnny?", perguntou ele. "Duvido, Fred", tranquilizou-o Johnny, "porque não se pode controlar uma revolta com uma arma nas costas."

Johnny estava consciente dos problemas na Espanha depois de ler inúmeros relatórios. Os militares espanhóis tomavam todas as decisões, e se alguém discordasse, era colocado em um canto e executado com um tiro nos olhos. Johnny lera relatos sobre homens mortos dessa maneira. Além disso, as potências internacionais não estavam interessadas em forçar a Espanha a adotar um estilo de vida democrático. "Foi um verdadeiro inferno, eu lhe digo", continuou Fred. "Por pouco escapei com vida." Olhando-o diretamente nos olhos, Johnny disse: "Se você voltar e eu receber uma ordem para ir junto, eu lhe digo categoricamente que nunca ficarei lá. Se pedirem a você, Fred, recuse, porque um agente morto não é um agente." Stern suspirou pensativamente, concordando.

Várias semanas se passaram e Johnny se distraiu com visitas a monumentos nacionais. Passeou em torno do Kremlin e pela primeira vez viu as inúmeras lápides inseridas no muro atrás do Mausoléu de Lenin, na Praça Vermelha. Enquanto lá dentro a barba de Lenin ainda crescia e recebia cuidados diariamente, Johnny ficou pasmo ao ver placas em homenagem a vários assassinos cruéis enterrados do lado de fora, na barreira em torno do Kremlin. Havia placas para Max Hoelz, o exibicionista; Béla Kun, o ladrão e antigo secretário do partido nos Bálcãs; e outros igualmente renomados por suas perversidades. Enquanto lia as lápides, ele cuspia. Um guarda se aproximou e perguntou por que Johnny demonstrava tanta repulsa pelos heróis nacionais. "Na maioria, são uns ratos!", disse-lhe Johnny. "Não há outros lugares para pôr porcos sujos como esses?", perguntou. "Você conhece esses dois?", indagou o soldado. "Sim", respondeu Johnny, "conheço-os e não os suporto." Ele olhou para Johnny, concordando. "Talvez, para nós na Rússia, esses indivíduos desprezíveis sejam necessários para a propaganda", disse Johnny. "Mas com certeza eles não merecem estar em nenhum lugar perto de Lenin." "Essa é minha opinião também", sussurrou o vigia. "Entretanto, eles são colocados ali pelo Estado e nós apenas cumprimos ordens." Johnny praguejou e se afastou. "Que estupidez", resmungou para si mesmo, ainda fumegando com a descoberta revoltante.

Johnny se ocupou dando aulas para agentes em treinamento e mais cursos de inteligência na sede do M4, até que certa manhã Alfred Langner o chamou a seu escritório. Também estavam presentes Piatnitski, Manuilski e Pavel Vasiliev. "Johnny, duas alternativas para você. Uma, voltar para a China; a outra, uma missão no Brasil, para organizar uma revolução", começou Langner, sentado atrás de sua mesa reluzente.[1] "Camarada Langner", reagiu Johnny, "eu já achava isso e agora acho ainda mais: a China pode seguir bem por si mesma com o que iniciamos e deixamos acontecendo. Todos aqueles rebeldes que agora estão lutando vencerão sem a nossa supervisão. Entretanto, o Brasil é uma história completamente diferente. Como há uma escolha, gostaria de ouvir mais sobre o Brasil."

"Você sabia, Johnny, que alguns de seus queridos amigos do Comintern também estarão nessa missão brasileira?", observou Langner modestamente. "Quem, por exemplo?", perguntou Johnny. "Arthur Ernst Ewert", foi a resposta suave. "O quê?", retrucou Johnny, irritado. "Não vou dar um único passo para aquele imbecil!" Langner riu. "Sei tudo sobre ele", contou. "Na verdade, soubemos do problema que você e Manfred Stern tiveram com ele muito antes de o Comintern chamar de volta seu menino."

Johnny nunca descobriu como Langner recebeu a informação antes mesmo de os mapas de Stern serem enviados a Moscou. Ao pensar no que mais Langner sabia que ele havia feito, calafrios percorreram sua espinha. Ele se preparou para novas revelações. Então, Manuilski acrescentou que, apesar da insistência de Johnny de que era difícil trabalhar com Ewert em grupo, haveria uma equipe para decidir as coisas no Brasil.[2] "A missão", continuou Langner, "é enviar um grupo altamente especializado, sendo você o único membro do Estado-Maior, enviado para cultivar, recrutar e desenvolver células dentro e fora das forças armadas. As forças armadas estão se contorcendo para se rebelar. Com o impulso apropriado, uma rebelião maciça, e em seguida uma revolta, pode ser deflagrada, resultando na derrubada do governo brasileiro."

"Sua tarefa", prosseguiu ele, "envolverá principalmente o treinamento de grupos de guerrilha e assistência em estratégias e táticas militares.

Um especialista do Comintern recém-convertido comandará a organização dessa derrubada... Luís Carlos Prestes. Sua missão será ajudá-lo." Prestes era um ex-oficial brasileiro e rebelde. Altamente influente em muitos lugares e benquisto, despertara a atenção e a imaginação dos dirigentes soviéticos, que viram nele uma chance de se livrar do chefe de Estado brasileiro, Getúlio Vargas, instalando Prestes em seu lugar. O Comintern localizara Prestes em Buenos Aires, convertera-o ao comunismo através dos esforços de Abraham Guralski [pseudônimo de Boris Heifetz] e Arthur Ewert e o enviara à União Soviética.[3] Em Moscou, seu treinamento político fora intensificado. "Prestes é um líder nato", informou Langner a Johnny, "que conhece bastante seu país e seu povo." "Está bem, eu vou", disse Johnny. "Espero que esse homem seja tudo o que você diz que ele é."

Um grupo seleto formado por Prestes, Ewert, Johnny, o chefe do Partido Comunista argentino, Rodolfo José Ghioldi, outros dois argentinos,[4] um italiano, um americano, cinco membros do partido brasileiros — entre eles o chefe do comitê revolucionário do Rio de Janeiro — e Pavel Vladimirovich Stuchevski viajaria para o Rio de Janeiro. Stuchevski era cidadão soviético e membro da sinistra NKVD. As esposas verdadeiras de Ewert, Ghioldi e Stuchevski os acompanhariam. Johnny levaria Helena Krüger disfarçada de esposa. Ao voltar da China, Johnny descobrira que Helena — que era descrita como uma mulher extremamente atraente — se envolvera com vários homens. Isso esfriara o que restava do relacionamento entre eles. Entretanto, recomendaram que ele a levasse para permitir o disfarce de homem viajando com a mulher.[5]

Prestes viajava com uma guarda-costas que se tornara sua amante, Olga Benário. Ela se afastara de B. P. Nikitin, seu marido durante um ano, para fazer isso.[6] Olga era fugitiva de sua cidade natal, Munique, onde era procurada pela fuga de Otto Braun da Prisão de Moabit. Entretanto, um relato de um agente da Gestapo e ex-comunista, Franz Grybowski, nos arquivos da Stasi, a polícia secreta da Alemanha Oriental, indica que as autoridades alegavam que Olga não estava realmente entre os ativistas que haviam libertado Braun — de qualquer modo, porém, culpavam-na por isso.[7] Depois de um período em vários esconderijos, os dois viajaram separadamente para Moscou. Isso aconteceu, em parte, porque ela estava debilitada devido a um aborto induzido.[8]

Judia, filha de um advogado social-democrata de classe média, Olga rejeitara a política de seu pai para se tornar comunista aos 15 anos.[9] Na época em que deixou Moscou com Prestes, era fluente em quatro línguas, atiradora, piloto e sabia usar paraquedas. Também trabalhava para Berzin no M4 e participara de missões na Inglaterra e na França. Manuilski encarregou pessoalmente Olga da segurança de Prestes. Quando o casal partiu de Moscou, em 29 de dezembro de 1934, ela estava quase todo o tempo ao seu lado, armada com uma pistola automática.

Prestes e Olga viajaram para a Europa Ocidental com documentos de má qualidade, mas acabaram conseguindo um passaporte português com o esquerdista Israel Abrahão Anahory, cônsul-geral de Portugal em Rouen, França. Os passaportes foram expedidos para Antonio Vilar, homem de negócios, e sua mulher, Maria Bergner Vilar. Era válido para a América do Sul. Encarregada de planejar a viagem, Olga decidiu em uma *pièce de resistance* para os novos passaportes, o visto de entrada nos Estados Unidos e os carimbos de saída. Como os Vilar eram supostamente um rico casal em lua de mel, não houve problemas para obter o visto americano e embarcar no S.S. *Ville de Paris*, que chegou a Nova York em 26 de março de 1935.

Naquela época, aviões comerciais não voavam à noite para a América Latina. Isso significava que eram necessários vistos para todas as escalas ao longo do caminho para o sul. A rota os levou de Miami a Cuba, Panamá, Equador, Peru, Chile, Argentina e Uruguai. Finalmente em Montevidéu, tiveram a sorte de embarcar em um hidroavião postal francês, seguindo pela costa do Atlântico até uma praia perto de Florianópolis, no estado brasileiro de Santa Catarina. O avião parou ali apenas por alguns instantes, o que foi suficiente. Olga convencera o piloto de que tinha parentes no estado e que saltando ali eles poderiam lhes poupar um bocado de tempo na viagem. O piloto deu sua aprovação e os dois passageiros desembarcaram sem ter que enfrentar funcionários da alfândega bisbilhoteiros fazendo perguntas. Ainda fugitivo em seu país, Luís Carlos Prestes estava de volta em 15 de abril de 1935. Logo, porém, os círculos diplomáticos britânicos informaram aos brasileiros que Prestes havia aterrissado no país e estava usando o nome de Antonio Vilar. Em seguida, os americanos disseram ao governo Vargas que ele estava não simplesmente no Brasil, mas no Rio de Janeiro.[10]

Prestes era mais do que apenas um homem procurado. Era o "Cavaleiro da Esperança" para alguns e um dissidente perigoso para outros. Em 1924, como capitão do Exército brasileiro, estivera entre aqueles que haviam levantado armas contra um dos presidentes mais corruptos da Velha República (1889-1930), Artur Bernardes (1922-1926). No comando parcial das forças militares que se opunham a Bernardes, mas na liderança de fato, de 29 de outubro de 1924 a 3 de fevereiro de 1927 a Coluna Prestes abriu caminho por todo o interior do Brasil. O objetivo era incitar os camponeses reprimidos. A jornada cobriu 25 mil quilômetros e, como nunca perdeu uma batalha contra as tropas legalistas que a perseguiam, era chamada de Coluna Invicta. Depois de ficar sem munição, a maioria dos rebeldes partiram para o exílio em países vizinhos. Sua revolução dos pobres não se espalhou, mas moralmente muitos brasileiros admiravam Prestes por sua resistência e o reverenciavam pelo que ele tentava conquistar.[11]

O resto do grupo central de revolucionários continuou chegando ou já estava no Brasil. Arthur Ernst Ewert e Sabo haviam chegado de Montevidéu em março de 1935. Ele ainda estava usando o passaporte de Harry Berger. Também em março, os dois soviéticos disfarçados de belgas — Leon Jules Vallée (na verdade, Pavel Stuchevski) e sua esposa Alphonsine (Sofia Semionova Stuchevskaya) — aportaram no Rio. Pavel era não apenas o representante da NKVD, mas estava incumbido de ser o chefe local do OMS. Sofia era designada pelo M4.

Em abril, desembarcaram do S.S. *Western World* Rodolfo Ghioldi, com o pseudônimo de Luciano Busteros, e sua mulher Carmen de Alfaya Ghioldi. O próximo a chegar, em junho, foi o único americano, Victor Allen Barron, que estava sofrendo de tuberculose e sífilis. Sua tarefa era construir um transmissor de rádio. Não era um trabalho fácil, uma vez que era preciso comprar as peças separadamente, para evitar suspeitas. Um italiano, Amleto Locatelli, estava encarregado de conduzir o treinamento em luta de rua, particularmente em São Paulo. Ele chegou ao Rio na segunda semana de novembro, sendo o último a aterrissar no Brasil. Os primeiros a chegar, a bordo do navio francês S.S. *Florida*, em 4 de janeiro de 1935, quase três meses antes dos outros, foram Johnny de Graaf e Helena Krüger.[12]

Antes de deixar a União Soviética, Johnny foi apresentado a Prestes em uma reunião de planejamento em Moscou. Ninguém conseguiu deixar de ficar impressionado com o charme, as maneiras suaves e a voz dominante de Prestes. Ele era baixo, magro e tinha uma ótima aparência, com cabelo preto brilhante e olhos cintilantes. Johnny conseguiu entender por que ele era um tipo heroico altamente popular na América Latina. Por outro lado, Johnny questionou o conhecimento de Prestes quando este afirmou que noventa por cento do trabalho deles já havia sido feito. Sem papas na língua, Prestes disse que tinha a maioria dos militares na palma da mão e que seria preciso pouco incentivo para iniciar uma rebelião dentro das forças armadas. Johnny duvidou de suas afirmações, mas não entrou em divergência com ele por causa de suas opiniões. "Sem dúvida", pensou Johnny, "ele é considerado um líder à semelhança de Deus, um salvador do povo brasileiro. Ele mostra uma confiança que seria suficiente para dez homens."

Ao deixar a reunião, Johnny já havia formado uma forte impressão. "Esse homem tem a cabeça nas nuvens. Às vezes a realidade e a lógica sensata lhe escapam." Johnny estava convencido de que sua maior batalha não seria com o governo brasileiro, mas com Luís Carlos Prestes e seus companheiros comunistas — indivíduos como Ewert. Eles pareciam capturados pelo discurso mágico de ilusões, poder e vitória fácil de Prestes. Na cabeça de Johnny, a primeira ideia provaria estar correta. Ele evitou Ewert e este, sem dúvida, fez o mesmo em relação a ele.

Johnny e Helena partiram de Moscou com nomes falsos em novembro de 1934, primeiro de trem para a Finlândia, depois por mar para a Suécia — no S.S. *Svea* ou no S.S. *Prímula* — e dali de trem e barca para a Dinamarca.[13] No caminho, Johnny telegrafou para Foley em Berlim. O telegrama dizia: "Querido amigo, estou em uma longa viagem e espero vê-lo em Copenhague." Frank calculou seu movimento ao receber a mensagem. Ao chegar à København H, a Estação Central de Copenhague, Johnny levou Helena para um hotel e voltou à estação de trem em um horário que coincidia com a chegada de um expresso vindo de Berlim. Ficando bem atrás da multidão, ele viu Frank Foley desembarcar. Certamente fora visto. Johnny caminhou vagarosamente pela rua, distanciando-se da estação, seguido por Foley a uma distância segura. Perto do hotel, ele parou e Foley passou. Quando Foley passava por ele, Johnny sussurrou, "dez", o número de seu quarto. Em seguida, atravessou a rua e seguiu diretamente para seu quarto no hotel. Frank continuou em frente, mas em seguida voltou. Minutos depois, bateu suavemente na porta de Johnny.

Afastando-se de Helena, Johnny e Foley foram para outra parte do hotel. Depois de encontrarem um lugar para se sentar, Foley perguntou: "O que há de novo, Johnny?" Seguiu-se um longo relato, no qual ele informou Foley sobre sua permanência em Moscou e sua nova missão no Brasil. Johnny lhe disse que Arthur Ewert também estava sendo enviado ao Rio e que seus dias estavam contados se ele conseguisse resolver isso. Foley deu uma sonora gargalhada, sabendo dos encontros anteriores de Johnny com Ewert. Estava extremamente interessado nos planos para o Brasil e achou que deveria entrar em contato com o chefe da Seção V (Contraespionagem) do MI6. Isso significava contatar o major Valentine Patrick Terrell Vivian, ou "Vee-Vee, como ele era chamado".[14] Foley saiu às pressas, voltando uma hora depois com instruções de Vivian.

Londres queria ser bem informada por alguém dentro do Brasil. Solicitou a Johnny que fizesse contato com Alfred Hutt, superintendente-assistente-geral da Light, a empresa de energia elétrica canadense no Rio. Hutt era o segundo principal agente do SIS na capital brasileira, só perdendo em importância para o embaixador britânico, Sir Hugh Gurney.[15] Ele seria o gerente local de Johnny e transferiria telegramas e mensagens secretos para a embaixada britânica que, por sua vez, repassaria tudo a Londres. Todas as mensagens seriam enviadas e recebidas em códigos que os telegrafistas não poderiam entender. Quando tomou conhecimento de que Vee-Vee era aparentemente o chefe de Foley, Johnny soube que ele queria encontrá-lo. Foley deve ter observado isso e informado a seu superior. Em Moscou, Johnny e seus colegas de sala na Frunze haviam aprendido que Vivian era o melhor agente secreto inglês e que deveriam manter distância dele quando estivessem em missões.[16] Dizia-se que ele tinha bastante conhecimento sobre o Comintern e o marxismo.[17] Mais tarde, porém, quando Johnny veio a conhecer Vivian, achou seus modos irritantes. Frank logo partiu, depois de informar Johnny sobre os Krüger em Berlim. Era final de novembro de 1934.

No dia seguinte, Johnny e Helena sobrevoaram a Alemanha em direção a Bruxelas. Em seguida, tomaram um trem para Paris e solicitaram vistos brasileiros. Depois, Johnny se encontrou com Vivian, que fora a Paris especialmente para avaliar o novo recruta do MI6. Vee-Vee era um homem frágil, de bigode, com 1,77 metro de altura e que não podia beber devido a uma úlcera no estômago.[18] Os dois discutiram todos os aspectos dos esforços do Comintern no Brasil. Vivian ficou visivelmente impressionado e instruiu Johnny a transmitir a Hutt os planos que eles haviam desenvolvido, principalmente se os achasse possíveis. Afirmou que o governo de Sua Majestade cuidaria do resto.

Quando seus vistos foram expedidos, em 6 de dezembro, Johnny e Helena tomaram um trem para Basileia, Suíça, e em seguida outro para Gênova, Itália, para depois entrarem no navio francês S.S. *Florida*. Os dois embarcaram como um casal austríaco casado, Franz Paul e Erna Gruber.[19] Reservaram uma passagem de primeira classe, uma tática comum do Comintern. Gruber era um homem de negócios. Erna não tinha profissão (ou seja, era dona de casa). O *Florida* chegou ao Rio na noite de 4 de janeiro; como já era tarde, ninguém desembarcou até o dia seguinte. No porto, esperando pelos Gruber para facilitar os procedimentos na alfândega no dia 5, estava o Dr. Ilvo Meireles, do PCB (Partido Comunista Brasileiro). O Dr. Meireles levou Johnny e Helena para o Hotel Flamengo, no bairro de mesmo nome. Logo eles estavam relaxando em seu quarto e Ilvo levou "Martins" (Honório de Freitas Guimarães) ao hotel para conhecer Johnny. Martins era o organizador do PCB. Ele levou Johnny para se encontrar com Antônio Maciel Bonfim, o sociável líder dos comunistas brasileiros, conhecido como "Miranda" e "Fernandes".[20] Martins também marcou as datas e o lugar para contato: a cada 15 dias, no centro do Rio, na calçada da principal via, a avenida Rio Branco.[21]

Três meses se passaram enquanto Johnny aguardava a vinda do restante da equipe. Em abril, Vivian chegou e o encontrou no Copacabana Palace Hotel. Novamente eles analisaram o plano para derrubar Getúlio Vargas. Vivian apresentou Johnny a Alfred Hutt não muito tempo depois.[22] Johnny e Helena também conheceram algumas pessoas em uma pensão em Copacabana, perto da praia. Na época, Copacabana era a mais popular das praias da Zona Sul do Rio. O disfarce de Johnny era de homem de negócios aposentado em lua de mel com a esposa muito mais nova.[23]

Só em maio — na época de seu aniversário de 41 anos — Johnny se encontrou com Arthur Ewert e Sabo. Na verdade, Johnny vira o casal antes, quando estava observando a praia da janela de sua pensão e os viu sentados na areia. Depois de seu navio chegar ao porto, Ewert alugara um pequeno chalé logo atrás do lugar onde Johnny estava hospedado. Sabendo que Johnny fora marinheiro, deve ter imaginado que ele ficaria perto do mar, o que se provou correto. O breve encontro entre os dois — entre os Postos 5 e 6, na famosa calçada de mosaicos da avenida Atlântica — foi frio e cordial. Ambos superaram o antagonismo com grande esforço. Johnny disse a Ewert para começar a chamá-lo de "Pedro". Arthur também tinha um novo pseudônimo, "Apple", que decidira usar no Brasil. O nome se referia à pele clara de Ewert e a seu rosto naturalmente rosado.[24]

Pouco tempo depois, Ewert convidou Johnny para almoçar no Restaurante Alvear. Quando Johnny chegou, Ewert o apresentou a Rodolfo Ghioldi. Os Ghioldi estavam em um hotel no Flamengo, na rua Marquês de Abrantes. Logo conseguiram se instalar em Copacabana. Os Ewert estavam na mesma pousada desde que desembarcaram no Rio. Os próximos a ocupar o hotel na Marquês de Abrantes, em abril, foram Olga Benário e Luís Carlos Prestes. O casal chegou de São Paulo de táxi. Prestes não gostava de sair às ruas por temer ser reconhecido. Por isso coube a Olga a tarefa de encontrar um lugar mais permanente. Ela conseguiu uma casa mobiliada para alugar na rua Barão da Torre 636, em Ipanema. Era arrendada por um alemão que trabalhava para a Bayer Company e estava voltando para Berlim. Olga conseguiu simplesmente transferir o aluguel. A maioria dos itens de casa estava incluída.[25]

Dois dias depois do encontro em Copacabana, Ewert levou Johnny e Ghioldi ao endereço da rua Barão da Torre para a primeira reunião sobre estratégia no Brasil.[26] Já no início as batalhas internas começaram. Prestes se levantou e afirmou que o trabalho deles estava quase completo, devido a todo o apoio que já havia obtido. Na opinião de Johnny, "sua obsessão era tão grande que ele literalmente sonhava em se tornar presidente da noite para o dia. Os outros embarcaram em seus desvarios sobre vitória fácil, à exceção de Rodolfo Ghioldi e sua mulher, Carmen, que continuaram sendo sensatos e razoavelmente racionais". Arthur Ewert e sua mulher apoiavam totalmente Prestes. Arthur levava Sabo a todas as discussões. Ela sempre se sentava ao lado de Olga. Johnny disse que um dos argentinos desconhecidos participava de vez em quando das reuniões também. Ele se mantinha alheio, sentado em silêncio em um canto, como um observador. Devia achar que estava no meio de um circo.[27]

Naquela segunda reunião, Prestes explicou como a revolução começaria no Nordeste e disse que precisaria de ajuda financeira da ANL (Aliança Nacional Libertadora) para levá-la a cabo. A ANL havia sido formada no início de 1935, como uma reação ao partido fascista do Brasil, os integralistas ou AIB (Ação Integralista Brasileira). Na época, Stalin viu o valor de uma ampla coalizão de forças contra o crescimento do fascismo internacional. Em várias partes do mundo, eram os tempos impetuosos das "Frentes Unidas". Muitos desses grupos progressistas duraram até a assinatura do Pacto de Não Agressão com Hitler, em 1939. A intenção era radicalizar aos poucos cada Frente. Prestes estava certo ao supor que o apoiariam no Brasil. A ANL crescera bastante, particularmente nas áreas urbanas. O único verdadeiro problema que enfrentava era o virulento antiesquerdismo da maioria das pessoas no poder, especialmente aquelas responsáveis pela imprensa, pelo legislativo nacional e pelo governo de Getúlio Vargas. O Brasil nunca tivera relações diplomáticas com a União Soviética até meados dos anos 1930. Vargas fechou a ANL em julho de 1935.[28]

Ainda assim, Prestes estava convencido de que venceria. Olhando para sua companheira, Olga Benário, Johnny refletiu: "É uma garota alemã que tem o dobro do tamanho dele e assumiu sua maneira empolada e suas crenças, totalmente convencida de uma vitória final." Prestes começou com um discurso sobre o quanto estavam perto de uma rebelião, a partir do qual Johnny só pode supor que ele era maluco. "Toda a sua baboseira e os seus planos simplesmente não faziam sentido." "Todos os comunistas do Brasil vão se juntar à nossa conquista", proclamou Prestes. Johnny observou aquele homem "se exibindo diante do grupo como um pavão" e quase explodiu em uma gargalhada. Na época, sabia que o PCB mal existia no âmbito necessário para uma revolução. Quando Prestes fez uma pausa, Johnny interveio: "Eu ouvi bem quando você disse que estamos quase prontos?" "Sim, estamos!", bradou Prestes. Johnny pôde ver "seu pequeno peito inflar em suprema confiança". "Luís Carlos", contestou Johnny, "ao que eu saiba você não está cinquenta por cento pronto. Como combatente de guerrilha, diria que você não está totalmente organizado nem pronto para convencer oficiais e homens do 3º Regimento do principal campo militar. Você esqueceu que a base militar da Praia Vermelha se debruça sobre a baía de um lado e tem uma montanha imediatamente atrás do outro lado? Você sabe que cada base militar brasileira tem uma guarnição da Polícia Militar[29] às suas portas, inteiramente dedicada, bem paga e totalmente leal ao presidente?"

"A fortaleza da Polícia Militar em Botafogo contém a elite das forças do governo, muito mais numerosa do que os soldados e oficiais do forte." "Ah", reagiu Prestes, "espere e verá. Todos virão para o nosso lado quando a rebelião começar." Ele fez aquilo soar como uma declaração, com a qual os outros concordaram. Diante disso, Johnny explodiu. "Não consegue perceber que eles são pró-governo e vão esmagar o 3º Regimento em dez minutos? Esses regimentos da polícia podem fechar qualquer fortificação muito rapidamente, qualquer revolta seria logo encerrada."

Johnny fizera seu dever de casa e se sentia bem com a avaliação da situação como ela era. Sucessivos governos brasileiros, bastante conscientes de que seu exército produzia revoltas, tiveram a precaução de estabelecer unidades da polícia não muito distantes das instalações militares. Sabiam que podiam contar com aqueles soldados e com a força aérea, mas fora dali todos os outros eram tratados com suspeita, por isso o controle atento. Arthur Ewert piou: "Você está errado, Johnny." Mas Johnny lhe disse para calar a boca. O grupo finalmente se acalmou e instruiu Johnny a cuidar do treinamento de equipes de guerrilha. A sensação era de que, quando isso acontecesse, eles estariam muito mais capazes de obter uma vitória total. Johnny concordou em mantê-los informados. Em troca, prometeram fornecer-lhe homens hábeis, capazes de sobreviver a um treinamento rigoroso. Ele foi embora e os deixou discutindo entre si.

Johnny telefonou rapidamente para a Light. "Alfred, neste exato momento não sei bem o que fazer", disse a ele. "Londres vai deixar as coisas continuarem e explodirem ou devemos neutralizar isso antecipadamente por uma questão de segurança?" "Vou checar e lhe retorno", respondeu ele. Hutt foi à embaixada telegrafar para Londres. Horas depois, retornou a ligação de Johnny. "Londres quer saber se você pode nos dar a data da revolta", transmitiu ele. "Diga-lhes que não sei ainda, uma vez que não foi firmemente marcada, mas provavelmente dentro de alguns meses, em 7 de junho ou julho", replicou Johnny. O telegrama seguinte dizia: "Segure firme e avise progresso em desenvolvimento."

Martins levou Johnny para uma casa no bairro de Cascadura para iniciar o treinamento dos guerrilheiros urbanos em sabotagem e fabricação de bombas. O primeiro grupo tinha cinco estudantes. À medida que as aulas prosseguiam, continuavam também as reuniões na Zona Sul, nas casas de Prestes, Ewert e Ghioldi. Esses encontros permitiram a Johnny conhecer aos poucos alguns dos outros participantes. Uma argentina chamada Margarita, ou "Marga", atuava como secretária de Ewert e Ghioldi. Visitava as residências deles quase diariamente. Pavel Stuchevski e, mais tarde, Amleto Locatelli provariam ser cruciais na volta a Moscou. Em 1935, Stuchevski foi descrito como um homem de 45 anos, 1,73 metro de altura, 72 quilos, compleição média, cabelo ruivo e olhos azuis. Falava russo, alemão, francês e inglês. Raramente participava de reuniões do grupo e estava totalmente sob o controle de Ewert. Locatelli vinha do norte da Itália, perto de Bérgamo. Johnny o descreveu como tendo pouco mais de 1,80 metro de altura, provavelmente 35 anos de idade, cabelo louro e atitudes bastante firmes.[30]

Em outra reunião, Johnny recebeu um pedido para instalar um dispositivo em um armário na casa de Prestes, de modo que o armário explodisse se alguém tentasse arrombá-lo. Johnny fez também uma lanterna que explodia. Lembrando-se de como Ewert vivia em Xangai, Johnny perguntou se ele também queria que seus documentos fossem guardados da mesma maneira, mas o camarada Apple recusou. As coisas eram perigosas, principalmente porque Prestes, Ewert, Ghioldi, os Stuchevski, Johnny e Helena viviam relativamente perto uns dos outros, em Ipanema. Os revolucionários estavam nervosos. Todos, exceto Prestes e Ewert, mudaram-se várias vezes. Quando Ghioldi achou que a polícia estava à sua procura, perguntou a Johnny se ele e sua mulher podiam morar com eles. Johnny não gostou da ideia, mas concordou e os dois casais começaram a dividir o novo apartamento de Johnny e Helena, em uma encosta no Flamengo, na travessa Icaraí, 49.[31]

Com seu interminável questionamento, Johnny continuou a se afastar de Prestes. Estava impressionado com o fato de o PCB — que deveria estar envolvido no processo e ser o núcleo da comissão que agora planejava tudo — estar mal representado. Seus líderes políticos e organizadores concordavam com tudo, apesar de não estarem bem informados. Prestes ainda insistia que a principal força com a qual eles contariam seria formada por jovens oficiais e homens sob o comando deles, que achariam uma honra participar da rebelião. Sustentava que seriam aclamados localmente e proclamados heróis. Johnny disse ao grupo que isso era tolice. "Esta não é uma força da qual se possa depender; é apenas uma aposta em um punhado de oficiais novatos. No que diz respeito aos recrutas que vocês me enviaram, metade deles não posso aproveitar. Com o tempo, o equilíbrio deverá chegar a uma unidade de ataque bastante pequena. Mesmo com esses homens somados àqueles que você acha que pode assegurar, eles ainda estarão em número ridiculamente menor e serão derrotados na proporção de onze por um."

Johnny insistiu novamente que a fortaleza da Polícia Militar na rua São Clemente, em Botafogo, estava sendo desconsiderada. Ali poderia iniciar-se uma luta que bloquearia a unificação das forças rebeldes no Rio quando o tiroteio começasse. Depois dessa observação e do contra-argumento de Prestes de que suas forças varreriam o quartel, Johnny foi excluído da maioria das futuras reuniões. Helena Krüger, porém, não o foi. Era aceita no grupo devido à sua amizade com Olga e à sua boa aparência. Frequentemente a chamavam de "Alemãzinha", "Lena" ou "a mulher de Gruber". Saberia onde cada membro da conspiração morava.

Em uma das reuniões, Ewert, Ghioldi, Stuchevski e Prestes decidiram que o melhor lugar para Prestes se encontrar clandestinamente com funcionários e oficiais simpáticos à ANL e à futura revolução era o banco traseiro de um carro. Ofereceram a Helena a função de chofer de Prestes e pediram a Johnny para comprar um veículo com esse objetivo. Em vez disso, ele ofereceu seu próprio carro, um Baby Ford de 1932. Helena não queria o trabalho porque não gostava de Prestes, mas Johnny insistiu para que aceitasse a oportunidade. Aquele era um momento decisivo para a tentativa de golpe.

Sempre que saíam da casa na Barão da Torre para ir a um encontro, Helena, Olga — ao seu lado, no banco da frente — e Prestes — abaixado no banco traseiro — apanhavam o convidado de Prestes e ficavam passeando. Helena fingia não entender os dois homens no banco de trás, que geralmente conversavam em francês, a língua da cultura na época. O francês era usado para minimizar as chances de que a conversa fosse compreendida por ouvidos indesejados. Não se sabe se Prestes ou Olga sabiam, mas o francês de Helena era bom o suficiente para que ela compreendesse os principais pontos do que estava sendo dito. À noite, Johnny extraía tudo dela. De manhã, transmitia as informações a Hutt. Este as repassava ao embaixador inglês Gurney, que codificava o material e telegrafava para Londres. A comunidade de inteligência britânica selecionava, então, as informações e as entregava ao ministro do Exterior, Oswaldo Aranha, no Itamaraty, o Ministério das Relações Exteriores do Brasil. Por sua vez, o Itamaraty informava Vargas e Filinto Müller, chefe da Polícia Civil e diretor da DESPS (Delegacia Especial de Segurança Política e Social).[32]

Johnny começou a procurar um lugar para o treinamento de guerrilha e encontrou uma chácara escondida e afastada, no meio de um pomar de laranjas, em Bangu, na zona oeste da cidade. Ali, começou a treinar um grupo de trinta brasileiros — que considerou "heterogêneo" — em armas, explosivos e outras habilidades necessárias à revolução civil. As aulas duraram dez dias. Martins lhe enviara os estudantes. O curso consistia em técnicas de fabricação de bombas e granadas de mão.[33] Durante o tempo livre, descobriu uma caverna na área onde fazia suas análises dos acontecimentos e relatórios para os britânicos. Usava castanhas-do-pará como velas, uma vez que elas podem ser abertas na extremidade e acesas. Esse segredo tinha em parte o objetivo de manter as informações longe de Helena, que não sabia que Johnny era um agente duplo.

Apesar dos problemas com a língua, o treinamento de sua pequena unidade de guerrilha estava mais ou menos concluído quando Prestes chegou e levou os estudantes para um local desconhecido. No dia seguinte, teve início outra reunião em Ipanema. Dessa vez, a data da revolta foi marcada para dezembro ou a primeira quinzena de janeiro. Johnny enfatizou novamente que eles não estavam prontos, mas seu conselho caiu em ouvidos moucos. Al Hutt recebeu um telefonema de Johnny uma hora depois do fim da reunião. Johnny lhe deu as datas e os detalhes, que foram enviados a Londres por telegrama.

Martins enviou um novo grupo de trinta alunos a outra casa, para mais duas semanas de treinamento com o camarada Gruber. O curso consistia em métodos de luta e barricada nas ruas. Johnny selecionou os seis melhores estudantes para ajudá-lo. O local fora alugado por um dos alunos que aprendiam mais rápido, Francisco Romero. Ficava na rua Borda do Mato 187, no Grajaú. O grupo aprendeu a arte da fabricação de bombas e na última semana de novembro de 1935 já havia produzido 245 granadas. Ainda insatisfeito, Johnny continuava a achar que recebera a ralé das ruas e esperava formar uma equipe sólida. Em cada aula, notava que não havia força de vontade nem liderança. Refletindo sobre o que observara e realizara naquelas aulas, chegou à conclusão de que o PCB inquestionavelmente não estava pronto para uma rebelião. Procurou Ewert para dizer isso e pediu que o grupo central discutisse o assunto da preparação. Na opinião de Johnny, estavam direcionados apenas para uma revolta militar, e nada mais, indo contra as ideias de

Lenin sobre como iniciar uma revolução. Uma reunião foi marcada em meio a ressentimentos, e Johnny perdeu a votação por 10 a 1.[34]

Talvez esse resultado desigual também tenha determinado seu envio ao Nordeste. Ewert voara para Recife, em uma viagem de inspeção, em junho. Locatelli estava planejando voar para Recife em 23 de novembro, até que os últimos acontecimentos se desenvolvessem.[35] Obviamente, a liderança estava enviando pessoas a Pernambuco para aprimorar a ponta nordeste da conspiração.

Sob ordens de Prestes — e depois que Ewert partiu —, Johnny viajou para a cidade no fim de junho de 1935. Ficou em Recife até o início de setembro, treinando dois grupos de membros do partido. A primeira turma aprendeu luta de rua. A outra, métodos de fabricação de granadas de mão e de sabotagem. Com sua habilidade para idiomas, na época Johnny aprendera português o suficiente para usá-lo como língua comum em seus cursos.[36] Enquanto estava em Recife, Johnny fez algum tipo de contato — diretamente ou por meio de terceiros — provavelmente com o secretário de Segurança Pública, Malvino Reis Neto. Explicou o que estava sendo planejado no Rio para o Nordeste e foi estabelecido um código pelo qual ele telegrafaria para Malvino, com duas palavras — "Della ligou" —, para alertá-lo quando os comunistas estivessem prestes a atacar. Além disso, o lugar do ataque também já era conhecido. Seria a maior instalação do Exército no Nordeste,[37] o 29º Batalhão de Infantaria, de 385 homens, na Vila Militar Floriano Peixoto, no bairro de Socorro, 18 quilômetros a sudoeste de Recife.[38] O secretário de Segurança Pública, por sua vez, falou com o tenente-coronel Afonso de Albuquerque, segundo no comando na Vila Militar,[39] para que os soldados de tendência esquerdista fossem aos poucos transferidos para o quartel da 2ª Companhia, um prédio à esquerda de uma praça, atrás dos principais prédios dos Correios.

Integrantes da cadeia de comando simpáticos a Moscou souberam que alguém havia entrado em contato com Malvino para alertá-lo sobre os planos dos revolucionários. Já em 31 de julho, os soviéticos estavam telegrafando para seus agentes no Rio para avisar que indivíduos com acesso à "correspondência da polícia em Pernambuco"[40] estavam sabendo que os ingleses tinham conhecimento de seus esforços. Eles receberam ordens para descobrir quem era o espião duplo e para reavaliar as operações de segurança.[41]

Ao voltar para o Rio, Johnny foi informado de que a revolução começaria em janeiro de 1936. Reuniões gerais aconteceram mais ou menos duas vezes por semana durante os três meses seguintes. A maioria dos indivíduos enviados por Moscou participava — e mais alguns. Johnny continuou a reclamar do papel do PCB. Ressaltou que nenhum dos estudantes que havia treinado sabia que uma rebelião estava se aproximando. Tudo o que disse a eles foi que estivessem prontos para a ação. Esses argumentos foram apresentados repetidamente, particularmente ao secretário-geral do partido, Antônio Bonfim, que participava dos encontros. Johnny não apenas enfatizou as regras de Lenin para iniciar uma revolução, mas explicou seus argumentos de que Prestes e Ewert pareciam ter esquecido os pensamentos de Lenin: 1) um partido unido é a vanguarda da rebelião; 2) a classe média deve ser neutralizada, e 3) deve-se obter cooperação das forças militares. Mais uma vez, Johnny implorou a Prestes que criasse unidades especiais para isolar o quartel da Polícia Militar em Botafogo. Mais uma vez, Prestes se recusou terminantemente, achando que suas previstas forças militares no Grande Rio poderiam resolver facilmente qualquer coisa na Zona Sul. Entre os soldados com os quais contava estava todo o 3º Regimento de Infantaria, na Praia Vermelha.[42]

O único raio de luz — embora preocupante — em meio a esses episódios chegou quando Johnny recebeu uma foto da bela Gerti, enviada da Alemanha pela mãe dela, mostrando três jovens pretendentes atrás da moça. No cartão, ela perguntava: "Qual deles Gerti escolherá?" Johnny refletiu por alguns instantes e em seguida pensou: "Nenhum!" Ele percebeu naquele momento que estava apaixonado por ela.

Enquanto novembro de 1935 se aproximava, as reuniões dos conspiradores continuavam. Johnny ainda estava em grande parte observando pelo lado de fora, com Helena mantendo-o informado sobre os últimos planos. Em suas avaliações, nunca duvidou de que "a organização do Partido Comunista Brasileiro nunca mudara... ainda estava desorganizado e em geral despreparado para uma revolução".[43] Para se proteger, telegrafou para Moscou via Paris explicando o plano de Prestes e descartando qualquer possibilidade de sucesso. Pelo menos deixaria registrado, pois mais tarde isso poderia ser útil.

Essa não era, porém, a opinião em alguns setores do PCB naquela região do Brasil da qual ele partira três meses antes. O Nordeste se tornara uma bomba que precisava apenas de um fósforo para explodir. Havia gerações, o coronelismo promovia a pobreza, a falta de justiça para os cidadãos comuns e o cangaço como retrocesso na região. Em 1935, a morte do último grande bandido rural, Lampião (Virgulino Ferreira da Silva), ainda estava a três anos de distância.[44] As forças armadas eram um dos poucos lugares onde algo parecido com um emprego estava às vezes disponível. Se alguém pensasse em mudar de lado, ou se um protetor se tornasse mais poderoso, a polícia do estado era outra chance de levar uma vida legalizada. Mas as queixas dos soldados comuns sobre remuneração e condições de vida eram enormes. Fazendo proselitismo entre pobres e militares, a ANL conseguira adeptos, mas viver na pobreza era outra história, e algo sobre o que a maioria dos insurgentes no Rio sabia pouco.

Naquele mês de outubro, em mais uma demonstração da política do homem forte, um simulacro de eleição devolveu o poder em Natal, capital do Rio Grande do Norte, a um membro de um clã favorecido, Rafael Fernandes, do Partido Popular. Seguindo a tradição do coronelismo rural, Fernandes prontamente afastou os que eram leais à administração anterior e os substituiu por seus próprios indicados. Isso incluía desde burocratas até a polícia — e nenhum deles vivia desarmado. O número de desempregados e insatisfeitos chegou a níveis altíssimos.[45]

Há várias versões sobre como o tiroteio começou em Natal. Alguns culpam a ilegal ANL; outros, o PCB; e outros ainda, os policiais desempregados mas não desarmados.[46] O 21º Batalhão de Infantaria, baseado em Natal, foi a gota d'água. Fora reduzido à metade e transferido de Recife para aquela cidade — com uma parada na fronteira da Venezuela — por erguer suas armas contra o interventor (ou governador nomeado) de

Pernambuco, Carlos Lima Cavalcante, em 1931. Faltavam à unidade uma complementação de oficiais e a disciplina correspondente. Para corrigir isso, na primeira quinzena de novembro Vargas enviou o tenente-coronel José Otaviano Pinto Soares a Natal, para restaurar a ordem. Depois de se instalar, Soares dispensou 28 soldados na manhã de sábado, 23 de novembro de 1935, por possível participação em um assalto a um bonde. Mais demissões deveriam acontecer na semana seguinte. Ao fazer isso, o coronel pôs em risco o sucesso do PCB na obtenção de aliados no quartel. Os soldados afastados por Soares aparentemente estimularam os membros do partido locais a agir sem consultar o Comitê Central.[47] Os tiros de abertura da revolução viriam pouco depois das 19h30, na noite de 23 de novembro de 1935.[48]

Sabendo o que estava acontecendo antes das autoridades, Johnny enviou seu telegrama a Malvino Reis Neto. Em algum momento, perto das 22h, um emissário de Malvino chegou à casa do capitão Frederico Mindelo Carneiro Monteiro, no condomínio de oficiais fora da Vila Militar, em Socorro. O capitão não estava em casa e o mensageiro só pôde falar com a mulher dele. Ele lhe transmitiu a mensagem sobre os acontecimentos em Natal e deixou uma ordem para o capitão voltar ao quartel e se preparar. Às 23h do dia 23, Malvino ordenou que Wandenkolk Wanderley, chefe do setor de investigações da polícia de Recife, fosse até a Vila Militar[49] e avisasse que os comunistas iniciariam um tiroteio a qualquer momento depois da meia-noite. Os três homens da liderança comunista — Silo Meireles, José Caetano Machado e Wilson Sousa Fonseca —, chamada de Secretariado do Nordeste, iniciaram, de fato, uma reunião na casa de um civil à meia-noite. Eles decidiram fazer uma convocação para iniciar as hostilidades às 9h da manhã seguinte. Na Vila Militar, em Socorro, todos os soldados tiveram permissão para entrar na base aquela noite, mas estava proibido sair. Isso para impedi-los de saber por meios públicos sobre os acontecimentos em Natal.[50] A energia elétrica também foi cortada, para evitar que ouvissem rádio.[51]

O fator tempo foi decisivo. Permitiu às autoridades preparar suas defesas e convocar reforços militares de dois estados vizinhos. Eles derrotaram facilmente os rebeldes em Recife e em seguida voltaram sua atenção para Natal. Ali, rebeldes de fato assumiram o controle da capital do estado. Três pequenos aviões de forças legalistas de Recife voaram sobre Natal jogando folhetos. A cidade foi ameaçada de bombardeio caso não se rendesse. Funcionou. Os comunistas desistiram ou foram para lugares desconhecidos.[52]

Quando os esquerdistas de Recife pegaram em armas em apoio aos acontecimentos em Natal, o grupo do Rio forçou a mão. Decidiu iniciar a parte carioca da revolução em 27 de novembro, às 2h. Nesse meiotempo, Johnny avisou Hutt sobre os desdobramentos. Uma hora depois, o superintendente-assistente da Light recebeu a resposta de Londres: "Deixe estourar." Durante a confusão que se formou, o embaixador britânico informou ao presidente Vargas sobre o possível perigo. Vargas telefonou pessoalmente para o encarregado do SIS de Johnny para lhe perguntar se os comunistas poderiam vencer. Hutt imediatamente procurou Johnny para que ele analisasse a situação. Johnny falou a Hutt para dizer a Vargas que não havia a menor chance. A previsão se confirmou. Nas estratégicas cidades do Sul, os esquerdistas não estavam prontos para a batalha. Em São Paulo, nada sequer estourou. Os distúrbios mais relatados e fotografados aconteceram no Rio de Janeiro. Em seu forte na Praia Vermelha, o 3º Regimento da Infantaria foi responsável pela maior parte da luta, bloqueada pela Polícia Militar de Botafogo e em seguida por destacamentos do Exército que receberam ordem para isolá-lo. Dois aviões militares sobrevoaram o local metralhando e jogando bombas. Por fim, os rebeldes do 3º Regimento de Infantaria — mais de mil — renderam-se por volta das 14h, saindo de seus confins elevados de braços dados — os oficiais à frente —, todos sorrindo e cantando o hino nacional. Outros redutos de resistência logo foram vencidos na cidade. A Revolução Social, ou Intentona Comunista, estava encerrada em um fiasco de quatro dias.[53]

Mais tarde, Johnny explicou a Moscou que "Prestes ficou quase em pânico quando o desastre aconteceu". Aqueles que conheciam o Cavaleiro da Esperança negam, porém, essa afirmação e dizem que isso foi inventado por Johnny,[54] que afirmou também ter recebido ordem de Prestes para "ir ao Grajaú fabricar 2 mil granadas em 48 horas".[55] Isso era fisicamente impossível com a quantidade de pessoas de que ele dispunha para cumprir a ordem. Somam-se a essas alegações mais dois argumentos que lançam dúvidas sobre as afirmações de Johnny. Ele era um homem que tinha uma longa lista de vinganças em relação àqueles que o desprezavam; e, no caso de Moscou, bem que poderia estar atribuindo as coisas a Prestes para defender a si próprio.

As autoridades brasileiras rapidamente prenderam algumas centenas de soldados, além de vários políticos conspiradores. Vargas deu sinal verde para um reinado de terror, que foi a maior operação desse tipo na história brasileira. Durou até junho de 1937 e teve início com uma denúncia, quando esquerdistas clamaram que vários oficiais detidos haviam sido levados para um bosque perto do Rio e mortos a tiros.[56] O massacre foi maior, porém, em Pernambuco. Ali, o major Higino Belarmino executou sumariamente todos os soldados capturados.[57]

Ao fim da inquisição que assustou os vermelhos, o número de pessoas detidas para interrogatório — muitas delas torturadas — ficou entre 7 mil e 35 mil, segundo estimativas. A grande diferença entre esses números está associada à fonte consultada e à posição política do leitor.[58] O significado, porém, foi claro o suficiente. Getúlio Vargas não era do tipo que perdoava e esquecia aqueles que estavam à esquerda no espectro político. Durante gerações, a elite brasileira — tanto dentro quanto fora das forças armadas — diria aos comunistas: "Nós os avisamos."

Uma parte dos explosivos na casa alugada no Grajaú explodiu — de maneira sugestiva — em 22 de dezembro de 1935. A polícia foi chamada e Francisco Romero foi preso. Pintor de paredes, Romero, sob tortura, liberou informações suficientes para que as autoridades descobrissem o pseudônimo de um dos líderes da tentativa de revolução, um estrangeiro alto que falava inglês e tinha o apelido de "Negro". Entre os itens que não chegaram a ser detonados estavam 480 bananas de dinamite, 48 canos de ferro carregados de dinamite, mil cartuchos de munição para armas pequenas e granadas de mão. As autoridades também descobriram equipamentos de rádio para envio e recebimento de informações, ácidos, nitrobenzeno, fulminato, óxido de ferro, salitre e uma grande quantidade de literatura comunista. A DESPS de Filinto Müller contou com o Itamaraty para pedir ajuda a Londres. Nos arquivos do SIS, o nome de guerra Negro consta como um dos nomes usados por Arthur Ernst Ewert.[59] Londres recebera a informação por meio de Johnny de Graaf.

No dia seguinte ao Natal de 1935, a Polícia Civil foi à casa alugada por Ewert, na rua Paul Redfern, 33, em Ipanema, e o prendeu, juntamente com sua esposa. Acompanhando as autoridades estava um louro pálido que se encarregou pessoalmente do ex-representante do KPD no Reichstag. O louro o pôs no banco traseiro de um camburão, prendeu suas mãos a um suporte, apanhou um quebra-nozes e calmamente o usou para quebrar um dos dedos polegares de Ewert. Harry Berger começou a suar profusamente, mas não emitiu um ruído. Irritado, o torturador grunhiu para a vítima, em alemão: Kommunist Hurensohn! ("Comunista filho da puta!") A Gestapo estava assessorando Filinto Müller.[60]

Assim como fizera na China, Ewert deixou muitos documentos incriminadores para a polícia em sua casa. Embora as provas físicas fossem devastadoras, Ewert nada admitiu, o que resultou em sessões de tortura ao casal que continuaram por semanas a fio. A imprensa brasileira chamou-o maciçamente de judeu, mas ele não era judeu. Foi condenado a 30 anos e quatro meses de prisão e desapareceu para sempre da vida de Johnny. Arthur acabou sendo colocado embaixo de uma escada na temida Polícia Especial, onde ficou dois anos. Durante esse período, foi obrigado a ouvir passos de pessoas subindo e descendo os degraus acima dele. O espaço não lhe permitia ficar completamente em pé. Ele não se barbeava nem tomava banho. Depois de perder a razão, Ewert foi libertado, após a guerra, e enviado à Alemanha. Morreu em Berlim Oriental em 1959. Brutalmente torturada, Sabo foi deportada para a Alemanha, onde provavelmente morreu em um campo de concentração em algum momento antes do fim de 1941.

Depois da prisão dos Ewert, Marga foi enviada de volta à Argentina. Leon Jules Vallée, ou Pavel Stuchevski, e sua mulher, Sofia, fugiram para Buenos Aires. Graças a informações de Johnny, Antônio Bonfim e sua namorada, Eliza Fernandes, foram presos e agredidos. Mais tarde, ela foi libertada, mas acabou sendo executada pelos comunistas, que acharam que era uma traidora que dera informações à polícia de Filinto Müller. Rodolfo Ghioldi identificou Victor Allen Barron na rua. A polícia prendeu Barron, muito provavelmente o matou e disse que ele se suicidou, enquanto a embaixada americana fazia vista grossa. Amleto Locatelli também fugiu para Buenos Aires, mas só se descobriu que participara do golpe em 1993.

Prestes e Olga se refugiaram nos arredores do Rio durante algum tempo depois da captura dos Ewert. A bomba que Johnny instalou no armário deles em Ipanema não explodiu, tampouco a lanterna. Eles foram capturados na manhã de 5 de março de 1936, no Méier, bairro de classe operária. Olga provavelmente salvou a vida de Prestes ao se jogar rapidamente entre ele e policiais com revólveres apontados. Era possível que os policiais tivessem recebido ordens de Filinto Müller para não levar Prestes vivo. Da casa na rua Honório, 279, onde foi detido, o casal foi levado para a Polícia Central, no centro do Rio. Eles foram separados e nunca mais se viram, embora Olga estivesse visivelmente grávida de um filho de Prestes. Prestes foi condenado a 16 anos e seis meses de prisão, sentença à qual mais tarde foram acrescentados 30 anos por participação na aprovação do assassinato de Elza Fernandes. Foi libertado em 1945, devido à anistia geral que se seguiu à Segunda Guerra Mundial.

Judia, comunista e fugitiva do regime fascista de seu país, Olga Benário foi entregue juntamente com Sabo aos nazistas, sendo deportada para Hamburgo. Vargas e seu governo sabiam muito bem que estavam enviando para a morte duas mulheres e uma criança em gestação. Por sorte, porém, a família de Luís Carlos Prestes conseguiu levar a criança, Anita Leocádia, da Alemanha para o México. Olga definhou no campo de concentração de Ravensbrück, destinado a mulheres, no norte de Berlim, e morreu em uma câmara de gás em Bernburg, um antigo hospício, em março de 1942.[61]

Um dos investigadores do caso disse que Johnny entregara todos, exceto Prestes, mencionando, porém, que o líder da revolução estava no Méier.[62] Isso confirmaria comentários do próprio Johnnv. "Logo depois da morte da revolução, pedi a Hutt que Arthur Ewert, Luís Carlos Prestes, Olga, Sabo e todos os outros fossem presos pela polícia brasileira." Mas evidentemente os britânicos ainda queriam que os brasileiros perguntassem a eles, ou fizessem o trabalho por si próprios. A lentidão para localizar os suspeitos aborreceu Johnny, a ponto de ele ir contra as ordens do MI6 e entrar em contato diretamente com a polícia. Essa ligação pode ter sido feita com o inspetor Francisco de Menezes Julien, da DESPS/Quadro Móvel. Desconhecido por outros membros da DESPS, o Quadro Móvel respondia apenas a Filinto Müller. Era formado por cerca de trinta agentes e liderado por um sobrinho de Filinto, Civis Müller. No mínimo, Johnny pode ter dado à polícia o paradeiro de inúmeras pessoas cujos endereços obtivera com Helena.[63] Afirmou também que Filinto Müller soube sobre ele "e seu papel no Brasil através de Al Hutt e outros contatos britânicos".

Pode ser que Filinto Müller estivesse apenas tentando pescar mais informações, ou talvez isso tenha sido parte de uma artimanha para enganar os outros revolucionários e fornecer a Johnny um álibi. Johnny usou a primeira opção em Moscou. Segundo a história, por volta das 20h de 5 de janeiro de 1936, a polícia chegou à residência de Gruber e fez uma busca. Johnny e Helena foram então levados à Polícia Central e interrogados. Tiveram permissão para seguir em seu próprio carro até a delegacia. Johnny ficou cara a cara com Filinto Müller, que o informou que Willi de Souza, professor de línguas que ele tivera em comum com Arthur Ewert, entregara-os.[64] Logo Alfred Hutt apareceu e, na presença do capitão da DESPS Affonso Henrique de Miranda Corrêa, identificou Johnny como o agente do Serviço de Inteligência Britânico.[65] A história de disfarce de Johnny foi ampliada. Foi dito que a polícia lhe fizera perguntas sobre o que estava fazendo no Brasil e como sustentava a si próprio e à sua mulher. Segundo relatos, Filinto Müller chamou o professor de línguas. Disseram que o homem contou uma história confusa, foi repreendido por Filinto e mandado embora. Então, depois de receber palavras de apoio de seus vizinhos, os Gruber foram informados de que poderiam ir embora de manhã. Helena dormiu em um sofá dos muitos escritórios e Johnny foi colocado na mesma cela de Pavel, que estava sob custódia para ser interrogado. Eles não puderam reconhecer um ao outro enquanto a polícia de Filinto Müller estava observando.

De manhã, Johnny e Helena deixaram a Polícia Central em meio a desculpas pessoais de Filinto Müller por terem passado a noite ali. Ficaram oito horas sob custódia policial. Ele prometeu ajudá-los no futuro se precisassem da assistência das autoridades brasileiras. Sabe-se que Johnny aceitou a oferta do chefe da polícia, indo novamente à delegacia para que este assinasse os vistos de saída e reentrada.[66]

Depois de obter as autorizações oficiais, Johnny se encontrou com Rodolfo Ghioldi e o advertiu. Ghioldi passou a mensagem para Moscou. Ele e Carmen tentaram fugir para a Argentina, mas foram capturados em São Paulo, em 23 de janeiro.[67] Antes de deixar o Rio, Rodolfo disse a Johnny para ir a Buenos Aires e se reportar ao Comitê Central. Deveria treinar rebeldes locais em explosivos e táticas de guerrilha. Johnny informou isso a Al Hutt e, com seu passaporte de Franz Gruber, embarcou com Helena no S.S. *Highland Princess*, tarde da noite de segunda-feira, 20 de janeiro de 1936, para zarparem no início da manhã seguinte para Buenos Aires.[68] Seria uma viagem curta pela costa, com perspectivas desconhecidas. Os pensamentos o inquietavam, porque ele não tinha certeza se Moscou recebera alguma advertência sobre ele devido aos acontecimentos no Brasil.

# 13

# Argentina

Buenos Aires mudara muito em relação às lembranças de Johnny de seus tempos na Marinha Mercante. Depois de desembarcar do *Highland Princess*, Johnny e Helena ficaram no cais observando o horizonte. A metrópole agitada e os prédios imponentes que haviam alterado toda a face da cidade impressionaram Johnny. Parte do motivo de toda aquela confusão não podia ser visto da orla. Na encosta que corria paralela ao porto estava a avenida 9 de Julio. Estaria ampliada três anos depois para se tornar a mais larga do mundo, com seis pistas em cada direção e um longo e estreito parque no meio. Parte do projeto já estava sendo executada. O símbolo da cidade — um enorme obelisco branco — estava sendo instalado no meio do parque, na interseção entre as avenidas 9 de Julio e Corrientes. O monumento de pedra seria dedicado, naquele mês de maio, ao aniversário de 400 anos de Buenos Aires como capital do país. Media 67,5 metros e estava sendo construído no local exato onde a primeira bandeira argentina fora erguida na cidade.

Era 21 de janeiro de 1936, em pleno verão, quando Johnny e Helena começaram a se afastar do cais na direção de um táxi. Do meio da multidão surgiu um emissário do Comintern, que pôs um envelope grosso na mão de Johnny. O encontro-relâmpago foi uma demonstração do quão raramente Johnny veria o partido argentino. Não tinha a menor ideia de como sabiam que ele e Helena estavam chegando de navio naquele dia, nem tentou descobrir.

O envelope continha bastante dinheiro e uma mensagem em uma das notas: "Nenhum contato." Evidentemente, o Partido Comunista da Argentina achou que Johnny e Helena ainda estavam muito em evidência depois da calamidade no Brasil. Ignorando o aviso, Johnny foi até o local de conexão com o PCA, uma loja de consertos de sapatos na avenida Santa Fe, uma das principais vias de Buenos Aires, onde o proprietário o pôs em contato com aquele que seria sua ligação com o PCA. O agente era um homem conhecido por Johnny apenas pelo primeiro nome, "Felix".[1]

No decorrer de 1936, Johnny deu apenas dois cursos de guerrilha urbana na Argentina. Felix forneceu os estudantes. Era casado e tinha uma amante, e às vezes a amante levava mensagens para Johnny.[2] A primeira turma era formada por cinco indivíduos de diferentes províncias. Foram duas semanas de aula. A segunda teve 16 estudantes, a maioria de Buenos Aires. Embora tudo fosse ensinado em espanhol, Johnny reclamou que os alunos mal sabiam ler ou escrever. Ainda assim, tentou ensinar-lhes a formar células comunistas e a montar uma gráfica, além de técnicas de desinformação antimilitar. Devido ao semianalfabetismo deles, achou que conseguiu pouca coisa, uma vez que nenhuma célula foi formada e nenhuma gráfica estabelecida. O PCA lhe disse que não poderia ajudá-lo mais porque não dispunha de fundos e sofria pressão demais da polícia.[3] O esquema permitiu a Johnny bastante liberdade pessoal como agente.

Usando um de seus antigos pseudônimos, "Walter", Johnny soube que o contato com Moscou tinha que ser feito ainda por telegrama via Paris. Em junho, e novamente em agosto, enviou mensagens à Cidade Luz, afirmando em código que estava fazendo tudo que estava ao alcance para cumprir a missão na Argentina. Foram os únicos telegramas que enviou aos soviéticos durante a permanência em Buenos Aires. No fim de fevereiro, por meio do PCA, marcou um encontro com Amleto Locatelli para o mês seguinte. Locatelli conseguira fugir do Brasil embarcando em um vapor inglês para Buenos Aires em 13 de janeiro de 1936.[4] Quando finalmente se encontraram, o italiano disse a Johnny que tinha de voltar para Moscou. Estava convencido de que era preciso fazer um relatório completo sobre o desastre no Brasil; e como não estava fazendo nada, queria ir. Johnny, Helena e Locatelli discutiram o que deveria dizer ao chegar à União Soviética. Ele achava que Johnny fora correto na análise da situação que tinham acabado de enfrentar. Ou seja, o PCB e Prestes não estavam prontos. Locatelli partiu para a Europa em junho.

Naquele mês, Pavel Stuchevski desembarcou de um vapor, vindo de Santos. Sua mulher, Sofia Stuchevskaya, chegara antes, em 2 de maio de 1936, via Uruguai. Sem dúvida, a situação de Johnny era única, porque era o único suspeito aos olhos de Stuchevski e ao mesmo tempo o importante e desconhecido agente do SIS na Argentina. Embora achasse agora que Johnny estava certo nas constantes advertências sobre o despreparo dos comunistas brasileiros para uma revolução, e sobre a fraqueza geral da estratégia militar de Prestes, Stuchevski ainda suspeitava de Johnny. Achava que era um espião — mas dos russos brancos.[5]

Johnny era um agente inteligente, mas se escondia em plena vista. Na Argentina, representou um vendedor de lã em viagem pelo país. Seu principal patrocinador era o MI6 britânico, e não elementos antissoviéticos da Guerra Civil Russa. Trinta agentes britânicos acabaram ficando sob seu comando, espalhados pela Argentina e no Chile. Antes de deixar o Rio de Janeiro, Alfred Hutt lhe fornecera contatos na Argentina. Agentes britânicos que posavam de motoristas da embaixada, secretários ou adidos militares, protegidos pela imunidade diplomática, eram os intermediários. Em qualquer momento que quisesse fazer contato, telefonava para a embaixada e deixava um número para ligarem de volta. Uma sala especial foi escolhida para os encontros. Nela, Johnny podia entregar relatórios em código e receber informações. Esse método cuidadosamente organizado funcionava bem e oferecia segurança suficiente.

Em junho de 1936, Johnny entregou todo o Comitê Central do PCA à polícia de Buenos Aires. Depois dos procedimentos formais de prisão, o grupo ficou detido por um breve período e foi libertado.[6] Como Johnny tinha um contato mínimo com eles, foi sua desculpa óbvia para não ter sido apanhado. Perto do fim do mês, Stuchevski telegrafou para Moscou afirmando que o PCA considerava a permanência de Franz Gruber no país perigosa demais. Afirmou que Johnny fora comprometido no Brasil. Pediu também instruções para pagar a Johnny os 10 mil pesos argentinos (na época US$ 7.187) que queria para comprar uma casa.[7] Não há registro sobre o que Moscou fez em relação ao pedido de Stuchevski. Mas Johnny e Helena de fato começaram a morar em uma pequena casa de dois andares na Calle Florida 246, no distrito de San Martín, a noroeste da cidade. Em julho, os Stuchevski receberam ordem para voltar a Moscou e seguir para um destino desconhecido.[8]

Também em julho de 1936, o contato de Johnny no PCA o instruiu a ir ao Restaurante Garden. Alguém o encontraria ali e se identificaria de maneira apropriada. O indivíduo que acabou aparecendo não era do Comitê Central do PCA. Johnny supôs que era o substituto de Stuchevski no OMS. Passou a ver o homem uma vez por mês, para receber seu salário do M4, de US$ 200.

Entre agosto e novembro de 1936, Johnny e o novo representante do OMS se envolveram em uma negociação muito delicada para tentar libertar Luís Carlos Prestes. Devido à experiência no Brasil e à crença de que a maioria dos brasileiros podia ser comprada, Johnny achou que havia uma clara possibilidade de conseguir a libertação de Prestes. Por meio do agente do OMS, Moscou estava disposta a gastar US$ 1 milhão para retirar o Cavaleiro da Esperança do confinamento na cela na Polícia Especial do Rio de Janeiro. O plano exigia que Johnny se encontrasse com Prestes em um lugar predeterminado na fronteira entre Uruguai e Brasil. Fracassou porque os brasileiros responsáveis queriam todo o dinheiro antes de libertar o prisioneiro. Os soviéticos queriam pagar metade antes e metade depois. Moscou informou aos brasileiros que até forneceria um passaporte falso e dinheiro para Prestes.[9]

Em um dia menos úmido, Johnny foi informado por Londres de que mais um agente estava sendo enviado. Londres disse que era um homem com boa experiência militar e algum conhecimento de inteligência. Os trinta agentes de Johnny estavam funcionando bem e ele não via necessidade de mais uma pessoa, o que informou prontamente aos superiores, por telegrama. Com certeza, outras redes britânicas tinham menos gente e precisavam de mais mão de obra do que a de Johnny. "Use-o, já a caminho", foi a resposta. A inquietação tomou conta de Johnny. "Aquilo não fazia sentido. Algo estava errado", pensou. A insistência de Londres era preocupante. De algum modo, iria fundo naquilo; e começaria ficando de olho no novo recruta.

Uma semana depois, o novo agente chegou e fez contato. Seu nome ainda é protegido a sete chaves nos arquivos do MI6. Parte do motivo do segredo era sua linhagem real. Johnny o chamava sempre de "o Aristocrata".[10] Era um jovem de boa aparência, com um belo inglês de Oxford, de compleição fina, rosto de menino e cabelo à escovinha. Apesar de se mostrar alerta e causar uma primeira impressão favorável, Johnny continuou a se sentir ansioso em relação a ele. O mais complicado era que não conseguia identificar o que o incomodava. Era algo tão perturbador quanto persistente.

Johnny sabia que o homem conquistara a patente de oficial servindo na Guarda Britânica no Extremo Oriente. Mas seu trabalho de inteligência em campo consistia em pouco mais do que um posto antes de o SIS o enviar para a Argentina. Precavidamente, Johnny revelou muito pouco sobre a rede argentina, deixando de mencionar o número de agentes, bem como trabalhos atuais e antigos. Normalmente escolhia as palavras com cuidado. Agora, a reserva era redobrada. O Aristocrata logo partiu para seu posto remoto, em uma zona que até então era considerada sem importância suficiente para exigir um agente. Uma vez instalado, ele se reportaria a Johnny apenas quando este requisitasse um encontro.

A rede era importante demais para correr riscos com um desconhecido até que Johnny tivesse tempo de avaliá-lo melhor. Talvez sua intuição estivesse correta; talvez estivesse na rede de inteligência por tempo demais para confiar completamente em alguém.

Durante um mês, as tarefas tanto soviéticas quanto britânicas continuaram a ser desempenhadas tranquilamente. Johnny se encontrava com os agentes separadamente em zonas designadas e, a convite, em pequenos grupos seletos de menos de cinco homens, fora dos setores de operação.

Esses encontros em lugares predeterminados eram sempre segredos bem guardados. Os locais eram cuidadosamente examinados antes e rigorosamente protegidos durante cada reunião. Era um sistema de comunicação de informações que nunca fora identificado nem sofrera infiltração.

Então, de uma hora para outra, houve um problema. Antes de um encontro, a polícia foi vista esperando que o grupo se reunisse. Por sorte, não houve prisões. Todos os agentes de Johnny escaparam, mas estava claro que a segurança deles estava comprometida. Johnny estava convencido de que havia um traidor entre eles. Alguém avisara à polícia. Quem quer que fosse, tinha de descobrir rapidamente. Do contrário, toda a rede e a vida de todos estariam em risco.

Encontrar o culpado, porém, não era fácil. O processo continuou durante dias, tirando-lhe o sono. Por sua cabeça passavam os rostos de todas aquelas pessoas, para frente e para trás, repetidamente, em um desfile interminável. Deitado na cama, sua mente revistou o passado de cada agente, à procura de uma palavra estranha, uma expressão ou uma pista que pudesse se ligar ao que estava procurando. Ainda não confiava no novo homem, mas era uma sensação sem fundamento, apenas um palpite. O Aristocrata estava se saindo bem e não havia prova de que era o transgressor. Johnny conhecera veteranos que haviam se desviado por dinheiro ou alguma outra causa. Todos eram suspeitos até que provassem o contrário.

Por fim, Johnny traçou um plano que, com sorte, permitiria apanhar o traidor. Chamou de volta os dois agentes no Chile e lhes entregou a mesma mensagem, separadamente. Não era algo realmente importante, e sim remotamente necessário. Quando a mensagem que haviam recebido foi entregue, ficou claro que nenhum dos dois era um agente duplo. Não houvera vazamento, nenhum policial à espreita. Johnny tinha, então, uma base de dois agentes limpos. Dias depois, fez a mesma coisa, dessa vez com três agentes juntos, e novamente não houve vazamento. Durante 35 dias, chamou cada agente, examinando-o dessa maneira, até que faltava testar apenas três homens, entre eles o Aristocrata. Chamou os três individualmente no mesmo dia, dando-lhes mensagens idênticas. Depois que partiram, veio a descoberta valiosa: a polícia fora informada. Johnny chamou dois dos agentes que haviam passado no teste e lhes disse para se prepararem para uma iminente missão de vigilância. Uma hora depois, passou uma mensagem sobre uma reunião a dois dos homens sob suspeita. Quando partiram, os dois agentes limpos os seguiram. Logo os agentes relataram que os suspeitos haviam sido aprovados e eram cem por cento confiáveis.

Restava apenas o Aristocrata. Johnny marcou um encontro com ele e um agente limpo. Ambos receberam uma instrução urgente. Conforme previsto, o sangue-azul partiu sem saber que o seguiam. O agente confiável fez seu relato uma hora depois. Seguira o Aristocrata por algumas ruas e o vira entrar em um carro. Pegara um táxi e seguira o Aristocrata até a Calle Moreno 1550. Era a entrada de um prédio que ocupava um quarteirão inteiro, o Departamento Central de Polícia. Johnny encontrara seu homem.

Londres recebeu um telegrama informando os fatos para que os chefes da inteligência digerissem. Esperava que aceitassem a sugestão de chamar o Aristocrata e lidar com ele lá. O telegrama terminava com a frase "Aguardo instruções". Uma hora depois, recebeu a resposta. "Faça o que achar necessário." Nos círculos de espionagem, essa resposta significava apenas uma coisa: queriam que fosse eliminado.

O sol acabara de nascer, em uma manhã clara, e Johnny já estava a caminho do posto remoto do Aristocrata, em uma das províncias do norte.[11] Raios de sol reconfortantes começavam a brilhar enquanto o pequeno carro seguia por estradas dos pampas argentinos. Se os pensamentos fossem tão agradáveis quanto os campos gramados que passavam diante dos olhos, ficaria revigorado. Entretanto, não eram. Naquele dia, era a necessidade premente de salvar as vidas de agentes valiosos que ocupava totalmente a jornada de Johnny. Ao anoitecer, quando chegou ao exuberante território sob um manto de neblina azulada, parou o carro fora da estrada cheia de sulcos. Estrelas cintilantes pulsavam como faróis, mas estava apenas vagamente consciente da presença delas quando, exausto, adormeceu no banco de trás.

Às 5h, Johnny tomou às pressas o café da manhã que levara consigo. De volta à estrada, o sol alto do meio-dia já reinava quando chegou ao destino. O Aristocrata cumprimentou o chefe calorosamente, surpreso com a visita. Depois de uma breve conversa superficial, Johnny o tranquilizou, dizendo-lhe que viajara para caçar e pedindo que o acompanhasse. Embora tenha aceitado prontamente, o Aristocrata explicou que não tinha rifle. "Então me sirva de guia", respondeu Johnny, "e podemos usar o meu". Johnny escolhera uma área de floresta específica para caçar, um lugar que lhe era familiar, mas desconhecido pelo Aristocrata. A conversa prosseguiu alegre enquanto seguiam por caminhos empoeirados, abertos em meio a arbustos.

Logo chegaram a uma pequena clareira, bem distante do caminho raramente usado. O Aristocrata concordou em seguir na frente enquanto Johnny o acompanhava, vinte passos atrás, com seu Winchester carregado. Pássaros de cores vivas piavam e voavam de galho em galho enquanto os dois homens penetravam na folhagem. O sol desapareceu quando a vegetação encobriu grande parte da luz ofuscante. Um macaco correu no alto de uma videira sinuosa enquanto seguiam adiante na pequena trilha cheia de vegetação rasteira.

De repente, em uma curva irregular do caminho, o chão cedeu sob as botas do Aristocrata, que afundou em um pântano. "Socorro, socorro, meu Deus, Johnny, caí em uma areia movediça!", gritou. O rosto estava pálido, as mãos estendidas, fantasmagoricamente implorando. "Apanhado no próprio ardil, seu perverso traidor britânico", respondeu Johnny friamente, satisfeito por encontrar-se em terra firme. Em questão de segundos, a lama sugou a vítima até as axilas. Johnny ergueu o rifle, enquanto o alvo lutava em pânico. Mirando cuidadosamente, atirou na cabeça do Aristocrata. O corpo agitado, agora quase todo submerso, parou de se debater. Um silêncio de morte envolveu a selva e as areias engoliram o morto. A lama se fechou sobre o que restava dele, enquanto pequenas borbulhas soluçavam na superfície. E então não havia mais nada.

Johnny se virou, rifle à mão, e caminhou de volta pela selva até o carro estacionado na clareira iluminada pelo sol. "Se não tivesse dado cabo desse homem, eu é que poderia estar morto", pensou. Enquanto se afastava ao volante, a selva ganhou vida outra vez. Pássaros voavam de galho em galho, cantando em meio aos sons de outros animais. "Londres, sua maldita! Está feito! Agora sou eu que tenho de viver com isso, e não você. Maldito mundo! Maldita Londres!"

Na década seguinte, uma das coisas mais difíceis que Johnny teve de fazer foi visitar socialmente os proeminentes pais do Aristocrata. Como oficial de comando do filho, foi instruído a dizer-lhes que, durante uma missão crucial, o agente morrera bravamente a serviço do rei e do país. Johnny recebeu ordem para lhes dar uma bandeja com uma inscrição. Londres insistiu que isso era necessário. Sabia que teria de mentir e não dizer àqueles pais tristes, mas orgulhosos, que o filho era um traidor e que fora ele que o matara. Com essa pretensa moralidade, Johnny aprendeu, da maneira mais difícil, que os serviços de inteligência britânicos não facilitavam para ninguém, com crueldade total.[12]

Johnny perguntou ao MI6 que tipo de pistas tinham de que aquele homem não era confiável. Disseram que suspeitavam dele de certa maneira porque se vangloriara da riqueza da família e da renda pessoal durante a curta experiência em inteligência. Entretanto, tinham de estar totalmente seguros de que era um agente duplo e, portanto, enviaram-no para a Argentina. O chefe da Seção V (Contraespionagem) do SIS, Valentine Vivian, disse: "Escolhemos você para investigá-lo, Johnny, porque você é um mestre da espionagem extremamente paciente, que acabaria descobrindo o que ele era e nos avisando." "Ótimo!", reagiu. "Então fui uma cobaia. Vocês não pensaram nas noites sem sono que enfrentei por causa disso tudo, pensaram?" "Vamos lhe dar algumas garrafas de champanhe e você poderá botar o sono em dia agora", responderam, rindo. Johnny não conseguia ver nada de engraçado naquele episódio. Tudo que sabia era que fora cruelmente enganado e que aquilo poderia ter resultado em 31 mortes, e não apenas na do Aristocrata. Disse-lhes que se tivesse seguido sua intuição, teria mandado aquele novo agente de volta no dia em que chegara. "Precisávamos de mais provas do que isso, Johnny", responderam.

Dias depois, em 22 de novembro de 1936,[13] Johnny estava longe da selva e de volta a Buenos Aires quando recebeu um telegrama convocando-o de volta a Moscou. Não foi uma surpresa, porque quatro meses antes Stuchevski e a mulher haviam recebido ordem para voltar. Ao longo dos 11 dias seguintes, Johnny e Helena discutiram as consequências do que esperava por eles na União Soviética. No início de dezembro, no último dia da visita de Franklin D. Roosevelt a Buenos Aires, enquanto funcionários argentinos e americanos estavam ocupados no porto com o navio de guerra USS *Indianapolis*, pronto para levar Roosevelt ao Uruguai, o relacionamento de Johnny e Helena chegara a um ponto crítico. Helena tivera casos amorosos durante as ausências de Johnny. Um deles era aparentemente um médico. Talvez fosse um oficial do Exército argentino. Havia um prédio do Exército argentino não muito longe da casa da Calle Florida. Mais tarde, Johnny relatou que o sujeito morava a apenas seis casas de distância.[14] Quem quer que fosse, ou mesmo que nunca tenha existido, às 15h de uma terça-feira chuvosa, em 3 de dezembro de 1936, a vida de Helena teve um fim abrupto e dramático.[15]

Helena abandonara os estudos em 1931 para trabalhar em casa, no apartamento dos Krüger em Papellallee 32, para uma empresa de construção, cuidando de documentos da firma. Quando Johnny descobriu o que ela queria fazer, porém, ficou irritado e o trabalho de Helena foi interrompido. Ela deixou o emprego e voltou aos estudos. No ano seguinte, Johnny ficou com os Krüger quando estava a caminho da Inglaterra. Helena tinha 14 anos e meio na época. Quando Johnny deixou Berlim de trem, indo para Londres via Dinamarca, Helena estava ao lado, na primeira grande viagem de sua vida.

Deve-se tomar cuidado antes de dar a Johnny de Graaf o título de molestador de crianças. O processo de entregar meninas adolescentes a homens que pudessem fornecer uma renda contínua aos pais era comum na República de Weimar castigada pela inflação. No caso dos Krüger, a situação econômica se tornou desesperadora quando Gustav Krüger foi demitido de um emprego e colocado em uma lista negra, depois de Hitler chegar ao poder. A depressão alemã e a situação do marido incentivaram Emilie Krüger a buscar dinheiro de maneiras mais engenhosas. Ernst começou a trabalhar e Johnny foi incentivado a enviar o que podia. Seu dinheiro geralmente chegava pelo carteiro, na forma de *Geldbriefträger*, ou em espécie.[16] Frequentemente eram 200 marcos (na época cerca de US$ 50) e o dinheiro chegava todo mês, até abril de 1937. Johnny enviava fundos também para seu filho Oscar de Graaf, em Ahlen. A Gestapo confiscou o dinheiro enviado por *Geldbriefträger* pelo menos uma vez, um cheque de US$ 800.[17] O que ele enviava para os Krüger era destinado à educação de Helena. Parte era usada para isso e parte era usada em roupas para ela, que sempre se vestiu bem durante os anos difíceis. Johnny tentou convencê-la a estudar e não trabalhar. Helena tranquilizou-o, concentrando-se no estudo de línguas em um internato no setor Neukölln de Berlim. Ela não residia na escola, mas todos os dias tomava um bonde para assistir às aulas. Johnny também ficou satisfeito por Ernst ser, durante um breve período, membro da Juventude Comunista. Helena, por outro lado, nunca foi membro voluntária nem regular de qualquer organização política.[18]

Ao concluir a primeira missão para a Inglaterra, Johnny deixou Helena em Londres e voltou para Moscou. Na viagem seguinte ao Reino Unido, em janeiro de 1932, reencontrou-a, mas, de acordo com o que relatou ao FBI vinte anos depois, ela era uma pessoa difícil de lidar e tinha tendências neuróticas.[19] Não há dúvida de que as idiossincrasias de Helena se tornaram mais evidentes quando foi devolvida à casa dos pais em Berlim e quando implorou, obviamente submersa num mar de lágrimas, para ser levada de volta a Praga. Também não ajudou ser deixada novamente quando Johnny viajou para a Manchúria e depois para a China. O fato de Helena ter uma bela aparência e se envolver em romances mostra que buscava um amor que Johnny não lhe dava. Os dois claramente não combinavam.

Após chegarem a Buenos Aires, Johnny descobriu o romance com o médico e disse a ela para encerrá-lo, do contrário cortaria o dinheiro. Depois do telegrama de 22 de novembro, Helena deve ter ficado deprimida e disse a Johnny que não queria deixar a Argentina. Em 3 de dezembro, ele contou-lhe que era agente duplo e que talvez os britânicos os protegessem, mas que ainda assim teriam de sair da Argentina. Sua franqueza não ajudou. Helena ainda assim queria ficar. Johnny sugeriu então que arranjasse um apartamento na cidade. Ele lhe daria dinheiro.

Ela se recusou e insistiu que em vez disso ele se mudasse. Mas Johnny não viu motivo para se mudar, uma vez que não eram casados e pagava todas as contas. A discussão esquentou, a ponto de Helena admitir que não queria partir por causa do amante. Nesse momento, Johnny a esbofeteou e saiu.[20] Ele insistiu com o FBI que ao voltar descobriu que ela havia se matado com o rifle Winchester dele. "Ela deixou cartas para os pais, para que entendessem."[21] Outra versão sustenta que não a esbofeteou apenas, mas sim temeu que pudesse ter dito — ou fosse dizer — algo ao amante sobre seus negócios. Johnny questionou não apenas a lealdade dela a ele, mas também aos novos benfeitores em Londres. Nesse momento, pode ter matado Helena no menor dos dois quartos do andar de cima.[22] A bala atingiu a região entre o estômago e o coração. A morte provavelmente não foi instantânea.

O que quer que tenha acontecido, Johnny ajudou a Polícia de San Martín a investigar o que alegou ter sido suicídio. Curiosamente, porém, disse às autoridades que ela estava com 24 anos, quando na verdade tinha 19 anos, 5 meses e 14 dias.[23] Também é estranho que nenhuma nota sobre a morte de Helena tenha sido publicada na imprensa *porteña* nem em qualquer outro lugar, e que todos os registros policiais tenham sido queimados.[24]

O corpo de Helena também foi queimado. Johnny enviou as roupas dela para a meia irmã dele, que morava em Bremen com o pai. Wilhelm se casara novamente e se mudara de Hamburgo. Johnny nunca informou aos contatos soviéticos em Buenos Aires a morte de Helena. Reforça sua culpa o fato de que quase nunca voltou a falar sobre ela. Por que ergueria esse muro de silêncio se não estivesse de algum modo envolvido na morte? Mais tarde, disse repetidamente aos canadenses que o médico e Helena haviam feito um pacto de morte/suicídio. Sustentou essa história pelo resto da vida. Há, entretanto, dois pontos que parecem estranhos. Primeiro, não aconteceu de duas pessoas serem mortas no mesmo lugar. Registros de obituário mostram apenas uma morte na casa da Calle Florida em 3 de dezembro de 1936. Registros feitos imediatamente antes e depois do de Helena se referem a pessoas em residências diferentes, homens que morreram de causa natural.[25] Por fim,

Johnny contou uma história diferente ao cunhado, Ernst. Disse que depois da morte de Helena matara o amante dela em um duelo.[26]

Apesar de Francisco Gruber cooperar com as autoridades no caso da morte de Helena,[27] enquanto concebivelmente evitava chamar atenção para a morte do amante, o governo do general Agustín P. Justo decidiu que estava cansado dele e lhe pediu para deixar o país. Os argentinos também decidiram, em determinado momento, recusar-se a dizer o que sabiam sobre Gruber.[28] Como, de qualquer modo, fora chamado de volta à União Soviética, tudo que realmente restava era se livrar da casa e dos móveis e comprar uma passagem. Teve que viajar para a França, pois um visto para a União Soviética o aguardava em Paris. O telegrama convocando Johnny e Helena dizia isso e era assinado por Manuilski.

Em 21 de dezembro de 1936, Johnny deixou Buenos Aires e viajou para o Rio de Janeiro. Levava uma urna com as cinzas de Helena. O motivo da ida ao Brasil é desconhecido. Talvez uma pista sobre isso possa ser encontrada no fato de ter telegrafado para o inspetor Francisco Julien antes de passar pelo Brasil. Deixou o Rio em 7 de janeiro de 1937, na companhia de Julien, viajando de carro para Santos para embarcar no S.S. *Avila Star*, da Blue Star Line. O destino do navio era Cherburgo. Johnny telegrafou para Foley informando o nome do navio, a data de chegada e o porto. "De lá entrarei em contato com você", disse. Responderam: "Esperamos você Hôtel Haussmann, perto da Opéra". Ao chegar a Cherburgo, ficou no navio até o porto de Bolonha, em 28 de janeiro de 1937.[29] Em seguida, enviou a Gertrude e à mãe dela dinheiro suficiente para uma viagem a Paris. Houve um estremecimento entre a família Krüger e Johnny por causa da morte de Helena. Achavam que Johnny e Helena haviam se casado. Mesmo assim, Emily levou a filha de 17 anos para Paris e Johnny hospedou as duas em um hotel. O motivo para pedir o encontro era simples: soubera que um dos pretendentes de Gerti era um soldado alemão. Durante os dois dias seguintes, antes de se encontrar com Foley e Vivian, bebeu e comeu com as duas mulheres. Gerti era a irmã Krüger que realmente queria e, assim como o soldado, pediu sua mão.[30]

Mas aquele não era o momento para fazer planos de casamento. Devido ao fracasso no Brasil, Johnny não sabia o que aguardava em Moscou. Gertrude disse que lhe daria uma resposta da próxima vez que deixasse a União Soviética.[31] Foi, portanto, uma despedida afetuosa na estação de trem de Paris, quando Gerti e a mãe embarcaram no expresso para Berlim. Johnny recordou o rosto belo e reluzente de Gerti pressionado contra a janela do compartimento, soprando-lhe beijos enquanto o trem se afastava.

Uma hora depois, estava à espera no Hôtel Haussmann quando Foley e Vivian chegaram. Vivian tinha uma voz suave que parecia deixar as pessoas relaxadas imediatamente. Os olhos agitados, porém, não deixavam escapar quase nada. Certamente não parecia ser um dos principais homens de contra-espionagem da inteligência britânica. Parecia mais um professor aposentado que alimentava pombos sentado em um banco de praça, em uma tarde preguiçosa.

Johnny informou a Vee-Vee e Foley sobre as missões brasileira e argentina e ainda sobre o estranho pedido para voltar a Moscou. Ficaram preocupados com o retorno à União Soviética e tentaram dissuadi-lo. "Você está arriscando sua vida, Johnny, voltando desta vez", afirmou Foley. Uma profunda preocupação franzia sua testa. Vivian concordou. "Mas Frank, sempre me arrisquei. Na verdade, esse é meu estilo de vida! Então, o que há de novo? Estou sob ordens do Estado-Maior, do M4, e não do Comintern, o que é bem mais seguro." Além disso, caso se desvencilhasse da União Soviética naquele momento, suspeitariam que era um agente duplo, ou que colaborara para o fracasso no Brasil. Moscou enviaria assassinos para matá-lo. Vee-Vee e Foley ainda assim eram contra. Argumentaram, mas Johnny estava decidido. Então desistiram, dizendo a ele para fazer contato. Johnny tinha nervos de aço.[32] Aquele certamente seria o teste final.

A embaixada soviética em Paris demorou a expedir um visto de reentrada na União Soviética. Foram quatro semanas para finalmente carimbar o passaporte de Franz Gruber. O problema seguinte era chegar a Moscou. Em maio de 1933, os nazistas haviam oferecido uma recompensa de 100 mil marcos por sua cabeça, mas a Gestapo não conhecia sua fisionomia.[33]

O chefe da DESPS, Miranda Corrêa, foi a Berlim em maio de 1937 com o objetivo de estudar os esforços nazistas para lidar com o comunismo. Levou um dossiê sobre supostos esquerdistas europeus. No documento estava o nome de Franz Gruber, com uma foto da carteira de motorista brasileira.[34] Os alemães copiaram a imagem e puseram o nome na lista de procurados. Mas quando isso aconteceu, Johnny já estava a caminho de Moscou. Antes de Miranda Corrêa chegar, a foto que a Gestapo achava que era de Johnny de Graaf era na verdade de outra pessoa.[35] O erro de anexar um nome incorreto a uma fotografia era uma falha comum na Gestapo,[36] o que levou um número impressionante de pessoas inocentes a serem presas, torturadas e executadas.

Na segunda-feira, 1º de março de 1937, Johnny estava batendo à porta do apartamento dos Krüger, na época em Sonnenburger Straße 22. Ao entrar, entregou à família a urna com as cinzas de Helena. Johnny ficou com Gustav, Emilie, Ernst e Gertrude até quarta-feira. Em determinado momento, ele e Gerti foram a um restaurante jantar. O estabelecimento tinha mesas com telefone para os clientes. Isso era moda em Berlim nos anos 1920 e 1930. A ideia era que, na segurança de suas mesas, clientes interessados em flertar conseguissem criar coragem para telefonar para uma pessoa do sexo oposto que estivesse sentada em outra mesa. Enquanto Johnny saboreava uma cerveja, o telefone da mesa onde ele estava sentado com Gerti tocou. Era um oficial uniformizado da SS que queria dançar com ela. O uniforme lhe permitia o irritante privilégio de se intrometer na vida de casais. Em vez de causar confusão por se recusar, Gerti dançou com o homem.[37]

Eles voltaram para o apartamento dos Krüger em segurança naquela noite, mas logo chegou a hora de seu suplício: fazer a longa viagem de trem para Moscou e enfrentar os superiores soviéticos. A viagem lhe deu tempo para refletir e ensaiar o que dizer. Era imprudente voltar? Talvez. A NKVD poderia realmente encontrá-lo se tivesse simplesmente desaparecido? Talvez. Só o tempo diria se estava em perigo e seria descoberto, ficou dizendo para si mesmo.[38]

# 14

# O retorno a Moscou

No momento em que o trem parou em Moscou, em 5 de março de 1937, Johnny já decidira como faria uma defesa ousada, em três partes, de suas ações na América do Sul. Achou que era uma estratégia que o manteria vivo e talvez até financeiramente seguro. Foi recebido na estação e levado por um chofer do 4º Departamento ao Novo Moskovskaya Hotel, onde ficou no quarto 670. No dia seguinte, foi à nova sede do Comintern, na periferia da capital, onde foi conduzido ao interior do elaborado sistema de segurança. Alfred Langner o recebeu e o encaminhou ao seu escritório. Logo Alexander Abramov, do Departamento de Comunicação (antigo OMS), chegou para apanhar o passaporte de Franz Gruber e pedir que apresentasse uma prestação de contas das despesas.[1]

Quando Abramov saiu, Langner perguntou o que havia acontecido no Brasil. Johnny afirmou que a tentativa fracassara porque o Partido Comunista Brasileiro não estava organizado nem preparado para fazer uma revolução. Em seguida, mencionou, confidencialmente, que a diretriz de Manuilski de que todos tinham de proteger a vida de Luís Carlos Prestes acima de todas as outras coisas fora insensata. Langner concordou.[2]

Também em 6 de março aconteceu o primeiro de vários encontros de Johnny com o IKKI. Gevork Alikhanov, do Departamento de Quadros do

IKKI, Moisei Chernomordik, vice-chefe do IKKI, e Stella Blagoeva, analista, sentaram-se diante de Johnny nessa primeira inquirição. As reuniões posteriores seriam apenas com Blagoeva. Era a mulher mais temida do Comintern. Viúva e ex-professora de história vinda da Bulgária, fora levada para Moscou pelo secretário-geral do Comintern, Georgi Dimitrov, em 1931. A camarada Blagoeva se reportava a Dimitrov, Manuilski e à NKVD.[3]

Antes dos interrogatórios de Blagoeva começarem realmente, Johnny esperou alguns instantes para falar em particular com Alikhanov. Disse-lhe que conhecera na Argentina o inventor de um canhão elétrico, sem fumaça e silencioso. Tudo que o inventor queria era asilo. Em troca, entregaria a arma revolucionária à União Soviética. Ou os soviéticos poderiam comprar a invenção diretamente. Johnny disse que testara um protótipo e que apoiara o inventor com seus recursos, consciente do valor da arma para a União Soviética. Também mencionou um canhão elétrico mais tarde ao camarada Müller, do OMS.[4]

Os encontros entre Blagoeva e Johnny duravam horas a fio e continuaram por 15 dias, até 21 de março de 1937.[5] Exceto por algumas perguntas sobre a missão na China, o principal tema era o que acontecera na América do Sul, especialmente no Brasil. Johnny lhe contou o que se lembrava, sempre com cuidado para se proteger. Explicou como ele, Antônio Bonfim e Prestes desenvolveram um plano para levar nordestinos para o Rio, para treinamento; e contou sobre as divergências com Prestes e como os dois pararam de se encontrar. Mencionou que Helena se tornara motorista de Prestes, contou sobre a instalação de bombas no apartamento de Prestes, o fracasso da revolução devido ao mau planejamento, a prisão de conspiradores, como conseguira escapar e o suicídio de Helena. Revelou até que Helena tivera um romance com Carlos da Costa Leite,[6] um dos confidentes de Prestes dos tempos de cadete na Academia Militar de Realengo, no Rio de Janeiro.[7]

Foi determinado que colocasse tudo no papel, inclusive a missão à China. O relatório sem data tinha 24 páginas datilografadas, incluindo diagramas e gráficos, um deles com os nomes de oito pessoas centrais dos acontecimentos no Rio e daqueles que conheciam.[8] Os comentários incluíram seu trunfo. Se o Comintern lhe desse liberdade e dinheiro suficientes, poderia voltar ao Brasil e, por meio de contatos nas classes mais altas, conseguir a libertação de Ewert e Ghioldi. As chances de sucesso eram de 90%, disse. Prestes teria de esperar até que seu caso pudesse ser cuidadosamente estudado. Evidentemente, US$ 1 milhão poderiam ainda ser usados se os termos certos fossem alcançados. Por fim, Johnny se ofereceu para continuar o trabalho valioso que abandonara em Buenos Aires — preparar terroristas sul-americanos e infiltrá-los no Exército e na Marinha da Argentina.[9]

Stella Blagoeva recorreu a todas as fontes à disposição, e não apenas ao que Johnny lhe dizia. Pelos relatos que lera, achou que Ewert agira de maneira suspeita no Brasil. A discussão de Johnny e Helena no Hotel Passage em 1933 e as acusações contra Gekker também foram mencionadas por ela. E havia as missões na Romênia e na China. Também foram examinadas e os resultados acrescentados ao arquivo cada vez maior sobre Johnny. Ela foi informada até sobre a afirmação de Vasiliev de que Johnny era um terrorista nato. Pelo passaporte de Franz Gruber, Blagoeva determinou o curso geral de seus movimentos desde os tempos em que viajara da União Soviética para o Brasil, em novembro de 1934, até a passagem pela Holanda, no caminho de volta à União Soviética, em março de 1937. Isso incluía as duas viagens ao Brasil. Ela ficou curiosa com a falta de carimbo de saída da Argentina no passaporte falso. Por fim, o KPD informara a Moscou que a caminho da União Soviética, em 1937, Johnny estivera em Berlim por três dias para entregar as cinzas de Helena aos pais dela; e sobre como mais tarde se gabara da coragem por não dar importância aos nazistas nem à recompensa que ofereciam por sua captura.[10]

Um dos fatores a favor de Johnny foi Amleto Locatelli. Em julho de 1936, o italiano se tornou o primeiro membro importante do desastre no Brasil a retornar a Moscou. Ficara do lado de Johnny, porque estava convencido de que os comunistas no Brasil estavam mal preparados para uma rebelião em novembro de 1935. Seu longo relatório em 20 de julho de 1936 foi impactante no mínimo porque foi ingênuo ao ignorar o que causaria. As acusações de que os responsáveis pelos acontecimentos no Brasil não estavam prontos e de que os revolucionários eram essencialmente pobres refletiram mal em Luís Carlos Prestes. De maneira ainda mais perigosa, incluíram, por implicação, o protetor e patrocinador de Prestes, Dmitri Manuilski. Além da descrição de Prestes como teimoso e despreocupado com a segurança, foi dito que Olga excedera sua autoridade e tentara manter Prestes inacessível. Ewert era autoritário, precipitado e, como Sabo, também não estava suficientemente preocupado com a segurança. Também tentara manter Prestes isolado. Rodolfo Ghioldi foi considerado fraco e Victor Brarron bem que poderia ter entregado Prestes à polícia. Locatelli disse que Johnny, Helena e os Stuchevski haviam sido postos sob custódia mas foram liberados porque as autoridades nada conseguiram encontrar contra eles.[11] Além disso, Locatelli observou que: 1) Os membros do partido no Brasil eram poucos; 2) Os sindicatos não estavam em mãos comunistas; 3) A organização da ANL era ruim, tanto enquanto existiu como depois de se tornar ilegal; 4) Não havia comissão militar dentro do Partido Comunista Brasileiro; 5) O general Miguel Costa (superior de fato de Prestes na Coluna) hesitara em São Paulo em relação à rebelião, quando deveria tê-la apoiado; e 6) Prestes não aceitara a sugestão de Johnny de formar unidades militares pequenas para fazer tarefas específicas quando a revolução começasse, tais como neutralizar o quartel da Polícia Militar em Botafogo.[12]

Manuilski não gostou da declaração de Locatelli. O italiano escrevera um relatório que poderia ameaçar sua carreira. Assim, o camarada Dmitri chamou ao seu escritório o camarada Amelto para uma pequena conversa.

Em 1935, Dmitri Manuilski fora promovido a representante do Comitê Central no IKKI e também a secretário do IKKI encarregado do quadro de funcionários.[13] Locatelli era um simples agente de campo. O encontro foi malsucedido. Locatelli foi acusado de ser homossexual, uma afirmação perigosa na União Soviética dos anos 1930. Disseram que tivera um romance rápido com um canadense em Paris, quando voltava para Moscou. A acusação pode ter sido verdadeira, já que Manuilski tinha relatórios para mostrar ao italiano. Mas os documentos também podem ter sido fabricados. Qualquer que fosse o caso, Locatelli decidiu reescrever e reapresentar sua versão sobre o que havia acontecido na América do Sul.

O documento de 18 páginas foi uma autocrítica em que admitiu erros de julgamento e talvez até o perigo de toda a operação no Brasil. Nunca respondeu diretamente à pergunta sobre se era ou não gay. Em vez de ser preso e executado, Locatelli — por interferência de Palmiro Togliatti, importante comunista italiano e líder dos esforços do Comintern na Espanha — teve permissão para deixar o país e integrar as Brigadas Internacionais na Guerra Civil espanhola (1936-1939). Presume-se que foi morto em ação em março de 1937, embora haja um relato de que talvez tenha desertado e, ao fazer isso, escapado do olhar vigilante da União Soviética para sempre.[14]

Infelizmente para Johnny, os Stuchevski o haviam precedido em Moscou. No fim de outubro ou início de novembro de 1936, Pavel e Sofia chegaram sem cantar louvores a Johnny. Estavam tentando salvar a própria pele culpando outras pessoas pelo fracasso da revolução. Durante quatro meses, a partir de 14 de novembro de 1936, o casal produziu cem páginas de material sobre o que acontecera na América do Sul. Os comentários continham nove acusações contra Johnny. Algumas eram verdadeiras — mas ninguém em Moscou soube disso — outras falsas e algumas ridículas. Cada uma delas era apresentada como fato. A lista dizia que: 1) Bonfim havia escrito para Prestes, tanto antes quanto depois de ser preso, afirmando que Johnny era um agente provocador. 2) Bonfim fora preso em 13 de janeiro de 1936 e Johnny deixara o Brasil em 21 de janeiro de 1936. 3) Como Johnny recebera um visto de saída e reentrada se estava preso? Isso parecia suspeito para Prestes, uma vez que aconteceu durante o estado de sítio, depois da tentativa de golpe. 4) Os jornais do Rio afirmaram que Johnny fora preso como secretário de Ewert em 5 de janeiro de 1936. 5) Olga disse que sabia que Johnny era *nakhalni* (bastante insolente e prepotente) e podia se livrar de qualquer situação. 6) Barron disse, em 25 de janeiro de 1936, que Johnny conseguira um visto de saída e reentrada. Soube disso por Helena, quando a levou de carro a algum lugar. Johnny disse a Stuchevski, em Buenos Aires, que nem ele nem Helena usaram o carro de Barron. Barron afirmou ter dado mil pesos a Johnny porque mencionara que não tinha dinheiro suficiente para a viagem à Argentina. Barron também sabia que Johnny vendera seu carro. Em Buenos Aires, Johnny não quis responder a perguntas sobre a venda do veículo. Stuchevski não insistiu, porque Johnny não tinha de se reportar a ele. 7) Como motorista de Prestes, Helena conheceu todas as pessoas importantes da tentativa de revolução. 8) Johnny entregou Barron. 9) Johnny era, na verdade, um espião dos russos-brancos.[15]

Ao saber o que Locatelli e os Stuchevski estavam dizendo, Pavel Vasiliev, antigo instrutor de Johnny, não acreditou nos dois. Escreveu que se nada fosse encontrado contra Johnny ele não deveria permanecer na União Soviética, e sim ser enviado ao exterior para outros trabalhos em terrorismo, entre outras coisas. A sugestão de Vasiliev foi feita, porém, em causa própria. Recomendou que qualquer coisa nova que os investigadores descobrissem sobre o trabalho de Johnny no Brasil deveria ser enviada à NKVD.[16]

Gevork Alikhanov achou que havia material suficiente para envolver a NKVD. Além das alegações dos Stuchevski, em um texto preliminar datado de 10 de abril de 1937, Alikhanov acrescentou as seguintes "incoerências": 1) Johnny e Helena foram detidos na noite de 5 de janeiro de 1936 e liberados na manhã de 6 de janeiro de 1936. Johnny "se comportou mal" quando estava sob custódia policial. 2) Na noite da detenção, o senhorio — alemão nazista e diretor da Transatlantic Cable Company — foi chamado pela polícia. Testemunhou a favor de Johnny. Depois de Johnny ser liberado, esse homem e outros conhecidos — inclusive um major austríaco — mantiveram-se em contato com Johnny, mesmo depois de ele partir. 3) Elza Fernandes, companheira de Antônio Bonfim, foi detida pela polícia e mantida sob custódia durante 18 dias. Foi torturada durante esse período. Também sabia quem era Helena. Para Moscou, parecia questionável que Elza não tivesse revelado pelo menos alguma coisa sobre uma mulher que conhecia todos. 4) Johnny usou o passaporte de Franz Gruber na Argentina, apesar de saber sobre a íntima cooperação entre as polícias argentina e brasileira. 5) Fez o treinamento especial de membros do partido clandestinos mesmo sabendo dessa cooperação entre as polícias. 6) Anunciou que a mulher cometera suicídio em Buenos Aires em 3 de dezembro de 1936 só depois de voltar para Moscou. A morte aconteceu na véspera do dia em que planejavam sair da Argentina e ir para a

Europa. Não relatou o suicídio ao Partido Comunista da Argentina nem ao OMS. A polícia local também não relatou o acontecimento. Concluiu a investigação da polícia por si próprio, sem encontrar obstáculos, embora morasse em Buenos Aires com o passaporte que usara no Brasil. 7) A polícia não havia carimbado o passaporte para permitir que ele deixasse a Argentina. Alegou ter viajado em um navio britânico e desembarcado em Boulogne. Entretanto, o passaporte indica que desembarcou em Dunquerque. 8) Passou três dias em Berlim a caminho de Moscou, embora a Gestapo estivesse procurando por ele. 9) Durante a primeira conversa com o Departamento de Quadros do IKKI, manifestou o desejo de voltar ao Brasil para tentar libertar Ghioldi e Ewert. Mas durante o ano que passou na Argentina, jamais levantou esse assunto, apesar de estar conectado com o aparelho do IKKI em Buenos Aires. 10) Vasiliev havia defendido Johnny, se nada contra ele fosse descoberto. No que parece ser a versão que realmente enviou à NKVD, datada de 11 de abril de 1937, a referência sobre Vasiliev ficar do lado de Johnny foi apagada. Havia uma recomendação de que a NKVD "deveria observar Gruber de perto".[17]

A NKVD examinou Johnny muito cuidadosamente. Uma grande quantidade de papéis e comentários circulou entre uma agência e a NKVD, nos dois sentidos, durante meses. Johnny também enviou cartas. Escreveu para Manuilski em 3 de abril, reclamando que não conseguira se encontrar com ele desde o retorno a Moscou e implorando para vê-lo. A questão de Prestes, Ewert e Ghioldi precisava ser discutida urgentemente. Enfatizou que todo dia, até as 12h, esperaria por um telefonema de Manuilski no Hotel Novo Moskovskaya.[18] No mês seguinte, no dia 15, escreveu para Alikhanov sobre a conclusão dos julgamentos de Prestes, Ewert e Ghioldi. Não entendia por que Alikhanov havia rejeitado temporariamente uma proposta anterior. Isso provavelmente era uma referência ao canhão elétrico. Johnny terminou observando que o Brasil e a Argentina seriam os próximos lugares da aventura fascista.[19] A carta final dessa série, de 20 de junho, foi para o presidente da Comissão de Controle Internacional, um homem a quem Johnny se referiu em alemão como advogado, o camarada Anwalt. Era uma reafirmação da oferta do canhão elétrico, com um lembrete de que havia três meses esperava uma resposta.[20] Não há registro algum de que Manuilski, Alikhanov ou Anwalt tenham respondido a alguma dessas cartas. De fato, provavelmente não queriam envolvimento com Johnny até que seu futuro fosse decidido.

Em um material — não confirmado — do depoimento de Johnny ao FBI, afirmou que em maio de 1937 cinco agentes à paisana da NKVD o interrogaram sobre os acontecimentos no Brasil durante sete horas, nos escritórios do Comintern.[21] Mencionou que se recusara a falar com eles até que Vasiliev lhe disse ao telefone que estaria tudo bem se o fizesse. Ao fim do longo interrogatório, foi incumbido de fazer um relatório sobre a rebelião brasileira e de estar disponível no início da noite ou na manhã seguinte caso a NKVD quisesse falar com ele novamente. Quatro dias depois, foi chamado ao escritório da NKVD, no Comintern, e submetido a outro interrogatório demorado. Pediram-lhe que assinasse uma tradução em russo das observações anteriores, mas se recusou até que uma versão em alemão fosse produzida. Embora falasse russo, não era totalmente fluente.

Em novembro, foi levado à presença do Comitê Central do VKP(b), no Kremlin. O objetivo desse encontro era determinar a responsabilidade pela tentativa fracassada de derrubar Getúlio Vargas. Os representantes pesos-pesados do CC eram o ministro da Defesa, marechal Kliment Voroshilov; os comissários da Indústria Pesada Anastas Mikoyan e Lazar Kaganovich; o secretário de Relações Exteriores, Vyacheslav Molotov; e o novo chefe da NKVD, Nikolai Yezhov.[22]

Johnny foi convocado para contar sua história de vida e dar sua opinião sobre a catástrofe no Brasil. Os camaradas Waldemar — que conhera Johnny na Alemanha em 1923 — e Langner falaram sobre ele em termos favoráveis. Depois da última pergunta, Johnny foi orientado a escrever um terceiro relatório sobre os procedimentos no Brasil. Houve mais uma sessão, novamente diante do Comitê Central, na qual quiseram saber se Johnny havia imposto suas opiniões militares a Luís Carlos Prestes. As únicas pessoas presentes nesse segundo encontro com o CC foram um general que atuava como assistente do marechal Voroshilov, o próprio Voroshilov, Kaganovich e Molotov. O general que assessorava Voroshilov afirmou que as táticas de Prestes haviam sido inúteis e que os planos de guerrilha de Johnny eram melhores. Voroshilov era um dos líderes dos expurgos e seu assistente não ousaria fazer um comentário como esse sem a bênção do marechal, ou sem a anuência de Molotov. Mais tarde, Johnny contaria a um dos filhos que esse foi o momento decisivo.[23]

Foi enviado de volta ao hotel para esperar novas instruções. Os períodos que passava no Novo Moscovskaya entre as sessões de interrogatório foram os mais enervantes da vida de Johnny. Comia compulsivamente e chegou a pesar 105 quilos.[24] Estava em estado de pânico disfarçado, e por bons motivos. Desde o assassinato do líder do partido em Leningrado, Sergei Kirov, rival de Stalin, no início de dezembro de 1934, até o afastamento de Yezhov, chefe da NKVD, em dezembro de 1938, desenrolou-se o período que ficou conhecido como o Grande Terror. Os anos de 1937 e 1938 foram os mais terríveis, uma vez que todos os segmentos da sociedade soviética se sentiam vítimas da paranoia dos expurgos em massa e eliminações. Pavel e Sofia Stuchevski estavam entre os executados, assim como Alexander Abramov; seu substituto, Müller, cujo nome verdadeiro era Boris Melnikov; e dois dos inquisidores de Johnny, Gevork Alikhanov e Moisei Chernomordik. Até seus últimos protetores, Ian Berzin e Pavel Vasiliev, seriam eliminados.

Foi um período perigoso. A capital mundial do comunismo estava passando por um período de instabilidade longo o suficiente para alguém como Johnny blefar para conseguir se salvar. Foi Olga Benário quem primeiro chamou Johnny de insolente, e insolente ele tinha de ser. Durante o Grande Terror, Stalin aprovou 383 listas com nomes de pessoas condenadas. Em alguns dias, as listas de pessoas a serem executadas eram pequenas; em outros, eram extensas. Mas as prisões no meio da noite continuavam em toda parte.[25] De que maneira isso poderia beneficiar Johnny? Não era um comunista de carreira, tentando agradar superiores na órbita stalinista, mas alguém que estava do lado de fora olhando para dentro. Podia dizer qualquer mentira, e qualquer verdade, ou algo entre as duas coisas, para conseguir o que queria. Os que o avaliavam não queriam pisar no calo de pessoas que poderiam lhes fazer algum mal. Um erro de qualquer pessoa — não apenas de Johnny — podia significar a morte. Em 27 de agosto de 1937, Blagoeva parece ter feito seu último pronunciamento sobre Johnny. Escreveu para alguém não identificado e pediu para "traduzir este documento e os anteriores sobre as ligações de Gruber com os detidos e enviá-los para a NKVD".[26]

O general Berzin finalmente chamou seu agente ao escritório e disse-lhe para descansar, depois de elogiar seus esforços no episódio brasileiro. Johnny suportaria muitos meses de "descanso" antes de saber o que aconteceria. Enquanto voltava para o Novo Moskovskaya, cantarolou uma melodia agradável enquanto seguia pelo trânsito livre no centro da cidade. Johnny achou que seu estratagema poderia ter funcionado. Isso permitiu ansiar por que ele tivesse umas férias longe das reviravoltas e da angústia da espionagem. Mas as viagens para fora de Moscou, as bebidas, os jantares e os passeios por novas paisagens logo se tornaram entediantes. Noite após noite, Johnny voltava para o vazio do quarto 670, para uma solidão mortal, sem mensagem alguma. Essa situação só foi interrompida por uma pequena cirurgia e duas semanas em um hospital militar. Tudo que Johnny desejara lhe foi levado durante a convalescença, desde salário até alimentos difíceis de encontrar. Colegas enviaram flores e até o general Berzin e alguns camaradas do M4 foram visitá-lo.

Depois de receber alta, ansiou por começar a trabalhar na sede em Moscou ou em outra missão. Mas, apesar da sutil disposição, não recebeu ordem alguma. Sentia-se seguro nas mãos do Estado-Maior, mas o tempo todo apreensivo, temendo que a verdade sobre a missão brasileira viesse à tona. Foi um teste de nervos, e Johnny só conseguia pensar que se o pegassem seria preso, torturado e executado por algum fantoche da NKVD. Enquanto estava livre para vagabundear, as suspeitas o deixaram continuamente à espera de uma prova que nunca aparecia. O tempo, que tudo cura, poderia salvá-lo. O tempo, que acaba cobrando, também poderia destruí-lo. O tempo era o jogo. Fez um juramento a si mesmo de que, por mais que aquilo demorasse, não seria responsável por sua ruína.

Enquanto semanas se transformavam em meses, Johnny nunca teve consciência de que seus passeios estavam sendo observados. Mas as sombras desconhecidas que o seguiam provavelmente ficaram tão cansadas quanto ele de fazer caminhadas para ter o que fazer e de visitar repetidamente lugares reduntantes. Seis meses se passaram dessa maneira, com Johnny fazendo o jogo diário. A NKVD soube que em 7 de abril de 1937 ele dormira em seu quarto de hotel com uma mulher que se registrara ali como camarada Soltz. Johnny tinha um revólver em seu quarto, que acreditava estar escondido de maneira segura. Não estava. As autoridades o descobriram em meados de maio de 1937. O que nunca imaginaram foi que cinco das seis balas do revólver seriam usadas contra a NKVD se algum dia tentassem pegá-lo. A última seria usada para dar cabo à sua própria vida.[27]

Depois de se convencer de que o telefone não tocava em seu quarto de hotel, foi uma surpresa ouvir aquele toque pouco familiar, certa noite, já tarde. Berzin queria vê-lo no dia seguinte. A reação deveria ter sido de alegria e relaxamento da tensão. E foi, mas apenas momentaneamente. Em questão de segundos, Johnny se encheu de dúvidas. O que aquele encontro significava? Haviam cedido ou queriam testar suas reações, na esperança de que cometesse um deslize sob pressão? Ou será que deixara de ser suspeito e estava prestes a receber uma nova missão?

O general o recebeu calorosamente. Em seguida, vieram as notícias. "Johnny", disse, com satisfação incontrolável, "tenho algo maravilhoso para dizer a você. Seu filho, Johnny Junior, está aqui em Moscou. Veio por conta própria!" Johnny o fitou por alguns instantes. "É verdade! É verdade, Johnny! Ele está aqui, bem aqui, esperando o pai!" O delírio tomou conta de Johnny enquanto ouvia de Berzin os detalhes. Estava feliz por Maria ter deixado o filho viajar.

Quando Johnny Junior, de 13 anos, foi à sede do KPD em Berlim, disse simplesmente que o pai estava na União Soviética e que queria ir a Moscou encontrá-lo. A afirmação foi verificada por meio do Comintern e logo o jovem estava a caminho da União Soviética. Foi levado para uma casa destinada a descendentes de imigrantes políticos. Era uma casa de crianças austríacas, uma instituição especial criada para abrigar órfãos e filhos de agentes, principalmente alemães e austríacos. Johnny não saberia sobre a chegada do filho durante quase cinco anos.[28]

Os soviéticos estavam bastante satisfeitos por apanhar o filho mais velho de Johnny e conseguir que ele fosse transportado para Moscou.

Isso significava que tinham um refém da família, que impediria o pai de desertar. Era uma garantia de que Johnny voltaria das missões internacionais. Como já realizara várias missões que os haviam deixado satisfeitos, ele não precisava ser informado sobre onde seu filho estava, a não ser que fossem levantadas dúvidas sobre sua lealdade. Agora ele podia ser mais bem controlado. Johnny sabia que o sistema cultivava esses princípios de segurança. Agradeceu a Berzin e correu até o endereço da escola, "Калащный переулок, д.12". Era a rua Kalashny 12 e o local era Kinderheim nº 6, ou Casa das Crianças nº 6.[29]

Um terreno cheio de árvores e um prédio grandioso atraíram o olhar curioso de Johnny quando chegou à casa do filho, no oeste de Moscou, perto da Arbat. Jovens de várias idades recebiam cuidados, alimentos e educação. Ficavam em quartos confortáveis, ganhavam roupas e até alguns rublos de mesada. Tudo era fornecido — perfeito e limpo — com os cumprimentos do Estado. O diretor, um jovem inteligente de 30 e poucos anos, Ivan Semjonov,[30] ele próprio uma ex-alma desabrigada, ciceroneou Johnny. Do lado de fora, nas quadras cheias de estudantes, o encontraram. O diretor chamou o nome de Johnny Junior e um rapaz interrompeu o arremesso de uma bola, virou-se e caminhou até os dois homens.

Com um aperto na garganta, Johnny fitou o jovem desengonçado, de cabelo escuro. Tinha o físico do pai, embora mais baixo (1,70 metro), com músculos rígidos ressaltados pela camiseta molhada de suor. Os olhos se fixaram uns nos outros enquanto Johnny captava as belas feições do filho, os olhos castanhos suaves, sob um cabelo fino e com franja. Em um impulso, Johnny Junior se atirou nos braços abertos do pai, chorando de alegria. Lágrimas brotaram dos olhos de Johnny e começaram a correr pelo rosto enquanto segurava o filho em um abraço apertado.[31] Johnny agradeceu ao diretor, virou-se e se afastou, agarrado a Johnny Junior, sem emitir um som.

Chuva, granizo e trovões poderiam ter jorrado do céu naquele dia e os dois não teriam notado. Passearam pelos caminhos cobertos de árvores, conversando sobre qualquer coisa; o pai orgulhoso, com o braço sobre o ombro do menino. Johnny soube que a irmã e o irmão mais novo estavam bem, estudando no Ruhr. Tia Emma era como uma mãe e fazia o que podia por eles. As horas se passaram rapidamente enquanto os dois vagavam sob as árvores, naquele ambiente que parecia um parque, conversando sem parar. O único tema não abordado foi o trabalho de Johnny para a União Soviética. Johnny Junior sabia apenas que o pai era oficial do Exército Vermelho e não saberia nada além disso.

Uma sineta escolar interrompeu a conversa. Com um abraço, um arremedo de murro no queixo do filho e uma promessa de retornar em poucos dias, Johnny se despediu e voltou para o hotel. Johnny Junior queria ir com o pai, mas o regulamento impedia. O tom de Johnny foi de ternura e persuasão enquanto ponderava que o rapaz estava bem, com amigos, boa comida e, o mais importante, uma excelente educação na Escola Karl Liebknecht. Johnny Junior estava em uma situação melhor do que a de muitos moscovitas.[32] Ainda assim, estava triste e só conseguiu se alegrar com a promesssa do pai de visitá-lo frequentemente, para que pudessem passar mais tempo juntos.

As luzes noturnas de Moscou não poderiam gerar o calor e a felicidade que envolviam Johnny. Meses de solidão e inquietude desapareceram com a sensação de que recebera a maior bênção do mundo. O M4 continuou com a política de nenhuma missão e lazer forçado, mas agora não se importava quando os meses passavam. Cada vez que visitava a Kinderheim nº 6, tinha a impressão de que o filho crescera um pouco mais e estava perto de dar os primeiros passos para a maturidade. Quando podiam, iam a outros lugares juntos. Em cada encontro, o jovem continuava a importunar o pai com pedidos para que o levasse embora. Queria ficar com a pessoa pela qual viera de tão longe, até que, relutantemente, compreendeu e aceitou sua sorte. Percebeu que o pai estava envolvido em um trabalho importante para o governo e poderia ser chamado a qualquer momento. Mas a frustração continuou. Ignorando o que estava evidente, Johnny se convenceu de que tudo estava bem no relacionamento com o filho.

Um dia, Johnny recebeu um bilhete no Hotel Novo Moskovskaya, vindo dos escritórios do M4. Era breve e nada esclarecedor. Um professor da escola Karl Liebknecht, camarada Zhelasko,[33] pedia que o encontrasse. "Seu filho é um pestinha esperto", disse. "Acho que todos nós éramos na idade dele." Johnny ficou imaginando o que aquele homem tinha em mente. Zhelasko afirmou que Johnny Junior se vestia melhor (suas roupas eram da Alemanha) e costumava se gabar disso diante dos colegas. Os admistradores da escola haviam lhe tirado os belos trajes e lhe dado roupas russas comuns.[34] Zhelasko observou que, depois disso, Johnny Junior passara a espalhar rumores. Todo dia, transmitia ao pessoal da escola uma fococa que ouvira sabe-se onde. O rapaz estava se tornando uma fonte permanente de mexericos; e não estavam dispostos a aguentar aquelas besteiras. "Perceba que ele busca atenção. É por isso que faz essas coisas, esperando benevolência e favorecimento dos mentores. Mas tem de entender que não é essa a maneira de conseguir objetivos ou satisfazer necessidades. Para ser franco e ir diretamente ao ponto, se não se comportar, terá de deixar a escola."

Constrangido, Johnny agradeceu a Zhelasko pela sinceridade e lhe disse que cuidaria do assunto pessoalmente. Zhelasko conseguiu que Johnny Junior deixasse as aulas e passasse o dia com o pai. Os dois foram diretamente para o hotel, para uma conversa de homem para homem. Johnny relatou o que haviam lhe contado. Johnny Junior ficou sentado em silêncio, ouvindo atentamente cada palavra. O olhar não se desviou do pai, mas ficou esfregando as mãos, inquieto. "Ouça, filho, estarei aqui apenas por pouco tempo. Você tem tudo que poderia desejar naquela escola. Sabe que o tenho visitado e vou visitá-lo sempre que puder. Agora, quero que você pare com essas fofocas e de importunar o diretor e sua equipe com histórias que só servirão para fazê-lo perder os amigos e o apoio que deveria ter. Ninguém gosta de dedos-duros e você descobrirá, se já não descobriu, que quando as pessoas descobrem que você trai a confiança delas, passam a evitá-lo como uma praga. Estou lhe dizendo para seu próprio bem; comporte-se, fique longe de problemas e não se meta onde não deve! Entendeu?"

Johnny Junior fez um sinal afirmativo e disse que sentia muito. Em seguida, acrescentou que era difícil crescer. "Sei disso, filho. Todos tropeçamos ao longo do caminho", prosseguiu Johnny. "Mas isso é que é crescer, viver a vida. Todos fazemos loucuras às vezes, mas aprendemos o que é certo e o que é errado. Quando reconhecemos nossas falhas, tentamos mudar, porque assim tiraremos algum proveito delas. Só aqueles que nada aprendem com seus erros os repetem. Você é um jovem inteligente, não vê que fere muito outras pessoas e você mesmo quando não usa o bom-senso?"

Ele disse que comprendia. Conversaram também no caminho de volta à escola, mas, apesar de o filho lhe garantir que havia compreendido, Johnny ficou preocupado com aquele problema. Achou que a crise poderia repercutir nele, porque não houve qualquer aviso sobre o que estava por trás. Naquele dia, quando se despediram no portão da escola, Johnny Junior prometeu ao pai que se esforçaria e pararia de bancar o esperto. Johnny sabia que era responsável por grande parte dos problemas do filho, uma vez que estivera muito ausente durante sua infância.

Mais um mês se passou e, pelos relatos da escola e os ocasionais encontros com o filho, Johnny achou que os tropeços estavam sendo superados. O garoto parecia feliz. Não houve mais registros de incidentes. Johnny começou a achar que o episódio ficara para trás. Uma lição fora aprendida, novos conhecimentos e novas percepções haviam se revelado para os dois Johnnys. Mas o verdadeiro problema ainda estava ali, sob a superfície. Johnny Junior suplicava atenção e Johnny pai tinha pouco tempo para isso. Em determinado momento, Johnny Junior reclamou com a família em Ahlen que vira o pai apenas oito vezes.[35]

O telefonema há tanto tempo esperado veio em um dia frio, no fim de janeiro de 1938. Berzin queria que se apresentasse no dia seguinte. De manhã, quando seguia para a sede do M4, não ficou apreensivo. Estava convencido de que o haviam absolvido e voltaria a trabalhar. De fato, se livrara da forca.

Berzin recebeu Johnny com um aperto de mão firme e um jeito caloroso, cordial. Serviu um drinque e fez um brinde pelo bom trabalho. Manuilski dissera a Johnny durante os interrogatórios que provavelmente era o único verdadeiro leninista no Brasil. Talvez estivesse apenas repetindo um elogio feito por Molotov durante o questionamento do Comitê

Central. Agora, Berzin repetiu o elogio. Em seguida, leu as declarações de Stuchevski e Locatelli, iniciadas por observações de que estavam errados e ele estava certo.[36]

Perguntou sobre Johnny Jr., aparentemente interessado no progresso do menino na escola. Logo, começaram a conversar sobre o motivo do chamado. "Johnny, a missão é primeiramente no Japão e depois no Brasil", disse Berzin. "Temos uma grande necessidade de inteligência militar no Brasil. O país está cheio de elementos pró-Alemanha e é vital sabermos o que o governo brasileiro e também essa poderosa facção pretendem fazer." Johnny concordou, acompanhando cada palavra enquanto Berzin continuava a falar sobre o poder crescente da Alemanha de Hitler. A União Soviética precisava de agentes em lugares problemáticos, onde o apoio aos nazistas era forte, como o Brasil. Ali, como em muitos outros países, agentes secretos estavam sempre sendo presos.

Para evitar que fosse preso, os soviéticos decidiram fornecer a Johnny um disfarce que lhe permitiria transitar livremente e obter informações sem despertar suspeitas. Montaram um pequeno negócio de importação e exportação. Essas firmas eram consideradas seguras na época, porque tinham motivos legítimos para enviar e receber telegramas.[37] É claro que o significado dessas comunicações estaria em código. Johnny teria bastante liberdade para fazer isso, primeiramente em Tóquio — onde ficaria ligado a um grupo dirigido por um velho conhecido, Richard Sorge — e depois no Rio de Janeiro, onde amarraria a outra ponta.[38] O esquema lhe permitiria viajar periodicamente do Japão para o Brasil e voltar sem ser notado.

Johnny ouviu atentamente, pesando aos poucos os vários pontos. Berzin explicou que em Tóquio faria contato com um alemão que era gerente de um clube de golfe. Eles se encontrariam perto de um *putting green*. Todo dia, em um horário, ele teria de ficar lá até se encontrarem. O contato apareceria notando que Johnny estava praticando golfe e começaria a conversar com ele sobre o esporte. Durante a conversa, ele se identificaria ao examinar um taco e dizer: "Este é muito malfeito, não?" Este seria o sinal. Sem dúvida, ele teria uma descrição de Johnny, enquanto Johnny só o reconheceria por meio do comentário.[39] Quando a conexão estivesse estabelecida, o alemão ajudaria Johnny a obter as informações necessárias para montar a firma.

Assim que o escritório de Tóquio estivesse montado e funcionando, Johnny iria para o Rio de Janeiro, abriria a outra agência e usaria um operador de rádio, Hans Wilhelm, que chegaria depois, vindo de Moscou.

Mas havia uma opção. Johnny poderia ir primeiro ao Brasil e abrir o escritório. Iria então ao Japão amarrar as duas pontas da corda. Até que a empresa em Tóquio fosse aberta e estivesse recebendo mensagens, informações secretas do Brasil seriam telegrafadas para uma operação da frente comunista em Bruxelas.

A decisão era de Johnny. Poderia fazer como quisesse, contanto que a rede de telegrafia entre os dois países fosse estabelecida. Para o mundo externo, o negócio seria cem por cento legal. Ele lidaria com artigos esportivos, algodão e ferro-velho para o Japão; e porcelana, seda e produtos importados da China para o Brasil. Quanto ao verdadeiro motivo para montar isso tudo, Johnny deveria obter tantas informações quanto possível sobre construção naval e fábricas de armamentos no Japão. Os alvos incluíam estaleiros a noroeste de Tóquio, um local particularmente difícil para se infiltrar, uma vez que era totalmente fechado e os trabalhadores não podiam sair. Johnny dependeria da ajuda do Partido Comunista Japonês para entrar ou para pôr alguém lá dentro. Deveria também obter informações sobre siderurgia em Osaka, metalurgia em Kobe e estaleiros navais em Nagasaki. Moscou queria ainda que avaliasse a disposição dos japoneses para lutar. Os recursos iniciais seriam de US$ 60 mil (US$ 915.800 em 2010).[40] Levaria US$ 30 mil e o restante seria enviado quando solicitado.[41]

Johnny pensou cuidadosamente sobre aquilo tudo enquanto Berzin permanecia sentado em silêncio, esperando sua resposta. Frank Foley e a inteligência britânica tinham de saber sobre aquilo, e rapidamente, o que significava fazer contato assim que deixasse a União Soviética. Seria muito difícil entrar em contato a caminho do Japão, uma vez que a viagem poderia ser feita pela Ferrovia Trans-Siberiana. Além disso, o Japão tratava os estrangeiros com suspeita, o que tornaria a tarefa de montar o front ali muito mais difícil do que no Brasil.

"O Brasil seria o melhor destino primeiro", Johnny disse finalmente a Berzin. Ele considerava vital para a União Soviética saber mais sobre o clima político e militar no Brasil, uma vez que o país parecia estar em processo de mudança. Começando por lá, ele e Hans Wilhelm conseguiriam reunir e transmitir informações para o centro em Bruxelas mais rapidamente. Em seguida, poderia ir para Tóquio completar o circuito. Por fim, se concentraria nas outras tarefas e acabaria abandonando Bruxelas como ponto de contato por rádio.

Berzin concordou. Os dois achavam que o Rio de Janeiro ou São Paulo seriam ideais para abrir o escritório. Johnny entraria no Brasil usando um passaporte austríaco com o antigo pseudônimo, Franz Gruber.[42] Seria a maneira mais segura, uma vez que já fizera muitos contatos usando esse nome. Dois endereços de emergência nos Estados Unidos — ambos na Califórnia — foram fornecidos, caso houvesse maiores problemas: Mr. David, no 228 Broadway, San Diego, e Mrs. Rose Tollins, no 2566 Pine Street, São Francisco.[43] Hans Wilhelm, usando o nome Harry, viajaria para o Brasil separadamente algumas semanas depois.

Berzin assegurou a Johnny que continuaria a se encontrar com o filho até que partisse e que na ausência o menino seria bem cuidado. O general quis saber se deveriam lhe destinar uma mulher para a viagem, para melhorar o disfarce. Johnny respondeu que não seria necessário, porque esperava se casar com Gertrude Krüger a caminho do Rio de Janeiro, se isso não fosse um problema. Acrescentou que talvez fosse uma boa ideia levar também os pais dela, que poderiam operar o negócio de importação e exportação quando estivesse no Japão. Johnny mencionou que Gustav e Emilie Krüger haviam sido sociais-democratas simpáticos ao comunismo. Gustav chegara a ser membro do KPD.[44]

“Você é quem sabe. Faça os planos de viagem. Em breve os documentos e o passaporte estarão prontos. Os fundos serão entregues no hotel. Boa sorte, Johnny!” Eles apertaram as mãos e Johnny deixou o escritório exultante. Finalmente a longa espera terminara. Estava livre da aparente suspeita do M4. A caminho do Novo Moskovskaya, disse a si mesmo que um dia se livraria para sempre daquele odioso sistema comunista.[45] Cantou louvores a Locatelli, que inconscientemente lhe dera cobertura no desastre brasileiro. Passara no teste em Moscou e sobrevivera; o possível vazamento nunca aconteceu.[46]

Do início de abril até os primeiros dias de maio de 1938, Johnny passou os dias em um apartamento em Moscou. Berzin queria que se familiarizasse com livros e documentos secretos sobre o Japão, mas não no hotel. À noite, voltava para o quarto no Moskovskaya.[47] Certa noite, ao voltar, o recepcionista lhe deu um cartão-postal de Gerti, de Berlim. Dizia simplesmente: "Querido Johnny, quanto tempo uma garota precisa esperar para dizer sim? Amor, meu querido, sua Gerti." Johnny leu o cartão várias vezes. O afeto cada vez maior pela jovem deixou seus olhos marejados. Sussurrou para si mesmo, segurando o cartão: "Não muito tempo, Gerti, não muito tempo, meu amor." Naquela noite, dormiu como um bebê, em paz e cheio de alegria e expectativa.

Alguns dias antes de partir para o Brasil, a tranquilidade foi abalada. Enquanto caminhava por Moscou, um amigo do filho o interrompeu e disse: "Camarada, seu filho está preso." Atônito, Johnny perguntou: "O quê?" "Sim", repetiu o rapaz. "Está preso por ordens militares." "Como você sabe?" "Estava lá quando o prenderam", balbuciou o jovem, nervosamente.

Johnny ficou mudo. "Não pode ser. Deve haver algum erro." Procurou Berzin e relatou o incidente. "O que o desgraçado fez?", perguntou Berzin. "Não sei", respondeu Johnny. "É só o que eu sei. O rapaz que me disse é da casa de crianças, e eu só sei que meu filho e outros quatro foram detidos."

"Não se preocupe, Johnny, vamos descobrir o que aconteceu." Ligou para o chefe da NKVD, Nikolai Yezhov, disse o que sabia e em seguida ergueu o fone para que Johnny pudesse ouvir as palavras de Yezhov: "Vamos mandá-lo para casa em alguns minutos, agora mesmo." Berzin disse: "Johnny Junior e quatro amigos cometeram um pequeno roubo e jogaram pedras em janelas de prédios abandonados. Uma baita confusão",[48] disse, rindo. "Infelizmente, os jovens sempre perdem o controle", observou Berzin, com bom humor. "Vá até a casa de crianças vê-lo, porque vão levá-lo para lá. Deverá estar de volta antes de você chegar."

Johnny foi a Kinderheim nº 6 o mais rapidamente que pôde e, como Berzin previra, Johnny Junior já chegara. Foi até o quarto do filho, entrou e fechou a porta. Olhou seriamente para o jovem de 18 anos sentado na cama, de cabeça baixa. "Meu filho, você tem feito muitas coisas infantis e estúpidas, mas desta vez feriu seu pai profundamente!", começou, contendo a raiva. Johnny Junior ergueu a cabeça, com lágrimas nos olhos. "Não queria feri-lo, papai, mas simplesmente odeio ficar aqui!" Era sincero como Johnny na idade dele, mas ambos já sabiam qual seria a resposta. "Não, tirar você da União Soviética neste momento é impossível."

"Posso levá-lo à estação quando você for, pai?", perguntou, por fim. "Vou ter de pedir permissão para isso", respondeu. Johnny Junior o olhou desapontado. Então, Johnny tentou explicar que era o regulamento, que não podia ser mudado sem permissão. Em seguida, telefonou para o M4 e recebeu autorização para que Johnny Junior o encontrasse na estação de trem dois dias depois. O filho ficou feliz com a pequena vitória e ainda mais feliz quando o pai lhe disse que seria transferido de Kinderheim nº 6 para um pequeno albergue na escola de formação profissional ligada à Auto Serviços Stalin, onde aprenderia um ofício.[49] "Veja!", disse Johnny, "Você terá seu quarto, completamente mobiliado, com tudo que precisa, e deixará a escola. Aprenda, estude, porque você tem capacidade para isso. E, com um lugar seu, fora da escola, pode ter um pouco mais de independência e ainda ter responsabilidades."

Naquela noite de maio de 1938, Johnny voltou para o hotel preocupado com a possibilidade de que o filho arrumasse problemas novamente durante sua ausência, apesar da promessa de que se comportaria. Esperava que tivesse aprendido a lição. Talvez agora, que estaria mais independente, começasse a mostrar alguma maturidade. Os pensamentos foram interrompidos por um telefonema para dizer que deveria se encontrar com o companheiro de viagem, o operador de radiotelegrafia, às 19h, em um parque em Moscou.

Passearam e conversaram em uma área deserta do parque. O general Berzin havia assegurado que Hans Wilhelm era um dos melhores alunos da escola de radiotelegrafia do M4. Johnny esperava que fosse, uma vez que entregariam as vidas e o sucesso da missão a seus dedos ágeis. Hans Wilhelm tinha aproximadamente 30 anos, pouco mais de 1,70 metro de altura e pesava menos de 70 quilos. O cabelo era castanho-escuro e fino. Johnny o examinou e verificou que era de origem tcheca, com feições visivelmente eslavas. Talvez a característica mais marcante de Wilhelm fosse o rosto oblíquo, que terminava em um queixo pronunciado. Falava tcheco, alemão, inglês e talvez russo. Era solteiro e mulherengo. Johnny não ficou satisfeito. Disse ao major que os apresentara que não queria Hans Wilhelm, mas o oficial parecia inflexível. Então, Johnny estabeleceu sua lei. Informou ao operador de rádio que se gastasse dinheiro desenfreadamente ou arrumasse confusão com mulheres, o mataria.[50]

Continuando a abordagem linha-dura, mencionou que não seria um trabalho glamouroso e que teria muita coisa para fazer, sem tempo para bobagens. Se ele se mostrasse irresponsável, a missão fracassaria, prejudicando ambos. Isso pareceu funcionar, e Hans Wilhelm assegurou que Johnny podia confiar nele. Analisaram os planos de viajar separadamente e se encontrar no Rio, em dia e hora predeterminados, em um restaurante conhecido de Johnny. Hans Wilhelm assegurou que suas intenções eram as melhores e se separaram.

O amigo de Johnny, Heinrich Fomferra, também viveu no hotel Novo Moskovskaya. Além de ser professor, tornou-se oficial do M4. Trabalhou sob o comando do chefe de comunicações do Exército Vermelho. Johnny decidiu lhe fazer uma visita. Foi até o quarto dele, num andar abaixo. "Heinrich, por acaso você conhece um homem chamado Hans Wilhelm?" "É um de nossos estudantes." "Ele nasceu tcheco e se tornou australiano?", perguntou. "Sim, ele mesmo." "Heinrich, somos bons amigos e prezo sua opinião. Portanto, por favor, responda: como classifica o conhecimento desse homem na área de tecnologia de comunicação?"

Heinrich pôs a mão no queixo durante alguns minutos antes de falar. Por fim, disse a Johnny que Hans Wilhelm era apenas um estudante razoável e que ouvira rumores de que agia como se fosse um playboy. Apostava, bebia e estava sempre atrás de mulheres. Vangloriava-se diante dos outros das proezas sexuais. Gastava dinheiro muito facilmente e contraía dívidas com colegas de sala. Fora repreendido pela administração da escola e isso parecia tê-lo acalmado por algum tempo. Acrescentou que se Hans Wilhelm tivesse se concentrado mais nos estudos do que em ser um garanhão, teria passado nos cursos com notas muito melhores. Concluiu considerando-o um indivíduo de alto risco.

Johnny concordou. Beberam apenas um drinque juntos; estava ficando tarde e Johnny tinha coisas a fazer. Agradeceu e lhe disse para esquecer a conversa. O próximo passo seria entre Johnny e o Estado-Maior. Johnny foi para seu quarto no andar acima, deu um telefonema urgente para Berzin e marcou um encontro para aquela mesma noite.

A resposta veio rapidamente; Berzin o veria. O encontro entre eles foi breve. Johnny relatou as dúvidas sobre Hans Wilhelm e o que ouvira falar sobre ele. "Não confio nesse homem." O general encerrou a conversa: "Essa é uma decisão do comando que nem você nem eu podemos mudar. Não podemos questionar os que estão no topo. Vamos esperar que você esteja errado e que tudo dê certo." Com isso, Johnny deixou o escritório e foi para o hotel bastante preocupado.

O sono lhe fugiu naquela noite, enquanto se virava na cama pensando no que Fomferra dissera, o que coincidia com a primeira impressão que tivera de Hans Wilhelm. "Bem, não há como voltar atrás agora." O M4 tomara a decisão e Johnny não podia questioná-la. Ele havia tentado, sem sucesso. O tempo diria, mas temia que pudesse causar sua ruína.

A aurora de 18 de maio de 1938 rompia cedo, em um céu nublado, quando Johnny chegou à estação de trem e viu o filho mais velho. Vestia roupas finas, caras. Quando Johnny lhe perguntou onde conseguira um terno tão bom, lembrou ao pai os pequenos delitos. Johnny não quis saber mais, disse ao filho para se comportar e lhe deu algum dinheiro. Eles se abraçaram e Johnny caminhou com um nó na garganta para embarcar. Não olhou para trás porque sabia que o olhar triste do menino o acompanhava. Mal sabia que aquele seria o último abraço que daria no filho.

Johnny de Graaf II fora apanhado em 11 de janeiro de 1938. Apesar do que Berzin disse mais tarde ao pai, estava sob suspeita de envolvimento no caso Hitler Jugend, ou Juventude de Hitler, que resultou em cerca de 90 detenções. Quando o ditador alemão chegou ao poder, em janeiro de 1933, todos os imigrantes políticos que falavam alemão se tornaram suspeitos de ser fascistas ou contrarrevolucionários. Mais de 800 alemães foram deportados. A partir de 1937, todos os detidos foram executados ou levados para um gulag. Em julho de 1937, Stalin ordenou a captura dos alemães e austríacos restantes.

No início do ano seguinte, a NKVD inventou uma conspiração e começou a varrer da capital os adolescentes que falavam alemão. Culpa por associação era a palavra-chave. O maior número de detenções aconteceu entre aqueles que estudavam nos institutos da capital. Isso incluía a Escola Karl Liebknecht e aqueles que trabalhavam como aprendizes na Auto Serviços Stalin. Muitos foram levados para o centro Lubianka da NKVD e aprisionados em calabouços. Cerca de 40 foram executados e mais ou menos 20 levados para campos de trabalho. Johnny Junior foi extremamente afortunado. Causara problemas tanto na Kinderheim quanto na Auto Serviços, mas foi um dos seis liberados. Saiu da prisão em 14 de maio de 1938, a tempo de ver o pai partir.[51] Foi preso novamente algum tempo depois e consta que estava na Prisão Taganka, em Moscou, em 11 de setembro de 1941. Nesse meio-tempo, casou-se com uma russa chamada Sarah, com a qual teve um filho. Tornou-se cidadão soviético. Suas últimas palavras para a irmã em Ahlen chegaram durante a guerra, com uma fotografia.[52]

Desse momento em diante, a vida de Johnny Junior pode ter dado várias voltas. O irmão Oscar achava que ele fora morto por soviéticos quando descobriram mais tarde que o pai era agente do MI6.[53] Johnny soube que Johnny Junior trabalhara como engenheiro aeronáutico em Moscou e morrera em um acidente aéreo quando combatia o Exército nazista vindo do oeste.[54] Ironicamente, o irmão ingressara no Wehrmacht (o Exército do Terceiro Reich) e, aos 18 anos, foi condecorado como tripulante de um tanque. Oscar sofreu um ferimento grave na Batalha de Stalingrado. Isso exigiu a amputação da perna esquerda acima do joelho. Foi posto em um dos últimos voos para fora da cidade antes de o 6º Exército de Von Paulus ser cercado.[55]

Johnny nunca obteve prova de que Johnny Junior morrera na União Soviética durante a guerra. Tentou de tudo para determinar o que acontecera ao filho. Até se convencer de que, se ainda estivesse vivo, um membro da família teria ouvido falar dele. Johnny checou com a Cruz Vermelha, que nada sabia. Pediu a Londres para descobrir, mas a guerra estava intensa e os ingleses também nada conseguiram. Com o Dia da Vitória na Europa, Johnny escreveu novamente para a Cruz Vermelha, mas nenhum detalhe jamais foi fornecido. Apesar do fim da União Soviética e da abertura de alguns arquivos, as autoridades de Moscou continuam a manter silêncio sobre o jovem, cujo destino foi selado quando cruzou sozinho a Europa à procura do pai.[56]

15

# Brasil dois

Usando passaporte belga, Johnny viu a capital soviética sumir de vista enquanto o trem partia para a fronteira finlandesa. Em Helsinque, enviou 200 marcos a Gerti. A família dela se mudara para Gleim Straße 10$^{IV}$, porque Johnny havia parado de enviar dinheiro enquanto estava em Moscou. Duzentos marcos eram mais do que suficientes para Gertrude e a mãe o encontrarem em Copenhague. De um navio a vapor, a caminho de Estocolmo, telegrafou a Frank Foley. "Querido amigo, estou em uma longa viagem e espero vê-lo em Copenhague." Em 21 de maio de 1938, o trem de Johnny que partira da Suécia fez uma parada nos trilhos subterrâenos de København H e ele se registrou em um hotel. Dissera a Gerti que queria se casar em Copenhague e que se não quisesse deveria ir, de qualquer modo, para se despedir.[1]

No dia seguinte, Gertie e Emilie Krüger chegaram e relaxaram no quarto que Johnny reservara. O encontro foi realmente maravilhoso. Emilie ficou feliz por ver o amor que Gerti e Johnny tinham um pelo outro. Ele explicou o objetivo da reunião, imediatamente aprovado com alegria. Gerti parecia mais radiante do que nunca. Johnny já apanhara seu passaporte de Franz Gruber com um agente do M4 em Copenhague. Para não levantar suspeitas no Brasil, e como se parecia com a irmã,

Gerti concordou em assumir a identidade de Helena. O passaporte foi alterado para receber o nome de Ema Krüger. Como Helena já era conhecida no Brasil, Johnny estava pensando na segurança.[2] Não havia necessidade de ter autoridades no Rio bisbilhotando o que acontecera com Helena.

Em 22 de maio, Frank Foley chegou em um trem noturno e foi diretamente para o hotel de Johnny. Foley não escondeu o fato de que ele e Vivian tinham achado que Johnny nunca sairia vivo da União Soviética. Durante as duas horas seguintes, Johnny informou o que acontecera e o que os soviéticos estavam planejando. Antes de terminar a explanação, Johnny ligou para Gerti. Foley ficou mais do que surpreso ao saber que ela estava em Copenhague e mais confuso ainda quando chegou e se juntou a eles. Depois de Gerti sair, Johnny disse que se casariam durante a missão. "Sei que oficiais britânicos têm de pedir permissão para se casar, portanto espero que concorde, porque planejamos nos casar com ou sem a permissão do MI6", disse-lhe Johnny.

"Isso é ótimo, Johnny!", reagiu Foley. "Acho que você escolheu uma menina maravilhosa, mas sabe que primeiramente terá de ter permissão de Vivian." "O quê?", gritou Johnny. "Ao diabo com Vivian!" "Espere aí, Johnny!", interrompeu Foley. "Vamos com calma. Vou contatar o chefe em Londres e dizer para nos esperarem. Será apenas um desvio na viagem ao Brasil. Vou conseguir acomodações em um navio para todos nós. Isso também dará a Vivian, a você e a mim uma oportunidade de discutir nossa missão soviética com mais detalhes e elaborar nossas solicitações antes de você seguir para o Brasil."

Johnny concordou e Foley saiu às pressas para avisar Londres sobre os planos e conseguir acomodações no próximo navio a partir de Esbjerg para a Grã-Bretanha. Foley nunca fora indeciso, portanto Johnny não ficou surpreso quando, na noite seguinte, embarcaram em um trem para a costa oeste e depois estavam no mar. Emilie voltara para Berlim.[3] Durante o percurso, Foley desapontou Johnny ao dizer: "Acho que Vivian não vai lhe dar permissão para se casar, Johnny." "Está bem, então diga a ele que me demito, porque Gerti e eu vamos nos casar quer vocês queiram quer não. É isso!", retrucou Johnny, irritado.

Depois de o navio atracar em Harwich, Inglaterra, houve imediatamente um problema. As autoridades alfandegárias descobriram US$ 20 mil que Johnny levava escondidos na cintura. O dinheiro seria usado para comprar o canhão elétrico e sem fumaça argentino. As autoridades, até Foley, ficaram surpresas ao saber que os soviéticos tinham tantos dólares americanos autênticos na época.[4] Obviamente Foley cuidou do assunto, porque Johnny e Gerti seguiram para o Imperial Hotel, em Londres, e se registraram em quartos de solteiro. Pontualmente às 9h da manhã seguinte, Vee-Vee chegou e cumprimentou Johnny amigavelmente, enquanto examinava o quarto. "Você está procurando minha noiva?", perguntou Johnny.

Vivian ficou constrangido, mas disfarçou dizendo: "Você é muito bom nisso, Johnny. Por favor, perdoe-me, mas às vezes nós, britânicos, somos um pouco inescrupulosos. Naturalmente queria ver se na noite passada foram usados um ou dois quartos." Johnny ficou furioso. "Se você tivesse encontrado Gerti em meu quarto, sem dúvida não daria permissão para nosso casamento!", interrompeu Johnny. "Oh, não, Johnny", reagiu, calmamente. "Conheço bem vocês dois, por meio de Frank Foley." Deixando a porta do quarto entreaberta, caminhou pelo corredor até o quarto de Gerti e bateu na porta. "Venha, Gerti", ordenou. Gerti abriu a porta, toda arrumada, com um sorriso luminoso. O sorriso caloroso foi correspondido, uma vez que Vivian estendeu a mão para ela e, em voz alta, para que todos ouvissem, disse: "Parabéns, Gerti, qualquer pessoa que Johnny nos traga é bem-vinda!"

Embora Johnny tenha dito aos britânicos que se casaram em 21 de maio de 1931 (quando estava na União Soviética e ela, na Alemanha), aos canadenses que fora em 21 de maio de 1938 (dia em que o trem chegou a Copenhague) e aos americanos que foi em 6, 7 e 8 de junho, não há registro algum de que tenha havido casamento. Existe, é claro, uma possibilidade de que o registro e outros documentos relativos à união tenham sido destruídos. Johnny mencionou que ele e Gerti se casaram em Berlim, em uma cidadezinha perto de Edimburgo, e a outras pessoas disse que foi em Londres.[5] Entretanto, Johnny e Gerti logo embarcaram no navio a vapor S.S. *Almanzora*, da Royal Mail Lines, em Southampton. Verificou se Gerti estava bem instalada antes de ir para outra cabine conversar com Vivian e Foley. Durante várias horas, novamente examinou questões relacionadas à nova missão para o M4. Por fim, como estava ficando tarde, e como deixara Gerti sozinha na cabine, concordaram em interromper a discussão e retomá-la depois.

No dia seguinte, Foley e Vivian voltaram e reiniciaram a conversa tendo como tema Hans Wilhelm. Quando o operador de radiotelégrafo se encontrasse com Johnny no Rio de Janeiro, ambos cumpririam o desejo de Moscou de estabelecer contato por rádio com a estação receptora em Bruxelas até que a conexão com Tóquio estivesse instalada e funcionando. Nesse meio-tempo, Johnny enviaria cartas e telegramas, disfarçados em linguagem de negócios, do Rio para "Mary", da "Tecbrevet" (na verdade, o M4), em Bruxelas.[6]

Mensagens enviadas da União Sovética, e para a União Soviética, seriam copiadas e transmitidas a Londres via Alfred Hutt, o executivo da Light que haviam usado antes. Hutt enviaria tudo para a Grã-Bretanha por meio dos telegrafistas da embaixada. As ordens britânicas para Johnny viriam do chefe do MI6 em Montevidéu, que usava o pseudônimo de "Williams", com o endereço telegráfico "Canalise — Montevidéu".[7] As instruções seriam enviadas à embaixada no Rio e entregues na residência de Johnny por um mensageiro. Os códigos foram explicados e memorizados antes de o *Almanzora* partir, naquela noite. As palavras finais de Vivian para desejar sucesso ao agente foram: "Tenha bastante cuidado lá. O cenário brasileiro é um foco de distúrbios, e espiões pró-nazistas estão se disseminando nos altos escalões. A ordem é de extrema cautela, porque você pode ser um alvo fácil atacado por muitos lados." Os comentários certamente não foram encorajadores, mas, depois do que acabara de acontecer na União Soviética, podem não ter sido levados tão a sério. Johnny estava alegre quando os dois homens partiram, pouco antes de a rampa ser erguida e o grande navio deslizar para fora do ancoradouro, na noite de sábado, 25 de junho de 1938.[8] O que viria pela frente ninguém sabia, e agora que Gerti estava com ele, a preocupação com o desconhecido era maior.

Fizeram uma viagem em mares tranquilos. Em 10 de julho o *Almanzora* atracou na Praça Mauá e desceram a rampa para o Rio de Janeiro. Um dos oficiais que lidavam com os passageiros que chegavam era Antonio Emílio Romano, chefe do Setor Político do DESPS.[9] Romano se lembrava de Johnny de janeiro de 1936. Quis saber o que estava fazendo de volta ao país. Confiscou o passaporte de Franz Gruber mas deixou que desembarcassem.

O casal tomou um táxi para o Hotel Atlântico, em Copacabana, onde Johnny telefonou para o inspetor Francisco Julien. Julien cuidou para que o passaporte falso de Johnny fosse devolvido.[10] Johnny soube também que Filinto Müller ainda era chefe da Polícia Civil na capital e do DESPS. Filinto Müller era bom de conversa. Convencera Johnny de que apoiava firmemente o governo e odiava os nazistas. Johnny acreditava nisso desde a primeira missão no Brasil. Considerava-o um bom policial.

Logo depois de chegar, visitou-o em casa, em Copacabana. Filinto demonstrou grande satisfação por encontrar Johnny ativo no Brasil novamente. Era um militar alto, de cabeça pequena e bigode preto de estilo. Conhecia Johnny como Franz Gruber, agente do SIS britânico. Em meio a cafezinhos levados pela mulher de Filinto, Consuelo, Johnny explicou a preocupação de Londres com a infiltração nazista no Brasil. Filinto ouviu atentamente a proposta de Johnny de combinar os objetivos do Rio com os de Londres, oferecendo benefícios mútuos aos dois países. Concordou entusiasticamente em trabalhar em conjunto. Para facilitar, garantiria que Johnny recebesse um passaporte brasileiro. Johnny não apenas continuaria a ter contato direto com ele, por meio de Francisco Julien, como contaria com ajuda para suprir as necessidades de força de trabalho, sempre que necessário. Johnny não sabia na época, mas o trabalho de Julien no DESPS, e dentro do Quadro Móvel, era de inteligência externa.[11] Evidentemente, Julien também era um ótimo ator, com preferências políticas diferentes das de Johnny.

A pedido de Filinto, Johnny viajaria para Santa Catarina e ajudaria o general que comandava o 5º Distrito Militar — João Marcellino Ferreira e Silva[12] — em seus esforços para que homens adequados ingressassem no serviço militar obrigatório. Todos os esforços de recrutamento anteriores haviam fracassado, porque os moradores haviam demonstrado que eram mais alemães do que brasileiros. Johnny achou que sua capacidade de fazer alguma coisa só poderia ajudar o verdadeiro motivo de aceitar o convite: o estabelecimento de uma rede de espionagem de cima a baixo na costa, favorável aos serviços de inteligência de Sua Majestade.

Depois de viajar de vapor até Florianópolis, seguiu para a base militar e recebeu um informe sobre a situação. O general Ferreira e Silva tinha tantos potenciais recrutas quanto podia reunidos em um grande campo na base. Fez um discurso patriótico exortando cada um a contribuir para a glória do Brasil, mas as palavras caíram em ouvidos moucos. Os pré-recrutados continuavam a desobedecer às ordens dos oficiais. Johnny levou Ferreira para um canto, explicou o que poderia funcionar e o exortou a voltar a enfrentar os recrutas com uma segunda opção. Observado por soldados armados, os recrutas foram obrigados a ficar naquele lugar aberto, diretamente sob o calor de um sol intenso, sem água ou comida, até concordar em iniciar o treinamento militar. Isso demorou dois dias, e não souberam quanta sorte realmente tiveram. Johnny convencera o general a deixá-los morrer sob o sol impiedoso, se necessário.

No fim de julho, os Gruber encontraram uma casa adequada. Por 150 contos de réis, ou US$ 8.670 (US$ 132 mil em 2010), conseguiram comprar uma casa de três andares, com 12 cômodos, mobiliada, na avenida Rainha Elisabeth 219, em Copacabana.[13] Havia um quintal adorável, uma vista impressionante da varanda de trás, ricos painéis de madeira no interior e até um salão de música, com um grande piano branco. O escritório de Johnny ficava no subsolo, mantido trancado, e ninguém, nem a empregada, tinha permissão para entrar. Gerti adorava passear no jardim, aproveitando o clima quente e o sol permanente em meio à nova paisagem. Johnny conseguiu comprar um Ford 1937 preto e logo os Gruber se adaptaram à vida carioca.[14]

Quatro quarteirões a leste, descendo a levemente inclinada avenida Rainha Elisabeth, e perpendicularmente a ela, estava a avenida Atlântica. De frente para o mar, na Atlântica 1.046, ficava o Hotel Riviera (hoje rebatizado de Orla Hotel). Naquele tempo, o Riviera era um dos maiores

STADTARCHIV WILHELMSHAVEN

**Figura 1.** A Mitscherlich Straße na época em que Johnny saiu de casa. O prédio de apartamentos de De Graaf é o segundo a partir da esquina, no lado esquerdo da rua, com um toldo na entrada. O grupo à esquerda pode ser formado por Johnny (a criança maior), as irmãs, os irmãos – exceto Walter, recém-nascido – e o pai. Quando ampliada, a imagem mostra que o adulto usa um pincenê.

WZ-BILDDIENST

**Figura 2.** O *Niobe* navegando.

Deutsches Marinemuseum

**Figura 3.** Uma provável fotografia de Johnny de Graaf em 1914, na *Kaiserliche Marine.*

Deutsches Marinemuseum

**Figura 4.** O couraçado *Westfalen* antes da Grande Guerra.

ALAIN LECOMTE

**Figura 5.** Parte do Forte de Osowiec.

JOHNNY DE GRAAF III

**Figura 6.** Willy de Graaf, Albert Funk e Johnny de Graaf (da esquerda para a direita) em fotografia tirada em 13 de agosto de 1921, em Ahlen. No verso, há a seguinte inscrição: "Dedicada aos três espartanistas." Willy acabou se tornando nazista. Albert foi assassinado na década de 1930, pela Gestapo, em Recklinghausen.

ANÔNIMO

Figura 7. As minas em Ahlen.

ARCHIVE HERMANN WEBER/MANHEIM

Figura 8. Ruth Fischer.

HAVELSHOUSEOFHISTORY.COM

Figura 9. Karl Radek em 1923.

Deutsche Post der DDR

**Figura 10.** Arthur Ernst Ewert, ou Harry Berger.

Johnny de Graaf III

**Figura 11.** Maria de Graaf (de pé, a segunda à esquerda), de vestido cinza com gola branca, numa fotografia parcialmente danificada. Ela está com o filho Oscar de Graaf (ajoelhado à esquerda). Junto a outros camaradas, eles participam de um comício do KPD em 1929.

To-Ma Edition

**Figura 12.** Horst Wessel retratado na capa de uma partitura de "Die Fahne Hoch", ou música do Horst Wessel.

Kansan Arkisto/The People's Archives

**Figura 13.** Alfred Langner, pseudônimo de Tuure Lehén, em um uniforme do exército soviético durante na década de 1940.

Олма Медиа Групп

**Figura 14.** Peteris Kuzis, pseudônimo Ian Karlovich Berzin.

Linea Rossa-Genova

**Figura 15.** Dmitri Manuilski.

FBI

Figura 16. Johnny de Graaf, em algum momento entre 1930 e 1932.

Figura 17. Johnny de Graaf, em algum momento entre 1930 e 1934.

FBI

Gordon D. Scott

**Figura 18.** Johnny de Graaf em 1932, em missão no Reino Unido.

Marxist Internet Archive

**Figura 19.** Béla Kun.

Communist Party of Britain

**Figura 20.** Harry Pollitt.

People's History Museum/Communist Party of Britain

Figura 21. George Aitken, em 1944.

Johnny de Graaf III

Figura 22. Da esquerda para a direita, Marianne e Oscar de Graaf com Helena Krüger, durante a viagem de Helena a Ahlen, em junho de 1930.

Figura 23. Fotografia do passaporte de Frank Foley, em 1939.

Reino Unido, Foreign and Commonwealth Office

HULTON GETTY PICTURE COLLECTION

Figura 24. Valentine Patrick Terrell Vivian nas corridas, em 21 de março de 1930.

VERLAG DR. WOLFGANG WEIST

Figura 25. Manfred Stern, em 1932.

MASSES & MAINSTREAM

Figura 26. Eugene Dennis, pseudônimo Camarada Milton, em maio de 1950.

**Figura 27.** Luís Carlos Prestes em 1934, antes de deixar Moscou rumo ao Brasil.

**Figura 28.** Getúlio Vargas, à frente, com seu chefe de polícia, Filinto Müller, em 27 de julho de 1940.

Arquivo Nacional

Figura 29. Alfred Hutt, em 1937.

Arquivo Público do Estado do Rio de Janeiro

Figura 30. Johnny de Graaf, em 1935.

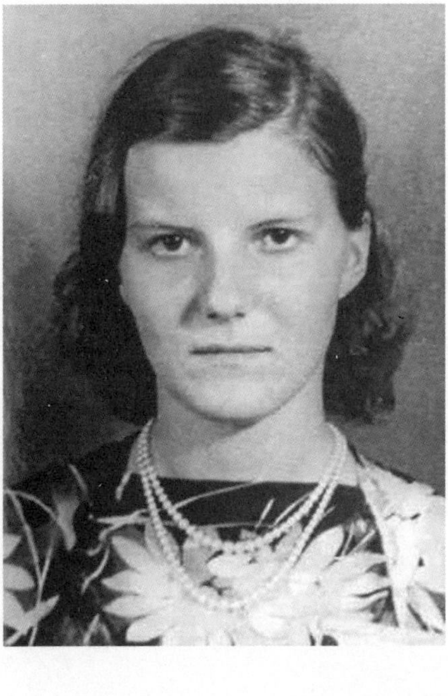

Arquivo Público do Estado do Rio de Janeiro

Figura 31. Helena Krüger, no início de 1936.

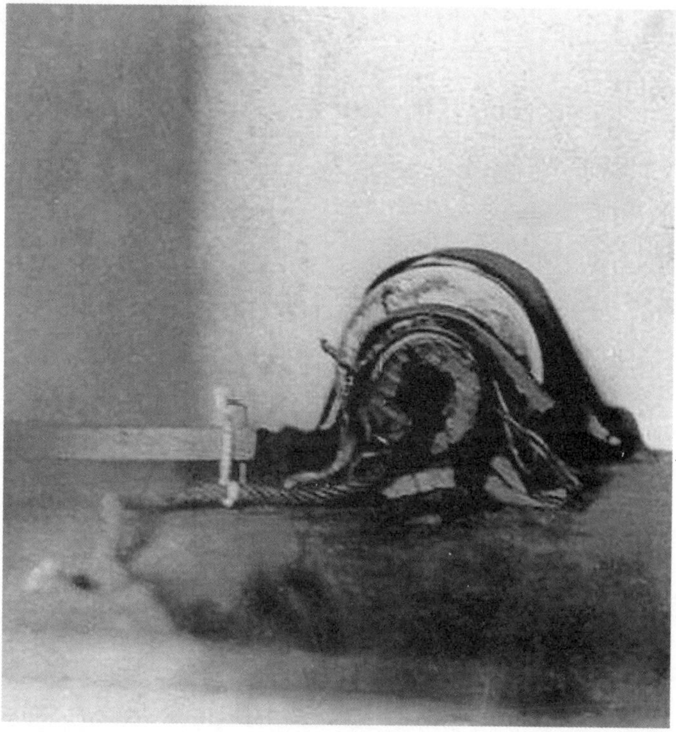

Arquivo Público do Estado do Rio de Janeiro

**Figura 32.** A bomba que não explodiu na casa da Rua Barão da Torre.

Arquivo Público do Estado do Rio de Janeiro

**Figura 33.** A fábrica de bombas de Johnny no Grajaú, depois de ter sido descoberta pela polícia.

Waltraud Krüger

Figura 34. A última fotografia conhecida de Helena Krüger, tirada em San Martín, em 1937.

R.S. Rose

Figura 35. A casa da Calle Florida 246 e a janela do quarto no andar de cima, onde Helena Krüger morreu.

Figura 36. Stella Blagoeva.

JURNALUL NATIONAL

NAVAJO.CZ

Figura 37. Vyacheslav Molotov.

Hugo S. Cunningham

Figura 38. Kliment Voroshilov.

Gordon D. Scott

Figura 39. Johnny de Graaf Junior, adulto.

Figura 40. Oscar de Graaf em seu uniforme do Wehrmacht, em 28 de outubro de 1940.

Johnny de Graaf III

Johnny de Graaf III

Figura 41. Marianne Oberschild (nascida De Graaf).

Arquivo Nacional

Figura 42. Johnny de Graaf, em 1938.

Arquivo Nacional

Figura 43. Gertrude Krüger, em 1938.

Arquivo Público do Estado do Rio de Janeiro

**Figura 44.** O DESPS, no Rio de Janeiro, no fim da década de 1930. Francisco Julien é o terceiro em pé a partir da esquerda. Miranda Corrêa está sentado à esquerda. Sentado à direita, Emílio Romano.

Waltraud Krüger

**Figura 45.** A casa na Avenida Rainha Elizabeth, 219.

Waltraud Krüger

**Figura 46.** À direita de Johnny e Gerti estão os pais dela, Emilie e Gustav Krüger, em 1938 ou 1939. Gerti usa o mesmo vestido de Helena na Figura 31. Isso foi feito para ajudar a convencer as autoridades brasileiras de que ela era Helena.

Waltraud Krüger

**Figura 47.** O Ford 1937 de Johnny antes de ser destruído, em foto tirada por Ernst Krüger.

Waltraud Krüger

**Figura 48.** Ernst Krüger na Floresta Spreewald, ao sul de Berlim, depois de voltar do Brasil.

Periodista Digital

Figura 49. O afundamento do *Graf Spee*.

Arquivo Público do Estado do Rio de Janeiro

**Figura 50.** Foto do arquivo do DESPS de Franz Gruber. O "I.S." significa Serviço de Inteligência, da Grã-Bretanha. Na verdade, a fotografia é da carteira de motorista brasileira de De Graaf, de 1935. Miranda Corrêa deu uma cópia desse retrato à Gestapo durante sua visita à Alemanha, em 1937.

Gordon D. Scott

**Figura 51.** De Graaf relaxa na varanda dos fundos de sua casa na Avenida Rainha Elizabeth.

*O Mundo*/Biblioteca Nacional

**Figura 52.** Cecil Borer, em 1939.

ARQUIVO PÚBLICO DO ESTADO DO RIO DE JANEIRO

Figura 53. A Polícia Central na década de 1930.

R.S. ROSE

Figura 54. O Forte de Santa Cruz.

Figura 55. Cliff Harvison.

RCMP Museum

R.S. Rose

**Figura 56.** A casa da Palmerston Avenue 45, no bairro de Mount Royal, em Montreal. Uma veneziana da janela do porão pode ser vista à esquerda da porta da garagem.

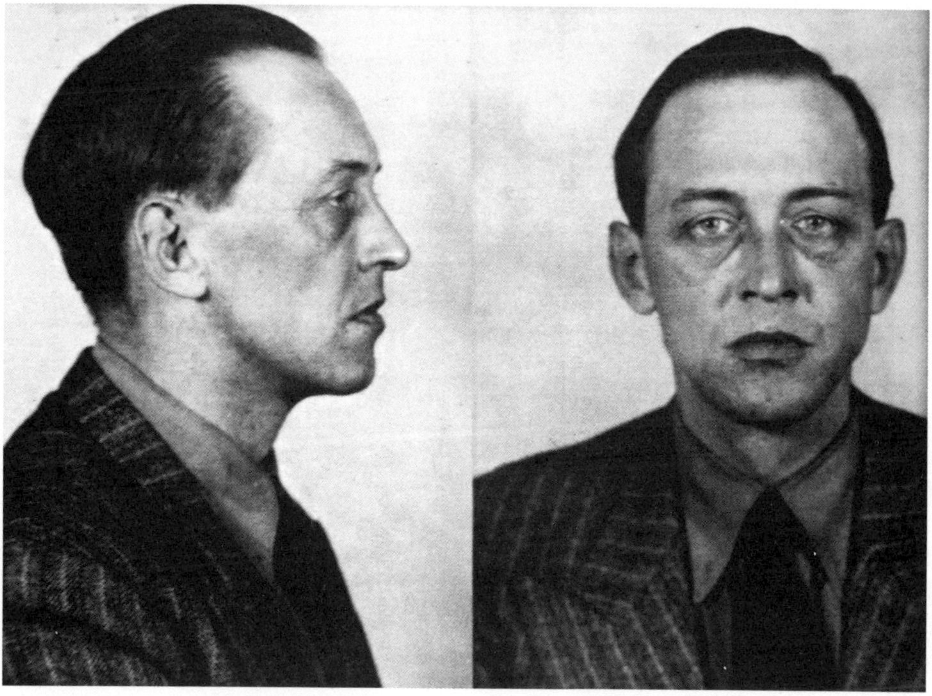

LIBRARY AND ARCHIVES CANADA

**Figura 57.** Werner von Janowski em fotografia da RCMP.

CANADA WIDE MEDIA

**Figura 58.** Adrien Arcand em 1933.

PARTIDO COMUNISTA DO CANADÁ

Figura 59. Tim Buck.

R.S. ROSE

Figura 60. Os apartamentos de Wilberforce, em Londres.

FBI

**Figura 61.** Johnny ao fim da guerra, em 1945.

Johnny de Graaf III

**Figura 62.** De Graaf com uniforme de oficial do Exército britânico. A inscrição de Goethe diz: "*Nur der verdient sich Freiheit wie das Leben, der täglich sie erobern mu*", ("Só merece a liberdade, bem como a vida, quem tem de conquistá-las diariamente"). Johnny, Inglaterra, 12 de agosto de 1946. [sobre o 6 está escrito um 7].

E. Kefalidis

**Figura 63.** A pensão em 1863 Dorchester Street West (hoje Boulevard René-Lévesque Ouest), em Montreal.

Johnny de Graaf III

**Figura 64.** Oscar e sua mulher, Leni, em visita a Johnny, nos degraus da pensão em Montreal, em 1952 ou 1953.

Figura 65. Dia do casamento de Sári e Johnny em 14 de junho de 1952.

Johnny de Graaf III

Johnny de Graaf III

**Figura 66.** A caminho da praia, durante uma visita de Oscar e sua mulher, Leni (que tirou a foto), a Montreal, em 1953. Da direita para a esquerda, Oscar, Johnny e Sári. Os outros dois são residentes não identificados da pensão.

JOHNNY DE GRAAF III

**Figura 67.** Johnny ao volante de seu carro.

FBI

**Figura 68.** Harry Gold.

FBI

**Figura 69.** Thomas L. Black em 14 de julho de 1950.

BROCKVILLE MUSEUM

Figura 70. A casa principal, em Horningtoft.

GORDON D. SCOTT

Figura 71. Proprietário de cabanas turísticas.

Gordon D. Scott

Figura 72. Johnny na velhice.

R.S. Rose/Jack Armitage

**Figura 73.** Tudo o que restava de Horningtoft quando o lugar foi visitado por um dos autores, em 1995.

edifícios no fim da praia de Copacabana. Johnny conheceu Aldo Rosso, principal proprietário do Riviera, e logo os dois estavam discutindo uma possível relação de negócios. Embora a filha de Rosso tenha dito mais tarde que foi uma fraude, em 17 de setembro de 1938 foi assinado um acordo pelo qual Johnny se tornou sócio-proprietário, com 25% do hotel, por 150 contos de réis.[15]

Três semanas antes, em 25 de agosto de 1938, e em todos os dias com "5" daí em diante, até 5 de outubro, Johnny esteve às 16h pontualmente no Bar Alpino. Estabelecimento de comida alemã, o Alpino, no Jardim de Alah, tinha vista para o mar. Ali, Johnny se sentava à espera de que o radiotelegrafista vindo de Moscou aparecesse. Se Hans Wilhelm não chegasse, iria até o Cassino no Copacabana Palace Hotel, às 22h, e esperaria por ele sempre na mesma mesa, no segundo andar, à direita. Em 25 de agosto, nenhuma das duas tentativas funcionou. Johnny considerou que poderia ter se atrasado, portanto não ficou muito preocupado. Entretanto, quando também deixou de aparecer em 5 de setembro, apesar de Johnny chegar cedo e sair tarde dos dois lugares, ele ficou inquieto. E se o operador de rádio tivesse sido descoberto e preso? A mente de Johnny deu voltas, imaginando ansiosamente se seria o próximo. Durante algumas semanas, continuou frequentando o Alpino e depois o cassino. Em 15 de novembro, passou a ir apenas no dia 15 de cada mês.[16]

Havia um plano de emergência. Se Hans Wilhelm continuasse ausente, o M4 enviaria outro agente. O sinal de reconhecimento seria o substituto entrar em qualquer um dos dois estabelecimentos segurando um lenço branco. Johnny falaria primeiro, perguntando: "Você é Henry?" A resposta seria: "Não, não sou, mas conheço você. Você não se lembra?"[17]

Na Alemanha, as coisas também não iam bem para os pais de Gerti. As opiniões políticas de Gustav Krüger não se adequavam à Nova Alemanha. Estivera na ala esquerda do SPD antes de ingressar no KPD. As convicções não apenas lhe custaram a posição administrativa na empresa de gás do governo, em 1933, como o puseram na lista negra para qualquer tipo de emprego. Depois disso, Ernst Krüger trabalhou como mecânico. Quase todo mês, chegava um cheque de Johnny para salvá-lo. O dinheiro vinha em cartas de Johnny e Gerti advertindo sobre o que estava acontecendo na Alemanha. Em pouco tempo, Johnny deu uma nova ajuda, dessa vez conseguindo antecipadamente toda a documentação com a embaixada brasileira em Berlim e pagando pelas passagens de navio a vapor. Em 21 de setembro de 1938, Gustav, Emilie e Ernst Krüger desembarcaram do S.S. *Monte Rosa* em solo brasileiro.

Quando desceram a rampa, Gerti os aguardava no porto com um de seus cachorrinhos e um indivíduo não identificado, provavelmente Francisco Julien. A alfândega estava complicada e lenta, e mais ainda com os Krüger, devido ao excesso de bagagem. Até que o estranho se aproximou. Apresentou as credenciais e os funcionários imediatamente mudaram de atitude, afagando o cão de Gerti, em uma autorrepreeensão, e deixando os Krüger passar sem abrir sequer uma mala. Em seguida, entraram no Ford de Johnny para fazer o percurso até a Rainha Elisabeth 219.[18]

E que percurso era aquele! A casa de Johnny e Gerti integrava o circuito social carioca em 1938-39. Ernst salientou que havia sempre muitos brasileiros importantes ali. Militares de alta patente — um dos quais Johnny salvara de uma tentativa de assassinato em uma festa —, o interventor do Estado do Rio de Janeiro, Ernani do Amaral Peixoto,[19] e muitos cidadãos ricos e influentes se encontravam regularmente na residência dos Gruber. Quando não estava passeando com os dois pastores alemães da irmã, lavando o Ford ou na praia, Ernst era um observador reservado de grande parte do que acontecia ali. Johnny fazia com que todos os Krüger o chamassem de Franz.[20] Gustav e Emilie tiveram seus próprios quartos na casa durante algum tempo. Johnny tinha muito dinheiro, suficiente para pagar tudo, até um professor particular de línguas — Hans Lessing — para Gerti e Ernst. Gerti usava o nome verdadeiro com Lessing e estudava inglês, enquanto o irmão aprendia português.

Houve também um professor de piano para Gerti; operações que ela, Ernst e Emilie fizeram e, como demonstração a mais de agradecimento ao cirurgião e médico da família, o Dr. Luiz Guimarães Dahlheim, um novo carro para ele. Os fundos da Tecbrevet foram usados até em um novo negócio de perfumes, uma pesquisa sobre uma pomada para a pele e um assistente, o Dr. Otto Willi Ulrich, além do pagamento por um terreno na rua Saint Roman, em Copacabana. Houve também empréstimos periódicos a Julien, no valor de 35 contos de réis (ou US$ 1.842), outro carro — um Packard, quando o Ford foi destruído, em 1939[21] — e uma passagem de volta a Hamburgo para Ernst, devido a uma briga com a irmã e ao desejo imprudente de voltar para a Alemanha. Ernst deixou o Rio em 30 de dezembro de 1938, às 18h, a bordo do S.S. *Santa Eugenia*, apesar das advertências de Johnny de que Hitler estava planejando uma guerra. Johnny conseguira um trabalho para Ernst na Condor, a empresa aérea alemã, se aprendesse português. Mas Ernst achava que a irmã o tratava como criado. Emilie se dispôs a voltar com o filho, até que Gustav reclamou: "Você está casada comigo ou com seu filho?"[22] Mais tarde, Johnny transferiu os sogros para um apartamento na rua Barão da Torre, 33, em Ipanema, cujo aluguel pagava.[23] Johnny estava gastando o dinheiro soviético de maneira diferente da pretendida pelos soviéticos. Estava dissipando um bocado da fumaça que escondia suas atividades nos trópicos.

Johnny foi apanhado pela polícia em outubro de 1938. O Setor 4, ou S/4, do DESPS, foi o responsável. Era a unidade de Controle de Explosivos, Armas e Munição.[24] Não se sabe por que estava interessado em Johnny. Possivelmente, devido ao trabalho como instrutor de fabricação de bombas e terrorismo antes da fracassada Revolução Comunista de 1935. Qualquer que tenha sido o motivo, não ficou detido muito tempo.

Johnny e Gerti solicitaram vistos de residência permanente em 26 de novembro de 1938. Receberam-nos em 9 de fevereiro de 1939.[25] Além disso, Johnny foi convidado para um encontro em particular com Getúlio Vargas. O presidente brasileiro demonstrou gratidão pelo trabalho de Johnny de frustrar a tentativa de derrubá-lo em 1935 presenteando-o com uma cigarreira de prata com uma gravação. Tanto quanto um membro da família conseguiu se lembrar, a inscrição dizia: "Obrigado por impedir que a Revolução Comunista tivesse êxito." Assinava "Getúlio Vargas".[26]

No mesmo mês em que solicitaram residência permanente, Johnny e Gerti foram fazer compras no centro do Rio. Pararam por um momento na rua Uruguaiana 47 e observaram a vitrine do Atelier Vienense, uma loja especializada em roupas femininas importadas principalmente dos Estados Unidos. Uma segunda visita resultou em uma conversa com Josef Bunzlau, marido da proprietária, a imigrante tchecoslovaca Helena Benkendorf. Benkendorf estava interessada em expandir os negócios. Achou atraente a ideia de Johnny de importar seda do Japão e exportar algodão para o mesmo país. Disse que pensaria a respeito. Dias depois, um carregamento de roupas da Charles Berenheim Company, em São Francisco, chegou à avenida Rainha Elisabeth para Johnny verificar se estava interessado em comprar uma parte da mercadoria. Estava, e na mesma hora deu a Bunzlau US$ 500 em dinheiro.

Johnny comprou um quarto da participação no Atelier Vienense por 120 contos de réis (ou US$ 6.928), embora, assim como no caso do Hotel Riviera, a filha de Helena Benkendorf tenha dito mais tarde que foi uma farsa. Johnny também concordou em ajudar a financiar a importação de roupas americanas. Para isso, ele e Helena Benkendorf contribuíram com 15 contos de réis (US$ 877), cada um, para que um americano conhecido de Johnny, Leopold Missiduschinck, levasse um carregamento de sapatos brasileiros para Nova York. A ideia era que voltasse com calças para vender no Brasil. Como em breve Johnny estaria partindo para o Japão, os negócios com Benkendorf exigiam alguém que conhecesse a fundo. Consequentemente, levou o sogro ao Atelier Vienense para conhecer Benkendorf. Ela ficou satisfeita. Gustav Krüger — que em particular Johnny chamava de "Papa" — poderia substituí-lo enquanto estivesse fora do país.[27]

Em abril de 1939, Johnny recebeu uma carta de Mary, em Bruxelas, datada de 15 de março de 1939, informando-o de que US$ 4.620 dos US$ 10 mil que receberia de Moscou haviam sido depositados em sua conta no London South America Bank. Outra carta da Tecbrevet, o M4, datada de 31 de março de 1939, chegou em abril. Dizia que em relação à sua "invenção", nada podia ser feito sem consultar Heinrich Gruber, de quem Johnny nunca ouvira falar. Achou que isso significava que futuros pagamentos seriam feitos apenas depois de se encontrar com esse indivíduo, com um pseudônimo que o fazia parecer parente de Franz Gruber.[28]

Em 1º de setembro de 1939, quando seguia de carro para casa, depois de almoçar no Alpino, Johnny ouviu a notícia de que os nazistas haviam invadido a Polônia. Desistira havia muito tempo de se encontrar com Hans Wilhelm e ficou chocado ao ouvir no rádio do carro que a Segunda Guerra Mundial havia estourado. Por sorte, o Alpino era um restaurante dirigido por um alemão que o aceitava sem reservas.

Em 2 de setembro, Johnny enviou uma mensagem via área para Mary solicitando que mandassem um emissário a Nova York para normalizar seus pagamentos. Se não fosse possível, pedia que o Escritório de Nova York lhe pagasse um adicional de US$ 24 mil (US$ 336.300 em dólares de 2010).[29] Viajaria a Nova York para se encontrar com o representante. Para isso, tratou de preparar livros falsos, com entradas de débito e crédito fictícias, para levar, se necessário. O objetivo era ter algo no papel para mostrar aos soviéticos e justificar o pedido de mais dinheiro.[30]

Em 3 de setembro, Bruxelas telegrafou em código informando que Hans Wilhelm fora visto pela última vez em Paris e deveria estar agora no Brasil. Johnny telegrafou de volta dizendo que não estava e pedindo instruções. Um dia depois, responderam. Deveria ir a Paris se encontrar com Helen no Hotel Lutecia. Evidentemente, era uma nova operadora de rádio do M4 enviada para acompanhá-lo ao Japão. A viagem começaria pela Europa. Johnny deveria levar os Krüger com ele para o Oriente. Receberia US$ 250 por mês, US$ 300 por mês para Emilie e Gustav Krüger e US$ 2 mil para as despesas da viagem a Tóquio. Mas viajar primeiramente para a Europa era impraticável, porque tinha passaporte austríaco. Assim que pusesse os pés na França, seria detido como possível pró-Alemanha. Bem mais tarde, a Tecbrevet respondeu que só poderia atender ao pedido de enviar um agente a Nova York se o M4 concordasse. No momento, porém, isso era impossível devido à guerra na Europa. Johnny suspeitou de que os soviéticos o haviam descoberto.[31]

No fim de setembro, recebeu um telefonema de alguém que se identificava como Franz Gruber. Como era seu pseudônimo no Brasil, ficou no mínimo surpreso. O homem disse também que era parente de um Franz Gruber mais velho. Queria falar com Johnny e combinaram um encontro às 20h na Rainha Elisabeth. Quando o homem apareceu na porta da frente, disse que seu verdadeiro nome era Heinrich Simone e que era mecânico de um navio de carga belga ancorado na baía de Guanabara. Tentara se encontrar com Johnny no Hotel Riviera. Quando Johnny lhe perguntou por que o procurara no Riviera, Simone respondeu que "nosso pessoal" combinara isso. A Tecbrevet não sabia o endereço da casa de Johnny — enviava tudo para o hotel. Naquele momento, as suspeitas de Johnny se confirmaram. O homem era de Moscou.

Simone perguntou então quando e onde poderiam se encontrar em particular, já que havia dinheiro chegando da Europa para Johnny. Johnny sugeriu o Bar Alpino na noite seguinte, às 21h30. Simone concordou e foi embora, mas não apareceu no Alpino. Pode ser que Johnny não tenha querido se encontrar com ele no Hotel Riviera porque pelo menos um agente do SIS estava hospedado lá. Edith Jarminski, conhecida no meio profissional como "English Edith", fixara residência no Riviera mais ou menos naquela época. Tentava se manter discreta, mas seus hábitos extravagantes — particularmente bebendo e gastando dinheiro — a haviam denunciado ao DESPS.[32]

Às três da tarde, um dia depois de não aparecer, Simone telefonou para Johnny dizendo que tinha de vê-lo imediatamente. Encontraram-se no Bar Lido, onde Johnny foi informado de que Simone perdera o navio, que seguira para Santos pela costa. Precisava de dinheiro para chegar a Santos de automóvel e embarcar no navio. Johnny lhe deu todo o dinheiro vivo que tinha, pouco mais de um conto de réis (US$ 58). Alguns dias se passaram e Johnny recebeu um telefonema do motorista que levara Simone a Santos. Também disse que precisava se encontrar com Johnny imediatamente. Optaram pelo Bar Lido, onde o chofer deu a Johnny um bilhete dizendo que Simone queria mais 500 mil réis (ou US$ 29). Ele deveria dar o dinheiro ao motorista e então Simone lhe diria "algo novo". Não se sabe se Johnny deu o dinheiro, porém mais tarde o chofer entrou em contato pela segunda vez pedindo mais dinheiro. O pedido foi recusado.[33]

Uma nova aventura surgiu em outubro de 1939, quando um telegrama de prioridade máxima, vindo de Londres, chegou à porta de Johnny. Dizia: "Nota, ordem, informação. Um navio de guerra alemão supostamente está em algum lugar no Atlântico Sul, encontre esse navio". Não havia mais detalhes, mas horas depois Johnny havia alertado toda a rede de contra-espionagem ao longo da costa do Brasil para elevar ao máximo a observação. Mais homens foram mobilizados para procurar o navio.

Johnny ficou ansioso quando um navio de passageiros alemão chegou ao Rio algum tempo depois do telegrama de Londres. A embarcação fez uma festa. Johnny foi, disfarçado de simpatizante nazista local, e começou a bisbilhotar. Encontrou um barco salva-vidas coberto com uma lona. Parecia uma espécie de barco torpedeiro. Infelizmente, não teve oportunidade de puxar a lona, e então comprou uma passagem para seguir no navio até Santos. Na noite em que partiu, o navio parou silenciosamente no meio da viagem e começou a baixar o barco salva-vidas — agora não mais coberto — no oceano. Mais tarde, Johnny pôs alguns de seus homens para fazer uma busca minuciosa naquela área, à luz do dia. Descobriram restos de torpedos, gasolina, barris de petróleo e munição. Em São Paulo, descobriram armas e um reservatório de água no sul do estado. A informação foi passada a Filinto Müller, que fez com que tudo fosse removido. Para assegurar que aquelas descobertas não voltariam a circular em mãos nazistas, os investigadores da costa deixaram de informar ao DESPS e simplesmente explodiram tudo.[34]

Em 2 de dezembro de 1939, Johnny enviou a Mary um telegrama explicando que não poderia viajar a Paris com os documentos que tinha. Pediu que lhe arranjassem um novo passaporte. Depois disso, o silêncio foi total. Sem dúvida, Moscou decidira que não podia tirar seu agente dali e que, como agente livre, de algum modo faria os próprios planos e voltaria. Na prática, Johnny estava livre para lidar com aquela confusão da melhor maneira que pudesse. Os telegramas seguintes para Bruxelas também ficaram sem resposta. Bruxelas deixara de funcionar.

Por meio de Hutt, Johnny telegrafou para o SIS, em Londres, afirmando que o operador de radiotelégrafo não aparecera e contando detalhes sobre o contato interrompido com a União Soviética. "E agora?", perguntou. A resposta de Londres decodificada dizia: "Cancele todas as atividades atuais. Estabeleça ligação mais próxima com a polícia secreta do Brasil para solicitar todo conhecimento e toda experiência contra facções nazistas. Use vigilância costeira para tentativas de desembarque e atividades alemãs. Avise progresso diariamente." Já estava fazendo grande parte do que pediam.

Um dia depois, recebeu um telegrama do chefe do MI6 em Montevidéu instruindo-o a montar uma estação de radiotelegrafia usando o plano soviético descartado de negócio de importação e exportação. "Williams" era na verdade o Dr. Sil Milo, ex-professor universitário. Como foi escolhido para chefiar um posto Johnny não entendia. Sua experiência não era em inteligência, e sim em química, o que aumentava bastante sua incompetência. Desse dia em diante, Johnny brigaria com Montevidéu e se veria aos poucos seguindo o próprio caminho, apesar das diretrizes.

Telegrafou de volta a Milo dizendo que não usaria nem estabeleceria o mesmo disfarce para desenvolver um centro de envio e recebimento de mensagens. Essa ideia tinha um fator de alto risco, porque não se sabia se agentes soviéticos estavam vigiando o Rio de Janeiro. Além disso, não serviria a propósito algum. A comunicação com Londres já estava segura. Estavam recebendo todas as informações que pediam pelo método em vigor. Johnny se recusou a considerar o plano, apesar de os telegramas seguintes de Milo se oporem a isso. De que maneira mais uma unidade para fazer a mesma coisa poderia servir a um homem, uma equipe? Usar o disfarce de exportação e importação para outro grupo exporia seu papel duplo a Moscou, se eles de repente voltassem. Achou que Montevidéu não sabia o que estava fazendo. Decidiu, em vez disso, esperar.

Antes de Johnny chegar ao Brasil, Vivian o informara de que Londres queria que vigiasse 6.400 quilômetros da costa brasileira. Felizmente, conseguira contratar dois ex-oficiais do Exército austríaco, ambos com boa experiência em inteligência e fluentes em várias línguas. Eram 100% pró-britânicos e antinazistas e conheciam muita gente que pensava da mesma maneira. A partir desses dois, outros agentes foram formados, até que haviam treinado um núcleo de 36. Cada um estava estrategicamente posicionado ao longo da costa. Uma vez em campo, recrutavam mais observadores em faixas extensas dos dois lados de suas áreas de operação.

Quem eram esses agentes? Enquanto este livro está sendo escrito, a comunidade de inteligência inglesa se recusa a fazer comentários sobre qualquer um de seus agentes no Brasil nos anos 1930 e 1940. O DESPS de Filinto Müller, porém, conseguiu reunir uma lista de agentes ingleses e simpatizantes daquele período.[35] Alguns dos nomes apresentados a seguir certamente estavam ligados aos vigilantes costeiros de Johnny. À direita de cada nome há uma breve nota sobre sua função e o mês e ano da primeira menção em documentos do DESPS.

| *Nome* | *Notas* |
|---|---|
| Arthur Abbott | Assessor de imprensa na embaixada inglesa — dez. 1940 |
| Lindsey Anderson | Chefe do SIS em São Paulo — jan. 1940 |
| Humphry Edward Archer | Agente em Recife — dez. 1940 |
| Frank Arnon | Agente no Rio de Janeiro — set. 1941 |
| Waldemar Barallo | Colaborador no Rio de Janeiro — s. d. |
| Barão | Colaborador no Rio de Janeiro — jan. 1941 |
| Jean Bazin | Agente em Fortaleza — jan. 1941 |
| Urbano Bercuó | Colaborador no Rio de Janeiro — dez. 1940 |
| Peter Berger | Agente no Rio de Janeiro — jan. 1941 |
| Arthur Thomas Blake | Agente no Rio de Janeiro — dez. 1940 |
| Clifford William Buckley | Agente na Bahia — dez. 1940 |
| Donald Burrous | Colaborador no Rio de Janeiro — fev. 1941 |
| Cabral | Comandado no Rio Grande do Sul por Mace — dez. 1940 |
| Philip Alfred Vansittart Carr | Funcionário da embaixada inglesa — dez. 1940 |
| Reis de Carvalho | Colaborador no Rio de Janeiro — dez. 1940 |
| José Leite de Castro Junior | Colaborador no Rio de Janeiro — s. d. |
| Caswell | Chefe do SIS em Curitiba — jan. 1941 |
| Colson | Comandado no Rio por D.S. MacGrath — jan. 1941 |
| Ismael José Corrêa | Comandado no Rio por William Shaw — jan. 1941 |
| Olavo Corrêa | Investigador da Polícia Civil no Rio — jan. 1941 |

| *Nome* | *Notas* |
|---|---|
| Amaro Costa | Colaborador no Rio de Janeiro — dez. 1940 |
| David Cross | Comandado no Rio de Janeiro por **Franz Gruber** — jan. 1941 |
| Ivonne Dalbos | Colaboradora no Rio de Janeiro — dez. 1940 |
| Donovan Thomas Davis | Colaborador no Rio de Janeiro — dez. 1940 |
| Frank L. Dodd | Colaborador no Rio de Janeiro — dez. 1940 |
| J. Ehrenberg | Agente em Porto Alegre — jan. 1941 |
| Alfred Einstein | Agente em Blumenau — jan. 1941 |
| Pauline Eisler | Colaboradora no Rio de Janeiro — set. 1941 |
| Jacob Jacques Epstein | Agente em São Paulo — dez. 1940 |
| Manuel Ferreira | Colaborador no Rio de Janeiro — s. d. |
| Fisher | Comandado no Rio de Janeiro por Lourenço da Silva, Freelander e Ruffier — jan. 1941 |
| Henry McLean Fothergill | Agente na Bahia — dez. 1940 |
| Ernesto Vitor Franco | Colaborador no Rio de Janeiro — s. d. |
| Arthur Freelander | Colaborador no Rio de Janeiro — dez. 1940 |
| Mike Freeman | Comandado em São Paulo por J.J. Epstein — dez. 1940 |
| William Philippe Freeman | Subchefe do SIS no Rio — set. 1940 |
| Albert Henry Frisbee | Colaborador no Rio de Janeiro — dez. 1940 |
| R.W. Gordon | Colaborador no Rio de Janeiro — dez. 1940 |
| Vencil Gordon | Subchefe do SIS no Rio — set. 1941 |
| Greenwood | ? — jan. 1941 |
| **Franz Gruber** (Johnny de Graaf) | **Agente no Rio de Janeiro — 1935-36, 1938-40** |
| Christopher G.W. Hamilton | Comandado no Rio por **Franz Gruber** — dez. 1940 |
| Seaward H. Harcourt-Rivington | Agente no Rio de Janeiro — out. 1940 |
| Erich Joachim Hess | Colaborador no Rio de Janeiro — set. 1941 |
| Helmut Huetter | Agente no Rio de Janeiro — s. d. |
| Edward Hulton | Agente no Rio de Janeiro — set. 1941 |
| Alfred Hutt | Segundo no Comando do SIS no Rio de Janeiro — dez. 40 |
| Charles Hutte | Agente no Rio de Janeiro — jan. 1941 |
| Joseph Jany | Agente em São Paulo — jan. 1941 |
| Edith Jarminsky | Agente no Rio de Janeiro — dez. 1940 |

| *Nome* | *Notas* |
|---|---|
| Alexis de Miranda Jordão | Comandado em São Paulo por J.J. Epstein — dez. 1940 |
| Francisco de Menezes Julien | Investigador do DESPS e colaborador no Rio — dez. 1939 |
| Werner Kiesewetter | Agente em Montevidéu, Uruguai — jan. 1941 |
| Jaques Klerekoper | Colaborador em São Paulo — s. d. |
| Geoffrey George Knox | Embaixador inglês — Chefe do SIS no Brasil — jul. 1940 |
| Paul Alois Ladisch | Agente no Rio de Janeiro — dez. 1940 |
| Ambrose Northorp Lee([a]) | Assessor naval no Rio de Janeiro — jan. 1941 |
| Rodolfo Mota Lima | Colaborador no Rio de Janeiro — dez. 1941 |
| Lygia | Comandada no Rio por D.S. MacGrath — jan. 1941 |
| Mace | Agente no Rio Grande do Sul — dez. 1940 |
| Henry William Urquart McCall | Adido naval no Rio de Janeiro — mai. 1940 |
| Kenneth Howard McCrimmon | Chefe de imprensa no Brasil — dez. 1940 |
| Donald Scott McGrath | Adido naval e subchefe do SIS no Rio de Janeiro — dez. 1940 |
| Norton Megan | ? — fev. 1941 |
| Tancredo de Melo | Colaborador no Rio de Janeiro — s. d. |
| Miller | Chefe de espionagem marítima comercial — dez. 1940 |
| Cornelius James Murphy | Colaborador no Rio de Janeiro — set. 1941 |
| Nestôr Gomes Oliva | Colaborador no Rio de Janeiro — jan. 1941 |
| Ralf Olsburgh | Colaborador no Rio de Janeiro — dez. 1940 |
| Ethel Page | Colaboradora no Rio de Janeiro — set. 1941 |
| Walter Paine | Agente no Rio de Janeiro — dez. 1940 |
| Robert R. Patterson | Agente em Recife — out. 1939 |
| John G. Phillimore | Suposto agente no Rio de Janeiro — dez. 1940 |
| José Pinha | Colaborador no Rio de Janeiro — jan. 1941 |
| Diógenes Pinto | Colaborador em Niterói — s. d. |
| Charles Pullen([b]) | Colaborador no Rio de Janeiro — dez. 1940 |
| Edward Pullen([b]) | Colaborador no Rio de Janeiro — jan. 1941 |
| Pullen Junior | Agente na Bahia e no Ceará — jan. 1941 |
| B.R. Rand | Colaborador no Rio de Janeiro — jan. 1941 |

| *Nome* | *Notas* |
| --- | --- |
| Silva Araújo Roussel | Colaborador em ? — dez. 1940 |
| Ruffier | Agente no Rio de Janeiro — jan. 1941 |
| Saboya | Comandado no Rio Grande do Sul por Mace — dez. 1940 |
| Humberto Conde de Schoenfeld | Agente no Rio de Janeiro — jan. 1941 |
| William Shaw | Colaborador no Rio de Janeiro — dez. 1940 |
| Lourenço da Silva | Comandado no Rio de Janeiro por Arthur Abbott — jul. 1940 |
| João Joaquim de Souza | Colaborador no Rio de Janeiro — s. d. |
| Karl Stemmer | Agente em Montevidéu/Porto Alegre — jan. 1941 |
| Herbert Ralf Tuerkel | Agente no Rio de Janeiro — jan. 1941 |
| Hubert von Minkewitz | Agente no Rio de Janeiro — jan. 1941 |
| Helmuth Walden | Colaborador no Rio de Janeiro — jan. 1941 |
| Wilcox | Comandado no Rio por D.S. MacGrath — dez. 1940 |
| Robert Amcotts Wilson | Adido naval no Rio de Janeiro — mar. 1941 |
| William Eric Wood | Agente em Recife — dez. 1940 |
| Parry Yong([b]) | Colaborador no Rio de Janeiro — fev. 1941 |
| Wilson Yong([b]) | Colaborador no Rio de Janeiro — fev. 1941 |

a = Tentativa

b = Possivelmente a mesma pessoa

s.d. = sem data

O grupo se espalhou nas duas direções para formar uma ampla rede que cobria a maior parte da costa leste brasileira. Usando US$ 30 mil de fundos soviéticos poupados, Johnny e seus homens conseguiram contratar observadores que iam desde pescadores até agricultores. Com o tempo, passaram a usar dois aviões para fazer patrulhas diárias. Postos em terra mantinham contato com unidades que recebiam por telegrafia todas as mensagens vindas de mar, terra e ar.

Por meio de Julien, seu agente ostensivo, Filinto Müller e Johnny mantiveram um ao outro informados e de vez em quando se encontravam na casa de Filinto para conjugar as informações. Os relatos vindos da costa mantiveram Johnny a par de infiltrações externas e às vezes internas. Filinto demonstrou abertamente preocupação com os muitos simpatizantes da Alemanha entre oficiais das forças armadas brasileiras. Ao fazer isso, o chefe de polícia pró-nazista o enganou direitinho. Johnny nunca percebeu a duplicidade de Filinto.

A rede brasileira da Grã-Bretanha estava funcionando bem, mas por isso mesmo exigia cada vez mais de Johnny. Vários dias seguidos, ia à costa e voltava para casa para encontrar incontáveis telegramas britânicos à espera de decodificação. Além disso, toda informação obtida tinha de ser codificada para ser enviada. Sempre preocupada com a saúde de Johnny, Gerti acabou reclamando ao vê-lo chegar em casa exausto para cuidar das mensagens. Nessa época, Johnny contou a ela sobre a natureza de seu trabalho. "Johnny, você não pode continuar assim. Você parece morto, e não é de se estranhar. Não está descansando nada. Você quer morrer?" Ela implorou. "Mutzi (gíria alemã que significa "gatinha" e apelido pelo qual a chamava), tenho de continuar. Tenho de responder a esses telegramas e enviar meus relatórios. Não tenho escolha, porque só eu posso codificar e decodificar", respondeu.

"Então deixe-me ajudá-lo, Johnny, deixe-me decodificar e codificar para você. Mostre-me como fazer isso e então você poderá dormir e poderemos reduzir essa carga de trabalho à metade." "Não posso fazer isso, Gerti. Os códigos têm de morrer em um homem. Eles me foram confiados e devem permanecer comigo." Gerti olhou para Johnny e o acusou de ser teimoso demais, para sua própria desgraça. Observou que precisava dormir regularmente e cuidar mais da saúde. Se quisesse morrer pelos códigos preciosos, tudo bem, então, que fosse em frente. Mas sendo a pessoa que o amava incondicionalmente, achava um pouco estranho que não confiasse nela.

Horas depois, exausto, sucumbiu e concordou em deixar que fosse sua assistente. Não havia outra escolha, uma vez que não conseguia lidar com toda a carga sozinho. Um deslize, uma letra codificada de maneira errada, significava reescrever tudo, já que um erro repercutia nas letras seguintes. Ela teria de ser extremamente cuidadosa. Se o SIS em Londres soubesse que Gerti estava fazendo o trabalho, Johnny não tinha dúvidas sobre o que aconteceria.

Gerti aprendeu rapidamente e, na verdade, passou a codificar e decodificar mais depressa do que Johnny. A partir daí, quando chegava em casa, ela lia os telegramas e ele lhe dava as respostas. Toda manhã, as mensagens de saída eram entregues na Light para que Hutt as transmitisse aos despachantes da embaixada. Naturalmente, não tinham a menor ideia do conteúdo das mensagens para Londres ou Montevidéu que passavam por eles. De manhã, um mensageiro entregava os telegramas recebidos no endereço da Rainha Elisabeth, o que Johnny não aprovava. Cada envelope trazia estampado "Governo Britânico". Por mais que isso pareça inacreditável, era verdade, e o sistema não mudou, apesar das objeções de Johnny. Era o equivalente a receber pelo correio, toda manhã, uma caixa de dinamite pronta para explodir. O nome completo de Johnny, o endereço e a indicação "a/c empresa de importação e exportação" eram visíveis no envelope. "Uma pedra preciosa nas mãos erradas!", pensava. Por outro lado, durante aproximadamente um mês, a partir de 30 de maio de 1939, Hutt morou na avenida Atlântica 790, apartamento 32, a apenas três quarteirões do Hotel Riviera. Em 27 de junho, mudou-se para um apartamento perto da Rainha Elisabeth, na rua Alberto de Campos 84, em Ipanema. Era fácil para Johnny, ou Gerti, ou ambos, caminhar uma distância pequena entre as residências ou telefonar antes e marcar o encontro em algum lugar no meio do caminho, se necessário.[36]

Montevidéu telegrafou informando que estava enviando a Johnny um alemão, o Dr. Werner Kiesewetter, que haviam conhecido e achado que poderia ajudar a causa. Dizia ter mapas de todas as instalações subterrâneas da Wehrmacht na Alemanha. Isso intrigou Johnny. Um dia se passou e Kiesewetter chegou ao Rio. No primeiro encontro, Johnny suspeitou daquele homem pequeno, grisalho, envelhecido, com um nariz proeminente e olhos que se moviam rapidamente. Como já acontecera outras vezes, talvez suas reservas fossem apenas um sintoma do trabalho no jogo da espionagem. Johnny pediu a Kiesewetter que trouxesse provas dos túneis subterrâneos do Exército alemão, visto que também sabia que isso existia.

Kiesewetter voltou uma semana depois com pequenos mapas de algumas instalações, feitos a mão. Johnny sabia que alguns daqueles túneis ficavam no sul da Alemanha. Também havia alguns mapas brasileiros que poderia ter copiado. Johnny passou as informações para Londres e achou que assim dava aquilo por encerrado. Mas logo Williams, em Montevidéu, começou a insistir para que pusesse Kiesewetter na rede de espionagem. Johnny protestou, afirmando: "Como sabemos que não está na folha de pagamento da Alemanha e em missão como agente enviado para se infiltrar em nossa organização?" O telegrama em resposta dizia: "Isso é uma ordem. Kiesewetter é absolutamente confiável." Um pressentimento dizia a Johnny o contrário, mas seguiu a diretriz e deixou o novo homem lidar com pequenas tarefas que não eram vitais. O que incomodou Johnny também foi que Kiesewetter alugou uma casa na mesma rua onde ele e Gerti moravam. E os incômodos de Montevidéu não diminuíram. Logo se irritaram por Johnny manter Kiesewetter ocupado com coisas triviais.

Essa desavença acabou provocando uma visita do próprio chefe. Sil Milo era um homem de rosto vermelho, calvo e gordo, que deixou Johnny embasbacado depois de falar algumas palavras. O roliço professor e chefe regional do MI6 era um completo sonhador. Tinha todo tipo de ideias loucas sobre o que a rede brasileira deveria fazer e insistiu novamente na ideia do telégrafo de importação e exportação. Johnny reagiu e, depois de ouvir mais ideias irracionais, enviou-o cheio de raiva de volta ao Uruguai. A última coisa que precisava era de um chefe que fosse um professor tolo. Chamou a atenção de Hutt para isso ao visitá-lo na empresa de energia.

Quando Milo e Hutt relataram a Londres o que acontecera, Vivian voou para o Rio para ver Johnny. Registrou-se no Copacabana Palace e se encontrou com Johnny. Vee-Vee estava encantado com o progresso até então e com as informações valiosas que vinha recebendo. Para surpresa de Johnny, também levantou a ideia do esquema de importação e exportação, e Johnny levou uma hora para convencê-lo de que aquilo era uma insensatez. Além disso, não tinham um operador profissional, que seria necessário. Por fim, Vivian concordou que o plano tinha muitos riscos graves que Johnny e seu grupo não poderiam correr. Voltou para Londres um pouco mais consciente das operações e necessidades no Brasil.

O próximo enviado de Montevidéu a Johnny foi Karl Stemmer, e ele na mesma hora reconheceu o nome. Assim como Johnny, Stemmer fora condenado à morte pela participação no motim naval em Wilhelmshaven, em agosto de 1917. Mais tarde, lutou contra o Kapp Putsch.[37] Um bom oficial, Stemmer se mudara para o Brasil em 1921 e estava vivendo da venda de pedras semipreciosas. Quando os dois se encontraram, havia estabelecido contatos excelentes entre pró-alemães no sul do país, que achavam que ele estava do lado deles. Na verdade, o ódio de Stemmer pela Alemanha nazista era igual ao de Johnny. Johnny o quis na equipe, mas Montevidéu só se dispunha a lhe pagar 24 libras esterlinas por mês, o que não era suficiente para prover Stemmer e a família. Por sorte, Johnny conseguiu dobrar a quantia usando a própria remuneração. Stemmer concordou e morou uma semana na Rainha Elisabeth até encontrar um lugar próprio.

O grupo de Johnny continuou a vigiar a costa e, na verdade, aumentou enquanto a guerra fazia mais vítimas. Karl Stemmer trabalhava em círculos cada vez maiores de partidários alemães no estado de Santa Catarina. Mais tarde, Johnny o enviou ao Uruguai, onde fez um excelente trabalho. Era bom ter alguém em quem podia confiar perto de Sil Milo e disposto a arriscar a vida pelos serviços de inteligência britânicos. Johnny logo seria lembrado, porém, de que o serviço dava pouco valor à segurança pessoal dos agentes, por desconfiar de informações pertinentes que poderiam salvar vidas. Sem saber, Johnny seria a primeira vítima no Brasil.

O episódio desagradável teve início em uma noite serena, com uma agradável brisa do mar, quando Johnny seguia de carro para a Rainha Elisabeth. De algum modo, voltar para casa à noite, passando pela avenida em direção a Copacabana, sempre o relaxava, uma vez que o trânsito àquela hora era tranquilo. O trabalho de campo naquele dia fora feito e o contato com o DESPS de Filinto Müller estava funcionando bem. O chefe da polícia parecia entusiasmado com a operação conjunta, e tinha motivos, uma vez que o grupo de Johnny já suprira o DESPS de informações, parte delas sobre agentes nazistas.[38]

No bairro de Botafogo, a avenida terminava em um cruzamento que era um pesadelo, em um ponto onde uma rua que dava em Copacabana convergia com outras vias. Durante o dia, esse lugar era perigoso e era preciso cautela ao se aproximar dali. À noite, porém, era calmo, porque o trânsito menos intenso e os faróis dos carros reduziam o perigo ao volante. Enquanto Johnny dirigia, os pensamentos se voltaram para Gerti e o jantar que o aguardava. Quando chegava ao cruzamento problemático, viu um caminhão com faróis apagados descendo a rua descontrolado em sua direção. Em um esforço desesperado, virou o volante, mas o caminhão atravessou a avenida, batendo na lateral do Ford de Johnny e fazendo-o rodar pela pista e cair em uma vala. Com o impacto, Johnny foi atirado para fora do veículo e caiu na vala, junto ao carro. Por sorte, sofreu apenas escoriações e cortes.

Estendido de bruços, levantou a cabeça o suficiente para ver dois homens na cabine do caminhão, a menos de 10 metros de distância. Deu uma olhada na placa de veículo enquanto o motorista e o acompanhante, saltavam e olhavam para o Ford virado de cabeça para baixo na vala. Aparentemente, não o viram. Em segundos, voltaram para a cabine, deram uma ré e, agora com faróis acesos, arrancaram em disparada pela avenida. Ao olhar para o automóvel, Johnny pôde ver que estava totalmente destruído. Uma roda da frente ainda girava lentamente sobre o eixo torto. "Isso não foi um acidente!" Ponderou que fora uma tentativa de assassinato. Havia poucas dúvidas de que o caminhão ficara à espera, com as luzes apagadas, para descer a rua e tentar matá-lo quando se aproximasse. Alguém queria matá-lo e tinha de localizá-lo antes que tentassem fazer aquilo de novo. Matadores podiam ser contratados para um trabalho sujo como aquele por 20 mil réis, ou pouco mais de US$ 4,39 em qualquer lugar do Brasil naquela época. Aqueles dois homens inexperientes certamente haviam sido pagos.

Por sorte, um motorista parou, apanhou Johnny e dirigiu alguns quarteirões até sua casa. Gerti, chocada com sua aparência, não perdeu tempo e lavou os arranhões e cortes, sem fazer perguntas. Um reboque foi enviado para retirar o carro destruído e completar o registro policial. De manhã, apesar dos latejos e das dores, Johnny procurou Filinto Müller e lhe pediu para rastrear o número da placa. A única explicação que deu ao chefe da polícia de Vargas foi de que tinha de fazer uma mudança e queria contratar aquele caminhão. Pouco tempo depois, Filinto chamou Johnny e lhe deu o nome e o endereço da empresa de caminhões, além dos nomes e endereços dos dois homens que dirigiam caminhões para a firma.

Naquela mesma noite, Johnny lhes fez uma visita. Os dois estavam em casa, em uma rua na Zona Norte do Rio de Janeiro. Como não conheciam Johnny, apenas o Ford amassado, conseguiu extrair deles alguns detalhes sobre o trabalho que haviam acabado de fazer. Dando-lhes mais dinheiro do que os 20 mil réis que o empregador anterior pagara, sabia que não diriam uma palavra sobre a conversa. O valor mais alto e a promessa de um trabalho em breve compraram o silêncio dos dois. Mesmo ao se despedir, ainda não tinham a menor ideia de quem era Johnny, e sim esperanças de que contratasse seus serviços como prometera.

Com as informações que os dois motoristas de caminhão lhe forneceram, Johnny conseguiu identificar o mandante. Estava ligado à missão diplomática alemã no Rio de Janeiro. Muito provavelmente, seu nome era Heinz Harold Schmutter.[40] Trabalhando com alguns simpatizantes do nazismo no DESPS, Schmutter havia dirigido a operação com apoio deles, de modo a parecer que a polícia secreta havia montado tudo.

Johnny não tinha a menor ideia de como Schmutter o conhecia. Se Werner Kiesewetter estava trabalhando com os nazistas, sabia muito pouco sobre as operações do grupo, já que era mantido afastado de tudo que tinha importância. Se era um espião dos alemães, eles o manteriam ali até que penetrasse mais fundo e pudesse expor toda a organização. Naquele momento, Kiesewetter sabia pouco mais do que o entregador de jornal. Tinha de ser outra pessoa, alguém de fora que conhecesse Johnny. Bem mais tarde, descobriria toda a história quando os britânicos lhe informaram sobre o operador de rádio soviético desaparecido.

Hans Wilhelm chegara ao Brasil na data prevista, mas sem um tostão. Depois de desembarcar, deixou rapidamente o Rio e foi para Belo Horizonte, onde entrou em contato com o cônsul britânico. Contou sua história e pediu asilo. A caminho do Brasil, quando estava em Paris, torrara todo o dinheiro, US$ 5 mil, em farras e mulheres. Quebrado, com apenas a passagem de navio no bolso, chegou dois dias depois de Johnny e Gerti. Disse ao cônsul em Belo Horizonte que tudo o que queria era um cargo remunerado e um lugar seguro. "Por que não entrou em contato com o homem com o qual deveria trabalhar e lhe contou o que aconteceu?", perguntou o cônsul. "Ah, não, não poderia fazer isso", respondeu, apavorado. "Ele teria me matado!" Hans Wilhelm se lembrava da ameaça de Johnny em Moscou.

O cônsul britânico o rejeitou, deu-lhe um pouco de dinheiro e o despachou. Quando Hans Wilhelm saiu, o consulado informou a Londres sobre a conversa. A inteligência britânica sabia que era o operador de rádio perdido, porque, quando estava em Londres, Johnny mencionara a Vivian e Foley que suspeitava dele. O MI6 não conseguiu entrar em contato com Johnny para dizer que ele havia sido encontrado. Hans Wilhelm ficou livre e disponível a quem lhe pagasse mais.

Ainda em busca de dinheiro, ao voltar para o Rio Hans Wilhelm se aproximou de um oficial pró-nazistas no DESPS que enviou o operador de radiotelegrafia à embaixada alemã, onde Hans Wilhelm encerrou a viagem de muitos meses. Ao entrar na Deutsche Botschaft, na rua Paissandu 93, desapareceu como se nunca tivesse existido.[41] Conhecia Johnny apenas como espião soviético ao explicar a missão de ambos patrocinada por Moscou. Foi o suficiente para pôr os alemães de prontidão, planejando a morte de Johnny. Se Kiesewetter trabalhasse para eles também, a conexão estaria completa.

Johnny não sabia o que havia acontecido com o operador de rádio ao decidir dar um fim a Herr Schmutter. Depois de segui-lo, para conhecer seus hábitos, no fim de uma tarde nublada aproximou-se dele em uma calçada no centro do Rio. O nazista congelou ao sentir nas costas o cano de um revólver mantido dentro do bolso do paletó de Johnny. Schmutter foi obrigado a entrar no banco de trás de um carro que os esperava e que arrancou imediatamente, cantando pneus. Sentado ao lado do homem que tentara matá-lo, Johnny virou-o para um lado, obrigou-o a pôr as mãos para trás e o algemou. Pequenas gotas de suor brilhavam no rosto de Schmutter. Seguiram para a Zona Sul e passaram pelo Jardim Botânico antes de entrar na estrada Dona Castorina. O carro subiu uma encosta pela estrada que, ao passar pela Vista Chinesa, torna-se a estrada da Vista Chinesa. Por fim, estacionaram perto do ponto mais alto, no momento em que as nuvens se afastavam, produzindo mais um pôr do sol de cartão-postal. Abrindo a porta, Johnny agarrou o homem e o obrigou a sair. Em seguida, empurrou-o com a arma para a beira do penhasco.

Tremendo, implorando pela vida e falando algo incompreensível sobre a mãe, deu um passo para trás enquanto Johnny se aproximava. "Pule, sua cobra! Não quero atirar em você para que todos ouçam", provocou. Schmutter suplicou para viver. Johnny continuou a avançar e lhe deu um murro na cara, fazendo-o cair no abismo, com um grito de terror. Nenhum relato sobre a morte de Schmutter jamais foi feito em jornais, rádios ou obituários.

Em mais uma viagem a Santos, Johnny encontrou os dois oficiais austríacos cujos conhecimentos sobre o mar eram limitados. Caminhando com eles no cais, observou dois cargueiros alemães no porto, soltando vapor. Um dos navios, o *Altmark*, tinha a palavra *NORGE* (Noruega) pintada em grandes letras maiúsculas em abas idênticas dos dois lados. Embora Johnny compreendesse a língua, não sabia na ocasião que o *Altmark* estava apenas fingindo neutralidade. Se fosse desafiado, as abas poderiam ser abaixadas para revelar dois grandes canhões.[42] O outro navio era o *Tacoma*. Ambos pareciam curiosamente pesados, com antenas de rádio demais, o que Johnny achou muito estranho.

Vestido de maneira a se parecer com os estivadores, observou o vaivém de tripulantes dos dois navios. Prestou atenção particularmente nos marinheiros que frequentavam restaurantes e bares no porto. Não teve a menor dúvida de que eram navios de suprimento disfarçados de mercantes. Deixando as duas embarcações sob vigilância dos austríacos, caminhou até o que parecia ser o restaurante mais frequentado pelos tripulantes. Em pouco tempo, estava sentado entre marinheiros, que conhecia tão bem, elogiando a pátria e pagando rodadas de bebidas para os compatriotas. Aos poucos, levou os marinheiros a uma conversa relaxada, proclamando enfaticamente que era alemão e gostaria de participar da guerra, mas estava preso ao Brasil.

Depois de mais algumas rodadas de cerveja, virou-se para um contramestre e perguntou: "Quais são as chances de embarcar em seu navio e ir para casa, para cumprir meu dever em meu país?" "Ah, não", balbuciou o homem. "Não podemos fazer isso, isso não é permitido." "Então por que os seus navios estão no porto?", perguntou. "Estamos à espera de ordens." "Ordens para ir para o mar?" "Sim, temos de ter cuidado porque não queremos que nos peguem." Em seguida, deixou escapar que eram navios de suprimentos para um couraçado. Até então Johnny não tinha a menor ideia de que estavam ligados a um navio de guerra tão grande. Mas não conseguiu extrair deles o nome do couraçado.

Logo depois do início da guerra, em 1939, os couraçados KMS *Admiral Graf Spee* e KMS *Deutschland* saíram pelo Atlântico. A missão de ambos era afundar navios mercantes inimigos e neutros com cargas destinadas a portos ingleses. Enviado ao Hemisfério Sul, o *Graf Spee* pegaria as vítimas desprevenidas, hasteando as cores francesas quando se aproximasse para matá-las. Em 30 de setembro, Johnny foi informado de que o S.S. *Clement* fora afundado na costa de Pernambuco.[43] Mais adiante, outro cargueiro escapou. O *Graf Spee* o deixou ir, cometendo um erro fatal. No momento em que os tripulantes do cargueiro poupado chegaram à orla, em Recife, contaram a história, mas citando o navio errado. Acharam que era o KMS *Admiral Scheer*. Johnny fez com que um agente em Recife, Robert R. Patterson, corresse até o porto e conversasse com a tripulação, que confirmou que o navio atacante era grande. Não havia dúvida, era um couraçado e provavelmente aquele que buscavam. Se Hans Langsdorff, o capitão do *Graf Spee*, tivesse continuado o ataque e combatido o segundo cargueiro, a caça de Johnny talvez tivesse sido menos bem-sucedida. Johnny informou a Londres que descobrira que "um couraçado ou um grande cargueiro armado estava circulando por perto há anos".

Ao sul, no porto de Santos, os dois navios alemães eram vigiados 24 horas por dia. Johnny instruiu dois policiais de Filinto — que haviam se juntado ao seu grupo — a viajar pela costa, nas duas direções, a cavalo, e relatar qualquer coisa que vissem usando pequenos rádios que enviavam sinais para a praia. Durante mais dois dias, Johnny permaneceu em Santos, observando os navios e de vez em quando falando com tripulantes, até que o *Altmark* seguiu para o mar. Assim que o navio deixou o porto, telegrafou para Londres. "*Altmark*, até onde o grupo sabe, navio de suprimento para couraçado *Graf Spee*."

Dois cruzadores leves — o HMS *Ajax* e o HMNZS *Achilles* — e o cruzador HMS *Exeter* foram enviados para a caçada, patrulhando desde Santos até a costa sul, onde o rio da Prata deságua no mar entre a Argentina e o Uruguai. A frota britânica localizou a presa perto de Montevidéu. O *Graf Spee* se afastou da costa e avançou para o mar aberto para atacar os três navios de guerra inimigos. Uma feroz batalha aconteceu no mar em 13 de dezembro de 1939. O *Exeter* foi posto fora de ação e seguiu para as Ilhas Falklands (ou Malvinas). O *Ajax*, o *Achilles* e o *Graf Spee* ficaram danificados no combate. O navio alemão interrompeu o combate e seguiu para Montevidéu, para fazer os consertos necessários.

Pela lei marítima internacional, em tempo de guerra um navio beligerante podia permanecer em um porto neutro por 24 horas. O capitão Langsdorff entrou em contato com a legação alemã para informar suas dificuldades, enquanto os britânicos e franceses protestavam com o governo uruguaio. Na verdade, não reclamaram alto demais, porque queriam dar tempo para que um esquadrão de reforço chegasse. Como resultado das manobras diplomáticas em Montevidéu, o *Graf Spee* foi informado de que poderia ficar 72 horas para concluir os reparos necessários. Durante todo esse tempo, o *Ajax* e o *Achilles* permaneceram de prontidão, esperando-os a quilômetros de distância, ao largo da costa. No dia 14, juntou-se a eles o cruzador HMS *Cumberland*, que viera a toda a velocidade das Falklands. Langsdorff achou que havia uma flotilha muito maior de navios de guerra dos Aliados logo além do horizonte. Depois de ser informado de que os reparos não poderiam ser feitos no tempo estipulado pelos uruguaios, telegrafou para Berlim dizendo que havia apenas três opções: 1) ficar parado; 2) afundar o navio; ou 3) tentar ir pelo estuário do rio da Prata para Buenos Aires. A Argentina era amplamente pró-Alemanha. Hitler e o chefe de operações navais, o almirante Eric Raeder, ordenaram que o couraçado tentasse primeiramente ir para a Argentina. Caso contrário, que afundassem o navio. O *Graf Spee* não ficaria parado.

Hans Langsdorff afundara nove cargueiros nos oceanos Atlântico e Índico, totalizando 50 mil toneladas. Nenhum tripulante de nenhum dos nove navios morrera. O *Graf Spee* sempre dava avisos para que os navios a vapor parassem e em seguida retirava os tripulantes antes de afundar as embarcações. Langsdorff era um oficial de outra era, não um nazista. Quando sua trégua de 72 horas chegou ao fim, entrou em contato com os governos da Argentina e do Uruguai e conseguiu que seus tripulantes e os oficiais ficassem em segurança em campos de prisioneiros enquanto a guerra durasse.

Em 17 de dezembro de 1939, com um punhado de homens e engenheiros, partiu com o *Graf Spee* e ultrapassou os limites territoriais das águas uruguaias. Em seguida, o navio parou, baixou âncora e um rebocador parou ao lado para levar todos de volta ao porto. Minutos depois, o *Graf Spee*, com cargas sincronizadas, partiu-se em pedaços, em meio a fortes explosões. Afundou em um mar de lama e durante dias ainda permaneceu visível, queimando. Langsdorff cometeu suicídio em um hotel em Buenos Aires, em 20 de dezembro, enrolado na bandeira de batalha do *Graf Spee*.[44] O governo britânico nunca reconheceu o papel de Johnny no fim do navio agressor alemão. Isso não foi, porém, a palavra final sobre o assunto. Mais tarde, alegou-se — embora por meio de uma fonte suspeita — que Filinto Müller já estava suprindo os tripulantes do *Graf Spee* com passaportes brasileiros, para que pudessem voltar para a Alemanha e lutar novamente.[45]

Quando Gerti estava grávida de três meses, o DESPS deteve Johnny na praça Mauá, em 4 de dezembro de 1939.[46] Isso aconteceu um dia depois do início da batalha no mar na costa uruguaia. Primeiramente, foi levado para a Sala de Detenção da Polícia Central. Depois, cruzou a baía de Guanabara para ficar preso na infame fortaleza onde muitos já haviam ficado, o Forte de Santa Cruz.[47] A permanência de Johnny nessa estrutura de concreto reforçado, no lado da baía oposto ao do Pão de Açúcar, foi determinada, segundo foi informado, depois da prisão de Kiesewetter. O bom médico supostamente revelara imediatamente à polícia que Franz Gruber era o chefe de todos os agentes britânicos no Brasil.

Johnny foi colocado em uma cela cinzenta, no terceiro pavimento. Uma hora depois de chegar, um soldado abriu a porta e lhe entregou uma cesta com flores e frutas, incluindo bananas e laranjas.[48] "Você deve ser amigo dele, porque primeiro ele o prendeu e depois lhe enviou esse presente", disse o guarda ironicamente, antes de bater a pesada porta de aço preta. O cartão dizia: "De um amigo." Não havia assinatura. Johnny refletiu sobre aquela reviravolta e imaginou o que estaria acontecendo agora. Não havia explicação para a prisão e, a não ser pelos guardas, ninguém o interrogou. Logo soube que Kiesewetter fora detido antes e estava confinado em uma cela no andar de baixo. Francisco Julien, agente do Quadro Móvel de Filinto Müller, foi o próximo a ser posto em uma cela, a terceira depois da de Johnny. Fora detido por ordem de Filinto ou de alguém próximo a ele.[49] Johnny perguntou a Julien se Filinto sabia das prisões, ao que respondeu que não. Julien explicou que um dia antes Filinto fora forçado a deixar o país para férias de seis semanas. O substituto temporário era o capitão Miranda Corrêa. Isso era mentira. Filinto não estava fora do país nem de férias.[50] Ainda estava puxando as rédeas no setor anticomunista do DESPS, dirigido por outro pró-nazista, o capitão Felisberto Batista Teixeira. Em 11 de dezembro de 1939, Batista [Müller] entrou em contato com a embaixada dos Estados Unidos no Rio de Janeiro para verificar se tinham informações sobre a ligação de Franz Gruber com comunistas americanos. A resposta foi nenhuma.[51]

O capitão Batista Teixeira era famoso entre os prisioneiros. Gostava de fingir que estava cochilando quando um suspeito era empurrado para dentro de seu escritório, para ser interrogado. Quando o indivíduo resistia ou não respondia como queria, acordava repentinamente e começava a bater no detento.[52] Tudo isso surpreenderia Johnny nos dias seguintes. Por enquanto, ainda trabalhava com a hipótese de que tinha havido algum erro. Esperava que o responsável, fosse quem fosse, acabaria endireitando as coisas. Johnny pode ter sabido que Hans Lessing fora preso antes, em 9 de dezembro. Seu crime fora escrever para um parente na Finlândia. Foi solto no mesmo dia.[53] Aldo Rosso também fora detido por 20 dias pelo DESPS, mas nunca foi torturado. Foi libertado depois de a mulher ir à casa de Filinto Müller. Fingiu ser costureira e convenceu Consuelo Müller da inocência do marido.[54] A mulher de Karl Stemmer não precisou implorar a Consuelo. Julien o apontou como alguém de interesse que poderia dar informações sobre as atividades comunistas de Franz Gruber. Foi bom que estivesse no Uruguai. As informações sobre Stemmer que Julien deu aos superiores na polícia foram acrescidas pelo Agente nº 5 da Gestapo, que trabalhava na capital brasileira.[55] Josef Bunzlau e Helena Benkendorf só foram chamados ao DESPS em 8 de dezembro, para fazer uma declaração sob juramento.[56] Gustav Karl Krüger foi apenas interrogado mais tarde.

Durante os primeiros dias, Johnny não viu ninguém, mas toda noite era levado ao andar de cima, para uma sala de interrogatório cinzenta, vazia, e perguntado sobre as atividades de espionagem. Disse aos interrogadores para entrar em contato com Filinto Müller, porque tudo fora feito com o conhecimento dele e em benefício do Brasil. Johnny foi novamente informado de que Filinto fora enviado ao exterior de férias. A maioria dos guardas era pró-nazista. Não disseram que a prisão custara US$ 300 à embaixada alemã.[57] Era o pagamento que recebia por ter afundado o *Graf Spee*.[58] Antes de mais nada, o preço baixo provavelmente refletia apenas a apreensão em relação a Johnny nos círculos do governo.

O principal interrogador de Johnny era um indivíduo com um bigode bem aparado e bem tranquilo: Cecil de Macedo Borer, detetive do DESPS/Quadro Móvel.[59] Borer foi avisado de que Johnny sabia demais, para sua desgraça, e talvez até estivesse no Brasil para uma nova tentativa de revolução.[60] Johnny se recusou a dizer qualquer coisa importante. Estava preparado para seguir o credo da inteligência e cometer suicídio antes de entregar seu país e os associados. Entretanto, Borer era experiente demais para ceder a um prisioneiro que se recusava a falar. Johnny foi interrogado três vezes em dezembro de 1939 e três vezes em janeiro de 1940. Uma das coisas que Batista Teixeira queria era uma lista confirmada dos nomes dos vigilantes da costa,[61] mas Johnny não cedeu. Nunca entregou um único colega. Batista Teixeira escrevia as perguntas para Borer e começou a acrescentar itens. Duas listas de perguntas desse último grupo sobreviveram. A de 21 de dezembro de 1939 é a seguinte:[62]

1) Pergunte se ele conhece um mecânico de um cargueiro belga chamado Simon Heinrich [*sic*].

2) Pergunte se ele se encontrou recentemente com esse homem.

3) Qual foi o motivo do encontro[?] (Se ele disser que não houve esse encontro, diga-lhe que ele está mentindo porque no meio de seus próprios papéis havia um bilhete de Heinrich sobre o encontro).

4) Pergunte a quem ele planejava apresentar a declaração de débitos e créditos do dinheiro recebido?

5) Pergunte como ele explica que tinha uma missão de espionagem no Japão e veio para o Brasil, onde viveu mais de um ano. Como ele explica o uso do dinheiro aqui[?] Como ele explica que não cumpriu a missão de espionagem no Japão, mas continua a gozar da confiança [de Moscou] a ponto de recentemente ter recebido US$ 10 mil, e ainda estar para receber US$ 15 mil.

6) Pergunte como ele explica ter sido preso em 1935, entregando vários líderes do PCB, e continuar recebendo apoio de seu governo [União Soviética].

7) Com quem ele marcou encontros aqui no Rio?

8) Qual era o objetivo desses encontros?

9) Pergunte quem é "K" em seu balanço financeiro, que recebe pagamentos de US$ 400.

10) Esse "K" não seria sua mulher, Gertrude Krüger, que entrou no Brasil usando o nome de sua irmã desaparecida, Ema Krüger[?]

11) "Mary" não seria um sinônimo de Tecbrevet, que na verdade é o Comintern[?]

Toda noite, quando era levado de volta à cela fria, ouvia gritos de prisioneiros sendo torturados ecoando pelos corredores. Na terceira noite, os carcereiros vieram à meia-noite e o levaram a uma sala vazia. Ali, Borer e dois assistentes corpulentos começaram a interrogá-lo novamente. Dessa vez, quando não respondeu, os guardas o despiram e começaram a espancá-lo com uma peça de madeira com pequenos buracos, uma palmatória. Os buracos eram para deixar o ar escapar sem rasgar a pele. Bateram dos dois lados, enquanto Johnny lutava acorrentado para evitar os golpes. A dor era insuportável. Em pouco tempo, o corpo estava coberto de contusões, com manchas de tonalidades amarela, azul e verde.

Em 3 de janeiro de 1940, além dos nomes dos vigilantes da costa, Batista Teixeira queria saber:[63]

1) Você conhece Ullrich?

2) Qual é a sua relação com ele?

3) Ullrich o acusa de controlar as finanças do PCB. [Isso é verdade?]

4) O que você fez com os lucros do Hotel Riviera para que eles parecessem perdas?

5) Aldo Rosso confessou que os lucros do Hotel Riviera foram muito maiores [do que a quantia relatada]. Chegaram perto de 500 contos de réis. [Isso é verdade?]

6) Você conhece o professor de línguas Hans Lessing[?] Como o conheceu?

7) Que tipo de relação você tem com ele?

8) Por que você teve tanto interesse em empregá-lo no Hotel Riviera?

Johnny explicou que o Dr. Otto Ulrich era, na verdade, um químico que empregara para trabalhar em pesquisa de perfumes e pomadas. Disse que nunca controlara o orçamento do PCB e que Aldo Rosso estava mentindo. Na verdade, gritou Johnny, Rosso estava simplesmente tentando roubar seu investimento! Tudo o que a polícia precisava fazer era apanhar os livros de contabilidade na avenida Rainha Elisabeth. Quanto a Hans Lessing, Johnny respondeu que o conhecera em julho de 1938 e que ensinara português e inglês à família até janeiro de 1939. Conseguira um emprego para Lessing como professor interno no Hotel Riviera depois de o anterior ser demitido por desonestidade e porque sabia que Lessing precisava de trabalho. Lessing durou, porém, apenas três meses, por não gostar do trabalho. Em relação ao dinheiro do Hotel Riviera que transformara em perdas, respondeu que o dissimulara nas despesas pessoais.[64]

Atordoado com os golpes, e em alguns momentos meio inconsciente devido à dor e ao choque, tentava responder o mínimo possível. Quando respondia, as respostas vinham em explosões. Quando não ficava satisfeita, a polícia batia nele na altura dos rins. De manhã cedo, era jogado na cela, às vezes depois de três horas de tortura. Durante o dia, era deixado para se recuperar. Quando a noite se aproximava, preparava-se com uma boa dose de autodisciplina, andando de parede a parede e voltando. Ficava pensando repetidamente: "Aguente!

Aguente! Prepare-se para o pior e sobreviverá!" Com o tempo, conseguia enfrentar a noite de pesadelo seguinte sem ceder.

Julien foi libertado depois de dois dias e Kiesewetter, cinco dias depois. Nenhum dos dois foi torturado, apenas enfrentaram uma enxurrada de perguntas. Johnny refletiu sobre a partida repentina deles. Estava convencido de que Kiesewetter era agente nazista (o que mais tarde foi confirmado por Londres, que sabia, mas nunca mencionara). Também começou a duvidar seriamente de Julien. Ele continuou a perguntar sobre seu "empréstimo", mesmo depois de Johnny ser solto.[65] Descobriria depois que Francisco Julien era, de fato, aliado dos nazistas financiado pela embaixada alemã.[66]

Johnny atravessou novamente a baía, sendo levado de volta à sede da Polícia Especial, não mais no morro de Santo Antônio. Chamados de "cabeças de tomate", devido ao capacete vermelho, e liderados pelo tenente Euzébio de Queiroz Filho, que tinha fama de sádico, eram os policiais mais terríveis que o Brasil tinha a oferecer.[67] Sob a guarda deles, Johnny foi submetido pelo menos uma vez ao instrumento de tortura conhecido como pau-de-arara.[68] É assustador observar que pode ter subido e descido as mesmas escadas que levaram à loucura o homem que denunciara em 1935, seu inimigo Arthur Ernst Ewert.

Embora tivessem acabado com Ewert, as autoridades ainda não haviam decidido o que fazer com Johnny. De vez em quando era transportado a uma distância curta, até a Polícia Central, para angustiantes sessões noturnas. Foi ali, no início de uma noite, que cumprimentou um guarda que passava, batendo na porta da cela enquanto ouvia os passos do homem se aproximando. O carcereiro parou, abriu a janelinha de metal da porta e olhou para dentro. Johnny pediu-lhe uma lâmina de barbear. O guarda balançou a cabeça, mas perguntou por que Johnny queria aquilo. "Quero morrer da minha maneira, se ficar tão ruim que não consiga mais aguentar a tortura", sussurrou. Ele concordou e voltou minutos depois com uma lâmina de barbear, que jogou dentro da cela, pela janelinha. Johnny apanhou a lâmina e a escondeu em uma fenda na parede. "Agora estava pronto, caso a hora chegasse. Se sentisse que estava perto de ceder, a apanharia e cortaria os pulsos ou a garganta antes que pudessem me impedir. Seriam recebidos pelo que restava."

Quando o guarda voltou, Johnny pediu para falar com ele. O homem não era um carcereiro sedento de poder, um tipo tão comum nesses lugares, mas uma pessoa decente. Johnny aproveitou a oportunidade e lhe pediu que fizesse contato com Gerti quando não estivesse trabalhando. Para sua surpresa, o homem concordou. Johnny o advertiu para ter muito cuidado ao se aproximar, porque a casa podia estar sendo observada. Deu ao carcereiro uma carta para Gerti, depois de traduzir o que estava escrito. O homem foi instruído a chegar à residência na Rainha Elisabeth como se fosse um vendedor. Johnny lhe disse que o compensaria caso saísse da prisão. O breve bilhete dizia a Gerti para telefonar para Hutt. Sabia que Hutt imediatamente entraria em contato com o embaixador britânico, Geoffrey George Knox, chefe do SIS no Brasil.[69] Só podia esperar que o embaixador agisse rapidamente para libertá-lo.

Ficou pensando se o guarda realmente faria contato com Gerti, até que um dia o homem enfiou um bilhete por baixo da porta da cela. Gerti dizia que o embaixador estava tentando uma solução diplomática.[70] Mas, dia após dia, nenhuma informação chegava, o que aumentava a frustração com a lentidão das máquinas diplomáticas brasileira e britânica. Começou a imaginar se havia realmente algum movimento a seu favor. Por outro lado, eram tempos de guerra, era comum que demorasse um pouco. Até que um dia a meia-noite chegou e passou, depois 1h, 2h, e ninguém apareceu para tirá-lo da cela. Tudo que conseguia ouvir eram gritos de pessoas atormentadas em outras áreas da prisão. À medida que o tempo passava, começou a ficar nervoso, pensando que aquele era o dia. "Johnny, tenha coragem e aguente", dizia a si mesmo repetidamente. Mas as horas passaram e os passos assustadores não se aproximaram da porta.

Em um canto do cubículo, na sede da Polícia Especial, no teto, havia um pequeno respiradouro, sobre o qual ficava um posto de guarda. De repente, ouviu uma voz dizendo: "Acabou a surra, senhor Gruber, porque o navio britânico *Ajax* está no porto." Johnny mirou o respiradouro, sem acreditar. Mas a informação foi repetida quando um novo guarda se juntou ao grupo. "Acabou a tortura de Gruber, Toni", ordenou uma voz abafada.

Depois disso, não conseguiu dormir. Até de manhã, ficou sentado na beira da cama de ferro, olhando para as paredes. Por fim, a porta da cela se abriu e o médico da prisão entrou; o mesmo homem que certa vez interrompera uma sessão de tortura, o examinara e dissera a Borer que não aguentaria mais. A polícia agiu com mais rigor ainda e o deixou desacordado. Dessa vez, o médico levou Johnny para a enfermaria para dar início a aplicações diárias de compressas frias e massagens, para recuperar o corpo espancado. Depois de cada tratamento, era levado de volta à cela.

Naquela noite, já tarde, enquanto ficava deitando e se levantando da cama, um guarda foi até a porta da cela. "Senhor Gruber", sussurrou, "o chefe da polícia voltou." "Você lhe daria uma mensagem para mim?", pediu Johnny. "Não sei se posso", respondeu o guarda assustado. De qualquer modo, ouviu as palavras de Johnny e partiu em silêncio.

Johnny achava que conhecia Filinto o suficiente para acreditar que quando soubesse onde estava, faria tudo o que estivesse ao alcance para soltá-lo. Passou o dia inteiro na expectativa. Na manhã seguinte, o grupo de tortura abriu a cela e ele achou que era o fim. Ouvira falar de pessoas que haviam cometido suicídio pulando por cima do parapeito e caindo sobre o chão de concreto abaixo.[71] Dessa vez, ao receber a visita do esquadrão de brutamontes, encostou-se na parede de trás, pensando: "Se vierem me pegar, me jogo sobre eles, levando alguns comigo ao mergulhar sobre o parapeito do lado de fora."

Mas o plano não era necessário. Um policial mulato, descrito por Johnny como "o maior e mais cruel filho da puta que já conheci",[72] levou-o alguns quarteirões adiante, até a Polícia Central e ao escritório de Filinto, no segundo andar. Era uma sala decorada de maneira nobre, ampla, semirretangular, com um espesso tapete vermelho, combinando com móveis pretos com detalhes em vermelho. No fundo da sala, à direita, Filinto estava sentado a uma mesa preta reluzente. Johnny se sentou no lado oposto, com o guarda ameaçador alerta ao lado. Filinto chamou-o pelo nome, mas Johnny estava atordoado de dor e achou que estava sonhando. Chamou novamente, a voz atravessando estrondosamente a grande sala. "Filinto, por favor, me dê um segundo para me orientar e me acostumar com essa luz", respondeu Johnny. A decoração em preto e vermelho e a luz do sol entrando pelas janelas com cortinas abertas feriam seus olhos, depois de tanto tempo em celas escuras. Filinto chamou Johnny à frente. "Poderia tirar esse imbecil daqui primeiro?", reagiu. "Saia!", gritou Filinto. O guarda saiu imediatamente, fechando a porta. "Por favor, venha até aqui", pediu Filinto, em um tom amável. Mas Johnny estava amargo e lhe disse para ir até onde estava sentado, virando-se para mostrar que os guardas haviam amarrado suas mãos para trás.

"Por favor, Johnny, você conhece o Brasil tão bem quanto eu, venha até aqui e se sente ao lado da minha mesa." Implorava. Johnny se levantou e avançou. Filinto se ergueu, desamarrou as mãos de Johnny e o ajudou a se acomodar em uma cadeira. Em seguida, contou a história sobre como o enviaram de férias, dizendo-lhe que não contasse a ninguém ou morreria. Um oficial do Exército, um instrumento do grupo pró-nazistas, havia assumido suas funções. Filinto voltara mais cedo do que o esperado e ficara chocado com o que acontecera, ao saber que Johnny fora preso e torturado.

"E agora?", perguntou Johnny. Quando fez a pergunta, notou o olhar de Filinto passando por cada contusão do corpo exposto e maltratado. "Não posso deixar você sair nessas condições", disse Filinto finalmente, balançando a cabeça. "É óbvio demais que foi espancado e torturado. Mas prometo que farei todo o possível para recuperar sua saúde. Terá os melhores médicos, a melhor comida e os melhores remédios que eu puder conseguir. Já dei ordens", prosseguiu. "Os guardas não vão ter mais nada a ver com aquele setor e sua cela terá uma fechadura especial, que precisará de uma chave especial para ser aberta, de modo que ninguém terá acesso a você." Garantiu a Johnny que falaria com Gerti que o marido estava vivo e logo estaria em casa.

Rapidamente foi iniciado um programa para ajudar Johnny a recuperar o vigor. Durante cinco dias sucessivos, o médico que acompanhara as torturas tentou fazer com que recuperasse a aparência anterior. Comidas especiais foram enviadas, banhos quentes eram acompanhados de injeções de vitamina, massagens, compressas e outras providências. Toda a atenção foi dada. Por fim, Johnny exigiu falar com Filinto e uma hora depois entrava no escritório. "Agradeço o que tem feito e realmente me sinto melhor com isso, mas lhe peço educadamente que, por favor, me solte e me deixe ir para casa." "Johnny", disse Filinto com simpatia, "me dê mais dois dias." Não disse por quê. Filinto chamara um proeminente especialista de São Paulo que faria milagres naquela semana, mas Johnny só soube disso quando o médico chegou. Dias depois, Filinto chamou Johnny novamente para lhe dizer que o novo médico precisava de mais alguns dias para deixá-lo bem. "Esse homem, Johnny, é o melhor do Brasil, e não pediria mais tempo se não achasse necessário", explicou. Johnny concordou.

"Posso telefonar para Gerti?", perguntou Johnny. "Sim. Pode usar meu telefone bem aqui, na mesa." Animado, Johnny discou o número de casa, 27-6909, embora fossem duas horas da manhã.[73] O telefone tocou duas vezes, Gerti atendeu e, ao ouvir a voz de Johnny, desabou. Imediatamente, Filinto enviou um carro e uma ambulância à casa, depois de ouvir Johnny dizer: "Ela desmaiou." Johnny ficou ali, sem nada poder fazer, com o telefone ainda na linha, em suas mãos, enquanto Filinto procurava um médico e pedia para ele seguir com a ambulância. Como resultado da queda, Gerti teve um aborto.[74] Na manhã seguinte, Johnny recebeu garantias de que estava bem, mas muito fraca e deveria ficar no hospital por algum tempo. Quis ficar ao lado, mas o médico insistiu que permanecesse na prisão mais um dia, porque o choque de vê-lo poderia ser demais para ela.

Filinto informou depois a Johnny que seria deportado para a Grã-Bretanha no S.S. *Monarch*, que em dois dias chegaria do porto de Santos. Disse a Johnny em diversas ocasiões que recebera ordens para prendê-lo, mas se recusara veementemente. "Poderia aproveitá-lo trabalhando para mim, Johnny, se quisesse ficar no Brasil", observou, com olhos esperançosos de uma resposta positiva. "Isso seria impossível, Filinto, mas agradeço a oferta", respondeu Johnny. A classe trabalhadora brasileira tinha uma mente democrática, mas a classe alta — inclusive oficiais de alta patente e até os comandantes de dois couraçados brasileiros — apoiava firmemente o esforço nazista. Como o presidente Vargas se mantinha no poder, Johnny não sabia, exceto por homens como Filinto Müller. Não havia a menor possibilidade de Johnny dispensar os britânicos para trabalhar naquela situação complicada. Filinto compreendeu e não insistiu.

Filinto agiu para que Johnny fosse libertado no dia seguinte, 16 de janeiro de 1940,[75] e, ao se despedir, apertou sua mão calorosamente. "Sinto muito que isso tenha acontecido, Johnny", disse, com pesar na voz. "Gostaria de ter sido capaz de evitar. Se pelo menos eu tivesse sabido..." "Não se preocupe", reagiu Johnny com um sorriso. "Você salvou minha vida e a de Gerti, e por isso sempre estarei em dívida com você." Filinto encolheu os ombros, deu um tapinha nas costas de Johnny e lhe desejou boa sorte.

No hospital, Gerti estava se sentando na cama e explodiu em lágrimas ao ver Johnny. Ele a tomou nos braços com ternura, sussurrando o quanto a amava. Disse-lhe que sairiam do Brasil logo que estivesse mais forte. Gerti gostou da ideia. Conversaram pouco sobre o bebê que haviam perdido, já que aquilo era uma virada do destino que os abalara profundamente, sem que ninguém pudesse ser culpado.

Devido às condições de Gerti, os médicos recomendaram que não viajasse por pelo menos dez dias. Como Johnny tinha de deixar o país em 48 horas e não queria que a mulher viajasse sozinha depois, Filinto foi procurado novamente. Prometeu mexer alguns pauzinhos. Devido a complicações na recuperação, Gerti só saiu do hospital em 26 de fevereiro de 1940. Johnny teve permissão para deixar o país um dia depois de Gerti ser liberada. Durante a espera, vendeu o carro, a casa e todos os objetos. Não conseguiu muito, apenas 30 contos de réis (US$ 1.818, ou US$ 27.700 em dólares de 2010).[76] Em 27 de fevereiro de 1940, embarcaram no S.S. *Highland Chieftain*, da Royal Mail Lines, em Santos, e navegaram para Londres em uma cabine de primeira classe.[77] Os pais de Gerti ficaram no Rio, onde acabaram morrendo de velhice. Moscou registraria que seu agente fora assassinado no Brasil.

# 16

# Primeiros anos da guerra

A capital inglesa, as torres espiraladas, os prédios georgianos e as multidões de pessoas ocupadas pareciam ótimos para os dois refugiados. A viagem do Brasil até ali fora lenta, mas pacífica, apesar da ameaça de submarinos alemães durante o percurso. Em 5 de abril de 1940, desembarcaram e mais uma vez se registraram no Imperial Hotel, na Russel Square.[1] Johnny e Gerti ficaram felizes por estar na Grã-Bretanha, depois de toda a turbulência que haviam vivido no Brasil.

Vee-Vee apareceu depois de eles voltarem para o quarto, após fazerem uma refeição sem pressa no restaurante do hotel. "Estou muito feliz por vê-los", disse. Apertou a mão de Johnny efusivamente e beijou Gerti no rosto. Sentado confortavelmente, o casal começou a contar o que acontecera no Rio de Janeiro. Vivian perguntava, eles respondiam, explicando em detalhes os breves telegramas que Johnny recebera. "Como você conseguiu dar conta de todas aquelas codificações e decodificações, Johnny?", perguntou, por fim, com um olhar intrigado no rosto. "Não sei como um homem poderia fazer aquilo tudo, mas você o fez."

Johnny achou que o momento era perfeito para lhe contar. Apontando para Gerti, disse: "Momentos atrás você beijou minha assistente. Sabia que estava quebrando um juramento, mas não tinha outro jeito, porque, como você reconheceu, era uma tarefa impossível para uma pessoa só." Vivian olhou para Gerti, que mostrava um sorriso luminoso. Não demonstrou surpresa ou raiva. "Obrigado, Gerti", afirmou, gentilmente. "Digamos que vamos manter essa pequena revelação apenas entre nós três. Posso entender que não havia opção, mas meus superiores podem não ser tão tolerantes e compreensivos." Sabia que aquilo não aconteceria mais. Pouco tempo depois, Gerti pediu licença e deixou os dois homens discutindo assuntos que achou melhor ignorar. Vivian foi embora, não sem antes incumbir Johnny de se submeter a seis semanas de perguntas e relatórios por escrito na sede da seção V do MI6, na Broadway Buildings, 54 Broadway em Westminster, imediatamente a oeste do Parlamento.[2] "Você tem uma garota bastante inteligente", observou, casualmente, antes de ir para o saguão. Johnny não poderia estar mais de acordo.

Uma das coisas sugeridas na sede foi que Johnny mudasse de nome. Qualquer um que o procurasse teria mais dificuldade de encontrá-lo. Por outro lado, Johnny era um homem orgulhoso e ainda mais do nome de família. Por fim, ficou combinado que "De Graaf" se tornaria "De Graff" e que "Johann Heinrich" seria anglicizado, tornando-se "John Henry". Mais uma vez, era a tática de esconder à plena vista.[3]

As semanas na sede se arrastaram. Com ou sem o novo nome, John H. de Graff ainda odiava os relatórios por escrito e as demoradas e sucessivas reuniões. Ele e Gerti ficaram por um breve período no apartamento de Kim Philby. Provavelmente, era o apartamento de subsolo em Grove Court, Holly Mews.[4] Na época, Philby era correspondente do *Times* em Arrais, França. Antes de Philby voltar para Londres, em junho de 1940,[5] Johnny conseguiu um apartamento de andar térreo em 25 Jermyn Street, para satisfação de Gerti.[6] Ela adorou o lugar e logo demonstrou prazer em cuidar de móveis, quadros, flores e detalhes da decoração. Se Philby tivesse descoberto que Johnny estivera morando em seu apartamento — aparentemente, sua mãe, Dóris, ainda morava ali — o novo disfarce teria sido descoberto. Sempre achou que os soviéticos poderiam tê-lo matado e talvez até tenham descoberto Gerti. Mas os superiores de Johnny nunca revelaram a Philby a identidade dos misteriosos inquilinos.[7]

Mais tarde, blecautes, toques de recolher e o zunido noturno de bombeiros e bombas podiam ser percebidos, enquanto Gerti circulava pela casa à luz de velas, preparando rejeições quando Johnny estava em casa. Fazia compras diariamente, demonstrando uma esperteza incomum em cada pequena aquisição. Exultantes seria a melhor palavra para descrever como se sentiam em Londres, que ambos amavam, apesar dos ataques noturnos.

"O que acha de fazer uma missão em um campo de prisioneiros de guerra?", perguntou Vivian a Johnny, certa manhã, ao fim das seis cansativas semanas na sede. "Que tipo de missão?", perguntou, intrigado com o termo. "Estaria disposto a ficar disfarçado em um campo de prisioneiros alemães, aqui em Londres, por, digamos, mais ou menos um mês?", rebateu, com o olhar suave penetrando Johnny por inteiro. "O que se passa? Explique os detalhes e lhe digo", respondeu Johnny.

Com a explosão da guerra, a Grã-Bretanha, assim como muitos outros países, havia detido todos os cidadãos alemães e simpatizantes dos nazistas. As prisões continuaram durante toda a guerra, enquanto cada vez mais suspeitos eram descobertos por fontes da inteligência. Qualquer cidadão alemão era considerado uma ameaça em potencial, até que se provasse o contrário. O MI6 queria que Johnny fingisse ser pró-nazismo. Seria detido, processado normalmente e internado em um campo londrino para descobrir espiões nazistas verdadeiros entre os prisioneiros. Explicando de maneira simples, o trabalho seria organizar o rebanho. Depois que os alemães presos o aceitassem, faria relatórios diários e semanais ao MI6 por meio do comandante do campo, um oficial do Exército que na verdade era do MI6. Johnny concordou com a missão apenas porque o tiraria da depressiva rotina de escritório.

Naquela noite, Johnny informou a Gerti que ficaria fora algumas semanas, internado em Londres para o SIS. O local da missão não era longe da estação de metrô Clapham South. A Oak Lodge School for Deaf Girls e a Jewish School for Deaf Children, no 101 Nightingale Lane, London SW12, haviam sido ocupadas durante a guerra.[8] Eram usadas como um único campo de internamento para estrangeiros suspeitos — um dos muitos na Grã-Bretanha. Gerti aceitou a missão com bom-humor, sabendo que Johnny estava ansioso para voltar à ativa. Em momento algum demonstrava suas apreensões, sempre apoiando o marido, apesar da ansiedade que sem dúvida sentia.

Vee-Vee e Johnny passaram os dois dias seguintes no escritório de Vivian, discutindo a missão. Prepararam tudo para a ação. Mais tarde, naquela semana, quando passava por uma rua lateral do leste de Londres, foi detido pela Scotland Yard e levado, de acordo com o plano. Na sede da polícia, identificou-se como Karl Grubnick, sendo interrogado durante horas. Seguiram-se fotos, tomada de impressões digitais e vários formulários. Grubnick foi tratado como se fosse apenas mais um cidadão alemão, como um potencial espião nazista.

Um dia depois, Johnny e outros presos, cada um com seu dossiê, esperaram para ser transportados até os portões dos respectivos centros de confinamento. Funcionários do SIS haviam conseguido a prisão, a identidade falsa e uma história sobre o passado. Ao mais minucioso investigador, um exame de Grubnick não mostraria furo e revelaria um bem-documentado alemão Classe "A". Indivíduos assim classificados por um juiz ficaram internados durante toda a guerra.

Emitindo um chiado, o caminhão da prisão freou diante da grande escola de pedras cinzas no 101 Nightingale Lane, cercada de arame farpado e dotada de holofotes. Como um rebanho de gado a caminho do matadouro, os prisioneiros saltaram e fizeram fila. Logo foram encaminhados por seis soldados armados até o posto de controle, a portaria, e atravessaram o pátio em direção ao prédio da administração. Ali dentro, funcionários militares examinaram os arquivos dos prisioneiros, datilografaram mais documentos, distribuíram uniformes cáquis e, uma hora depois, chamaram cada prisioneiro, um a um, para o escritório do comandante do campo, o capitão Courtney.

Quando chegou a vez de Johnny, um oficial de cabelo à escovinha dispensou o guarda e, quando a porta foi fechada, disse-lhe para se sentar. Diante de Johnny estava um militar alto, de peso médio, com um pequeno rosto oval e rosado. Johnny calculou que tivesse 30 e poucos anos, que o cabelo louro muito curto disfarçava. De acordo com o plano, Johnny sabia a verdadeira identidade dele. Mas até aquele encontro, ele não sabia a de Johnny.

Courtney ouviu atentamente enquanto Johnny revelava seu disfarce e, sem mostrar surpresa, apanhou o telefone na mesa. Confirmou tudo em segundos. Nesse ínterim, Johnny examinou o pequeno escritório, com paredes pálidas interrompidas apenas por uma grande janela gradeada, que dava para o lado oeste do pátio. A mesa arranhada e marcada do capitão, um armário de arquivos e duas cadeiras de encosto duro completavam o interior do escritório.

Ao encerrar o telefonema, Courtney se levantou e caminhou até a frente, dando um sorriso largo e estendendo a mão aberta. "Por favor, sente-se, Johnny, e vamos tratar de negócios", sugeriu. Informou a Johnny que o campo tinha 200 prisioneiros. A entrada do prisioneiro Grubnick no centro de detenção ocorreria de acordo com a rotina. Combinaram que Johnny poderia pedir para vê-lo sempre que tivesse uma informação a ser transmitida ao MI6. O capitão Sykes, subordinado de Courtney, era um militar de carreira que não seria informado sobre a verdadeira identidade e o objetivo de Grubnick. Alguns dias depois, o capitão falaria com Sykes que não confiava naquele Karl Grubnick. E toda vez que Grubnick o procurasse para conversar, Sykes deveria relatar toda a conversa ao capitão, mesmo que as palavras do prisioneiro não fizessem muito sentido.

Esse método de comunicação era infalível. Sykes era um oficial que obedecia as ordens ao pé da letra e sem dúvida repetiria tudo o que ouvisse. Em seguida, Courtney transmitiria as palavras ao MI6 em Westminster. Usando os dois oficiais — o superior apenas para as prioridades e o inferior como ouvinte — o disfarce da comunicação ficaria além da suspeita de qualquer prisioneiro de que havia algum privilégio especial nesse contato.

Finalizadas as instruções, Johnny foi levado sob guarda a dois andares acima, onde antigas salas de aula haviam sido transformadas em dormitórios. Ao passar por corredores, viu prisioneiros lavando e esfregando o chão, enquanto outros passavam o tempo nos pátios externos, em atividades esportivas. Pôde notar o olhar deles ao passar. Sem dúvida, um novo interno quebrava a monotonia.

A nova habitação de Johnny continha 20 camas portáteis de metal e, em cada uma delas, um cobertor cinza do Exército, impecavelmente dobrado, e uma maleta de madeira para objetos pessoais. A chegada fez com que apenas algumas cabeças se virassem, interrompendo o repouso ou a leitura. Mas, assim que o guarda saiu, vários prisioneiros se apresentaram, demonstrando interesse insuspeito pelo novo companheiro de quarto. Uma semana depois, Johnny estava integrado à monótona rotina. Fazia amigos, mas mantinha todos a distância, deixando que fizessem as primeiras tentativas de diálogo. Sua indiferença e seu comportamento afastado — parte do plano — atraíam o interesse de outros prisioneiros. Achava que se tentasse fazer amizades, chamaria atenção e criaria hesitações dentro do grupo.

A rotina diária começava com uma chamada para despertar às 6h. Em seguida, vinha o café da manhã no refeitório do subsolo, às 7h. Depois da inspeção no dormitório, os homens iniciavam o trabalho de lavar, limpar e pintar até o meio-dia. Uma hora de tempo livre e seguiam-se esportes e exercícios ao ar livre, até o jantar, às 17h. Depois, a inspeção noturna e mais tempo de lazer até as luzes se apagarem, às 21h. Com sua estrita disciplina e controle, os britânicos cuidavam para que tudo acontecesse pontualmente.

Ao fim da segunda semana, Johnny tinha uma boa noção dos companheiros. Reconhecia os líderes, os seguidores e os que não se alinhavam. Certo dia, ficou surpreso ao reconhecer dois homens barbados — um deles um pouco menor do que o outro — que conhecera dez anos antes, durante a missão para Moscou na Romênia. Felizmente, não o reconheceram. Johnny fizera contato com eles em Bucareste, quando o Partido Comunista Romeno lhe pediu para procurá-los a fim de obter ajuda financeira. Ambos eram ricos e viviam em casas espaçosas nas encostas, um de frente para o outro. Usando o dinheiro e a influência que tinham, trabalhavam contra a propaganda comunista, apoiando os Guardas de Ferro, uma conhecida organização pró-nazista clandestina na Romênia. Johnny visitou as residências de ambos, implorando-lhes por ajuda econômica para melhorar as condições de vida dos judeus locais — sem sucesso. Embora também fossem judeus, eram fascistas e sob nenhuma circunstância cogitariam mudar para o lado socialista. Os encontros foram breves e francos naquele dia. Meses depois, o Partido Comunista conseguiu sequestrar um dos principais oficiais da Guarda de Ferro e enviá-lo a Moscou, para ser interrogado. O Partido Comunista Romeno e os Guardas de Ferro eram inimigos ferrenhos, mesmo naqueles anos pré-guerra.

Johnny teve uma forte sensação de que aqueles dois homens ainda eram pró-nazistas. O fato de estarem no campo em Nightingale Lane levava a outra questão. Estariam os britânicos conscientes de quem haviam prendido? Tinha de descobrir. Provocou uma breve briga com um dos guardas e foi levado ao escritório do comandante. O capitão Courtney pediu aos soldados que o haviam encaminhado que esperassem do lado de fora. Depois que a porta foi fechada, pediu a Johnny que se explicasse. "Acho que Vivian deveria saber que tem duas joias pró-nazistas aqui", disse. "São verdadeiros queridinhos que conheci em minha experiência na Romênia." Uma vez consciente da possível relação deles com os Guardas de Ferro, assegurou a Johnny que transmitiria a informação à sede sem demora. "Não estou aqui há tempo suficiente para ter espionado todos. Entretanto, esses dois são importante material de espionagem nazista, sem dúvida!", informou Johnny enfaticamente. O corpo esguio do capitão Courtney avançou sobre o armário de arquivos e em segundos retirou dois deles. "Vamos ver o que temos, Johnny", disse, enquanto abria as duas pastas sobre a mesa. Juntos, examinaram o pequeno material, rotulado de "Potencial".

Os dois homens haviam chegado à Grã-Bretanha dois anos antes, usando passaportes franceses. Abriram um escritório de transferência de recursos que lidava com perfumes importados. A falta de atividades de negócios, as visitas frequentes de alemães conhecidos e numerosas viagens acabaram chamando a atenção do SIS. As suspeitas não confirmadas foram suficientes para provocar a prisão de ambos. Cinquenta mil libras inexplicáveis encontradas com eles levaram ao internamento. Permaneceram calados durante o interrogatório, sem esclarecer os recursos financeiros nem o misterioso passado. Os passaportes eram falsificações benfeitas que haviam escapado da verificação inicial. Fora isso, os fatos a nada levavam.

"Reconheceram você, Johnny?", perguntou Courtney, com um olhar de evidente preocupação. "Não, não mostraram sinal algum de reconhecimento, porque o breve encontro que tivemos foi algum tempo atrás", respondeu Johnny, firmemente. "Estamos seguros quanto a isso e seguros para conhecê-los melhor." Courtney sorriu, respirando aliviado. "E agora?", perguntou.

Johnny achou que o melhor plano seria ele continuar a se manter calmo. Pelo que podia notar, os dois homens estavam à procura de aliados. Faziam reuniões para tomar café no dormitório deles a cada dois dias mais ou menos, para um grupo seleto. Sem dúvida, estavam curiosos em relação a Johnny, uma vez que não se esforçava para falar com eles. Johnny achava que seu autoisolamento logo levaria os dois romenos até ele. Quando isso acontecesse, achava que poderia entrar no grupo, mas a aproximação ficaria inteiramente por conta deles. Não pretendia procurá-los e estragar todo o negócio.

O capitão Courtney concordou. "Quando o contato for feito, as coisas poderão andar mais rapidamente", continuou Johnny. "Portanto, se a sede quiser falar comigo para saber como as coisas estão indo, precisaremos de um sinal que não seja um chamado para vir ao seu escritório. Visitas demais logo serão notadas e não tenho intenção alguma de ficar atacando guardas para ser trazido aqui." "Concordo", reagiu Courtney.

Do outro lado da rua, havia muitos apartamentos de estilo georgiano vagos. Do pátio de exercícios, Johnny podia ver as janelas superiores. Disse a Courtney para pedir a Vivian que o MI6 ocupasse um quarto vago em um dos prédios. No peitoril da janela, poriam três vasos de flores de cores diferentes. Periodicamente, Johnny olharia para a janela e se a ordem das cores ou o número de vasos variasse, saberia que queriam fazer contato. Se tivesse alguma informação para passar, falaria algo confuso para chamar a atenção de Sykes.

"Excelente plano, qual casa e qual janela são as melhores?", perguntou Courtney, entusiasmado. "Terceira casa à esquerda, segundo andar", respondeu. "Ótimo", reagiu Courtney, satifeito. "Guarda!" A porta se abriu. "Tire esse homem daqui. E se ele atacar mais um de nossos homens, avise-me imediatamente, entendeu? Imediatamente!" O soldado se empertigou, atento, e bateu continência.

Quatro dias se passaram e, no pátio de exercícios, os curiosos romenos abordaram Johnny. Um dos dois homens barbados comentou: "Você está sempre andando por aí pensativo e isolado, amigo. Qual é o problema?" "Nada de mais", respondeu Johnny, passivamente. "Quando você espera uma sentença de morte por alta traição, vive com o homem que o enfrentará." Nada disseram e Johnny continuou andando. Eles o acompanharam. "Por que às vezes você para e olha sobre o muro?", um deles perguntou. "As pessoas que moram ali cultivam flores adoráveis nas janelas e sou um amante das flores", respondeu, com entusiasmo. Sem dizer mais nada, eles seguiram em frente. Na tarde seguinte, pontualmente às 13h, Johnny foi convidado a participar de um café. "Agora morderam a isca", pensou. Mais três prisioneiros se juntaram a eles. A conversa foi leve e alegre. Johnny não disse muita coisa, agindo como se fosse um homem deprimido, e tudo correu bem.

"Você veio me dizer que nosso café é bom?", perguntou Sykes, quando Johnny lhe fez uma visita. "Sim, é excelente, mas o décimo dormitório precisa de uma vassoura nova e mais cobertores", respondeu Johnny. Sykes se mostrou irritado. "Sempre reclamações, vocês estão sempre reclamando!" Johnny saiu. O MI6 saberia que fizera contato quando Sykes passasse ao comandante o elogio e a reclamação, palavra por palavra, sem saber que se tratava de um código.

Seguiram-se duas semanas de conversas amenas regadas a café, enquanto Johnny gradualmente revelava aversão aos britânicos, para satisfação disfarçada dos dois anfitriões barbados. Outras pessoas que participaram do café grátis não eram pró-nazistas nem pró-alemães, como Johnny logo descobriu. Foram retiradas da lista de convidados e substituídas por novos potenciais recrutas. Nesse meio-tempo, depois de passar quase um mês no cativeiro, Johnny tivera tempo suficiente para conhecer todos os prisioneiros. Chegou à conclusão de que os únicos espiões encarcerados ali eram ele próprio e seus dois ardilosos amigos.

"Todo mundo é doido aqui, exceto eu e os dois barbudos", disse Johnny a Sykes certo dia. "Somos todos doidos, é o que você está dizendo", reagiu

Sykes, irritado por ser interrompido no escritório durante um telefonema. “Você é que é maluco, isso sim”, retrucou, pedindo energicamente a um guarda que o tirasse dali. “Ele é maluco”, disse Sykes mais tarde ao capitão Courtney. “Sem mais nem menos, abriu minha porta e gritou que somos todos doidos, exceto ele e os dois barbudos. Ele é louco, senhor.”

“Fique de olho nele e, noite ou dia, me informe o que disser”, reiterou o superior. “Sem dúvida está sob tensão. Se piorar, vai nos atacar ou se enforcar, senhor”, reagiu o oficial, aturdido. Courtney sorriu.

Ao olhar para a janela, no dia seguinte, Johnny viu que a arrumação dos vasos fora modificada. As flores cor-de-rosa, que antes ficavam à esquerda, estavam agora no meio; e as roxas estavam no lugar delas. “O que há?”, perguntou Johnny a Courtney assim que se encontraram. “Querem que você planeje uma fuga com seus dois amigos. Sonde-os. Você não aguenta mais ficar preso e apenas a força o espera. Sabe como fazê-los ficar interessados.” Johnny aceitou. “Eis o seu obstáculo: você tem um ótimo plano de fuga, mas nenhum dinheiro para colocá-lo em prática. Veja se mordem a isca.”

Na tarde seguinte, quando Johnny estava andando para lá e para cá, junto aos muros do pátio, os romenos se aproximaram. “Você está agitado, amigo”, sussurrou o mais alto. “Tenho de sair daqui, não tenho escapatória”, reagiu Johnny. “E, por que não faz isso?”, perguntou o romeno. “Ainda não elaborou um plano?” “Sim, tenho um plano, infalível”, respondeu Johnny, “mas há um pequeno problema: não tenho dinheiro.” Eles se detiveram, sérios. Seguiu-se um silêncio. “Dinheiro não é problema para nós”, disse um deles, finalmente. “Se nos incluir no plano, verá”, disse o mais alto, com orgulho. “Quando estiver pronto e vocês tiverem uma boa quantidade de dinheiro vivo, poderei subornar algumas pessoas e vão nos deixar agir. Aviso a vocês”, informou Johnny. Combinaram de dizer a Johnny quando tivessem o dinheiro. O toque da sineta do jantar pôs fim à conversa. “Só vocês e eu nisso. Com mais de três homens é perigoso demais e desisto da ideia”, sussurrou Johnny, antes de se afastar. Os dois romenos concordaram.

Naquela semana, os vasos de flores dançaram no peitoril. Logo, tudo estava organizado. Por meio do comandante, o SIS conseguira que os guardas de certos postos estivessem ausentes e que várias luzes do muro deixassem de funcionar. Para permitir uma fuga segura, e não detetada, as ordens militares foram alteradas, sem questionamentos ou suspeitas. Os dois companheiros de Johnny achariam que os guardas certos haviam sido subornados. Os aliados da Guarda de Ferro romena chegaram na hora certa, com dinheiro em abundância. Àquela altura, Johnny já estava no campo de prisioneiros havia sete semanas. Estava ansioso para sair e voltar para Gerti.

No início de uma noite, antes de as luzes se apagarem, os três foram levados por dois soldados ao prédio de banho e barbearia, mais alto do que o muro externo e a uma curta distância dele. Ali dentro, com os guardas do lado de fora, seguiram para a área de banho. Mas, ao olhar por uma pequena janela que dava para o muro, atrás do qual ficavam alguns prédios, do outro lado da rua, Johnny quase teve um ataque. Na janela à esquerda, bem iluminada, havia apenas um vaso de flores. Os outros dois haviam sumido. Imaginou se era um sinal ou uma repentina mudança de planos. Fingindo que precisava falar com os vigias para confirmar que a porta lateral estaria destrancada e que uma corda escondida ao pé do muro estaria no lugar, Johnny disse aos romenos que esperassem até ele voltar.

Fora do prédio, pediu a um dos guardas que o levasse ao capitão Courtney, fingindo que de repente ficara doente. O guarda hesitou, mas depois concordou, deixando seu companheiro a postos, junto ao prédio. Quando saíram, Johnny notou que os holofotes da parede próxima ao banheiro ainda estavam acesos. Isso estava de acordo com o plano. Seriam desligados em dez minutos. A escuridão repentina permitiria aos três homens escapar pela porta lateral destrancada. No escuro, lançariam uma corda com um gancho sobre o muro, subiriam e fugiriam. É claro que os três fugitivos estariam sob vigilância contínua do SIS.

"Alguma coisa mudou?", perguntou Johnny ao capitão Courtney. "Vi o sinal." Courtney saiu de trás da mesa e se aproximou. Parecia um gato que apanhara um rato. "A fuga foi cancelada", explicou, com um sorriso e um olhar de orgulhosa satisfação. "Agora o MI6 tem provas suficientes de que seus amigos são agentes da Gestapo e prendeu o financiador deles e mais quatro membros do grupo." Johnny respirou aliviado e satisfeito.

Enquanto trocava o uniforme de presidiário por roupas civis no quarto adjacente, os dois companheiros foram retirados do banheiro, naturalmente irritados com a espera. Pouco depois, entrou no escritório do capitão e os encarou. Ao verem o homem que os poria em liberdade com roupas comuns, uma expressão de assombro tomou conta do rosto deles. Antes que pudessem se recuperar da surpresa, Johnny começou a falar. "Não se lembram de mim da Romênia, quando os visitei em suas casas nas encostas, buscando a ajuda de vocês para seus irmãos judeus?" Ficaram perplexos. Johnny prosseguiu. "Vocês dois riram, me mandaram embora e deram ajuda financeira aos Guardas de Ferro nazistas." Um brilho de reconhecimento iluminou o rosto deles. "Vocês dois são agentes nazistas. Não estão felizes por me encontrar novamente?", provocou Johnny. Congelaram em um silêncio ressentido, ambos pálidos. Em 20 minutos estava tudo acabado. Foram algemados e levados para a prisão e para semanas de pesado interrogatório.

Pondo fim ao disfarce, Johnny foi levado para fora do campo sob proteção e em seguida para a sede do SIS. Vivian ficou satisfeito com o sucesso da missão, Gerti, alegre por ver o marido são e salvo, e Johnny, feliz com o fim do confinamento, depois de quase dois meses como Karl Grubnick.

A cada noite, os ataques a Londres se intensificavam. Os bombardeios, o número de mortos e a destruição chegavam a níveis elevados. No início de setembro de 1940, todos viviam permanentemente aterrorizados. Hitler subestimara o desejo dos britânicos de sobreviver e com o tempo o pêndulo penderia para o outro lado. Mas até isso acontecer, durante várias horas por semana a enfraquecida Grã-Bretanha era refém dos bombardeios. Em 29 de dezembro de 1940, aconteceu o grande incêndio de Londres, mas os britânicos, sujos e arrasados, removeram os escombros e continuaram a lutar. Durante esse período, Johnny se manteve em posição discreta. Isso significa que todo dia se aventurava a explorar a vizinhança, mantendo os olhos e ouvidos abertos na mais inglesa das instituições, o bar. Era possível aprender um bocado simplesmente ficando sentado em um pub londrino durante uma ou duas horas, observando as pessoas e escutando as conversas. O trabalho era relatar qualquer descoberta ou encontro suspeito.

"Você conseguiria encontrar o caminho para a Colômbia, na América do Sul?", perguntou Vivian inesperadamente, no escritório, certa manhã, depois de Johnny passar seis semanas cumprindo a tarefa de investigar os pubs. "Não tenho dúvida de que consigo, mas por estradas secundárias", confirmou Johnny. "O que você tem em mente?" "É preciso fazer um pequeno trabalho de segurança lá, os detalhes completos você receberá no caminho", afirmou, com seu jeito sereno. Johnny sorriu, concordando, ciente de que não deveria pressionar Vee-Vee a dar mais informações.

O itinerário seria o seguinte: Johnny e Gerti deveriam seguir por mar de Liverpool para o Canadá, em um cargueiro veloz, desarmado e sem escolta. Usando passaportes britânicos, pediriam ao cônsul americano em Montreal vistos americanos com os nomes de William John[9] e Gertrude Graff. Em seguida, entrariam nos Estados Unidos e iriam para Nova York, de onde seguiriam por mar para a Colômbia usando os nomes John e Gerti Graff.

Duas noites depois, embarcaram no S.S. *Glenorchy*, em Liverpool, e novamente estavam em alto mar. O *Glenorchy* era um cargueiro especialmente projetado, veloz, com 12 cabines de passageiros, além das acomodações dos oficiais. Ninguém, nem mesmo o amigável e robusto capitão, tinha a menor ideia de quais eram as verdadeiras identidades de William e Gertrude. Todas as refeições eram servidas à mesa do capitão, onde também se sentava o oficial-chefe. Os dois eram bastante agradáveis e não demonstravam sinal de preocupação com o fato de o navio ser um alvo fácil e desarmado cruzando o Atlântico.

Apesar dos mares bravios — alguns causados por tempestades, que na verdade os protegiam de submarinos — fizeram o percurso até o Canadá em um tempo excelente. O *Glenorchy* alcançou St. John, em New Brunswick, em 19 de janeiro de 1941. Os vistos de não imigrantes do casal vigoravam por duas semanas, sendo o destino final registrado como a residência de E.G. Howard, em 6 West 52nd Street, Nova York. O passo seguinte foi seguir de trem para Montreal e o Hotel Windsor, em Peel Street, onde um quarto reservado os esperava.[10] Depois de se registrar, fizeram um pequeno passeio para conhecer o lugar. Caminharam até o alto do Monte Royal, de onde se avistava a cidade. Patinadores de todos os tipos e idades se espalhavam pelo lago congelado chamado Beaver Lake, enquanto, um pouco abaixo da margem, descidas em tobogãs e mergulhos de esqui na estrada Cote de Neiges atraíam ainda mais espectadores. O primeiro dia deles no Canadá foi concluído com um magnífico jantar romântico, à luz de velas e com fina música, no restaurante Chez Ernest, na Drummond Street. Na manhã seguinte, depois do café, fizeram uma visita ao cônsul americano, no centro de Montreal. Não foi um encontro agradável. Johnny e um oficial bastante beligerante — que obviamente não se importou com o sotaque alemão dos dois e muito menos com os nomes nos passaportes — discutiram durante uma hora. Os De Graaf foram embora certos de que teriam dificuldade de obter a permissão necessária para entrar nos Estados Unidos.

Horas depois, naquela tarde, ainda furiosos com os oficiais do consulado americano, receberam uma visita inesperada. Era um indivíduo alto e distinto, enfiado em um elegante sobretudo cinza. Ele se apresentou como cabo Noel, da RCMP (a Polícia Montada Real Canadense — os famosos Mounties). Seus modos e sua aparência eram excelentes. Perguntou sobre a viagem e explicou que seu superior, o inspetor Clifford W. Harvison, ficaria feliz se Johnny pudesse visitá-lo em seu escritório na RCMP, no centro.

"Quando ele gostaria de me ver?", perguntou Johnny. "Agora, se o senhor estiver livre", respondeu o Mountie. "Tenho um carro à minha espera lá embaixo." Gerti permaneceu no hotel enquanto Johnny saía para se encontrar com o inspetor. O percurso até a sede da RCPM em Montreal foi curto. Em um piscar de olhos, Johnny se viu diante de um oficial à paisana. O homem o cumprimentou calorosamente, enquanto Johnny o examinava e aos poucos móveis do escritório bem-arrumado. Tratado como Cliff pelos colegas, era um tipo magro e forte, não tão alto quanto alguns oficiais pelos quais Johnny passara nos corredores, mas com mais de 1,70 metro. Uma expressão calorosa e relaxada se abriu no rosto estreito e enrugado, com um nariz proeminente e grandes orelhas caídas. Os olhos eram amigáveis.

Johnny gostou imediatamente de Harvison, que sem dúvida tinha uma grande intensidade por trás da capa de tranquilidade.

"O MI6 nos avisou sobre sua chegada", começou, "e queria encontrá-lo para ver se poderíamos ajudá-lo de alguma maneira. Temos uma relação próxima com Vivian e seu grupo." Johnny não se surpreendeu com essa informação. Estava bastante consciente de que o Canadá fazia parte da Comunidade Britânica Nacional. Harvison também parecia saber um bocado sobre Johnny. Ficou feliz por supri-lo de informações em áreas em que essas lhe faltavam. "Seu nome de agente é Petersen, quando você está fora do escritório de Londres", observou o inspetor. "Sim, para cartas, endereço de casa etc", confirmou Johnny. "A rotina de proteção habitual." "Vamos usar o mesmo nome enquanto você estiver aqui e nos Estados Unidos", disse o oficial. Diante de xícaras de café, conversaram e Johnny lhe informou sobre o problema de visto. "Vamos ver o que conseguimos fazer em relação a isso. Vamos entrar em contato com Washington e mexer alguns pauzinhos", respondeu, calorosamente. Johnny agradeceu, na esperança de que ele conseguisse fazer alguma coisa.

Em 6 de fevereiro, o inspetor Harvison telefonou para "Petersen" no hotel. "Johnny, aqui é Cliff, acho que está tudo em ordem agora. Faça uma visita ao cônsul amanhã de manhã e boa sorte." No dia seguinte, no consulado americano, dois oficiais da imigração disseram a William John Graff e à mulher que os vistos haviam sido negados, porque poderiam se tornar responsabilidades públicas e não tinham vistos canadenses válidos para a volta. Também foi assinalado a Johnny que pintara o cabelo após a última visita. Johnny disse enfaticamente que o fizera para agradar à mulher, muito mais jovem do que ele. Mas os dois burocratas foram inflexíveis e provavelmente acharam que era uma tentativa de disfarçar a aparência.[11]

Cliff conseguiu estender os vistos canadenses de duas semanas. Johnny e Gerti apelaram da decisão do cônsul americano. Harvison mexeu alguns pauzinhos e conseguiu até que uma pessoa proeminente[12] da Canadian Pacific Railway enviasse uma carta de garantias ao cônsul dos Estados Unidos. Em 7 de março de 1941, o assistente especial do procurador-geral norte-americano notificou o Serviço de Imigração e Naturalização de que a apelação dos De Graaf fora aceita e que poderiam viajar para os Estados Unidos, permanecendo no país por seis meses como não imigrantes. Em dois dias, teriam de depositar US$ 1 mil a título de certificado de segurança aos Estados Unidos. Por meio de Cliff, Johnny soube como isso era feito. Usando o nome de John Gray, um agente de Nova York colocaria o dinheiro exigido como garantia na United States Fidelity and Guarantee Company. Nesse meio-tempo, Johnny e Gerti se mudaram do Windsor para a Homeville Rooming House, no 1126 Sherbrooke Street West. Em 15 de maio, quatro dias depois do aniversário de 47 anos de Johnny, a quantia de US$ 1 mil foi depositada e conseguiram os vistos. Cinco dias depois, partiram de trem para Nova York. Os De Graaf disseram aos americanos do consulado em Montreal que ficariam no Commodore Hotel enquanto procurassem um apartamento. O trem chegou a Rouses Point, entrando no estado de Nova York, em 20 de maio de 1941.[13]

Depois de chegar à Penn Station, na manhã seguinte, Johnny e Gerti se registraram no Commodore, em frente ao Chrysler Building. Johnny planejava visitar o consulado britânico para obter ordens de missão seladas e outros documentos para o trabalho na Colômbia. Entretanto, um telefonema do consulado de Sua Majestade convocando-o a ir até lá imediatamente interrompeu sua primeira hora no Commodore e Johnny partiu em seguida. Quem o chamava era George Renwick, um homem pequeno e atarracado, de pele clara. Era ex-capitão do Exército britânico no consulado de Nova York. No escritório colorido, parecia um típico primeiro-secretário.

"Tenho toda a sua vida na minha frente", proclamou, abrindo um grosso dossiê. Johnny sabia na época que Renwick era oficial do SIS e que o cargo de secretário era apenas um disfarce. Em nenhum momento deixou transparecer o que era, mas, com a declaração, poucas dúvidas restaram na mente de Johnny. "Dizem que você é especialista em nazismo, comunismo e inteligência externa", afirmou, erguendo os olhos. "Se é isso que lhe dizem, eles devem saber", replicou Johnny, com uma irritação crescente. A atitude arrogante de Renwick começava a incomodá-lo. "Qual é sua opinião sobre a União Soviética?" "O que você quer saber?", rebateu Johnny. "Na sua opinião, quando começará a batalha da Rússia e da Alemanha contra nós?" Johnny riu. "Capitão, quem lhe disse essa tolice sobre soviéticos e nazistas unirem forças?" "Essa informação nos foi fornecida por um oficial de alta patente do Exército alemão. Ele deve saber", reagiu Renwick.

"É possível também que tenham posto areia em seus ouvidos", respondeu Johnny. "Para seu conhecimento, capitão, em menos de quatro semanas a Alemanha vai atacar a Rússia. O senhor não aprendeu nada com 1914?", provocou Johnny. O rosto de Renwick ficou vermelho de raiva. "Ah, veremos!", gritou. "Sim, veremos", replicou Johnny. "Aposto com o senhor uma garrafa de champanhe que a Alemanha invadirá a Rússia dentro de um mês." "Está bem", respondeu o militar firmemente, apertando a mão de Johnny para fechar a aposta. Como se veria, Johnny perderia a aposta, uma vez que os alemães invadiram a União Soviética em 22 de junho de 1941, um dia depois do fim do prazo de um mês.

Em 22 de maio de 1941, Johnny voltou ao consulado para apanhar os vistos para a Colômbia. Durante a conversa com o secretário, dois homens com sotaque canadense entraram no escritório para informar a Johnny que a missão na América do Sul estava cancelada. Minutos depois, um telegrama confirmou a mudança. Dizia: "Viagem cancelada, você deve ir a Montreal e se reportar à RCMP."

Nunca descobriu o que faria na Colômbia, já que tudo sobre a missão foi interrompido. Só podia supor que a missão envolveria dar segurança a indústrias do Reino Unido que tinham negócios no país, vitais para o esforço de guerra.

Johnny e Gerti não voltaram imediatamente para o Canadá. É muito escassa a documentação sobre onde estiveram nos cinco meses seguintes, até 29 de outubro de 1941, quando finalmente apareceram em Montreal.[14] Pode ser que Gerti tenha decidido se submeter a uma operação enquanto estava em Nova York. Se isso aconteceu, a natureza da cirurgia poderia estar relacionada ao desejo de ter filhos e às condições físicas que tornavam a gravidez perigosa. Já havia consultado especialistas antes e Johnny mencionou que fez isso novamente nos Estados Unidos. Foi a única viagem de Gerti ao país.

Onze anos depois, Johnny disse ao FBI que ficaram em Nova York e alugaram um apartamento de um cômodo, em andar térreo, em uma rua transversal entre as avenidas Madison e 5ª, perto do Central Park Zoo. Residiam ali quando Gerti submeteu-se a uma cirurgia em um hospital perto da extremidade norte do Central Park. Em 1952, isso levou o FBI a fazer uma investigação na área para obter confirmação. Contudo, por mais perguntas que tenha feito a tantas pessoas quanto possível, o FBI não conseguiu verificar sequer se William e Gertrude Graff haviam posto os pés na cidade. A caçada a John Gray também não deu em nada. Foi explicado ao FBI repetidamente que registros sobre essas três pessoas poderiam ter sido destruídos.[15]

Independentemente de onde Johnny e Gerti tenham ido, mesmo antes de deixarem os Estados Unidos isso causou uma crescente disputa interna na RCMP.[16] Os Arquivos Nacionais da Grã-Bretanha (antigo Escritório de Registros Públicos) dispõem de material possivelmente relacionado às atividades de Johnny durante esse período, mas se recusam terminantemente a divulgá-lo.[17] Os documentos atualmente disponíveis indicando o possível destino dos De Graaf estão em três cartas trocadas entre as RCMP de Ottawa e Montreal, antes e durante a fase canadense de disputas internas, ou seja, de 3 de maio a 29 de outubro de 1941. Nas comunicações da RCMP datadas de 19 de abril, 11 de setembro e 23 de outubro, o casal estava em Halifax, Nova Scotia, ou a caminho de lá.[18]

Durante uma série de entrevistas com o segundo filho de Johnny, Oscar, indicou que havia um espião alemão atuando em Montreal cujo nome na operação era "Kaiser". Esse indivíduo dirigiu um grupo de agentes entre Montreal e Halifax, observando movimentos de navios dos Aliados. O porto de Halifax era crucial para o esforço de guerra e o ponto de partida para navios de suprimento que seguiam para a Grã-Bretanha. Submarinos circulavam nas águas frias ao largo da costa de Newfoundland e Nova Scotia, afundando navios a caminho do Reino Unido. O grupo de Kaiser mantinha contato com submarinos alemães por meio de sinais e walkie-talkies.

Ninguém conhecia a fisionomia de Kaiser; sabia-se apenas que tinha uma cicatriz de um ferimento a faca ou espada nas costas. As autoridades receberam uma pista de que estava em um determinado hotel. Foram ao quarto e o fizeram tirar o pijama para confirmar. Ofereceram-lhe duas opções: trabalhar para os canadenses dando informações falsas aos submarinos, ou ser executado. Kaiser afirmou: “Não, não vou trabalhar para vocês.” Em seguida, deu um tiro na cabeça com uma pistola que conseguira esconder. O superior de Johnny nessa operação foi o coronel T. E. “Ted” Ryder, em cuja fazenda, perto de Hampton, New Brunswick, Johnny e Gerti passaram quatro semanas durante ou logo depois desse episódio. Admirador dos esforços de Johnny, Ryder lhe disse: “Essa foi sua obra-prima.”[19]

Em algum momento antes de voltarem para Montreal, o inspetor Harvison tornou-se o encarregado dos De Graff. Foi ele quem os descobriu. Quando chegaram à cidade, foram levados de carro diretamente à casa de Harvison, em uma área atraente junto ao Mount Royal, perto de Côte de Neiges. Cliff foi à porta quando chegaram. Foi o primeiro encontro com Gerti e, depois de fazer o casal se sentir à vontade na sala de estar, esclareceu os convidados. “Estão surpresos por estar de novo conosco?”, perguntou, com um sorriso sagaz. “Certamente estamos”, respondeu Johnny. “Recebemos ordens especiais de Valentine Vivian, do MI6, para o aceitarmos como um empréstimo temporário para um importante trabalho de inteligência necessário aqui. Nessa missão, que será secreta, respeitaremos o pedido dele de permitir que você atue à sua maneira, como agente livre. Ele diz que você não gosta de ser tolhido.”

“O que a RCMP quer que eu faça?”, perguntou Johnny. “Explicando de maneira simples, queremos que você finja ser um mestre da espionagem alemã para se infiltrar no movimento de espionagem nazista”. Gerti olhou para o marido e forçou um sorriso. Olhando na direção de Cliff, Johnny perguntou: “Está bem, quando começo?” “Agora mesmo”, respondeu Harvison.

# 17

# Os ninhos de Montreal

O movimento fascista canadense nasceu sob a liderança de um cidadão de Quebec chamado Adrien Arcand. Os discursos intermináveis e as assembleias às vezes abertas, às vezes clandestinas, não deixaram de ser notados pela RCMP. Anti-ingleses, antissemitas e pró-alemães, Arcand e os seguidores estavam sob vigilância havia anos. Depois de o Canadá declarar guerra à Alemanha, em 10 de setembro de 1939, teve permissão para continuar agindo durante alguns meses, mas acabou sendo preso com vários correligionários camisas-azuis. O inspetor Cliff Harvison se encarregou das detenções.[1] Entretanto, muitos cidadãos de Quebec se manifestaram firmemente contra o recrutamento militar e foram simpáticos ao governo de Vichy quando Hitler invadiu a França, em junho de 1940.[2]

Assim como na Grã-Bretanha, quando a guerra começou, as forças de segurança do Canadá consultaram listas de conhecidos simpatizantes dos alemães e suspeitos. Em questão de dias, centenas foram detidos ou interrogados. Ao esmagar a espinha dorsal da organização de Arcand, a ação da RCMP obrigou os membros menos importantes da organização e outros simpatizantes a se esconder. Ainda à solta, representavam uma ameaça coletiva de potencial desconhecido. Tinham de ser identificados sempre que possível. Nas semanas seguintes, Cliff e Johnny trabalharam longas horas estudando arquivos suspeitos e redutos nazistas conhecidos. Johnny recebeu um número de agente canadense, S.A. 235 — S.A. significava Agente Secreto.[3] O fato de os canadenses darem esse número a Johnny indicava o grande trabalho que os Mounties previam que teriam pela frente para prender os fascistas.

Em 1942, sabendo que poderiam ficar no Canadá por algum tempo, Gerti e Johnny começaram a pensar em comprar uma casa, em vez de alugá-la e correr o risco de um proprietário bisbilhoteiro questionar suas atividades. Tinham economias suficientes para comprar um carro e ainda sobrava algum para dar entrada em uma casa pequena. O salário de Johnny dobrava quando morava em países considerados hostis, mas não em uma nação amiga como o Canadá. Ali, voltara à base de pagamento original. Durante grande parte da guerra, ainda sendo chamado de William John Graff, o Agente Secreto 235 foi remunerado com dinheiro americano vindo de Nova York. Os britânicos contribuíam com metade e os canadenses com a outra metade. O total era de US$ 211,25 por mês, ou US$ 2.800 em dólares de 2010.[4] Em Montreal, podiam, assim, levar uma vida confortável, mas não extravagante.

Quando deixaram o escritório, certa tarde de sábado, Johnny e Gerti saíram à procura de uma casa por algumas horas. Acabaram chegando mais uma vez ao Mount Royal, então uma comunidade de moradores de alta renda, na maioria de língua inglesa. Passaram de carro por avenidas e ruas, de modo que puderam ver novas e antigas residências. Ao pararem em um lugar, Johnny abordou dois carpinteiros que trabalhavam em uma casa quase pronta. Ergueram os olhos e sorriram quando Gerti e Johnny entraram no saguão recém-pintado. Os dois trabalhadores responderam educadamente a perguntas corriqueiras sobre a estrutura, com evidente sotaque alemão. Para surpresa deles, Johnny começou a falar alemão. Responderam na mesma língua.

Enquanto Gerti percorria a casa e depois voltava para o carro, Johnny conversou com os dois homens, deixando de lado os assuntos relacionados à construção e ao preço da casa para perguntar sobre interesses comuns na pátria. Aos poucos, mudou a conversa, elogiando os esforços de Hitler e denunciando a política do Ocidente. Morderam a isca com entusiasmo, logo revelando opiniões pró-Alemanha. Diferentemente de outros, porém, reconheceram que não colocavam as ideias em prática. O nome de Adrien Arcand foi mencionado com admiração. Na época ele estava em um campo para direitistas detidos, em Fredericton, New Brunswick. Seria solto apenas em julho de 1945.[5]

Depois de alguns comentários finais, Johnny se despediu dos novos conhecidos e se juntou a Gerti, que o esperava pacientemente à beira da calçada. Ela notou sua animação e lhe pediu para explicá-la. Quando se afastaram, Johnny contou a ela sobre os dois trabalhadores alemães. Com o prolongamento da conversa, haviam lhe fornecido dois nomes de alemães que achavam que compartilhavam o fervor de Johnny. Na ânsia de agradar um compatriota, também haviam pintado um quadro do disperso movimento nazista canadense, mostrando que estava desorganizado, mas ainda vivo e ativo.

No fim daquela tarde, na tranquila e sinuosa Palmerston Avenue, Gerti e Johnny se apaixonaram por uma pequena casa, de número 45, a um mês de ser concluída.[6] Tinha uma garagem adjacente e um vestíbulo que levava a uma sala de estar em forma de "L" e a uma sala de jantar. A cozinha era clara, com bastante espaço para armários, o que agradou a Gerti. No andar de cima, havia um grande quarto principal e um segundo quarto pequeno, que podia ser usado como escritório. O banheiro dava para um quintal de bom tamanho, um campo e os fundos de casas da Debbie Avenue.

Era possível entrar na casa pela garagem, por uma porta lateral que dava para um patamar de onde se podia descer oito degraus até o porão ou subir três degraus até a cozinha. O porão tinha todo o comprimento e a largura da casa e continha apenas um aquecedor compacto e canos. Havia uma casa grande, em um nível superior, à direita, e outra à esquerda. De pé, no gramado da frente, recém-instalado, admiraram a casa, que logo estaria pronta, e a comunidade limpa e bem-arrumada da qual fazia parte. Concordaram que aquela era a casa e não perderam tempo para procurar o corretor e fazer um depósito. Enquanto estavam ali, Johnny e Gerti conheceram Ward e Violet Scott, tornaram-se seus amigos e moraram com eles por um breve período, até a nova casa ficar pronta. Os Scott residiam a uma pequena distância, na Appin Avenue.[7] Quando a última camada de tinta secou e a papelada foi concluída, os De Graaf se mudaram para seu primeiro endereço permanente desde a época em que moraram em Londres.[8]

Nesse meio-tempo, Johnny havia se reunido com Harvison e iniciado a trabalhosa pesquisa de arquivos pelos nomes que os dois trabalhadores haviam lhe dado. De repente, foram encontrados. Os suspeitos tinham os sobrenomes Klein e Seigmire. Haviam sido detidos para interrogatório, porém liberados por falta de motivo além de suspeitas. "Estamos com sorte, Johnny!", exclamou Harvison ao localizar os dois dossiês. "São os nossos garotos!" Harvison e Johnny leram o arquivo sobre Klein, absorvendo os detalhes. Hans Klein viera da Alemanha no fim dos anos 1930, pouco antes do início da guerra. Formado em engenharia química, estava bem empregado em uma pequena empresa, casara-se com uma canadense e tinha um filho pequeno. Embora não fosse do grupo de Adrien Arcand, certamente era um membro periférico que demonstrara tendências nazistas em várias ocasiões.

Rudolph Seigmire, ou "Rudy", viera da Alemanha ainda jovem, quando os pais emigraram. Em 1942, morando havia 20 anos no país, formara-se em engenharia elétrica. Desde então, estava empregado na Quebec Hydro. Não era casado e morava em um pequeno apartamento no centro. Assim como Klein, era considerado um nazista à margem.

"O que você está pensando?", perguntou Harvison enquanto Johnny refletia diante da pasta. "A mesma coisa que eu?" "Candidatos importantes em posições bastante estratégicas", respondeu Johnny. "Exatamente o que pensei", disse Harvison, fechando a cara. "Certamente podem fazer uma grande confusão nessas empresas se quiserem. É como ter um suspeito de roubo em uma sala repleta de barras de ouro." Johnny sorriu, concordando. As horas correram enquanto passavam a maior parte do dia — se estendendo pela noite — elaborando um plano de ação. Seria o mergulho inicial de Johnny no mundo sombrio das atividades secretas em Montreal. A primeira escolha foi Herr Seigmire, que parecia o mais ativo dos dois. Durante uma semana, mantiveram-no sob vigilância até se familiarizar com os principais hábitos.

Duas semanas depois, Johnny começou a visitar o lugar onde Seigmire comia habitualmente. Além de devorar refeições ocasionalmente em um restaurante de esquina modesto, em frente ao escritório, costumava ir a um pequeno e isolado restaurante alemão perto do movimentado St. Lawrence Boulevard. Johnny começou a frequentar o lugar em horários e dias diferentes. Quando Seigmire estava, procurava se comportar de modo a ser percebido como alguém interessado não só em comer. Sabia que em algum momento se encontrariam. Era agradável também relaxar, observar os clientes e captar as conversas. Uma palavra ou frase indicando sentimentos pró-nazistas era transmitida a Harvison com a descrição apropriada e, muito de vez em quando, o nome do autor do comentário entreouvido. Rudy Seigmire aparecia sozinho ou com um pequeno grupo de conhecidos. Não há dúvida de que começou a notar a presença de Johnny como um dos clientes do restaurante que falavam alemão.

"Estou pronto para fazer contato", informou Johnny a Harvison, por telefone, em uma noite de 1942. "Como você pretende agir?", perguntou Harvison. "Vou armar uma confusão", disse Johnny, firmemente. "Sou bom nisso, você sabe." Harvison riu, concordou e lhe pediu para telefonar e contar o que aconteceria.

Mais tarde, naquela noite, antes de dormir, Gerti se virou para Johnny e disse: "Johnny, adoro o Canadá e nossa casinha aqui. Não seria bom nos estabilizarmos e criarmos uma família?" Johnny tinha uma resposta pronta para essa pergunta. Desde o aborto no Rio, preocupava-se com o desejo incessante de Gerti de ser mãe. Começou devagar, dizendo-lhe que também gostava do Canadá e de Montreal. Entretanto, era contra tentar outra gravidez e correr o risco de perder a mulher que amava. É claro que havia uma possibilidade de ela ter uma gravidez normal, mas não era muito grande. Simplesmente não valia a pena correr o risco. Ele a queria com saúde. Talvez devessem enfrentar o fato de que não era forte o suficiente para ter um filho.

"Mas eu sou, Johnny", afirmou Gerti. "Fui a outro médico hoje e ele me disse que estou bem e não deverei ter problema algum." "Vamos discutir isso amanhã, Mutzi", disse Johnny, calmamente. "Ainda temos muito tempo para tomar uma decisão." Ela sorriu, mas o brilho nos olhos mostrava que já fizera planos.

Na noite seguinte, Johnny entrou no restaurante alemão. Com um rápido olhar ao redor, localizou Seigmire sozinho e prestes a fazer um pedido. Pendurou o casaco, tirou um cigarro, fixou-o na piteira e o acendeu antes de se dirigir a uma mesa vazia na extremidade do salão. Cronometrando os passos de modo a passar por uma garçonete que carregava um prato de ensopado de carne, esbarrou nela abruptamente, desequilibrando-a. O prato escorregou da mão da garçonete e caiu no chão. Reclamando em voz alta da falta de cuidado dela, explodiu, falando em alemão, para que todos ouvissem: "Hitler não toleraria uma incompetência dessas na nova Alemanha!"

A pobre garota ficou vermelha enquanto um silêncio se abatia sobre o salão. Os clientes olharam na direção dos dois, chocados. Murmurando um pedido de desculpas, a moça foi socorrida pelo gerente e ambos tranquilizaram os clientes das mesas próximas. Aos poucos, o burburinho das conversas voltou. Johnny alcançou uma mesa vazia e se sentou, percebendo olhares hesitantes em sua direção. Foi quando aquela mão acenando captou seu olhar. Seigmire, tão discretamente quanto possível, estava tentando atrair sua atenção. Johnny fingiu ignorá-lo, expressando uma raiva óbvia com o que acabara de acontecer. Rudy finalmente se levantou e caminhou até a mesa de Johnny.

"Foi uma infelicidade que aquela garota tola não tenha saído do caminho, senhor", começou. "Quanta estupidez. Respingou alguma coisa em sua roupa? "Não", rosnou Johnny em resposta. "Mas foi por sorte." Eles sorriram. "Estou comendo sozinho e, como o senhor também está, gostaria de se sentar comigo?", perguntou, de maneira bastante amigável. Johnny aceitou o convite.

Seigmire era um homem baixo e atarracado, com pouco mais de 1,60 metro, ligeiramente calvo, com fios de cabelo louro complementando olhos fundos e azuis. Os traços eram tão marcantes que, da testa até o queixo, pareciam esculpidos em pedra. Um sorriso brilhante, com dentes cor de pérola, era a única característica suave. Uma vez sentados, os dois se apresentaram e apertaram as mãos sobre a mesa, à maneira alemã, com um único movimento para cima e para baixo. Johnny usou o nome de capitão Burger. Nunca forneceu o primeiro nome, obrigando Seigmire a usar a patente militar ao chamá-lo — com o devido respeito.

"Capitão Burger", perguntou, "o senhor é militar, talvez um capitão do mar?" "Ah, naveguei pelos mares, mas minha patente é das forças armadas e me orgulho disso." "Sim, sim, é claro", gaguejou Rudy. "A Alemanha tem feito dos jovens homens de coragem", comentou Johnny. Pediram os pratos. Tiveram uma longa e descontraída conversa sobre diversos asssuntos. Seigmire falou sobre o trabalho, o esforço de guerra e os acontecimentos na Alemanha. Contou que visitara a terra natal antes da guerra e descreveu com entusiasmo o progresso e a visão maravilhosa que teve da pátria. Johnny deixou que continuasse. Rudy queria falar. As palavras fluíam rapidamente e seus olhos brilhavam de emoção. Em nenhum momento perguntou sobre o trabalho de Johnny, tão empenhado que estava em expressar suas opiniões. "Já o vi antes", disse finalmente.

"Sim, venho aqui vez por outra, quando estou pela área", respondeu Johnny, calmamente. A conversa prosseguiu enquanto Johnny avaliava aquele homem à frente. Sem dúvida, era um pró-nazista com um fervor de tirar o fôlego. Tinha uma energia inquieta, bem como uma inteligência que se curvava apenas a uma dedicação fanática. Depois daquela noite agradável, apertaram as mãos ao partir, combinando de se encontrar dentro de quatro dias. Quando seguia para casa, tomando um caminho secundário como medida de proteção, Johnny se sentiu satisfeito por ter vencido a primeira etapa.

"Ótimo", disse Harvison, entusiasticamente, mais tarde, naquela mesma noite, quando Johnny telefonou para sua casa. "Diga a Gerti para preparar o bule de café", instruiu. "Estarei aí em dez minutos." Harvison estava a uma curta distância, de carro, no Graham Boulevard. Gerti estava com o café pronto quando chegou e bateu à porta suavemente. Na mesma hora, os dois homens começaram a discutir o que Rudy poderia estar tramando. Continuaram a conversar até as primeiras horas da manhã, bem depois de Gerti se retirar. Uma semente fora plantada. Com o tempo, esperavam que crescesse e florescesse, na operação de infiltração. Era só uma questão de regar e cuidar de maneira apropriada.

A noite de sexta-feira chegou e Johnny se atrasou para o encontro com Seigmire no restaurante, de propósito. Desculpando-se, explicou que estivera fora da cidade e acabara de chegar a Montreal, uma hora antes. Seigmire mal ouviu as palavras de Johnny, tão ansioso que estava para falar sobre a Alemanha. Explicou sua teoria sobre o sucesso de Hitler enquanto Johnny ouvia atentamente. "Não sou apenas eu que acho isso", proclamou, com orgulho. "Vários amigos acham também." "O mundo é pequeno", afirmou Johnny, incentivando-o. "Estava começando a achar que Montreal tinha muito poucos verdadeiros patriotas para a causa do Führer." "De jeito nenhum!", disse Seigmire, provocativo. "A polícia prendeu algumas pessoas importantes, mas ainda há redutos de seguidores em Montreal. Esses grupos compartilham ideias e vão se erguer para seguir adiante, apesar da RCMP. Os Mounties prenderam apenas aqueles que conheciam. Apenas a ponta de um iceberg foi encontrada", concluiu Seigmire, com o rosto rubro de orgulho.

"Os homens não conseguem fazer muita coisa isoladamente. Como o núcleo se desfez, aqueles que restaram precisam se unir para sobreviver e continuar a fazer um esforço coletivo sólido", afirmou Johnny, friamente. "É verdade, mas isso acontecerá, disso tenho certeza, porque pequenos grupos já estão se formando e se encontrando. Meus amigos e eu ouvimos falar de um desses grupos e com o tempo haverá centenas", acrescentou Seigmire. "Você e seus amigos não fazem parte?", perguntou Johnny. "Não, não é para nós, porque na maioria somos homens de negócios. Seria estranho, porque os métodos deles sem dúvida não são os nossos. Ouvimos falar de alguns, mas não nos preocupamos em descobrir quem são ou onde se encontram. Temos nosso próprio grupo." Com isso, os dois homens combinaram de se encontrar novamente uma semana depois, quando Seigmire traria alguns dos associados. "Será uma noite estimulante", alardeou. "Boa comida, boa companhia e depois podemos ir ao meu apartamento para uma boa conversa." Johnny lhe disse que aguardaria ansiosamente por isso.

Harvison e Johnny confabularam no dia seguinte. Concordaram que o plano estava ganhando corpo. Na semana seguinte, Johnny novamente se atrasou para o encontro com Seigmire. Assim como agira no restaurante, não queria parecer ansioso para a reunião, que dessa vez foi no apartamento compacto do suspeito, perto da Sherbrooke Street. A casa era bem decorada, com cortinas floridas, paredes de mármore, pinturas coloridas, cadeiras variadas e dois sofás azuis junto a uma estante repleta de livros de fora a fora, quase sumindo de vista. "Capitão, gostaria que o senhor conhecesse meus amigos", disse Seigmire, com um gesto, indicando o grupo reunido em volta de uma mesa. Quatro rostos radiantes cumprimentaram Johnny com mãos estendidas. Miller Smitz, o primeiro que Johnny cumprimentou, era um tipo baixo, gorducho e calado, com um rosto redondo reluzente e mãos grossas e gordas. Era contador. Fritz Hummer foi o seguinte. Tinha uma aparência conservadora, peso e altura medianos, e estava impecavelmente vestido, demonstrando a riqueza da profissão de mercador de peles. O cabelo preto e brilhante, cuidadosamente repartido, sombreava o rosto muito branco e a testa saliente. Numerosas obturações de ouro cintilaram no sorriso estreito de lábios finos.

Martin Monger, um vigia noturno, parecia uma vara fina, com um nariz chato e óculos de armação do tipo tartaruga. Seu cabelo era castanho, assim como os olhos, contornados por grossas rugas. As bochechas salientes em nada ajudavam o rosto marcado. Por fim, Johnny conheceu Hans Klein, o engenheiro químico que identificara nos arquivos de Harvison. Era um homem grande, com 1,93 metro e peso bem distribuído. Ligeiramente calvo, exibiu um largo sorriso no rosto de meia-lua, de dócil inatividade.

Em meio à refeição de pratos da terra natal, relaxaram por algum tempo antes de desfilar as lembranças da *Deutschland* em vívidas histórias pitorescas. Johnny se manifestava pouco, mas observava tudo. Várias horas depois, estavam fazendo brindes e mais brindes à Alemanha com taças de vinho. Sob os efeitos tranquilizantes da comida pesada e do vinho abundante, a conversa tomou o rumo que Johnny estava prevendo. Cada um à sua maneira, todos elogiaram os esforços e as glórias de Hitler. Em seguida, praguejaram contra os canadenses e o mundo ocidental, desejando sua completa ruína, e terminaram exaltando os planos pessoais de ação. Quanto mais louco o plano, mais estimulados os outros ficavam, envolvidos e incentivados por gestos de aprovação. Johnny ouvia com profunda atenção, permanecendo em silêncio, de modo a parecer um sábio mergulhado em pensamentos.

As ideias variavam de um ataque a bomba à Base Saint Hubert da Força Aérea, perto de Montreal, até o assassinato de importantes funcionários, passando por um incêndio na fábrica de munição Canadian Industries, nos arredores de Montreal, em Ste-Thérèse.[9] Cada simpatizante implorava por ações, fosse em comentários tristes ou em rompantes alucinados. Johnny sorria internamente daquelas grandes besteiras e da completa falta de cuidado diante de um recém-chegado. As discussões em voz alta corriam livremente, sem que ninguém considerasse ou tivesse consciência da presença silenciosa de Johnny e da falta de participação dele. Continuaram fazendo aquilo por vários minutos, como Johnny sabia que haviam feito em cada uma das reuniões anteriores. Às vezes, as pessoas podem ser inofensivas no que dizem ou proclamam, mas Johnny sabia muito bem que a raiva e a frustração podiam explodir em um "Vou mostrar a vocês" que seria incontrolável.

Johnny esperou pela pausa que acontece quando o vento passa e o marinheiro mais uma vez toma consciência do ambiente tranquilo. Estava pronto. E ela veio! "Capitão Burger", disse Fritz Hummer, fazendo as cabeças virarem em sua direção. "Você fica sentado e fala pouco. Quais são suas opiniões, posso perguntar?" Apenas o tique-taque de um relógio de parede rompia o silêncio quando cada par de olhos brilhantes se voltou para Johnny. Ele se sentia totalmente seguro e certo do que diria, enquanto esperava que o longo silêncio e a pausa para reflexão fizessem efeito e preparassem o palco.

"Cavalheiros, vocês merecem minha consideração, mas falam desvairadamente e viajam em círculos com seus planos bobos e sua desorganização!" Fecharam os sorrisos em rápida sucessão, passando do desalento à afronta. "Ficam tagarelando como umas velhas, sem pensamentos objetivos ou senso de direção!" Então Johnny disparou todas as armas ao mesmo tempo, mas com um único grito alto, autoritário e arrogante. "Podem se achar nazistas, mas posso lhes assegurar que Hitler eliminaria todos vocês, malditos incompetentes!" "Arcand está preso", prosseguiu Johnny, "enquanto choramingam, vacilam e se enfurecem como crianças sem rumo, com grandes planos, grandes bocas e nenhum cérebro! Nenhum de vocês merece lamber as botas do Führer, que dirá planejar a conquista do Canadá por ele!"

Nem um músculo, nem uma expressão mudou enquanto pareciam hipnotizados. Johnny respirou fundo para dar o tiro final. "Nenhum de vocês tem treinamento militar. Nenhum de vocês, com suas mãos macias, sabe realmente o que é causa, propósito, treinamento, planejamento e o poder da destruição final e do sucesso!" Dois deles concordaram. Ele os ganhara. Os outros estavam petrificados. Então Johnny os repreendeu por ninguém ter perguntado quem ele era, o que fazia ou de onde vinha. Como falava alemão, foi aceito sem questionamentos. "Poderia ser um homem da RCMP, um agente do FBI ou qualquer outra coisa, mas seus planos são tão frouxos que a segurança é inexistente. Deixariam qualquer gato ou cachorro de rua entrar no grupo sem questionar!"

Começaram a ficar pálidos e a tremer de medo. Johnny fez uma pausa para dar voz ao outro lado. "Quem é você?", perguntou o anfitrião, com uma voz forte, mas hesitante. Os outros olhavam, sem compreender. "Sou o capitão Burger, líder da espionagem de Hitler no Canadá!", bradou Johnny. Antes que voltassem a respirar, prosseguiu. "Desembarquei aqui de um submarino para procurar e recrutar simpatizantes nazistas e coordenar as atividades de espionagem no Canadá em nome do Führer. Qualquer alemão legítimo que não seguir minhas ordens poderá ser executado como traidor de nossa causa, Heil Hitler!"

Levantaram-se juntos e ergueram os braços, fazendo a saudação nazista. A veemente bomba lançada por Johnny não lhes deixava escolha. Voltaram a se acomodar, rígidos, atentos e atordoados, mas agora radiantes de orgulho e admiração. Johnny se queixou de que agora tinha de supervisionar um grupo de desajustados e de que havia outros na cidade e no Canadá. Assim, não tinha tempo para gastar com tolos desorientados que achavam que podiam atuar por conta própria, sem o controle e a direção experientes de Berlim. “Estou nesse negócio há muito tempo para me fazerem de tolo”, concluiu.

Seguiu-se uma longa pausa, enquanto cada um, à sua maneira, recuperava-se das críticas. Mas Johnny continuou a atacar, rugindo: “Vocês clamam lealdade a Hitler e à pátria?” “Heil Hitler!”, gritaram, em uníssono. “Querem servir ao Führer e à vitória da Alemanha?” “Ja!”, exclamaram. “Vocês percebem, homenzinhos vergonhosos, que podem prejudicar a causa alemã com planos malconcebidos e malcoordenados, não aprovados por Berlim?” “Ja!”, gritaram. “Estão dispostos a cumprir minhas ordens ou ser executados se não obedecerem, em nome do Führer?”, bradou Johnny. “Ja!”, proclamaram, em uníssono regimental. “Bom”, disse Johnny suavemente, enquanto retirava a pistola automática da parte de trás da cintura e a depositava sobre a mesa de café, na altura dos joelhos, em frente a ele. Todos os olhos da plateia grudaram imediatamente na fria arma preta.

“Agora”, disse, abruptamente, “explicarei como atuo, como vocês atuam e como vai ser.” Assentiram, pacificamente. “Antes de tudo”, continuou Johnny, “todos os planos, todas as ideias, chegam primeiramente a mim, compreendido?” Ergueram e abaixaram a cabeça, concordando. “Só então vamos discuti-los. Se considerá-los executáveis, e só então, os enviarei a Berlim para aprovação. Pode ser que esperemos meses, ou mesmo anos, por uma aprovação, mas quando disserem sim — só então, e não antes — partiremos para a ação, compreendido?” Sem esperar uma resposta, assinalou que qualquer sabotagem independente poderia resultar em um endurecimento das leis canadenses. Isso significava que ficaria mais difícil obter informações. E informações eram o que Berlim queria.[10] Johnny prosseguiu explicando que cada um deles era um especialista em seu campo, exatamente o que era necessário. Ninguém deveria saber sobre os encontros sem aprovação de Johnny. A segurança total era de suma importância. Cada homem poderia se encontrar com outros membros fora das reuniões coletivas, mas apenas em horários e lugares combinados e aprovados. Qualquer outra reunião estava proibida.

"Algum de vocês sabe se foi observado indo ao restaurante esta noite, ou em outras noites?" Balançaram a cabeça. "Estão vendo o que quero dizer? Nenhuma segurança. Porque toda a força da RCMP poderia estar esperando e vocês não saberiam disso. Sabem por que me atrasei?", perguntou Johnny. "*Nein!*", responderam, firmemente. "Pelo simples motivo de que examinei o lugar em busca de sinais de vigilância, para nos proteger, antes de sequer descer a rua."

Emitiram murmúrios de admiração pela esperteza de Johnny. Ele os tinha na mão. Deixou que falassem, e demonstraram lealdade e respeito pelo líder recém-aclamado. Discutiram em detalhes as regras e os objetivos da unidade, até cada um deles compreender com orgulho e silencioso fervor a participação pessoal em um grupo de elite como aquele. O elenco estava montado. Cada um deles foi incumbido de obter informações específicas nos lugares de trabalho, o que testaria a lealdade, dedicação e habilidade naquele esforço. Não poderiam contar com o capitão Burger para obter recursos, uma vez que havia pouco dinheiro, já que o Brasil declarara guerra à Alemanha em 22 de agosto. O dinheiro para a operação no Canadá chegava através do Brasil.[11] Com isso, dissera o suficiente por enquanto. Johnny combinou de encontrá-los dentro de uma semana, em um lugar determinado. Receberam instruções explícitas para estar lá e ordem para ir sozinhos. Separadamente, em intervalos de dez minutos, cada um deles foi embora, usando as saídas de emergência do prédio.

Quando o S.A. 235 chegou em casa, Gerti lhe preparou algo para comer e ele telefonou para contar as novidades. Harvison ficou tão empolgado com os novos nomes e as descrições que Johnny lhe passara que naquela noite trabalhou até tarde, na sede, atualizando e pesquisando os arquivos cada vez maiores. Confabularam na manhã seguinte, no carro de Harvison, estacionado perto da Park Avenue. "Eles o aceitaram na noite passada?", perguntou, depois de o agente fazer um relato detalhado. "Sem dúvida. Sim, acho que estou dentro e que o próximo encontro vai consolidar isso", explicou Johnny. Disse a Harvison que dera algumas tarefas básicas aos homens, instruindo-os a verificar as informações disponíveis a cada um deles nos locais de trabalho. O engenheiro da Hydro parecia impaciente para começar. O peleteiro talvez fosse o rebelde do grupo. Portanto, Johnny planejava vigiar os dois de perto. Quanto aos outros três, considerou-os tipos fiéis, que não fariam muitas perguntas.

"Bom", sorriu Harvison, "agora estamos chegando a algum lugar. Vamos examinar esses novos indivíduos e obter mais informações sobre cada um deles. Telefono para dizer o que descobrimos. Enquanto isso, fique de olho e nos mantenha informados." Quando partiram, Johnny sabia que tinha muita coisa para checar por conta própria.

O segundo encontro do grupo aconteceu certa noite, na encosta inclinada com vista para a Park Avenue e para os amplos espaços do Fletcher's Field. Estava havendo um jogo de bola que atraíra uma boa multidão. Sentados no gramado em declive, os membros do grupo trataram Johnny com respeito enquanto, um a um, relatavam as descobertas.

Martin Monger explicou seu sistema de turnos como vigia noturno. Às vezes, trabalhava das 16h à meia-noite em uma semana e na semana seguinte da meia-noite às 8h. O armazém aduaneiro ficava em um prédio portuário onde funcionavam negócios internacionais de todo tipo, de maquinaria a tabaco. Tinha dúvidas se podia fazer algo sem ser detectado, já que a segurança no porto era rígida. Mas podia avisar a Johnny sobre os navios ancorados e obter cópias das listas de cargas. "Um navio transportando munição?", perguntou Johnny. "Ah, sim, tenho certeza de que posso conseguir detalhes sem muitos problemas", respondeu, com orgulho. "Faça isso", ordenou Johnny. "E traga cópias dos inventários dos navios na próxima reunião." Monger ficou satisfeito.

Fritz Hummer sabia de um contato no mercado negro que dizia poder fornecer qualquer coisa que lhe fosse pedida. Hesitou em dar o nome e a localização do homem, mas por sorte os outros o incentivaram antes que Johnny o fizesse e soltou a informação. Johnny lhe disse para ficar de olhos e ouvidos atentos para outros contatos que poderiam usar.

Miller Smitz, o contador, pela natureza da ocupação estava familiarizado com negócios de bens, retiradas de dinheiro e depósitos. Esperava falsificar espertamente qualquer tipo de livro e, ao fazer isso, roubar fundos para apoiar a causa. Datas, horários e lugares de recolhimentos e entregas da Brink's Armored Car também eram de seu conhecimento. Johnny lhe pediu para pôr tudo no papel para o próximo encontro.

Hans Klein, o engenheiro químico, estava certo de que poderia conseguir qualquer ingrediente necessário para explosivos e se dispôs a levar pequenas amostras de cada um deles. Seigmire mal pôde esperar sua vez. Quase interrompendo Klein, gaguejou de excitação. "Tenho acesso a todas as plantas das instalações da Hydro em Montreal e em toda a província de Quebec." Aquilo estava diretamente relacionado a praticamente todos os lugares que dependiam de energia elétrica na província, e não apenas a casas particulares. Lugares vitais para o esforço de guerra eram afetados, tais como a Arvida Aluminum, perto de Jonquière e do Rio Saguenay, uma das maiores fábricas de alumínio do mundo. Como a produção de alumínio exige muita eletricidade, fora construída naquele lugar para usar as águas turbulentas do Saguenay.[12] Johnny ficou só imaginando o que aconteceria se fosse cortada a energia de toda a província.

"Se Hitler quiser que esta parte do Canadá vá pelos ares ou fique na escuridão total, com uma interrupção completa da energia elétrica, posso fazer isso", disse Seigmire, com os olhos quase vidrados. "Adrien Arcand teria feito se ele e seus homens não tivessem sido presos", lamentou. Johnny escutou, surpreso e sem palavras. "Você pode copiar algumas dessas plantas?", perguntou. "Ah, sim!", disse o outro. "Lido com elas diariamente e há uma copiadora em nosso escritório de engenharia. Nenhum problema." Combinou de obter uma planta da grande Montreal, incluindo todas as estações, transformadores e diagramas-chaves, que podia ler como se fossem livros. "Montreal na escuridão!", exclamou, rindo.

"Lembre-se", advertiu Johnny, "não deve fazer nada por conta própria. O material e os planos que fornecer serão enviados a Berlim." Berlim e somente Berlim daria luz verde ao capitão Burger. Assinalou que, assim como eles, obedecia a ordens. Os superiores em Berlim davam os horários, as datas e as aprovações. Sabiam o que era melhor. Eram as únicas pessoas do comando com uma visão geral do mundo. Perguntou se todos haviam entendido esse ponto crucial do "princípio de liderança". Todos assentiram. O grupo se separou, combinando de se encontrar depois que Johnny telefonasse para Seigmire e lhe informasse a hora e o lugar. Klein desceu a encosta com Johnny, planejando seguir na direção oposta quando chegassem à calçada. "Imagino que esteja bastante ocupado, com todas as responsabilidades", observou Klein. "Vou lhe dizer, não tenho tempo para mim", respondeu Johnny, firmemente. "Você lida com o grupo próximo daqui também", afirmou Klein, dando isso como fato. "Lidero centenas", rebateu Johnny. "A qual deles você está se referindo?" "Ah, entreouvi uma conversa breve outro dia em uma esquina", relatou o outro. Dois homens estavam falando em alemão e embora Klein tivesse captado apenas um pouco do que diziam, haviam mencionado que o encontro seria sexta-feira à noite, na casa de pedra próxima a Fletcher's Field. Um deles estava dando ao outro as indicações para um local próximo ao pé do morro. Achou que deveria mencionar isso porque com certeza não estavam seguindo as ordens de segurança rígida.

A mente de Johnny teve um estalo, surpresa com aquela descoberta preciosa. "Aqueles imbecis", afirmou, irritado. "Vou dar um jeito nessa estupidez. Não só estão com o lugar de encontro errado, mas também a data. Céus, é como educar um bando de crianças!", disse Johnny, soltando um palavrão. "Obrigado, Klein", acrescentou, sorrindo. "Sou grato a você e vou cuidar disso pessoalmente." Hans Klein brilhava como um farol. "Não diga a ninguém o que acabou de me dizer", ordenou Johnny. "Nem uma palavra", respondeu Klein, prontamente. "Não tenho intenção alguma de ser executado. Heil Hitler", disse, virando-se e se afastando.

Johnny telefonou para Harvison de uma farmácia. "Estou a meia hora de casa", disse Johnny. "Combinado", respondeu. "Meu Deus! Você teve uma noite e tanto", observou Harvison, depois de ouvir os detalhes sobre o encontro sentado à mesa da cozinha de Johnny e Gerti. "Os rapazes e eu temos um grande desafio pela frente, examinar todo esse material novo", proclamou. "Você conseguiu as fotos de nosso encontro?", perguntou Johnny. "Sim, correu tudo bem com aquela câmera noturna", respondeu. "O laboratório está revelando agora. Meu companheiro não foi notado?", perguntou. "Nem sinal dele", comentou Johnny. "Estava longe demais para ser notado, graças às lentes de telefoto e ao técnico de laboratório." "Amém!", suspirou Harvison. "O homem da Hydro é um fanático que representa uma verdadeira ameaça no cargo que ocupa", relatou Johnny. "Vamos ver o que vai trazer, mas sei, pelo que disse, que será algo realmente impressionante." "Logo que trouxer essas plantas, entregue-as para fazermos uma avaliação", disse Harvison. Em seguida, discutiram as revelações de Klein sobre a conversa que ouvira na rua. Harvison telefonou para pedir que a casa fosse localizada e o material com os antecedentes dos proprietários fosse levantado.

"Temos dois dias para descobrir o que pudermos sobre o lugar e colocá-lo sob vigilância", disse Johnny. "Por que apenas dois dias?", perguntou Harvison. "Uma boa vigilância exige tempo." "Dois dias apenas, para eu planejar entrar nessa reunião", informou Johnny, para surpresa de Harvison. Olhando para Johnny, incrédulo, ele logo se recuperou. "Isso é suicídio, você não pode simplesmente aparecer e assumir o comando!", exclamou. "Posso e o farei", disse Johnny, categoricamente. "Sei como esses sujeitos atuam. Não têm controle no momento e, se são conspiradores nazistas, são muito maltreinados. Pelo que sabemos, podem ser apenas canadenses alemães fazendo uma festa inocente. Seus homens devem descobrir isso antes de eu ir à reunião." Discutiram, mas Harvison vinha conhecendo aos poucos a mente de Johnny e sabia quando estava determinado. Horas depois, após ouvir o plano, acabou concordando. Partiu para fazer a pesquisa necessária no curto período disponível.

Harvison telefonou na noite seguinte. "Identificamos a casa e os proprietários", contou. "Um casal alemão, nenhum registro até então. Têm um hóspede no segundo andar e toda semana, na noite de quarta, quinta ou sexta-feira, recebem convidados na sala de estar, de frente. Parece que há potencial. Estamos observando a casa e mais tarde deveremos ter mais informações para você."

Harvison telefonou novamente na tarde seguinte, com mais detalhes e acertos para a noite. Às 21h, Johnny estava à espera em uma cabine telefônica, na rua da casa de pedra. Dez minutos depois, o telefone tocou. "Há cinco homens lá." "Obrigado", disse Johnny "Informe ao inspetor Harvison que estou a caminho." Cinco minutos depois, Johnny estava diante de uma porta grossa de madeira, tocando a campainha.

Segundos depois, a porta se abriu, revelando uma mulher pequena, de cabelo grisalho, que olhou para Johnny com curiosidade. "Desculpe o atraso", disse em alemão. "Espero que não seja o último a chegar." Parecia perplexa, mas não teve tempo para hesitações, já que a essa altura Johnny estava no saguão de entrada, tirando a capa de chuva leve. Ela a apanhou, pendurou-a, fez um gesto para que a acompanhasse e conduziu o convidado por um corredor pequeno até uma porta de vidro com moldura de madeira que dava em uma sala de estar. Quando se aproximaram, o burburinho da conversa ficou mais alto. "Estão todos ali", disse, suavemente. "Acabaram de começar." Desapareceu no corredor, em direção aos fundos da casa. Johnny abriu a porta e entrou.

Seis homens, sentados em círculo, interromperam abruptamente a conversa e olharam enquanto Johnny se aproximava para ocupar uma cadeira. Incrédulos, fitaram aquele visitante ousado e desconhecido. Um homem se virou para outro e sussurrou em alemão: "Quem é?" O outro encolheu os ombros: "Não sei!" Um homem frágil, grisalho, pequeno, que Johnny supôs ser o anfitrião, fitou-o com uma expressão de perplexidade no rosto miúdo. "Quem é o senhor?", perguntou, falando em um alemão cortês, de pessoas bem-educadas. "Acho que o senhor entrou na casa errada." "Vocês são todos da pátria?", perguntou Johnny. Cautelosamente, reconheceram que eram. "Assim como eu, apoiam o Estado alemão e sua causa em tempo de guerra?", perguntou Johnny, enfaticamente. Fascinados, indicaram que sim com a cabeça.

"Então, cavalheiros, não estou na casa errada", assegurou Johnny. "Para sua informação, sou o capitão Burger, líder da espionagem alemã no Canadá, sob ordens diretas de Berlim. Estou encarregado de todos os grupos NS no país."[13] Prosseguiu dizendo que aquela visita era para informá-los de que estavam sob seu comando daquele momento em diante e só atuariam sob sua direção explícita. Não haveria mais operação independente a não ser que Berlim ordenasse.

Uma hora depois, estavam todos encantados. Quando Johnny terminou o discurso autoritário sobre diretrizes, ameaças e ordens, simplesmente concordaram com tudo passivamente, conseguindo apenas dar respostas de uma palavra às perguntas dele. Assim como o outro grupo, engoliram a arenga militar e sucumbiram à farsa de Johnny. Apontando o dedo para os dois homens que haviam conversado na rua, Johnny investiu contra eles impiedosamente. Encolheram-se diante do ataque, frustrados e estarrecidos por ele saber sobre aquilo.

Sentados na sala de estar de estilo inglês, com madeiras escuras, em poucas horas estavam unidos em torno da causa do Nacional Socialismo. Kris Volter, o anfitrião, estava cativado. Deu o tom de apoio. O resto do grupo era uma massa heterogênea. Tinham três coisas em comum. Primeiro, todos eram operários: dois irmãos eram construtores, outro indivíduo era mecânico, havia também um eletricista e um ferroviário. Segundo, todos moravam no mesmo prédio de apartamentos, perto do St. Lawrence Boulevard. Por fim, tinham noção da desorganização e estavam ansiosos para ser liderados. Sem exceção, eram todos nazistas dedicados. Despediram-se tarde naquela noite e, assim como o outro grupo, foram embora com a cabeça cheia de regras e regulamentos para a glória do Terceiro Reich. Johnny disse que entraria em contato para marcar a próxima reunião e foi o último a partir. Os homens de Harvison receberam os números das placas dos carros e os nomes para produzir novos dossiês.

Os arquivos ficaram ainda mais grossos como resultado da reunião seguinte do primeiro grupo, quando Seigmire orgulhosamente anunciou que havia levado para Johnny as plantas de parte dos circuitos da Hydro na Grande Montreal. Enquanto o vento frio do início de novembro de 1942 soprava forte do lado de fora, avisou que teria o resto dentro de um mês. Alguns dos planos havia reunido e copiado ao longo dos anos, na esperança de que a Alemanha pudesse usá-los.

Johnny elogiou seus esforços e os do resto do grupo e disse que o trabalho duro deles seria informado a Berlim. Mais tarde, um por um, os homens partiram com renovada dedicação à causa. Deliberadamente, Johnny se demorou, até que restassem apenas ele e Seigmire. Sentados juntos, diante de uma xícara de café à meia-noite, Johnny começou a explorar Rudolph Seigmire e seus sonhos. Ele não demonstrou qualquer hesitação em expor e compartilhar seus pensamentos e desejos mais íntimos. Sondado pelas perguntas de Johnny, confidenciou que ao longo dos últimos 20 anos economizara 20 mil dólares canadenses, com os quais esperava um dia comprar uma pequena fazenda. Era o sonho pelo qual havia economizado tanto, um sonho de criança de estar em contato com a natureza. Johnny lhe desejou sucesso, elogiou os esforços dentro do grupo e manifestou esperança de que tivesse êxito nas novas missões. A primeira neve substituíra o vento quando Johnny deixou o apartamento aquecido e enfrentou a noite fria.

Harvison ficou estupefato quando o S.A. 235 lhe apresentou o resultado do trabalho daquela noite. Os pacotes com amostras de várias substâncias químicas levados por Klein, os inventários de navios e as longas folhas com datas, horários e números fornecidos pelo contador, somados à contribuição da Hydro feita por Seigmire, tornaram-se uma fortuna inesperada. O rebelde peleteiro, Fritz Hummer, era o único que chegara de mãos vazias. Permanecera em silêncio durante a reunião. A reticência foi ignorada pelos outros, mas não por Johnny. Percebia cada vez mais que o peleteiro representava uma ameaça interna pelas sutilezas do que dissera e deixara de dizer.

No decorrer da semana, uma nova visita ao grupo de Fletcher's Field provou ser valiosa, exceto pelo fato de que os dois irmãos construtores ansiavam por ação imediata. Queriam sinal verde para explodir a Canadian Marconi Company, em uma extremidade da Thornton Avenue, em Mount Royal. Johnny os conteve, apesar do pequeno grupo de apoio que pareciam ter influenciado. Exigindo planos das propostas — que mais uma vez disse que seriam enviados à Alemanha — dentro de três semanas, conseguiu acalmá-los. Ao fazer isso, percebeu que talvez fosse preciso um pouco mais para controlar os dois irmãos. Não se importavam com as instruções de Johnny, mas acabaram reconhecendo que todos precisavam seguir as ordens.

"Meu Deus!", pensou, ao voltar de carro. "Explodir a fábrica Marconi! Que horror! Fica a apenas alguns quarteirões de minha casa!" A Marconi Company produzia telefones, equipamentos para ligações elétricas, componentes de rádio, as primeiras TVs e radares. Era uma empreiteira tanto civil quanto militar. Também era adjacente ao Montreal Train Tunnel. Durante a guerra, havia uma ferrovia movimentada logo atrás da fábrica, sob o túnel. Muitos trens que passavam por ali transportavam tanques, caminhões, aviões e armamento e tinham a bordo guardas armados de canhões antiaéreos. Johnny telefonou para Harvison para avisar que a equipe de segurança da fábrica deveria checar continuamente as instalações e o pátio. "Também acho", sugeriu, "que deveria avisar aos guardas do Exército em todos os túneis da ferrovia para checar as áreas cuidadosamente. Não tenho a menor ideia do que esses extremistas farão por conta própria." Os homens checaram os túneis e em um deles descobriram uma bomba feita de maneira grosseira e mal-instalada. Depois que foi desarmada, relaxaram. Johnny agradeceu aos céus pela rápida ação. Parecia que a estrutura que se revelava diante deles exigiria todos os esforços para ser contida. Se a RCMP não tivesse um agente infiltrado, a espionagem nazista talvez tivesse ficado desenfreada em Montreal.

18

# Um homem vindo do mar

Em 10 de novembro de 1942, um dia para ser lembrado devido à forte neve inicial e às chuvas de granizo que haviam se intensificado durante a semana, Gerti chamou o marido para dizer que Harvison estava ao telefone. "Pode se arrumar em meia hora para uma viagem a New Carlisle, na baía de Chaleur, na região de Gaspé?", perguntou. "Claro, vamos de avião ou de trem?", perguntou. "Vamos de carro. Não há trens circulando por causa do mau tempo e todos os aeroportos estão fechados." "O que planeja fazer lá?"

Harvison informou a Johnny que, com o sargento J.R.W. "Pete" Bordeleau, fariam uma visita ao destacamento da Polícia Provincial de Quebec (ou QPP).[1] A QPP acabara de telefonar para avisar que detivera um espião alemão que desembarcara havia pouco tempo. Johnny arrumou rapidamente uma bolsa pequena e uma hora depois os três homens estavam na estrada, saindo de Montreal, para uma viagem de mais de 600 quilômetros.

O tempo tinha outros planos, enquanto o veículo avançava com dificuldade contra uma tempestade congelante, a caminho da comunidade na extremidade leste da península de Gaspé. Ventos fortes espancavam o carro, exigindo de Bordeleau toda sua habilidade como motorista para mantê-los em uma rodovia cheia de gelo que mal podia ser vista. As condições da estrada reduziram o avanço a passos de tartaruga. Enquanto Bordeleau girava e torcia o volante, Harvison gritava informações detalhadas para Johnny em meio ao uivo da tempestade.

Na manhã de 10 de novembro, Werner Alfred Waldemar von Janowski, um suspeito de peso e proporções medianos, chegou ao Carlisle Hotel, de propriedade de Earle J. Annett, Sr.[2] Ligeiramente desgrenhado e carregando duas malas surradas, pediu um quarto, em francês, para que pudesse tomar um banho e se barbear antes do almoço. New Carlisle, uma cidadezinha que florescia com o trânsito de turistas no verão, mas que morria durante os meses de outono e inverno, não era procurada por estrangeiros naquela época do ano. Annett também sabia que em tempo de guerra sua cidade isolada, em um litoral de enseada afastado, era o refúgio ideal para espiões que desembarcavam de submarinos. Perguntou ao visitante se chegara de ônibus, ao que o homem respondeu que sim, embora há horas não chegasse um. O proprietário percebeu um odor peculiar que acompanhava o hóspede, porém não distinguiu. Mais tarde provaria ser o aroma de óleo que permeia as roupas de pessoas que viajam muito tempo submersas.

O hóspede recebeu um quarto, tomou banhou, barbeou-se e desceu para fazer uma refeição. Suspeitas incomodaram Annett quando ele examinou o quarto, agora vago. Desistiu de abrir as duas malas trancadas, e apanhou no cesto de lixo uma caixa de fósforos belga, havia muito tempo não encontrada no Canadá.[3] Informado de que a intenção do visitante era embarcar no trem vespertino para Montreal, mandou o filho motorista de táxi à polícia para relatar os detalhes. Mais tarde, seu filho voltou para levar o hóspede à estação. Graças à advertência, a QPP conseguiu pôr um oficial à paisana, Alphonse Duchesneau,[4] no mesmo trem. Sentou-se propositalmente ao lado do desconhecido. Seguiu-se uma conversa, na qual o suspeito, com um leve sotaque alemão, alegou ser um vendedor de rádios vindo de Toronto. Juntando isso às informações anteriores de Annett, o policial decidiu confrontá-lo diretamente antes de o trem partir. Mostrou a identidade, para surpresa dele. Alegando que devia haver um mal-entendido, o alemão apresentou um certificado de registro canadense da Província de Ontário, em inglês e francês, em nome de Braulter e com um endereço em Toronto.[5] O policial observou que esse tipo de certificado era emitido em Quebec em inglês e francês, enquanto todas as outras províncias o emitiam apenas em inglês. Um erro fatal na documentação falsa.

Quando o agente da QPP manifestou a intenção de inspecionar as malas, o suspeito admitiu que era tenente da Marinha alemã, desembarcara do submarino 518 na noite anterior e decidira enterrar o uniforme na areia, vestir uma roupa civil e desertar. Insistiu para que lhe permitissem desenterrar a roupa de militar e o considerassem prisioneiro de guerra, de acordo com a Convenção de Genebra. As malas continham um rádio transmissor-receptor, roupas civis, um revólver carregado, quase 5 mil dólares canadenses e US$ 1 mil em 20 moedas de ouro americanas.[6] Recebeu permissão para recuperar e vestir o uniforme e foi mantido sob guarda no hotel de Annett, enquanto esperava os homens que viriam de Montreal. O telefonema da Polícia Provincial de Quebec para a RCMP informara apenas os principais detalhes, conforme Harvison explicou. Mesmo assim, a RCMP determinou imediatamente sigilo total sobre o incidente.

Em 11 de novembro, depois do café da manhã, Johnny entrou no hotel em New Carlisle por uma porta lateral e permaneceu, sem ser notado, atrás do homem, que estava sentado no sofá falando com os guardas. Harvison disse ao oficial da QPP encarregado que trancasse von Janowski na cadeia, com roupas civis. No curto tempo de que os oficiais precisaram para seguir a instrução, Johnny conseguiu absorver a conversa o suficiente para formar algumas opiniões preliminares.

Logo o prisioneiro estava seguro em uma cela, sob o olhar atento de um carcereiro veterano da Primeira Guerra Mundial, que desempenhava sua função com dedicação militar. Até aquele momento, von Janowski não vira Johnny, Cliff nem Pete. Usando a conveniência do escritório do carcereiro, pediram que o prisioneiro fosse levado à presença deles. Enquanto aguardavam, Johnny disse a Harvison que, pelo que entreouvira das palavras incomuns em francês pronunciadas no hotel, em algum momento o suspeito estivera na Legião Estrangeira francesa.[7] Além disso,

Johnny tinha a forte sensação de que não era a primeira visita ao Canadá, por causa da combinação de palavras em inglês com uma fraseologia franco-canadense.

O homem foi chamado para interrogatório. Ao entrar na sala, bateu os saltos e se curvou rapidamente diante de Harvison, em legítimo estilo alemão. Imediatamente, exigiu, em inglês, permissão para vestir o uniforme e ser tratado como oficial e cavalheiro. Harvison respondeu: "Tolice, acho que você é um espião! Portanto, sente-se e cale a boca até eu falar com você!" Era crucial determinar imediatamente se desembarcara sozinho ou em grupo. Também havia a possibilidade de executá-lo ou forçá-lo a trabalhar para o Canadá como agente duplo.

Espiões executados não têm valor. Depois de capturas como aquela, todos os serviços de inteligência tentam primeiramente fazer o prisioneiro se abrir, avaliando assim seu valor e sua missão. Feito isso, a ideia de convertê-lo em agente duplo geralmente é considerada. A verdadeira história de von Janowski e sua missão tinham de ser avaliadas antes de a RCMP poder começar a sugerir uma opção à execução como espião capturado. Se estivesse uniformizado ao ser detido, só poderia ter sido classificado como prisioneiro de guerra e mantido aprisionado. No entanto, como fora apanhado em roupas civis e confirmara ser um oficial alemão, a fraude não lhe permitia proteção contra a pena de morte.

Começou dizendo que deveria encontrar um francês em Montreal e lhe entregar as duas malas. Harvison perguntou o nome do contato, mas von Janowski não sabia. Disse que deveria começar a conversa perguntando: "Parlez-vous français?"[8] ou "Você fala francês?". Explicaram-lhe que todos na cidade eram franceses e que portanto começasse a narrativa de novo. Irritado, von Janowski retomou a história sobre desertar, na esperança de obter status de prisioneiro de guerra. Para a alegação de que era oficial da Marinha alemã, Johnny teve uma resposta. Disse que era da Marinha e, em seguida: "Você talvez tenha visto um navio de vez em quando, mas não é da Marinha. Usa as fitas de um tenente graduado, mas diz que é apenas tenente. É o sujeito mais burro que já vi na vida."[9]

Todos os agentes recebiam duas ou mais histórias de disfarce para memorizar e usar em caso de captura. Como as primeiras tentativas de von Janowski foram desmascaradas, agarrou-se à última. Repentinamente, afirmou que não era oficial naval, mas sim capitão do Exército alemão. Quando estava baseado em Bruxelas, meses antes, fora denunciado pela Gestapo por morar com uma garota que era 25% judia. Devido ao crime, foi empurrado para o serviço de espionagem, preferindo executar aquela missão no Canadá do que ficar preso. Jurou que a missão lhe fora imposta. Quando estivesse sozinho e em segurança em Montreal, planejava abortar a missão e permanecer passivo pelo resto da guerra. Esse motivo foi desmentido quando Harvison lembrou que fora detido com o equipamento de telegrafia. Não seria uma bagagem desnecessária naquelas circunstâncias? Von Janowski percebeu que não tinha mais explicações.

Harvison e os dois assistentes começaram então a plantar sementes de descrença e conversão. "Como pode a inteligência alemã, tão hábil e tão esperta, ter lhe dado dois delatores tão óbvios?", perguntaram. Ele pareceu confuso. "As notas de dinheiro canadense obsoletas que você tinha foram suspensas há mais de cinco anos e estão totalmente fora de circulação", prosseguiram. "Há também o erro crasso do certificado de registro em duas línguas, embora emitido em Ontário."

Johnny também estava intrigado com esses dois detalhes, uma vez que conhecia o superior de von Janowski, o almirante Wilhelm Canaris, chefe da *Abwehr*, a inteligência militar alemã. Era extremamente competente e não teria permitido aqueles erros estúpidos se não quisesse que a missão fracassasse. Se era esse o caso, enviara von Janowski para ser detido. De fato, Canaris já conspirava contra Hitler.[10] Um ano depois, em 1943, o Führer o prenderia. O almirante foi executado por traição perto do fim da guerra.

Embora Johnny tenha alegado que quatro espiões alemães desembarcaram no Canadá, oficialmente foram apenas dois.[11] Werner von Janowski foi o segundo. Marius Alfred Langbein, o primeiro, chegou a New Brunswick em 14 de maio de 1942.[12] A missão era vigiar os navios dos Aliados que partiam de Halifax. Langbein morara no Canadá por algum tempo antes da guerra. Instalou-se a leste de Saint John, na região de St. Martins, e conseguiu relatar à Alemanha movimentos de navios durante dois meses, antes de mudar de ideia. Desertou e foi para Montreal, onde logo foi preso em um bordel. Percebeu que se desse um nome falso para o registro de prisão e pagasse 25 dólares canadenses de fiança, seria liberado até o julgamento. Isso lhe permitiu sair da delegacia.[13] Rapidamente mudou-se para Ottawa e adotou o nome de Alfred Haskins. Graças ao dinheiro da Abwehr, Lagnbein morou em hotéis baratos até dezembro de 1944, quando os recursos se esgotaram. Então entregou-se às autoridades canadenses.

O caso de Werner von Janowski era diferente, uma vez que fora apanhado *in flagrante delicto*, no ato. Mas a detenção fácil soava estranha a Johnny, porque em Berlim o almirante Canaris elaborava todas as missões. Aprofundando a investigação, Harvison deixou von Janowski confuso com as moedas de ouro. Era difícil usá-las, o que levantava suspeitas. Foi explicado com franqueza ao alemão que erros básicos como aquele em uma organização competente ou mostravam nenhuma preocupação com segurança ou haviam sido cometidos de propósito. Abalado com aquela conversa, von Janowski mergulhou em pensamentos confusos. Por fim, suspirou, levantou-se e caminhou até a janela.

Na praça do outro lado da rua, um grupo de veteranos da Primeira Guerra Mundial havia se reunido para celebrar o 11 de Novembro, Dia do Armistício canadense. Estavam fazendo uma homenagem silenciosa, com moradores da cidade, em uma cerimônia que abalou ainda mais Werner von Janowski. Muito mais tarde, relatou que fora informado de que o povo de Quebec estava revoltado. Em um piscar de olhos, Harvison deu a Bordeleau e Johnny duas notas de dinheiro canadense grandes e obsoletas. Bordeleau ergueu a nota diante da janela ensolarada, examinou-a e, balançando a cabeça, devolveu-a. Johnny fez o mesmo sem comentar. O espião estava cativado e confuso, e em seguida ficou irritado quando Harvison, enganando-o, afirmou que as notas que recebera eram falsas. Foi o suficiente. Bateu o punho na mesa, xingando a Abwehr e a Gestapo, que, agora percebia, haviam trabalhado juntas para planejar o fracasso da operação e sua consequente execução.

Rapidamente balbuciou que chegara em um submarino e que tinha a intenção de cumprir a missão. Durante a forte tempestade da noite anterior, havia remado sozinho em um bote de borracha, desmontável, para uma só pessoa. Em Montreal, montaria a estação de rádio e faria contato com os superiores em Hamburgo duas vezes por dia. A Alemanha o avisaria sobre as informações necessárias, que buscaria e reportaria. As diretrizes eram tão obsoletas que lhe disseram para estabelecer contato com Adrien Arcand e seu grupo, o Partido Nacionalista. Von Janowski não sabia que Arcand estava preso havia mais de um ano. Mesmo assim, o chefe do PN encarcerado ainda alegava que o partido tinha 15 mil membros só na Província de Quebec.[14]

Uma das ordens dadas a von Janowski era organizar a chegada de outros agentes, classificados como sabotadores sacrificáveis, de nível inferior. Fora informado de que o partido de Arcand era dedicado, extremamente organizado e o ajudaria a obter informações vitais e recursos. Informou que quando estivera em Marselha integrara a Legião Estrangeira francesa — que não admitia pessoas nascidas na França. Depois de dedicar cinco anos de serviços à unidade, voltou para a Alemanha, quando a guerra estourou, e foi preso pela filiação à Legião Estrangeira. O pai, um influente membro do Partido Nazista, conseguiu que fosse libertado e alistado no Exército alemão. Na época, era casado.

Depois de fazer um treinamento especial em sabotagem em Brandenburgo, a oeste de Berlim, foi designado para uma missão em vilas próximas à fronteira com a Holanda. Usando roupas de inverno holandesas sobre uniformes nazistas, ele e outros agentes entraram na Holanda antes da invasão nazista e iniciaram ações secretas de sabotagem. Depois de concluir as missões, deixaram a Holanda e foram para a Bélgica com uniformes militares belgas. Cometeram atos de sabotagem semelhantes, novamente antes da chegada das forças alemãs.

Após a derrota dos Países Baixos, o grupo ficou baseado ao longo do canal da Mancha, como uma das unidades de destruição avançadas para a planejada invasão alemã à Grã-Bretanha. Quando o desembarque na Grã-Bretanha foi cancelado, em meados de setembro de 1940, von Janowski voltou a Brandenburgo para receber mais instruções. A missão seguinte foi em Bruxelas, onde estabeleceu grupos de contraespionagem formados por civis. Foi promovido a capitão e condecorado com a Cruz de Ferro.

Em seguida, a Gestapo descobriu seu relacionamento com a namorada de ascendência judaica e o pôs em um campo de concentração. Enfrentou dificuldades e brutalidades, até que finalmente se ofereceu como voluntário para missões de inteligência no exterior. Seguiram-se semanas de preparação em Hamburgo. Essa formação foi bastante básica e não incluiu o aprendizado sobre fabricação de explosivos a partir de materiais encontrados no Canadá. Von Janowski concluiu a história com um suspiro e em seguida exigiu novamente que o deixassem vestir o uniforme. Só dessa vez acrescentou um pedido para que fosse julgado e executado sem demora. Harvison lhe disse que um espião detido com roupas civis não tinha direito à proteção garantida pela Convenção de Genebra. Diante disso, calou-se.

Depois de assinar para que fosse liberado e mudar a custódia da QPP para a RCMP, puseram-no no carro, com seus pertences, e iniciaram a longa viagem de volta a Montreal. Bordeleau dirigia, com Harvison sentando no banco da frente. Johnny se sentou atrás, com o prisioneiro agora algemado. O tenente Wilfred S. Samuel, da Inteligência Naval, que também falava alemão, sentou-se do outro lado de von Janowski.[15]

Desde o início da viagem, o prisioneiro ficou se repetindo sobre seus direitos, seu julgamento e sua execução por um pelotão de fuzilamento. Todos ficaram tão cansados, que o informaram que se não se calasse seria amordaçado. Sem que Harvison percebesse, Johnny apanhou um pequeno pedaço de corda que tinha no bolso, fez um nó de forca completo, com 13 voltas, e ficou brincando com ele diante dos olhos curiosos de seu companheiro no banco de trás. O olhar de von Janowski não se desviou enquanto Johnny punha um dedo no laço e o apertava, sempre lentamente. Von Janwoski observou aquilo atentamente durante 20 minutos, sem dizer uma palavra, e em seguida, com terror na voz, exigiu ser fuzilado.

Olhando-o melancolicamente, Johnny respondeu que ninguém capturado no Canadá era fuzilado. “Exijo ser fuzilado!”, gritou, novamente. Harvison se virou, de início sem notar o nó de brincadeira, e lhe lançou um olhar severo e provocativo. “Não matamos ninguém a tiros no Canadá”, repetiu Johnny suavemente para o homem pálido que observava seus dedos. “Aqui, os espiões são enforcados.” “Isso não é verdade!”, retorquiu o prisioneiro. Von Janowski começou a chorar[16] e implorou: "Vocês têm de me executar com pelotão de fuzilamento, esta é a lei!" "Não", disse Johnny, com tranquilidade. "Enforcamos os espiões lentamente, porque balas custam caro e são necessárias ao esforço de guerra. Uma vez gastas, não podem ser usadas novamente. Já o nó de forca é silencioso, barato e simples de usar. E pode ser usado repetidamente, em centenas de enforcamentos, sem ser substituído."

Johnny achou que Harvison teria um ataque cardíaco ao ouvir a mentira. Os comentários não estavam de acordo com o regulamento da RCMP. Mas Johnny não era governado por essas regras, como os outros dois. Era um agente livre emprestado aos Mounties e, portanto, podia dizer e fazer mais coisas sem que houvesse repercussões sérias. Harvison olhou irritado e balançou a cabeça, indicando que Johnny não tinha permissão para ameaçar o espião daquela maneira. Bordeleau tossiu e Johnny teve certeza de que fizera aquilo para disfarçar uma risada. "Vocês não podem me enforcar, espiões não são enforcados!", gritou o homem assustado. "Podemos e o faremos!", explodiu Johnny, cansado das tolices de von Janowski. "A não ser que até chegarmos às torres da cidade de Quebec, antes de Montreal, confesse tudo e concorde em salvar o pescoço colaborando conosco." "Não farei isso, por lei vocês têm de me fuzilar!", dizia o prisioneiro, agora ressentido, com muito menos convicção e irritação. "Decida por si mesmo, amigo", interrompeu Johnny. "Não fuzilamos. Aqui enforcamos. Um fim longo, lento, contorcido." Johnny pressionou novamente o dedo sobre o pequeno nó, afrouxando-o sempre lentamente depois de apertá-lo. Havia aterrorizado von Janowski. Harvison se virou para a frente. Von Janowski mergulhou em pensamentos obscuros.

As ameias e os pináculos de Quebec logo apareceram no horizonte. Johnny os apontou para o homem trêmulo. "O tempo se esgotou. Qual é a decisão?" Tremendo como vara verde, von Janowski gaguejou: "Não me enforquem, vou dizer tudo a vocês e fazer o que quiserem!" "Está bem", disse Johnny, "garantimos sua vida no que diz respeito ao Canadá e à Grã-Bretanha, [mas] se for responsável por alguma morte nas forças de ocupação da Dinamarca, Suécia, Noruega, Holanda ou Bélgica, o entregaremos a esses governos depois que a guerra acabar."[17] Os outros homens no carro sorriram em silenciosa satisfação.

A Divisão "C" da Polícia Montada Real Canadense (braço de Quebec da RCMP), com sede em Montreal, deve ter parecido enorme ao prisioneiro. Registrado, fotografado e com as impressões digitais retiradas, Werner von Janowski foi classificado como um homem de cabelo louro, olhos azuis, 1,73 metro e 38 anos. Por fim, foi conduzido por longos corredores para ser trancado em uma cela vigiada com rigor, no prédio da Atwater Street. Na breve parada em um pequeno restaurante, durante a viagem de volta, satisfizera o apetite, o que parecia tê-lo pacificado, deixando-o em uma espécie de estado de calma resignada. Serenamente, revelou que nascera na Polônia e forneceu outros dados sobre o passado. Muitas outras informações viriam à luz nas semanas seguintes.

Reunidos no escritório de Harvison, com o homem preso em segurança alguns andares abaixo, começaram a revistar a bagagem e os objetos pessoais de von Janowski. Costurados no forro do grosso sobretudo, encontraram seu código de telegrafia e livros de decodificação. Pílulas para doenças venéreas, fósforos estrangeiros, uma barra de doce, uma foto de uma mulher atraente, que dizia ser sua mulher alemã, e outras descobertas foram postos sobre uma mesa. Depois de registrados os objetos, o problema de Harvison era subjugar totalmente o espião, para não ter dúvida alguma de que estava colaborando honesta e completamente. Tinha de se assegurar também de que não tivesse um agente triplo nas mãos.

Se pudessem estar certos sobre as inclinações de von Janowski, a questão seguinte seria onde mantê-lo, uma vez que não poderia servir aos planos canadenses confinado em uma cela. Precisavam de um local de preferência central, que não tivesse uma aparência suspeita. Tinha de ser seguro e à prova de fuga. Tinha de ser também um lugar onde, 24 horas por dia, pudessem manter von Janowski transmitindo a Hamburgo mensagens preparadas pela RCMP. A magnitude da situação foi discutida durante várias horas. De repente, Johnny surpreendeu Harvison ao afirmar: "Se conseguirem que Ottawa aprove as despesas, posso transformar o porão de minha casa nesse lugar e nosso homem poderá trabalhar lá."

"Ótima ideia, Johnny, mas você e Gerti estariam realmente dispostos a ter Werner morando embaixo de vocês?", perguntou Cliff. "Claro, se Ottawa concordar em pagar pelo material necessário e a comida a mais, porque Gerti terá que fazer todas as refeições e provavelmente alimentar os guardas também", acrescentou Johnny. Cliff agiu rapidamente para que a ideia fosse transmitida a Ottawa. Os dois homens esperavam uma resposta positiva e o mínimo de burocracia. Johnny se dispunha a fazer todo o trabalho sozinho, gratuitamente, de modo que seria feito de acordo com suas especificações e a estranha reforma na casa ficaria protegida contra o envolvimento de qualquer outro trabalhador que pudesse falar sobre o que estaria acontecendo no endereço da Palmerston Avenue.

Quando Johnny informou a proposta, Gerti aceitou-a completamente. Ottawa rejeitou o plano durante algum tempo, mas acabou cedendo, sem dúvida devido à forte pressão da RCMP. Financiaria o projeto. Em duas semanas, o apartamento compacto subterrâneo estava pronto.[18] A RCMP pagou 514,61 dólares canadenses a Johnny pela reforma e 135,61 por mês para abrigar o prisioneiro, alimentar os guardas e custear a gasolina do carro.[19] Von Janowski tinha um quarto grande, com chuveiro, vaso sanitário e pia. Adjacente, havia uma sala de bom tamanho para o guarda, com apenas uma porta para o corredor fechado. De um lado ficava o compartimento do telégrafo. Junto a ele, uma pequena cozinha. Uma porta sólida no vestíbulo, na base da escada que levava para o lado de fora, completava a unidade autossuficiente. No meio da escada havia uma segunda porta que dava para a garagem e uma terceira que dava para a cozinha, de onde Gerti passava as refeições para os guardas.

As pequenas janelas do porão tinham uma grade grossa e sólidas barras de aço. No teto dos cômodos do prisioneiro e do guarda foram instalados condutores de ar que Johnny estendeu até o seu quarto, de modo que podia ouvir o que se dizia lá embaixo sem ser ouvido.

Não havia como o espião escapar de seu quarto sem passar pelo quarto do guarda, sempre ocupado, e abrir a porta para o corredor. Mesmo assim, ao fim dessa passagem ele encontraria a porta da base da escada, a porta da garagem e a porta para o andar de cima trancadas. Depois de inspecionar o recém-concluído alojamento de rígida segurança, Harvison confirmou que Werner não tinha a menor chance de fugir.

Dois policiais da RCMP armados e à paisana ficariam com von Janowski 24 horas por dia, em turnos de oito horas, o que exigia três equipes de dois guardas. Quando o prisioneiro não estivesse ocupado com o trabalho de enviar e receber mensagens, realizado duas vezes por dia, os sentinelas o levariam para se exercitar e realizar outras atividades do lado de fora. Ao longo do ano que se seguiu, von Janowski foi ao cinema, a eventos esportivos e até fez compras no centro, sempre sob o olhar vigilante de guardas fisicamente fortes e armados. Um especialista em telegrafia e eletrônica da RCMP, W. Gordon Southan,[20] aparecia nos horários de transmissão programados. Também checava e conservava o equipamento, que incluía um poste de 15 metros no quintal.[21] Especialistas em código da RCMP preparavam as mensagens a serem enviadas à Alemanha e decodificavam as que chegavam.

Em Ottawa, o comissário Stewart Taylor Wood, da RCMP, achou que a situação exigia a assessoria de alguém experiente. Von Janowski representava a principal captura de sua carreira. Entrou em contato com Sir David Petrie, chefe do MI5 em Londres. Petrie concordou e enviou Cyril Mills, que cruzou o Atlântico para atuar como supervisor durante as fases iniciais da conversão de von Janowski. Mills era um dos agentes mais renomados da Comissão dos Vinte, a famosa XX, ou unidade “Double-Cross”, de funcionários interdepartamentais especializados em táticas para enganar os nazistas. A eficiência desse grupo permitiu à Grã-Bretanha controlar um grande número de espiões nazistas no país, transformando-os em agentes duplos. Na primavera de 1942, Frank Foley assumira o comando da operação XX.[22]

Logo que chegou a Montreal, Mills e Harvison começaram a brigar. Talvez fosse uma questão de como von Janowski deveria ser interrogado e tratado, talvez discutissem sobre quem seria o responsável, talvez fosse um pouco das duas coisas, mas os dois homens mergulharam rapidamente numa disputa acirrada que se prolongou por todo o período da permanência de von Janowski no Canadá. A controvérsia começou com a mudança do nome do caso, por Mills, de "Braulter *et al.*" para "Operação Cão de Guarda". "Cão de Guarda" se tornou o termo em código aplicado a von Janowski.[23] A RCMP demorou a adotar o novo nome. Além disso, as técnicas de interrogatório de Mills eram muito mais rígidas do que as de Harvison. Sem que fosse essa a intenção, um ambiente de mau policial e bom policial se instalou, com visões divergentes sobre a batalha para forçar von Janowski a cooperar.[24]

Além da RCMP e dos ingleses, representantes do governo canadense e dos serviços de inteligência do Exército, da Marinha e a da Força Aérea participaram da equipe criada para lidar com o alemão capturado. Esse grupo seleto avaliava os pedidos dos nazistas enviados ao prisioneiro em busca de cada fragmento de informação militar relacionado ao Canadá e aos Aliados. Determinava os detalhes a serem enviados de volta e os que seriam ignorados. Entretanto, se toda informação que chegasse à Alemanha fosse falsa, acabariam sendo descobertos. A Abwehr saberia que estava sendo enganada e interromperia o contato. Era vital, portanto, que alguma verdade fosse incluída naquela farsa, o que não era uma tarefa fácil. Todas as respostas eram verificadas e discutidas para se chegar ao resultado desejado. A função de Johnny era manter rígida a segurança do agente duplo enquanto permanecesse em seu território. Fora dali, a RCMP cuidava de todas as outras coisas e do controle geral da unidade. Gerti cozinhava para os homens e Johnny fazia tarefas com os dois grupos nazistas clandestinos. Mas nunca dormia sem um revólver carregado sob o travesseiro, caso von Janowski tentasse escapar.

O papel de Werner von Janowski nisso tudo era de importância vital. Seu dedo tinha de estar na tecla do telégrafo para enviar as mensagens do Canadá. Assim como acontece com as impressões digitais, não há duas maneiras iguais de usar as teclas do telégrafo. O toque de Werner era registrado pela máquina e conhecido pelos receptores alemães. A batida pessoal tinha de corresponder ao gráfico de impulsos estabelecido antes de ele deixar a Alemanha. Do contrário, os nazistas farejariam o impostor a partir de diferentes leituras no registrador em estilo metro.[25]

O dilema seguinte surgiu quando tentativas de entrar em contato com Hamburgo e Berlim usando o transmissor-receptor de von Janowski falharam. O equipamento simplesmente não era forte o suficiente, mesmo em condições de tempo favoráveis. Southam conseguiu então que uma unidade muito maior fosse enviada, com uma enorme antena externa de 15 metros, em substituição à que estava no telhado. Depois de ser instalado no quintal — preso a fios fortes e ligado ao novo transmissor — esse monstro gigante resolveu a crise, e muito bem.

O novo equipamento era tão potente que os primeiros testes de transmissão poderiam ser detectados pelos alemães. Ajustes foram feitos rapidamente, para adaptar o equipamento à força correta. Hamburgo e Berlim começaram a se alegrar imediatamente depois do primeiro contato de Montreal, feito pelo espião que chamavam de "Bobbi". Tudo funcionava bem. A partir de 28 de novembro, e durante os oito meses seguintes,[26] a fraude coordenada provou ser de valor inestimável para o fornecimento ao Canadá e aliados de informações sobre os planos e ações da Alemanha.

A sede dos nazistas por detalhes sobre o esforço de guerra canadense era grande, diversificada e reveladora. Conseguir respostas envolvia o empenho de todo o grupo em uma tarefa gigantesca. Por sorte, Berlim pedia apenas duas transmissões por dia, do contrário, o acompanhamento seria impossível. De início, Hamburgo demonstrou grande interesse nas transmissões. Perguntou sobre a força das unidades militares baseadas em Montreal e Quebec e perto delas. Sugeriu que Bobbi fosse a Quebec para informar os tipos de navios que estavam no porto. Estava também bastante interessada em saber a localização de ninhos de submarinos no rio St. Lawrence. Pedidos relacionados a tipos de papel, pesos, tintas e tinturas usadas nos Certificados de Registro Nacional do Canadá e em cupons de alimentos representavam oportunidades ideais para trapaças. Esse conhecimento não estava ao alcance do agente, por ser de natureza altamente técnica e difícil de obter para qualquer pessoa.

Harvison determinou que se extraísse mais de Hamburgo fazendo von Janowski dizer aos nazistas que tinha cópias desses documentos. De início, considerou-se acrescentar um pedido de informações sobre os procedimentos seguintes. Mas isso foi descartado quando se percebeu que os alemães poderiam suspeitar. A primeira declaração foi transmitida sem o pedido de instruções, na esperança de que Hamburgo fornecesse esses detalhes. Isso permitiria aos canadenses saber o estilo de telegrafia e os endereços de agentes nazistas tanto na Alemanha quanto em países neutros. Infelizmente, nenhuma palavra sobre envio de documentos foi mencionada por Hamburgo. Logo ficou bastante evidente que os alemães queriam tudo, mas não pretendiam revelar nada. Ou era uma via de mão única ou, na verdade, haviam percebido que von Janowski estava preso.

Por outro lado, o que a Abwehr requisitava fornecia a todos um quadro provável do que os nazistas sabiam e não sabiam, bem como uma indicação de algumas fraquezas. Hamburgo pediu informações sobre o bombardeiro Mosquito, que na época estava na lista secreta. Mas seria divulgado e liberado ao público canadense na mesma semana em que a Alemanha fez o pedido. Ao avaliar o pedido, Ottawa concordou em adiar a revelação sobre o avião por dois meses. Dessa maneira, quando von Janowski transmitiu as especificações sobre o Mosquito a Hamburgo, os nazistas acharam que tinham obtido uma preciosidade. Hamburgo ficou exultante com a transmissão e orgulhosa do espião. Harvison, Johnny e o resto da equipe deram boas risadas com aquela valorização exagerada.

O restante do tempo de Johnny continuava a ser gasto com os grupos nazistas em Montreal. Todos os contatos eram feitos por meio do capitão Burger. Em nenhum momento os simpatizantes do fascismo tiveram a menor ideia de onde morava ou de como falar com ele ao telefone. Eram determinações do próprio superior. Haviam aceitado as visitas periódicas de Johnny e as semanas de ausência, atribuindo-as à responsabilidade de lidar com unidades em todo o Canadá. Durante esse período, Johnny visitou com frequência os suspeitos de Montreal individualmente em suas casas.

Certa noite, os dois irmãos construtores do grupo de Fletcher's Field entregaram a Johnny uma caixa de dinamite e outra com capacetes que haviam roubado no trabalho, semanas antes. As caixas haviam sido escondidas perto de Ste-Anne de Belleuve, depois de um trabalho em construção.[27] Os dois estavam loucos para explodir alguma coisa, mesmo depois de Johnny lhes dizer novamente que era preciso primeiro a aprovação de Berlim. Pareciam chateados com a falta de iniciativa de Johnny, que dizia estar à espera de uma palavra da Alemanha. Johnny partiu com as caixas de madeira, convencendo os dois a obedecê-lo, depois de muita conversa. Ao chegar em casa, telefonou para Harvison e lhe contou o que tinha. Harvison lhe pediu para levar as caixas para algum lugar e destruí-las antes que aquilo explodisse na rua. Os Mounties enviaram uma equipe que removeu as caixas e inutilizou o conteúdo.

Seigmire, o engenheiro da Hydro, havia reunido uma pilha de plantas das instalações. O jeito raivoso e a insistência em agir representavam um problema. Não se sabia o que poderia fazer, ou o que faria, agindo por conta própria. Estava impaciente e ansioso demais para aceitar o controle por muito tempo. O desejo de eliminar as instalações da Hydro na província dominava sua mente. Havia tramado e trabalhado nisso sozinho durante anos. Harvison e Johnny decidiram que era hora de Seigmire sair de circulação de uma vez por todas. Os líderes mais importantes da Hydro de Quebec foram reunidos com Harvison. Detalhes relevantes, mas limitados, foram apresentados, o suficiente para que seguissem o plano de neutralizar Seigmire. Deixaram a reunião firmes e unidos em torno da estratégia geral.

Os executivos iniciariam rumores na fábrica de que Rudy era nazista. Apesar de negar repetidamente, seguiram-se semanas de insultos e isolamento pelos colegas. Em toda parte aonde ia, era acompanhado por palavras e xingamentos de "nazista nojento!" ou algo do tipo. Sem dormir direito, e de algum modo enlouquecido, logo se tornou uma pilha de nervos. Quando Johnny o visitou, estava arruinado e lhe contou o problema. No papel de capitão Burger, Johnny ficou irritado e lhe disse para se livrar de todos. "Demita-se!", disse. "O que vou fazer sem emprego?", perguntou, mais preocupado do que nunca. Johnny prosseguiu: "Lembro-me de que me disse que tinha 20 mil dólares canadenses guardados para comprar uma fazenda algum dia. Sei que esse é o seu sonho. Sei também de uma boa fazenda perto da fronteira americana que poderia comprar para gozar a vida. Não participará mais das reuniões, mas você e Berlim sabem que fez sua parte." Ele vibrou com a ideia e ficou ansioso para que Johnny lhe dissesse se a fazenda ainda estava disponível. Johnny lhe assegurou que averiguaria.

Harvison e Johnson logo encontraram uma fazenda adequada, de acordo com o que Seigmire queria, mas bem isolada. Seigmire ficou em êxtase quando Johnny lhe mostrou as terras e a casa. Demitiu-se imediatamente, comprou a propriedade e se mudou para lá. A mudança o tirou de cena e o tornou inofensivo. Aos outros membros do grupo, a saída de Seigmire foi explicada como sendo motivada por uma missão especial de Berlim. Tivera de sair de Montreal e cuidar de assuntos mais importantes. "Berlim recebeu as plantas da Hydro e gostou", observou um membro do grupo, com orgulho. "Com certeza", disse Johnny. Bem antes de a guerra acabar, Seigmire podia ser encontrado na pequena fazenda ao sul de Montreal, trabalhando com absoluto prazer e dedicação.

Toda noite, ao chegar em casa, Johnny ia até o porão conversar com os Mounties e von Janowski por alguns minutos. Certa vez, estava no quarto, ao lado de uma das malas. O prisioneiro estava ocupado com Gordon Southan na sala do telégrafo. Algo chamou a atenção de Johnny. Ao se deter para examinar uma foto de mulher na parte interna da tampa da mala, descobriu que não era a foto da mulher dele que haviam visto, mas de uma bastante diferente. Examinando-a de perto, notou palavras esmaecidas no canto de baixo, que diziam: "Queen Lingerie Shop, Queen Street, Toronto."

Em um telefonema para Harvison, ficou combinado que Johnny iria de carro a Toronto para esclarecer tudo. Como aquela foto escapara da inspeção anterior, não sabia. A não ser que von Janowski a tivesse escondido e depois a apanhado de volta ao se sentir seguro. Não foi difícil localizar a loja em Toronto e, quando Johnny entrou, uma mulher gorda bastante simpática o cumprimentou. Seu nome era Olive Blanche Quance. Quando lhe perguntou se precisava de ajuda, Johnny explicou que estava à procura de um amigo chamado Werner von Janowski e lhe perguntou se sabia onde poderia encontrá-lo. Imediatamente, a mulher ficou vermelha de raiva e disse que o conhecia, porque fora casada com aquele vagabundo muitos anos antes. Vivera com ele dois anos, durante os quais lhe levara todos os bens. A mulher tinha uma boa quantidade de dinheiro antes de conhecer von Janowski. Certa noite, ele apanhou o que restava das economias dela e desapareceu. A última coisa que ouvira falar era que ele estava em algum lugar na Alemanha. Se algum dia o encontrasse, o mataria. "Aquele porco imundo!”[28] “Não tenho nada a ver com isso. Tudo que quero é descobrir onde está”,[29] disse Johnny. Agradeceu e foi embora.

Johnny estava certo. O homem que a Abwehr chamava de Bobbi estivera no Canadá antes. Chegara a Quebec a bordo do S.S. *Crefeld*, em 19 de maio de 1930. Em 20 de dezembro de 1931, casara-se com Olive Quance, 16 anos mais velha. Em agosto ou setembro de 1933, supostamente saiu do Canadá e foi para a França, a bordo do S.S. *Ascania*.[30] Ao saber sobre a primeira mulher, Harvison disse que desenterraria mais coisas e depois se sentaria novamente com o prisioneiro para uma conversa esclarecedora.

Johnny se adiantou ao chefe. “Saudações da primeira mulher![31] Não é apenas um espião, mas também um bígamo”, disse Johnny ao visitá-lo na noite seguinte. “É casado com duas mulheres atualmente, uma em Toronto e a outra em Berlim”, gritou Johnny. Von Janowski ficou branco. “Se não tivéssemos apanhado você por nos espionar, poderíamos tê-lo apanhado por bigamia!”, explodiu Johnny, deixando o inseguro prisioneiro desconcertado. Desde que fora preso, Johnny não o suportava. Achava von Janowski fraco, covarde.

É desnecessário dizer que o vaivém de carros e homens, bem como a enorme antena de transmissão de 15 metros de altura, criaram uma atmosfera de mistério e suspeita entre os vizinhos. Essa apreensão foi reforçada pelo fato de os De Graff falarem alemão. Certa noite, Harvison telefonou para dizer que a RCMP recebera telefonemas de vizinhos da Palmerston Avenue relatando acontecimentos estranhos na casa dos De Graff.

George Elliott, chefe da polícia em Mount Royal, também recebeu telefonemas. Sem saber do que se tratava, mas certo de que deveria informar as autoridades, transmitiu os detalhes ao centro de comando da Divisão “C”. Era preciso um disfarce para aquelas atividades, de modo a acalmar os moradores preocupados. Harvison teve uma ideia que resultou no fim da crise. Ao visitar Elliot, explicou que Johnny estava envolvido em pesquisas altamente técnicas de equipamento de guerra. Não deu mais informação nem detalhes. Mostrando-se cooperativo e ansioso para fazer sua parte, o chefe de polícia assegurou que faria o possível para tranquilizar os curiosos e prometeu colocar patrulhas do lado de fora para proteger a instalação de pesquisas. A partir daí, Eliott pôs fim às perguntas, informando a quem telefonava que sabia o que estava acontecendo em 45 Palmerston Avenue. Tratava-se de uma pesquisa do governo e o vizinho misterioso estava servindo patrioticamente ao Canadá.

Werner von Janowski desempenhou bem o papel de telegrafista e agente duplo, sob estrita supervisão. Mas, com base em conversas com os guardas e outras pistas pequenas, a RCMP e Johnny sabiam que não podiam relaxar a vigilância nem por um instante. Mudaria de posição novamente, se tivesse oportunidade. Frequentemente, quando estava quieto no quarto, Johnny ouvia o prisioneiro conversando com os guardas, totalmente inconsciente de que estava sendo ouvido no andar de cima. Von Janowski parava de sondar os captores e começava a importuná-los com insultos e ameaças. Por fim, cansado dos próprios jogos, o Cão de Guarda parava de latir e ficava em intrigante silêncio.

Quanto aos dois grupos pró-nazistas que Johnny monitorava, tinham novos membros e atraíam outros. Propositalmente, Johnny manteve cada núcleo original no tamanho inicial, insistindo que os recém-chegados permanecessem em campo. Dessa maneira, fariam relatos aos membros do grupo, que, por sua vez, manteriam o S.A. 235 informado. Respeitaram esse método de segurança, o que levou a RCMP a descobrir cada vez mais nomes e material.

Certa noite, durante uma reunião da facção de Fletcher's Field, uma situação que Johnny vinha esperando aconteceu. Enfrentou uma pesada discussão devido à inatividade do grupo. Fanaticamente unidos, exigiam tomar uma iniciativa e implementar alguns dos muitos planos. Entre eles, começavam a circular dúvidas sobre a longa demora para a aprovação dos nazistas. Esse obstáculo em Berlim os levava a duvidar de Johnny. Era o capitão Burger quem estava protelando as operações, proclamaram. "Que garantia temos de que é realmente o capitão Burger?", cobrou um porta-voz do grupo reunido. "Tem afirmado isso desde o início, e nós aceitamos. Agora queremos provas." "Obrigado por pedirem", respondeu Johnny, firmemente. "Estava esperando esse momento e imaginando por que demoravam tanto a fazer essa pergunta. Fico feliz por indicarem que estão alertas", prosseguiu Johnny. Nesse jogo, é preciso estar vários passos à frente e bem preparado para essas perguntas. Às vezes, a ingenuidade de um indivíduo pode ser seriamente posta à prova. "Você deve ter contato direto com nossa pátria", disse um membro, mais perguntando do que afirmando. "Tenho", respondeu Johnny, observando a reação de cada homem. Percebeu no rosto deles que o confronto era a expressão total do que pensavam. Aquilo fora planejado, não era uma pergunta impulsiva de um indivíduo.

Estranhamente, o assunto morreu tão repentinamente quanto surgira, o que surpreendeu Johnny, porque não haviam concluído o ataque. Nada mais foi dito aquela noite, mas Johnny sabia que não era o fim da inspeção. De fato, duas semanas depois, outro membro do grupo assumiu o papel de porta-voz interrogador. Johnny sabia agora que haviam se reunido entre os encontros. "Você diz que faz contato por telégrafo com Berlim", afirmou o interrogador. "Já lhe disse que faço isso", rebateu Johnny. "Não apenas uma, mas muitas estações de telégrafo estão sob minha supervisão."

"Então você pediria à sede e ao centro da Deutschland em Berlim que tocassem no rádio a canção dos soldados, 'Laura, Laura, Laura', em um determinado dia?" "Claro", respondeu Johnny, sempre pronto para se arriscar. "Diga o dia." "Por favor, peça a Berlim para tocar a canção na quarta-feira." "Será um prazer", reagiu Johnny, com plena confiança. "Querem a versão curta da canção? Não, espere, na verdade vou escolher, será a canção toda, conforme é tocada para os nossos soldados." Eles se entreolharam, desconcertados. "Está bem, ouçam seus rádios nas próximas noites de quarta, quinta e sexta-feira", ordenou Johnny. "Não posso dizer se a estação vai tocar imediatamente, porque não tenho controle sobre a programação. A data e a hora tenho de deixar por conta deles. É bem possível que possam tocar na quarta-feira à noite. Verei vocês na quinta-feira à noite, no mesmo horário, semana que vem. Ouçam seus rádios e farei isso também, porque assim todos teremos certeza sobre os fatos." Johnny pediu o fim da reunião. Mais tarde, em casa, telefonou para Harvison e contou sobre o teste. No dia seguinte, fizeram von Janowski enviar o pedido por telégrafo, sob a supervisão de Gordon. A canção tocou na rádio de Berlim na noite da quarta-feira seguinte, conforme solicitado. Harvison, Johnny e o resto da equipe ficaram satisfeitos e aliviados.

Na noite seguinte à da transmissão, quando Johnny entrou na sala da casa da reunião em Fletcher's Field, todos os homens em dúvida bateram seus saltos e se retesaram, em rígida atenção, com braços estendidos. "Heil Hitler!", gritaram em uníssono, sorridentes e cheios de radiante admiração pelo líder testado. Os acusadores de Johnny se tornaram assim seus mais leais e dedicados defensores. Fora julgado e inocentado.

Na mesma noite, perguntaram novamente se podiam aumentar o grupo central, porque havia muitos recrutas pedindo para serem aceitos no círculo interno. "Não, isso é impossível, porque temos de trabalhar apenas com um pequeno grupo fechado, por motivo de segurança. É para o nosso próprio bem e para o bem deles também. Enquanto isso, vocês devem se considerar os privilegiados." Concordaram enfaticamente.

Johnny anunciou também que não podia se encontrar com todos quando quisessem, mas apenas nas noites programadas. "Não sou responsável por vocês apenas", informou. "Tenho centenas e centenas de agentes, todos sob meu comando." Respeitando o que pensavam ser o vasto poder e a ampla rede do capitão Burger, aceitaram as regras. Isso permitiu a Johnny que se ajustassem à sua programação e, portanto, desculpassem qualquer ausência de tempos em tempos. Conscientes de que tinha os telefones e endereços de todos, também esperavam e recebiam os irregulares telefonemas noturnos de Johnny e as visitas como parte de suas vidas.

Apesar da convenção estabelecida, Johnny se tornou cada vez mais consciente de que o peleteiro, Fritz Hummer, estava aos poucos se diferenciando do seu grupo. Harvison e Johnny concordavam que era um criador de problemas. Hummer estava longe de ser passivo, apesar do silêncio. Tinha duas paixões: o negócio de peles e a dedicação profunda e ardente à causa nazista. Mas a insatisfação com a falta de ação do grupo era óbvia. Johnny sabia que a saída para ele seria agir sozinho ou formar o próprio grupo, o que poderia causar uma confusão descontrolada.

Atrapalhar a primeira paixão foi o curso de ação decidido. Harvison cuidou de tudo. Na reunião seguinte, o peleteiro, pálido e nervoso, afirmou com voz cansada que teria de desistir de participar do grupo. Perguntado sobre o motivo, explicou com lágrimas nos olhos que estava tendo problemas nos negócios. Os fornecedores estavam elevando os preços no atacado; os pagamentos, antes feitos em 90 dias, agora deveriam ser feitos em 30. Além disso, o banco recusara um empréstimo que estava certo de que conseguiria. Hummer explicou que poderia falir em breve se não encontrasse uma solução para as dificuldades repentinas. O grupo permitiu a ele se desligar das reuniões e se concentrar nos negócios em tempo integral, mas sob ameaça de morte se algum dia revelasse o que sabia. Com um fraco "Heil, Hitler!", concordou em ficar em silêncio. Nunca mais ninguém viu Fritz Hummer. Durante o resto da guerra, lutou apenas para sobreviver economicamente. De vez em quando, os credores lhe davam uma folga, mas nunca o suficiente para permitir participação nas atividades do grupo.

Antes disso, 1943 havia chegado para o Cão de Guarda, os responsáveis e os guardas. Continuavam a trabalhar no porão da Palmerston Avenue. Tudo corria conforme planejado, apesar dos acontecimentos inesperados de vez em quando. Uma questão dizia respeito aos guardas. Johnny achava que em grande parte haviam ingressado na RCMP para escapar do serviço militar. Apesar dos pedidos, continuavam a estacionar os carros da polícia em frente à residência, e não depois da esquina. Eram também bastante relaxados na maneira como deixavam o prisioneiro fazer certas coisas, e von Janowski tirava vantagem disso, até fazendo sexo com a mulher de um deles. Quando Johnny relatou isso a Harvison, foi iniciada uma investigação, que resultou na substituição de guardas e na demissão de um sargento que defendia a Alemanha. Johnny bateu em von Janowski apenas duas vezes, e uma delas foi nessa época. Já levara um tapa no rosto por ignorar duas vezes uma ordem de Johnny. Aquilo esfriara o nazista por algum tempo. Mas quando começou a se envolver com a mulher do sargento, Johnny descobriu e lhe disse para deixá-la em paz.[32] Von Janowski respondeu: "Ah, é apenas uma puta velha e gorda, e de qualquer modo isso não é da sua conta!"[33] Imediatamente, Johnny lhe deu um murro na cara e começou a sufocá-lo, dizendo: "Nenhuma mulher canadense é uma puta velha e gorda!"[34]

A questão mais séria, porém, não foi causada pelas aventuras amorosas do homem do porão. Houvera vazamentos ou quase vazamentos na imprensa, iniciados apenas uma semana depois da captura de von Janowski com uma reportagem em um tablóide de Memphis, Tennessee, aproveitada pela *Newsweek*, que publicou uma nota em 23 de novembro de 1942.[35] Apesar dos esforços da RCMP e da Diretoria de Censura, pequenas descobertas jornalísticas continuaram a acontecer de vez em quando, nos meses seguintes.

Também faz parte desses acontecimentos mais obscuros uma ocorrência curiosa em uma noite de outono, já tarde, quando Johnny notou algo perto da parede externa, junto às janelas do porão. Não havia neve ainda e o chão amaciou seus passos quando se aproximou em silêncio do lado esquerdo da casa, para matar a curiosidade. Conseguiu discernir a silhueta das nádegas de uma pessoa. O intruso estava abaixado, com mãos e joelhos apoiados no chão, olhando pela grade o quarto do espião. Em um movimento rápido, Johnny se lançou para a frente, agarrou o observador pela gola do casaco e o ergueu.

O homem ficou surpreso e assustado enquanto Johnny o virava de frente. Era um vizinho petrificado. "O que está fazendo?", perguntou, ainda segurando-o firmemente pelo pescoço. O homem procurou palavras, até que finalmente desabafou: "Tem algo estranho acontecendo aqui e resolvi descobrir o que é!" "Você viu o que queria ver lá embaixo?", perguntou Johnny, zangado. "Não vi nada!", balbuciou o homem, apavorado. "Há cortinas grossas nas janelas e não consegui ver através delas." Johnny pressionou a cabeça contra a do infrator e fuzilou: "Então caia fora daqui! Vá para casa e cuide da sua vida, do contrário vai ter problemas, não apenas comigo, mas com a polícia! Agora saia!" Empurrou-o pelas costas contra a cerca escura de cedro, ele caiu de joelhos, levantou-se e saiu correndo.

Duas semanas se passaram e certa noite, quando Johnny chegou em casa, Gerti teve um aborto. Estava no segundo mês de gravidez. Felizmente, o médico chegou logo e não houve complicações. Um dia depois, Gerti já estava de pé e sorrindo radiantemente, mas Johnny sabia que por dentro chorava a perda do segundo filho. Também sabia que ela queria muito ter um filho, mas agora esperava que compreendesse que, apesar de ambos quererem uma criança, isso era impossível. Embora por um breve período tivessem pensado em adoção,[36] Gerti havia metido na cabeça que teria um filho de Johnny.

Além dessa tragédia em casa, Johnny e Harvison logo descobririam novos assuntos que precisavam de atenção. "Há um Clube Canadense-Germânico, na St. Lawrence Boulevard, em cima de um restaurante grego", mencionou Harvison certa noite, em um encontro dentro de um carro estacionado em um cruzamento isolado da Pine Avenue com a Côte des Neiges Road. "Fomos informados de que é um reduto nazista e, embora seja pequeno, pode ter influência sobre o movimento". "Nossa, Harvison, tenho trabalhado noite e dia tentando controlar e ficar em dia com esses sujeitos e suas conspirações", respondeu Johnny. "Não tem outra pessoa que possa enviar?" "Não, ninguém além de você", afirmou Harvison, com o rosto demonstrando preocupação, não apenas com o fardo a mais que poria sobre o colega, mas por saber que ele e seus homens eram muito poucos. Consciente da situação e das longas horas que Harvison dedicava às responsabilidades, Johnny aceitou a carga adicional. Admirava aquele policial magrelo; achava que nunca poderia desapontá-lo, não importando as exigências. Johnny gostava de agradar a Harvison, e sabia que o Mountie apreciaria isso.

Sentado à mesa da cozinha naquela noite, contou a Gerti. "Você consegue fazer, Johnny. Sei que está cansadíssimo, mas consegue. Descanse e de manhã estará de volta ao ritmo, e ninguém vai impedi-lo." Gerti estava certa. Conforme previu, na noite seguinte ele estava na St. Lawrence Boulevard, subindo a escada de madeira que dava acesso ao clube no segundo andar. Heinrich Fellor, o presidente, cumprimentou-o ao abrir a porta de madeira talhada, e Johnny entrou na sala comprida, sombria, mal iluminada e cheirando a cigarro.

Fellor era um homem de estatura mediana e ossos largos, mas com muitos quilos a mais, o que o rosto sorridente e redondo revelava. O cinto marrom estava preso no último furo, mas não conseguia conter a gordura da barriga saliente. Cumprimentou Johnny em alemão, sem suspeitas ou cautela, apenas com o calor da hospitalidade a um compatriota. Em meio à fumaça, Johnny pôde ver a sala retangular de 18 metros por menos de 5 metros. Vários homens estavam sentados a uma mesa redonda, jogando pôquer, deixando pelo menos dez mesas vagas, com as cadeiras vazias. Perto da entrada, havia um bar meio danificado, sem atendente. A parede ao fundo não exibia garrafas, mas um grande espelho cercado dos dois lados por pacotes de batata frita e amendoim. Havia um sólido refrigerador da Coca-Cola vermelho na extremidade do bar, em frente a uma prateleira preta na parede. No balcão, pôde ver uma caixa registradora marrom-escura que era uma raridade.

Herr Fellor levou-o a um breve passeio pelo clube. Os banheiros ficavam fora do salão principal e na parede do fundo do corredor havia uma porta para um pequeno escritório, onde se sentaram e conversaram. O pequeno cômodo devia ter menos de 3 metros. Continha uma mesa de madeira marcada, duas cadeiras e um arquivo enferrujado, com três gavetas. Paredes sujas refletiam a luz amarela de uma única lâmpada de 60 watts pendurada no teto.

Fellor ofereceu ao recém-chegado alemão, William John Graff, um formulário de inscrição amadorístico, seguido de um pedido de dez dólares canadenses como taxa, caso ele e a mulher decidissem se tornar sócios. Johnny lhe deu o dinheiro e preencheu o papel com o nome falso e o endereço, que Fellor mal olhou antes de pôr em uma caixa de madeira. Depois de explicar que os sócios eram poucos, apenas 20 casais, começou a falar sobre as atividades sociais programadas, que incluíam torneios de bridge, danças e noites só para homens. Nenhuma bebida alcoólica era vendida no recinto, apenas petiscos empacotados e refrigerantes diversos. Em seguida, Fellor e Johnny se juntaram aos quatro homens na mesa de pôquer. Mal falaram com eles enquanto conversavam em alemão. Johnny comprou um garrafa de refrigerante e passou a acompanhar o jogo, avaliando os jogadores.

Quando o jogo terminou e os sócios partiram, também foi embora, mas prometeu voltar na sexta-feira à noite para a dança. Harvison foi informado mais tarde de que o contato fora feito naquela noite. Johnny relatou que o presidente do clube trabalhava para um jornal de Montreal. Na verdade, não era nazista, mas sim comunista, e trabalhava com Rebecca Buhay, secretária do Partido Comunista Canadense.[37]

Naquela semana, Johnny levou Gerti ao baile. Quatro casais dançavam no salão, ao som de canções alemãs gravadas. Mais oito pessoas estavam presentes, entre elas seis judeus sentados à parte, conversando intensamente. Algumas almas corajosas intervieram para dançar com as quatro mulheres, mas fora isso pouca coisa aconteceu. Durante as semanas seguintes, Gerti e Johnny foram a outras noites de casais, até ficar tão entediados que começaram a falar sobre fazer um baile para todos os sócios. Pelo entusiasmo ao apresentar a ideia, foram escolhidos para organizar a festividade.

Depois de informar Harvison sobre a intenção de conseguir um pouco de animação, bem como de atrair os sócios àquele lugar funesto, teve permissão para comprar cerveja e revendê-la sem licença. Os De Graff e um voluntário decoraram o salão com fitas e bandeirolas coloridas e encheram o refrigerador de cerveja comprada na mercearia. Provavelmente, Johnny pôs um pouco de Pepsi para si, uma vez que evitava beber Coca-Cola por motivos políticos. Achava que a Coca-Cola apoiava demais os grandes negócios americanos.[38] Uma semana antes do grande acontecimento, percorreram a lista de sócios, deram uma cópia a Harvison e enviaram convites a cada casal e pessoa não comprometida. Na noite do baile, ao som de músicas românticas no gravador, a multidão dançou, conversou e bebeu para honrar o melhor evento da história do clube.

Gerti e Johnny ficaram conhecidos como os principais organizadores da associação. Talvez tenha sido inevitável que Johnny substituísse Fellor como presidente, apenas para herdar o balanço no vermelho. Mais tarde, graças à maior participação em eventos sociais, os números voltaram ao azul. Nessa época, os sócios haviam se multiplicado repentinamente. Johnny passou a conhecer cada um deles e aceitava indistintamente novos pró-nazistas, alemães naturalizados, canadenses e comunistas.

A essa altura, os arquivos de Harvison estavam cheios de novos nomes e endereços. Descrições foram examinadas e registradas pela RCMP.

Com certeza havia uma massa heterogênea nessa rede. Johnny continuava a promover os eventos no Clube Canadense-Germânico, os encontros com os grupos pró-nazistas e as visitas individuais aos membros. Dizia a esses amigos da Nova Alemanha que se o vissem acompanhado de algum comunista ou nazista que o ignorassem. Que evitassem o Clube Canadense-Germânico, uma vez que as tarefas para a Alemanha exigiam muita habilidade, estranhos contatos e nenhuma interferência. Concordavam, e Johnny nunca precisou repreendê-los por quebrarem essa regra.

Certa noite, em um encontro combinado por meio de contatos em campo, Johnny encontrou-se com um assistente de Adrien Arcand em uma viela do centro. Foi bem armado àquela reunião secreta. Em meio a latas de lixo, identificou-se ao companheiro de Arcand que o esperava. Tiveram uma breve conversa e partiram tão discretamente quanto haviam chegado. Foi um encontro rápido, mas suficiente. O homem de Arcand foi embora convencido de que Johnny era o chefe da espionagem de Berlim que fora prometido a eles. Johnny estava certo de que quando aquele homem visitasse o líder preso diria a ele que a batalha continuava e acabaria fornecendo informações valiosas para serem transmitidas à RCMP. Esse raciocínio provou estar correto. Os remanescentes de Arcand trouxeram os planos, bem como nomes e particularidades dos membros.

O caso von Janowski tomou um rumo diferente. Começou a desmoronar em 5 de março de 1943, quando a imprensa de língua francesa noticiou: “Membro do legislativo de Quebec exige saber o paradeiro de espião alemão capturado em Gaspé. Está vivo ou morto?” O deputado Onésime Gagnon, do Partido União Nacional, havia chocado o Parlamento ao afirmar: “Um espião alemão foi preso em New Carlisle.” As autoridades canadenses conseguiram calar jornais que haviam publicado o breve trecho. Incluíam um jornal de Ottawa, *Le Droit*; dois de Montreal, *La Presse* e *La Patrie*; e três tablóides de Quebec, *L’Action Catholique*, *L’Evémement-Journal* e *Chronicle-Telegraph*. Censores de rádio foram mais contidos e só transmitiram as partes do discurso de Gagnon que falavam de afundamento de navios nazistas no estuário de St. Lawrence. No dia seguinte, as transmissões alemãs de onda curta mencionaram apenas esse acontecimento. Os jornais receberam advertências por telefone para prestar atenção no que imprimiam. O governo canadense evitava advertências por escrito para impedir a circulação de documentos sobre a Operação Cão de Guarda.[39]

A residência de von Janowski no porão dos De Graff foi mantida por mais cinco meses. As disputas entre Harvison e Mills continuaram também. Houve discussões sobre todo tipo de coisa, desde a destinação de verbas para roupas do prisioneiro até sobre se deveria pedir ao posto em Hamburgo mais dinheiro para comprar um carro. Harvison achava que o pedido mostraria que von Janowski estava disposto a sair para fazer alguma verdadeira espionagem — como haviam lhe pedido. Mills achava que Bobbi já recebia dinheiro suficiente e que pedir mais seria dar um alerta aos superiores nazistas.

O comissário assistente da RCMP Frederick Mead, que se aliara a Mills, considerava Harvison um amador, um renegado e uma pessoa que se arriscava, devido ao que era transmitido por ondas áreas à Alemanha. Mas se Harvison lidava tão mal com o caso, por que não foi afastado? Durante as incessantes disputas, o que parece óbvio é que von Janowski encontrou espaço suficiente para informar a Hamburgo que estava comprometido. Werner von Janowski era um agente triplo. O problema para compreender isso era triplo tanto para canadenses quanto para britânicos. Primeiro, von Janowski era um manipulador. Uma palavra mais adequada para descrevê-lo poderia ser camaleão. Parecia ter uma história a seu favor para cada ocasião. Tentou várias vezes, por exemplo, convencer os captores de que queria passar a ser leal aos Aliados, e não apenas seguir as ordens deles como prisioneiro de guerra. Segundo, era preciso que ele enviasse as mensagens, já que os receptores em Hamburgo conheciam seu "punho", ou, precisamente, a maneira como enviava o código Morse. E terceiro, a imprensa do Canadá não podia ser calada em relação a esse assunto tão eficientemente quanto podia ser na Inglaterra, para decepção de Mills.[40]

Na manhã de 29 de julho de 1943, o *Montreal Daily Star* relatou que, em uma reunião da polícia de Quebec com chefes do corpo de bombeiros, o diretor-assistente da Polícia da Província de Quebec, León Lambert, mencionara que membros da QPP haviam ajudado a capturar mais do que apenas um espião no Canadá. Era inocente o bastante até alguém considerar que os nazistas provavelmente não haviam enviado ao Canadá, em submarinos, apenas um número pequeno de espiões.[41] Ao perceber isso quando estava sentado à mesa do café da manhã, Johnny telefonou para Harvison, que ficou atônito.

“Meu Deus, isso é dinamite, Johnny!”, explodiu. “Esses malditos imbecis estragaram nossa missão! Acho que só nos resta mais ou menos um mês com von Janowski até que a Alemanha perceba nosso truque.”

“Não, temos apenas uma semana”, rebateu Johnny, desanimado. “Dentro de uma semana, quando outros jornais usarem a história, ela chegará às mãos da inteligência alemã em Lisboa. Depois disso, estaremos acabados”, acrescentou Johnny. Harvison concordou tristemente.

Sete dias depois, todos se reuniram no porão para a última transmissão para Hamburgo. Sem dúvida tinham as informações do jornal. A última mensagem dizia: “Vocês foram apanhados.” Minutos depois, os pontos e traços da resposta chegavam. “Nós sabemos, boa-noite”, diziam.

A operação do telégrafo foi desmontada e, em 24 de agosto de 1943, Bobbi foi enviado para a Grã-Bretanha, para ser usado pelo MI5.[42] Harvison o escoltou até Londres e permaneceu lá dois meses, estudando as operações de inteligência britânicas. Ao fim da guerra, von Janowski foi libertado pelos ingleses e enviado para a Alemanha. Algum tempo depois, Harvison repassou uma carta que recebera de von Janowski, endereçada a Johnny, aos cuidados da RCMP. Dizia o quanto fora valioso para o Canadá durante a guerra e pedia para lhe enviar um pouco de comida, “porque a vida na Alemanha é muito, muito ruim”.[43] Johnny ainda desprezava aquele homem, que chamava de cobra. Seis caixas de ração para cães sem rótulo foram enviadas a von Janowski com os cumprimentos de Johnny. Aproximadamente um mês depois,[44] escreveu novamente dizendo que a comida era ótima e perguntando se podia mandar mais. O segundo pacote continha mais seis caixas de ração, mas com os rótulos. Nunca mais Johnny ouviu falar de Werner von Janowski.

## 19

# Para capturar um submarino

Em 1944, grupos pró-fascistas de Quebec ficaram impacientes de novo. Durante algum tempo, Johnny conseguiu cortar o contato com nazistas dispersos que infiltravam informações nos grupos que supervisionava. Não queria estimulá-los a ter papéis ativos de modo algum. A ordem fora dada: dizer aos nazistas secundários para ficarem quietos até ser contatados. Isso esfriava pessoas potencialmente perigosas. Outros eram tratados de maneira diferente. A RCMP assegurou, por exemplo, que os dois construtores que haviam roubado dinamite e detonadores fossem recrutados pelo Exército.[1]

As revelações sobre Werner von Janowski não mencionavam o papel de agente duplo. Mas é claro que a divulgação da captura e da prisão — breve da maneira como foi, jornalisticamente — causou uma agitação entre os grupos pró-nazistas, que mais uma vez puseram Johnny sob uma nuvem de suspeitas. Membros o sondaram e o cutucaram, perguntando se sabia sobre o desembarque do espião e sobre o relato na imprensa acerca daquela missão malsucedida. Com dominação e vigor, Johnny lhes disse que certamente estava a par da chegada do alemão, seguida da prisão. Afinal de contas, acrescentou, comunicava-se diariamente com Berlim. Antes mesmo de von Janowski deixar a pátria fora avisado sobre a missão.

Essas reuniões foram tão rumorosas, com toda aquela exigência de espionagem, que Johnny soube que teria de provar novamente seu valor. Os membros estavam cansados de contar insígnias militares nas ruas, navios nos portos e material de guerra em trens que passavam. Exigiam resultados e por fim afirmaram que não cumpririam mais nenhuma missão mundana. Com Berlim e o capitão Burger, ou sem os dois, clamavam por ação. Johnny os mantivera sob controle por quase dois anos. Agora, no início de 1944, estavam novamente reagindo.

Informado sobre a desordem, Cliff Harvison decidiu que um arremedo de ação era necessário para fortalecer Johnny. Felizmente, a polícia tinha sob custódia, na principal instalação da Divisão "O" (braço da RCMP em Ontário), em Toronto, um agente alemão capturado disposto a cooperar. Esse indivíduo alto, louro e de aparência autocrática tivera um cargo importante no Partido Nazista, na Alemanha. Era o ideal para desempenhar o papel. Por meio do comissário e de chefes da inteligência na sede, foi combinado um encontro com o comissário-assistente V. A. M. Kemp — o oficial que comandava a Divisão "O" — e seu colega no Escritório de Investigação Criminal, inspetor George B. McClelland. Concordaram que o alemão fosse levado a Montreal, por um breve período, para que Harvison pudesse usar seus serviços.

Como resultado, Johnny fez um anúncio importante aos membros de seus comitês nazistas. O principal líder espião na América do Norte visitaria Montreal e concordara em se encontrar com três representantes dos grupos. Todos ficaram impressionados, ainda mais quando Johnny aumentou — com detalhes fictícios — as proezas bem-sucedidas e interessantes do homem. Disse que o próprio Hitler escolhera o chefe imediato de Johnny para o cargo na América do Norte. Seguiu-se um clamor cheio de fascínio e exaltação para saber quem seria escolhido para se encontrar com aquele grande homem. Por fim, foi selecionada uma pessoa de cada grupo, incluindo o segmento de Arcand. Os três escolhidos receberam uma data e ordens de ficar perto do telefone nesse dia, para receber mais instruções.

No início de 1944, Johnny reservou uma pequena suíte no Windsor Hotel, em Montreal, para o encontro planejado.[2] Quando o agente estava pronto em um quarto no fim do corredor, e sob supervisão, Johnny telefonou para os três representantes e lhes disse para irem ao hotel imediatamente. Chegaram logo, mas propositalmente foram mantidos esperando na suíte durante uma hora. Por fim, o agente bateu na porta, sendo recebido por Johnny. Depois de uma rodada de "Heil, Hitler!", Johnny o apresentou aos homens, que ficaram encantados. Agradeceu-lhes, de maneira breve, por todo o trabalho em benefício da pátria, sobre o qual ele e a Alemanha haviam sido informados pelo capitão Burger. Em seguida, assumindo um tom autoritário, iniciou o acerto de contas. Nesse momento, Johnny saiu do quarto. Por fim, o falso líder os confrontou. "Soube que vocês e seus associados estão ansiosos para fazer trabalhos de sabotagem. Isso é um absurdo! Não estamos planejando um espetáculo pirotécnico! Estamos lutando uma guerra e vocês cumprirão ordens, assim como os soldados em campo cumprem! Não quero mais essa conversa idiota sobre sabotagem! Quando chegar a hora, vocês receberão suas ordens. Até lá, não pode mais haver esses absurdos! Por causa da incrível estupidez de Adrien Arcand e de outros nazistas locais, além de alguns que a pátria enviou ao Canadá, o aparelho foi destruído. O capitão Burger e eu estamos tentando recuperá-lo para que se torne uma rede operacional altamente eficiente. Nossa tarefa não é fácil, mas é crucial para a Alemanha."

Ele os tinha na mão. Prosseguindo, o líder nazista da América do Norte disse que a polícia canadense ficara contente com o trabalho que fizera e relaxara. Um único ato de sabotagem não autorizado poderia despertá-la e, assim, todos os meses e anos de planejamento seriam prejudicados — de novo! Quando chegar a hora, haverá sabotagens em todo o Canadá e em todos os Estados Unidos, todas no mesmo dia. Até lá, apenas tolos e idiotas pensariam em sabotagem, e esses tolos e idiotas responderiam por suas ações depois da vitória.

Quando parou de receber perguntas, bateu os saltos e soltou um "Heil, Hitler!". Depois de lhes dizer para esperarem meia hora antes de sair partiu tão abruptamente quanto chegara. Sua atuação fora literalmente encantadora. A RCMP a gravou. Os três pró-nazistas haviam sido intimidados pelo falso Führer da América do Norte e continuavam extasiados.

Partiram 30 minutos depois, convencidos e determinados a persuadir os outros membros de que haviam visto a luz.

Depois de sair do quarto, o agente alemão da RCMP seguiu arrogantemente pelo corredor e o dobrou para encontrar os guardas que o esperavam. Uma hora depois, estava de volta à Divisão "O" em Toronto, onde a ação foi bastante elogiada. Desde então, não houve mais conversa sobre sabotagem nos grupos nazistas de Montreal. O papel de Johnny fora bem defendido e consolidado como resultado da falsa visita. De fato, a partir daí e "até o fim da guerra, a RCMP, por meio de Johnny, controlou as atividades do partido fascista na Província de Quebec".[3]

Quanto aos membros do Clube Canadense-Germânico, o S.A. 235 os dividiu em grupos políticos. Alguns, como os social-democratas alemães, eram geralmente canadenses confiáveis e não queriam envolvimento com nazismo ou comunismo. Mas os outros alemães, assim como os tchecos e os comunistas da Grã-Bretanha, também faziam parte dessa mistura. Aos poucos, ele dava cada vez mais atenção e proeminência a sete comunistas convictos. Comprou prêmios de dança a mais, para que os vermelhos pudessem vencer alguma coisa. Sob os holofotes, revelavam muito mais sobre si mesmos, para desgosto e aborrecimento de alguns social-democratas, que acabaram se afastando do clube. "O joio e o trigo começaram a se separar", pensou Johnny. Certa noite, durante uma reunião no clube, fez uma sugestão. "Nós nos divertimos aqui, dançando e bebendo, enquanto a guerra continua. Sabe o que deveríamos fazer? Treinamento político." "Boa ideia", responderam todos, entusiasticamente, principalmente seis judeus que eram comunistas convictos.

"Se todo mundo concordar, eis o que faremos. Estamos todos unidos. Mesmo nossos membros tchecos são social-democratas, enquanto a maioria de nós é comunista. Tenho aqui um livro que acabou de chegar da Alemanha, intitulado *The New Germany*." Era uma oportunidade de descobrir como se sentiam em relação às opiniões e à filosofia de Karl Marx e outros autores como ele.

Ao mesmo tempo, os membros de tendência nazista e os social-democratas se sentiram ofendidos. "Lamentamos, mas não estamos interessados nesse tipo de leitura", disse um porta-voz deles. "Continuaremos vindo ao clube para danças e outras atividades, mas não como participantes desse estudo." Concordaram entre si e foram embora.

A saída desse segmento agradou aos comunistas, que logo perguntaram a Johnny se podiam usar o clube para as reuniões do partido. "Não", respondeu firmemente, para surpresa deles. "Você é comunista?", perguntaram. "Sim", mentiu Johnny, "mas o clube ainda é aberto demais a outros elementos para ser um lugar seguro para reuniões regulares." Cederam, informando onde estavam se reunindo e convidando-o a participar. Ele o fez, e soube que se autointitulavam Federação Germano-Canadense. Johnny participou de várias atividades e de alguns grupos de discussão. Tinham braços em Montreal e Toronto. Para se disfarçar o máximo possível, Johnny ingressou no Partido Trabalhista-Progressista. Era o antigo Partido Comunista do Canadá, que fora declarado ilegal e forçado à clandestinidade a partir da implementação da Lei de Medidas de Guerra, em 6 de junho de 1940.[4]

A Federação Germano-Canadense canalizava parte do dinheiro — obtido por meio de eventos sociais e mensalidades — para um jornal, o *Volksstimme* (A Voz do Povo). Johnny provou ser um membro bastante popular e, em 19 de novembro de 1944, foi eleito presidente do grupo. Sob sua liderança, o número de adesões aumentou de 25 para 45, todas logo registradas nos arquivos do RCMP. Evidentemente, Johnny explorou uma fonte de novos membros ao convencer muitas mulheres do grupo já existente a ingressar na federação.[5]

Fred Rose[6] foi ao clube várias vezes. Membro do Parlamento, mais tarde provou ser um comunista disfarçado e foi preso após revelações do criptógrafo da embaixada soviética em Ottawa, Igor Gouzenko, que desertara para se aliar às autoridades canadenses. Duas vezes em uma semana, Rose apareceu no clube para convidar sócios para um piquenique fora de Montreal. Fez muitos contatos, o que resultou na presença de muitos afiliados do clube no evento ao ar livre, inclusive Johnny.

Rose iniciou o piquenique com um forte apelo por doações para ajudar a Iugoslávia. Orador engenhoso, com vasta experiência na vida pública, perguntou à multidão: "Quem dá 100 dólares?" Alguns levantaram a mão. Johnny deu 5 dólares. No fim da tarde, Fred Rose fora razoavelmente bem-sucedido. Johnny achava na época que era comunista. Nos pronunciamentos públicos, era sereno e nunca antiético. Apoiou a Iugoslávia contra os nazistas, mas era tão inteligente que seria difícil dizer que não era também um nazista.

"Harvison, fique de olho nessa cobra", disse Johnny. "Tem algo cheirando mal! Ele é um problema, tenho certeza, e não merece confiança." Além de expor o que achava sobre o homem à RCMP, Johnny disse isso ao MI6 quando voltou para a Grã-Bretanha. As cerca de cem cópias de material de inteligência que Igor Gouzenko obteve na embaixada soviética revelaram que Fred Rose era um importante agente comunista. Isso o levou a ser preso pela RCMP. Também foi exposta a existência de uma ativa rede de espionagem soviética que atuava no Canadá e nos Estados Unidos.

Para encobrir o rastro, Johnny explicara aos grupos nazistas sua participação nesse negócio antes de ingressar no Clube Canadense-Germânico. "Quando vencermos a batalha pela Alemanha", dissera aos nazistas, em tom imponente, "a próxima batalha que enfrentarão será política, contra os comunistas". Primeiro, tinham que fazer o trabalho na Europa, depois na América do Norte e em seguida no sul, onde a vitória deveria ser fácil. Os comunistas eram inteligentes. "Usam os homens mais bem treinados e o maior arsenal para realizar seus objetivos." Johnny afirmou ter dito isso aos grupos repetidamente. "Só quando dominarem os comunistas conseguirão controlá-los", disse. Para conquistar um inimigo, é preciso conhecê-lo. "Portanto, se me virem com eles, vocês não me conhecem." Mas se ouvissem algo sobre os comunistas e suas operações, deveriam passar a informação a ele. Assim, não foi difícil para Johnny usar os nazistas para entrar em organizações comunistas e ficar de olho ao mesmo tempo nas duas facções. Mais tarde, abriu mão do cargo no clube, que logo voltou a ter poucos sócios e balanços no vermelho.

Além das reuniões nazistas e da investigação sobre os comunistas, um dia Johnny recebeu mais uma missão. Harvison o informou sobre um alemão-canadense, Rolf von Linter,[7] que a RCMP investigava. Von Linter tinha um escritório onde vendia instrumentos e equipamentos médicos, perto da Dominion Square, no centro de Montreal, próximo aos hotéis. Entregando a Johnny um arquivo fino que tinham sobre o sujeito, Harvison afirmou: "Suspeitamos de que seja espião alemão, mas ainda não conseguimos provar. Gostaria que visse o que pode fazer."

Johnny bisbilhotou em volta, indagando sobre von Linter e seu negócio em hotéis e lojas, incluindo a Eaton's, na St. Catherine's Street. Além de pagar um aluguel alto pelo escritório, mantinha um padrão de vida bastante elevado. Sua casa cara em Westmount, um bairro de classe alta em Montreal, fora comprada em dinheiro, semanas depois de chegar ao Canadá. Acrescentava-se à lista de peculiaridades o fato de que a firma nada podia vender, uma vez que a importação desse tipo de material não era permitida durante a guerra. Uma nota no arquivo afirmava que não fora obtido qualquer registro de recursos investidos. A RCMP checara cada banco do Canadá em busca de contas dele. Fora um trabalho monstruoso, que consumira três meses até chegar a todas as respostas. Nenhum banco tinha registro de conta em seu nome. Por fim, como Rolf von Linter ou algum nome parecido não aparece no *Lovell's Montreal Directory* dos anos de 1943 e 1944,[8] deve-se presumir que se tratava de um pseudônimo, que a residência em Westmount estava no nome de outra pessoa ou que o nome fora deturpado entre Johnny e Gordon Scott.

Enquanto os bancos eram questionados sobre a conta bancária não existente, Johnny continuou a investigação e acabou conhecendo três alemães que frequentemente jogavam um jogo de cartas alemão chamado Skat com o suspeito. Aceitaram que Johnny se juntasse ao grupo, mas não conseguiu qualquer informação sobre von Linter.

Então, inesperadamente, Johnny soube que von Linter voava regularmente para Nova York nos fins de semana, voltando sempre domingo à noite. Também era estranho o fato de que pagava todas as despesas em dinheiro vivo, e não em cheque. Johnny só podia supor que os recursos chegavam clandestinamente, uma vez que já não existia mais nenhum tipo de negócio alemão no Canadá. Seguir von Linter até os Estados Unidos significaria obter um visto, o que, mesmo com a ajuda de Harvison, significava demora, burocracia e perguntas.

Por meio do superintendente Henri Gagnon,[9] a RCMP disse a Johnny, desde o início, para respeitar as leis canadenses. Mas Johnny, tecnicamente um agente livre, não conseguia ver outra maneira de apanhar Rolf von Linter que não fosse recorrendo às táticas de guerrilha que conhecia tão bem. Harvison e Gognon insistiram para que Johnny não agisse a seu modo, embora pudesse produzir resultados.

Johnny esperou até ter certeza de que a mulher do suspeito estava fora, de férias, e de que ele havia saído para jogar cartas. Então, sem ser visto, invadiu a casa em Westmount e a revistou cuidadosamente, de cabo a rabo. Examinou cada gaveta, cada canto e cada fenda, com luvas e lanterna, mas nada encontrou. Cartas, papéis e documentos — tudo minuciosamente analisado e cuidadosamente posto de volta no lugar — não revelaram o menor indício de uma vida dupla.

Cansado e frustrado, Johnny devolveu o arquivo a Harvison com um bilhete dizendo que, como não podia usar um porrete nessa investigação, inventaria outros métodos por conta própria. No dia seguinte, dirigiu até Plattsburg, Nova York, na fronteira dos Estados Unidos. A quase 100 quilômetros de Montreal, pediu para ser apresentado a um agente do FBI em serviço na fronteira. Conduzido a uma sala com um representante, explicou os detalhes do caso e tudo que sabia sobre von Linter. "Pela lei canadense, não posso tocar no sujeito", informou ao agente do FBI. Depois de telefonar para Washington, o americano afirmou que o FBI estava interessado em ter uma longa conversa com o suspeito se pudesse ser entregue desarmado. Johnny concordou, combinou datas para a entrega e viajou de volta a Montreal sentindo-se bastante aliviado. Não informou a Harvison sobre os planos, pois sabia que ficaria furioso e impediria tudo.

Johnny vigiou a residência de von Linter durante o dia e descobriu mais alguns detalhes sobre os hábitos. Tinha informações suficientes e determinou o momento de agir. Seria no sábado seguinte, por volta da hora de dormir. Quando o fim de semana escolhido chegou, ficou esperando por von Linter embaixo da cama, no quarto principal, decorado com painéis grossos e escuros. A mulher dele ainda estava fora. Johnny o seguira até o jogo de Skat noturno, assegurando-se de que estaria lá. Depois de vê-lo sentado à mesa com os outros, voltou à casa do suspeito e, com uma chave mestra, penetrou pela porta lateral, que dava para a garagem. Tinha três horas de espera pela frente, se von Linter seguisse seus hábitos costumeiros.

Estava quase adormecendo quando ouviu o ruído da chave na porta da frente, seguido do barulho de alguém entrando. Rolf von Linter caminhou até o quarto, acendeu a luz, despiu-se, vestiu o pijama e foi para o banheiro adjacente. Seguiram-se sons de água correndo, dentes sendo escovados e um gargarejo. A luz do banheiro foi apagada, e em seguida a do quarto. O ranger das molas avisou a Johnny que von Linter finalmente estava embaixo das cobertas. Johnny esperou até que ele mergulhasse num sono profundo, com um ronco que ressoava pelo quarto. Cuidadosamente, saiu de baixo da cama se arrastando, levantou-se e fitou o rosto adormecido diante dele. Tirou a rolha de uma pequena garrafa de clorofórmio e derramou aos poucos o conteúdo em um lenço. Lentamente, pôs o tecido sobre o nariz de von Linter e pressionou-o levemente com a ponta dos dedos.

Na primeira vez que inalou o vapor, o suspeito resmungou e se virou um pouco para um lado, tentando inconscientemente escapar. Johnny pressionou o lenço firmemente. Quando o efeito da droga se tornou mais forte, von Linter se agitou, tentou despertar, mas sucumbiu ao poderoso sedativo. A cabeça tombou frouxa para um lado, as mãos caíram, indicando que estava apagado. Imediatamente, Johnny deixou o quarto, saiu da casa, caminhou até seu carro, que estava perto, e lentamente o recuou até a garagem de von Linter, cuja entrada escura o escondia da visão de quem estivesse na rua. Abriu o porta-malas e entrou de novo na casa para apanhar algumas roupas. Era um homem alto, magro, e não teve muita dificuldade para carregar até o carro aquele corpo mole sobre o ombro, enrolado em um cobertor. Johnny o pôs no porta-malas, com algumas roupas, e fechou a tampa.

Voltando para dentro da casa, Johnny fez a cama, arrumou o quarto e o banheiro, apagou as luzes e trancou a porta lateral, após checar a porta da frente. Minutos depois, tirou o carro da garagem e se afastou de

Montreal, seguindo para Plattsburg, na fronteira. A viagem demorou uma hora. Ao chegar, a conversa foi rápida. Ele transferiu o corpo inconsciente de von Linter para um carro do FBI e voltou às pressas para o Canadá. Seis meses depois, von Linter foi iulgado e condenado a 15 anos de prisão por espionar contra os Estados Unidos para a Alemanha.

Na semana seguinte, o superintendente Gagnon lhe perguntou onde estava von Linter. A RCMP não vira nem ouvira nada e estava preocupada. Johnny contou a Harvison, que explodiu, mas depois sorriu e disse com sinceridade: "Johnny, foi bom não sabermos. Se soubéssemos, teria sido preso por violar a lei. Tudo que posso dizer é que para você foi uma sorte danada não sabermos disso." Johnny correspondeu ao sorriso.

Era um dia de verão e Johnny estava sentado no escritório de Harvison, atendendo a uma convocação urgente. "Tenho uma história na qual de início você não vai acreditar", começou Harvison. "Mas posso lhe assegurar que é verdade. Ao concluí-la, quero lhe fazer uma pergunta e, se responder afirmativamente, isso poderá representar um grande risco para você e, muito provavelmente, sua morte." O Canadá mantinha 24 campos de prisioneiros de guerra, administrados pelo Exército, para receber inimigos capturados no além-mar. Espalhados principalmente pelas províncias de Alberta, Ontário e Quebec, muitos ficavam em áreas isoladas, para tornar as fugas praticamente impossíveis. Ficavam perto de rodovias, na periferia das cidades, como o famoso Campo 30, em Bowmanville, a leste de Toronto, no lago Ontário.[10]

Feller, em Grand Ligne, Quebec, fazia parte de um segundo tipo de centro de prisioneiros. Ficava 35 quilômetros a sudoeste de Montreal e a pouco menos de 18 quilômetros da fronteira com os Estados Unidos. Conhecido como Campo 44, o prédio principal tinha quatro andares, abrigava no máximo 750 oficiais alemães e prisioneiros considerados problemáticos e potenciais fugitivos.[11] Eram classificados como "pretos", devido à ameaça que representavam. Sob a administração eficiente do major do Exército Ray Fairweather, Feller tinha a fama de ser o campo mais protegido do Canadá. Fora uma escola de agricultura, mas depois de ser transformado em campo de prisioneiros, fora cercado de rolos paralelos de arame farpado e torres de guarda com holofotes. Em uma extremidade, uma ponte atravessava a cerca de segurança. Durante o dia, isso permitia aos prisioneiros ir até a fazenda Feller, onde trabalhavam em agricultura e pecuária. Era uma honra estritamente concedida. Os prisioneiros bem-comportados que quisessem tinham acesso à fazenda. Nunca havia tentativas de fuga, já que isso cancelaria imediatamente o direito de trabalhar.[12]

No Campo 44 estavam sete dos maiores especialistas alemães em tecnologia submarina. Quando um recém-projetado submarino alemão era testado no mar do Norte, foi preciso abandoná-lo. Os britânicos resgataram os tripulantes, inclusive os sete especialistas, depois de eles passarem horas flutuando com coletes salva-vidas. O Reich os queria de volta e tentou conseguir que escapassem. A inteligência naval canadense fez uma descoberta impressionante ao examinar um carregamento de livros da Cruz Vermelha alemã destinado ao Campo 44. Escondidos nos volumes estavam mensagens em código, mapas, certificados de registro canadense e dinheiro canadense e americano.

Parcialmente decodificadas, as mensagens eram dirigidas aos líderes dos prisioneiros e revelavam um plano de fuga a ser executado pelos sete especialistas. Seriam ajudados por 12 detentos, que causariam um distúrbio para distrair os guardas. Os especialistas iriam para um lugar em New Brunswick, cujo nome não pôde ser decodificado. Quando chegassem, enviariam um sinal para o mar, a ser respondido por um submarino. Seriam recolhidos em um lugar que também não pôde ser conhecido.

A inteligência naval informara ao comissário da RCMP a descoberta, pedindo ajuda à polícia para permitir que a fuga acontecesse sob observação controlada. Quando os fugitivos chegassem ao lugar de resgate, seria feita uma tentativa de capturar o submarino. Pelas mensagens decodificadas, sabiam que se tratava de um novo tipo. Era o objetivo do plano, por ser ainda um mistério para o Canadá e seus aliados. Representava uma informação preciosa, se pudesse ser capturado intacto.

Especialistas da RCMP e a inteligência naval concluíram que muito provavelmente mensagens anteriores não interceptadas tinham a chave para o ponto de encontro e a localização do submarino. Entretanto, seguir os fugitivos por quase 1.000 quilômetros até um local desconhecido estava descartado, por ser considerado impossível. Especialistas em códigos concordaram então em reexaminar os livros doados, particularmente a encadernação, bem como as mensagens interceptadas, na esperança de encontrar e decodificar as duas coordenadas geográficas, vitais para o plano. Se pudessem descobrir a latitude e a longitude, os documentos e as mensagens seriam então recolocados nas encadernações e os livros entrariam no centro de detenção normalmente.

Enquanto isso, Harvison começou a esquadrinhar o Campo 44 para verificar se estava sendo cavado um túnel de fuga e determinar o percurso. Usando plantas, estudou a estrutura do Feller com o major Fairweather e chegou à conclusão de que teria de começar em um prédio central para seguir até o canal paralelo à cerca de segurança, e exterior a ela.

Certa noite, já tarde, bem depois de as luzes se apagarem, Harvison e o técnico da RCMP se arrastaram entre a cerca e o canal. De poucos em poucos metros, enterraram no solo macio um microfone sensível preso a uma sonda de metal. Com fones de ouvido, conseguiram ouvir o som de escavações e remoção de terra, bem como o ruído abafado de conversas. As autoridades fizeram, então, leituras mais precisas e descobriram que o túnel estava a apenas meses de ser concluído. Estavam seguros de que aquele era o túnel certo, porque tinha mais de 90 metros de extensão. Uma tarefa importante como essa exigia prioridade máxima de força de trabalho sobre qualquer outro túnel menos difícil e ousado.

O oficial militar C. Bayfield, do braço de inteligência da RCMP em Ottawa, foi aclamado ao anunciar que, embora ainda não tivesse conseguido localizar a posição do submarino, a chave para o local de resgate fora descoberta por meio de uma demorada decodificação. Com base nesse avanço, a RCMP revisou o plano. Os prisioneiros teriam permissão para escapar pelo túnel. Grupos da RCMP, conectados por *walkie-talkies*, formavam-se na fazenda Feller toda noite, assim que o sol se punha. A 800 metros de distância, diante do portão da frente do campo e circundando o profundo canal, os Mounties estariam à espreita para capturar os fugitivos. Isso deveria ser feito sem alertar o prisioneiro seguinte, já que cada um deles sairia do túnel em intervalos programados. Depois que o último fugitivo fosse detido, todos seriam enviados para outro campo, deixando aqueles que tivessem ficado para trás, em Feller, com a ideia de que a fuga fora um sucesso.

A imprensa e as rádios seriam avisadas sobre uma grande fuga, mas não sobre a detenção dos fugitivos. Qualquer submarino alemão localizado em St. Lawrence ou na costa leste tentaria monitorar transmissões de rádio canadenses. Ficaria satisfeito ao saber que os homens estavam soltos. Com um pouco de sorte, os sete especialistas — e mais alguns outros — conseguiriam escapar e chegar ao ponto de encontro. Também ficou combinado que outros boletins de rádio, preparados pela RCMP, seriam divulgados periodicamente enquanto o grupo imaginário de fugitivos estivesse se aproximando da costa. As transmissões dariam os nomes e as descrições de alguns dos homens do grupo em fuga, informando ao público que teriam sido capturados. Os nomes dos especialistas não seriam mencionados, levando os oficiais a bordo do submarino a crer que os valiosos homens ainda estavam à solta e a caminho.

Nesse ponto, o plano se tornava realmente arriscado, porque o suposto bando de fugitivos que estaria se aproximando do ponto de encontro não seria de alemães, mas sim um grupo de policiais e militares canadenses. Dariam o sinal de reconhecimento correto e embarcariam no submarino. Poriam os tripulantes sob a mira de armas e assumiriam o comando da embarcação. Assim que a tomada começasse, lanchas Fairmile-D escondidas na costa partiriam para fornecer assistência armada e reforço aos potenciais captores do submarino.

"É uma missão e tanto, não?", comentou Harvison, por fim. Johnny concordou, impressionado com a magnitude do plano. "Como você conhece submarinos, fala alemão e tem experiência nesse tipo de trabalho, estaria disposto a chefiar o grupo?", perguntou Harvison, olhando atentamente para ele. Johnny fez uma pausa breve e em seguida respondeu: "Está bem, Harvison, eu topo. Quando quer que comece? Posso me afastar dos grupos nazistas sem causar suspeitas na hora que você quiser." Harvison fitou Johnny atentamente. "Você percebe que, por mais que precisemos de você, as chances de sobrevivência são quase nulas?" "Sim, sei disso", respondeu. "É vital para o Canadá capturar a embarcação, então é disso que se trata. Não tenho a menor vontade de morrer, mas se isso tiver de acontecer durante a guerra, serei apenas um dos milhões que não estarão aqui depois que a fumaça e a poeira se dissiparem." "Você pensou em Gerti? O que ela fará se você for morto?", "Ela teria que arrumar algum serviço doméstico. Você pensou nisso?" "Eu sei que o MI6 não oferece pensão a viúvas de seus agentes que morrem em missões não comandadas por eles." De repente, o que Cliff estava dizendo atingiu um nervo que Johnny, estupidamente, nunca havia considerado. Esclarecido e constrangido, Johnny sabia que a mulher não era forte e morreria com um trabalho pesado. Olhando para Johnny com preocupação, Harvison testemunhou seu choque diante da afirmação que fizera. Prosseguindo, ele observou que para os membros das forças armadas e da RCMP, a situação era diferente. A RCMP também não poderia dar uma pensão porque Johnny não era membro da força. Embora trabalhasse para ela, fora apenas emprestado pelos britânicos. Eles eram seus verdadeiros mentores e não forneciam esse tipo de cobertura quando ele agia sob a ordem de outros. Diriam que dependeria do Canadá dar uma pensão aos De Graff. Se Johnny morresse durante a operação no Canadá, enquanto estivesse sendo pago e empregado pelo Canadá, haveria uma verdadeira batalha. Harvison perguntou a Johnny se ele entendia isso. "Como resultado final, Gerti seria a vítima."

"Sei o que você quer dizer. Alguém tem de cuidar do bem-estar de Gerti, e tem que ser o Canadá", afirmou Johnny, enfaticamente. "Até agora, eu achava que a pensão do SIS entraria em vigor." "Está bem, eis o que eu sugiro", disse Harvison. "Informarei a Ottawa de que a condição para você aceitar é que haja uma pensão para Gerti. Terá que ir a Ottawa e falar com o pessoal da Marinha. Diga-lhes que se você morrer pelo Canadá, o governo canadense deverá dar uma pensão a Gerti."

"Que ótimo, não é?", comentou Johnny. "A Grã-Bretanha retira todos os meus benefícios porque estou emprestado e tenho que implorar ao Canadá para prover as necessidades de minha esposa." Exasperado, Harvison prosseguiu observando que sabia que ele não se importava nem um pouco consigo mesmo quando se tratava de servir a um país dos Aliados. Portanto, sim, era implorar, mas se não fosse pelo bem de Gerti ele não teria levantado essa questão. Achou que Johnny não sabia que em uma situação incomum como aquela, a Grã-Bretanha não seria obrigada a dar assistência a Gerti.

Harvison entrou em contato com Ottawa, enquanto Johnny esperava um telefonema para discutir o assunto. Enquanto isso, Johnny e dez voluntários militares germano-canadenses se reuniram e seguiram para um treinamento em uma base de submarinos na costa leste. Participaram de um curso rápido para dar aos novatos o conhecimento básico sobre a estrutura de um submarino. Os responsáveis pela operação eram os únicos que sabiam a data exata em que o submarino apareceria. Um chamado para os homens em treinamento se reunirem no local exato, indicado 24 horas antes, era a única informação que receberiam. Cada homem sabia de antemão que a mentira inicial e o ataque a bordo poderiam ser fatais. Cada integrante desse esquadrão de alto risco foi escolhido por seus conhecimentos militares, olhos azuis, cabelo louro, boa constituição física e capacidade de falar um pouco de alemão. Johnny não informou a Gerti detalhes que pudessem preocupá-la.

Por fim, em um telefonema rápido, Johnny foi convocado para ir a Ottawa. Ao chegar à capital, foi levado a um prédio não muito longe do Parlamento e acomodado em um banco de madeira duro, junto à porta fechada da sala de conferências. Esperou o veredicto. Harvison lhe dissera que conseguisse a aprovação por escrito, de forma clara, para garantir que a pensão seria honrada.

A porta foi aberta e um capitão da Marinha — enviado pelo grupo de almirantes reunidos — aproximou-se de Johnny. "Consideramos impossível lhe dar um cargo de oficial militar de baixo escalão para essa missão", afirmou, rigidamente. "Por acaso pedi uma patente?", perguntou Johnny. "Não trabalhamos por patentes, mas pelo bem do país, e acreditamos que o país cuidará de nós." O oficial ficou em silêncio. Em seguida, virou-se e voltou para a reunião, fechando a porta. Minutos depois, retornou. "Então você não exige uma patente de oficial da Marinha canadense?", perguntou, com certa surpresa. "Preciso dizer a mesma coisa duas vezes?", reagiu Johnny, elevando o tom de voz, irritado com a hesitação e a burocracia. "Estou aqui para servir ao Canadá e fitas no peito nada significam para mim!" O capitão enrubesceu e voltou à sala. Dez minutos depois, saiu de novo. "Uma pensão do nível de 1º sargento/subtenente do Exército seria suficiente?", perguntou, constrangido. "Não sei, quanto é isso?", perguntou Johnny, ainda irritado. "Mais ou menos 300 dólares canadenses por mês", respondeu o militar. A quantia era boa naqueles tempos, mas e no futuro? Lá se foi de novo o capitão.

Johnny já tinha aguentado o suficiente. Levantou-se, abriu a porta e afirmou, diante do surpreso grupo de alta patente reunido: "Cavalheiros, os senhores resolvem. Não me importo com uniforme, patente e todo esse lixo. Se os senhores puderem me dar uma pensão boa, razoável, garantida, por escrito, para minha mulher, agora e nos próximos anos, aceitarei a missão. Do contrário, não aceitarei." Seguiram-se olhares penetrantes e um burburinho, que terminou com um acordo satisfatório para as partes — por escrito. Pouco depois, Johnny embarcou no trem de volta a Montreal, sentindo-se aliviado.

Naquela noite, Harvison telefonou para avisar que a operação fora cancelada. Johnny imaginou, de início, se era por algo que dissera em Ottawa, mas não era. Por mais de dois meses, a equipe de vigilância da RCMP, de 50 policiais, na maioria comuns, se reunira todas as noites na sede de uma fazenda alugada que chamavam de "Casa Abandonada". Um cozinheiro se juntara ao grupo para alimentar os policiais antes de eles assumirem suas posições em torno do Campo 44. Para manterem a vigília, permaneciam em posição até o amanhecer, às vezes suportando chuva, neve e nuvens de mosquitos.

Durante esse período, o túnel avançou. O trabalho começava depois de as luzes se apagarem e continuava até a chamada para acordar, na manhã seguinte. Toda noite, sons subterrâneos eram ouvidos pelo destacamento de sonda e microfone. Este informava aos vigilantes, que registravam o progresso da escavação. Perto do local onde o túnel terminaria, um observador enviaria sinais luminosos aos esquadrões de captura ao menor sinal de fuga.

Um dia antes da viagem de Johnny a Ottawa, um guarda do Campo 44 deparou com um prisioneiro escondido na vegetação do lado de fora. Quando o incidente foi relatado, Harvison estava na casa do comandante, perto do portão da frente. Correram para a área e descobriram mais dois prisioneiros, que só pararam de correr quando o major Fairweather deu um tiro para o alto. Depois da captura, supôs-se que o túnel estava pronto. Um exame minucioso mostrou, porém, que ainda estava longe de ser concluído. Descobriu-se, então, que os homens recém-capturados haviam escapado por outro túnel, que não era conhecido nem fora autorizado pela comissão de fuga dos alemães.

Durante as duas noites seguintes, não se ouviu som vindo do primeiro túnel. Era evidente que o trabalho cessara, depois da revelação feita aos companheiros de que, mesmo durante o dia, o lado de fora era bem vigiado. Não houve mais tentativas de fuga. Os comandantes de submarinos são basicamente homens desconfiados, e o campo abrigava muitos deles. Talvez tenham percebido que algum tipo de emboscada estava sendo montado e abortaram o plano de fuga. Um rádio sem fio, descoberto bem mais tarde, escondido na parede de um prédio, pode ter dado a eles novas ordens sem que Harvison e seus comparsas soubessem. O rádio era capaz de enviar e receber informações de aviões e submarinos. Encheram de terra o túnel depois de três noites sem atividade, enterrando tanto seus planos quanto os das autoridades canadenses. Se a invasão ao submarino tivesse ocorrido, seria registrada em livros de história como uma das grandes façanhas da Segunda Guerra Mundial.

Naquela época, não se sabia que uma calamidade estava sendo planejada. Baseava-se no chamado Clube Hara-Kiri. Em novembro de 1944, o Campo 44 foi um dos escolhidos para um suicídio coletivo, com um ataque aos guardas. Inspirava-se na lenda alemã de *Ragnarök*. O termo vem da língua nórdica antiga, *ragna rök*, e significa "destruição do reino", ou seja, o fim inevitável dos deuses de uma cultura.[13] Era usado para indicar que os verdadeiros nazistas deveriam lutar para antecipar o inevitável fim de seu mundo e sua conquista pelas forças do mal. O estímulo para isso seria um iminente resultado negativo da guerra. Se ficasse claro que Hitler a perderia, deveriam atacar, em uma orgia de sangue. Os não simpatizantes entre eles seriam os primeiros a morrer. Em seguida, os guardas. A preocupação com as próprias vidas não deveria ser considerada. Em ondas humanas, prevaleceriam sobre os captores e seguiriam para lugares-chaves, como usinas de energia elétrica, aeroportos e fábricas, para causar tantos danos e mortes quanto possível. Graças a informantes entre os prisioneiros, essa operação nunca chegou a ser executada. Os canadenses e os Aliados podem ser gratos aos poucos bravos prisioneiros alemães que perceberam a loucura do plano.[14]

O tempo passou rapidamente e logo 1945 chegou com uma nevasca e um telegrama de Londres pedindo a volta de Johnny. Na verdade, havia mencionado a Harvison várias vezes, desde o início de 1944, que gostaria de retornar à Alemanha depois da guerra. Achava que poderia fazer algo pelos Aliados na Europa pós-guerra.[15] Quando a ordem finalmente chegou, no início de abril, disse à Federação Germano-Canadense que sua empresa o transferira de volta à Inglaterra.[16] É claro que o capitão Burger distorceu a história para os aliados nazistas no Clube Canadense-Germânico. Disse que fora chamado de volta a Berlim de uma hora para outra. "Espalhem-se, fiquem quietos e não façam nada contra o Canadá", ordenou ao grupo. E explicou: "Parece que a Alemanha vai perder a guerra. Os vitoriosos — o Canadá, os Estados Unidos e todos os outros — vão caçar simpatizantes do Eixo como cães." Ele lhes disse para ficar em silêncio e não fazer nada. Dessa maneira, conseguiriam sobreviver sem ser maltratados ou aprisionados pelo país onde viviam.

Como bons nazistas, fizeram o que pedira. A RCMP já não tinha motivos para se preocupar com aquelas almas. Alguns adotaram o Canadá de tal maneira que se tornaram cidadãos convictos e participaram de grupos e instituições de caridade. Em 1946, Johnny deparou com um dos membros do grupo nazista trabalhando na Bell Telephone Company, no centro de Montreal. "Capitão Burger", exclamou, com alegre surpresa. "Que felicidade vê-lo de volta ao Canadá." "Estou feliz por estar de volta", disse Johnny. "Entrei em um verdadeiro inferno ao retornar à Alemanha." "Imagino que sim", disse o homem, com tristeza. "Mas o senhor saiu vivo, graças a Deus! Ficamos todos preocupados com o senhor durante aqueles tempos ruins, quando Hitler foi derrotado. O Canadá é realmente um grande país, não é?", comentou, com orgulho. "Com certeza", respondeu Johnny. "O único lugar para ficar em paz."

O chamado para Johnny voltar a Londres, antes do fim da guerra, desapontou muito Gerti, que adorava o Canadá. Ambos odiaram ter de vender a casa aconchegante em Palmerston Avenue, assim como os bens e o carro, mais uma vez. Entraram com um pedido de cidadania canadense, para tornar mais fácil uma volta. Mas na época o Canadá impunha um período de espera de um ano, depois da apresentação dos papéis, e o pedido foi rejeitado.[17] Foi, portanto, um momento triste quando Harvison beijou Gerti com ternura e apertou vigorosamente a mão de Johnny antes de os dois embarcarem em um voo para Londres, em 27 de abril de 1945. "Obrigado, Johnny! Agradeço em meu nome, em nome de meus homens, da força e do Canadá por todos os seus esforços!", disse, com emoção. "Deus abençoe você, Gagnon, o cabo Noel e todos os rapazes que nos ajudaram e abriram seus corações para dois estrangeiros!", retribuiu Johnny. "Nós voltaremos. Espere e verá!" "Espero que sim, Johnny", disse Harvison, com lágrimas nos olhos.

## 20

# A comissão de controle

Londres, uma dama refinada, expunha agora as feridas abertas da luta pela sobrevivência. A Blitz reduzira muitos prédios grandiosos a pilhas de escombros. Um preço alto fora pago em número de mortos, mas o espírito britânico de desafio, embebido em tradição e dedicação, sobrevivera. Valentine Vivian recebeu Johnny e Gerti com uma grande demonstração de calor humano e genuína sinceridade. Logo levado à sede, no Blenheim Palace, Johnny fez um relatório como nunca fizera.

Em um espírito de júbilo vitorioso, os britânicos celebraram a queda de Hitler e a rendição da Alemanha nazista em 7 de maio de 1945. No dia em que a guerra acabou, multidões alegres se aglomeraram nas ruas já normalmente movimentadas de Londres. Paradas gigantes e comemorações bem-merecidas ecoaram novas esperanças e uma nova vida para os que haviam sobrevivido ao inferno da guerra. Para a Alemanha derrotada, significava a ocupação por quatro potências e uma divisão da administração em setores claramente definidos. Os alemães tinham pela frente grandes ajustes para reconstruir suas vidas a partir do pó.

Em 17 de maio de 1945, Gerti e Johnny se mudaram para um apartamento nos arredores de Londres. Era uma residência agradável, no último andar, no 4, Wilberforce House, North Side, Clapham Common,

London SW4.[1] O prédio ficava de frente para a grande área em comum entre Nightingale Lane e as escolas usadas como campos de prisioneiros em 1940. Johnny e Gerti se lembravam dos tempos dele ali como Karl Grubnick. Gerti se ocupava do jardim de cerca viva baixa, que provou ser um prazer e um desafio. Gostava de Londres, mas sonhava em voltar para o Canadá.

"O MI5 o requisitou novamente, Johnny", disse Vivian, certa tarde. "Sei como você se sente, então rejeitei o pedido." Em seguida, explicou que um certo grupo defendera a detenção de Johnny durante a guerra, mas ele lutara contra isso. Johnny sabia que estava se referindo a um grupo de funcionários do MI5. Propositalmente, havia evitado sua transferência para essa unidade porque era política demais, na sua opinião. Em várias ocasiões, seu caminho esbarrou em missões do MI6, forçando-o a pisar na ponta dos pés para conseguir fazer as próprias tarefas. A rivalidade dos tempos de guerra se misturava a pequenos ciúmes nos dois maiores serviços de inteligência da Grã-Bretanha. De vez em quando, tornavam-se estranhos parceiros. Sem dúvida, o MI5 achou desde o início que deveria contar com os serviços de Johnny, mas Frank Foley, que era do MI6 fora a Berlim para buscá-lo, ao precisar de ajuda. Frequentemente, o MI5 e o MI6 realizavam projetos juntos, a ponto de emprestar agentes um ao outro. Mas sempre havia subliminarmente demonstrações de superioridade e disputas.

Ao fim da guerra, as comissões de controle dos Aliados acabaram ocupando todas as ex-potências do Eixo na Europa. Incluíam Áustria, Bulgária, Finlândia, Alemanha, Hungria, Itália e Romênia. Embora a permanência dessas comissões em alguns países tenha sido breve, não foi o caso da Alemanha. Lá, as comissões de controle eram formadas por todos os tipos de entidades administrativas moldadas nos termos das potências vitoriosas. Entre os contingentes mais importantes do Reino Unido havia unidades com conselheiros para comércio e indústria, serviços militares, recursos humanos, alimentos e agricultura, transportes, finanças, direito, política e inteligência.[2] O principal trabalho desses três últimos grupos era governar em nome dos Aliados e "desnazificar" as respectivas áreas de responsabilidade. A maior e mais importante fatia da torta para os britânicos era a seção noroeste da nação conquistada.

Dezoito homens do SIS foram reunidos para manter a unidade de segurança-inteligência em Bad Oeynhausen,[3] 65 quilômetros a sudoeste de Hanover, sob o comando supremo do brigadeiro J.S. Lethbridge, da Comissão de Controle para o Setor Britânico.[4] A tarefa deles era supervisionada pelo governo militar britânico em Düsseldorf e consistia em lidar com todos os aspectos de segurança da legislação civil, criminal e militar.

Embora arrasada e em estado caótico, a Alemanha ainda era uma panela fervente quando 1945 se tornou 1946. Atos de sabotagem e oposição causavam transtornos para as forças de ocupação. A unidade do MI6 que chegou naquele mês de maio incluía Johnny e era considerada grande. Mas Johnny e alguns colegas continuavam a ter reservas em relação aos funcionários enviados à Alemanha. Achavam que o trabalho a ser feito seria difícil devido à própria burocracia do grupo. Johnny ficou feliz por Gerti permanecer em Londres durante esse período. A Alemanha derrotada não oferecia segurança para os dependentes de ninguém, principalmente se fossem alemãs atraentes.

Frank Foley e Vivian informaram a Johnny que o destacamento trabalharia sob leis militares com outros grupos e agências do governo. Ciúmes seriam uma constante. O tenente-coronel Felix Cowgill chefiava o grupo especial do SIS que trabalharia no mesmo prédio do governo militar britânico. Fora chefe da Seção V do MI6 até renunciar ao cargo, em 1944.[5] Foley também disse a Johnny que Cowgill era um amigo íntimo e perguntou se o conhecia. Johnny já ouvira o nome, mas nunca o encontrara.

Ainda assim, não estava satisfeito com a missão. Ele a via como um provável pesadelo de trabalho de escritório, com grupos do governo se sobrepondo, em confusão. "Vou lhes dizer agora", informou Johnny a Foley e Vivian, "não gosto disso, porque uma pessoa não pode servir a três setores diferentes das forças militares — ao MI6, à Comissão de Controle e ao governo militar — ao mesmo tempo." Foley se manifestou: "Não gostaria de dizer se está certo ou não. Acho que logo descobriremos. Procure o tenente-coronel Cowgill assim que chegar a Bad Oeynhausen e transmita meus cumprimentos. Ele vai encaminhá-lo à Comissão de Controle e fará com que receba todo o equipamento que precisar. Quando chegar lá, já terei chegado a outra área", concluiu.

"Droga, Frank! Você não está me dando o retrato verdadeiro daquilo lá", explodiu. Johnny suspeitava de que Foley não estava sendo franco, porque não dizia muita coisa que fizesse sentido. "Seja honesto comigo. Posso entrar em contato com você e possivelmente me situar em uma área sob sua supervisão?", perguntou. "Não, Johnny, sinto muito", disse Foley, sério. "Mas Cowgill sabe sobre você e tem pleno conhecimento de como atua. Portanto, tenho certeza de que vão se dar bem e de que dará a ele o melhor de si. Ele estará em contato comigo, portanto me manterei bem informado." Em seguida, Foley acrescentou: "Fique calmo, faça seu trabalho e seja bastante cuidadoso desde o início." Isso pôs fim à conversa. Johnny estava vendo nuvens negras no horizonte antes mesmo de partir para a Alemanha. Sabia que Vivian cuidaria para que Gerti recebesse cuidados durante sua ausência. Ela sorriu e beijou longamente o marido ao se despedir dele, que saiu às pressas para se encontrar com os outros que voariam com ele naquele dia.

Ao chegar a Bad Oeynhausen, o grupo foi apresentado ao tenente-coronel Cowgill. Era um oficial esguio, meio tímido, mas rígido, com um rosto agradável, que se certificou de que todos fossem rapidamente acomodados em um belo hotel no centro. A estrutura fora adaptada como um alojamento de oficiais. Os quartos eram espaçosos, com detalhes grandiosos, mas os móveis e objetos haviam desaparecido, sendo substituídos por camas portáteis de metal, colchões militares e a estranha maleta de objetos pessoais. No nível da rua havia um restaurante ainda em pleno esplendor. Era uma espécie de salão de jantar refinado, mas funcionava apenas das 8h às 18h, pontualmente. Alemães trabalhavam no hotel e no restaurante sob a direção de um oficial da Comissão de Controle e alguns assistentes que não eram da comissão.

Depois de desfazer a mala, Johnny e alguns outros foram à sede da administração, a alguns quilômetros de distância. Era um prédio de escritórios de quatro andares, confiscado. A seção do SIS ficava no segundo andar, em uma sala grande, com intermináveis fileiras de escrivaninhas de madeira e cadeiras. As únicas cores nas paredes de cal eram de mapas diversos, pendurados em todos os espaços onde não havia janela. Dois membros do departamento de polícia de Londres já estavam ali, tentando parecer ocupados. Usavam uniformes semelhantes aos militares. Depois de cumprimentar os recém-chegados, os Bobbies logo começaram a fazer perguntas a Johnny e aos outros, recebendo a nova unidade com hospitalidade. Com Johnny estavam 19 homens, todos do SIS e ansiosos para começar.

Os primeiros dois dias foram uma decepção. Esperavam se ocupar e contribuir para o esforço de desnazificação. Em vez disso, ficaram sentados sem fazer nada. No terceiro dia, finalmente, receberam formulários já preenchidos para viagens, ajuda e históricos de trabalho a serem examinados. Sob o governo militar, os cidadãos alemães em busca de emprego público tinham que ser desnazificados. Isso se traduzia no preenchimento de um formulário detalhando empregos anteriores e renda. Além disso, tinham de listar os partidos políticos, clubes, sindicatos e grupos aos quais haviam pertencido depois de Hitler assumir o poder. Havia milhares e milhares desses formulários em toda a Alemanha. Um dos trabalhos dos integrantes da Comissão de Controle era analisar os formulários preenchidos. Examinavam arbitrariamente cada caso, chamavam o indivíduo para uma entrevista e então decidiam atender ao pedido de emprego ou não. Falar com o indivíduo era frequentemente difícil, porque os membros da Comissão de Controle de Sua Majestade muitas vezes não eram as pessoas mais bem preparadas para isso. Muitos não falavam alemão e outros eram inadequados de outras maneiras para trabalhar, fosse por questão de profissão ou treinamento.

Assim como os poucos colegas que conseguiam ler na língua local, em uma semana Johnny estava cansado daquele trabalho. Tentou levar aquilo adiante com dificuldade, mas acabou parando e procurando seu superior para fazer uma reclamação. O segundo oficial no comando de sua seção era um ex-negociante de uma empresa na África do Sul. Contatos em lugares importantes deviam tê-lo levado àquele trabalho, uma vez que não tinha experiência militar ou em inteligência. Protestando energicamente contra o tipo de tarefa que recebera, Johnny pediu ao jovem oficial uma atividade condizente com sua experiência em segurança.

Como exemplo do que tinha em mente, Johnny informou ao sul-africano que sabia de um relato sobre sabotagem feito pelo major Edgar, o oficial britânico que supervisionava o trabalho siderúrgico da Krupp, em Essen. O superior lhe lançou um olhar de desaprovação. Mas a conversa chegou rapidamente a um ponto em que discutiram detalhes. Como resultado, Johnny foi designado para fazer uma investigação sobre o caso. A fábrica de armamentos, que já fora grandiosa, chegando a empregar mais de 160 mil trabalhadores, estava em ruínas. A Grã-Bretanha tentava recuperar as instalações e a produção mantendo 6 mil trabalhadores nas linhas de montagem, manufaturando principalmente equipamento ferroviário. A pouco mais de 60 quilômetros ficava a represa do Möhne, reconstruída depois de ser parcialmente destruída em 1943 pelos bombardeiros Lancaster, da Força Aérea Real. Apesar dos ataques, a Möhne resistira, ainda que com uma capacidade de funcionamento bastante reduzida.

O major Edgar e sua secretária cumprimentaram Johnny quando ele se apresentou no escritório da Krupp, na manhã seguinte. Embora fosse um oficial militar veterano, Edgar admitiu abertamente a Johnny que não tinha experiência em segurança, inteligência ou espionagem. Independentemente da falta de treinamento nessas áreas, ele e a secretária ajudariam Johnny muito mais do que os próprios superiores na Alemanha.

Noites de preocupação se refletiram no rosto do major enquanto passava as mãos grandes pelo espesso cabelo preto, contando a Johnny sobre as dificuldades na fábrica. Constantemente atormentados por ameaças de explosões e de destruição da represa, os trabalhadores da Krupp reagiam com frequentes greves espontâneas. Isso destruía o planejamento de produção e deixava locomotivas inacabadas. O dia anterior começara com rumores entre os trabalhadores de que a represa de Möhne estava prestes a ruir. Alguém soara o alarme e os funcionários haviam fugido para um terreno mais alto. Só um punhado de corajosos retornara depois de nada acontecer.

Quando o major terminou o relato, Johnny disse: "Primeiro, preciso de um salão grande, onde possamos falar com todos os funcionários. Ainda há algum auditório desse tipo de pé na cidade?" O major Edgar respondeu que sim e encaminhou Johnny ao dono, que não apenas lhe ofereceu o auditório sem cobrar como propôs-se a participar do encontro. Rapidamente, os funcionários foram convocados para a grande reunião naquela noite.

Pontualmente às 20h, diante do salão lotado, com o major Edgar e a secretária sentados ao seu lado, no palco, Johnny se levantou, ergueu as mãos e iniciou os procedimentos falando em alemão. Advertiu a multidão de que ameaças de sabotagem não eram motivo de piada. No passado, isso causara interrupções no trabalho e perda de renda. "Aqueles entre vocês que causam esses distúrbios sabem quem são, e os inocentes também os conhecem. Ao criar esses rumores, levando pessoas a acreditar neles e segui-los, estão prejudicando a si próprios, às famílias e aos amigos. Sem produção, não recebem salários. Sem dinheiro, não têm o que comer. Se querem morrer de fome, então vão embora sozinhos e morram, mas não tirem a comida das bocas da família, dos entes queridos que dependem de vocês para comer, morar e se vestir. Todos conheceram a fome durante a guerra. A guerra acabou. Agora querem ter fome de novo, em um período em que podem reconstruir suas vidas, suas esperanças e seus sonhos, sem medo e em paz?"

Um burburinho, cabeças se virando e gestos de aceitação indicaram a Johnny que os comentários haviam surtido efeito. O silêncio voltou. "Vocês têm alguma reclamação contra a administração militar?", perguntou Johnny, indicando o major Edgar. "Se têm, vamos ouvi-la, vamos limpar o ar e tratar as coisas abertamente." Um homem se levantou, parecendo ser uma espécie de líder. "O major britânico é um sujeito bom, mas não sabe o que está fazendo. Ninguém tem nada pessoal contra ele." O homem voltou a sentar-se, enquanto a plateia o aplaudia. Embora estivesse de costas para ela, Johnny percebeu que a datilógrafa do major o encarava. Virou-se, olhou-a e sussurrou: "Haverá muitas outras reuniões. Por favor, seja sincera comigo, não estou aqui para puni-la." O rosto sombrio dela se abriu em um sorriso.

"Estamos aqui para ajudá-los a consertar seu país destroçado pela guerra, para que possam se erguer novamente como homens livres, sem Adolf Hitler!" O salão reverberou com aplausos estrondosos. Alguém gritou: "Há um bocado de patifes por aqui!" "Tem certeza disso?", perguntou Johnny. "Sim!", foi a resposta. "Quer me dizer em particular os nomes de alguns deles?", retorquiu. "Sim!", foi a resposta novamente. "Você é comunista?", perguntou Johnny. "Sim!", disse o homem. "Está bem. Isso já chega para você, ou enviarei uma carta a Stalin sobre sua reclamação", observou Johnny. O homem se sentou envergonhado, com o rosto vermelho, em meio a uma explosão de risadas. Mais tarde, realmente se apresentou com informações valiosas sobre trabalhadores da fábrica que criavam problemas.

Pouco antes de a reunião acabar, com a promessa de outra na noite seguinte, um homem pobremente vestido se levantou e todos ficaram em silêncio. "Há um encontro hoje à noite de jovens comunistas chamado *Edelvais* (a flor favorita de Hitler). Será em um restaurante não muito longe da fábrica." "Você me dirá em particular onde exatamente fica esse lugar?", perguntou Johnny. "Sim", respondeu o homem. "Nome estranho para um grupo comunista. Você acredita que são comunistas?", perguntou Johnny. "Não, não são. São nazistas!", gritou. "Você é comunista?" "Sim", foi a resposta.

"Obrigado a todos", disse Johnny em voz alta para a multidão. "Veremos vocês amanhã." Sorriram em resposta e saíram apressados. O trabalhador maltrapilho foi até a frente e explicou rapidamente a Johnny onde ficava o restaurante. Antes que pudesse lhe agradecer, misturou-se à multidão. Imediatamente, Johnny telefonou para o controle e um oficial do MI6 se juntou a ele. Conseguiram um policial para acompanhá-los. Seguiram de carro até o restaurante e entraram impetuosamente. As pessoas congelaram assim que viram os uniformes britânicos e da polícia. Adolescentes estavam reunidos em volta de mesas com montes de panfletos e livros. O proprietário logo apareceu, atendendo a um pedido da polícia para que fosse ao estabelecimento sem demora.

"Por favor, sente-se conosco", disse Johnny ao proprietário, um homem gordo e assustado. "Não estamos planejando devorá-lo, o que queremos é falar com você." Ele desmoronou em uma cadeira e começou a dialogar com o policial, enquanto Johnny e seu outro acompanhante conversavam à mesa, observando os adolescentes. Havia cartas e livros de pornografia espalhados. Johnny apanhou um volume cujo título era *A noite de núpcias*. "É isso o que vocês estudam?", perguntou aos nervosos espectadores.

Seguiu-se uma profusão de rostos corados e silêncio. Observando os meninos de perto, Johnny disse: "Meninas, vocês ficam de um lado." Uma súbita expressão de protesto em um rosto indicou o instigador do grupo. Avançou lentamente, agora com o rosto rígido e desafiante. Como era o líder, não tinha a menor intenção de se mostrar um covarde diante dos colegas. "Você estuda este lixo sujo?", perguntou Johnny, apontando o livro em sua direção. "Sim, só estamos nos divertindo um pouco", respondeu. "Vocês se autointitulam uma organização cultural", disse Johnny. "Isso é um exemplo de cultura?" O líder estava agora ardendo de orelha a orelha, diante dos olhares de todos. Não respondeu.

"Você faria a gentileza de ler isso em voz alta?", pediu Johnny, virando-se para a menina mais próxima. Ela ficou roxa e lágrimas brotaram em seus olhos. "Não precisa ficar envergonhada", disse Johnny, com delicadeza. "Todos já fomos jovens e todos cometemos erros. Quem lhe deu esse material?", perguntou. Mais silêncio. Uns olharam para os outros, na esperança de que alguém tomasse a iniciativa. Por fim, uma menina que estava atrás disse baixinho, com uma voz quase inaudível: "O líder do grupo." O jovem lhe lançou um cáustico olhar de desprezo. Os livros foram lacrados e os adolescentes levados ao posto policial para ser novamente repreendidos. Os pais foram chamados para buscá-los. Apenas o jovem líder e o dono do restaurante foram detidos e acusados.

No dia seguinte, Johnny visitou o major Edgar. Soube pela secretária que o oficial compreendia um bocado de alemão e podia falar a língua, embora às vezes confundisse um pouco as palavras. Johnny insistiu na necessidade e no valor de fazer encontros com os trabalhadores para conhecer as pessoas, suas vidas e suas preocupações. Usando esse método, poderiam criar uma atmosfera de paz na fábrica e melhorar o ânimo dos funcionários, eliminando as ameaças e os dispendiosos atrasos na produção. Edgar concordou com a estratégia e assegurou a Johnny que ocuparia seu lugar no palco, depois que a bola estivesse rolando.

Naquela noite, o salão da assembleia estava lotado de novo. Depois do discurso inicial de Johnny, um homem e uma mulher se levantaram. "Obrigado, capitão, o senhor com certeza endireitou muitas de nossas crianças na noite passada." O salão vibrou com os aplausos. "Vocês não acham que de agora em diante deveriam ficar mais de olho?", perguntou Johnny. De repente, alguém no fundo do salão gritou: "Vocês, com suas palavras bonitas, ainda protegem todos os grandes filhos da puta por aqui!" "Protegem, sim!", gritou outro espectador. "Então você me diria os nomes desses filhos da puta, para que você, o major aqui e eu possamos lhes fazer uma visita?", perguntou Johnny. Ele respondeu que diria e, quando o encontro terminou, forneceu aos britânicos os nomes e endereços de nazistas importantes. A partir dessa pista foi iniciada uma investigação que terminou semanas depois, com a prisão dos homens.

A assembleia seguinte levou ainda mais pessoas a falar sobre medos e preocupações. Na saída, um espectador na casa dos 30 anos interrompeu Johnny e o tratou como *Herr* Johnny. Johnny reagiu dizendo-lhe que preferia ser tratado pela patente militar. Não se importava com o respeito que *Herr* implica na Alemanha. O homem se corrigiu e prosseguiu: "Capitão, acho que seu sistema de segurança protege os grandes e os pequenos também." Johnny olhou para ele intrigado. Sem parar para respirar, o homem disse que o levaria a uma casa onde uma viúva morava com um filho que era um bandido odioso. A pobre mulher estava assustada e muito preocupada. "A maioria das pessoas sabe que ele é um ladrão perigoso, mas todos têm medo de entregá-lo, temendo uma retaliação. Não posso dizer mais nada, além do nome e do endereço, porque também tenho muito medo." Johnny convenceu o informante de que estaria seguro e o homem, relutantemente, concordou em mostrar o caminho a Johnny e ao major Edgar.

Uma mulher idosa e frágil atendeu à porta da casa de dois andares, em uma rua lateral no centro da cidade, mostrando-se surpresa com as visitas tardias. Verificou quem eram e encaminhou o major e seus acompanhantes até a sala de estar. Eles lhe informaram o objetivo da visita e lhe perguntaram se o que falavam sobre o filho era verdade. "Sim, é verdade", respondeu, com a voz trêmula. "Não sei o que fazer. Se souber que estou contando isso a vocês, vai me matar!" "Quando a senhora acha que seu filho vai chegar?", perguntou Johnny. "Ah, só por volta de uma ou duas da manhã", respondeu, tremendo. Johnny instruiu o homem que os levara a abrigar a mulher em sua casa até que se sentisse segura. O resto ficaria por conta dos dois visitantes. Ele a ajudou a vestir o casaco e os dois partiram.

O major Edgar e Johnny subiram as escadas até o quarto do filho. Era um cômodo de bom tamanho, mas parecia um museu, com paredes enfeitadas de bandeiras nazistas, braçadeiras com suástica e fotos. No armário, encontraram rádios, fonógrafos, casacos de pele e ternos. As gavetas pareciam as de uma joalheria, cheias de relógios, anéis, braceletes e colares de vários tamanhos, formas e estilos. Binóculos, armas, carteiras e bolsas eram guardados embaixo da cama, em caixas. Sob o travesseiro encontraram uma Luger alemã carregada. O quarto continha uma fortuna em objetos roubados.

O major partiu para buscar reforço da polícia e do SIS. Meia hora depois, voltou com quatro homens bem-armados para ajudar na vigilância. Cuidadosamente instalados, esperaram pela volta do suspeito. Às 2h, a chave fez ruído na porta da frente da casa e um homem musculoso entrou. Quando a porta se fechou e a luz do saguão foi acesa, Johnny saiu de um armário próximo, agarrou o ladrão por trás, virou-o e lhe deu um murro preciso no queixo. As mãos do ladrão penderam, soltando a valise que carregava. Antes que pudesse fazer alguma coisa, o punho de Johnny produziu um som surdo sobre seu plexo solar, forçando-o a expelir ar pela boca aberta. Os joelhos se dobraram e ele caiu encolhido.

Os outros apareceram, com revólveres em punho. Johnny lhe disse que não se importaria nem um pouco de matá-lo se se mexesse. O suspeito ficou caído em silêncio, fazendo caretas de dor. Nenhum dos agentes do MI6 tinha simpatia por aquele indivíduo, que desrespeitava os mortos e mantinha a cidade aterrorizada. O ladrão e os montes de objetos roubados que acumulara foram entregues à polícia. O major Edgar e Johnny não tiveram tempo para concluir a investigação. O chefe da polícia cuidaria para que os bens fossem devolvidos aos donos. Sem dúvida, a entrega de objetos roubados de lojas da comunidade solucionaria crimes pendentes.

A partir daí, as reuniões da fábrica e as prisões resultantes continuaram em escala maior. As ameaças de espionagem e as paralisações do trabalho cessaram. Os funcionários ficaram felizes por ver finalmente ações concretas. Apareciam em multidões para fazer reclamações enquanto a harmonia se espalhava pela fábrica como fogo, tornando-se maior a cada denúncia. O major ganhou experiência suficiente observando Johnny em ação, até finalmente liberá-lo da função. Durante a última assembleia, os trabalhadores se levantaram em massa para aplaudir os esforços feitos em benefício deles.

A roupa suja fora lavada e agora estava em mãos capazes e bem-apoiadas. Foi uma operação bem-sucedida, que permitiu ao SIS fazer um trabalho de inteligência e ao mesmo tempo ajudar a reconstruir a nação alemã. Johnny sabia que o major Edgar, um homem inteligente e agradável, continuaria o trabalho que haviam iniciado. Voltou para Bad Oeynhausen.

No primeiro dia de volta ao escritório da Comissão de Controle, funcionários inconvenientes lhe perguntaram o que vinha fazendo. Johnny lhes disse que não era da conta deles; era um assunto criminal que não lhes dizia respeito. Um oficial reagiu rispidamente, dizendo que Johnny deveria tê-lo informado. "Não o informei, senhor, e não o informarei, senhor, porque o chefe do meu grupo é Felix Cowgill, e ninguém mais", respondeu, sem rodeios. Antes que o oficial pudesse retrucar, saiu do prédio. Os funcionários queriam mostrar trabalho, em sua área de responsabilidade ou não. Seções se sobrepunham a outras e agências iam além das demais. Exatamente como Johnny sabia que aconteceria, a burocracia criada para desnazificar a Alemanha era um frustrante atoleiro de confusões e oficialismo da pior espécie.

Johnny trabalhara naquele lamaçal por mais de três meses. Por fim, disse à Comissão de Controle que apanharia seus documentos e voltaria para Londres. A resposta que ouviu foi um rotundo "não!". Johnny reagiu: "Acho melhor me darem esses papéis amanhã de manhã, de qualquer maneira." "Malditos desgraçados do MI6; acham que podem fazer qualquer coisa e ir a qualquer lugar quando quiserem!", esbravejou o oficial. "Sim, é assim mesmo!", retorquiu Johnny. Seguiu-se uma gritaria em torno da licença militar. Seriam necessárias duas semanas de insuportáveis adiamentos até que Johnny conseguisse voltar para Londres.

Durante a espera, foi fazer compras em joalherias, em busca de um colar para Gerti. Sem encontrar algo de que gostasse, mencionou isso ao oficial de suprimentos da Comissão de Controle. O oficial e alguns colegas pediram que voltasse em uma semana. Johnny procurou novamente o oficial, que derramou uma bolsa cheia de joias sobre a mesa. "Escolha o que quiser e lhe farei um bom preço", disse. Johnny apanhou um broche de ouro e um colar, a preço razoável — "razoável demais!", pensou Johnny. Quando o oficial insistiu que não queria receber em dinheiro, surgiu um sinal de alerta. A Alemanha estava inundada de dinheiro falso; havia até notas de libras esterlinas falsificadas. A insistência em receber em cheque, somada à quantidade de mercadoria à venda, convenceram Johnny de que o oficial estava fazendo um negócio ilegal. Por isso, fez uma marca no cheque, de modo que pudesse ser usado mais tarde como prova.

Passou-se um dia. Ao visitar o pequeno café de um casal alemão, disseram que era muito difícil conseguir o produto. A não ser que o comprassem a preços altos no restaurante do alojamento militar que ficava no andar térreo do hotel, no horário de fechamento. Ao investigar isso, Johnny descobriu que a seção de suprimentos da comissão — que controlava quase todas as mercadorias que as fábricas alemãs produziam — vendia os bens de volta aos alemães no mercado negro, em vez de entregar aos necessitados. Suprimentos de comida, sapatos e roupas pagos pelo governo britânico — e no fim das contas pelo contribuinte — estavam chegando às mãos dos alemães por dinheiro.

Muitos oficiais inferiores e burocratas faziam fortuna dessa maneira, com tolerância ou desconhecimento dos administradores mais responsáveis. Johnny testemunhara um alemão sendo rejeitado ao pedir sapatos a um sargento britânico. O homem foi informado de que não havia sapatos, mas atrás dele, em uma ampla sala trancada, havia milhares de pares. Todos poderiam ser adquiridos depois do expediente, a preços elevados. Suborno e corrupção eram lugar-comum, a ponto de um oficial britânico fazer compras em uma loja sem pagar. Presentes, malas e qualquer coisa eram oferecidos às forças de ocupação por pouco dinheiro ou nenhum e à população alemã a preços exorbitantes.

Então aconteceu o caso de um médico judeu, o Dr. Philip Aureba,[6] que estava em Buchenwald. Dois guarda-costas judeus o ajudavam. Os três viajavam em um jipe com a palavra "Buchenwald" pintada. Roubavam o que podiam, enquanto um oficial de comando que Johnny admirava fazia vista grossa. Johnny deixou essa última parte fora do relatório inicial, mas chamou o médico de criminoso. O oficial tentou manipular a declaração de modo que as acusações fossem atenuadas. Johnny se recusou a aceitar isso e reescreveu o relatório com as acusações originais contra todos os envolvidos, incluindo o oficial.[7]

A gota d'água veio quando um canadense chamado Nottingham, supervisor da Comissão de Controle no distrito britânico, chamou os integrantes da unidade de Johnny e anunciou que dali em diante trabalhariam sob seu comando e seguiriam suas instruções. "Onde está o coronel Cowgill?", perguntaram. "Ele é o nosso superior." O canadense revelou então que Cowgill — referia-se a ele como "senhor" — fora exonerado e voltara à vida civil.[8] O grupo ficou chocado, porque Cowgill era honesto e trabalhador e todos o respeitavam. Tinha também um bom conhecimento militar, apesar da falta de experiência em inteligência. Nottingham, na opinião de Johnny, era "um sujeito insolente". Era um civil e ex-membro do Legislativo de Ontário sem experiência militar ou em inteligência. Para Johnny, Nottingham não estava qualificado para assumir o cargo. Estava aceso o estopim.

"Cavalheiros, agora que o tenente-coronel Cowgill se foi, vocês são meus garotos", afirmou o canadense de rosto rosado. "Não sou um de seus garotos", reagiu Johnny, furioso, "e nunca serei!" Aquilo abalou momentaneamente a presunção de Nottingham, ao mesmo tempo em que a fúria de Johnny explodia. Antes que o substituto de Cowgill pudesse abrir a boca, Johnny apanhou uma cadeira e lançou-a pela sala, quebrando uma luminária de mesa. "Não conte comigo!", esbravejou Johnny diante do oficial, enquanto saía intempestivamente da sala, deixando todos perplexos. Duas horas depois, voou de volta a Londres.[9]

Ao desembarcar, foi diretamente à sede da seção V do MI6 em Westminster, para se encontrar com Vivian.[10] Não esperou ser anunciado. Entrou bruscamente no escritório, surpreendeu Vee-Vee trabalhando e lhe disse que estava se demitindo. "Quer que lute contra nada lá?", perguntou. "Recebeu meus relatórios, sabe o que fiz." Em seguida, explicou que um homem com experiência em inteligência não era necessário na Alemanha. "Os que estão no comando fazem tudo que está ao seu alcance para dar a esse tipo de homem tarefas servis lideradas por imbecis." Na opinião de Johnny, pessoas que estavam lá para dar assistência estavam na verdade vendendo-a a quem pagasse mais. "É uma verdadeira encenação, Vee-Vee, uma verdadeira encenação! Se a população britânica pelo menos soubesse sobre essa farsa nojenta e os roubos em que seu dinheiro suado está sendo gasto... Com certeza há homens bons lá, mas são imediatamente considerados ineficientes pela rede, pelo escalão de burocracias superpostas, de nomeações de figurões. Eu me demito!"

Confuso diante da explosão de Johnny, Vivian permaneceu sentado calmamente e escutou, sem interromper, aquelas duras palavras. Por fim, pronunciou-se. "Droga, Johnny! Com certeza admiro seu espírito de luta", afirmou. Em seguida, observou que conhecia a Alemanha bem mais do que Johnny pensava. Muitos agentes haviam voltado, cansados das mesmas coisas que o haviam enfurecido. Vivian não concordava nem discordava do homem à sua frente. Em vez disso, explicou que não eram eles que formulavam os planos. Se tivesse controle sobre a inteligência, a história seria diferente. Então incentivou Johnny a tirar algumas semanas de folga. Depois de um descanso e um pouco de recreação, achava que poderia ver as coisas de maneira diferente. "Você tem um excelente currículo de serviços conosco, uma pensão e tudo mais. Não deixe que essa confusão estrague uma boa atuação e um futuro no trabalho que faz tão bem."

Johnny concordou em tirar uma folga em casa e voltar a vê-lo em duas semanas. Gerti ficou feliz com o broche e o colar, mas, ao saber da origem, lhe disse que talvez tivesse de devolvê-los como prova na próxima visita à sede. Johnny esperava recuperar o dinheiro que pagara pelas joias. Ela entendeu.

Duas semanas depois, foi novamente a 54 Broadway. Vivian estava amistoso e agradável quando se sentou diante dele. "Depois dessa breve licença, voltaria à Alemanha, Johnny?", perguntou, os olhos fixos em Johnny. "Não, nunca para aquele esquema, para aquelas missões", respondeu Johnny, firmemente. "Achei que não", reagiu. "Você é muito teimoso, companheiro."

"Está bem, temos em mente outra missão para você, como chefe do posto no Cairo. É uma região de inteligência vital para nós e nosso homem acaba de ser transferido. Só encontrará lá agentes excelentes, treinados e capazes. Gostaria de assumir o comando?" "Depende", respondeu Johnny. "Diga-me, quantos homens perdemos lá, mortos pelos árabes?" Vivian fez uma pausa, pensou durante um minuto e em seguida respondeu: "Cinco nos últimos cinco anos, acho." "Essas mortes foram vingadas?", perguntou Johnny, olhando-o intensamente. "Não", respondeu. "A situação é muito delicada lá; não podemos nos permitir iniciar um banho de sangue quando perdemos um agente ou dois. O mais importante é que ainda atuamos, apesar das perdas."

"Aceito o trabalho", disse Johnny, "mas quero carta branca." "Isso não pode ser, Johnny!", Vivian levantou a voz, contrariado. "Não posso lhe dar autorização para vingar alguma morte. Isso é impossível e não é permitido em nenhum nível do governo britânico."

"Vivian, não há como ficar parado vendo um dos meus homens ser morto em serviço pelos árabes sem fazer o mesmo com eles", reagiu Johnny. Explicou que não bastava ficar diante do túmulo de um agente morto e dizer algumas palavras sobre como morrera bravamente pelo país. Observou que terroristas árabes não achavam nada demais cortar a garganta de um homem, com ou sem motivo, e depois sair assoviando. Seus homens precisariam saber que teriam proteção. Qualquer coisa menos do que autoridade plena não seria possível.

"Johnny, não posso dar isso a você!", disse Vivian, enfaticamente. "A missão tem de ser nesses termos, ou nada feito." "Então, nada feito!", afirmou Johnny, aborrecido. Vivian afundou na cadeira. "Você recusa a Alemanha, recusa o Cairo. Não há outra missão disponível atualmente, a não ser aqui na sede, por algum tempo, até surgir um lugar", disse, desanimado. "Vivian, eu me demito!", disparou Johnny, para surpresa do outro. "Pague minha volta e a de Gerti para o Canadá e me demito do MI6 neste exato momento."

Seguiu-se uma longa discussão, mas a decisão de Johnny era firme. Deixaria o serviço. Os argumentos de Vivian sobre seu valor para o SIS, o futuro, a perda da aposentadoria não o dissuadiram. Chateado com a decisão, e com relutância, Vivian aceitou o revólver de Johnny de volta, os documentos de identificação, passaportes e objetos de serviço acumulados e usados ao longo de anos. Cada um continha muitas lembranças.

Mais uma vez, os De Graaf puseram tudo à venda, o que lhes renderia 3 mil libras esterlinas.[11] O SIS deu a Johnny uma garrafa de decantação irlandesa. Era uma réplica de outra, presenteada a Lorde Nelson.[12] Forneceu também duas passagens de navio, de primeira classe, para o Canadá e fez uma festa de despedida em Londres, em meados de agosto de 1946, da qual participaram Vivian, Frank Foley e muitos colegas. Garrafas de champanhe foram estouradas, houve muitos discursos e abraços calorosos. Meses depois, Foley escreveria para Johnny uma carta de recomendação. Dizia:[13]

> A QUEM POSSA INTERESSAR
>
> Desejo testemunhar que conheço o
>
> SR. JOHN de GRAFF
>
> há muitos anos
>
> É um homem de honestidade e retidão irretocáveis, que nunca faltou à palavra, que é o seu certificado. É capaz, inteligente e um grande trabalhador — sob seu duro exterior, esconde-se uma grande benevolência e bondade, que oferece a todos os homens de boa vontade, e que dá em abundância aos amigos. Posso falar

com conhecimento, porque tenho a honra de me considerar um de seus melhores amigos.
Tenho certeza de que nenhum homem se arrependerá de ter confiado nele, seja em negócios, seja na vida privada.

Frank Foley. [Manuscrito]
Berlim, janeiro de 1947 [Manuscrito]

Atualmente: Inspetor-Geral-Assistente
Seção de Segurança Pública,
I.A. & C. Division,
Escritório Central,
Comissão de Controle da Alemanha (BE)
BERLIM, B.O.A.R.

Antes da festa de despedida, Foley presenteou Johnny com uma nova carteira, em nome do SIS. Dentro, havia quatro notas de mil dólares canadenses novinhas em folha, que na época valiam mais de mil libras esterlinas.[14] "Sabemos que parte sem aposentadoria", afirmou Foley, com um sentimento profundo na voz. "Então, isso é apenas algo pequeno da organização, por tudo que fez por esse serviço." Johnny não conseguiu falar. Só estendeu a mão aos amigos e colegas. Gerti foi inundada de presentes e recebeu uma dúzia de rosas, o que fez lágrimas correrem em seu rosto reluzente. Os homens e o serviço haviam sido bons, portanto Johnny partiu sem sentimentos ruins. Estimou-os muito pelo resto da vida. Os britânicos também pediram que, no desembarque, os oficiais de imigração do Canadá não fossem informados sobre o passado de Johnny, apenas que teria uma quantia correspondente a 4 mil libras.[15] Foi também enfatizado que Johnny não deveria ser confundido com o canadense pró-nazista Johannes de Graff.[16]

Johnny e Gerti viajaram de trem para Liverpool e embarcaram para Montreal no S.S. *Cavina*.[17] Uma lua de prata brilhava sobre o mar tranquilo naquela noite de quarta-feira, 21 de agosto de 1946. Quando o navio deixou o porto, seus motores pulsavam em um ritmo aborrecido e constante, enquanto Johnny e Gerti se abraçavam na proa. Tinha 52 anos e ela, 26.[18] Durante um longo tempo, observaram a água, sentindo alívio e alegria. "Johnny, estou tão feliz por voltarmos ao Canadá para levar uma vida normal, em paz, como pessoas simples", sussurrou. "Estou também, Mutzi. Tem sido uma aventura, uma luta e tanto, mas nunca tediosa", disse. "Lá adiante, Gerti, a alguns milhares de milhas de distância, estão nossas novas esperanças, nossos novos sonhos e nosso novo lar, no Canadá. Vamos nos tornar canadenses, vamos nos estabilizar e aproveitar as muitas lembranças boas e as novas experiências como civis." "Vou adorar isso", concordou ela. Permaneceram agarrados um ao outro, olhando o oceano. Quando o mar se ergueu de suas profundezas tranquilas e a brisa salgada penetrou nas narinas, sorriram e se beijaram.

# 21

# Em casa

Cliff Harvison se encontrou com Johnny e Gerti quando o *Cavina* chegou a Montreal, em 31 de agosto de 1946.[1] "Quais são seus planos agora que deixou o serviço de inteligência?", perguntou, enquanto se cumprimentavam. "Apenas bisbilhotar um pouco e aprender alguma coisa do mundo dos negócios, para que possamos nos manter", respondeu Johnny, com convicção.

Eles se registraram no conhecido Hotel Windsor, perto da Dominion Square, e residiram ali até 13 de setembro.[2] Durante essas duas primeiras semanas, Johnny comprou uma pousada em condições precárias, em 1863 Dorchester Street West. Durante o único movimento francês em Quebec, nos anos 1970, a rua foi rebatizada de Boulevard René-Lévesque Ouest. Eles se mudaram em 14 de setembro de 1946 e Johnny começou rapidamente a desmantelar o interior da construção. Usando seus conhecimentos de carpintaria e hidráulica, transformou a estrutura em uma acomodação de primeira categoria. Quase naturalmente, enquanto derrubava paredes, pregava pregos e pintava, a mente vagava pelas missões anteriores. Era realmente difícil desistir completamente de pensar nas antigas atividades, e mais ainda se ajustar à maneira como os civis viam o mundo. Quando a reforma terminou

— incluindo um agradável apartamento para ele e Gerti — e os outros quartos foram alugados, ficou inquieto.

Precisava de uma nova motivação, que estava prestes a explodir na arena mundial. Com o início da Guerra da Coreia, no fim de junho de 1950, o universo de Johnny novamente ardia com a ameaça vermelha. Winston Churchill fizera o famoso discurso da Cortina de Ferro apenas quatro anos antes. Era a época da paranoia do "nós *versus* eles", que sinalizava o início da Guerra Fria. Nos Estados Unidos, não muito longe dali, o fantasma do macarthismo começava a ganhar as manchetes. Deve-se, porém, fazer uma distinção no que se seguiu. Johnny não era, nem nunca se tornaria, uma versão canadense do senador americano Joseph McCarthy. Dizia que não acreditava no que McCarthy praticava.[3] O senador de Wisconsin estava determinado a se promover e a destruir vidas. Johnny achava que seu trabalho, seu único trabalho, era informar aos canadenses os planos de Moscou. Imaginava que poderia haver uma infiltração comunista no Canadá e que muitos canadenses não sabiam o que isso significaria para eles e para o país. Depois de Gerti, essa operação de informar o público se tornou sua nova razão de viver.

Para aflição da RCMP, do SIS e mais tarde do FBI, e apesar do perigo, Johnny partiu em uma viagem solitária para denunciar a ameaça comunista. Essas organizações sem dúvida desejavam que envelhecesse com elegância — em silêncio. Em vez disso, seguiu a trilha do convencimento. Durante grande parte desse período da vida, Johnny, por motivo de segurança, usou um pseudônimo, "capitão Johnny X". Amparado por demonstrações de explosivos e pelo vasto conhecimento sobre os métodos comunistas, revelou o que sabia a públicos frequentemente hipnotizados. Logo começaram a chegar convites para palestras em vários lugares de Quebec, Ontário e na costa leste canadense. Recusava-se a ser remunerado, pedindo apenas que pagassem as despesas com transporte e hospedagem. No auge, dava seis ou sete palestras por semana.[4] Muitas saíam nos jornais. Outras irritavam o público e, por isso, também saíam nos jornais.[5]

Diante de um grupo do Rotary Club em Montreal, em 10 de setembro de 1951, disse à plateia que, nas palavras de Stalin, "enquanto o capitalismo e o comunismo existirem, é preciso conquistar". Também advertiu que as legiões de comunistas do Canadá reuniam mais de 500 mil pessoas. E criticou a RCMP por não levar a ameaça comunista suficientemente a sério.[6] Gerti, sempre temendo pela vida de Johnny, não conseguiu convencê-lo a desistir dos discursos. Aceitava-os com o coração aflito e vivia constantemente preocupada com a segurança dele. "Tenho de fazer isso", disse-lhe ele certa noite. "Os canadenses precisam enfrentar uma realidade que até agora não tinham a menor ideia de que existia e se defender dela." Ela parou de tentar convencê-lo.

Era inevitável que o Partido Comunista do Canadá (PCC) tentasse calar a boca daquele atormentador vira-casaca. Cliff Harvison telefonou certa noite para dar a notícia em primeira mão. "Johnny, você fez alguns inimigos. Hoje, Tim Buck pôs seu nome no topo da lista de assassinatos deles." Buck era o secretário-geral do PCC. Johnny não ficou surpreso. "Nosso informante é um dos nossos que está trabalhando disfarçado", relatou Harvison. "A lista passou pela mesa dele hoje." A partir daí, a RCMP manteve um agente à paisana nas plateias de Johnny. Policiais da reserva também se dispuseram a integrar o círculo de proteção. Mais tarde, revelou-se que mais ou menos metade dos membros do PCC via Johnny como um impedimento a seus planos e à sua existência, exigindo que fosse morto.

Tim Buck e outros concordavam, mas achavam que, devido à crescente notoriedade de Johnny, sua execução naquela época desencadearia uma intensa investigação sobre as atividades do PCC. Poderia ter sérias repercussões até na existência do partido no Canadá. As relações diplomáticas entre os soviéticos e os canadenses já estavam sob séria tensão devido ao caso Igor Gouzenko, e o assassinato de Johnny teria consequências sombrias em Ottawa e Moscou. A facção de Buck saiu vitoriosa, para frustração dos opositores, alguns dos quais abandonaram o PCC em protesto.

Não houve atentados contra a vida de Johnny. Mas foram feitas ameaças verbais e por escrito. Um desses incidentes aconteceu no fim de uma assembleia realizada no salão de uma igreja, em uma cidadezinha agrícola em Ontário. Um bilhete rude, escrito em letras recortadas, coladas sobre um papel marrom grosso, foi deixado sorrateiramente sobre a mesa da reunião quando a plateia se retirou. "'X', você é um homem morto!", dizia. O laboratório da RCMP determinou que o papel de embrulho era do tipo europeu, que não era usado nem encontrado no Canadá. Johnny também recebeu telefonemas de pessoas dizendo que iriam acabar com ele, ou matá-lo.[7]

Depois que Johnny iniciou sua campanha, o PCC obviamente informou Moscou. Os soviéticos sem dúvida ficaram surpresos ao descobrir que seu agente — que achavam que havia morrido no Brasil em 1939 ou 1940 — estava bastante vivo e comandando a destruição dos objetivos deles no Canadá. Além disso, fora um traidor, trabalhando para o MI6 durante anos. Apesar da traição, matá-lo no início dos anos 1950, quando se exibia sob holofotes públicos, não era do interesse deles. Não o esqueceriam, mas esperariam.

Enquanto isso, a RCMP, as forças armadas e outros grupos de segurança pediram a Johnny que fizesse demonstrações de seu conhecimento sobre fabricação de bombas caseiras em cursos de treinamento. Durante essas apresentações, notou que o ingrediente-chave para o explosivo podia ser facilmente obtido em qualquer farmácia canadense, em grande quantidade. Informou isso a Harvison, que cuidou para que o produto saísse das prateleiras.

Durante uma apresentação em Halifax, Johnny avisou a um participante incrédulo e hostil para manter distância da pequena carga preparada para explodir. Mas o homem avançou e as costas de Johnny bateram na cobertura de metal do artefato. Quase ao mesmo tempo, a bomba explodiu e atingiu o braço de Johnny. Com sangue escorrendo do ferimento, repreendeu o homem diante da sala lotada e continuou com a apresentação.

Johnny contou que no fim de outra reunião, na Igreja Presbiteriana de Knox, no centro de Montreal, uma mulher robusta, de aparência pobre, aproximou-se e se ofereceu para trabalhar com ele na luta contra os comunistas. Charlotte Akontz, ou "Sári", era uma refugiada húngara recém-chegada, que estivera presa e enfrentara dificuldades durante a guerra. Sentiu afinidade com ela, lembrando-se do próprio sofrimento em Osowiec. Ela o impressionou com sua honestidade e disposição. De acordo com uma outra versão, de duas fontes independentes, os dois se conheciam da embaixada húngara em Viena, onde ela trabalhara.[8] O que não é contestado é que Sári entrou no Canadá por meio de um programa patrocinado e trabalhou para o Children's Welfare Institute, na área de Westmount, em Montreal. Durante um tempo, trabalhou também em um banco. Quando Sári demonstrou habilidade para datilografia e passou por uma checagem de segurança feita pela RCMP, Johnny praticamente a adotou como assistente e como companhia para Gerti, que mais uma vez estava grávida.

Gertrude nunca desistira do objetivo de ser mãe. Decidira isso havia muito tempo e nada que Johnny dissesse a faria mudar de ideia. Em uma noite da primavera de 1950, durante uma peça de teatro a que o casal assistia, desmaiou no banheiro. Estava no quinto mês de gravidez e aguardava ansiosamente o bebê. Levada às pressas para o Royal Victoria Hospital, em Montreal, entrou em coma na unidade de cuidados intensivos. Perdeu a criança e, apesar da atenção recebida do médico, Dr. Scott,[9] ficou inconsciente durante cinco dias. Johnny permaneceu ao seu lado, preocupado. Certa noite, já tarde, o médico lhe telefonou para apresentar um prognóstico. "Sei de seus esforços e sua coragem para pregar contra o comunismo", começou. Prosseguiu pedindo a Johnny que tivesse essa mesma coragem, ou talvez ainda maior, porque com certeza precisaria disso nos meses seguintes. "Sinto profundamente lhe dizer que não há esperança para sua mulher. Ela tem um grave problema nos rins e no fígado. Não é uma mulher forte e jamais deveria ter sido aconselhada a ter filhos. Seu organismo não consegue suportar isso. Vai recuperar a consciência e poderá voltar para casa sob estrito repouso, observação e medicação, e conseguirá viver apenas mais alguns meses, na melhor das hipóteses."

Johnny ficou arrasado. Em casa, Sári recebeu Gerti com os cuidados necessários. Johnny interrompeu as palestras para ficar ao lado da companheira. Fraca e frágil, Gerti insistiu certa noite para que Johnny fosse a um grande encontro como orador convidado. Recusou-se a deixá-la, mas ela estava determinada e venceu. Naquela noite, diante de um salão lotado, hesitou no meio do discurso e teve de interrompê-lo. Não conseguia pensar em outra coisa a não ser na mulher morrendo em casa. Afastou-se para um lado, enquanto o anfitrião assumia a apresentação. "Aqui está um homem que luta pela liberdade de vocês, apesar de a mulher estar seriamente doente", informou o anfitrião, diante do público em silêncio. Johnny reapareceu, recomposto, e, com seu jeito vigoroso, impressionou os ouvintes com as revelações sobre o comunismo, sem que houvesse outras interrupções.

Gerti morreu em 23 de setembro de 1951, aos 31 anos, apesar de todos os esforços médicos para salvá-la.[10] As últimas palavras para Johnny, em uma voz sussurrada, foram um pedido para que se casasse novamente, porque a união deles fora maravilhosa. Um sorriso, um beijo e ela morreu em seus braços.

Gerti nunca se tornara canadense, diferentemente de Johnny, e continuou a ser tratada como britânica até o fim.[11] Isso não teve importância, porque flores e cartas de admiração enviadas por pessoas e grupos de muitas partes do Canadá e do exterior inundaram a funerária. Ainda jovem, Gordon Scott assistiu à cerimônia com os pais, o irmão e a irmã. Morta, a bela Gerti parecia um anjo. Junto ao caixão, o companheiro apertava a mão das pessoas com força e determinação, contendo-se para não desabar em público. Aqueles que conheciam bem Johnny notavam, entretanto, que seu olhar estava distante.

Transferido como encarregado das operações da RCMP em Colúmbia Britânica, Cliff Harvison enviou um buquê de 12 rosas vermelhas e um bilhete para Johnny. Membros da força que conheciam Johnny e Gerti compareceram ao funeral. Muito preocupado com a possibilidade de que Johnny pudesse tentar o suicídio devido à perda, Harvison fez um pedido especial a oficiais para que tomassem conta dele. Quando Johnny soube disso, telegrafou agradecendo e dispensando os guardas, com profunda consideração pela atenção deles. Tinha de prosseguir, por ele e por Gerti, informou-os.

Johnny devia 600 dólares canadenses ao Dr. Scott, quantia que enviou no dia seguinte. O médico devolveu imediatamente o cheque com um bilhete afirmando que 50 dólares seriam suficientes, vindos de um homem bravo, corajoso, que suportara tanta coisa na vida; alguém que adquirira uma sabedoria e um conhecimento que agora estava tentando transmitir a outras pessoas.

Interrompeu as atividades de orador por algum tempo depois da morte de Gerti. Tentou encontrar consolo em outro trabalho e se concentrou na pensão, mas continuou profundamente atormentado. Era um homem muito diferente depois da morte da companheira. Parou de se importar com um bocado de coisas e com muitas pessoas próximas a ele. Passou por uma intensa e agonizante crise mental. Aqueles que nunca encontraram o amor da sua vida e se acomodaram com algo menor talvez não compreendam o que passou. Em determinado momento, passou em frente a um bonde na St. Catherine's Street, em Montreal. Foi um acidente ou foi proposital? Nenhum relato oficial sobre o incidente jamais foi registrado pela polícia, portanto uma resposta é tão provável quanto a outra. Por sorte, um transeunte o puxou no último momento e ele nada sofreu.[12]

Talvez tenha sido o desejo inabalável de advertir os canadenses que o tenha realmente salvado. Retomou os discursos, mas dessa vez eram frequentemente apresentações animadas, como se estivesse em uma espécie de missão.[13] Em 28 de novembro de 1951, falou para os Escoteiros Mirins em Montreal.[14] Em 12 de abril de 1952, apareceu em um encontro da Legião Canadense na cidade. Formou uma organização chamada Cruzados Contra o Comunismo, que aparentemente durou pouco tempo. Dois anos e meio depois, iniciou a Cruzados Canadenses, que teve o mesmo fim.[15]

As novas palestras acabariam gerando mais problemas por dois motivos. Desde a morte de Gerti, exagerava algumas histórias e às vezes discursava como se estivesse falando pela RCMP, quando não a criticava.[16] O fato de ser citada dessas duas maneiras a irritou tanto que a Polícia Montada Real Canadense fez Cliff Harvison voltar de outra parte do país para repreender Johnny indiretamente. De acordo com a descrição do encontro feita por Harvison, ele achava que as palavras de Johnny eram usadas em grande parte para satisfazer sua vaidade, e não para causar danos à celebrada força policial. Também escreveu que Johnny achava que seu papel era tentar unir a opinião pública e ficar vigilante, se algum dia o Canadá tivesse a chance de derrotar Moscou. Mas, em seguida, Harvison acrescentou: "Ao fim da guerra, ele se viu subitamente sem emprego e sem ligação com qualquer órgão oficial do governo. É compreensível, sugiro, que um homem com sua experiência achasse extremamente difícil fazer a necessária transição das atividades anteriores para uma posição de proprietário de uma pousada de classe média, particularmente em uma época como a atual, quando a ameaça comunista contra a qual lutara a vida inteira estava se tornando cada vez maior. As palestras são o resultado bastante natural da experiência e do sentimento de ter sido desprezado e abandonado."[17] De fato, parte do discurso de Johnny era uma reação à crença de que havia sido menosprezado pela RCMP depois de interromper o acordo que tinha com ela como Agente Secreto 235. Quando voltou para Montreal, depois de deixar o MI6, os canadenses o abandonaram. Era demais para um homem que se dedicara tanto e que sempre falava o que pensava. Depois da visita de Harvison — que considerava o melhor policial que já conhecera — reduziu o tom de sua retórica.[18]

Antes da morte de Gerti, Johnny escreveu a J. Edgar Hoover oferecendo seus serviços no combate ao comunismo. Datada de 6 de fevereiro de 1950 e assinada por "Paul Petersen", a carta fazia um resumo de suas atividades soviéticas, afirmava que se desiludira com o comunismo, que trabalhara como agente duplo para um país europeu até se aposentar e que poderia ser contatado por alguém em quem Hoover confiasse firmemente. Terminava dando o endereço em Dorchester Street.[19] A mensagem desencadeou uma enxurrada de memorandos internos do FBI e cartas. Parte do interesse girou em torno do nome. Petersen fora um agente soviético que orientara o espião Thomas L. Black nos Estados Unidos nos anos 1930, enquanto Paul era o nome usado pelo superior soviético de Harry Gold, que na época estava preso nos Estados Unidos. Johnny escolhera aquele nome porque sabia que chamaria a atenção de Hoover. E foi o que aconteceu.

Certa noite, no fim de fevereiro de 1952, Harvison telefonou no momento em que Graff se preparava para dormir, depois de um dia agitado. "Johnny", disse ele, "estou esperando dois visitantes amanhã cedo. Pediram-me expressamente para se encontrar com você. Querem sua assessoria." "Quem são? Gente da inteligência?" "Sim, o FBI. Pediram para vê-lo em Montreal e concordamos. É só para olhar alguns retratos." A combinação de tudo isso pode ter sido o que levou Hoover a não gostar de Harvison. Na opinião do famoso diretor do FBI, Harvison tivera a ousadia de responder mal a ele não uma, mas duas vezes.[20]

Na manhã seguinte, Johnny estava sentado no escritório de Harvison, concentrado em dois grandes livros de fotografias de comunistas, enquanto dois americanos — os agentes especiais do FBI Silverthorn e Plantz — observavam atentamente.[21] Entre dezenas de fotos, Johnny identificou 25 oficiais soviéticos. De repente, reconheceu uma foto de Manfred Stern, seu instrutor na escola militar e amigo do M4 na China.

"Você o conhece?", perguntou um dos homens do FBI, notando que Johnny se detivera demoradamente sobre a foto. "Sim, é Fred Stern, um general do Exército Vermelho, mas com certeza não é membro do Partido Comunista", afirmou Johnny, enfaticamente. "Não é o tipo de sujeito que estão procurando." "Você fala como se fosse um simpatizante do comunismo", disse o mais magro dos dois homens. "Seu imbecil!", reagiu Johnny, irritado. Não tinham a menor ideia do que era comunismo, e muito menos de por que as pessoas se tornavam comunistas. "Segui o comunismo, de verdade, como uma opção à ditadura política na Alemanha e à opressão aos trabalhadores, que estavam morrendo de fome. Sim, abracei o comunismo naquela época, mas não era um membro leal do partido. Havia uma diferença. Poucos escolhem o comunismo e sua política para dominar o mundo. A maioria o adotou sem conhecimento, porque representava uma opção a outro sistema e poder que não se podia tolerar." Conhecera os dois lados e se envolvera com eles e sabia muito mais sobre isso do que agentes novatos bem-vestidos.

Nesse momento, Harvison levantou a mão para indicar que Johnny já dissera o suficiente. Em seguida, atacou os dois americanos de maneira mais diplomática. Depois disso, Silverthorn e Plantz pareciam um bocado tolos e pediram desculpas, que Johnny aceitou. Johnny lhes devolveu os livros, dizendo que aqueles 25 eram os que conseguia identificar. Ao fazer isso, sentiu orgulho por não ter incluído Stern. Olhou para o teto, de onde pendia um globo de luz, e disse para si mesmo: "Querido Fred, espero que quando a hora chegar, morra em paz no leito." Anos depois, soube que o amigo tivera um fim bem diferente e horrível.

Silverthorn e Plantz conversaram com Johnny durante vários dias, entre 24 de fevereiro e 11 de março de 1952. A entrevista por escrito, que Johnny assinou, tinha 94 páginas e cobria grande parte de sua vida até deixar o Rio de Janeiro e ir para Londres, perto do fim de fevereiro de 1940. Além dos longos depoimentos e de identificar os 25 agentes soviéticos, forneceu informações sobre o passado desses agentes, os serviços de inteligência para os quais trabalhavam e algumas das missões. As consequências delas não poderia informar, porque os resultados nunca eram discutidos abertamente.[22] Ainda assim, os agentes do FBI voltaram para os Estados Unidos bastante satisfeitos com as informações que receberam.

Depois da morte de Gertrude, Sári foi trabalhar em uma cidadezinha de Ontário, sabendo que Johnny procurava a solidão. Entre as milhares de lembranças que flutuavam em sua cabeça havia o último desejo de Gerti. Para honrá-lo, começou a pensar seriamente em pedir Sári em casamento. Ele a conhecia, confiava nela e ela cuidara de Gerti com muita dedicação. Mas, assim como acontecera em relação a Maria, a primeira mulher, não tinha certeza sobre seus sentimentos. Procurou a ajuda dos vizinhos em Montreal, Ward e Violet Scott. Perguntou várias vezes se achavam que deveria se casar com Sári. Sempre diziam "Não!". Charlotte não era uma pessoa da qual se pudesse gostar facilmente. Tinha maneiras diferentes, um passado de problemas mentais e não era nem de longe um bom partido como Gerti.[23] Apesar dos conselhos dos vizinhos, Johnny entrou em contato com Sári e a pediu em casamento. Assinaram um acordo pré-nupcial e se casaram em uma cerimônia simples, em 14 de junho de 1952.[24] Mas, como os Scott haviam previsto, não foi uma união feliz quase desde o começo. A dor de Johnny ainda era recente demais. Gerti ainda estava em toda parte. Mais tarde, consideraria o casamento com Sári o maior erro de sua vida.[25] Seu comportamento se tornou muito agressivo e usava uma linguagem mais rude, algo que raramente fazia perto de Gerti.[26]

Durante as entrevistas ao FBI em Montreal, Silverthorn e Plantz mencionaram que Thomas L. Black — um agente soviético assumido — e Harry Gold — um agente soviético condenado — haviam apontado Johnny como seu superior nos Estados Unidos, nos anos 1930. Pelo menos Gold estava ligado ao caso do espião Klaus Fuchs, que resultara no roubo de segredos da bomba atômica dos Estados Unidos. Johnny negou que algum dia tivesse atuado como agente soviético nos Estados Unidos. Além disso, ofereceu-se para ir até lá confrontar qualquer pessoa que dissesse ter trabalhado sob seu comando naquele país. Foi assim que o FBI lhe pagou a passagem com um cheque de US$ 150 e, em 4 de dezembro de 1952, desembarcou do trem nº 169, às 10h30, na 30th Street Station, na Filadélfia, para um confronto.[27]

A acareação com Thomas L. Black foi no escritório do FBI na Filadélfia, na presença de três agentes do FBI. Foram feitas perguntas a Johnny sobre os contatos na National Oil Products Company, de Harrison, em Nova Jersey; sobre como instruíra militantes; como apresentava e recebia relatórios; se já entregara pessoas sob seu comando; se já pedira a um militante ou a uma fonte para tirar fotografias deles próprios; se já comera no restaurante Gafantti's ou no Luchow's em Nova York; se sabia sobre os trotskistas; e se já ouvira falar do California Institute of Technology. Johnny negou absolutamente tudo e afirmou que nunca estivera nos Estados Unidos nos anos 1930. Declarou que ouvira falar da Westinghouse Electric Company, mas que não tinha conhecimento sobre a luz ultravioleta conhecida como Lâmpada Negra da Westinghouse.[28]

Thomas L. Black teve bastante tempo para observar Johnny falando, caminhando e gesticulando. Ao fim do encontro de duas horas e meia, estava quase certo de que Johnny não era o agente soviético que o orientara. Disse que havia algumas semelhanças, mas que a única que poderia apontar era que Petersen e Johnny sorriam de maneira semelhante. Black foi procurado novamente, em 11 de dezembro de 1952, e lhe perguntaram qual era sua opinião na época. Afirmou que uma das fotografias que recebera para analisar — especificamente aquela em que Johnny usava um chapéu, em 1932[29] — levara-o a acreditar que era Petersen. Mas depois do encontro na Filadélfia, mudara de ideia.[30]

Em 5 de dezembro de 1952, o FBI levou Johnny à Penitenciária Federal, em Lewisburg, Pensilvânia, a 251 quilômetros de distância, para se encontrar com Harry Gold. O encontro teve início às 9h45, quando o FBI pôs quatro fotografias de Johnny, tiradas em 1929, 1932, 1934 e 1945, sobre uma mesa, entre ele e Gold. "Essas fotografias são de uma pessoa que me introduziu na espionagem soviética em outubro ou novembro de 1935 e essa pessoa é você."[31] Johnny negou enfaticamente e perguntou por que achava que ele era "Paul". Gold respondeu que Johnny tinha a mesma voz, o mesmo contorno facial e o mesmo sorriso de Paul. Johnny respondeu que estava no Brasil em outubro e novembro de 1935, planejando, com outros conspiradores, derrubar o governo de Getúlio Vargas. Ressaltou que isso podia ser confirmado por pessoas entrevistadas no Brasil. Embora não tenha mencionado isso, Harvison e Foley poderiam ter facilmente intervindo para confirmar a história. Nesse momento, a reunião se tornou rapidamente uma retomada de perguntas benignas e recordações. Gold insistiu em sustentar que Johnny era Paul, exceto por um detalhe: Paul era mais de 7 centímetros menor. Em 18 de dezembro de 1952, Gold pediu para ver um agente do FBI e admitiu que mudara de opinião. Johnny não era Paul. Baseou sua decisão na altura dos dois homens e nas mãos de Johnny, que eram muito maiores e mais rudes do que de Paul, conforme se lembrava.[32]

O FBI se convenceu de que Johnny não era a pessoa que estava procurando e o deixou retornar ao Canadá. De volta a Montreal, em 16 de fevereiro de 1953, requisitou um esclarecimento por escrito dos Estados Unidos. O FBI se recusou, mas agiu para que seu contato em Ottawa procurasse Johnny, em 19 de março de 1953, para expressar verbalmente que já não era objeto de investigação e lhe agradecer pela cooperação.[33] Satisfeito, e sem dúvida revigorado, Johnny voltou para o púlpito anticomunista.

No fim de maio de 1953, viajou para Saint John, em New Brunswick, e discursou no United Services Institute, no dia 25, usando o nome verdadeiro pela primeira vez. O coronel T. E. Ryder, seu antigo chefe de missão, apresentou-o à plateia. Durante o pronunciamento, Johnny chamou o Partido Progressista Trabalhista de Tim Buck de um bando de "cobras cascavéis nojentas".[34] A RCMP achou aquilo problemático, por causa dos inimigos que Johnny estava criando entre os comunistas do Canadá. Os Mounties quiseram que Johnny saísse de Montreal, tanto para a segurança dele quanto para a deles.[35] Procuraram Blake Clarke perto do rio St. Lawrence, em Brockville, Ontário. Ele tinha uma pousada, Horningtoft, à venda.[36] A propriedade era formada por uma casa principal, com nove quartos para hóspedes, muitos objetos antigos interessantes e 12 pequenas cabanas do lado de fora. Ficava a apenas alguns passos do rio, em um lugar tranquilo, entre árvores. O preço era 90 mil dólares canadenses. Johnny concordou com a mudança e pagou uma parte em 7 de outubro de 1953, vendendo a pensão em Montreal, um terreno adjacente e outros bens por 33 mil dólares canadenses a Marie Antoinette David. Parte do dinheiro — 13 mil dólares canadenses — foi emprestada a ela por Ted Ryder.[37] Blake Clarke financiou o restante. Johnny deixou Montreal para sempre, mudando-se para Horningtoft antes mesmo de a documentação ficar pronta, em 1º de outubro de 1953.[38]

Blake Clarke e Johnny se deram bem de início, já que mais uma vez Johnny começou a trabalhar para transformar o novo empreendimento em um negócio viável. Horningtoft prosperou durante vários anos, enquanto Johnny cuidava de cada detalhe da conservação da propriedade. Mas quando começaram a aparecer hotéis ao longo do St. Lawrence, no lado canadense do rio, os negócios foram prejudicados. Entretanto, Blake Clarke ainda tinha de ser reembolsado pelo financiamento. Evidentemente, Clarke tornou a vida de Johnny desagradável por causa dos pagamentos. Daí em diante, não se encontraram cara a cara. Em determinado ano, Johnny teve tão poucos hóspedes que precisou vender um terreno para conseguir pagar a prestação. Clarke não queria deixá-lo fazer isso, mas acabou desistindo e recebendo o dinheiro.[39] Até então, havia acomodações para mais ou menos 75 hóspedes.[40]

Embora Johnny fosse reticente com judeus, provavelmente acabou alugando cabanas para eles, assim como fizera com os quartos na pensão em Montreal.[41] Em contraste, o preconceito aparentemente não se estendia aos negros. Certa vez, quando alguns alugaram um bangalô em Horningtoft, disseram-lhe que só nadariam nas águas do St. Lawrence à noite. Johnny reagiu: "Vocês podem nadar na hora em quiserem." Mais tarde, um vizinho lhe telefonou e perguntou se sabia que negros estavam nadando no rio. Johnny respondeu: "Qual é o problema? A água está ficando preta?"[42]

Colegas da RCMP mantiveram contato por algum tempo. Houve outra visita do FBI. Os Mounties a princípio aprovaram o pedido dos americanos e telefonaram para que Johnny concordasse em fazer outra sessão de identificação. Dessa vez, em Horningtoft, identificou mais 15 retratos. Para o FBI e a RCMP, deve ter sido divertido acompanhar o processo. Examinando os catálogos de agentes, Johnny de vez em quando se detinha sobre uma foto e dizia: "Ora, ora, vejam só o que temos aqui. Um novo casaco e um novo sorriso, mas o mesmo rato!" Ou: "Isso é interessante. Imagino o que essa cobra está fazendo. A última vez que ouvi falar dele foi..."

O capitão Johnny X continuou com os discursos. Chegou a viajar ao estado de Nova York para um pronunciamento e apareceu em um programa da CBC Television, no Canadá.[43] Um espectador de uma apresentação ao vivo, D. W. Sherman, comentou que Johnny contou à plateia não apenas sobre a habilidade dos agentes soviéticos para fabricar bombas, mas também sobre como usavam cigarros envenenados para eliminar pessoas sem que desconfiassem.[44] Uma das principais atrações nesses encontros era quando demonstrava como uma mistura de veneno de rato, pimenta e sal podia ser usada como bomba.[45]

A maior revelação do circuito de palestras de Johnny foi feita em 11 de janeiro de 1954, quando alegou, em uma conversa na Brockville Home and School Association, que havia cerca de 3 mil agentes treinados pelos soviéticos vivendo no Canadá sem ser detectados. Eram motoristas de táxi, marinheiros, motoristas de ônibus, pilotos e operários. Havia comunistas infiltrados até nas forças armadas. Nas palavras de Johnny, esses "rosados" estavam passando informações para Toronto ou para seu centro de comando na América do Norte, em Chicago. Quando o encontro e as denúncias foram relatados na principal reportagem de capa de um dos maiores jornais de Ottawa,[46] não houve só um burburinho no Parlamento, a imprensa americana também aproveitou a história. No dia seguinte, o *Chicago Daily Tribune* publicou um artigo repetindo a declaração de Johnny e mencionando que "ficaria feliz em testemunhar diante de investigadores do Senado em Washington sobre seu conhecimento acerca da interconexão de comunistas no Canadá e nos Estados Unidos".[47] Essas reuniões americanas eram as infames audiências do Exército-McCarthy. A disposição de Johnny para testemunhar deixou o governo canadense nervoso.[48] Na verdade, algumas pessoas no governo achavam que ele era "uma maldita chateação".[49]

Havia, porém, aqueles que pensavam de outra forma. Um registro no *Post Standard*, de Syracuse, nove dias depois, indicava que na opinião de autoridades canadenses, Johnny era o maior agente de contrainteligência da história moderna.[50] Podia ser um exagero jornalístico, mas havia um traço de verdade nisso tudo. A revista *Time* farejou a história e fez contato com o FBI. Foi impedida pela agência de Hoover, com comentários de que "pedidos de entrevistas a [Johnny] de Graff estão suspensos, à espera de manifestação da RCMP em relação a futuros contatos com ele".[51]

De fato, toda a questão de Johnny de Graff na história da espionagem na Argentina, no Brasil, no Canadá, na China, na Alemanha, na Manchúria, na Romênia, no Reino Unido, nos Estados Unidos e na antiga União Soviética é bizarra. Se Johnny não foi o maior agente de contrainteligência da história moderna, certamente foi um dos agentes de contrainteligência mais sortudos da história moderna. Por conta disso, os britânicos enviaram um agente a Brockville para descobrir por que Johnny nunca fora descoberto pelos soviéticos. O enviado passou vários dias conversando com ele e gravando tudo. O encarregado de Johnny na RCMP, Neil Pollock, presenciou algumas dessas entrevistas. Ninguém sabe a que conclusões o agente chegou; e os britânicos, como é de costume, recusam-se a comentar o assunto.[52]

Além da sorte, Johnny era excessivamente generoso. Depois da rebelião húngara, em outubro e novembro de 1956, muitos refugiados foram a Horningtoft e Johnny os hospedou.[53] Alguns provavelmente ficaram de graça, uma vez que considerava os anticomunistas aliados naturais. Outros conseguiram pelo menos uma cabana de graça, porque poucos imigrantes políticos chegavam da Europa com muito dinheiro. Também achava que tinha talento para avaliar as pessoas. Respeitava a honestidade. Essa admiração pela integridade se estendia a todos. Mas ai daqueles que fossem desonestos com ele.

Em 1º de outubro de 1960, Cliff Harvison foi nomeado comissário da Polícia Montada Real Canadense e passou a ocupar o principal cargo em Ottawa. Desde que ingressara na força, em 1919, na época conhecida como Polícia Montada Real do Noroeste, só deixara o serviço por um breve período, reingressando depois e subindo de nível até chegar à posição mais importante, com trabalho duro e dedicação. Uma das primeiras mensagens de parabéns que recebeu foi de um velho amigo em Brockville. Dizia: "Parabéns, Cliff, pela merecida promoção. Você está no banco da frente, lembrando-se de como era ficar em posições inferiores. Agora pode dar as ordens e brigar com os principais políticos da capital que costumava xingar. Boa sorte! Petersen." Harvison deu boas risadas.

Oscar de Graaf e a mulher, Leni (Helena), fizeram uma visita de seis semanas a Johnny em 1952. Oscar estava em Montreal quando o FBI esteve lá para entrevistar o pai. Ele e Leni estavam pensando em emigrar para o Canadá e viajaram para lá de novo em março do ano seguinte. Essa tentativa durou seis meses. Voltaram para a Alemanha e para Ahlen em 15 de agosto de 1953. Um dos motivos pelos quais não ficaram foi o crescente temor de Leni de que o sogro jamais parasse com as palestras contra os comunistas. Achava que o PCC descobriria onde Johnny estava e faria mal a ele, a Oscar e a ela. Quando estava no Canadá, Oscar viu um certificado assinado pela Rainha Elizabeth que dizia: "Querido Johnny X, obrigado pelos serviços ao Império Britânico." Um dos antigos chefes do Serviço de Inteligência de Segurança Canadense, ou CSIS,[54] Jim Warren, lembra-se de ter visto uma fotografia de Johnny usando um uniforme naval britânico emprestado, que fora assinada pelo rei George VI. Johnny era extremamente orgulhoso daquela fotografia.[55]

Embora achasse que o pai era parte do motivo da morte prematura da mãe, Marianne visitou Johnny no Canadá em 1979. Johnny foi à Alemanha ver os filhos em 1968 e novamente em 1976. Em 1978, voou de novo para a Alemanha, mas era uma viagem de negócios a outra parte do país. Tentou marcar um encontro com a Juventude Vermelha de Ahlen em 1972, dizendo: "Quando ouvirem o que tenho a dizer, desistirão de ser comunistas." De início, concordaram, mas depois mudaram de idéia.[56]

Dois dos muitos problemas que surgiram entre Johnny e Sári, os principais, na opinião dele, eram a preguiça e o desejo dela de, de algum modo, obter o dinheiro dele. Johnny não foi feliz nesse casamento.[57] Mas ela contribuía para a renda de ambos, e durante algum tempo voltou a trabalhar em um banco em Brockville.[58] Sári não era estúpida. Sabia falar e escrever em várias línguas. Houve até histórias de que também se envolvera em inteligência durante a Segunda Guerra Mundial, embora Johnny sempre tenha se negado a discutir esse assunto.[59] Em 1967, quando voltou à Hungria, Sári começou a escrever cartas para os principais líderes do mundo protestando contra o assassinato de seres humanos e animais. Estava começando a agir estranhamente de novo.[60]

Sem que a família em Budapeste soubesse, esteve sob tratamento cinco vezes, durante um período de 30 anos, no Brockville Psychiatric Hospital. Geralmente ficava dois meses internada. A primeira internação foi em 7 de junho de 1954. Nessa ocasião, permaneceu sete meses, até receber alta, em 5 de janeiro de 1955. A cada hospitalização, mostrava o mesmo problema, uma reação maníaco-depressiva.[61] Ficava obcecada com ideias de grandeza, fazia listas de pessoas que receberia em um "Rigoletto", como chamava suas festas, e depois fantasiava sobre o que aconteceria nessas ocasiões. Essas pessoas geralmente eram canadenses próximos ou membros da família. Em outros momentos, telefonava para vários países e tentava falar com pessoas que exerciam cargos de liderança. Nenhum membro da realeza estava imune. Johnny mencionou que os motivos por trás dos telefonemas eram frequentemente os mesmos: política, guerra e miséria humana.[62] Sári começou a telefonar à noite, quando o marido estava dormindo. Contudo, homem de pavio de curto, Johnny estourava quando as contas de telefone chegavam com estranhas ligações internacionais.

Nos últimos anos, Johnny praticamente odiou a mulher. Ela começou a privá-lo de comida. Quando Neil Pollock ia visitá-lo, sempre parava em uma lanchonete Kentucky Fried Chicken e comprava alguma coisa para Johnny, que devorava a comida. Levava também uma garrafa de xerez, que Johnny apreciava. Pollock desistiu disso em 1978, quando Johnny lhe disse o que finalmente estava pensando em fazer: dar um tiro em Sári, cometer suicídio e deixar todos os bens para ele. Pollock voltou à sede e escreveu um memorando, caso isso realmente acontecesse. Não queria ter nada a ver com esses acontecimentos. Neil Pollock fora o agente encarregado de Johnny por dez anos. Informou ao superior na RCMP, Gus Begalki, e se afastou da função. Então, Begalki entrou em contato com Johnny para lhe dizer que Pollock fora enviado em uma missão secreta e que ele, Begalki, fora encarregado de lidar com Johnny daquele momento em diante.[63]

Antes de se afastar, Pollock e Johnny foram a um jantar, no segundo semestre de 1972, na casa de Ron Stewart, em Washington. Stewart trabalhava na Divisão Criminal da Inteligência Canadense. O motivo da reunião era a entrega de um prêmio a Johnny pelos britânicos. À medida que a noite avançou, Johnny e Stewart encontraram tempo para uma conversa em particular. Johnny analisou o assassinato do Aristocrata na Argentina. Depois, tocaram no assunto Helena Krüger também na Argentina. Johnny admitiu tê-la matado por questionar sua lealdade à coroa britânica.[64]

Mais tarde, quando Neil voltou para o Canadá, em agosto de 1974, parou em Horningtoft para levar Johnny de carro até a Ottawa, para uma consulta médica. No caminho os dois homens conversaram sobre várias coisas, inclusive sobre o fato de que Neil estava se divorciando de sua esposa Lois, e que o processo chegou a um ponto delicado nos tribunais. Com naturalidade, De Graff perguntou a Pollock: "Bem, você quer se livrar dela?". Neil Pollock educadamente recusou a oferta, esperando que Johnny não estivesse falando sério. Ele refletiu sobre o assunto e levou a declaração de Johnny apenas como uma manifestação de lealdade com os membros da RCMP, com os quais ele havia crescido junto.[65]

Quando Pollock se tornou gerente do caso De Graff, uma das primeiras tarefas que Johnny lhe colocou foi tentar descobrir o que aconteceu a Arthur Ewert. Neil fez as investigações e, finalmente, comunicou a Johnny que Ewert tinha sido liberado após a guerra, totalmente louco depois de todas as torturas que tinha recebido da polícia brasileira, e tinha morrido na Alemanha. Ao ouvir isso, Johnny disse: "Péssimo!, eles deveriam ter matado o filho da puta!"[66]

Outra característica ímpar na aposentadoria de Johnny De Graff foi sua insistência em dizer para Neil Pollock e Scott Gordon que trabalhou para o MI5, e não para o MI6. Johnny não estava ficando senil, embora muito mais tarde Pollock tenha declarado que Johhny era "senil como uma raposa", quando passou a apresentar alguns sintomas. Então, uma das razões mais prováveis para a sua afirmação eram seus esforços para fazer com que ninguém do MI6 tivesse problemas, admitindo apenas que foi quem o empregou. Ele deve ter sentido que ainda era o Serviço Secreto de Inteligência. Viver uma vida na qual era necessário estar constantemente preparado para mentir por sobrevivência, e a calma com que escolhia suas palavras, nos leva a suspeitar de que ele fez a opção de desviar o interesse de seus antigos colegas. As provas são irrefutáveis de que ele sabia perfeitamente que era o MI6 quem assinava seus cheques.[67]

Durante os anos em Brockville, vizinhos e pessoas que o conheciam achavam que estava bem. Tendiam a considerá-lo um excêntrico inofensivo que ficava em seu canto.[65] Desanimado, achava que depois de tudo o que fizera para melhorar o mundo, depois de tudo o que sofrera, nada havia realmente mudado. O fim da vida foi marcado pela depressão.[66] As pessoas o haviam esquecido. A publicação da biografia de Harvison, *The Horsemen*, em 1967, e dois artigos em revistas reacenderam um rápido interesse por "Johnny", como Harvison se referiu a ele em seu livro, ainda pensando em proteger o antigo agente. Por conta disso, foi entrevistado no jornal de Brockville, que publicou a matéria "Contraespião 'Johnny' vive tranquilo na cidade".[67]

Na velhice de Johnny, Sári dominou a relação. Geralmente, ele apenas ficava sentado, ouvindo.[68] Ela continuou a desprezá-lo; a saúde dele continuou a piorar. Em 1967, submeteu-se a uma operação por causa de uma úlcera e em 1974 teve um ataque cardíaco. Aos poucos, começou a esquecer as coisas. Um andador tornou-se parte da rotina, depois de uma queda em que quebrou o fêmur direito, em fevereiro de 1979. Ficou particularmente irritado quando a visão começou a piorar e o peso caiu para menos de 59 quilos.[69] O corpo antes vigoroso estava no último round de sua última luta. Em 2 de dezembro de 1980, às 11h20, John Henry de Graff morreu de isquemia miocárdica aguda, doença cardíaca coronariana avançada e infarto, no St. Vincent de Paul Hospital, em Brockville.[70] De maneira impressionante, vivera até os 86 anos. No quarto onde morreu, há uma janela através da qual se podem ver as águas belas e eloquentes do rio St. Lawrence a caminho do golfo de St. Lawrence e finalmente do oceano Atlântico.

# Epílogo

Assim como Johnny fizera com Gerti, Sári cremou os restos do marido. Johnny guardava a urna com as cinzas de Gerti e as alianças de ambos envoltas em um pedaço de veludo vermelho. Quando ficava triste, ia até o lugar onde ficava a urna e falava suavemente com o que restara dela.[1] Com Sári, não houve esse sentimentalismo. Ela guardou as cinzas de Johnny em algum lugar em Horningtoft. Ninguém sabe o que aconteceu com as cinzas de Gerti depois que ele morreu.

Logo, Horningtoft começou a decair. Sári vendeu a maior parte dos móveis antigos do casarão para pagar contas. Reduziu o preço do aluguel devido ao tipo de clientela que começara a ficar nas cabanas. Muitos eram bêbados e pessoas de baixo nível. Houve até um assassinato, envolvendo dois alcoólatras. O assassino foi preso.[2]

Sári frequentemente dava cheques em branco aos bêbados que alugavam as cabanas, antes tão bem cuidadas por seu falecido marido. Os cheques voltavam e o gás e a eletricidade acabaram sendo cortados por falta de pagamento. A essa altura, um canadense naturalizado, Andy Kóvacs, apareceu. Também natural da Hungria, sua ex-mulher lhe dissera que havia uma húngara morando em condições terríveis em Horningtoft. Ele lhe ofereceu ajuda. Sári geralmente ficava feliz por tê-lo por perto. Ele, sem dúvida, esperava lucrar com a nova amizade em algum momento no futuro. Para manter os serviços funcionando, Kovács alegou ter gastado 6 mil dólares canadenses de seu próprio bolso. Apesar de pagar a conta, não conseguiu que o gás voltasse. A companhia disse que primeiramente teria de consertar os aquecedores. Kovács também teve de lidar com impostos atrasados e prêmios de seguros.[3]

Em julho de 1984, Sári foi internada novamente no Brockville Psychiatric Hospital, onde se tornou uma peste, agredindo outros pacientes. Recebeu alta naquele inverno e, de vez quando, caminhava do lado de fora, na neve e no gelo, de robe e chinelos. Kovács observou que fumava três maços de cigarro por dia — na cama. Não conseguia convencê-la a parar de fumar daquele jeito. Um amigo lhe conseguiu um material à prova de fogo, que pôs entre ela e o colchão. Ainda que Sári preferisse viver na sujeira, insistia para que tomasse banho pelo menos duas vezes por semana. Nos dias marcados, era uma luta para pô-la na banheira e para tirá-la de lá. Ela só deixava a cama para ir ao banheiro, apanhar alguma coisa para comer ou buscar alguma bebida alcoólica. Quando o peso começou a aumentar, Kovács pôs um cadeado na geladeira. Sári nunca falava sobre sentir saudade do homem com quem se casara.[4]

Viajou de volta a Budapeste em 1964 e ficou com parentes, os Fegyverneky, no apartamento deles, em Szilágyi Erzsébet Fasor 103. Lá também ficava na cama assistindo à televisão quase o dia inteiro. O que mais via eram programas infantis, que a fascinavam.[5]

Kovács lhe pagou outra viagem à Hungria. Mas a essa altura, estava obesa, diabética e com 64 anos. Morreu em 8 de julho de 1985, quando jantava com uma sobrinha, Maria "Marika" Harsanyi.[6] Quando a notícia chegou a Brockville, os inquilinos bêbados saquearam Horningtoft. Kovács conseguiu recuperar as cinzas de Johnny e as deu à Barclay Funeral Home, sem nada pagar para que fossem guardadas.[7] Apesar da importância histórica do prédio principal de Horningtoft, erguido no século XIX, a pousada foi demolida pelo município em 1988, para dar lugar a uma área residencial, mas o projeto demorou. Ervas daninhas tomaram conta do lugar ao longo dos anos.[8]

# ... e os outros

**George Aitken** morreu no Reino Unido, em 1979.

**Adrien Arcand** faleceu em 1967, convencido de que o Canadá iria finalmente abraçar suas opiniões.

**Ian Berzin** foi executado em uma "limpeza" em 1938.

**Stella Blagoeva** morreu na Bulgária, em 1954.

**Eugene Dennis** faleceu em Nova York, em 1961.

**Frank Foley** morreu de ataque cardíaco, em casa, em Stourbridge, West Midlands, em 1958.

**Rodolfo Ghioldi** morreu em Buenos Aires em 1985, ainda homenageado por seus compatriotas, embora tenha entregado vários camaradas à polícia brasileira em 1935.

**Amanda de Graaf** faleceu em Hamm, em 1951. Seu sobrenome na época era Rüschenschmidt. Amanda se casou de novo em 1941.

**Marianne de Graaf** ainda está viva e mora em Ahlen.

**Oscar de Graaf**, o segundo filho de Johnny, faleceu em 1998. Sua viúva, Leni, e seu filho, Johnny III, vivem em Ahlen.

**Sophie e Paula de Graaf**, irmãs de Johnny, morreram na Alemanha, antes da entrevista do FBI em Montreal, em 10 de março de 1952.

**Waldemar de Graaf** foi condenado à prisão por combater os nazistas. Morreu no campo de concentração de Ravensbrück, em 1943.

**Walter de Graaf** foi preso e forçado a integrar o Wehrmacht por ser comunista. Foi morto durante a Segunda Guerra Mundial.

**Wilhelm de Graaf** faleceu em Bremen, em 1956.

**Willy de Graaf** foi condenado a dois anos e quatro meses de prisão por lutar contra os nazistas. Acabou se tornando nazista e morando com seu pai. Na época da entrevista do FBI em Montreal, Johnny não tinha contato com o irmão havia cerca de 30 anos. Johnny ameaçou matar Willy — por ele ter se unido aos nazistas — se algum dia o encontrasse de novo.

**Cliff Harvison** se aposentou na RCMP em 1963 e faleceu em 1968.

**Ernst Krüger** retornou ao Brasil depois da guerra, com a mulher alemã, Waltraud, e os dois filhos. Mais dois filhos nasceram no Brasil. Morreu em 1998, no Rio de Janeiro. Waltraud, filhos e netos estão vivos e moram no Brasil.

**Alfred Langner** lutou durante dois anos na Guerra Civil Espanhola. Voltou para o meio acadêmico na União Soviética, mas em 1946 acabou retornando à Finlândia, onde morreu, em 1976.

**Dmitri Manuilski** faleceu em 1959.

**Filinto Müller** morreu em um incêndio misterioso, quando um jato comercial em que viajava fez uma malsucedida aterrissagem de emergência em um campo perto do Aeroporto de Orly, em Paris, em 1973.

**Harry Pollitt** morreu a bordo do navio de linha regular S.S. *Orion*, da P&O, depois de fazer palestras na Austrália, em 1960.

**Luís Carlos Prestes** morreu sendo bastante estimado, e politicamente ativo até o fim, no Rio de Janeiro, em 1990.

**Manfred Stern** foi afastado do comando das Brigadas Internacionais que combateram Francisco Franco, em 1937. Voltou à Espanha, apesar das advertências de Johnny. Morreu em terríveis condições, em um gulag no Extremo Oriente, perto de Magadan, em 1954.

**Getúlio Vargas** foi afastado pelos militares em 1945, mas eleito presidente em 1950. Acusado de ligação com a tentativa de assassinato de um deputado da oposição que o combatia ferozmente, recusou-se a entregar as rédeas do governo aos militares em 1954. No último momento, cometeu suicídio em seu quarto.

**Valentine Vivian** morreu de câncer em um hospital de Londres, em 1948.

**Werner von Janowski** deu o último suspiro numa visita à Espanha em 1978.

# Pseudônimos conhecidos ou prováveis

de

Johann Heinrich Amadeus de Graaf

Hans Alfred
August
Willen Bosma
Captain Burger
Captain Johnny X
Comrade August
Comrade Chung
Comrade Harry
Comrade Jan
Comrade John
Comrade Julius
Comrade Matern
Comrade Mattern
Jonny de Graaf
Johnny de Graf
J.H. de Graff
John Henry de Graff
Johnny de Graff
John Graff
John William Graff
William John Graff
John Graffnor
John Gries[a]
Gruber
Francisco Gruber
Franz Gruber
Franz Paul Gruber
Paul Gruber
Karl Grubnick
Hans
Iedko
Ioni
Johanssen
Jonnie
Jonny X
Julius
Alfred Mattern
Mr. X
Alfred Neinhartz
Otto
Pedro
Petersen
Paul Petersen
Professor
Richard

Rihard

S.A. 235

Herman Schneider

Gottfried Treviranus[b]

Valter

Jan Valtin

Herman van Heussen

Wagner

Walter

Willian de Graff

William John de Graff

Ludwig Dinkelmeyer

Graf

Jonny Graf

Kraff

Kraft

Júlio Krebs

Joseph Martel

Mattern

Richard M. Walter

Harry Wickman

William

X-502

Bruno Zimmerman

---

a Provavelmente usado no Canadá, pelo menos durante o caso von Janowski.

b É quase certo que esteja incorreto. Foi relatado pela primeira vez em Juan Pujol, com Nigel West, Garbo, London: Weidenfeld and Nicolson, 1985, p. 104.

# Notas

Salvo indicação contrária, todos os e-mails, cartas e entrevistas foram realizadas por ou dirigidas a R.S. Rose.

## Introdução

1. Reino Unido, Foreign and Commonwealth Office [doravante UKFCO], [M.T. Murray], carta, 17 de agosto de 1994.

## Capítulo 1. Wilhelmshaven

1. Neil Pollock, entrevista, Calgary, AB, 16 de setembro de 1996. Após a aposentadoria de Johnny, a Polícia Montada Real Canadense designou Pollock para acompanhar o caso Johnny.
2. Johnny disse a Gordon Scott que nascera em Hamburgo. Se fez isso por achar que Scott entenderia melhor a geografia alemã se ele escolhesse uma cidade grande próxima de seu verdadeiro local de nascimento, se entendeu mal a pergunta ou se fez isso por algum outro motivo, não se sabe. É possível que quisesse dizer "perto de Hamburgo". A verificação de que Johnny nasceu em Nordenham está em Rudolf de Graaf, carta, 30 de junho de 1994, bem como em documentos do Российский государственный архив социально-политической истории (Arquivo do Estado Russo de História Sociopolítica — doravante РГАСПИ). Note que esse arquivo mudou de nome em 1999. Antes era conhecido como РЦХИДНИ, Centro de Pesquisa e Conservação de Documentos de História da Rússia Moderna.
3. Em alemão, Jonny.

4. Alemanha, Staatsarchiv Hamburg [doravante GSH], documento, "Meldekarteí der Jahre 1892-1925 verstorbenen oder aus Hamburg verzogenen Personen" [doravante "Meldekarteí der Jahre 1892-1925"], Blatt 1A, Bestand: 332-8, Meldewesen A30, filme K6145.
5. O problema de onde Wilhelm nasceu vem de seus documentos de registro na polícia de Hamburgo, os quais afirmam que seu local de nascimento é Geestemünde (*ibidem*), e do material de registro de sua morte em Bremen, segundo o qual seu local de nascimento não é muito longe de Geestendorf. Wilhelm Mensing, e-mail, 18 de agosto de 2006.
6. GSH, "Meldekarteí der Jahre 1892-1925", *loc. cit.*
7. *Ibidem*; Estados Unidos, Federal Bureau of Investigation [doravante FBI], documento, "Re: John Henry de Graaf, was", 13 de junho de 1952, arquivo HQ100-342513-49; e Rudolf de Graaf, carta, 30 de junho de 1994.
8. Jens Graul, entrevista, Wilhelmshaven, Alemanha, 3 de agosto de 2006. Graul é um dos administradores da cidade de Wilhelmshaven.
9. GSH, "Meldekarteí der Jahre 1892-1925", Blätter 1A-2A; e Peter Gabrielsson, entrevista, Hamburgo, 28 de julho de 2006. Gabrielsson é um dos diretores do Staatsarchiv Hamburg.
10. Alemanha, Stadtsarchiv Wilhelmshaven [Heinz-Dieter Ströhla], e-mail, 9 de julho de 2004. Ströhla é arquivista-assistente da Cidade de Wilhelmshaven.
11. Wilhelm Knöß, entrevista, Wilhelmshaven, Alemanha, 1º de agosto de 2006. Knöß é subchefe dos arquivos do Deutsches Marinemuseum em Wilhelmshaven.
12. *Ibidem.*
13. "Register of Ships N", <http://www.webruler.com/gprovost/ShipsN.htm>, 2 de agosto de 2003.
14. Isso não significava tomar banho. Nem mesmo as casas de famílias de classe alta tinham água quente permanentemente naquela época. Para tomar banho era preciso ligar o aquecedor e esperar uma hora até haver água quente suficiente, o que normalmente era um procedimento para a família — uma pessoa após a outra, esperando sua vez de entrar na água da banheira cada vez mais suja. Wilhelm Mensing, e-mail, 11 de agosto de 2006.
15. Heinz-Dieter Ströhla, entrevista por telefone por Stefan Antheck, Wilhelmshaven, Alemanha, 2 de agosto de 2006. Antheck é funcionário municipal.
16. "Deutschland, Deutschland über Alles" ("Alemanha, Alemanha acima de todos") só se tornaria o hino oficial em 1922. Wilhelm Mensing, e-mail, 11 de agosto de 2006.
17. O sobrenome é uma tentativa.
18. Os alemães só adotaram o Papai Noel nos anos 1950. Antes disso, tinham o *Nikolaus*, que levava pequenos presentes, tais como uma laranja ou uma barra de chocolate, em 6 de dezembro, e o Christkind, que levava presentes no dia de Natal. Wilhelm Mensing, e-mail, 11 de agosto de 2006.
19. РГАСПИ documento, "Lebenslauf des Parteigenosse [*sic*] Jonny de Graaf. Deutsche Partei Ruhrgebiet. z.Z. Russland," фонд 495, опись 205, дело 6385, лист 137; e *Ottawa Journal*, 12 de janeiro de 1954, p. 12.
20. Heinz-Dieter Ströhla, e-mail, 9 de julho de 2004.

## CAPÍTULO 2. MARINHA MERCANTE

1. No verso de um cartão estereoscópico de Leopoldville estava o seguinte: "Se você quer visitar a cidade mais importante do Estado Livre do Congo, Leopoldville, um vapor oceânico o levará pela ampla foz de 7 milhas [11,2 quilômetros] do Congo até Matadi, e depois um passeio de 240 milhas [386,3 quilômetros] na Ferrovia do Congo, construída em 1898, o levará a Stanley Pool." "Stereoscopic Visions of War and Empire", <http://www.boondocksnet.com/stereo/sv289f.html>, 19 de março de 2003.
2. O Estado Livre do Congo foi anexado pela Bélgica em 1908 e se tornou o Congo Belga. Como o *Niobe* baixou âncora em 1908, isso não estava claro.
3. Muitos desses escravos eram árabes do Marrocos. Pierre Wautier, e-mail, para Christine Preston, 22 de março de 2003, e Christine Preston, e-mails, 19 de março de 2003 e 4 de abril de 2003. Veja também seu "Scramble for Katanga", <http://216.239.33.100/search?q=cache:nrHxq6W1t04C:kolwezikat.free.fr/Publications/Kat2.rtf+slavery+%22Belgian+Africa%22&hl=en&ie=UTF-8>, 15 de março de 2003.
4. R.S. Rose, "Slavery in Brazil: Does It Still Exist?", *Review of Latin American Studies*, vol. IV, n° 1, 1991, p. 97.
5. Neil Pollock, entrevista, 16 de setembro de 1996.
6. Australia, State Records of New South Wales, Western Sydney Records Centre [Selena Williams], e-mail, 30 de julho de 2003. O *Tübingen* fez três viagens para Port Jackson em 1912, chegando em 2 de junho, 28 de novembro e 22 de dezembro. Não se sabe em qual dessas viagens Johnny assinou contrato para deixar o porto de Sydney.
7. РГАСПИ, documento, "Betr. Jonny de Graaf," фонд 495, опись 205, дело 6385, лист 117.
8. As docas da North German Lloyd foram destruídas no Grande Incêndio do Píer de Hoboken, em 30 de junho de 1900. Robert Gordon, "The Great Harbor Fire: The North German Lloyd Disaster of 1900", *New Jersey History*, outono-inverno de 1982, pp. 1-13.
9. Robert Foster, entrevista, Hoboken, Nova Jersey, 20 de junho de 2006. Foster é diretor-executivo do Hoboken Historical Museum.
10. *Hudson Dispatch* (Union City, NJ), 2 de outubro de 1917, p. 1.
11. Robert Foster, entrevista, 20 de junho de 2006; e Reinhard Böhme (ed.), *Rückblicke Deutscher Club von Hoboken 1857 a 1907*, Hoboken, NJ: s.e., 1907, p. 5.
12. Reino Unido, National Archives [doravante UKNA], documento, "Metropolitan Police", HO 405/17786, p. [2]; "Register of Ships Car-Cey", <http://www.webruler.com/gprovost/ShipsC1.htm>, 2 de agosto de 2003.
13. *New York Times*, 29 de dezembro de 1913, p. 8.
14. GSH, "Meldekarteí der Jahre 1892-1925", Blatt 1B.
15. Oscar de Graaf, entrevista, Ahlen, Alemanha, 26 de julho de 1996. Oscar era o segundo filho de Johnny e Maria. Para mais informações sobre essa união, veja capítulo 5, "Alemanha no caos".
16. Os autores são gratos a Oscar de Graaf (entrevista, 26 de julho de 1996) pela informação sobre duas das tatuagens.
17. Michael C. Meyer, *Huerta: A Political Portrait*, Lincoln: University of Nebraska Press, 1972, pp. 193-197.

18. No mês seguinte, o *Barbarossa* encontrou um porto seguro em Nova York, mas foi ocupado em abril de 1917, quando os Estados Unidos declararam guerra contra os Poderes Centrais. Foi rebatizado de S.S. *Mercury* em 1919 e usado pela Marinha dos Estados Unidos para transportar soldados pelo Atlântico. O *Mercury* foi desativado em 1924. N.R.P. Bonsor, *North Atlantic Seaway: An Illustrated History of the Passenger Services Linking the Old World with the New in Four Volumes*, Cambridge: P.S.L. Patrick Stephens, 1978, vol. II, p. 559.
19. FBI, documento, "FBI, Montreal entrevista de John Henry de Graaf [doravante FBI, "Montreal entrevista de John Henry de Graaf"]", 10 de março de 1952, pp. 3-4, arquivo HQ 100-342513, NY65-15945.
20. Parte disso está confirmada em *ibidem*, p. 4.
21. *Ibidem*, p. 119; *The Kingston Whig-Standard* (Kingston, ON), 13 de outubro de 1954, p. 4. Ernst Krüger, entrevistas: Praia de Mauá, Rio de Janeiro, Brasil, 12 de agosto de 1994, 19 de setembro de 1994; Rio de Janeiro, 3 de dezembro de 1994; e Audrey Armitage, entrevista, Brockville, ON, 14 de julho de 1995. Ernst Krüger era irmão de duas das companheiras de Johnny. Jack Armitage e Audrey foram vizinhos de Johnny em Brockville, no lado leste de Horningtoft.

## Capítulo 3. Recrutado

1. РГАСПИ, "Lebenslauf des Parteigenosse [*sic*] Jonny de Graaf. Deutsche Partei Ruhrgebiet. z.Z. Russland", *loc. cit.*; e FBI, carta, "SAC Washington Field (65-5504) para diretor, FBI (65-59191)", 3 de maio de 1952, arquivo HQ 100-342513.
2. Torsten Palmér e Hendrik Neubauer, *The Weimar Republic: Through the Lens of the Press*, Maike Dörries, Peter Barton, Mark Cole e Susan Cox (trad.), Colônia: Könemann, 2000, pp. 49, 392-393.
3. Johnny disse ao FBI em duas ocasiões que realmente fora preso por discursar contra o imperialismo alemão em um comício nas ruas de Roterdam. Aparentemente, nenhum dos dois relatos foi gerado pelo outro. FBI, carta [Liaison Office, Ottawa], "[desconhecido] para diretor, FBI", 27 de fevereiro de 1952, p. 1, arquivo HQ100-342513; e "Montreal entrevista de John Henry de Graaf", *loc. cit*.
4. Frequentemente Johnny se referia a alguém em quem não confiava como uma "cobra", que tem um sentido mais forte em inglês ("snake") do que em português.
5. FBI, "Montreal entrevista de John Henry de Graaf", *loc. cit.*
6. F.A. Krummacher e Albert Wucher, *Die Weimarer Republik: Ihre Geschichte in Texten, Bildern und Dokumenten*, Wiesbaden: Löwit, 1965, p. 36; John R.P. McKenzie, *Weimar Germany: 1918-1933*, Londres: Blandford, 1971, p. 11; e David Childs, *Germany Since 1918*, Nova York: St. Martin, 1980, p. 11.
7. РГАСПИ, documento, "СПРАВКА, (на основании автобиографии)," Ыдптбцбофе РГА СПИ, "СПРАВКА"], фонд 495, опись 184, дело 6, лист 35. Observe que РГАСПИ, "Betr. Jonny de Graaf," *loc. cit.*, cita 1916 como o ano em que Johnny se tornou membro do USPD. Embora ele possa ter apoiado em espírito, o USPD só foi formado no ano seguinte.
8. Uma visão de sua entrada na base pode ser encontrada em [Anônimo], *Wilhelmshaven: Ein Führer für Fremde und Einheimische*, Wilhelmshaven: C. Lohse, 1899, gravura não numerada entre pp. 92 e 93. Ainda existia enquanto este livro foi escrito.

9. Em algumas partes do mundo de língua inglesa, o apelido indicava uma pessoa que gostava de beber cerveja. Se esse Scoopie tinha o hábito de beber cerveja, não se sabe. Como esses recrutas eram da Marinha Mercante, tiveram várias oportunidades de adotar gírias de outras línguas.
10. "Imperial German Navy Capital Ship Captains", <http://www.gwpda.org/naval/hsfcpco.htm>, 23 de agosto de 2003. SMS significava Seiner Majestät Schiff, ou "Navio de Sua Majestade".
11. Fitzhugh Green e Holloway Frost, *Some Famous Sea Fights*, Freeport, NY: Books for Libraries, 1968, p. 283. O confronto é conhecido na Alemanha como a Batalha de Skagerrak.
12. *Ibidem*, pp. 326-329.
13. *Ibidem*, pp. 323-324; e Oscar de Graaf, entrevistas: 26 de julho de 1996; Ahlen, Alemanha, 16 de agosto de 1997.
14. Oscar de Graaf, entrevistas: 26 de julho de 1996 e 16 de agosto de 1997; Neil Pollock, entrevista, 16 de setembro de 1996; e FBI, "Montreal entrevista de John Henry de Graaf", pp. 4-5. Ele acabou dando a medalha para sua filha, Marianne, e a gravura para seu filho, Oscar. Mais tarde, Oscar vendeu a reprodução para um policial que também estivera no *Westfallen*, mas que estava doente demais para ocupar seu cargo. Oscar de Graaf, entrevista, 26 de julho de 1996. Os autores estão conscientes de duas Cruzes de Ferro mencionadas no Canadá, Canadian Security Intelligence Service [doravante CSIS], Royal Canadian Mounted Police [doravante RCMP], documento, "[anônima] entrevista de John Henry de Graff", Brockville, ON, 22 de maio de 1968 [doravante "1968 Brockville entrevista de John Henry de Graff"], pp. 5-6, arquivo, John de Graaf, vol. TS. Oscar de Graaf, entretanto, só se lembrou de seu pai falando sobre uma única Cruz de Ferro 1ª Classe depois da Batalha de Jutland. Os autores têm consciência de que poucas Cruzes de Ferro 1ª Classe foram dadas a marinheiros comuns.
15. FBI, "Montreal entrevista de John Henry de Graaf", p. 47.
16. Wilhelm Dittmann, *Die Marine-Justizmorde von 1917 und die Admirals-Rebellion von 1918*, Berlim: J. H. W. Dietz, 1926, pp. 48-52. Dittmann é o mesmo indivíduo mencionado nos capítulos 5 e 10. Seu relato foi parte de uma investigação do governo sobre vítimas entre os marinheiros envolvidos no motim de 1917.
17. Daniel Horn, *War, Mutiny and Revolution in the German Navy: The World War I Diary of Seaman Richard Stumpf*, Daniel Horn (ed. e trad.), New Brunswick: Rutgers University Press, 1967, pp. 354-355, 373-377; *The German Naval Mutinies of World War I*, New Brunswick: Rutgers University Press, 1969, pp. 135, 148-155; e CSIS, RCMP, "1968 Brockville entrevista de John Henry de Graff", p. 4.
18. CSIS, RCMP, "1968 Brockville entrevista de John Henry de Graff", p. 5.
19. Alemanha, Bundesarchiv - Militärarchiv Freiburg [doravante GBF], transcrição de corte, "Abschrift zu J.I.429.Go., Der Chef des Admiralstabes der Marine, n° G.1977514", PH2/478, Blätter [1]-2. Note que mais tarde Johnny disse aos soviéticos que fora condenado a dois anos de prisão em 12 de janeiro de 1931 (РГАСПИ, documento, "Lebenslauf des Parteigenosse [*sic*] Jonny de Graaf. Deutsche Partei Ruhrgebiet. z.Z. Russland", фонд 495, опись 205, дело 6385, лист 138) e a cinco anos de encarceramento em 10 de abril de 1937. РГАСПИ, "СПРАВКА," *loc. cit.*, Johnny informou ao FBI que fora condenado à morte, mas tivera sua sentença reduzida a cinco anos, devido a uma tecnicidade da corte.

FBI, "Montreal entrevista de John Henry de Graaf", p. 5; e carta, "[desconhecido] para diretor, FBI", 27 de fevereiro de 1952, p. 1, arquivo HO 100-342513. Johnny também confidenciou, pelo menos a uma fonte, seu próprio filho, Oscar, que fora condenado à morte mas a pena foi alterada para prisão perpétua. Uwe Rennspieß, *Jenseits der Bahn: Geschichte der Ahlener Bergarbeiterkolonie und der Zeche Westfalen*, Essen: Klartext, 1989, p. 251; e Oscar de Graaf, entrevista, 16 de agosto de 1997. Da mesma forma, admitiu a dois repórteres, em ocasiões diferentes, que fora condenado à morte. *Brockville Recorder and Times*, (Brockville, ON), 13 de janeiro de 1967, p. 3; e *Ottawa Citizen*, 12 de janeiro de 1954, p. 13. Johnny foi chamado de "Otto" nesse último artigo de jornal.

20. CSIS, RCMP, "1968 Brockville entrevista de John Henry de Graff", p. 4.
21. РГАСПИ, "Lebenslauf des Parteigenosse [*sic*] Jonny de Graaf. Deutsche Partei Ruhrgebiet. z.Z. Russland", *loc. cit.*

## Capítulo 4. Osowiec

1. CSIS, RCMP, "1968 Brockville entrevista de John Henry de Graff", p. 8.
2. FBI, "Montreal entrevista de John Henry de Graaf", *loc. cit.* Segundo outra forte, Johnny afirma que a temperatura era de 37 graus Celsius negativos. CSIS, RCMP, "1968 Brockville entrevista de John Henry de Graff", *loc. cit.*
3. Tadeusz Krawczak, carta, 23 de janeiro de 1997; e Artur Wiśniewski, manuscrito sem título e não publicado, s.d., p. 1.
4. Essa parte do complexo da administração foi destruída mais tarde. Provavelmente, localizava-se, sem escavações, a nordeste do atual escritório do comandante. Bogdan Oźlański, entrevista, Osowiec, Polônia, 9 de agosto de 2002. Oźlański era o oficial de comando do complexo de Osowiec na época da entrevista.
5. Wilmont Young, entrevista, Brockville, ON, 12 de julho de 1995. Young foi chefe da polícia em Brockville (1938-1968).
6. Artur Wiśniewski, entrevista, Osowiec, Polônia, 9 de agosto de 2002.
7. GBF, "Frhr. v. Liliencron", 17 Sg 109; e Reinhard Montag, "Das Lexikon der Deutschen Generale", <http://www.lexikon-deutschegenerale.de/l_pr2.html>, 3 de setembro de 2003. Von Liliencron tornou-se brigadeiro provisório em 27 de maio de 1918, indica o material do GBF, mas continuou a receber salário de coronel.
8. РГАСПИ, "Lebenslauf des Parteigenosse [*sic*] Jonny de Graaf. Deutsche Partei Ruhrgebiet. z.Z. Russland", *loc. cit.*
9. GSH, "Meldekarteí der Jahre 1892-1925", Blatt 2A

## Capítulo 5. A Alemanha no caos

1. "Rosa Luxemburg (1871-1919)", <http://www.kirjasto.sci.fi/luxembur.htm>, 13 de agosto de 2003.
2. Neil Pollock, entrevista, 16 de setembro de 1996.
3. Esse novo esforço era formado por 22 couraçados, 12 cruzadores ligeiros e 72 destróieres. Em Jutland, os alemães reuniram 20 couraçados, nove cruzadores ligeiros e 62 destróieres.

"The Scuttling of the German High Seas Fleet at Scapa Flow on the 21st of June 1919",<http://www.ahoy.tk-jk.net/macslog/TheScuttlingoftheGermanHi.html>, 5 de setembro de 2003; e "Battle of Jutland — Order of Battle", <http://www.gwpda.org/naval/jutob.htm>, 5 de setembro de 2003.

4. РГАСПИ, "Lebenslauf des Parteigenosse [*sic*] Jonny de Graaf. Deutsche Partei Ruhrgebiet. z.Z. Russland", *loc. cit.*
5. Wilhelm Mensing, e-mail, 8 de agosto de 2006.
6. Alemanha, Stadt Ahlen [doravante GSA], documento, Der Bürgermeister, Einwohnermeldeabteilung, "Johann de Graaf", 25 de julho de 2000. Essa cópia, datilografada depois, é de um documento oficial afirma que Johnny chegou a Ahlen, vindo de Münster, em 11 de novembro de 1918. O dia pode estar correto, mas o mês está errado. Provavelmente é dezembro.
7. Johnny de Graaf III, e-mail, 18 de abril de 2006.
8. *Ibidem*
9. CSIS, RCMP, documento, "Entrevista de Johnny de Graff por Sgt. [censurado] e Cpl. [censurado] em Brockville, ON", 20 de fevereiro de 1969 [doravante "1969 Brockville entrevista de John Henry de Graff"], arquivo, John de Graff, vol. V, p. 12.
10. РГАСПИ, "Betr. Jonny de Graaf", *loc. cit.*; "Lebenslauf des Parteigenosse [*sic*] Jonny de Graaf. Deutsche Partei Ruhrgebiet. z.Z. Russland", *loc. cit.*; e FBI, "Montreal entrevista de John Henry de Graaf", p. 6.
11. Palmér e Neubauer, p. 59.
12. William K. Klingaman, *The Year Our World Began, 1919*, Nova York: Harper e Row, 1987, pp. 35-37, 162-163, 475; e Nigel Jones, *A Brief History of the Birth of the Nazis*, Nova York: Carroll e Graf, 2004, p. 73.
13. Pão de carneiro foi provavelmente Kommissbrot, uma espécie de pão de centeio que se tornou popular entre os alemães após a Primeira Guerra Mundial. Wilhelm Mensing, e-mail, 5 de janeiro de 2010.
14. "Militärische Intervention und das Ende", <http://www.bikonline.de/histo/interv.html>, 18 de março de 2003.
15. РГАСПИ, "СПРАВКА", *loc. cit.*
16. Oscar de Graaf, carta, 5 de fevereiro de 1997 [postada].
17. Oscar de Graaf, entrevista, Ahlen, Alemanha, 31 de agosto de 1996.
18. Jürgen Lange, *Die Schlacht bei Pelkum im März 1920: Legenden und Dokumente*, Essen: Klartext, 1994, p. 214.
19. GSA, documento, Der Bürgermeister, Einwohnermeldeabteilung, "Johann de Graaf [Jr.]", 25 de julho de 2000.
20. A participação de Johnny em uma dessas greves — em 4 de abril de 1926 — é discutida em Lange, *loc. cit.*
21. Para saber mais sobre esse assunto, veja Bernd Kaufmann *et. al.*, *Der Nachrichtendienst der KPD 1919-1937*, Berlim: Dietz, 1993; e Wilhelm Mensing, "Gestapo V-Leute kommunistischer Herkunft — auch ein Strukturproblem der KPD?", *Mitteilungsblatt des Instituts für soziale Bewegungen*, vol. XXXIV, 2005, pp. 37 *et passim*.
22. Johnny disse ao FBI que obteve a cicatriz de carvão em seu rosto devido a uma pequena explosão de mina. FBI, documento, "FBI [Filadélfia entrevista de John Henry de Graaf]

(doravante "FBI Filadélfia entrevista de John Henry de Graaf")]", 29 de dezembro de 1952, p. 16, arquivo HQ 100-342513, PH65-4336.

23. John Maynard Keynes, *The Economic Consequences of the Peace*, Nova York: Harcourt Brace Jovanovich, 1920, pp. 211-216.
24. Frank P. Chambers, *This Age of Conflict: The Western World: 1914 to the Present*, 3ª ed., Nova York: Harcourt, Brace e World, 1962, pp. 136-137; Raymond J. Sontag, *A Broken World, 1919-1939*, Nova York: Harper e Row, 1971, pp. 54-57; Henry T. Allen, *The Rhineland Occupation*, Indianápolis: Bobbs-Merrill, 1927, pp. 159-61; Palmér e Neubauer, pp. 49, 392-393; e Jones, pp. 167-181.
25. Chambers, p. 139.
26. FBI, "Montreal entrevista de John Henry de Graaf", p. 7; e Werner T. Angress, "Weimar Coalition and Ruhr Insurrection, March-April 1920: A Study of Government Policy", *The Journal of Modern History*, vol. XXIX, nº 1, março de 1957, pp. 2, 4-5.
27. Jones, p. 194.
28. Angress, p. 7.
29. Jones, p. 199.
30. *Ibidem*
31. Neil Pollock, entrevista, 16 de setembro de 1996.
32. Angress, pp. 13-16. Em relação à matança crescente, "quando a ordem de avançar foi dada finalmente, os soldados da ocupação não demonstraram qualquer piedade e deram rédeas largas a seu ódio acumulado. As sentenças de morte arbitrárias dadas por cortes marciais sumárias, a exibição de bandeiras e símbolos da monarquia e o assassinato em massa de prisioneiros pareciam confirmar a suspeita dos insurgentes, e dos trabalhadores alemães de uma maneira geral, de que o governo os traíra para os kappistas." *Ibidem*, p. 18.
33. Apesar dos comentários em Angress (p. 7n), as observações de Johnny reforçam as opiniões manifestadas por Erwin Brauer, *Der Ruhraufstand von 1920*, Berlim: International Arbeiter, 1930, pp. 83-85.
34. FBI, "Montreal entrevista de John Henry de Graaf", *loc. cit.*
35. *Ibidem*, pp. 7-8.

## CAPÍTULO 6. *DIE* KPD

1. Oscar de Graaf, entrevista, 26 de julho de 1996; РГАСПИ, documentos: "[notas sem título escritas a mão em russo por Stella Blagoeva]", [doravante "Blagoeva notas"], фонд 495, опись 205, дело 6385, лист 79; "Biographie des Genossen Jonny de Graaf, Buchnummer 2173673 W.K.P.b", фонд 495, опись 205, дело 6385, лист 136; e "СПРАВКА", *loc. cit.*
2. РГАСПИ, "Blagoeva notas", *loc. cit.*
3. РГАСПИ, *Ibidem*, лист 79 оборот; e "Biographie des Genossen Jonny de Graaf, Buchnummer 2173673 W.K.P.b", *loc. cit.*
4. РГАСПИ, "Blagoeva notas", *loc. cit.*
5. David P. Hornstein, *Arthur Ewert: A Life for the Comintern*, Lanham, MD: University Presses of America, 1993, p. 37.

6. Hermann Weber, *Die Wandlung des deutschen Kommunismus: Die Stalinisierung der KPD in der Weimarer Republik*, Frankfurt am Main: Europäische, 1969, vol. I, p. 47.
7. Weber (*ibidem*) cita como sua fonte Otto Wenzel, "Die kommunistische Partei Deutschlands im Jahre 1923", tese de PhD, Institut für Philosophie, Freie Universität Berlin, 1955. O trabalho de Wenzel porém, não menciona Johnny como estando na reunião em Essen. Nem o livro mais documentado de Wenzel, *1923 — Die gescheiterte deutsche Oktoberrevolution*, Münster: Lit, 2003.
8. Palmér e Neubauer, p. 405.
9. РГАСПИ, "Blagoeva notas," лист 81. Depois da morte de Lenin, a União Soviética logo se viu em uma luta de poder entre três facções. Um dos lados era a Oposição de Esquerda, liderada por Leon Trótski, que alegava representar as aspirações proletárias de uma revolução mundial. No centro estavam Stalin e outros burocratas do Estado que tentavam construir o socialismo no país. A Oposição de Direita, liderada inicialmente por Nikolai Bukharin, representaria interesses que poderiam promover uma possível ressurreição capitalista.
10. Idealizado por Leon Trótski e fundado em Moscou em março de 1919, o Comintern foi criado para promover uma revolução mundial. Seus dois principais esforços foram feitos na China e no Brasil nos anos 1930. A organização funcionou até 1943, quando Stalin a dissolveu para tranquilizar seus aliados americanos e britânicos na Segunda Guerra Mundial.
11. William J. Chase, *Enemies within the Gates: The Comintern and the Stalinist Repression, 1934-1939*, New Haven e Londres: Yale University Press, 2001, p. 491.
12. "Stahlhelm",<http://en.wikipedia.org/wiki/Stahlhelm%2C_Bund_der_Frontsoldaten>, 28 de setembro de 2003.
13. GSA, documento, Der Bürgermeister, Einwohnermeldeabteilung, "Oscar de Graaf", 25 de julho de 2000.
14. Neil Pollock, entrevista, 16 de setembro de 1996.
15. Frank Foley, carta [para John de Graff], em janeiro de 1947. A data "em janeiro" está no original.
16. A.M. Prokhorov (ed.), *Great Soviet Encyclopedia*, 3rd ed., Nova York: Macmillan, 1973, vol. III, pp. 226-27. Berzin, um letão, teve uma participação ativa na Revolução Russa de 1917. Seu retrato pode ser vista na Figura 14.
17. FBI, "Montreal entrevista de John Henry de Graaf", p. 15; РГАСПИ: "СПРАВКА", *loc. cit.*; "Blagoeva notas", лист 79 оборот; Alemanha, Polizei Dortmund, [Adrian Klose], e-mail, 22 de julho de 2005; e "The Steinwache Memorial Centre", <http://www.ns-gedenkstaetten.net/nrw/en/dortmund/beschreibung/>, 22 de julho de 2005.
18. РГАСПИ: "Blagoeva notas", *loc. cit.*; "СПРАВКА," *loc. cit.*; e Oscar de Graaf, entrevista, 31 de agosto de 1996.
19. Expressão derivada de um tradicional prato alemão, o *sauerkraut* (literalmente, repolho azedo). Tornou-se um pejorativo em inglês para se referir aos alemães.
20. CSIS, RCMP, documento, "Cópia de Montreal FBI entrevista de John Henry de Graaf" [doravante CSIS, RCMP, "Cópia de Montreal FBI entrevista de John Henry de Graaf"], 10 de março de 1952, arquivo, John de Graff, vol. IV, p. 8; e W.G. Krivitsky, *In Stalin's Secret Service: An Exposé of Russia's Secret Policies by the Former Chief of the Soviet Intelligence in Western Europe*, Nova Iorque e Londres: Harper, 1939, p. 46.

21. GSA, Der Bürgermeister, Einwohnermeldeabteilung, "Johann de Graaf", 25 de julho de 2000; e РГАСПИ, "СПРАВКА", *loc. cit.*
22. FBI, "Montreal entrevista de John Henry de Graaf", p. 17.
23. *Ibidem*, pp. 15-17, 19; РГАСПИ, "Blagoeva notas", лист 80; e Lange, *loc. cit.*
24. РГАСПИ: "Blagoeva notas", *loc. cit.*; "СПРАВКА", *loc. cit.*; e "Biographie des Genossen Jonny de Graaf, Buchnummer 2173673 W.K.P.b", *loc. cit.* Essas três fontes autobiográficas do РГАСПИ citam sentenças de 21 meses. РГАСПИ, "Lebenslauf des Parteigenosse [*sic*] Jonny de Graaf. Deutsche Partei Ruhrgebiet. z.Z. Russland", *loc. cit.*, afirma, porém, que a sentença foi de um ano.
25. GSA, documento, Der Bürgermeister, Einwohnermeldeabteilung, "Marianne de Graaf", 25 de julho de 2000.
26. РГАСПИ, "Blagoeva notas", *loc. cit.*
27. CSIS, RCMP, "Cópia de Montreal FBI entrevista de John Henry de Graaf", vol. IV, p. 16.
28. Em 3 de março de 1933, pouco mais de um mês depois de Hitler se tornar o chanceler, a Gestapo prendeu Thälmann. Ele foi executado no campo de concentração de Buchenwald em 1944. Palmér e Neubauer, p. 402.
29. РГАСПИ: "Blagoeva notas", листов 79 оборот, 80-81; "СПРАВКА", *loc. cit.*; e "Lebenslauf des Parteigenosse [*sic*] Jonny de Graaf. Deutsche Partei Ruhrgebiet. z.Z. Russland", *loc. cit.* Johnny informou ao FBI que a atividade de distribuição de jornal ocorreu do fim de 1924 ao fim de 1925. Os relatos aos soviéticos são considerados precisos aqui, uma vez que foram feitos em um período mais próximo dos acontecimentos e porque Johnny poderia ter sido executado em 1937 se tivesse dado uma resposta errada a Stella Blagoeva.
30. Ernst Krüger, entrevistas: 19 de setembro de 1994; Rio de Janeiro, 17 de outubro de 1994; e 3 de dezembro de 1994. Helena nasceu na capital alemã em 19 de junho de 1917. Gustav Ernst Karl Krüger e Pauline Emile Krüger, "Familien Stammbuch der Familie Krüger", s.d, p. 14.
31. Ernst Krüger, entrevista, 12 de agosto de 1994.
32. РГАСПИ, "Blogoeva notas", лист 80. Johnny afirmou ao FBI que se tornou secretário do partido em um subdistrito em 1925 (FBI, "Montreal entrevista de John Henry de Graaf", *loc. cit.*). Como Blagoeva poderia ter facilmente confirmado a data dessa nomeação e, como a vida dele estava incerta, a versão do РГАСПИ será considerada mais plausível.
33. РГАСПИ: "Blogoeva notas", *loc. cit.*; "СПРАВКА", *loc. cit.*
34. Johnny disse ao FBI anos depois: "Os policiais à paisana entraram em meu escritório, onde estava trabalhando, e acharam alguns papéis [de propaganda antimilitar]. Admiti prontamente que estava de posse daqueles papéis." FBI, "Montreal entrevista de John Henry de Graaf", p. 18.
35. Johnny descreveu ao FBI o cenário da prisão de maneira um pouco diferente. Nessa versão do FBI, ele combinou com um grupo de esquerdistas que capturasse e entregasse à polícia vários nazistas que haviam lutado com seis camaradas de Ahlen. Em vez de prender os nazistas, a polícia o pegou. Tudo isso aconteceu depois de ele ser informado pelo promotor local de que seria acusado de alta traição, tendo sido preso por perturbar a paz. *Ibidem.* Parece improvável que alguém prestes a ser acusado de alta traição pudesse ser solto depois de já estar sob custódia da polícia.
36. *Ibidem*; e РГАСПИ, "Biographie des Genossen Jonny de Graaf, Buchnummer 2173673 W.K.P.b", *loc. cit.*

37. CSIS, RCMP, "Cópia de Montreal FBI entrevista de John Henry de Graaf", *loc. cit.*
38. FBI, "Montreal entrevista de John Henry de Graaf", *loc. cit.*; РГАСПИ, "Blogoeva notas", *loc. cit.*; e Oscar de Graaf, entrevista, 26 de julho de 1996.
39. Ernst Krüger, entrevista, 12 de agosto de 1994.
40. Ernst Krüger, entrevista, Rio de Janeiro, 14 de dezembro de 1994.
41. Michael Burleigh, *The Third Reich: A New History*, Nova York: Hill e Wang, 2000, pp. 118-119, 129. Há alegações de que tanto Wessel quanto Höhler se envolviam com prostitutas.
42. Ernst Krüger, entrevistas: 19 de setembro de 1994, 3 de dezembro de 1994 e 14 de dezembro de 1994; Rio de Janeiro, 17 de dezembro de 1994; e carta, 10 de dezembro de 1994.
43. CSIS, RCMP, "Cópia de Montreal FBI entrevista de John Henry de Graaf", vol. IV, p. 19.

## Capítulo 7. Estudante em Moscou

1. Johnny disse ao FBI que foi para Berlim, e não para Berna. Em Berlim, encontrou-se com Langner e depois viajou para Moscou. FBI, "Montreal entrevista de John Henry de Graaf", *loc. cit.*
2. Finlândia, Suomen kommunistinen puolue [Yrjö Hakanen], e-mail, 14 de março de 2005; e K.M. Anderson, e-mail, 16 de agosto de 2004. Anderson é diretor do РГАСПИ em Moscou. A CIA tinha pelo menos o nome verdadeiro de Langner errado. Chamava-o de "Alfred Langer", pseudônimo "Tuuri Lehti". Estados Unidos, Central Intelligence Agency [doravante CIA], relatório, "The Third (Communist International) Structure and Functions", 1º de novembro de 1947, RDP78-02646R000600130001-7, pp. 49-50. Durante as entrevistas que o FBI fez com Johnny em Montreal, ele disse categoricamente que o sobrenome do principal pseudônimo de Lehén era Langner. A versão de Johnny será usada aqui.
3. CIA, "The Third (Communist International) Structure and Functions", *loc. cit.*
4. FBI, "Montreal entrevista de John Henry de Graaf", pp. 18, 28.
5. РГАСПИ, documento, "An die Int. Rote Hilfe, Politemigrantenabt. Moskau", фонд 495, опись 205, дело 6385, лист 36.
6. CSIS, RCMP, "Cópia de Montreal FBI entrevista de John Henry de Graaf", *loc. cit.*
7. FBI, "Montreal entrevista de John Henry de Graaf", p. 119.
8. *Ibidem*, pp. 19-20.
9. Pavel Vasiliev pode ser um pseudônimo. Não há registro nos arquivos do РГАСПИ de qualquer pessoa com esse nome. K.M. Anderson, e-mail, 30 de março de 2005.
10. FBI, "Montreal entrevista de John Henry de Graaf", p. 28; e РГАСПИ, documento, "C. Секретно – Тов. Апресяну", фонд 495, опись 205, дело 6385, лист 34.
11. Montgomery M. Green, "Russia's Super-Secret Weapon Revealed!" *The Plain Truth: A Magazine of Understanding*, vol. XXI, nº 1, janeiro de 1956, pp. 2-3. O Christian Media Centre, na Inglaterra, publicou esse relato. Green é identificado como oficial da inteligência naval dos Estados Unidos. Esse é um dos poucos relatos sobre a vida na Universidade Lenin e, de fato, corrobora algumas das afirmações de Johnny.
12. CSIS, RCMP, carta, "Memo for File [datada de 15-11-68, Ottawa]", arquivo, John de Graff, vol. V.

13. FBI, “Montreal entrevista de John Henry de Graaf”, p. 22.
14. Stern era conhecido pelo FBI como general Moische Stern e general Gomez. Em determinado momento, teria comandado todo o Exército Republicano. FBI, “Montreal entrevista de John Henry de Graaf”, pp. 23-24. Mas talvez tenha ficado mais conhecido no mundo por sua defesa de Madri. Krivitsky, p. 97. Stern teria missões não apenas na Espanha, mas também na China e nos Estados Unidos. John Costello e Oleg Tsarev, *Deadly Illusions: The KGB Orlov Dossier Reveals Stalin's Master Spy*, Nova York: Crown, 1993, p. 255.
15. FBI, “Montreal entrevista de John Henry de Graaf”, pp. 21-28.
16. *Ibidem*, p. 31. Johnny disse ao FBI que o nome de Heinrich Fomferra era Carl Fromferra e que ele era um estudante de sabotagem ligado ao M4.
17. Alemanha, Hauptstaatsarchiv Düsseldorf [doravante GHD], documento, “Depoimento ao Gestapo por Karl Szymczak”, 7 de maio de 1938, Blatt 7, RW58-39516.
18. CSIS, RCMP, “Cópia de Montreal FBI entrevista de John Henry de Graaf”, arquivo, John de Graff, vol. IV, p. 34.
19. Sigla de Народный комиссариат внутренних дел (Comissariado de Assuntos Internos do Povo). A NKVD foi a polícia secreta soviética de 1934 a 1946.
20. CSIS, RCMP, “Cópia de Montreal FBI entrevista de John Henry de Graaf”, *loc. cit.*; e “1968 Brockville entrevista de John Henry de Graff”, p. 4.
21. GHD, “Depoimento ao Gestapo por Karl Szymczak”, p. 6.
22. CSIS, RCMP, “Cópia de Montreal FBI entrevista de John Henry de Graaf”, vol. IV, p. 50.
23. Wilhelm Mensing, entrevista, Bonn, 3 de julho de 2002.
24. *Ibidem*.
25. РГАСПИ, “Biographie des Genossen Jonny de Graaf, Buchnummer 2173673 W.K.P.b”, *loc. cit.*
26. Wilhelm Mensing, *Von der Ruhr in den GULag: Opfer des Stalinschen Massenterrors aus dem Ruhrgebiet*, Essen: Klartext, 2001, pp. 17, 223; e Wilhelm Mensing, entrevista, 3 de julho de 2002.
27. Mensing, *Von der Ruhr in den GULag*, p. 28; e Rennspieß, p. 249.
28. GHD, “Depoimento ao Gestapo por Karl Szymczak”, p. 1; e Oscar de Graaf, entrevista, 31 de agosto de 1996.
29. Mensing, *Von der Ruhr in den GULag*, p. 27.
30. Rennspieß, *loc. cit.*
31. GHD, “Depoimento ao Gestapo por Karl Szymczak”, *loc. cit.*; e Mensing, *Von der Ruhr in den GULag*, pp. 27, 222.
32. Rennspieß, p. 250.
33. Oscar de Graaf, entrevista, 31 de agosto de 1996.
34. GHD, “Depoimento ao Gestapo por Karl Szymczak”, p. 5.
35. Wilhelm Mensing, entrevista, 3 de julho de 2002.
36. Oscar de Graaf, entrevista, 16 de agosto de 1997; e GSA, Der Bürgermeister, Einwohnermeldeabteilung, “Oscar de Graaf”, 25 de julho de 2000.
37. РГАСПИ, documento, “Ueberführungskommission [*sic*] beim ZK der WKP(b)”, 21 de fevereiro de 1931, фонд 495, опись 205, дело 6385, лист 116.
38. РГАСПИ, “Blogoeva notas”, *loc. cit.*; e Costello e Tsarev, p. 45. Junto a Stalin, Zinoviev e Kamenev governaram a União Soviética por um breve período, após a morte de Lenin.

Zinoviev e Kamenev foram acusados de serem trotskistas e foram liquidados em 1936. Foi o primeiro dos julgamentos teatrais. Costello e Tsarev, pp. 251-52.

39. РГАСПИ: carta, "[Jonny de Graaf] an die Kaderabteilung der Komintern Moscow!", 10 de setembro de 1933, фонд 495, опись 205, дело 6385, лист 134; e "Ueberführungskommission [*sic*] beim ZK der WKP(b)", *loc. cit.* A transferência do KPD ao VKP(b) costumava vir também com uma transferência à cidadania soviética. Não se sabe se este se aplicava no caso de Johnny.

## Capítulo 8. Missão Romênia

1. Johnny disse ao FBI que sua primeira missão foi Romênia e na Bulgária. No entanto, nenhuma confirmação de que ele foi à Bulgária pode ser encontrada em documentos do РГАСПИ, ou em qualquer uma das entrevistas que Johnny concedeu a Gordon Scott. FBI, "Montreal entrevista de John Henry de Graaf", pp. 33, 37-38; e РГАСПИ, documento, "СПРАВКА", фонд 495, опись 184, дело 6, лист 144.
2. Robert C. Sahr, "Consumer Price Index (CPI) Conversion Factors 1774 to Estimated 2019 to Convert to Dollars of 2008", <http://oregonstate.edu/cla/polisci/sites/default/files/faculty-research/sahr/inflation-conversion/pdf/cv2008.pdf>, 30 de junio de 2010 [doravante "Sahr tabela de conversão"].
3. FBI, "Montreal entrevista de John Henry de Graaf", pp. 32-34. Em algum momento durante a viagem à Romênia, Johnny usou o nome "Wagner", ou em documentos de viagem ou como pseudônimo. Oscar de Graaf, entrevista, Ahlen, Alemanha, 26 de julho de 1996.
4. РГАСПИ, "Blogoeva notas", лист 81; e Neil Pollock, entrevista, 16 de setembro de 1996.
5. РГАСПИ, documentos: "Meldung betreffs Verhaftung des Gen. Wilhelm, Lux, Zimmer 210, sowie Verhaftung des Arbeiters: Hans Luns, Bleistiftfabril Krassin", 13 de agosto de 1937, фонд 495, опись 184, дело 6, лист 17; "Gruber", фонд 495, опись 184, дело 6, лист 152; e "СПРАВКА", *loc. cit.*
6. FBI, "Montreal entrevista de John Henry de Graaf", p. 34.
7. Os Jardins Cişmigiu são o mais antigo parque de Bucareste, celebrados por sua paisagem inglesa clássica. Frequentemente, são chamados de "Parque dos Amantes".
8. CSIS, RCMP, "Cópia de Montreal FBI entrevista de John Henry de Graaf", vol. IV, p. 37; e Vladimir Tismaneanu, e-mail, 4 de agosto de 2005.
9. FBI, "Montreal entrevista de John Henry de Graaf", *loc. cit.*
10. Neil Pollock, entrevista, 16 de setembro de 1996.
11. CSIS, RCMP, "Cópia de Montreal FBI entrevista de John Henry de Graaf", *loc. cit.*; e РГА СПИ, "Blogoeva notas", лист 80.
12. O nome verdadeiro de Béla Kun era Aaron Cohen. "Bela Kun: The 133 Days", <http://www.vanguardnewsnetwork.com/temp/TerrorTimeline/1919_BelaKunThe133Days.htm>, 26 de março de 2003.
13. CSIS, RCMP, "Cópia de Montreal FBI entrevista de John Henry de Graaf", *loc. cit.*
14. *Ibidem*, pp. 35-37.
15. "*Great Romania (1919—1940)*", <http://66.102.7.104/search?q=cache:-zY1V3dIRyYJ:media.ici.ro/history/eng08.htm+%22Romanian+Communist+Party%22+1930&hl=en>, 24 de julho de 2005.

16. РГАСПИ, "Blogoeva notas", *loc. cit.*
17. *Ibidem.*
18. Oscar de Graaf, entrevista, 26 de julho de 1996.
19. FBI, "Montreal entrevista de John Henry de Graaf," pp. 38, 116. O FBI chamou esse segundo hotel de Passaga. Alguém comete um erro de datilografia na última letra. Era "Passage". РГАСПИ, "[Jonny de Graaf] an die Kaderabteilung der Komintern Moscow!" *loc. cit.* O MOPR (Socorro Vermelho Internacional), a Profintern (Internacional Sindical Vermelha) e o Comintern também usavam esse hotel, de acordo com Johnny.
20. CSIS, RCMP, "1968 Brockville entrevista de John Henry de Graff", p. 21.
21. *Ibidem.*
22. Chase, pp. 326-27, 340, 484-485.

### Capítulo 9. Missões britânicas

1. CSIS, RCMP, "Cópia de Montreal FBI entrevista de John Henry de Graaf", vol. IV, p. 41.
2. Alan Ereira, *The Invergordon Mutiny: A Narrative History of the Last Great Mutiny in the Royal Navy and How It Forced Britain Off the Gold Standard in 1931*, Londres, Boston e Henley: Routledge e Kegan Paul, 1981, pp. 30-37, 42, 44.
3. *Ibidem*, pp. 31-33; e Noreen Branson, *History of the Communist Party of Great Britain, 1927-1941*, Londres: Lawrence e Wishart, 1985, p. 68.
4. CSIS, RCMP, "Cópia de Montreal FBI entrevista de John Henry de Graaf", vol. IV, p. 42.
5. FBI, documentos: "Director, FBI (65-57843) SAC, New York (100-88095)", 22 de abril de 1952, p. [1], arquivo HQ 100-342513; e "Montreal entrevista de John Henry de Graaf", pp. 38-39.
6. CSIS, RCMP, "Cópia de Montreal FBI entrevista de John Henry de Graaf", vol. IV, p. 41.
7. Ibidem, p. 42; e РГАСПИ, documento, "An den Verbindungsdienst des Sekretariats des EKKI", фонд 495, опись 205, дело 6385, лист 16. Seguindo a praxe do inglês britânico, "МАТЕРН" é traduzido como "Mattern". A grafia inglesa americana, com um "t", foi encontrada algumas vezes em fontes consultadas. Como a tradução britânica é mais comum, será usada aqui.
8. FBI, "Montreal entrevista de John Henry de Graaf", pp. 38, 40; e carta, "SAC, Filadélfia para diretor, FBI", 14 de abril de 1953, p. 2, arquivo HQ 100-342513.
9. Ernst Krüger, carta, 10 de dezembro de 1994.
10. CSIS, RCMP, "Cópia de Montreal FBI entrevista de John Henry de Graaf", vol. IV, p. 37; e РГАСПИ, "Blogoeva notas", *loc. cit.*
11. FBI, "Montreal entrevista de John Henry de Graaf", p. 39.
12. *The Times* (Londres), 25 de maio de 1926, p. 2; e 10 de maio de 1936, p. 2.
13. CSIS, RCMP, "Cópia de Montreal FBI entrevista de John Henry de Graaf", vol. IV, pp. 42, 46.
14. *Ibidem*, pp. 43-44.
15. *Ibidem*, p. 44. Johnny achou, equivocadamente, que a loja de conserto de sapatos ficava em Tottenham Hale.

16. *Ibidem*; e Branson, p. 64.
17. Em outra fonte, Johnny chamou os dois primeiros desses pequenos jornais de *The Red Signal* e *The Red Fleet*. CSIS, RCMP, "1968 Brockville entrevista de John Henry de Graff", p. 24.
18. James Jupp, *The Radical Left in Britain, 1931-1941*, Londres: Frank Cass, 1982, p. 141; e John Curry, *The Security Service, 1908-1945: The Official Story*, Kew: Public Record Office, 1999, p. 107.
19. CSIS, RCMP, "Cópia de Montreal FBI entrevista de John Henry de Graaf", vol. IV, p. 45; e GHD, documento, "Depoimento ao Gestapo por [Margarete Rattai]", 13 de abril de 1938, p. 7, RW58-39516. Wilhelm Mensing (e-mails: 15 de julho de 2002 e 20 de julho de 2002) forneceu gentilmente o nome correto da informante da Gestapo. Ela era mulher de Karl Rattai, membro do KPD.
20. Keith Laybourn e Dylan Murphy, *Under the Red Flag: A History of Communism in Britain, c. 1849-1991*, Phoenix Mill, Gloucestershire: Sutton, 1999, p. 69. Dos 4.500, apenas cerca de 3.200 pagaram suas contribuições. *Ibidem*, p. 70.
21. Branson, p. 315.
22. "Invergordon Mutiny", <http://www.masterliness.com/a/Invergordon.Mutiny.htm> 28 de julho de 2005.
23. Kenneth Edwards, *The Mutiny at Invergordon*, Londres: Putnam, 1937, pp. 359-60.
24. Branson, pp. 70-71.
25. Ereira, p. 35.
26. Michael Stenton, Peterhouse Cambridge, Steven Lees (eds.), *Who's Who of British Members of Parliament: A Biographical Dictionary of the House of Commons Based on Annual Volumes of Dod's Parliamentary Companion and Other Sources*, Hassocks, Sussex: Harvester/Atlantic Highlands, NJ: Humanities, 1979, vol. III, p. 208. Uma checagem de todos as comentários feitos no Parlamento durante aquele período revela que a observação de Liddall não foi feita naquele organismo. Reino Unido, House of Commons and House of Lords, *Parliamentary Debates (Hansard)*, vols. CCXLVII-CCLXXVI, de 1º de janeiro de 1931 a 21 de dezembro de 1934.
27. FBI, "Montreal entrevista de John Henry de Graaf", p. 42. Desse momento até sua partida de Moscou novamente para a Inglaterra, a história que Johnny contou ao FBI difere daquela relatada a Gordon Scott. Isso pode ter sido feito para esconder a maneira como se tornara agente duplo, trabalhando para o MI6. Essa transformação não é mencionada no material do FBI.
28. [Krüger], "Familien Stammbuch der Familie Krüger", *loc. cit.*
29. РГАСПИ, documentos: "Gruber, Franz", фонд 495, опись 205, дело 6385, лист 69; "СПРАВКА", лист 35; e "Biographie des Genossen Jonny de Graaf, Buchnummer 2173673 W.K.P.b", *loc. cit.*
30. CSIS, RCMP, "Cópia de Montreal FBI entrevista de John Henry de Graaf", vol. IV, pp. 47-48.
31. *Ibidem*, p. 48.
32. *Ibidem*, pp. 48-49.
33. Johnny contou ao FBI que não voltara diretamente para Moscou e que em Berlim recebera ordem para ir a Bruxelas e em seguida a Roterdam. Na primeira parada, treinou 32

soldados belgas em "assuntos antimilitaristas". Em Roterdam, instruiu o mesmo tópico a 18 membros do exército holandês e seis marinheiros. Depois desse último curso, retornou à Inglaterra, em janeiro de 1932. Comparando ao material do РГАСПИ ("СПРАВКА", *loc. cit.*), as datas dessa parte da versão do FBI ("Montreal entrevista de John Henry de Graaf", pp. 43-46) parecem estar incorretas. Também não há menção alguma às paradas em Bruxelas e Roterdam em qualquer documento do РГАСПИ.

34. FBI, "Montreal entrevista de John Henry de Graaf", pp. 42-43.
35. РГАСПИ, "СПРАВКА", *loc. cit.*
36. FBI, "Montreal entrevista de John Henry de Graaf", p. 43.

## Capítulo 10. Berlim e Praga

1. FBI, "Montreal entrevista de John Henry de Graaf", pp. 47-48.
2. *Ibidem*, pp. 48-49.
3. *Ibidem*, p. 48.
4. *Ibidem*, p. 49; e Neil Pollock, entrevista, 16 de setembro de 1996.
5. Friedrich Ebert Stiftung [Regine Schoch], e-mail para Wilhelm Mensing, 1º de novembro de 2005. Stampfer também fora membro do Reichstag de 1920 a 1933. Foi membro da comissão de articulação política central do SPD de 1925 a 1933. Portanto, não apenas escrevia sobre as políticas do SPD como também participava da formulação dessas. *Ibidem*.
6. CSIS, RCMP, "Cópia de Montreal FBI entrevista de John Henry de Graaf", vol. IV, pp. 52-54.
7. FBI, "Montreal entrevista de John Henry de Graaf", p. 51.
8. РГАСПИ, "Blogoeva notas", лист 81.
9. CSIS, RCMP, "Cópia de Montreal FBI entrevista de John Henry de Graaf", vol. IV, p. 55; "1969 Brockville entrevista de John Henry de Graff", p. 11; e Neil Pollock, entrevista, 16 de setembro de 1996.
10. РГАСПИ, documento, "In Sachen de Graaf, Mitglied der KPD", фонд 495, опись 205, дело 6385, лист 114; William Waack, *Camaradas — Nos arquivos de Moscou: a história secreta da revolução brasileira de 1935*, São Paulo: Companhia das Letras, 1993, p. 82; e Max Hoelz, *Ich grüß und küsse Dich — Rot Front!: Tagebücher und Briefe, Moskau 1929 bis 1933*, Berlim: Dietz, 2005, p. 42.
11. Uma fotografia de Foley é apresentada aqui na Figura 23.
12. Richard Aldrich, "Britain's Secret Intelligence Service in Asia During the Second World War", *Modern Asian Studies*, vol. XXXII, nº 1, 1998, p. 181. Veja também Christopher M. Andrew, *Secret Service: The Making of the British Intelligence Community*, Londres: Heinemann, 1985, pp. 339-447.
13. Michael Smith, cujas poucas páginas sobre Johnny estão repletas de erros, escreve que "pouco tempo depois Frank enviou uma mensagem ao Escritório Central afirmando: 'Estou em contato com Johann, que é do Comintern e pode oferecer o colapso total do Partido Comunista Britânico e de outros'." Michael Smith, *The Spying Game: The Secret History of British Espionage*, Londres: Politico, 1996), p. 83. É claro que Johnny disse a Foley que estava ligado ao M4, e não ao Comintern. Parece provável que Foley tenha relatado isso a Valentine Vivian, em Londres.

14. РГАСПИ, documento, "Материал ИКК, Леов [notas sem título escritas a mão em russo por Stella Blagoeva]", 20 de novembro de 1933, фонд 495, опись 205, дело 6385, лист 50.
15. CSIS, RCMP, "Cópia de Montreal FBI entrevista de John Henry de Graaf", vol. IV, p. 56.
16. Johnny de Graaf é a fonte desse comentário.
17. Ernst Krüger, carta, 10 de dezembro de 1994.
18. FBI, "Montreal entrevista de John Henry de Graaf," pp. 51-52; e РГАСПИ, carta, "Jonny de Graaf para Hans [sem sobre nome]", 28 de junho de 1933, фонд 495, опись 184, дело 6, лист 139. Esse último documento dá a data em que Johnny esteve em Praga.
19. Oscar de Graaf, entrevistas: 26 de julho de 1996; 31 de agosto de 1996, Ahlen, Alemanha, 1º de setembro de 1996; GSA, Der Bürgermeister: Einwohnermeldeabteilung, "Oscar de Graaf", 25 de julho de 2000; Einwohnermeldeabteilung, "Johann de Graaf [Jr.]", 25 de julho de 2000; e Mensing, *Von der Ruhr in den GULag*, p. 222. Uma das fotos remanescentes que Helena havia feito para Johnny, mostrando Marianne, Oscar e ela, é apresentada aqui na Figura 22.
20. FBI, "Montreal entrevista de John Henry de Graaf", p. 98; РГАСПИ, "Blogoeva notas", лист 80 оборот; "Jonny de Graaf para Hans [sem sobrenome]", *loc. cit.*; e "Biographie des Genossen Jonny de Graaf, Buchnummer 2173673 W.K.P.b", *loc. cit.*
21. Johnny disse ao FBI ter recebido ordem para passar quatro semanas em Paris, fazendo propaganda antimilitarista e treinando pessoas para criar células comunistas nas forças armadas. Afirmou que as condições do partido em Paris eram suficientemente avançadas e que precisara apenas modernizar a organização. Disse também ao FBI que voltara para Moscou via Suíça. FBI, "Montreal entrevista de John Henry de Graaf", pp. 52-53. Esse relato não é confirmado pelos documentos do РГАСПИ.
22. РГАСПИ, "Biographie des Genossen Jonny de Graaf, Buchnummer 2173673 W.K.P.b", *loc. cit.* Note-se que esse documento situa Johnny de volta a Moscou em outubro de 1933. Por outro lado (РГАСПИ, "[Jonny de Graaf] an die Kaderabteilung der Komintern Moscow!" *loc. cit.*), há uma carta escrita a mão por Johnny para o Departamento de Quadro do Comintern datada de 10 de setembro de 1933. Aparentemente ele escreveu essa carta em seu quarto de hotel em Moscou.
23. РГАСПИ, "[Jonny de Graaf] an die Kaderabteilung der Komintern Moscow!" *loc. cit.*
24. GSA, Der Bürgermeister, Einwohnermeldeabteilung, "Maria de Graaf", 25 de julho de 2000; e Wilhelm Mensing, e-mail, 18 de julho de 2004.
25. Oscar de Graaf, entrevistas: 26 de julho de 1996 e 31 de agosto de 1996.

## Capítulo 11. Manchúria e China

1. FBI, "Montreal entrevista de John Henry de Graaf," p. 53; e Ulla Plener, "Auskünfte einer NKWD-Akte über letzten Weg und Tod deutscher Kommunisten in der Sowjetunion (1936-1939): Willy Leow-Hofmann, Hans Rogalla, Josef Schneider, Paul Scholze, Harry Wilde", *UTOPIEkreativ*, Heft 39-40, janeiro-fevereiro de 1994, p. 131. Plener afirma (p. 132, n.3) que essas execuções eram feitas imediatamente depois de dada a sentença.
2. РГАСПИ, "Blogoeva notas", лист 50 оборот; e "[Johnny de Graaf] an die Kaderabteilung der Komintern Moscow!", *loc. cit.*
3. РГАСПИ, "Blogoeva notas." *loc. cit.*

4. *Ibidem*, лист 51; e Miin-ling Yu, "Introduction to Materials in Russia on the Relations between the KMT, CCP, and *Comintern*, 1920s-1940s". <http://216.239.63.104/search?q=cache:v7eLBrj1DgAJ:ccs.ncl.edu.tw/Newsletter_79/P008_015.pdf+%22gekker%22+comintern&hl=en>, 20 de março de 2005. O documento de Blagoeva também afirma que alguém não é um fugitivo. Não está claro, porém, a quem a observação se refere: Johnny, Gekker ou Rogalla.
5. Plener, pp. 131-132.
6. FBI, "Montreal entrevista de John Henry de Graaf", *loc. cit.*
7. *Ibidem*, pp. 53-54.
8. FBI, carta, "John Edgar Hoover para [censurado]", 12 de outubro de 1951, p. 3, arquivo HQ 100-342513.
9. Stella Dong, *Shanghai: The Rise and Fall of a Decadent City*, Nova York: Harper Collins, 2000, p. 212.
10. FBI, "Montreal entrevista de John Henry de Graaf", pp. 53-54.
11. CSIS, RCMP, "1968 Brockville entrevista de John Henry de Graff", p. 32; e UKFCO, Biblioteca [Cerys Hearsey], e-mail, 10 de agosto de 2005. Johnny se referiu a Kitson como "Mr. Squire". Isso pode ter sido um subterfúgio por motivos de segurança, ou Johnny simplesmente esqueceu o nome correto, talvez confundindo-o, em sua narrativa, com o capitão de navio Marquis Square. O nome do cônsul-geral inglês em Xangai na época, John Fitzgerald Brenan, também não corresponde. UKFCO, Biblioteca, [Lorna Patterson], e-mail, 27 de outubro de 2003.
12. FBI, "Montreal entrevista de John Henry de Graaf", p. 54.
13. РГАСПИ, "СПРАВКА", *loc. cit.*
14. Walerij Brun-Zechowoj, *Manfred Stern — General Kleber: Die tragische Biographie eines Berufsrevolutionärs, 1896-1954*, Berlim: Trafo/Weist, 2000, p. 62.
15. Frederick S. Litten, "The Noulens Affair", *The China Quarterly*, n° 138, junho de 1994, pp. 492-497, 502-503; e Richard C. Thornton, *China, the Struggle for Power, 1917-1972*, Bloomington e Londres: Indiana University Press, 1973, pp. 50-51; Cynthia Caughey Weber, "A Political Furor in Shanghai: The Case of Hilaire Noulens, 1931-1932", tese de mestrado, Department of History, Arizona State University, 1995, p. 28; e Alexander Millar, "British Intelligence and the Comintern in Asia: The Noulens Case", tese de mestrado, Department of History, Cambridge University, 2006, pp. 3-4.
16. CSIS, RCMP, "Cópia de Montreal FBI entrevista de John Henry de Graaf", vol. IV, p. 60.
17. *Ibidem*, p. 64.
18. FBI: relatório, "Unknown Subject, was: [censurado]" [doravante, "Unknown Subject, was: (censurado)"], Nova York, 25 de setembro de 1952, p. 6, arquivo HQ 100-342513/NY 65-15334; carta, "John Edgar Hoover para [censurado]", 23 de setembro de 1952, arquivo HQ 100-342513; "Montreal entrevista de John Henry de Graaf", pp. 55-56; e Charles A. Willoughby, *Shanghai Conspiracy: The Sorge Spy Ring, Moscow-Shanghai-Tokyo-San Francisco-New York*, Nova York: E.P. Dutton, 1952, pp. 281-284.
19. Brasil, Arquivo Público do Estado do Rio de Janeiro [doravante APERJ], Delegacia Especial de Segurança Política e Social [doravante DESPS], documento, "Application for Renewal of Passport of Machla Lenczycki [Sabo] at American Consulate", s.c., em arquivo, "Arthur Ernst Ewert ou Harry Berger", prontuário 1.721.

20. APERJ, DESPS, passaporte falsificado, "Harry Berger", n° 542115, "Arthur Ernst Ewert ou Harry Berger", p. 3, prontuário 1.721.
21. APERJ, DESPS, livreto, "Stammbuch der Familie Ewert", "Arthur Ernst Ewert ou Harry Berger", p. 6, prontuário 1.721.
22. *Ibidem*.
23. *Ibidem*, p. 7.
24. Hornstein, pp. 4-12, 17, 80-81, 127-128; Leôncio Basbaum, entrevistado por John W.F. Dulles, São Paulo, 9 de novembro de 1967; Chapman Pincher, *Too Secret Too Long*, Nova York: St. Martin, 1984, p. 22; e José Joffily, *Harry Berger*, Rio de Janeiro: Paz e Terra, Curitiba: Universidade Federal do Paraná, 1987, p. 113.
25. Fernando Morais, *Olga*, 3ª ed., São Paulo: Alfa-Omega, 1985, pp. 59, 69.
26. FBI, "Montreal entrevista de John Henry de Graaf", p. 59.
27. Andreu Castells, *Las Brigadas Internacionales en la Guerra de España*, Barcelona: Ariel, 1974, p. 73n; e Antony Beevor, *Spanska inbördeskriget*, Kjell Waltman (trad.), Lund: Historiska Media, 2006, p. 197.
28. Estados Unidos, National Archives [doravante USNA], Shanghai Municipal Police Files, artigo em jornal, "Gen. von Seeckt Going Home", *The North-China Daily News*, 6 de março de 1935, D 5697. Pincher (pp. 432-433) relata que o Arquivo da Polícia Municipal de Xangai "foi bastante 'extirpado' duas vezes", primeiro pelos soviéticos e depois pelos britânicos. Isso parece confiável, já que não se pôde encontrar nada nele sobre Arthur Ewert ou seus aliados. Além disso, talvez 10% dos arquivos estejam desaparecidos, alguns perdidos no mar.
29. Frederick S. Litten, "The CCP and the Fujian Rebellion", *Republican China*, vol. XIV, n° 1, novembro de 1988, p. 62.
30. BStU, documento, "Zusammengefasste Notizen Betr: Olga Benario", MfS-HA IX/11, SV 1/81, Bd 254, BStU 000149.
31. РГАСПИ, documento, "Kurzer Spezialbericht über China, Shanghai Januar bis August 1934", фонд 495, опись 184, дело 6, листов 108-9; Litten, "The Noulens Affair", p. 497; Stanley E. Hilton, *Brazil and the Soviet Challenge, 1917-1947*, Austin: University of Texas Press, 1991, p. 233, n° 2; Morais, p. 37; e FBI, "Montreal entrevista de John Henry de Graaf", pp. 26, 61.
32. Dong, pp. 106, 192; e РГАСПИ, "Kurzer Spezialbericht über China, Shanghai Januar bis August 1934", лист 108.
33. РГАСПИ, "Kurzer Spezialbericht über China, Shanghai Januar bis August 1934", *loc. cit.*; FBI, "Montreal entrevista de John Henry de Graaf", p. 56; e APERJ, DESPS, "Harry Berger", n° 542.115, "Arthur Ernst Ewert ou Harry Berger", *loc. cit.*, prontuário 1.721.
34. РГАСПИ, "Kurzer Spezialbericht über China, Shanghai Januar bis August 1934", *loc. cit.*; e CSIS, RCMP, "1969 Brockville entrevista de John Henry de Graff", p. 9.
35. CSIS, RCMP, "Cópia de Montreal FBI entrevista de John Henry de Graaf", vol. IV, pp. 60, 66; Joachim Krüger e Lieselotte Krüger (nenhuma relação com Gustav Ernst Karl ou Pauline Emile Krüger), e-mails: 4 de agosto de 2005; 5 de agosto de 2005; e "Eugene Dennis", <http://en.wikipedia.org/wiki/Eugene_Dennis>, 5 de agosto de 2005.
36. Thornton, p. 55.
37. Edgar Snow, *Red Star over China*, Nova York: Random House, 1938, p. 353.

38. *Ibidem*, p. 355.
39. Oscar de Graaf, entrevista, 1º de setembro de 1996.
40. *China Forum* (Xangai), 30 de novembro de 1933, pp. 1-2.
41. РГАСПИ, "Kurzer Spezialbericht über China, Shanghai Januar bis August 1934", *loc. cit.*
42. *Ibidem*, лист 109. Nos anos 1950, ele foi citado dizendo: "Com seis ajudantes não-treinados e US$ 5 em explosivos, explodimos um campo de pouso japonês. Destruímos 36 aviões e matamos 700 japoneses." *Chicago Daily Tribune*, 13 de janeiro de 1954, p. 6.
43. APERJ, DESPS, arquivo, "Franz Gruber ou Johnny de Graaf", p. 26, prontuário 33.989; Agnes Smedley, *The Great Road: The Life and Times of Chu The*, Nova York e Londres: Monthly Review, 1956, pp. xiv-xv; Thornton, pp. 69-73; e J.A.G. Roberts, *The Complete History of China*, Phoenix Mill, Gloucestershire: Sutton, 2003, p. 388. Roberts acrescenta que cerca de 20 mil feridos, doentes e quase todas as crianças foram deixados para trás. Uma observação sobre a numeração de "Franz Gruber ou Johnny de Graaf" (acima). Há dois números de página diferentes nos originais. O número de página marcado no canto inferior direito de cada página é o que é usado aqui.
44. Bernard Wasserstein, *Secret War in Shanghai: An Untold Story of Espionage, Intrigue, and Treason in World War II*, Boston e Nova York: Houghton Mifflin, 1999, p. 84.
45. РГАСПИ, "Kurzer Spezialbericht über China, Shanghai Januar bis August 1934," *loc. cit.*; e APERJ, DESPS, "Harry Berger," "Application for Renewal of Passport of Machla Lenczycki [Sabo] at American Consulate", s.c.
46. РГАСПИ, documento, "[sessão da Politcommission do Politsecretariat]", фонд 495, опись 4, дело 286, лист 3; e Joachim e Lieselotte Krüger, e-mails: 4-5 de agosto de 2005.
47. Michael Smith, *Foley: The Spy Who Saved 10,000 Jews*, Londres: Hodder e Stoughton, 1999, p. 57; Aldrich, pp. 184-85; e Millar, p. 9.
48. РГАСПИ, "Kurzer Spezialbericht über China, Shanghai Januar bis August 1934", *loc. cit.*; USNA, Arquivo da Polícia Municipal de Xangai, "Gen. von Seeckt Going Home", *The North-China Daily News*, 6 de março de 1935, D 5.697. Johnny contou ao FBI que o grupo partiu junto em um navio britânico "mais ou menos no fim de outubro de 1934". FBI, "Montreal entrevista de John Henry de Graaf", pp. 61-62. O mês de outubro não é corroborado pelos documentos do РГАСПИ. Willoughby (p. 284), Morais (p. 73) e Hornstein (p. 167) — todos evidentemente citando a fonte de Willoughby no Arquivo da Polícia Municipal de Xangai, que não pode ser confirmada — registram a data da partida dos Ewert para Vladivostok como sendo 19 de julho de 1934, a bordo do S.S. *Yingchow*.
49. CSIS, RCMP, "1968 Brockville entrevista de John Henry de Graff", p. 37.

## Capítulo 12. Brasil um

1. FBI, "Montreal entrevista de John Henry de Graaf", p. 62; Waack, p. 22; e РГАСПИ, "Blogoeva notas", лист 60. Johnny disse aos brasileiros em 1939 que foi Vasiliev, e não Langner, que lhe ofereceu a escolha entre os dois países. APERJ, DESPS, "Franz Gruber ou Johnny de Graaf", p. 14.

2. РГАСПИ, "Blogoeva notas", *loc. cit.*
3. Waack, pp. 32-33; e Hilton, pp. 22-23.
4. Há vários possíveis candidatos a ser esses dois indivíduos, incluindo Esteban Peano e a secretária de Ghioldi e Ewert, conhecida apenas como "Margarita" ou "Marga". Peano foi enviado da Argentina a São Paulo para ajudar a organizar o partido. Pode ser que tenha viajado ocasionalmente para o Rio de Janeiro. Marga é abordada adiante, neste mesmo capítulo. РГАСПИ, documentos: "Из сообщения Валтера (Эцьо, Локателли) [título a mão em russo]", фонд 495, опись 205, дело 6385, лист 110; e "Verbindungen der einzelnen Genossen in Rio de Janeiro", фонд 495, опись 205, дело 6385, лист 86.
5. FBI: "SAC, Filadélfia para diretor, FBI", 14 de abril de 1953, *loc. cit.*; "Montreal entrevista de John Henry de Graaf", p. 99; e Ernst Krüger, entrevista, 12 de agosto de 1994.
6. Waack, pp. 99-100; e Yuri Ribeiro, entrevista, Rio de Janeiro, 16 de dezembro de 1994. Ribeiro é um dos filhos de Luís Carlos Prestes.
7. BStU, documento, "Zusammengefasste Notizen Betr: Olga Benario", BStU 000152; e Wilhelm Mensing, e-mail, 29 de novembro de 2003. Originalmente, Grybowski vinha do Ruhr.
8. BStU, documento, "Zusammengefasste Notizen Betr: Olga Benario", BStU 000153.
9. Luís Carlos Prestes, carta, 19 de novembro de 1987; e Morais, pp. 15-16. Waack (p. 97) alega que Olga não era muito versada em Marx, Engels, Lenin e Stalin. Morais (p. 49) discorda.
10. Morais, pp. 49-62; e Cecil Borer, entrevista, Rio de Janeiro, 13 de maio de 1998.
11. Luís Carlos Prestes, carta, 19 de novembro de 1987; APERJ, DESPS, arquivo, "Maria Prestes, Olga Benario", pp. 7, 7a, prontuário 1.675; Cecil Borer, entrevistas: 13 de maio de 1998; Rio de Janeiro, 28 de maio de 1998; Jorge Amado, *A vida de Luís Carlos Prestes: o Cavaleiro da Esperança*, 4ª ed. São Paulo: Martins, 1945, p. 98; Boris Fausto, *A Revolução de 1930, historiografia e história*, 9ª ed., São Paulo: Brasiliense, 1983, p. 61; Waack, pp. 95, 99; e Israel Beloch e Alzira Alves de Abreu (coords.), *Dicionário histórico-biográfico brasileiro, 1930-1983*, Rio de Janeiro: Forense-Universitária, 1984, pp. 2817-2818.
12. APERJ, DESPS: arquivo, "Rodolfo Ghioldi", s.p., prontuário 5.878; artigo de jornal, *A Offensiva*, 21 de março de 1936, p. 1 [APERJ, DESPS, arquivo "Carmen Alfaza [*sic*] Ghioldi", s.p., prontuário 21.409]; Brasil, Arquivo Nacional [doravante BAN], lista de passageiros, "S.S. *Florida*", RV 367; Hornstein, pp. 205-206; Waack, pp. 105-107, 171, 173-174, 206, 300; e Harold Barron, entrevista, Hayward, CA, 15 de janeiro de 1994. Harold era irmão de Victor.
13. РГАСПИ, "Blogoeva notas", листов 56, 80 оборот; Stephen Dorril, *MI6: Inside the Covert World of Her Majesty's Secret Intelligence Service*, Nova York: Touchstone, 2000, p. 7; *Svenska Dagbladet* (Estocolmo), 10 de outubro de 1933, p. 21; e 16 de novembro de 1934, p. 25. Nessa época, o *Svea* e o *Primula* competiam pelo tráfego de passageiros. Knut Sveri, entrevista, Estocolmo, 25 de julho de 2006.
14. APERJ, DESPS, "Franz Gruber ou Johnny de Graaf", pp. 15, 25; e Curry, p. 7. Vivian se tornou subchefe do SIS mais tarde, em janeiro de 1940. Cuny, *loc. cit.* Essa não foi a primeira vez que Foley entrou em contato com Vivian por causa de Johnny. Sem dúvida, Foley se comunicava com ele desde que Johnny se encontrara pela primeira vez com ele, em Berlim, pedindo asilo político.

15. UKFCO, Biblioteca (Cerys Hearsey), e-mail, 5 de janeiro de 2005; e APERJ, DESPS, carta, "Comunicação — Inv. 804 [Cecil Borer] para [Seraphim Braga], S-2", 6 de fevereiro de 1941, p. 4, inglês/pasta 3.
16. Neil Pollock, entrevista por telefone, Fresno, CA/Calgary, AB, 9 de fevereiro de 1997.
17. Anthony Cave Brown, *Treason in the Blood: H. St. John Philby, Kim Philby, and the Spy Case of the Century*, Boston e Nova York: Houghton Mifflin, 1994, p. 258. Um exemplo do conhecimento de Vivian sobre o Comintern — pelo menos conforme relatado à Ásia — pode ser visto na tese de Millar.
18. Costello e Tsarev, pp. 235-36. A opinião de que Vivian era um homem frágil é de Guy Burgess, que inclui uma imagem desfavorável do homem entre os desenhos em *ibidem* (figuras não numeradas entre pp. 414-31). A foto de Vivian apresentada aqui, na Figura 24, foi tirada quatro anos e oito meses antes, e não revela esse estado de fraqueza.
19. РГАСПИ, "Blogoeva notas", лист 56; BAN, "Florida", RV 367; APERJ, DESPS, "Franz Gruber ou Johnny de Graaf", *loc. cit.*; e FBI, "Montreal entrevista de John Henry de Graaf", p. 64.
20. John W.F. Dulles, *Anarchists and Communists in Brazil, 1900-1935*, Austin: University of Texas Press, 1973, p. 515.
21. APERJ, DESPS, "Franz Gruber ou Johnny de Graaf", pp. 25-26.
22. *Ibidem*, p. 25.
23. РГАСПИ, "Bericht über die Ereignisse im Brasilien vom 5 Januar 1935 bis 21, Januar 1936", лист 101.
24. APERJ, DESPS, "Franz Gruber ou Johnny de Graaf", pp. 24-25; e CSIS, RCMP, "1968 Brockville entrevista de John Henry de Graff", p. 39. Provavelmente de brincadeira, Johnny se referiu mais tarde a Berger como "Apfel Kopf" ("Cabeça de maça"). CSIS, RCMP, "1968 Brockville entrevista de John Henry de Graff", p. 69.
25. APERJ, DESPS, "Franz Gruber ou Jonny de Graaf", *loc. cit.*; Marly de Almeida Gomes Vianna, *Revolucionários de 35: sonho e realidade*, São Paulo: Companhia das Letras, 1992, pp. 138-39, lâmina sem numeração [2] entre pp. 301-303; e Morais, pp. 77-82.
26. APERJ, DESPS, "Franz Gruber ou Johnny de Graaf", *loc. cit.*
27. Johnny chamou Sabo equivocadamente de "Hilda, namorada de Ewert". Essa falta de familiaridade provavelmente era por motivo de segurança, mesmo entre os principais revolucionários. Outro comunista chamou Sabo de "namorada de Berger". Cristiano Cordeiro, entrevistado por John W.F. Dulles, Recife, 11 de outubro de 1968, I, p. 12.
28. R.S. Rose, *One of the Forgotten Things: Getúlio Vargas and Brazilian Social Control, 1930-1954*, Westport, CT: Greenwood, 2000, pp. 22-32, 39-41. Comentários da imprensa e a convocação para ação por parte do governo são discutidos em Hilton, pp. 50, 59, 63.
29. A Polícia Militar existe até hoje. Não é diretamente ligada às forças armadas. O nome indica apenas que seus soldados usam uniformes e vivem em quartéis. Eles devem fornecer os serviços de uma força policial regular, uniformizada, de proteção à população civil.
30. FBI, "Montreal entrevista de John Henry de Graaf", p. 66; CSIS, RCMP, "1968 Brockville entrevista de John Henry de Graff", p. 42; РГАСПИ, "Из сообщения Валтера (Эцьо, Локателли)", лист 111; e Waack, p. 173.
31. FBI, "Montreal entrevista de John Henry de Graaf", *loc. cit.*; e APERJ, DESPS, "Franz Gruber ou Johnny de Graaf", p. 23.

32. РГАСПИ, documento, "Bericht über die Ereignisse im Brasilien vom 5 Januar 1935 bis 21, Januar 1936", лист 98; Arquivo Histórico do Itamarati [doravante AHI]: carta, "Regis de Oliveira para Oswaldo Aranha", 20 de dezembro de 1939, n° 477; telegrama, "Souza Leão para Itamaraty", 9 de janeiro de 1940; e APERJ, DESPS, "Franz Gruber ou Johnny de Graaf", *loc. cit.* O DESPS funcionou como força política de 10 de janeiro de 1933 a 28 de março de 1944. Eliana Rezende Furtado de Mendonça (dir.), *Os arquivos das polícias políticas: reflexos de nossa história contemporânea*, Rio de Janeiro: FAPERJ, 1994, pp. 12, 16.
33. APERJ, DESPS, "Franz Gruber ou Jonny de Graaf", pp. 21, 23.
34. FBI, "Montreal entrevista de John Henry de Graaf", pp. 67; CSIS, RCMP, "1968 Brockville entrevista de John Henry de Graff", p. 40; Neil Pollock, entrevista, 16 de setembro de 1996; e Vianna, p. 284.
35. "Amleto Locatelli" [arquivo de computador de РГАСПИ e outras fontes de Moscou traduzidas para o português por Yuri Ribeiro] [doravante "Amleto Locatelli", (arquivo de computador)], s.p.; "Johnny de Graaf" [arquivo de computador de РГАСПИ e outras fontes de Moscou traduzidas para o português por Yuri Ribeiro]; e Hilton, p. 55.
36. AHI, "Souza Leão para Itamaraty", 9 de janeiro de 1940; FBI, "Montreal entrevista de John Henry de Graaf", pp. 66-68; e carta, "[censurado] para diretor, FBI", 6 de março de 1952, p. 1, arquivo HQ 100-342513. Johnny disse ao FBI que Prestes o enviara à Bahia. Não há, porém, registro algum de que tenha desembarcado de um navio nesse estado. Brasil, Arquivo Público do Estado da Bahia, Inspetoria da Polícia do Porto [Salvador], "Registro de entradas de passageiros", s.c., s.e., s.d., vol. XXXIII. Nenhum registro sobre passageiros de avião está disponível.
37. Paulo Cavalcanti, *O caso eu conto como o caso foi: da Coluna Prestes à queda de Arraes*, 3ª ed., Recife: Guararapes, 1980, p. 142; e Severino Theodoro de Melo, entrevista, Rio de Janeiro, 14 de fevereiro de 2006. Cabo na época, Melo era um dos rebeldes do complexo da Vila Militar. Ele discorda de Antonio Natanael Sarmento (Antonio Natanael Sarmento, entrevista por telefone, Recife, 31 de janeiro de 2006) de que o 29º Batalhão também era o mais bem equipado no Nordeste. Melo afirmou: "Tínhamos apenas fuzis da Primeira Guerra Mundial."
38. Antonio Natanael Martins Sarmento, "Os abalos de sábado à noite: do governo popular e revolucionário em Natal à guerra do Largo da Paz em Recife, 1935", tese de mestrado, Departamento de História, Universidade Federal de Pernambuco, 1994, p. 92; e Severino Theodoro de Melo, entrevista, Rio de Janeiro, 15 de fevereiro de 2006.
39. *Jornal do Commercio* (Recife), 27 de novembro de 1935, p. 3.
40. РГАСПИ, telegrama, "Commission Politique para Куда", 31 de julho de 1935, фонд 495, опись 184, дело 54, листов 17-18.
41. *Ibidem.*
42. APERJ, DESPS, "Franz Gruber ou Johnny de Graaf", p. 22; e FBI, "Montreal entrevista de John Henry de Graaf", pp. 68-69.
43. FBI, "Montreal entrevista de John Henry de Graaf", p. 69.
44. Julio José Chiavenato, *Cangaço: a força do coronel*, São Paulo, Brasiliense, 1990, pp. 35, 43; Fernando Portela e Cláudio Bojunga, *Lampião: o cangaceiro e o outro*, São Paulo, Traço, 1982, p. 73; e *O Globo* (Rio de Janeiro), 24 de fevereiro de 1985, p. 8.

45. Robert M. Levine, *The Vargas Regime: The Critical Years, 1934-1938*, Nova York: Columbia University Press, 1970, pp. 43-48, 104; Hilton, pp. 65-66; e Vianna, pp. 185-186.
46. Veja como exemplos: Hilton, pp. 66-67; Waack, pp. 216-218; Cavalcanti, pp. 139-142; Levine, *loc. cit.*; Vianna, pp. 186-197; Homero Costa, *A insurreição comunista de 1935: Natal — O primeiro ato da tragédia*, São Paulo: Ensaio, 1995, pp. 137-148; e Paulo Sérgio Pinheiro, *Estratégias da ilusão: A revolução mundial e o Brasil, 1922-1935*: São Paulo, Companhia das Letras, 1991, pp. 297-300.
47. Costa, pp. 138-139, 141-143.
48. *Ibidem*, p. 85.
49. Frederico Mindêllo Carneiro Monteiro, *Depoimentos biográficos*, Rio de Janeiro: Gráfica Olímpica, 1977, p. 109; e Wandenkolk Wanderley, entrevistado por John W.F. Dulles, Recife, 17 de outubro de 1968.
50. Melo, entrevistas: 14 de fevereiro de 2006 e 15 de fevereiro de 2006; e Malvino Reis Neto, entrevistado por John W.F. Dulles, s.c., 2 de setembro de 1963. O *Diário de Pernambuco* (Recife), 28 de novembro de 1935, p. 8, afirma que os combates começaram por volta das 9h, enquanto o *Jornal do Commercio*, de 27 de novembro de 1935, p. 3, comenta que as hostilidades tiveram início pouco depois das 8h. Melo insiste (Melo, entrevista, 14 de fevereiro de 2006), porém, que 9h é a hora correta.
51. Neil Pollock, entrevista, 16 de setembro de 1996; e Jailson Sena, entrevista, Socorro, PE, Brasil, 12 de janeiro de 2006. Sena é o sargento encarregado do museu da base, na Vila Militar, em Socorro.
52. Pedro Vilela Cid, entrevistado por John W.F. Dulles, Natal, 18 de outubro de 1968.
53. APERJ, DESPS, catálogo, "Álbum da Delegacia Especial de Segurança Política e Social", 1940, s.c., Rio Grande do Norte; Hilton, pp. 69, 71; e R.S. Rose, "Johnny's, Two Trips to Brazil", *Luso-Brazilian Review*, vol. XXXVIII, nº 1, verão de 2001, p. 4. Embora as coisas tenham sido abafadas rapidamente, os soldados do governo não foram suficientes em Pernambuco e no Rio Grande do Norte. Precisaram da ajuda de forças de fazendeiros locais. Nelson Werneck Sodré, *História militar do Brasil*, Rio de Janeiro: Civilização Brasileira, 1965, p. 256; e APERJ, DESPS, documento, "A revolução communista no Brasil e os comentários da 'internacional communista'", s.d., comunismo/pasta 9. Os dois nomes do acontecimento também dependem do ponto de vista político. Esquerdistas preferem o título de Prestes, Revolução Social, enquanto os mais conservadores gostam de Intentona Comunista. Luís Carlos Prestes, entrevista, Rio de Janeiro, 13 de agosto de 1987.
54. Anita Leocadia Prestes, filha de Prestes, e a irmã dele, Lygia Prestes, alegam que esse relato sobre seu pai/irmão ter entrado em pânico é sem dúvida falso. Qualquer um que conhecia Prestes, disseram elas, sabe que esse tipo de comportamento não era nem um pouco característico dele. Anita Leocadia Prestes e Lygia Prestes, entrevista, Rio de Janeiro, 17 de abril de 2004.
55. APERJ, DESPS, "Franz Gruber ou Johnny de Graaf", p. 22.
56. Antonio Augusto Faria e Edgard Luiz de Barros, *Getúlio Vargas e sua época*, 2ª ed., São Paulo: Global, 1983, p. 38; Beloch e Abreu, p. 2.932; Paulo Brandi, *Vargas: da vida para a história*, 2ª ed., rev., Rio de Janeiro: Zahar, 1985, p. 102; John W.F. Dulles, *Vargas of Brazil: A*

*Political Biography*, Austin: University of Texas Press, 1967, pp. 150, 152; correspondência da *International Press Correspondence* (Londres), 16 de maio de 1936, p. 632; e APERJ, DESPS, documento, "Ao povo e às classes armadas do Brasil", 27 de novembro de 1936, comunismo/pasta 20.

57. Cavalcanti, p. 144.
58. Levine (p. 130) comentou a seguinte questão: "A imprensa comunista interna afirmou que 20 mil brasileiros foram presos... [enquanto] o jornal comunista francês *L'Humanité* alegou que foram 17 mil. Em outubro de 1937, o New York *Times* [*sic*] disse que Filinto Müller reconhecera 7 mil prisões feitas por autoridades federais, sem contar nos níveis estadual e local. Segundo esses relatos, um repórter, Herondino Pereira Pinto (*Nos subterrâneos do Estado Novo*, Rio de Janeiro: Germinal, 1950, p. 62) foi preso e conseguiu informar esses números estando atrás das grades. Ele diz que o número total de detidos no fim de 1936 era de mais de 35 mil. Sustentando esse cálculo, esquerdistas que chegaram a Moscou afirmam que foram 30 mil. РГАСПИ, carta, "Frederic para Fernando Morales", 4 de dezembro de 1936, arquivo geral, "Бразилия", фонд 495, опись 29, дело 98, лист 18.
59. Estados Unidos, Departament of State [doravante, USDS], relatório, "Sackville para G-2", 24 de dezembro de 1935, nº 3.600, MID 2657-K-70/22; Waack, pp. 252-253; e Vianna, *Revolucionários de 35: sonho e realidade*, p. 184. Uma foto desse estoque de armas pode ser encontrada em folhas não numeradas em Vianna.
60. Morais, p. 160. DESPS também trabalhou com outros países.
61. "Amleto Locatelli" [arquivo de computador], s.p.; Antony Beevor, *Berlin: The Downfall 1945*, Londres: Viking/Penguin, 2002, p. 363; Rose, *One of the Forgotten Things*, pp. 44-53, 55, 69, 74-75; e Waack, p. 346.
62. Cecil Borer, entrevista, Rio de Janeiro, 13 de maio de 1998. Os comentários de Borer são sustentados, em parte, por APERJ, DESPS, "Franz Gruber ou Johnny de Graaf", p. 21.
63. Cecil Borer, entrevista, Rio de Janeiro, 29 de maio de 1998; APERJ, DESPS, "Franz Gruber ou Johnny de Graaf", *loc. cit.*; e Waack, p. 254.
64. Waack, p. 276.
65. APERJ, DESPS, "Franz Gruber ou Johnny de Graaf", *loc. cit.*
66. РГАСПИ, "Bericht über die Ereignisse im Brasilien vom 5 Januar 1935 bis 21, Januar 1936", листов 100-2; e APERJ, DESPS, "Franz Gruber ou Johnny de Graaf", p. 21.
67. РГАСПИ, "Bericht über die Ereignisse im Brasilien vom 5 Januar 1935 bis 21, Januar 1936", лист 102; e FBI, "Montreal entrevista de John Henry de Graaf", p. 71.
68. РГАСПИ, "Blogoeva notas", лист 56 оборот; "Bericht über die Ereignisse im Brasilien vom 5 Januar 1935 bis 21, Januar 1936", *loc. cit.*; e FBI, "Filadélfia interview of John Henry de Graaf", p. 4.

## Capítulo 13. Argentina

1. РГАСПИ, "Blogoeva notas", листов 48, 63 оборот; e CSIS, RCMP, "Copy of Montreal FBI interview of John Henry de Graaf", vol. IV, p. 77.
2. CSIS, RCMP, "Cópia de Montreal FBI entrevista de John Henry de Graaf", vol. IV, p. 78.
3. FBI, "Montreal entrevista de John Henry de Graaf", pp. 71-72.

4. Waack, p. 282. Johnny disse ao FBI ("Montreal entrevista de John Henry de Graaf", p. 72) que Locatelli foi para o Chile e depois atravessou os Andes até a Argentina antes de viajar para Buenos Aires. A versão que ele deu aos soviéticos (Waack, *loc. cit.*) é considerada mais confiável.
5. FBI, "Montreal entrevista de John Henry de Graaf", *loc. cit.*; e Waack, pp. 302-321.
6. La Comisión del Comité Central del Partido Comunista (eds.), *Esboro de historia del Partido Comunista de la Argentina: Origen y desarrollo del Partido Comunista y del movimento obrero y popular argentino*, Buenos Aires: Anteo, 1947, p. 88n; e РГАСПИ, "Bericht über die Ereignisse im Brasilien vom 5 Januar 1935 bis 21 Januar 1936", лист 103.
7. РГАСПИ, telegrama, "René para [Moscou]", 26 de junho de 1936, фонд 495, опись 184, дело 6, лист 21; e *New York Times*, 27 de junho de 1936, p. 25.
8. РГАСПИ, telegramas: "[Moscou] para René", 8 de julho de 1936, фонд 495, опись 184, дело 4, лист 21; "[Moscou] para René", 26 de julho de 1936, фонд 495, опись 184, дело 4, лист 21; e Waack, p. 308. Os Stuchevski foram liquidados provavelmente no fim de 1938. Waack, p. 342.
9. FBI, "Montreal entrevista de John Henry de Graaf", p. 73.
10. Neil Pollock, entrevista, 16 de setembro de 1996.
11. Embora Johnny nunca tenha dito para onde foi, os destinos mais prováveis são as províncias de Formosa ou Missiones.
12. Ron Stewart, entrevistas por telefone, Fresno, CA/Ottawa, 8 de janeiro de 1997 e 14 de dezembro de 1997. Stewart, durante muito tempo membro da RCMP em Washington, afirmou que durante seu período nessa força policial as pessoas achavam que a CIA sustentava esse título ignóbil de crueldade. Mas, de sua perspectiva, ele sabia que a inteligência britânica era líder em crueldade e rigor.
13. Waack, p. 321. Em 21 de outubro de 1937, os soviéticos haviam preparado vistos para os dois. РГАСПИ, "An den Verbindungsdienst des Sekretariats des EKKI", *loc. cit.* Um dos que assinaram a aprovação dos vistos foi Manuilski.
14. FBI, "Montreal entrevista de John Henry de Graaf", p. 98; CSIS, RCMP, "1969 Brockville entrevista de John Henry de Graff", p. 15; Waltraud Krüger, entrevista, Rio de Janeiro, 14 de dezembro de 1994; e Ernst Krüger, entrevistas: 12 de agosto de 1994 e 14 de dezembro de 1994. A mulher de Ernst Krüger, Waltraud Krüger, ouviu dizer que o amante era um médico da prima de seu marido, Elisabeth Kalmeier, em Berlim. Ernst Krüger insiste, porém, que o homem era oficial do Exército argentino. Elisabet Kalmeier não pôde ser localizada em Berlim para dar uma declaração.
15. Ernst Krüger, entrevistas: 12 de agosto de 1994, 17 de outubro de 1994 e 14 de dezembro de 1994; *La Nacion* (Buenos Aires), 30 de novembro de 1936, p. 1; 3 de dezembro de 1936, pp. 1, 12; e Neil Pollock, e-mail, 25 de junho de 2004.
16. Ernst Krüger, carta, 8 de junho de 1997. Esse tipo de carteiro com dinheiro para pagamentos de pessoa a pessoa já não existe na Alemanha. Wilhelm Mensing, e-mails: 14 de setembro de 2004 e 15 de setembro de 2004.
17. Ernst Krüger, entrevistas: 12 de agosto de 1994, 19 de setembro de 1994; Praia de Mauá, RJ, Brasil, 8 de dezembro de 1994; carta, 10 de dezembro de 1994; e Oscar de Graaf, entrevista, Ahlen, 16 de agosto de 1997.

18. Ernst Krüger, entrevistas: 19 de setembro de 1994; 3 de dezembro de 1994; e carta, 10 de dezembro de 1994. O irmão dela a achava uma "menina muito boba". Observe que Waack alega que Helena era membro da Juventude Comunista do KPD e do Departamento de Esportes do partido (p. 82), embora diga não ter conseguido encontrar qualquer prova nos registros do KPD de que Helena tenha se envolvido com algum desses grupos (p. 325). Não há registro algum no arquivo de Johnny no РГАСПИ que mencione algo sobre esse assunto.
19. FBI, "Montreal entrevista de John Henry de Graaf", pp. 97-98.
20. CSIS, RCMP, "1969 Brockville entrevista de John Henry de Graff", *loc. cit.*
21. *Ibidem.*
22. Neil Pollock, entrevista, 16 de setembro de 1996; Ernst Krüger, entrevista, 12 de agosto de 1994; e CSIS, RCMP, carta, "[censurado] para L.H. Nicholson", 19 de fevereiro de 1952, pp. 1-2, arquivo, John de Graff, vol. III. A carta ao comissário Nicholson era aparentemente de um ouvinte numa reunião de estudantes na Universidade McGill em Montreal em que Johnny admitiu ter matado uma mulher disponibilizada por Moscou como sua esposa. Mais tarde ele descobre que ela foi enviada para espioná-lo. A implicação era de que o assassinato ocorreu na América do Sul.
23. Argentina, Archivo Histórico de la Provincia de Buenos Aires, La Plata [doravante AHPBA], documentos: "Libro de defunciones — General San Martín, 1936",[para Helena Krüger], folho 31; "Libro de defunciones — General San Martín, 1936", Província de Buenos Aires [para Helena Krüger], folho 31 [uma cópia do documento original de outro funcionário]; FBI, "SAC, Filadélfia para diretor, FBI", 14 de abril de 1953, *loc. cit.*; [Krüger] "Familien Stammbuch der Familie Krüger", *loc. cit.*; Norberto Manzi, entrevista, San Martín, Argentina, 13 de fevereiro de 2000; e Neil Pollock, entrevista, 16 de setembro de 1996; entrevista por telefone, Fresno, CA/Calgary, AB, 21 de dezembro de 1997. Norberto Manzi e família são os atuais ocupantes da residência na Calle Florida.
24. Carlos Americo Gallardo, entrevista, San Martín, Argentina, 4 de junho de 1998. Na época da entrevista, Gallardo era o chefe da polícia em San Martín.
25. Argentina, AHPBA documentos: "Libro de defunciones — General San Martín, 1936", [para Pedro Menini], folho 30; e "Libro de defunciones — General San Martín, 1936", [para Vicente Bastianelli], folho 32.
26. Oscar de Graaf, entrevistas: 26 de julho de 1996 e 16 de agosto de 1997; Neil Pollock, entrevista, 16 de setembro de 1996; e Ernst Krüger, entrevista, 12 de agosto de 1994. Quando dois agentes do FBI viajaram para Montreal e o questionaram, em 1952, Johnny inicialmente nada mencionou sobre Helena. Provavelmente ficou perplexo quando, inesperadamente, perguntaram-lhe se ela cometera suicídio. "De Graaf afirmou que não forneceu essa informação de início porque era muito desagradável para ele e era uma lembrança que gostaria de esquecer. Estava emocionalmente perturbado durante parte da entrevista. Mais tarde, reiterou diversas vezes que essa foi a única informação que escondeu dos agentes." FBI, carta, "SAC, New York (65-15945) para diretor FBI (100-342513)", p. 2, arquivo HQ 100-342513. Observe que nas entrevistas feitas por Gordon Scott de Johnny — usadas em grande parte desta biografia — de Graaf também não faz qualquer menção a Helena.
27. FBI, "Filadélfia interview of John Henry de Graaf", p. 26.

28. O governo argentino rotineiramente recusa todos os pedidos para abrir os arquivos da Polícia Federal sobre Francisco Gruber, citando a Lei n° 23.326 e o Decreto-Lei n° 6580/58, artigo 76. Argentina, Secretaria de Seguridade Interior [Juan Carlos Severi], carta, 2 de setembro de 2004, Ref. Exp. SSI n° 9.152/04, Nota DNAP e FFSS. n° 2.446/04.
29. APERJ, DESPS: "Franz Gruber ou Johnny de Graaf", pp. 21, 46-47; documento, "Franz Gruber (Johnny de Graaf), termo de declarações e resposta aos quisitos [*sic*] formulados pelo Sr. Cap. Delegado Especial — 20-XII-1939 a 3-1-1940, Secção de Segurança Social", p. 19, prontuário 33.989; РГАСПИ, "СПРАВКА", лист 144; *La Nación*, 6 de janeiro de 1937, p. 12; e Waack, pp. 22, 321, 325-326.
30. [Krüger] "Familien Stammbuch der Familie Krüger", *loc. cit.*; FBI, "Montreal entrevista de John Henry de Graaf", pp. 75, 97; "Filadélfia entrevista de John Henry de Graaf", p. 26; Ernst Krüger: entrevista, 12 de agosto de 1994; e carta, 10 de dezembro de 1994. Em entrevista a Gordon Scott, Johnny disse que a idade de Gerti era 20 anos. Essa seria quase a idade de Helena. O motivo de seu erro é desconhecido.
31. FBI, "Montreal entrevista de John Henry de Graaf", p. 74.
32. Ernst Krüger, entrevista, 19 de setembro de 1994.
33. GHD, documento, "Essen Krim. Ass. II A. para Staatspolizeistelle in Düsseldorf", 4 de março de 1937, p. 1, RW58-50684. Esse documento termina com a observação de que não estava disponível uma foto de Johnny.
34. Rose, *One of the Forgotten Things*, p. 46. A foto da carteira de motorista é reproduzida aqui na Figura 30.
35. Alemanha, Bundesbeauftragte für die Unterlagen des Staatssicherheitsdienstes der ehemaligen Deutschen Demokratischen Republik [doravante BStU], documento, Zentrales Parteiarchiv der SED, Reichssicherheitshauptamt, Geheime Staatspolizei: "Namensverzeichnis zur Aufstellung von Lichtbildern flüchtiger Kommunisten und Marxisten", maio de 1939, p. 7[8], R58/2308.
36. Em outros dois exemplos, a Gestapo tinha fotos incorretas de Luís Carlos Prestes e Olga Benário. BStU, documento, Zentrales Parteiarchiv der SED, Reichssicherheitshauptamt: Geheime Staatspolizei, "International Tätige Kommunisten!" pp. 9, 73, R58/3201.
37. Oscar de Graaf, entrevista, 1º de setembro de 1996. Fotos de uma conversa ao telefone desse tipo — embora não de Gerti e do oficial da SS — são apresentadas em Palmer e Neubauer, pp. 272-273.
38. A expressão "O balão está no alto!" se assemelha a algo como "Arrá, você foi apanhado!". Johnny estava preocupado com que um pequeno deslize, uma simples palavra ou expressão, pudesse entregá-lo.

## Capítulo 14. O retorno a Moscou

1. FBI, "Montreal entrevista de John Henry de Graaf", p. 75.
2. CSIS, RCMP, "Copy of Montreal entrevista de John Henry de Graaf", vol. IV, p. 82.
3. Chase, pp. 477-78; Waack, p. 319.
4. РГАСПИ, carta, "Franz Gruber para Vorsitzenden der Internationalen Kontrollkommission Ekki", 20 de junho de 1937, фонд 495, опись 205, дело 6385, листов 175-76.
5. РГАСПИ, "Blogoeva notas", листов 57, 60.

6. *Ibidem*, лист 70.
7. Fundação Getúlio Vargas, "Prestes, Luís Carlos", <http://www.cpdoc.fgv.br/dhbb/verbetes_htm/4366_1.asp> 12 de março de 2005.
8. РГАСПИ, documentos: "Verbindungen der einzelnen Genossen in Rio de Janeiro", *loc. cit.*; "Bericht über die Ereignisse im Brasilien vom 5 Januar 1935 bis 21. Januar 1936", листов 87-103; "Nachtrag zum Bericht über Brasilien 1935. Möglichkeiten der Verhaftung des Gen. Evert u.s.w.", фонд 495, опись 184, дело 6, листов 104-7; e "Kurzer Spezialbericht über China, Shanghai Januar bis August 1934", *loc. cit.*
9. РГАСПИ, "Nachtrag zum Bericht über Brasilien 1935. Möglichkeiten der Verhaftung des Gen. Evert u.s.w.", листов 106-7.
10. РГАСПИ, "Blogoeva notas", листов 45, 53, 56-56 оборот.
11. Waack, pp. 308-309. Observe que foi Johnny quem disse a Locatelli que Olga e Ewert tentaram manter Prestes isolado. РГАСПИ, "Из сообщения Валтера (Эцьо, Локателли)", *loc. cit.*
12. Amelto Locatelli, "Relatório sobre minhas atividades no Brasil", 20 de julho de 1936, manuscrito não publicado [traduzido para o português por Yuri Ribeiro], s.p. Yuri é um dos filhos de Luís Carlos Prestes. Essa cópia parcial do longo relato inicial de Locatelli foi obtida por Ribeiro por meio de uma fonte anônima e dada a R.S. Rose.
13. Chase, p. 487.
14. Waack, pp. 310-314, 317-318, 342. Um relatório assinado por alguém chamado Locatelli, e que se identificava como desertor das Brigadas Internacionais, foi publicado no jornal francês *L'Emancipation Nationale*. Waack observa que nunca se confirmou que Amelto era o autor. *Ibidem.*
15. РГАСПИ, "Blogoeva notas", листов 72-74; e Waack, pp. 318, 321.
16. РГАСПИ, carta, "[desconhecido] para тов. Апресяну", 10 de abril de 1937, фонд 495, опись 205, дело 6385, лист 34.
17. РГАСПИ, cartas: "Алиханов para тов. Апресяну", 10 de abril de 1937, фонд 495, опись 205, дело 6385, листов 33-34; e "Алиханов para тов. Апресяну", 11 de abril de 1937, фонд 495, опись 205, дело 6385, листов 31-32.
18. РГАСПИ, carta, "Franz Gruber para [Dmitri] Manuilski", 3 de abril de 1937, фонд 495, опись 184, дело 6, лист 24.
19. РГАСПИ, carta, "Franz Gruber para [Gevork] Alikhanov", 15 de maio de 1937, фонд 495, опись 184, дело 6, лист 20.
20. РГАСПИ, carta, "Franz Gruber para Anwält", 20 de junho de 1937, фонд 495, опись 184, дело 6, листов 175-76.
21. FBI, "Montreal entrevista de John Henry de Graaf", p. 77. A comunicação da embaixada da Federação Russa afirma que não há registro algum nos arquivos do Serviço de Segurança Federal (sucessor da NKVD) sobre o interrogatório. Rússia, Федеральная служба безопасности [Boris Marchuk], carta, 7 de agosto de 2001.
22. CSIS, RCMP, "Cópia de Montreal FBI entrevista de John Henry de Graaf", vol. IV, p. 87.
23. *Ibidem*, pp. 83-88; Oscar de Graaf, entrevista, 1º de setembro de 1996; e Yuri Modin, *My Five Cambridge Friends: Philby, Burgess, MacLean, Blunt, and Cairncross by Their KGB Controller*, Anthony Roberts (trad.), Toronto: Knopf, 1995, p. 29.
24. FBI, "Montreal entrevista de John Henry de Graaf", p. 81.

25. Chase, pp. 5-6, 237, 473, 477; Waack, pp. 287, 330-332, 342; FBI, "Montreal entrevista de John Henry de Graaf", p. 79; e *Great Soviet Encyclopedia*, *loc. cit.*
26. РГАСПИ, carta, "Stella Blagoeva para [desconhecido]", 27 de agosto de 1937, фонд 495, опись 205, дело 6385, лист 15; e CSIS, RCMP, "1969 Brockville entrevista de John Henry de Graff", p. 12.
27. РГАСПИ, cartas: "Дьяков фп Черномордику и Цируль" [7 de junho de 1937], фонд 495, опись 205, дело 6385, лист 40; e "Белов to Полчек", 8 de junho de 1937, фонд 495, опись 205, дело 6385, лист 39.
28. РГАСПИ, documento, "Политэмигранты, прибывшие из Германии через негорелое с июля 1933 г. до февраля 1934 года", фонд 495, опись 175, дело 86, лист 251. Esse é o único documento disponível que mostra quando Johnny Jr. chegou à União Soviética. Foi em algum momento entre julho de 1933 e fevereiro de 1934.
29. Hans Schafranek com Natalja Mussijenko, *Kinderheim Nr. 6: Österreichische und deutsche Kinder im sowjetischen Exil*, Viena: Döcker, 1989, pp. 48, 71-72.
30. *Ibidem*, pp. 55-56.
31. Wilhelm Mensing, entrevista, Bonn, 4 de julho de 2002.
32. Mensing, *Von der Ruhr in den GULag*, p. 223.
33. Wolfgang Leonhard, *Child of the Revolution*, C.M. Woodhouse (trad.), Londres: Ink Links, 1979, pp. 23, 44.
34. Oscar de Graaf, entrevista, 26 de julho de 1996.
35. *Ibidem.*
36. CSIS, RCMP, "Cópia de Montreal FBI entrevista de John Henry de Graaf", vol. IV, pp. 82-83, 88-89; e "1968 Brockville entrevista de John Henry de Graff", p. 44.
37. Amtorg foi usado em Nova York com esse propósito dos anos 1930 até os Estados Unidos entrarem na Segunda Guerra Mundial. Infelizmente para eles, porém, alguns de seus agentes desertaram ou se tornaram agentes duplos, e acabaram diante da House Un-American Activities Committee da Câmara. Neil Pollock, entrevista, 16 de setembro de 1996.
38. *Ibidem*; Oscar de Graaf, entrevistas: 26 de julho de 1996, 1º de setembro de 1996; e Smith, *Foley: The Spy Who Saved 10,000 Jews*, pp. 54-55. Para mais informações sobre Sorge, veja Robert Whymant, *Stalin's Spy: Richard Sorge and the Tokyo Espionage Ring*, Nova York: St. Martin's Press, 1998.
39. Johnny disse ao FBI que não era um clube de golfe, mas sim uma loja de artigos esportivos em Tóquio o local onde encontraria o contato. Johnny deveria ir lá exatamente duas semanas depois da chegada e ficar olhando bastões de hóquei. Ele seria abordado por outro cliente, que perguntaria: "Você se interessa por hóquei?" Ao que deveria responder: "Sim." Então o outro cliente diria: "Você não deveria comprar bastões de hóquei aqui, não são bons. Vou levá-lo a uma loja americana onde você poderá comprá-los e eles têm uma qualidade muito melhor." FBI, "Montreal entrevista de John Henry de Graaf", p. 84.
40. "Sahr tabela de conversão", *loc. cit.*
41. FBI, "Montreal entrevista de John Henry de Graaf", pp. 82-83.
42. APERJ, DESPS, "Franz Gruber ou Johnny de Graaf," pp. 46-47. Embora o número do passaporte falso de Johnny fosse o mesmo, 500.042, a data de expedição era diferente da usada na primeira viagem, 6 de dezembro de 1934 (contra 12 de março de 1934). Muito

provavelmente, os soviéticos simplesmente emitiram outro passaporte com páginas em branco para não mostrar vistos e carimbos de entrada e saída.

43. APERJ, DESPS, documento, "Camada sensível [título no canto superior esquerdo]", Anexo Franz Gruber, 30 de março de 1939 [*sic* 1940] [doravante, Anexo Franz Gruber], prontuário 33.989.
44. FBI, "Montreal entrevista de John Henry de Graaf", p. 87.
45. É um ponto discutível qual dos extremos políticos ele odiava mais. Mas disse que "o comunismo na Rússia é mais podre do que o nazismo na Alemanha". Oscar de Graaf, entrevista, 26 de julho de 1996.
46. FBI, "Montreal entrevista de John Henry de Graaf", p. 83.
47. *Ibidem*, pp. 83, 85.
48. Oscar de Graaf, entrevista, 26 de julho de 1996.
49. Mensing, *Von der Ruhr in den GULag*, p. 222.
50. FBI, "Montreal entrevista de John Henry de Graaf", p. 86: e CSIS, RCMP, "1968 Brockville entrevista de John Henry de Graff", p. 49.
51. Wilhelm Mensing; e-mails: 5 de maio de 2002 e 18 de julho de 2004; entrevista, 4 de julho de 2004; Oleg Dehl com Natalja Mussienko [Mussijenko], *Verratene Ideale: Zur Geschichte deutscher Emigranten in der Sowjetunion in der 30er Jahren*, Berlim: Trafo, 2000, pp. 251-256; e Barry McLoughlin, *Stalin's Terror: High Politics and Mass Repression in the Soviet Union*, Londres: Palgrave Macmillan, 2003, pp. 208-221.
52. Henry Ralph Lewenstein, *Die Karl Liebknecht Schule in Moskau 1932-1937: Erinnerungen eines Schülers*, Lüneburg: Nordostdeutsches Kulturwerk, 1991, p. 68; Mensing, *Von der Ruhr in den GULag*, pp. 222-223; e Oscar de Graaf, entrevistas: 16 de agosto de 1996; e 31 de agosto de 1997. A última fotografia do Johnny Junior enviada de volta a Ahlen é reproduzida aqui na Figura 39.
53. Oscar de Graaf, entrevista, 26 de julho de 1996.
54. Marianne Oberschild, entrevistas por telefone a Wilhelm Mensing, Bonn/Ahlen, Alemanha, s.d. novembro de 2000. Oberschild é o nome de casada de Marianne de Graaf.
55. Oscar de Graaf, entrevista, 26 de julho de 1996.
56. R.S. Rose pediu ao Serviço de Segurança Federal, em 2001, que fornecesse qualquer informação que tivesse sobre Johnny de Graaf II, sem sucesso. R.S. Rose, carta a ФСБРФ, 6 de novembro de 2001. Wilhelm Mensing pediu à embaixada alemã em Moscou para perguntar se o Serviço de Segurança Federal ou o Centro Histórico do Ministério do Interior tinha alguma informação sobre os procedimentos legais contra Johnny de Graaf Jr., ou se sabiam onde esses documentos poderiam estar guardados. A resposta foi negativa. Wilhelm Mensing, e-mail, 5 de maio de 2002.

## Capítulo 15. Brasil Dois

1. FBI, "Unknown Subject, was: [censurado]," p. 4; "Montreal entrevista de John Henry de Graaf", pp. 86-87; e Ernst Krüger, entrevistas: 12 de agosto de 1994; 19 de setembro de 1994; 3 de dezembro de 1994.
2. FBI, "Montreal entrevista de John Henry de Graaf", pp. 87-88; "Filadélfia interview of John Henry de Graaf", p. 27; CSIS, RCMP, "1969 Brockville entrevista de John Henry de Graff", p. 15; e Ernst Krüger, entrevista, 14 de dezembro de 1994.

3. FBI, "Montreal entrevista de John Henry de Graaf", p. 88
4. Oscar de Graaf, entrevista, 26 de julho de 1996.
5. UKNA, documento, "Application for a Certificate of Naturalization", HO 405/17786, p. 2 [doravante "Application for a Certificate of Naturalization"]; Canadá, Department of the Secretary of State, documento, "Naturalization" [De Graaf, John Henry], 4 de junho de 1945, arquivo 3498, pp. 2R, 28R [doravante "Naturalization (De Graaf, John Henry)"]; FBI, "Unknown Subject, was: [censurado]", *loc. cit.*; e "Montreal entrevista de John Henry de Graaf", p. 88. Uma busca de registros oficiais em Edimburgo e Londres com seus nomes verdadeiros e todos os pseudônimos conhecidos não resultou em confirmação do casamento de Johnny com Gertrude ou Helena Krüger. Ernst Krüger (carta, 10 de outubro de 1996) também expressou opinião de que Johnny nunca se casou legalmente com nenhuma de suas irmãs.
6. APERJ, DESPS, documento, "Das declarações de Johnny de Graaf, prestadas ao Exmo. Sr. Delegado Especial de Segurança Política e Social, referente às atividades de espionagem da Tecbrevet, coligimos os seguintes dados informativos", Anexo Franz Gruber [doravante "Anexo Franz Gruber"], pp. 1, 3.
7. *Ibidem*, p. 2.
8. BAN, lista de passageiros, "S.S. *Almanzora*", RV 409; e *The Times*, 27 de junho de 1938, p. 23.
9. Emílio Romano também atuou como torturador do DESPS. David Nasser, *Falta alguém em Nuremberg: torturas da polícia de Filinto Strubling Müller*, 4ª ed., Rio de Janeiro: O Cruzeiro, 1966, p. 63; e Thomé Amado, entrevista, Rio de Janeiro, 28 de setembro de 1994. Amado foi uma das vítimas de Romano.
10. FBI, "Montreal entrevista de John Henry de Graaf", *loc. cit.* Julien fora professor universitário antes de trabalhar no DESPS. CSIS, RCMP, "1969 Brockville entrevista de John Henry de Graff", p. 6.
11. Cecil Borer, entrevistas: 28 de maio de 1998 e 29 de maio de 1998.
12. Brasil, Estado-Maior do Exército, *Almanak: Ministério da Guerra para o anno de 1938*, Rio de Janeiro: Estado-Maior do Exército, 1938, p. 19.
13. Brasil, Rio de Janeiro, 2º Cartório, comprovante de venda, "Escriptura de venda do predio e respectivo terreno á Avenida Rainha Elisabeth nº. 219, que fazem o dr. José Cesario de Mello e sua mulher a Franz Gruber, com quitação", 30 de julho de 1938; FBI, "Montreal entrevista de John Henry de Graaf", pp. 88-89; APERJ, DESPS, "Franz Gruber ou Johnny de Graaf", p. 10; *Jornal do Brasil* (Rio de Janeiro), 30 de julho de 1938, p. 16; e "Sahr tabela de conversão", *loc. cit.* Em algums documentos, Elisabeth, no nome da rua, é grafado com "z".
14. BAN, arquivo, "Gustav Ernst Karl Krüger", nº 172.219, pp. 1-3; Ernst Krüger, entrevistas: 12 de agosto de 1994, e 17 de outubro de 1994.
15. Brasil, Rio de Janeiro, contrato, 2º Ofício de Notas, "Certidão — L° 964 fls. 52-v-", 17 de setembro de 1938; APERJ, DESPS, "Franz Gruber ou Johnny de Graaf", pp. 13, 31. Emilia Rosso, filha de Aldo Rosso, alegou que Johnny não tivera qualquer parcela do hotel. Segundo ela, um acordo foi feito por Rosso para dar a Johnny o disfarce de homem de negócios respeitável. Isso parece ser improvável, em vista dos livros do hotel que Johnny relatou ao DESPS depois de sua prisão, no fim de 1939. Emilia também afirmou que seu pai alugara o carro de Johnny. Mais uma vez, é improvável; Johnny

tinha até carteira de motorista com o número de seu Ford nela. Entretanto, a argumento aqui seria de que Aldo Rosso fez tudo isso por Johnny para que ele pudesse ter uma permissão de residência permanente. Emilia Rosso, entrevista por telefone, Rio de Janeiro, 24 de julho de 1994.

16. APERJ, DESPS, documentos: "Riasento. [intraduzível] [título no canto superior esquerdo]," Anexo Franz Gruber, s.p.; e "Franz Gruber ou Johnny de Graaf", p. 32. O Rio de Janeiro era repleto de cassinos nessa época. Foram fechadas oficialmente após a Segunda Guerra Mundial, durante o governo do Eurico Gaspar Dutra.
17. APERJ, DESPS, "Franz Gruber ou Johnny de Graaf", *loc. cit.*
18. Rose, "Johnny's Two Trips to Brazil", p. 8; Ernst Krüger, entrevistas: 12 de agosto de 1994, 19 de setembro de 1994 e 14 de dezembro de 1994. Ernst precisou de uma permissão especial para deixar a Alemanha em 1938. Fez isso por meio de um contato nazista que disse às autoridades, falsamente, que Ernst faria propaganda do Terceiro Reich no Brasil. Devido ao empregador, Ernst foi obrigado a se tornar membro da Juventude de Hitler. O oficial nazista achou que seria uma boa ideia. O Ministério da Guerra alemão pôs um carimbo no passaporte de Ernst permitindo que partisse. Ernst Krüger, entrevistas: 19 de setembro de 1994 e 14 de dezembro de 1994.
19. Rose, "Johnny's Two Trips to Brazil", *loc. cit.*; Ernani se casou com Alzira Vargas, filha do presidente Getúlio Vargas.
20. Ernst Krüger, entrevista, 12 de agosto de 1994. O fato de Gerti usar seu nome verdadeiro com Hans Lessing, e não Erna Gruber, pode explicar como as autoridades descobriram que ela assumira a identidade de sua irmã morta, uma vez que Lessing foi apanhado pelo DESPS em dezembro de 1939.
21. APERJ, DESPS, "Franz Gruber ou Johnny de Graaf", pp. 10, 16-17; e Ernst Krüger, entrevista, 3 de dezembro de 1994. Documentos do DESPS listaram a rua como Rua Saint-Romain. As cirurgias foram para um procedimento não especificado no Hospital e Maternidade São Cristóvão, provavelmente para Gertrude, uma operação de hérnia para Ernst no Hospital Alemão, e uma histerectomia para Emilie. O perfume e a pomada para a pele eram feitos em um quarto transformado em laboratório improvisado, na casa da Rainha Elisabeth.
22. Ernst Krüger, entrevista, 14 de dezembro de 1994. Ao chegar a Hamburgo, Ernst foi imediatamente levado para uma brigada de trabalho nazista e mais tarde para o Wehrmacht. Enviado para a França, ficou pouco na ativa, devido a cinco hérnias autoinduzidas para evitar o combate. Ele nunca concordou com os objetivos de guerra alemães.
23. Ernst Krüger, entrevistas: 12 de agosto de 1994, 19 de setembro de 1994. Gustav Krüger trabalhava em casa, em Ipanema, consertando relógios. Tinha muitos clientes. Um deles era um dos dois filhos de Getúlio Vargas. Ernst Krüger, entrevista, 14 de dezembro de 1994.
24. APERJ, DESPS, "Franz Gruber ou Johnny de Graaf", p. 41.
25. BAN, documentos: "Franz Gruber para Senhores Membros da Comissão de Permanência de Estrangeiros", "Erna Gruber para Senhores Membros da Comissão de Permanência de Estrangeiros"; e "Franz Gruber e esposa", CE/1525, 26 de novembro de 1938, arquivo, "Franz Gruber e esposa", IJJ7 89 M.J.N.I. 1938, n°. 8.818; e "Franz Gruber para Senhores Membros da Comissão de Permanência de Estrangeiros", "Erna Gruber para Senhores Membros da Comissão de Permanência de Estrangeiros"; e "Franz Gruber e esposa", CE/1526, 9 de fevereiro de 1939, arquivo, "Franz Gruber e esposa", IJJ7 89 M.J.N.I. 1938, n°. 8.818.
26. Oscar de Graaf, entrevistas, 26 de julho de 1996.

27. APERJ, DESPS: "Franz Gruber ou Johnny de Graaf", pp. 10-14; documento, "Termo de declarações [Josef Bunzlau]", Anexo Franz Gruber, pp. 1-5; Ernst Krüger, entrevista, 14 de dezembro de 1994; e CSIS, RCMP, "Cópia de Montreal FBI entrevista de John Henry de Graaf", vol. IV, p. 96. No material do FBI, Johnny mencionou ter pago US$ 10 mil a Helena Benkendorf. Rosa Benkendorf afirmou que a relação de negócios de Johnny com sua mãe foi outro falso arranjo. Rosa Benkendorf, entrevista por telefone, Rio de Janeiro, 31 de julho de 1994. É interessante observar, porém, que Helena não mencionou isso em sua declaração de 8 de dezembro de 1939 à polícia sobre o acordo de negócios que mantinha com Franz Gruber.
28. APERJ, DESPS, "Franz Gruber ou Johnny de Graaf", p. 34.
29. "Sahr tabela de conversão", *loc. cit.*
30. Cópias dessas contas falsas podem ser vistas em APERJ, DESPS, "Franz Gruber ou Johnny de Graaf", pp. 11-13.
31. APERJ, DESPS, "Franz Gruber ou Johnny de Graaf," pp. 33-34, 36; e USDS, relatório, "John W. Ford para Jefferson Caffery", 9 de junho de 1940. Johnny falou ao FBI que Bruxelas o exortou a ir a Paris em uma carta que recebeu em meados de julho de 1938. FBI, "Montreal entrevista de John Henry de Graaf", p. 91.
32. APERJ, DESPS, documento, "Inteligence [*sic*] Service", D-11, 3 de dezembro de 1940, p. 1, inglês/pasta 3.
33. APERJ, DESPS, "Franz Gruber ou Johnny de Graaf", pp. 29-30.
34. RCMP, "1968 Brockville entrevista de John Henry de Graff", p. 51; e "1969 Brockville entrevista de John Henry de Graff", pp. 5-6.
35. APERJ, DESPS, documentos: "Intelligence Service — Serviço secreto inglês", 17 de dezembro de 1940, inglês/pasta 3; "Serviço secreto inglês", SSI boletim 257, 18 de setembro de 1940, pp. xi, xii, xiii, xiv, inglês/pasta 3; "Política externa britânica com o Brasil", 11 de julho de 1940, inglês/pasta 3; "Serviço secreto inglês", K-48, 6 de maio de 1940, inglês/pasta 3; "Inteligence [*sic*] Service", D-11, 2 de outubro de 1940, inglês/pasta 3; "Inteligence [*sic*] Service", D-11, 3 de dezembro de 1940, inglês/pasta 3; "Inteligence [*sic*] Service", SSI boletim 14, 15 de janeiro de 1941, p. vi, inglês/pasta 3; "Inteligence [*sic*] Service", s.d., inglês/pasta 3; "Inteligence [*sic*] Service", D-11, 4 de julho de 1940, inglês/pasta 3; "Serviço secreto inglês", K-48, 1º de junho de 1940, inglês/pasta 3; "Inteligence [*sic*] Service", SSI boletim 347, 17 de dezembro de 1940, pp. viii, ix, inglês/pasta 3; "Serviço de propaganda", 17 de dezembro de 1940, inglês/pasta 3; "Inteligence [*sic*] Service", D-7, 12 de dezembro de 1940, inglês/pasta 3; "Serviço secreto inglês", D-19, 19 de dezembro de 1940, inglês/pasta 3; "Inteligence [*sic*] Service", SSI boletim 357, 27 de dezembro de 1940, p. iii, inglês/pasta 3; "Inteligence [*sic*] Service", D-11, 27 de dezembro de 1940, inglês/pasta 3; "Inteligence [*sic*] Service", SSI boletim 360, 30 de dezembro de 1940, pp. viii, ix, inglês/pasta 3; "Inteligence [*sic*] Service", D-11, 1º de janeiro de 1941, inglês/pasta 3; "Inteligence [*sic*] Service", S-1, 11-12, 14 de janeiro de 1941, inglês/pasta 3; "Inteligence [*sic*] Service", S-1, boletim 11, 13 de janeiro de 1941, p. x, inglês/pasta 3; "Inteligence [*sic*] Service", S-1, boletim 15, 15 de janeiro de 1941, p. x, inglês/pasta 3; "Inteligence [*sic*] Service", S-2, 25 de janeiro de 1941, inglês/pasta 3; "Inteligence [*sic*] Service no Rio de Janeiro", K-66, 15 de janeiro de 1941, inglês/pasta 3; "Inteligence [*sic*] Service", D-11, 26 de janeiro de 1941, inglês/pasta 3; "Inteligence [*sic*] Service", D-11, 29 de janeiro de 1941, inglês/pasta 3; "Inteligence [*sic*] Service", S-2, 31 de janeiro de 1941,

inglês/pasta 3; cartas: "Seraphim Braga para Cap Delegado Especial", 16 de janeiro de 1941, inglês/pasta 3; "Seraphim Braga para Cap. Delegado Especial", 6 de fevereiro de 1941, inglês/pasta 3; fluxograma, "Constitução do serviço de informações (parte) a E.B. (HMS *Britain*)", 11 de fevereiro de 1941, inglês/pasta 3; "Inteligence [*sic*] Service", D-11, 31 de março de 1941, inglês/pasta 3; Association of Royal Navy Officers, [M.P. Coombes], e-mail, 17 de setembro de 2003; e Reino Unido, Ministério da Defesa, Naval Historical Branch [David Ashby], carta, 3 de outubro de 2003.

36. BAN, carta, "[ilegível] para Ilmo. Sr. Diretor do Instituto de Identificação", 7 de junho de 1939, arquivo, "Alfred Hutt", SPMAF/RJ, n° 8.579; e Light, arquivo pessoal, "Alfred Hutt", n° 2.643.
37. APERJ, DESPS, carta, "[ilegível] para Insp.-Chefe da S.O.P para Delegado da O.P.E Social", 14 de dezembro de 1939, arquivo, "Carlos Stemmer", prontuário 1.394. O Kapp Putsch é citado por alguns como o Kapp-Lüttwitz Putsch. Outros registros explicando o papel de Karl Stemmer na luta contra o Putsch não foram descobertos.
38. APERJ, DESPS, carteira de motorista, "Franz Gruber", p. 2. Observe os comentários escritos em vermelho entre as linhas da carteira de motorista.
39. A conversão de 4$937 por dólar americano é a taxa oficial. *New York Times*, 21 de novembro de 1939, p. L 41; e 30 de novembro de 1939, p. L 35.
40. Não há confirmação oficial disponível da existência de Schmutter no Brasil. Parte do problema se deve ao fato de que a chegada e partida de estrangeiros só foi regulamentada em 1938. A chegada de Schmutter ao Brasil antes de essa legislação entrar em vigor explicaria a falta de material sobre ele. Seu nome também poderia ser um pseudônimo ou resultado de uma pronúncia mal compreendida entre Johnny e Gordon Scott.
41. APERJ, DESPS, "Franz Gruber ou Johnny de Graaf", p. 8; e Fritz Berber (diretor), *Jahrbuch für Auswärtige Politik, 1940*, Berlim: Aug. Gross, 1940, p. 303.
42. UKNA, carta, "H.W.U. McCall para H.M. Ambassador, Buenos Aires", 21 de dezembro de 1939, p. 7, despacho de guerra n° 4, n° serial 45/74/39, ADM 223/69; e Willi Frischauer e Robert Jackson, *The Altmark Affair*, Nova York: Macmillan, 1955, p. 114.
43. S.W. Roskill, *The War at Sea, 1939-1945*, Londres: H.M. Stationery Office, 1954, pp. 113-115, 120-121.
44. *Ibidem*, pp. 115-121; e S.W. Roskill, *White Ensign: The British Navy at War, 1939-1945*, Annapolis: United States Naval Institute, 1966, p. 56.
45. Nasser, p. 92. Diz-se que Nasser escreveu o livro por ordem de seu patrão, Assis Chateaubriand, que perseguia Müller.
46. APERJ, DESPS, "Franz Gruber ou Johnny de Graaf", "Anotações diversas", 14 de dezembro de 1939 [doravante "Anotações diversas"], prólogo. Os americanos disseram que o grupo que executou a prisão foi da Polícia Especial. USDS, carta, "Pawley para Secretary of State [George C. Marshall]", 10 de junho de 1947, p. 2. Ernst Krüger alegou que foi a Marinha que prendeu Johnny. Ernst Krüger, entrevista, 14 de dezembro de 1994. Carlos Lacerda, em seu *Depoimento*, 2ª ed., Rio de Janeiro: Nova Fronteira, 1977, p. 53, afirmou que foi o Exército. Johnny também achou que foi o Exército. CSIS, RCMP, "1969 Brockville entrevista de John Henry de Graff", p. 5.
47. APERJ, DESPS, "Franz Gruber ou Johnny de Graaf", p. 8. Note-se o comentário escrito a mão nessa carta do comandante do Forte Santa Cruz para Filinto Müller, por Felisberto Batista Teixeira: "Recolha-se à Sala de Detidos, passando pela L4".

48. CSIS, RCMP, "1968 Brockville entrevista de John Henry de Graff", p. 53.
49. Cecil Borer, entrevista, Rio de Janeiro, 28 de maio de 1998.
50. *Ibidem*; CSIS, RCMP, "1968 Brockville entrevista de John Henry de Graff," p. 52; e APERJ, DESPS, "Franz Gruber ou Johnny de Graaf", p. 7. O último item é uma carta datada de 14 de dezembro de 1939 do Ministro da Guerra, Eurico Gaspar Dutra, para Filinto Müller, ordenando a detenção de Franz Gruber. Antes de enviá-la para o DESPS, Filinto Müller classificou-a como urgente e assinou no topo. A carta chegou ao DESPS às 12:39 do mesmo dia. Quanto à ausência de Filinto, os jornais nada noticiaram. Quanto a Miranda Corrêa, em março de 1937, ele viajou para a Alemanha para estudar os esforços nazistas na repressão do comunismo.
51. USDS, cartas: "William C. Burdett para Secretary of State [Cordell Hull]", 12 de dezembro de 1939, p. 1, Arquivo Decimal 832.00B/121, despacho 2206; "A[dolf] A. Berle, Jr. para Jefferson Caffery", 11 de março de 1940, Arquivo Decimal 832.00B/121, despacho 621; e APERJ, DESPS, documento, "Inteligence [*sic*] Service", SSI boletim 31 (I, II, III, IV e V), 31 de janeiro de 1942, inglês/pasta 3.
52. Thomé Amado, entrevista, 28 de setembro de 1994. Amado foi encarcerado por suas convicções políticas durante aqueles anos e soube do comportamento de Batista por fontes de primeira mão.
53. APERJ, DESPS: documento, "D.P.S., Serviço de Informações, setor arquivo, nº 16.628, ref:-prot:- 20.952/48", APERJ, arquivo, "Hans Lessing", prontuário 1.358; e carta, "Chefe do Setor para D.P.S, Serviço de Informações", 13 de dezembro de 1939 [p. 25], arquivo, "Hans Lessing", prontuário 1.358.
54. Emilia Rosso, entrevista por telefone, Rio de Janeiro, 24 de julho de 1994.
55. APERJ, DESPS, "[assinatura ilegível] Insp.-Chefe da S.O.P para delegado da O.P.E Social", arquivo "Carlos Stemmer"; "Franz Gruber ou Johnny de Graaf", p. 5; e documento, "Inteligence [*sic*] Service", S-2, 31 de janeiro de 1941, inglês/pasta 3.
56. APERJ, DESPS, "Termo de declarações [Josef Bunzlau]", Anexo Franz Gruber, pp. 1-5.
57. CSIS, RCMP, "1969 Brockville entrevista de John Henry de Graff", p. 5.
58. Neil Pollock, entrevista, 16 de setembro de 1996.
59. Cecil Borer, entrevista, 28 de maio de 1998.
60. Cecil Borer, entrevista, 13 de maio de 1998.
61. *Brockville Recorder and Times*, 13 de janeiro de 1967, p. 3.
62. APERJ, DESPS, documento, "[notas sem título escritos a mão por Felisberto Batista Teixeira]", 21 de dezembro de 1939, Anexo Franz Gruber, s.p.
63. APERJ, DESPS, documento, "Janeiro de 1940", 2-3 e 15 de janeiro de 1940, mapas de presos detidos de janeiro a dezembro de 1940/pasta 1; "Franz Gruber ou Johnny de Graaf", p. 17; e "[notas sem título escritos a mão por Felisberto Batista Teixeira]", [3 de janeiro de 1940], Anexo Franz Gruber, s.p.
64. APERJ, DESPS, "Franz Gruber ou Johnny de Graaf", p. 16.
65. CSIS, RCMP, "1969 Brockville entrevista de John Henry de Graff", p. 6.
66. CSIS, RCMP, "1968 Brockville entrevista de John Henry de Graff", p. 51.
67. *Ibidem*; Robson Gracie, entrevista, Rio de Janeiro, 6 de agosto de 1991; e Sodré, p. 278.
68. Cecil Borer, entrevista, 28 de maio de 1998. O pau-de-arara é um tipo de tortura em que a vítima é obrigada a se sentar no chão, com os joelhos puxados em direção ao queixo. Os

punhos ficam presos — por algemas, por exemplo — e são postos ao lado de cada perna e em frente aos joelhos. Uma barra de ferro é enfiada no espaço atrás dos joelhos dobrados e sobre os cotovelos do indivíduo. Nessa posição, a barra de ferro e a vítima são erguidas do chão. As duas pontas da barra são fixadas em dois lugares separados e firmes, como duas pilhas de pneus. Enquanto estão suspensas, as vítimas são estupradas, espancadas, queimadas com cigarros, afogadas ou recebem choques. O pau-de-arara ainda é usado no Brasil.

69. CSIS, RCMP, "1968 Brockville entrevista de John Henry de Graff", pp. 53-54; e UKFCO, Biblioteca [Cerys Hearsey], e-mail, 5 de janeiro de 2005a; e APERJ, DESPS, "Comunicação — Inv. 804 [Cecil Borer] para [Seraphim Braga], S-2", 6 de fevereiro de 1941, *loc. cit.*, inglês/pasta 3.
70. AHI: "Souza Leão para Itamaraty", 9 de janeiro de 1940; e "Regis de Oliveira para Oswaldo Aranha", 20 de dezembro de 1939.
71. Podia ser que Johnny soubesse do falso suicídio do único norte americano a participar da tentativa de Revolução Comunista em 1935 — a revolução que ele ajudara a frustrar. Victor Allen Baron na verdade fora atirado do segundo andar do pátio interno da Polícia Central em 1936. Rose, *One of the Forgotten Things*, p. 52.
72. CSIS, RCMP, "1969 Brockville entrevista de John Henry de Graff", p. 7.
73. [Anônimo], *Livro vermelho dos telefones, 1939*, 15ª ed., Rio de Janeiro: s.e., 1940, s.p.
74. Ernst Krüger, entrevista, 19 de setembro de 1994. Os autores têm consciência de uma versão ligeiramente diferente, de que Johnny voltou para casa e depois Gerti teve o aborto, em CSIS, RCMP, "1968 Brockville entrevista de John Henry de Graff", p. 54. Johnny fez o relato usado aqui a Gordon Scott.
75. APERJ, DESPS, "Anotações diversas", *loc. cit.*
76. Ernst Krüger, entrevista, 12 de agosto de 1994; *New York Times*, 28 de fevereiro de 1940, p. L 34; e "Sahr tabela de conversão", *loc. cit.*
77. UKNA, lista de passageiros, "Passenger Manifest of S.S. *Highland Chieftain*", BT 26/1191/38; e documento, "Conditional Landing", HO 405/17786.

## Capítulo 16. Os primeiros anos da guerra

1. UKNA: lista de passageiros, "Passenger Manifest of S.S. *Highland Chieftain*", BT 26/1191/38; documento, "Conditional Landing", HO 405/17786; e documento, "Regional Advisory Committee", HO 405/17786, p. [2].
2. Roy Berkeley, *A Spy's London*, Nigel West [Rupert Allason] forward, Londres: Cooper, 1994, pp. 7-8. É possível que tenha ficado durante algum tempo na sede da seção V do MI6 em St. Albans, ao Norte de Londres.
3. Oscar de Graaf, entrevista, 26 de julho de 1996. Em UKNA, "Application for a Certificate of Naturalization", p. 1, Johnny afirma que essa mudança de nome foi feita em 1941. Embora isso seja possível, parece duvidoso que tenha ocorrido depois de ele chegar ao Canadá. Mais provavelmente, foi feita antes, quando estava em Londres, a oferta de que ele e Gerti se disfarçassem enquanto estivessem no Reino Unido. Oscar de Graaf concordou com essa versão. A prática de usar outro nome será seguida no restante deste volume. Note que o FBI continuou a usar em seus documentos o nome "De Graaf".

4. Berkeley, pp. 91, 94.
5. *Ibidem*; e Kim Philby, *My Silent War*, Nova York: Grove, 1968, p. 260.
6. UKNA, "Application for a Certificate of Naturalization", *loc. cit.* Os autores têm conhecimento do endereço dado por Johnny aos americanos (FBI, relatório, "Secret, SY — Mr. John W. Ford, SY — Omar Henry", 17 de julho de 1952, pp. 1-2, arquivo HQ 100-342513-53, de 29 St. James's, London SW1, o que não é confirmado em UKNA, "Application for a Certificate of Naturalization", *loc. cit.*
7. Neil Pollock, entrevista, 16 de setembro de 1996.
8. UKNA, diversos documentos, "Furnishing of GPO with camp addresses", HO 215/293; e Peter Merrifield, entrevista, Londres, 1º de junho de 2004. Merrifield é diretor da Oak Lodge School.
9. Alguns registros trocam a ordem dos dois primeiros nomes.
10. Canadá: Citizenship and Immigration Canada [doravante CIC], documento, "Naturalization [John Henry de Graff]", p. R2, arquivo 3.498; Department of Mines and Resources, Commission of Immigration, carta, "R.N. [ilegível] para Commissioner RCMP", 20 de fevereiro de 1941, n° 707.615; e CSIS, RCMP, carta, "E.H. Perlson para O.C. 'C' Divison RCMP", 24 de fevereiro de 1941, arquivo, John de Graff, vol. I.
11. FBI, "Unknown Subject, was: [censurado]", *loc. cit.*
12. O FBI removeu o nome desse indivíduo do documento liberado. *Ibidem.*
13. *Ibidem*, p. 10; e CSIS, RCMP, carta, "A. Drysdale para O.C. 'C' Divison RCMP", 10 de fevereiro de 1941, Report D.D. 28-2-41.
14. CSIS, RCMP, carta, "H.A.R. Gagnon para R.R. Tait", 29 de outubro de 1941, arquivo, John de Graff, vol. I. Em nenhuma comunicação da RCMP durante esse período há menção ao modo como os Johnny voltaram para Montreal.
15. FBI, "Unknown Subject, was: [censurado]", pp. 10-11, 13.
16. O comissário assistente da RCMP em Ottawa, R.R. Tait, escreveu à RCMP de Montreal pelo menos seis vezes, de 3 de maio a 23 de outubro de 1941, tentando descobrir o que estava acontecendo com os De Graff. Seus pedidos foram ignorados. Em sua última comunicação, Tait ameaçou com uma ação disciplinar se fosse novamente ignorado. Harvison telefonou então para Tait, de acordo com uma ordem deste, e explicou que eles esperavam que um relatório de Johnny fosse traduzido do alemão para o inglês. O relatório traduzido nada tinha que ver com a viagem dele aos Estados Unidos. CSIS, RCMP, cartas: "R.R. Tait para O.C. 'C' Division RCMP", 3 de maio de 1941, arquivo, John de Graff, vol. I; "R.R. Tait para O.C. 'C' Division RCMP", 31 de julho de 1941, arquivo, John de Graff, vol. I; "R.R. Tait para O.C. 'C' Division RCMP", 12 de agosto de 1941, arquivo, John de Graff, vol. I; "R.R. Tait para O.C. 'C' Division RCMP", 22 de agosto de 1941, arquivo, John de Graff, vol. I; "R.R. Tait para H.A.R. Gagnon", 23 de outubro de 1941, arquivo, John de Graff, vol. I; "H.A.R. Gagnon para R.R. Tait", 29 de outubro de 1941; "C.W. Harvison e H.A.R. Gagnon para O.C. 'C' Division CSIS, RCMP", 7 de novembro de 1941; relatórios, John de Graff, vol. I; [John H. de Graff], "Informations Material zum Kampf gegen Kommunismuss [*sic*]", s.d.; e "Information Material Relating to the fight of Communism", s.d., arquivo, John de Graff, vol. I.
17. O arquivo em questão, HO 405/17786, cobre a vida de Johnny de 1º de janeiro de 1940 a 31 de dezembro de 1946. Embora 14 páginas tenham sido liberadas a um dos autores,

o grosso do arquivo foi isentado da liberação de acordo com a Lei de Liberdade de Informação, de 2000. O motivo dessa exceção está contido na provisão genérica conhecida como Seção 24, que permite que itens sejam retidos para "proteger a segurança nacional". UKNA [Lale Ozdemir], e-mail, 27 de outubro de 2005.

18. CSIS, RCMP, cartas: "R.R. Tait para O.C. 'C' Division RCMP", 19 de abril de 1941, arquivo, John de Graff, vol. I; "R.L. Cadiz para Officer Commanding 'C' Division RCMP", 11 de setembro de 1941, arquivo, John de Graff, vol. I; e "R.R. Tait para H.A.R. Gagnon", 23 de outubro de 1941.
19. Oscar de Graaf, entrevistas: 26 de julho de 1996 e 1º de setembro de 1996.

## Capítulo 17. Os Ninhos de Montreal

1. Lita-Rose Betcherman, *The Swastika and the Maple Leaf*, Toronto: Fitzhenry e Whiteside, 1973, p. 146.
2. Jack Armitage, entrevista, Brockville, ON, 14 de julho de 1995.
3. CSIS, RCMP, documento, "Classification Sheet — Feuille de classement", arquivo, John de Graff, vol. TS; e carta, "V.A. M. Kemp para O.C. 'C' Div., RCMP", 21 de agosto de 1944, arquivo, John de Graff, vol. II.
4. CSIS, RCMP, cartas: "J. Leopold para Intelligence Officer", 22 de novembro de 1941, arquivo, John de Graff, vol. I; "H.A.R. Gagnon para Commissioner RCMP", 6 de julho de 1942, arquivo, John de Graff, vol. I; e "Sahr tabela de conversão", *loc. cit.*
5. Betcherman, *loc. cit.*
6. Canadá, "Naturalization [De Graff, John Henry]", p. 2R.
7. Ward e Violet Scott são os pais de um dos autores.
8. Em UKNA, "Application for a Certificate of Naturalization", *loc. cit.*, Johnny dá erradamente uma data de sua chegada ao Canadá [19 de janeiro de 1941] como sendo a data em que ele e Gerti se mudaram para a casa na Palmerston Avenue.
9. CSIS, RCMP, relatório, "Summary of Activities of Agent 235, up to October 6, 1942", pp. 1, 5, arquivo, John de Graff, vol. TS.
10. CSIS, RCMP, carta, "H.A.R. Gagnon para Commissioner RCMP", 28 de setembro de 1942, pp. 1-2, arquivo, John de Graff, vol. I.
11. Ibidem, p. 2.
12. Jack Armitage, entrevista, 14 de julho de 1995.
13. Os nazis não se denominavam nazistas, mas "NS", sigla que representava nacional-socialistas. Wilhelm Mensing, e-mail, 9 de março de 2010.

## Capítulo 18. Um homem vindo do mar

1. Clifford W. Harvison, "The Spy Who Came Out of the Sea", *Brockville Recorder and Times*, 7 de janeiro de 1967, p. 9. Em seu relato, a RCMP mudou o nome de Johnny para "John Gries". Canadá, National Archives [doravante CNA], RCMP, relatório, "MEMORANDUM para D.N.I., Interrogation of Werner JANOWSKI, lieutenant, German Army", 14 de novembro de 1942, RG 24, Acc. 1983-84/167, vol. 306, S-1487-J-2.

2. CNA, RCMP, relatórios: "A. Drysdale para Departmental Secretary", 23 de março de 1943, arquivo, Werner von Janowski, doc. 54, vol. III, 1464; e "[C.W. Harvison] para O.C. 'C' Division, R.C.M.P., re: Werner Von Janowski", 13 de novembro de 1942, arquivo, Werner von Janowski, doc. 54, vol. I, 063.
3. O filho de Annett, Earl Annett Jr., disse que a caixa de fósforos caiu do bolso de von Janowski quando ele apanhou um lenço para limpar as mãos. A partir desse ponto, a versão de Harvison até von Janowski seguir para Montreal é diferente em alguns detalhes daquela relatada por Johnny. A relatório de Harvison inclui, porém, algumas discrepâncias. Harvison, "The Spy Who Came Out of the Sea", pp. 9-12; e C. W. Harvison, *The Horsemen*, Toronto e Montreal: McClelland e Stewart, 1967, pp. 106-113.
4. CNA, RCMP, relatório, "A. Drysdale para Departmental Secretary", 23 de março de 1943, arquivo, Werner von Janowski, doc. 54, vol. III, pp. 1.464-1.465. O nome de Duchesneau é escrito "Duschene" em CNA, RCMP, relatório, "G.H. Archer Re: Werner S.W. JANOWSKI @ Werner Alfred Waldemar von JANOWSKY — Enemy Agent", arquivo, Werner von Janowski, doc. 54, vol. I, p. 215.
5. Harvison escreve o nome falso de von Janowski como "Brauntner" em "The Spy Who Came Out of the Sea" (p. 9) e como "Braunter" em *The Horsemen* (p. 107). A grafia usada aqui é a dos documentos oficiais da RCMP.
6. CNA, RCMP, "[C.W. Harvison] re: Werner von Janowski", vol. I, pp. 271-272, 274; e Dean Beeby, *Cargo of Lies: The True Story of a Nazi Double Agent in Canada*, Toronto: University of Toronto Press, 1996, p. 138.
7. CNA, RCMP, "[C.W. Harvison] re: Werner Von Janowski", 273; cartas: "C.W. Harvison para H.A.R. Gagnon", 12 de fevereiro de 1943, arquivo, Werner von Janowski, doc. 54, vol. II, 1.004-1.006; "S.T. Wood para [censurado]", 15 de fevereiro de 1943, arquivo, Werner von Janowski, doc. 54, vol. II, pp. 1002-1003; e "F.J. Mead para [censurado]", 13 de fevereiro de 1943, arquivo, Werner von Janowski, doc. 54, vol. II, 1.001. As fontes anteriores não oferecem informação adicional sobre as duas peculiaridades da fala.
8. Johnny de Graff, entrevistado por Nancy Duffy, Brockville, ON, s.d. outono de 1971. Esse é o único registro conhecido da voz de Johnny de Graff que ainda existe. Nancy Duffy era uma aluna, filha de Ed Duffy da RCMP. Fez a entrevista com Johnny para um trabalho de escola.
9. *Ibidem.*
10. Fleming, pp. 176-178; e Pincher, p. 297.
11. Johnny de Graff, entrevistado por Nancy Duffy, outono de 1971.
12. Beeby, legenda em foto final sem numeração entre pp. xi-1.
13. Harvison: "The Spy Who Came Out of the Sea", p. 12; e *The Horsemen*, pp. 120-21.
14. Harvison, "The Spy Who Came Out of the Sea", *loc. cit.*
15. CNA, RCMP, relatórios: "[W.S. Samuel] NAVAL SERVICE, MEMORANDUM para D.N.I., Interrogation of Werner JANOWSKI, Lieutenant, German Army", 14 de novembro de 1942, arquivo, Werner von Janowski, doc. 54, vol. I, pp. 124-130; "A. Drysdale para Departmental Secretary", vol. III, 1.463; e Beeby, p. 53.
16. Johnny de Graff, entrevistado por Nancy Duffy, outono de 1971.
17. *Ibidem.*Os alemães nunca ocuparam a Suécia durante a Segunda Guerra Mundial.
18. *Ibidem.*

19. CNA, RCMP, carta, "F.J. Mead para H.A.R. Gagnon", 16 de fevereiro de 1943, arquivo, Werner von Janowski, doc. 54, vol. II, pp. 988-989.
20. CNA, RCMP, carta, "C.W. Harvison para H.A.R. Gagnon", 12 de janeiro de 1943, arquivo, Werner von Janowski, doc. 54, vol. II, pp. 755-756; e relatório, "H.A.R. Gagnon para O.C. — 'C' Div., R.C.M.P. — MTL", 2 de dezembro de 1942, arquivo, Werner von Janowski, doc. 54, vol. I, p. 410.
21. Harvison, "The Spy Who Came Out of the Sea", *loc. cit.*; e *The Horsemen*, p. 113.
22. Beeby, pp. 90-91; J. C. Masterman, *The Double Cross System in the War of 1939-1945*, Londres: Sphere, 1973, pp. 58, 190; e Smith, *Foley: The Spy Who Saved 10,000 Jews*, p. 243.
23. Como exemplos, note-se o modo como o nome do caso von Janowski é usado em Juan Pujol, com Nigel West [Rupert Allason], *Garbo*, Londres: Weidenfeld e Nicolson, 1985, pp. 104-105; e Masterman, p. 121. O trabalho de Pujol também cita um novo pseudônimo para Johnny: Gottfried Treviranus.
24. Beeby, p. 98.
25. Existe a opinião de que von Janowski enganou os canadenses e os britânicos. Essa ideia é a de que na verdade ele informou a seus colegas em Hamburgo que fora capturado por meio de um sinal codificado durante a transmissão. David Stafford, *Camp X*, Nova York: Dodd, Mead, 1986, p. 260.
26. CNA, RCMP, documento, "Royal Canadian Mounted Police [recibo]", 30 de agosto, 1943, arquivo, Werner von Janowski, doc. 54, vol. IV, 2.179. Note-se que os nove meses citados em *Ottawa Citizen*, 12 de janeiro de 1954, p. 13, estão incorretos. Johnny provavelmente se referiu ao tempo total de von Janowski no Canadá, e não ao tempo que ele passou no porão.
27. CSIS, RCMP, "Summary of Activities of Agent 235, up to October 6, 1942", p. 1.
28. Johnny de Graff, entrevistado por Nancy Duffy, outono de 1971.
29. *Ibidem.*
30. CNA, RCMP, "[C.W. Harvison] re: Werner von Janowski", vol. I, 062, 273; e Beeby, p. 54. CNA, RCMP, carta, "S.T. Wood para Louis S. St. Laurent", 21 de setembro de 1945, arquivo, Werner von Janowski, doc. 54, vol. IV, 2.568, dá como data do casamento 5 de dezembro de 1931.
31. Johnny de Graff, entrevistado por Nancy Duffy, outono de 1971.
32. CSIS, RCMP, relatório, "Johnny de Graff, Montreal, P.Q.", 17 de março de 1951, pp. 4-5, arquivo, John de Graff, vol. III.
33. *Ibidem*, p. 5.
34. *Ibidem.*
35. CNA, RCMP, carta, "R.W. Baldwin para Bavin", 21 de novembro de 1942, arquivo, Werner von Janowski, doc. 54, vol. I, 224-225; e Beeby, pp. 70-71. Em parte incorreta, a nota na *Newsweek* dizia: "Atenção para um anúncio revelando a captura de um comandante de submarino alemão perto de New Carlisle, Quebec." *Newsweek* (Nova York), 23 de novembro de 1942, p. 14.
36. CSIS, RCMP, carta "[censurado] para [censurado]", 29 de outubro de 1943, arquivo, John de Graff, vol. II. Esse documento também contém uma referência escrita a mão ao inspetor

Leopold, da RCMP, datada de 11 de março de 1940, possivelmente abordando o mesmo assunto.

37. Ivan Avakumovic, *The Communist Party of Canada: A History*, Toronto: McClelland e Stewart, 1975, pp. 11, 247. Buhay viera da Europa Oriental e se envolvera em política radical em Nova York e Montreal durante a Primeira Guerra Mundial, opondo-se aos alistamentos. *Ibidem.*
38. Neil Pollock, entrevista, 16 de setembro de 1996.
39. CNA, RCMP, cartas: "S.T. Wood para [Louis S.] St. Laurent", 8 de março de 1943, arquivo, Werner von Janowski, doc. 54, vol. III, 1.346; e "R.W. Baldwin para F.J. Mead," 8 de março de 1943, arquivo, Werner von Janowski, doc. 54, vol. III, 1.362-1.363.
40. Beeby, pp. 114-17, 122-123, 126-130, 135-136; e CNA, RCMP, carta, "Werner [Billy] Branton [Werner von Janowski] para [desconhecido]", 1º de novembro de 1947, arquivo, Werner von Janowski, doc. 54, vol. IV, 2.612.
41. Beeby, p. 133. O governo canadense vetou notícias sobre todos os ataques do Eixo contra navios dos Aliados em águas canadenses, "para evitar desmoralizar a população e informar o inimigo". *The Times Colonist* (Victoria, BC), 13 de outubro de 2005, p. B8. É concebível que a proibição tenha sido aplicada também a indivíduos que desembarcaram de submarinos.
42. CNA, RCMP, documento, "[sem título]", arquivo, Werner von Janowski, doc. 54, vol. IV, 2.217, p. 31; CSIS, RCMP, carta, "A. Drysdale para C.H. Little", 3 de setembro de 1943, RG 24, Acc. 1983-84/167, vol. 306, S-1487-J-2; e Beeby, pp. 137-138.
43. Johnny de Graff, entrevistado por Nancy Duffy, outono de 1971.
44. *Ibidem.*

## Capítulo 19. Para capturar um submarino

1. *Brockville Recorder and Times*, 13 de janeiro de 1967, p. 5.
2. Harvison, *The Horsemen*, p. 119.
3. Harvison, "The Spy Who Came Out of the Sea", p. 13.
4. [Communist Party of Canada - Parti communiste du Canada], *Canada's Party of Socialism: History of the Communist Party of Canada, 1921-1976*, Toronto: Progress, 1982, pp. 137-138.
5. CSIS, RCMP, cartas: "C.W. Harvison para Commissioner RCMP", 2 de setembro de 1944, arquivo, John de Graff, vol. II; "C.W. Harvison para 'C' Division RCMP", 15 de dezembro de 1944, arquivo, John de Graff, vol. II; e "J.J. Granner para 'O' Division RCMP", 2 de agosto de 1945, arquivo, John de Graff, vol. II.
6. Nenhuma relação com um dos autores.
7. O último nome também podia ser escrito como "von Lenter", ou pode ter sido até um pseudônimo. Por motivo de coerência, usaremos aqui "von Linter".
8. John Lovell (*Lovell's Montreal Directory, Containing Alphabetical and Street Directories of Greater Montreal*, Montreal: Lovell, 1952) lista estruturas pelo endereço, em ordem numérica, com os nomes dos ocupantes dos prédios.
9. Beeby, p. 32.

10. Yves Bernard e Caroline Bergeron, *Trop loin de Berlin: des prisonniers allemands au Canada, 1939-1946*, Montreal: Septentrion, 1995, pp. 17-22, 216-220.
11. *Ibidem*, p. 305.
12. "German Prisoners of War at Feller during WWII", <http://www3.sympatico.ca/relger/POWcamp.html>, 19 de abril de 2003.
13. "The native (heathen) religion", <http://66.102.7.104/search?q=cache:SyqF0ApE0hQJ:www.geocities.com/reginheim/ religion.html+%22Dusk+of+the+Gods%22+German+legend&hl=en>, 5 de setembro de 2005.
14. Bernard e Bergeron, pp. 294-296.
15. CSIS, RCMP, carta, "C.W. Harvison para Commissioner RCMP", 27 de novembro de 1944, arquivo, John de Graff, vol. II.
16. CSIS, RCMP, carta, "C.W. Harvison para Commissioner RCMP", 12 de abril de 1945, arquivo, John de Graff, vol. II; e documento, "Extract RCMP Toronto", 18 de junho de 1945, arquivo, John de Graff, vol. II.
17. Canadá, Department of the Secretary of State, carta, "Oscar Coderre para V.A.M. Kemp", 27 de abril de 1945, arquivo, John de Graff, vol. II.
18. CSIS, RCMP, telegrama, "S.T. Wood para Officer Commanding RCMP", 28 de abril de 1945, arquivo, John de Graff, vol. II.

## Capítulo 20. A Comissão de Controle

1. UKNA, documentos: "Certificate of Naturalization [John Henry de Graff]", HO 334/161, AZ17678; e "Application for a Certificate of Naturalization", *loc. cit.*
2. Reino Unido, The Control Commission for Germany (British Element) [doravante UKCC], *Report for the Month of June 1946*, vol. I, n° 1 [capa interna]; *Report for the Month of July 1946*, vol. I, n° 2 [capa interna]; e *Report for the Month of August 1946*, vol. I, n° 3 [capa interna].
3. Oskar de Graaf, entrevista, 26 de julho de 1996.
4. UKCC, *Report for the Month of June 1946*, *loc. cit.*; *Report for the Month of July 1946*, *loc. cit.*; e *Report for the Month of August 1946*, *loc. cit.*
5. Curry, p. 23.
6. CSIS, RCMP, "1968 Brockville entrevista de John Henry de Graff," p. 60. O sobrenome do médico foi citado no documento canadense. Pode ser que na verdade seja escrito de maneira diferente.
7. *Ibidem*, pp. 60-61.
8. *Ibidem*, p. 60.
9. A versão em *ibidem* (pp. 60-61) é diferente. Ali, Johnny alega que Nottingham o enviou "em uma missão para descobrir as diferenças entre dois coronéis encarregados de equipes de trabalhadores em uma indústria química. Resolvi o problema da minha maneira, e não da maneira dele, reunindo os dois coronéis, e não os separando." Depois disso houve o episódio com o Dr. Aureba e em seguida Johnny se demitiu e viajou para Londres. A descrição usada aqui é dada por Gordon Scott.

10. Em 1940, a seção V do MI6 mudou-se de Londres para St. Albans. No final da guerra estava novamente no BroadwaY Buildings, mas antes disso esteve em Ryder Street 14 e em Westminster. Berkeley, Smith, *The Spying Game*, p. 99.
11. CSIS, RCMP, cartas: "J.W. Holmes para F.B. Cotsworth", 15 de agosto de 1946, arquivo, De Graff, J.H., RG 25, vol. 2.121 f. AR 1115/1-3; "E. Blake Budden para John Holmes", 16 de agosto de 1946, arquivo, De Graff, J.H., RG 25, vol. 2.121 f. AR 1115/1-3; e documento, "John W. Holmes to file", 21 de agosto de 1946, arquivo, De Graff, J.H., RG 25, vol. 2.121 f. AR 1115/1-3.
12. Neil Pollock, entrevista, 16 de setembro de 1996; e entrevista por telefone, Fresno, CA/Calgary, AB, 21 de dezembro de 1997.
13. Frank Foley, carta [para John de Graff], s.d. janeiro de 1947.
14. A taxa de conversão é extraída de *The Times*, 16 de agosto de 1946, p. 7.
15. CSIS, RCMP, "E. Blake Budden para John Holmes", 16 de agosto de 1946; e "John W. Holmes to file", 21 de agosto de 1946, *loc. cit.*
16. Johannes de Graaf, aparentemente um agente nazista preso no Reino Unido, estava tentando voltar para o Canadá mais ou menos na mesma época. Informara às autoridades canadenses em Londres que nascera no Canadá (Saskatoon, SK), mas se mudara para a Holanda com um membro da família. CNA, RCMP, arquivo, "De Graaf, J.", arquivo, Johannes de Graaf, RG 25, vol. 2.120 f. AR 1052/1. A versão britânica desse material está em UKNA, arquivo, "Johannes de Graaf", KV2/125.
17. UKNA, lista de passageiros, "Passenger Manifest of S.S. *Cavina*", BT 27/1586.
18. *Ibidem.*

## Capítulo 21. Em casa

1. Canadá, CIC, "Naturalization [John Henry de Graff]", pp. R20, R26, arquivo 3.498. Na verdade, eles haviam chegado ao Canadá pela cidade de Quebec. CSIS, RCMP, carta, "J. Leopold para J.E. Duggan", 20 de março de 1952, arquivo, John de Graff, vol. IV.
2. Canadá, documento, "Petition for a Certificate of Canadian Citizenship by a British Subject", John Henry de Graff [peticionário], 7 de março de 1952, p. 2. Esse documento será tomado como prova do hotel que Johnny e Gerti usaram, apesar do papel timbrado do Mount Royal Hotel que Johnny usou para escrever um carta à RCMP em Ottawa. CSIS, RCMP, carta, "J.H. de Graff para [C.E.] Rivett-Carnac", 12 de setembro de 1946, arquivo, John de Graff, vol. III.
3. *The Kingston Whig-Standard*, 13 de outubro de 1954, p. [4].
4. *Brockville Recorder and Times*, 13 de janeiro de 1967, p. 5.
5. Para um exemplo, veja *The Kingston Whig-Standard*, 13 de outubro de 1954, p. [4].
6. *The Gazette* (Montreal), 11 de setembro de 1951, p. 17.
7. *Brockville Recorder and Times*, 13 de janeiro de 1967, p. 5.
8. Andy Kovács, entrevista, Brockville, ON, 17 de julho de 1995; e Angela Fegyverneky, entrevista por telefone, Trelleborg, Suécia/Budapeste, 10 de julho de 2002.
9. Nenhuma relação com um dos autores.

10. Há duas datas oficiais para a morte de Gerti. A data citada aqui é a de seu atestado de óbito. Canadá, Province de Québec, Ministère de la Santé, documento, "Registration of Death [para] Gertrude Erica Kruger [*sic*]", n° 123.677. A segunda data, um dia antes, 22 de setembro de 1951, é a do necrotério onde seus restos foram cremados. Canadá, Province de Québec, Ministère de la Justice, Direction de l'état civil de Montréal, documento, "Death Registration [para] Mrs. John Henry de Graff", 25 de setembro de 1951.
11. Canadá: Province de Québec, Ministère de la Santé, documento, "Registration of Death [para] Gertrude Erica Kruger [*sic*]", n° 123.677; Ministério da Justiça, Direction de l'état civil de Montréal, documento, "Death Registration [para] Mrs. John Henry de Graff"; 25 de setembro de 1951; e CIC, carta, "Irena K. Lang para Ernst Kruger [*sic*]", 12 de maio de 1997.
12. Violet Scott, entrevista, Oshawa, ON, 20 de julho de 1996.
13. George Headry, entrevista por telefone, Fresno, CA/Brockville, ON, 9 de agosto de 1995. Headry assistiu a um discurso.
14. *The Gazette*, 11 de setembro de 1951, p. 9.
15. *Ibidem*, 12 de abril de 1952, p. 3; CSIS, RCMP, cartas: "J.A.A. Thivierge para Commissioner RCMP", 16 de abril de 1952, arquivo, John de Graff, vol. IV; "The Commissioner RCMP para [censurado]", 6 de outubro de 1954, arquivo, John de Graff, vol. V; e Ted Bargiello, entrevista por telefone, Montreal/Brockville, ON, 16 de julho de 1995.
16. CSIS, RCMP, relatório, "Johnny de Graff, Montreal, P.Q.", 31 de março de 1951, pp. 1-2, arquivo, John de Graff, vol. III. Note os comentários acrescentados a esse documento, escrito por J.R. Lemieux para superintendente G.B. McClellan[d], da RCMP, datado de 2 de abril de 1951; e carta, "Geo. B. McClellan[d] para O.C. 'E' Division RCMP", 4 de abril de 1951, pp. 1-2, arquivo, John de Graff, vol. III.
17. CSIS, RCMP, cartas: "C.W. Harvison para Commissioner RCMP", 12 de maio de 1951, pp. 1-3, arquivo, John de Graff, vol. III; e "Geo. B. McClelland para O.C. 'E' Division RCMP", 5 de outubro de 1951, arquivo, John de Graff, vol. III.
18. CSIS, RCMP, relatório, "Johnny de Graff, Montreal, P.Q.", 17 de março de 1951, pp. 6-7, arquivo, John de Graff, vol. III; e carta, "C.W. Harvison para Officer Commanding 'E' Division RCMP", 6 de abril de 1951, p. 1, arquivo, John de Graff, vol. III. Algumas pessoas de fora da força, que o conheciam, confirmaram que ele se sentia abandonado. Jack Armitage, entrevista, 14 de julho de 1995.
19. FBI, carta, "Paul Petersen [John de Graff] para J. Edgar Hoover", 6 de fevereiro de 1950, pp. 1-2, arquivo HQ 100-342513.
20. William C. Sullivan com Bill Brown, *The Bureau: My Thirty Years in Hoover's FBI*, Nova York: W.W. Norton, 1979, p. 184.
21. CSIS, RCMP, "1969 Brockville entrevista de John Henry de Graff", p. 25. A entrevista não censurada do FBI não menciona seus primeiros nomes.
22. FBI, carta, "[desconhecido] para diretor, FBI (65-43302)", 5 de maio de 1952, pp. 1, 4, arquivo HQ 100-342513.
23. Violet Scott, entrevista, 20 de julho de 1996.
24. Canadá, Province de Québec, Ministère de la Santé, documento, "Registration of Marriage [para] John Henry de Graff and Charlotte Akontz", n° 108.020; e documento, Ministério

da Justiça, Bureau de la publicité des droits de Montréal, "Marriage Contract n° 236", 17 de maio de 1952, pp. 1-3, 954.464.

25. Neil Pollock, entrevista, 16 de setembro de 1996.
26. Violet Scott, entrevista, 20 de julho de 1996. Ross Fenemore corrobora a história sobre o mau humor. Ross Fenemore, entrevista, Brockville, ON, 15 de julho de 1995.
27. FBI, carta, "Director [J. Edgar Hoover] para [censurado]", 2 de dezembro de 1952, arquivo HQ 100-342513; e "Filadélfia interview of John Henry de Graaf", p. 8.
28. FBI, "Filadélfia interview of John Henry de Graaf", pp. 8-10. Perguntaram a Johnny também sobre dois indivíduos. O FBI censurou suas identidades nos documentos liberados. Johnny disse que um deles trabalhava na biblioteca do Comintern em Moscou. O outro era membro do KPD no Ruhr, em 1927 ou 1928.
29. A fotografia é mostrada aqui na Figura 18.
30. FBI, "Filadélfia interview of John Henry de Graaf", pp. 10-11.
31. *Ibidem*, p. 16.
32. *Ibidem*, pp. 17-19, 27.
33. FBI, cartas: "Johnny de Graff para Dear Friend", 16 de fevereiro de 1953, arquivo HQ 100-342513; e "Liaison Representative para diretor [J. Edgar Hoover]", 4 de abril de 1953, arquivo HQ 100-342513.
34. *The Telegraph-Journal* (Saint John, NB), 26 de maio de 1953, p. 1.
35. Andy Kovács, entrevista, 17 de julho de 1995.
36. O nome deriva de uma pequena comunidade no Condado de Norfolk, na Inglaterra, onde um proprietário anterior nascera, em 1802. *Brockville Recorder and Times*, 11 de maio de 1988, p. 3.
37. Canadá, Province de Québec, Ministère de la Justice, Bureau de la publicité des droits de Montréal, documentos, "Transfer n° 10,042", 7 de outubro de 1953, pp. 1-7, 1040801; "Transfer n° 10,043", 7 de outubro de 1953, pp. 1-5, 1040802; "Transfer n° 10,044", 7 de outubro de 1953, pp. 1-5, 1040803; e Province of Ontario, Land Registry Office, documento, "Abstract Index", lot 17, concession 1, p. 197.
38. CSIS, RCMP, carta, "J.A.A. Thivierge para Commissioner RCMP", 1º de outubro de 1953, arquivo, John de Graff, vol. V; e Blake Clarke, entrevista, Brockville, ON, 12 de julho de 1995.
39. Jack Armitage, entrevista, 14 de julho de 1995.
40. Blake Clarke, entrevista, 12 de julho de 1995; e *Brockville Recorder and Times*, 11 de maio de 1988, p. 3.
41. Neil Pollock alega que Johnny não alugava suas cabanas em Horningtoft para judeus. Neil Pollock, entrevista, 16 de setembro de 1996. Isso, entretanto, parece duvidoso, porque um certo Kazimierowicz, aparentemente judeu, foi um dos seis inquilinos que passaram um longo período na pousada de Montreal em 1952. Outro hóspede em Montreal, Eddy Fish, talvez fosse judeu também. Lovell, p. 946.
42. Neil Pollock, entrevista, 16 de setembro de 1996.
43. *Ottawa Citizen*, 4 de fevereiro de 1954, p. 21.
44. D.W. Sherman, carta, 15 de agosto de 1995 [postagem].
45. *Ottawa Citizen*, 16 de janeiro de 1954, p. 5.
46. *Ottawa Journal*, 12 de janeiro de 1954, p. 1.

47. *Chicago Daily Tribune*, 13 de janeiro de 1954, p. 6.
48. Canadá, Department of External Affairs, carta, "George P. [ilegível] para Commissioner RCMP", 21 de janeiro de 1954, arquivo 42.340.
49. CSIS, RCMP, carta, "M.W.M para [Minister of Justice Stuart S.] Garson", January 29, 1954, arquivo, John de Graff, vol. V. Essa opinião foi reafirmada em CSIS, RCMP, carta, "L.H. Nicholson para Minister of Justice Stuart S. Garson", 2 de fevereiro de 1954, arquivo, John de Graff, vol. V.
50. *The Post Standard* (Syracuse, NY), 22 de janeiro de 1954, p. 1.
51. FBI, carta, "[censurado] para A.H. Belmont", 28 de janeiro de 1954, pp. 1-2, arquivo HQ 100-342513.
52. Neil Pollock, entrevista, 16 de setembro de 1996.
53. Jack Armitage, entrevista, 14 de julho de 1995.
54. O CSIS foi criado em 1984 e assumiu muitas funções do Serviço de Segurança da RCMP. Canadá, Office Consolidation/Codification Administrative, *Canadian Security Intelligence Service Act/Loi sur le Service canadien du renseignement de sécurité*, R.S. 1985, c. C-23/ L.R. (1985), ch. C-23, 2000, p. 1.
55. Jim Warren, entrevista por telefone, Bakersfield, CA/Ottawa, 17 de fevereiro de 2001; e Neil Pollock, entrevista por telefone, Bakersfield, CA/Calgary, AB, 28 de fevereiro de 2001. A fotografia é idêntica à que é mostrada aqui (Figura 26), mas sem a inscrição alemã. Warren prossegue afirmando: "Se realmente foi um presente do rei, ou se Johnny simplesmente disse que o rei tivera um interesse especial por ele, pode ser uma coisa ou outra. Suspeito que o mesmo responsável está por trás do uniforme de oficial da Marinha britânica. Sei que nós no Canadá usávamos esse mesmo tipo de instrumento de 'bajulação' para homenagear agentes valiosos." Jim Warren, e-mail, 19 de fevereiro de 2001.
56. Oscar de Graaf, entrevistas: 26 de julho de 1996, 1º de setembro de 1996, 16 de agosto de 1997; e Johnny de Graaf III, e-mail, 15 de agosto de 2004.
57. Oscar de Graaf, entrevista, 16 de agosto de 1997.
58. Eva Szabo, entrevista, Brockville, ON, 17 de julho de 1995.
59. Embora isso não tenha sido comprovado, Angela Fegyverneky, mulher de um dos poucos parentes vivos de Sári, Sándor Fegyverneky, disse achar que Sári trabalhava para a inteligência francesa em alguma função. Angela Fegyverneky, entrevista, Zánka, Hungria, 12 de agosto de 2002.
60. *Ibidem*; e Sándor Fegyverneky, entrevista, Zánka, Hungria, 12 de agosto de 2002.
61. Anônimo-1, entrevista por telefone, Montreal/Brockville, ON, 18 de julho de 1995. Essa pessoa trabalhava no Brockville Psychiatric Hospital e receou que a revelação dessa informação ameaçasse seu emprego.
62. Sándor Fegyverneky, papéis pessoais, documentos, "[notas sem título em inglês, francês, húngaro e alemão, de Charlotte de Graff]", s.d.; e Sándor Fegyverneky, carta, "Johnny de Graff para Sándor e família", 14 de novembro de 1967.
63. Neil Pollock, entrevista, 16 de setembro de 1996.
64. Ron Stewart, entrevistas por telefone: 8 de janeiro de 1997, 14 de dezembro de 1997; Neil Pollock, entrevista por telefone, Fresno, CA/Calgary, AB, 21 de dezembro de 1997; e carta, 21 de dezembro de 1997.
65. Neil Pollock, entrevista por telefone, Yuma, AZ/Calgary, AB, 19 de fevereiro de 2010.

66. Neil Pollock, entrevista por telefone, Yuma, AZ/Calgary, AB, 22 de fevereiro de 2010.
67. Ibid.
68. Wilmont Young, entrevista, 12 de julho de 1995.
69. Jack Armitage, entrevista, 14 de julho de 1995; e Don Swayne, entrevista, Brockville, ON, 15 de julho de 1995. Na época da entrevista, Swayne era editor de notícias locais do *Brockville Recorder and Times*. Ele entrevistou Johnny para o artigo, publicado no jornal em 13 de janeiro de 1967, pp. 3, 5.
70. *Brockville Recorder and Times*, 13 de janeiro de 1967, pp. 3, 5.
71. Steven Szabo, entrevista, Brockville, ON, 17 de julho de 1995.
72. CSIS, RCMP, documento, "Featherbed", 31 de maio de 1968, arquivo, John de Graff, vol. V; relatório, "John Henry de Graff", 3 de setembro de 1976, arquivo, John de Graff, vol. V; carta, "[censurado] para Memo for File", 25 de abril de 1979, arquivo, John de Graff, vol. V; Oscar de Graaf, entrevista, 26 de julho de 1996.
73. Ruth Kitson, carta, 24 de abril de 1996. Na época da carta, Ruth Kitson era diretora dos Patient Care Services, no St. Vincent de Paul Hospital. Um obituário de um quarto de página foi publicado no jornal local. *Brockville Recorder and Times*, 3 de dezembro de 1980, p. 20.

## Epílogo

1. Oscar de Graaf, entrevista, 16 de agosto de 1997.
2. N. Leslie Sterritt, entrevista, Brockville, ON, 14 de julho de 1995. Sterritt foi o chefe da Polícia de Brockville que assumiu o cargo depois de Wilmont Young.
3. Andy Kovács, entrevista, 17 de julho de 1995.
4. *Ibidem*.
5. Sándor Fegyverneky, entrevista, 12 de agosto de 2002.
6. *Ibidem*; Angela Fegyverneky, entrevista, 12 de agosto de 2002; Andy Kovács, entrevista, 17 de julho de 1995; *Brockville Recorder and Times*, 9 de agosto de 1985, p. 5; e Canadá, Province of Ontario, Brockville Office of the Sheriff, documento, "Surrogate Court Letters Probate ['Last Will and Testament of Charlotte de Graff']", 18 de setembro de 1985, Surr. 3.389/85, p. 2. Maria visitou Johnny e Sári em Brockville várias vezes.
7. James O. Barclay, entrevista, Brockville, ON, 17 de julho de 1995.
8. *Brockville Recorder and Times*, 11 de maio de 1988, p. 3.

# Bibliografia

## ARQUIVOS


Alemanha, Bundesarchiv — Militärarchiv Freiburg [GBF], transcrição de tribunal, "Abschrift zu J.I.429.Go., Der Chef des Admiralstabes der Marine., nº G.1977514", PH2/478.

Alemanha, Bundesbeauftragte für die Unterlagen des Staatssicherheitsdienstes der ehemaligen Deutschen Demokratischen Republik [BStU], documento, Zentrales Parteiarchiv der SED, Reichssicherheitshauptamt: Geheime Staatspolizei, "International Tätige Kommunisten!" R58/3201.

_____. documento, Zentrales Parteiarchiv der SED, Reichssicherheitshauptamt, Geheime Staatspolizei: "Namensverzeichnis zu Aufstellung von Lichtbildern flüchtiger Kommunisten und Marxisten", maio de 1939, R58/2308.

_____. documento, "Zusammengefasste Notizen Betr: Olga Benario", BStU 000152.

_____. documento, "Zusammengefasste Notizen Betr: Olga Benario", BStU 000153.

_____. documento, "Zusammengefasste Notizen Betr: Olga Benario", MfS-HA IX/11, SV 1/81, BStU 000149.

Alemanha, Hauptstaatsarchiv Düsseldorf [GHD], documento, "Depoimento ao Gestapo por Karl Szymczak", 7 de maio de 1938, RW58-39516.

_____. documento, "Depoimento ao Gestapo por [Margarete Rattai]", 13 de abril de 1938, RW58-39516.

_____. documento, "Essen Krim. Ass. II A. para Staatspolizeistelle in Düsseldorf", 4 de março de 1937, RW58-50684.

Alemanha, Staatsarchiv Hamburg [GSH], documento, "Meldekarteí der Jahre 1892-1925 verstorbenen oder aus Hamburg verzogenen Personen", Bestand: 332-8. Meldewesen A30, film K6145.

Alemanha, Stadt Ahlen [GSA], documento, Der Bürgermeister, Einwohnermeldeabteilung, "Johann de Graaf", 25 de julho de 2000.

____. documento, Der Bürgermeister, Einwohnermeldeabteilung, "Johann de Graaf [Jr.]", 25 de julho de 2000.

____. documento, Der Bürgermeister, Einwohnermeldeabteilung, "Marianne de Graaf", 25 de julho de 2000.

____. documento, Der Bürgermeister, Einwohnermeldeabteilung, "Maria de Graaf", 25 de julho de 2000.

____. documento, Der Bürgermeister, Einwohnermeldeabteilung, "Oscar de Graaf", 25 de julho de 2000.

Argentina, Archivo Histórico de la Provincia de Buenos Aires, La Plata [AHPBA], documento, "Libro de defunciones — General San Martín, 1936", [para Helena Krüger].

____. documento, "Libro de defunciones — General San Martín, 1936", [para Helena Krüger], [cópia do documento original feita por outro funcionário].

____. documento, "Libro de defunciones — General San Martín, 1936", [para Pedro Menini].

____. documento, "Libro de defunciones — General San Martín, 1936", [para Vicente Bastianelli].

Brasil, Arquivo Histórico do Itamarati [AHI], carta, "Regis de Oliveira para Oswaldo Aranha", 20 de dezembro de 1939, nº 477.

____. telegrama, "Souza Leão para Itamaraty", 9 de janeiro de 1940.

Brasil, Arquivo Nacional [BAN], arquivo, "Gustav Ernst Karl Krüger", nº 172.219.

____. carta, "[ilegível] para Ilmo. Sr. Diretor do Instituto de Identificação", 7 de junio de 1939, arquivo, "Alfred Hutt", SPMAF/RJ, nº 8.579.

, documento, "Erna Gruber para Senhores Membros da Comissão de Permanência de Estrangeiros", CE/1525, CE/1526, 9 de fevereiro de 1939. 26 de novembro de 1938, arquivo, "Franz Gruber e esposa", IJJ7 89 M.J.N.I. 1938, nº 8.818.

____. documento, "Franz Gruber e esposa", CE/1525, CE/1526, 9 de fevereiro de 1939. 26 de novembro de 1938, arquivo, "Franz Gruber e esposa", IJJ7 89 M.J.N.I. 1938, nº 8.818.

____. documento, "Franz Gruber para Senhores Membros da Comissão de Permanência de Estrangeiros", CE/1525, 26 de novembro de 1938, arquivo, "Franz Gruber e esposa", IJJ7 89 M.J.N.I. 1938, nº 8.818.

____. documento, "Franz Gruber para Senhores Membros da Comissão de Permanência de Estrangeiros", CE/1526, 9 de fevereiro de 1939, arquivo, "Franz Gruber e esposa", IJJ7 89 M.J.N.I. 1938, nº 8.818.

____. lista de passageiros, "S.S. *Almanzora*", RV 409.

____. lista de passageiros, "S.S. *Florida*", RV 367.

Brasil, Arquivo Público do Estado da Bahia, Inspectoria da Polícia do Porto [Salvador], "Registro de entradas de passageiros", s.c.: s.e., s.d., vol. XXXIII.

Brasil, Arquivo Público do Estado do Rio de Janeiro [APERJ], Delegacia Especial de Segurança Política e Social [DESPS], arquivo, "Arthur Ernst Ewert ou Harry Berger", prontuário 1.721.

____. arquivo, "Carmen Alfaza [*sic*] Ghioldi", prontuário 21.409.

____, arquivo, "Franz Gruber ou Jonny de Graaf", prontuário 33.989.

____, arquivo, "Maria Prestes, Olga Benario", prontuário 1.675.

, arquivo, "Rodolfo Ghioldi", prontuário 5.878.

____. artigo em jornal, *A Offensiva*, 21 de março de 1936 [arquivo "Carmen Alfaza (*sic*) Ghioldi", prontuário 21.409].

____. carta, "Chefe do Setor para D.P.S, Serviço de Informações", 13 de dezembro de 1939, arquivo, "Hans Lessing", prontuário 1.358.

____. carta, "Comunicação – Inv. 804 [Cecil Borer] para [Seraphim Braga], S-2", 6 de fevereiro de 1941, inglês/pasta 3.

____. carta, "[ilegível] para Insp.-Chefe da S.O.P para Delegado da O.P.E Social", 14 de dezembro de 1939, arquivo, "Carlos Stemmer", prontuário 1.394.

____. carta, "Seraphim Braga para Cap. Delegado Especial", 6 de fevereiro de 1941, inglês/pasta 3.

____. carta, "Seraphim Braga para Cap. Delegado Especial", 16 de janeiro de 1941, inglês/pasta 3.

____. catálogo, "Álbum do Delegacia Especial de Seguança Politica e Social", 1940, s.c., Rio Grande do Norte.

____. documento, "Ao povo e ás classes armadas do Brasil", 27 de novembro de 1936, comunismo/pasta 20.

____. documento, "Application for Renewal of Passport of Machla Lenczycki [Sabo] at American Consulate", s.c., arquivo, "Arthur Ernst Ewert ou Harry Berger", prontuário 1.721.

____. documento, "A revolução communista no Brasil e os commentarios da 'internacional communista,'" s.d., comunismo/pasta 9.

____. documento, "Camada sensível [título no canto superior à esquerda]", Anexo Franz Gruber, 30 de março de 1939 [*sic* 1940] [, Anexo Franz Gruber], prontuário 33.989.

____. documento, "Das declarações de Jonny de Graaf, prestadas ao Exmo. Sr. Delagado Especial de Segurança Politica e Social, referente às atividades de espionagem da Tecbrevet, coligimos os seguintes dados informativos ["Das declarações de Jonny de Graaf"]", Anexo Franz Gruber.

____. documento, "D.P.S., Serviço de Informações, setor arquivo, nº 16.628, ref:-prot:-20.952/48", file, "Hans Lessing", prontuário 1.358.

____. documento, "Franz Gruber (Jonny de Graaf), termo de declarações e resposta aos quisitos [*sic*] formulados pelo Sr. Cap. Delegado Especial — 20-XII-1939 a 3-1-1940, Secção de Segurança Social", prontuário 33.989.

____. documento, "Franz Gruber ou Jonny de Graaf", "Anotações diversas", 14 de dezembro de 1939.

____. documento, "Inteligence [*sic*] Service", D-7, 12 de dezembro de 1940, inglês/pasta 3.

____. documento, "Inteligence [*sic*] Service", D-11, 1 de janeiro de 1941, inglês/pasta 3.

____. documento, "Inteligence [*sic*] Service", D-11, 2 de outubro de 1940, inglês/pasta 3.

____. documento, "Inteligence [*sic*] Service", D-11, 3 de dezembro de 1940, inglês/pasta 3.

____. documento, "Inteligence [*sic*] Service", D-11, 4 de julho de 1940, inglês/pasta 3.

____. documento, "Inteligence [*sic*] Service", D-11, 26 de janeiro de 1941, inglês/pasta 3.

____. documento, "Inteligence [*sic*] Service", D-11, 27 de dezembro de 1940, inglês/pasta 3.

____. documento, "Inteligence [*sic*] Service", D-11, 29 de janeiro de 1941, inglês/pasta 3.

____. documento, "Inteligence [*sic*] Service", D-11, 31 de março de 1941, inglês/pasta 3

____. documento, "Inteligence [*sic*] Service", s.d., inglês/pasta 3.

____. documento, "Inteligence [*sic*] Service no Rio de Janeiro", K-66, 15 de janeiro de 1941, inglês/pasta 3.

____. documento, "Inteligence [*sic*] Service", S-1, 11-12 de janeiro de 1941, inglês/pasta 3.

____. documento, "Inteligence [*sic*] Service", S-1, boletim 11, 13 de janeiro de 1941, inglês/pasta 3.

____. documento, "Inteligence [*sic*] Service", S-1, boletim 15, 15 de janeiro de 1941, inglês/pasta 3.

____. documento, "Inteligence [*sic*] Service", S-2, 25 de janeiro de 1941, inglês/pasta 3.

____. documento, "Inteligence [*sic*] Service", S-2, 31 de janeiro de 1941, inglês/pasta 3.

____. documento, "Inteligence [*sic*] Service", SSI boletim 14, 15 de janeiro de 1941, inglês/pasta 3.

____. documento, "Inteligence [*sic*] Service", SSI boletim 31 (I, II, III, IV e V), 31 de janeiro de 1942, inglês/pasta 3.

____. documento, "Inteligence [*sic*] Service", SSI boletim 347, 17 de dezembro de 1940, inglês/pasta 3.

____. documento, "Inteligence [*sic*] Service", SSI boletim 357, 27 de dezembro 1940, inglês/pasta 3.

____. documento, "Inteligence [*sic*] Service", SSI boletim 360, 30 de dezembro de 1940, inglês/pasta 3.

____. documento, "Intelligence Service — Serviço secréto inglês", 17 de dezembro de 1940, inglês/pasta 3.

____. documento, "Janeiro de 1940", 2-3 e 15 de janeiro de 1940, mapas de presos detidos de janeiro a dezembro 1940/pasta 1.

____. documento, "[notas sem título escritas a mão por Felisberto Batista Teixeira]", [3 de janeiro de 1940], Anexo Franz Gruber.

____. documento, "[notas sem título escritas a mão por Felisberto Batista Teixeira]", 21 de dezembro de 1939, Anexo Franz Gruber.

____. documento, "Politica externa britanica com o Brasil", 11 de julho de 1940, inglês/pasta 3.

____. documento, "Riasento. [intraduzivel] [título no canto superior esquerdo]", Anexo Franz Gruber.

____. documento, "Serviço de propaganda", 17 de dezembro 1940, inglês/pasta 3.

____. documento, "Serviço secreto inglês", D-19, 19 de dezembro de 1940, inglês/pasta 3.

____. documento, "Serviço secréto inglês", K-48, 6 de maio de 1940, inglês/pasta 3.

____. documento, "Serviço secreto inglês", K-48, 1 de junio de 1940, inglês/pasta 3.

____. documento, "Serviço secréto inglez", SSI boletim 257, 18 de setembro de 1940, inglês/pasta 3.

____. documento, "Termo de declarações [Josef Bunzlau]", Anexo Franz Gruber.

____. fluxograma, "Constitução do serviço de informações (parte) a E.B. (*HMS* Britain)", 11 de fevereiro de 1941, inglês/pasta 3.

____. livrete, "Stammbuch der Familie Ewert", "Arthur Ernst Ewert ou Harry Berger", prontuário 1.721.

____. passaporte falsificado, "Harry Berger", nº 542.115, "Arthur Ernst Ewert ou Harry Berger", prontuário 1.721.

Brasil, Rio de Janeiro, 2º Cartorio, comprovante de venda, "Escriptura de venda do predio e respectivo terreno à Avenida Rainha Elisabeth nº 219, que fazem o dr. José Cesario de Mello e sua mulher a Franz Gruber, com quitação", 30 de julho de 1938.

____. contract, 2nd Registry Office, "Certidão — Lº 964 fls. 52-v-", 17 de setembro de 1938.

Canadá, Canadian Security Intelligence Service [CSIS], Royal Canadian Mounted Police [RCMP], carta, "A. Drysdale para C.H. Little", 3 de setembro de 1943, RG 24, Acc. 1983-84/167, vol. 306, S-1487-J-2.

____. carta, "A. Drysdale para O.C. 'C' Divison RCMP", 10 de fevereiro de 1941, Relatório D.D. 28-2-41.

____. carta "[censurado] para [censurado]", 29 de outubro de 1943, arquivo, John de Graff, vol. II.

____. carta, "[censurado] para L.H. Nicholson", 19 de fevereiro de 1952, arquivo, John de Graff, vol. III.

____. carta, "[censurado] para Memo for File", 25 de abril de 1979, arquivo, John de Graff, vol. V.

____. carta, "C.W. Harvison e H.A.R. Gagnon para O.C. 'C' Division RCMP", 7 de novembro de 1941, arquivo, John de Graff, vol. I.

____. carta, "C.W. Harvison para 'C' Division RCMP", 15 de dezembro de 1944, arquivo, John de Graff, vol. II.

____. carta, "C.W. Harvison para Commissioner RCMP", 2 de setembro de 1944, arquivo, John de Graff, vol. II.

____. carta, "C.W. Harvison para Commissioner RCMP", 12 de abril de 1945, arquivo, John de Graff, vol. II.

____. carta, "C.W. Harvison para Commissioner RCMP", 12 de maio de 1951, arquivo, John de Graff, vol. III.

____. carta, "C.W. Harvison para Commissioner RCMP", 27 de novembro de 1944, arquivo, John de Graff, vol. II.

____. carta, "C.W. Harvison para Officer Commanding 'E' Division RCMP", 6 de abril de 1951, arquivo, John de Graff, vol. III.

____. carta, "E. Blake Budden para John Holmes", 16 de agosto de 1946, CNA file, De Graff, J.H., RG 25 vol. 2121.

____. carta, "E.H. Perlson para O.C. 'C' Divison RCMP", 24 de fevereiro de 1941, arquivo, John de Graff, vol. I.

____. carta, "Geo. B. McClellan[d] para O.C. 'E' Division RCMP", 4 de abril de 1951, arquivo, John de Graff, vol. III.

____. carta, "Geo. B. McClelland para O.C. 'E' Division RCMP", 5 de outubro de 1951, arquivo, John de Graff, vol. III.

____. carta, "H.A.R. Gagnon para Commissioner RCMP", 6 de julho de 1942, arquivo, John de Graff, vol. I.

____. carta, "H.A.R. Gagnon para Commissioner RCMP", 28 de setembro de 1942, arquivo, John de Graff, vol. I.

____. carta, "H.A.R. Gagnon para R.R. Tait", 29 de outubro de 1941, arquivo, John de Graff, vol. I.

_____. carta, "J.A.A. Thivierge para Commissioner RCMP", 1 de outubro de 1953, arquivo, John de Graff, vol. V.

_____. carta, "J.A.A. Thivierge para Commissioner RCMP", 16 de abril de 1952, arquivo, John de Graff, vol. IV.

_____. carta, "J.H. de Graff para [C.E.] Rivett-Carnac", 12 de setembro de 1946, arquivo, John de Graff, vol. III.

_____. carta, "J.J. Granner para 'O' Division RCMP", 2 de agosto de 1945, arquivo, John de Graff, vol. II.

_____. carta, "J. Leopold para Intelligence Officer", 22 de novembro de 1941, arquivo, John de Graff, vol. I.

_____. carta, "J. Leopold para J.E. Duggan", 20 de março de 1952, arquivo, John de Graff, vol. IV.

_____. carta, "J.W. Holmes para F.B. Cotsworth", 15 de agosto de 1946, arquivo, De Graff, J.H., RG 25 vol. 2121.

_____. carta; "L.H. Nicholson para Minister of Justice Stuart S. Garson", 2 de fevereiro de 1954, arquivo, John de Graff, vol. V.

_____. carta, "Memo for File [datada de 15-11-68, Ottawa]", arquivo, John de Graff, vol. V.

_____. carta, "M.W.M para [Minister of Justice Stuart S.] Garson", 29 de janeiro de 1954, arquivo, John de Graff, vol. V.

_____. carta, "R.L. Cadiz para Officer Commanding 'C' Division RCMP", 11 de setembro de 1941, arquivo, John de Graff, vol. I.

_____. carta, "R.R. Tait para H.A.R. Gagnon", 23 de outubro de 1941, arquivo, John de Graff, vol. I.

_____. carta, "R.R. Tait para O.C. 'C' Division RCMP", 3 de maio de 1941, arquivo, John de Graff, vol. I.

_____. carta, "R.R. Tait para O.C. 'C' Division RCMP", 12 de agosto de 1941, arquivo, John de Graff, vol. I.

_____. carta, "R.R. Tait para O.C. 'C' Division RCMP", 19 de abril de 1941, arquivo, John de Graff, vol. I.

_____. carta, "R.R. Tait para O.C. 'C' Division RCMP", 22 de agosto de 1941, arquivo, John de Graff, vol. I.

_____. carta, "R.R. Tait para O.C. 'C' Division RCMP", 31 de julho de 1941, arquivo, John de Graff, vol. I.

_____. carta, "The Commissioner RCMP para [censurado]", 6 de outubro de 1954, arquivo, John de Graff, vol. V.

_____. carta, "V.A. M. Kemp para O.C. 'C' Div., RCMP", 21 de agosto de 1944, arquivo, John de Graff, vol. II.

_____. documento, "[anônima] entrevista de John Henry de Graff", Brockville, ON, 22 de maio de 1968 ["1968 Brockville entrevista de John Henry de Graff"], arquivo, John de Graff, vol. TS.

_____. documento, "Classification Sheet — Feuille de classement", arquivo, John de Graff, vol. TS.

_____. documento, "Cópia de Montreal FBI entrevista de John Henry de Graaf", 10 de março de 1952, arquivo, John de Graff, vol. IV.

____. documento, "Entrevista deJohnny de Graff por Sgt. [censurado] e Cpl. [censurado] em Brockville, ON", 20 de fevereiro de 1969 ["1969 Brockville entrevista de John Henry de Graff"], arquivo, John de Graff, vol. V.

____. documento, "Extract RCMP Toronto", 18 de junio de 1945, arquivo, John de Graff, vol. II.

____. documento, "Featherbed", 31 de maio de 1968, arquivo, John de Graff, vol. V.

____. relatório, [John H. de Graff], "Information Material Relating to the fight of Communism", s.d., arquivo, John de Graff, vol. I.

____. relatório, [John H. de Graff], "Informations Material zum Kampf gegen Kommunismuss [*sic*]", s.d., vol. I.

____. relatório, "John Henry de Graff", 3 de setembro de 1976, arquivo, John de Graff, vol. V.

____. relatório, "Johnny de Graff, Montreal, P.Q.", 17 de março de 1951, arquivo, John de Graff, vol. III.

____. relatório, "Johnny de Graff, Montreal, P.Q.", 31 de março de 1951, arquivo, John de Graff, vol. III.

____. documento, "John W. Holmes to file", 21 de agosto de 1946, CNA arquivo, De Graff, J.H., RG 25 vol. 2.121.

____. relatório, "Summary of Activities of Agent 235, up to October 6, 1942", file, John de Graff, vol. TS.

____. telegrama, "S.T. Wood para Officer Commanding RCMP", 28 de abril de 1945, arquivo, John de Graff, vol. II.

Canadá, Citizenship and Immigration Canada [CIC], carta, "Irena K. Lang para Ernst Kruger [*sic*]", 12 de maio de 1997.

____. documento, "Naturalization [John Henry de Graff]", arquivo 3.498.

____. documento, "Petition for a Certificate of Canadian Citizenship by a British Subject". John Henry de Graff [peticionário], 7 de março de 1952.

Canadá, Department of External Affairs, carta, "George P. [ilegível] para Commissioner RCMP", 21 de janeiro de 1954, file 42.340.

Canadá, Department of Mines and Resources, Commission of Immigration, carta, "R.N. [ilegível] para Commissioner RCMP", 20 de fevereiro de 1941, nº 707.615.

Canadá, Department of the Secretary of State, carta, "Oscar Coderre para V.A.M. Kemp", 27 de abril de 1945, arquivo, John de Graff, vol. II.

____. documento, "Naturalization", [De Graff, John Henry], 4 de junio de 1945, file 3.498.

Canadá, National Archives [CNA], RCMP, arquivo, "De Graaf, J", arquivo, Johannes de Graaf, RG 25 vol. 2.120.

____. carta, "C.W. Harvison para H.A.R. Gagnon", 12 de janeiro de 1943, arquivo, Werner von Janowski, doc. 54, vol. II.

____. carta, "C.W. Harvison para H.A.R. Gagnon", 12 de fevereiro de 1943, arquivo, Werner von Janowski, doc. 54, vol. II.

____. carta, "F.J. Mead para [censurado]", 13 de fevereiro de 1943, arquivo, Werner von Janowski, doc. 54, vol. II.

____. carta, "F.J. Mead para H.A.R. Gagnon", 16 de fevereiro de 1943, arquivo, Werner von Janowski, doc. 54, vol. II.

____. carta, "R.W. Baldwin para Bavin", 21 de novembro de 1942, arquivo, Werner von Janowski, doc. 54, vol. I.

____. carta, "R.W. Baldwin para F.J. Mead", 8 de março de 1943, arquivo, Werner von Janowski, doc. 54, vol. III.

____. carta, "S.T. Wood para [censurado]", 15 de fevereiro de 1943, arquivo, Werner von Janowski, doc. 54, vol. II.

____. carta, "S.T. Wood para [Louis S.] St. Laurent", 8 de março de 1943, arquivo, Werner von Janowski, doc. 54, vol. III.

____. carta, "S.T. Wood para Louis S. St. Laurent", 21 de setembro de 1945, arquivo, Werner von Janowski, doc. 54, vol. IV.

____. carta, "Werner [Billy] Branton [Werner von Janowski] para [desconhecido]", 1 de novembro de 1947, arquivo, Werner von Janowski, doc. 54, vol. IV.

____, documento, "Royal Canadian Mounted Police [recibo]", 30 de agosto de 1943, arquivo, Werner von Janowski, doc. 54, vol. IV.

____. documento, "[sem título]", arquivo, Werner von Janowski, doc. 54, vol. IV.

____. relatório, "A. Drysdale para Departmental Secretary", 23 de março de 1943, arquivo, Werner von Janowski, doc. 54, vol. III.

____. relatório, "[C.W. Harvison] para O.C. 'C' Division, R.C.M.P., re: Werner von Janowski", 13 de novembro de 1942, arquivo, Werner von Janowski, doc. 54, vol. I.

____. relatório, "G.H. Archer Re: Werner S.W. JANOWSKI @ Werner Alfred Waldemar von JANOWSKY – Enemy Agent", arquivo, Werner von Janowski, doc. 54, vol. I.

____. relatório, "H.A.R. Gagnon para O.C. – 'C' Div., R.C.M.P. – MTL", 2 de dezembro de 1942, arquivo, Werner von Janowski, doc. 54, vol. I.

____. relatório, "MEMORANDUM para D.N.I., Interrogation of Werner JANOWSKI, lieutenant, German Army", 14 de novembro de 1942, RG 24, Acc. 1983-84/167, vol. 306.

____. relatório, "[W.S. Samuel] NAVAL SERVICE, MEMORANDUM para D.N.I., Interrogation of Werner JANOWSKI, Lieutenant, German Army", 14 de novembro de 1942, arquivo, Werner von Janowski, doc. 54, vol. I.

Canadá, Province de Québec, Ministère de la Justice, Bureau de la publicité des droits de Montréal, documento, "Marriage Contract nº 236", 17 de maio de 1952, 954.464.

____. documento, "Transfer nº 10,042", 7 de outubro de 1953, 1.040.801.

____. documento, "Transfer nº 10,043", 7 de outubro de 1953, 1.040.802.

____. documento, "Transfer nº 10,044", 7 de outubro de 1953, 1.040.803.

Canadá, Province de Québec, Ministère de la Justice, Direction de l'état civil de Montréal, documento, "Death Registration [para] Mrs. John Henry de Graff", 25 de setembro de 1951.

Canadá, Province de Québec, Ministère de la Santé, documento, "Registration of Death [for] Gertrude Erica Kruger [*sic*]", nº 123.677.

____. documento, "Registration of Marriage [for] John Henry de Graff and Charlotte Akontz", nº 108.020.

Canadá, Province of Ontario, Brockville Office of the Sheriff, documento, "Surrogate Court Cartas Probate ['Last Will and Testament of Charlotte de Graff']", 18 de setembro de 1985, Surr. 3.389/85.

Canadá, Province of Ontario, Land Registry Office, documento, "Abstract Index", lot 17, concession 1.

Estados Unidos, Departament of State [USDS], carta, "A[dolf] A. Berle, Jr. para Jefferson Caffery", 11 de março de 1940, Decimal File 832.00B/121, despacho 621.

_____. carta, "Pawley para Secretary of State [George C. Marshall]", 10 de junio de 1947.

_____. carta, "William C. Burdett para Secretary of State [Cordell Hull]", 12 de dezembro de 1939, Decimal File 832.00B/121, despacho 2.206.

_____. relatório, "John W. Ford para Jefferson Caffery", 9 de junio de 1940.

_____. relatório, "Sackville para G-2", 24 de dezembro de 1935, nº 3.600, MID 2657-K-70/22.

Estados Unidos, Federal Bureau of Investigation [FBI], carta, "[censurado] para A.H. Belmont", 28 de janeiro de 1954, arquivo HQ 100-342513.

_____. carta, "[censurado] para diretor, FBI", 6 de março de 1952, arquivo HQ 100-342513.

_____. carta, "Director [J. Edgar Hoover] para [censurado]", 2 de dezembro de 1952, arquivo HQ 100-342513.

_____. carta, "[desconhecido] para diretor, FBI", 27 de fevereiro de 1952, arquivo HO 100-342513.

_____. carta, "[desconhecido] para diretor, FBI (65-43302)", 5 de maio de 1952, arquivo HQ 100-342513.

_____. carta, "John Edgar Hoover para [censurado]", 23 de setembro de 1952, arquivo HQ 100-342513.

_____. carta, "John Edgar Hoover para [censurado]", 12 de outubro de 1951, arquivo HQ 100-342513.

_____. carta, "Johnny de Graff para Dear Friend", 16 de fevereiro de 1953, arquivo HQ 100-342513.

_____. carta, [Liaison Office, Ottawa], "[desconhecido] para Director, FBI", 27 de fevereiro de 1952, arquivo HQ100-342513.

_____. carta, "Liaison Representative para diretor [J. Edgar Hoover]", 4 de abril de 1953, arquivo HQ 100-342513.

_____. carta, "Paul Petersen [John de Graff] para J. Edgar Hoover", 6 de fevereiro de 1950, arquivo HQ 100-342513.

_____. carta, "SAC, Filadélfia para diretor, FBI", 14 de abril de 1953, arquivo HQ 100-342513.

_____. carta, "SAC, Nova York (65-15945) para diretor FBI (100-342513)", arquivo HQ 100-342513.

_____. carta, "SAC Washington Field (65-5504) para diretor, FBI (65-59191)", 3 de maio de 1952, arquivo HQ 100-342513.

_____. documento, "Director, FBI (65-57843) SAC, Nova York (100-88095)", 22 de abril de 1952, arquivo HQ 100-342513.

_____. documento, "FBI [Filadélfia entrevista de John Henry de Graaf]", 29 de dezembro de 1952, arquivo HQ 100-342513, PH65-4336.

_____. documento, "FBI, Montreal entrevista de John Henry de Graaf [FBI, "Montreal entrevista de John Henry de Graaf"]", 10 de março de 1952, arquivo HQ 100-342513, NY65-15945.

_____. documento, "Re: John Henry de Graaf, was", 13 de junio de 1952, arquivo HQ100-342513-49.

_____. relatório, "Secret, SY – Mr. John W. Ford, SY – Omar Henry", 17 de julho de 1952, arquivo HQ 100-342513-53

_____. relatório, “Unknown Subject, was: [censurado]” [“Unknown Subject, was: (censurado)”], Nova York, 25 de setembro de 1952, arquivo HQ 100-342513/NY 65-15334.

Estados Unidos, National Archives, Shanghai Municipal Police Files, artigo em jornal, “Gen. von Seeckt Going Home”, *The North-China Daily News*, 6 de março de 1935, D 5697.

Fegyverneky, Sándor, papéis pessoais, carta, “Johnny de Graff para Sándor e família”, 14 de novembro de 1967.

_____. documentos, “[notas sem título em ingles, francês, húngaro e alemão, de Charlotte de Graff]”, s.d.

Light, arquivo pessoal, “Alfred Hutt”, nº 2.643.

Reino Unido, National Archives [UKNA], arquivo, “Johannes de Graaf”, KV2/125.

_____. carta, “H.W.U. McCall para H.M. Ambassador, Buenos Aires”, 21 de dezembro de 1939, despacho de guerra nº 4, serial nº 45/74/39, ADM 223/69.

_____. documento, “Application for a Certificate of Naturalization”, HO 405/17786.

_____. documento, “Certificate of Naturalization [John Henry de Graff]”, HO 334/161, AZ17678.

_____. documento, “Conditional Landing”, HO 405/17786.

_____. documento, “Metropolitan Police”, HO 405/17786.

_____. documento, “Regional Advisory Committee”, HO 405/17786.

_____. documentos diversos, “Furnishing of GPO with camp addresses”, HO 215/293.

_____. lista de passageiros, “Passenger Manifest of S.S. *Cavina*”, BT 27/1586.

_____. lista de passageiros, “Passenger Manifest of S.S.*Highland Chieftain*”, BT 26/1191/38.

Rússia, Российский государственный архив социально-политической истории [РГАСПИ], carta, “Алиханов para тов. Апресяну”, 10 de abril de 1937, фонд 495, опись 205, дело 6385.

_____. carta, “Алиханов para тов. Апресяну”, 11 de abril de 1937, фонд 495, опись 205, дело 6385.

_____. carta, “Белов para Полчек”, 8 de junio de 1937, фонд 495, опись 205, дело 6385.

_____. carta, “[desconhecido] para тов. Апресяну”, 10 de abril de 1937, фонд 495, опись 205, дело 6385.

_____. carta, “Дьяков para Черномордику h Цируль”, [7 de junio de 1937], фонд 495, опись 205, дело 6385.

_____. carta, “Franz Gruber para Anwält”, 20 de junio de 1937, фонд 495, опись 184, дело 6.

_____. carta, “Franz Gruber para [Dmitri] Manuilski”, 3 de abril de 1937, фонд 495, опись 184, дело 6.

_____. carta, “Franz Gruber para [Gevork] Alikhanov”, 15 de maio de 1937, фонд 495, опись 184, дело 6.

_____. carta, “Franz Gruber para Vorsitzenden der Internationalen Kontrollkommission Ekki”, 20 de junio de 1937, фонд 495, опись 205, дело 6385.

_____. carta, “Frederic para Fernando Morales”, 4 de dezembro de 1936, arquivo geral, “Бразилия, “ фонд 495, опись 29, дело 98.

_____. carta, “[Jonny de Graaf] an die Kaderabteilung der Komintern Moscow!” 10 de setembro de 1933, фонд 495, опись 205, дело 6385.

_____. carta, “Jonny de Graaf para Hans [sem sobre nome]”, 28 de junio de 1933, фонд 495, опись 184, дело 6.

_____. carta, "Stella Blagoeva para [desconhecido]", 27 de agosto de 1937, фонд 495, опись 205, дело 6385.

_____. documento, "An den Verbindungsdienst des Sekretariats des EKKI", фонд 495, опись 205, дело 6385.

_____. documento, "An die Int. Rote Hilfe, Politemigrantenabt. Moskau", фонд 495, опись 205, дело 6385.

_____. documento, "Bericht über die Ereignisse im Brasilien vom 5 Januar 1935 bis 21 Januar 1936", фонд 495, опись 184, дело 6.

_____. documento, "Betr. Jonny de Graaf", фонд 495, опись 205, дело 6385.

_____. documento, "Biographie des Genossen Jonny de Graaf, Buchnummer 2173673 W.K.P.b", фонд 495, опись 205, дело 6385.

_____. documento, "Gruber", фонд 495, опись 184, дело 6.

_____. documento, "Gruber, Franz", фонд 495, опись 205, дело 6385.

_____. documento, "In Sachen de Graaf, Mitglied der KPD", фонд 495, опись 205, дело 6385.

_____. documento, "Из сообщения Валтера (Эцьо, Локателли) [título por mão em russo]", фонд 495, опись 205, дело 6385.

_____. documento, "Kurzer Spezialbericht über China, Shanghai Januar bis agosto 1934", фонд 495, опись 184, дело 6.

_____. documento, "Lebenslauf des Parteigenosse [*sic*] Jonny de Graaf. Deutsche Partei Ruhrgebiet. z.Z. Russland", фонд 495, опись 205, дело 6385.

_____. documento, "Материал ИКК, Леов [notas sem título escritas a mão em russo por Stella Blagoeva]", 20 de novembro de 1933, фонд 495, опись 205, дело 6385.

_____. documento, "Meldung betreffs Verhaftung des Gen. Wilhelm, Lux, Zimmer 210, sowie Verhaftung des Arbeiters: Hans Luns, Bleistiftfabril Krassin", 13 de agosto de 1937, фонд 495, опись 184, дело 6.

_____. documento, "Nachtrag zum Bericht über Brasilien 1935. Möglichkeiten der Verhaftung des Gen. Evert u.s.w.", фонд 495, опись 184, дело 6.

_____. documento, "[notas sem título escritas a mão em russo por Stella Blagoeva]", ["Blagoeva notas"], фонд 495, опись 205, дело 6385.

_____. documento, "Политэмигранты, прибывшие из Германии через негорелое с июлЯ 1933 г. до февралЯ 1934 года", фонд 495, опись 175, дело 86.

_____. documento, "[sessão do Politcommission do Politsecretariat]", фонд 495, опись 4, дело 286.

_____. documento, "С. Секретно – Тов. Апресяну", фонд 495, опись 205, дело 6385.

_____. documento, "СПРАВКА, (на основании автобиографии)", фонд 495, опись 184, дело 6.

_____. documento, "Ueberführungskommission [*sic*] beim ZK der WKP(b)", 21 de fevereiro de 1931, фонд 495, опись 205, дело 6385.

_____. documento, "Verbindungen der einzelnen Genossen in Rio de Janeiro", фонд 495, опись 205, дело 6385.

_____. telegrama, "Commission Politique para Куда", 31 de julho de 1935, фонд 495, опись 184, дело 54.

_____. telegrama, "René para [Moscou]", 26 de junio de 1936, фонд 495, опись 184, дело 6.

_____. telegrama, "[Moscou] para René", 8 de julho de 1936, фонд 495, опись 184, дело 4.

_____. telegrama, "[Moscou] para René", 26 de julho de 1936, фонд 495, опись 184, дело 4.

## Publicações de Governo e Oficiais

Canadá, Office Consolidation/Codification Administrative, Canadian Security Intelligence Service Act/Loi sur le Service canadien du renseignement de sécurité, R.S. 1985, c. C-23/L.R. (1985), ch. C-23, 2000.

Brasil, Estado-Maior do Exercito, Almanak: Ministerio da Guerra para anno de 1938. Rio de Janeiro: Estado-Maior do Exercito, 1938.

Estados Unidos, Central Intelligence Agency, "The Third (Communist International) Structure and Functions." 1 de novembro de 1947, RDP78-02646R000600130001-7.

Reino Unido, House of Commons and House of Lords, Parliamentary Debates (Hansard), vols. CCXLVII-CCLXXVI, 1 de janeiro de 1931 a 21 de dezembro de 1934.

Reino Unido, The Control Commission for Germany (British Element). Report for the Month of August 1946. vol. I, nº 3.

____. Report for the Month of June 1946. vol. I, nº 1.

____. Report for the Month of July 1946. vol. I, nº 2.

## Artigos, Livros e Manuscritos

Aldrich, Richard. "Britain's Secret Intelligence Service in Asia during the Second World War." *Modern Asian Studies*, vol. XXXII, nº 1, 1998.

Allen, Henry T. *The Rhineland Occupation*. Indianápolis: Bobbs-Merrill, 1927.

Amado, Jorge. *A vida de Luís Carlos Prestes: o Cavaleiro da Esperança*. 4th ed. São Paulo: Martins, 1945.

Andrew, Christopher M. *Secret Service: The Making of the British Intelligence Community*. Londres: Heineman, 1985.

Angress, Werner T. "Weimar Coalition and Ruhr Insurrection, março-abril 1920: A Study of Government Policy", *The Journal of Modern History*, vol. XXIX, nº 1, março de 1957.

[Anônimo]. *Livro vermelho dos telefones, 1939*, 15th ed., Rio de Janeiro: s.e., 1940.

[Anônimo]. *Wilhelmshaven: Ein Führer für Fremde und Einheimische*. Wilhelmshaven: C. Lohse, 1899.

Avakumovic, Ivan. *The Communist Party of Canada: A History*. Toronto: McClelland e Stewart, 1975.

Beeby, Dean. *Cargo of Lies: The True Story of a Nazi Double Agent in Canada*. Toronto: University of Toronto Press, 1996.

Beevor, Antony. *Berlin: The Downfall 1945*. Londres: Viking/Penguin, 2002.

____. *Spanska inbördeskriget*, Kjell Waltman (trad.). Lund: Historiska Media, 2006.

Beloch, Israel e Alzira Alves de Abreu (coords.). *Dicionário histórico-biográfico brasileiro, 1930-1983*. Rio de Janeiro: Forense-Universitária, 1984.

Berber, Fritz (diretor). *Jahrbuch für Auswärtige Politik, 1940*. Berlim: Aug. Gross, 1940.

Berkeley, Roy. *A Spy's London*. Nigel West [Rupert Allason] forward. Londres: Cooper, 1994.

Bernard, Yves e Caroline Bergeron. *Trop loin de Berlin: des prisonniers allemands au Canada, 1939-1946*. Montreal: Septentrion, 1995.

Betcherman, Lita-Rose. *The Swastika and the Maple Leaf*. Toronto: Fitzhenry e Whiteside, 1973.

Böhme, Reinhard (ed.). *Rückblicke Deutscher Club von Hoboken 1857 a 1907*. Hoboken, NJ: s.e., 1907.

Bonsor, N.R.P. *North Atlantic Seaway: An Illustrated History of the Passenger Services Linking the Old World with the New in Four Volumes*. Cambridge: P.S.L. Patrick Stephens, 1978, vol. II.

Brandi, Paulo. *Vargas: da vida para a história*. 2nd ed., rev. Rio de Janeiro: Zahar, 1985.

Branson, Noreen. *History of the Communist Party of Great Britain, 1927-1941*. Londres: Lawrence e Wishart, 1985.

Brauer, Erwin. *Der Ruhraufstand von 1920*. Berlim: International Arbeiter, 1930.

Brown, Anthony Cave. *Treason in the Blood: H. St. John Philby, Kim Philby, and the Spy Case of the Century*. Boston and Nova York: Houghton Mifflin, 1994.

Brun-Zechowoj, Walerij. *Manfred Stern – General Kleber: Die tragische Biographie eines Berufsrevolutionärs, 1896-1954*. Berlim: Trafo/Weist, 2000.

Burleigh, Michael. *The Third Reich: A New History*. Nova York: Hill e Wang, 2000.

Castells, Andreu. *Las Brigadas Internacionales en la Guerra de España*. Barcelona: Ariel, 1974.

Cavalcanti, Paulo. *O caso eu conto como o caso foi: da Coluna Prestes à queda de Arraes*. 3rd ed. Recife: Guararapes, 1980.

Chambers, Frank P. *This Age of Conflict: The Western World: 1914 to the Present*. 3rd ed. Nova York: Harcourt, Brace e World, 1962.

Chase, William J. *Enemies within The Gates: The Comintern and the Stalinist Repression, 1934-1939*. New Haven e Londres: Yale University Press, 2001.

Chiavenato, Julho José. *Cangaço: a força do coronel*. São Paulo: Brasiliense, 1990.

Childs, David. *Germany Since 1918*. Nova York: St. Martin, 1980.

[Communist Party of Canada – Parti communiste du Canada]. *Canada's Party of Socialism: History of the Communist Party of Canada, 1921-1976*. Toronto: Progress, 1982.

Costa, Homero. *A insurreição comunista de 1935: Natal – o primeiro ato da tragédia*. São Paulo: Ensaio, 1995.

Costello, John e Oleg Tsarev. *Deadly Illusions: The KGB Orlov Dossier Reveals Stalin's Master Spy*. Nova York: Crown, 1993.

[Curry, John]. *The Security Service, 1908-1945: The Official Story*. Kew: Public Record Office, 1999.

"De Graaf, Jonny." [arquivo de computador de РГАСПИ e outras fonts de Moscou traduzidos para português por Yuri Ribeiro].

Dehl, Oleg with Natalja Mussienko [Mussijenko]. *Verratene Ideale: Zur Geschichte deutscher Emigranten in der Sowjetunion in der 30er Jahren*. Berlim: Trafo, 2000.

Dittmann, Wilhelm. *Die Marine-Justizmorde von 1917 und die Admirals-Rebellion von 1918*. Berlim: J.H.W. Dietz, 1926.

Dong, Stella. *Shanghai: The Rise and Fall of a Decadent City*. Nova York: Harper Collins, 2000.

Dorril, Stephen. *MI6: Inside the Covert World of Her Majesty's Secret Intelligence Service*. Nova York: Touchstone, 2000.

Dulles, John W.F. *Anarchists and Communists in Brazil, 1900-1935*. Austin: University of Texas Press, 1973.

____. *Vargas of Brazil: A Political Biography*. Austin: University of Texas Press, 1967.

Edwards, Kenneth. *The Mutiny at Invergordon*. Londres: Putnam, 1937.

Ereira, Alan. *The Invergordon Mutiny: A Narrative History of the Last Great Mutiny in the Royal Navy and How It Forced Britain Off the Gold Standard in 1931*. Londres, Boston e Henley: Routledge e Kegan Paul, 1981.

Faria, Antonio Augusto and Edgard Luiz de Barros. *Getúlio Vargas e sua época*, 2nd ed. São Paulo: Global, 1983.

Fausto, Boris. *A Revolução de 1930, historiografia e história*, 9th ed. São Paulo: Brasiliense, 1983.

Frischauer, Willi and Robert Jackson. *The Altmark Affair.* Nova York: Macmillan, 1955.

Gordon, Robert. "The Great Harbor Fire: The North German Lloyd Disaster of 1900", *New Jersey History*, outono-inverno de 1982.

Green, Fitzhugh and Holloway Frost. *Some Famous Sea Fights*. Freeport, NY: Books for Libraries Press, 1968.

Green, Montgomery M. "Russia's Super-Secret Weapon Revealed!" *The Plain Truth: A Magazine of Understanding*, vol. XXI, nº 1, janeiro de 1956.

Harvison, C.W. *The Horsemen*. Toronto e Montreal: McClelland e Stewart, 1967.

____. "The Spy Who Came Out of the Sea." *Brockville Recorder and Times*, 7 de janeiro de 1967.

Hilton, Stanley E. *Brazil and the Soviet Challenge, 1917-1947*. Austin: University of Texas Press, 1991.

Hoelz, Max. *Ich grüß und küsse Dich – Rot Front!: Tagebücher und Briefe, Moskau 1929 bis 1933*. Berlim: Dietz, 2005.

Horn, Daniel. *The German Naval Mutinies of World War I*. New Brunswick: Rutgers University Press, 1969.

____. *War, Mutiny and Revolution in the German Navy: The World War I Diary of Seaman Richard Stumpf*. Daniel Horn (ed. e trad.). New Brunswick: Rutgers University Press, 1967.

Hornstein, David P. *Arthur Ewert: A Life for the Comintern*. Lanham, MD: University Press of America, 1993.

Joffily, José. *Harry Berger*. Rio de Janeiro: Paz e Terra; Curitiba: Universidade Federal do Paraná, 1987.

Jones, Nigel. *A Brief History of the Birth of the Nazis*. Nova York: Carroll e Graf, 2004.

Jupp, James. *The Radical Left in Britain, 1931-1941*. Londres: Frank Cass, 1982.

Kaufmann, Bernd, *et al*. *Der Nachrichtendienst der KPD 1919-1937*. Berlim: Dietz, 1993.

Keynes, John Maynard. *The Economic Consequences of the Peace*. Nova York: Harcourt Brace Jovanovich, 1920.

Klingaman, William K. *The Year Our World Began, 1919*. Nova York: Harper e Row, 1987.

Krivitsky, W.G. *In Stalin's Secret Service: An Exposé of Russia's Secret Policies by the Former Chief of the Soviet Intelligence in Western Europe*. Nova York e Londres: Harper, 1939.

Krüger, Gustav Ernst Karl e Pauline Emile Krüger. "Familien Stammbuch der Familie Krüger", s.d.

Krummacher, F.A. and Albert Wucher. *Die Weimarer Republik: Ihre Geschichte in Texten, Bildern und Dokumenten*. Wiesbaden: Löwit, 1965.

Lacerda, Carlos. *Depoimento*. 2nd ed. Rio de Janeiro: Nova Fronteira, 1977.

La Comisión del Comité Central del Partido Comunista (eds.). *Esboro de historia del Partido Comunista de la Argentina: Origen y desarrollo del Partido Comunista y del movimento obrero y popular argentino*. Buenos Aires: Anteo, 1947.

Lange, Jürgen. *Die Schlacht bei Pelkum im März 1920: Legenden und Dokumente*. Essen: Klartext, 1994.

Laybourn, Keith e Dylan Murphy. *Under the Red Flag: A History of Communism in Britain, c. 1849-1991*. Phoenix Mill, Gloucestershire: Sutton, 1999.

Leonhard, Wolfgang. *Child of the Revolution*. C.M. Woodhouse (trad.). Londres: Ink Links, 1979.

Levine, Robert M. *The Vargas Regime: The Critical Years, 1934-1938*. Nova York: Columbia University Press, 1970.

Lewenstein, Henry Ralph. *Die Karl Liebknecht Schule in Moskau 1932-1937: Erinnerungen eines Schülers*. Lüneburg: Nordostdeutsches Kulturwerk, 1991.

Litten, Frederick S. "The CCP and the Fujian Rebellion", *Republican China*, vol. XIV, nº 1, novermbro de 1988.

_____. "The Noulens Affair." *The China Quarterly*, nº 138, junio de 1994.

"Locatelli, Amleto." [arquivo de computador de РГАСПИ e outras fonts de Moscou traduzidos para português por Yuri Ribeiro].

_____. "Relatorio sobre minhas atividades no Brasil." 20 de julho de 1936, manuscrito não publicado [traduzido para português por Yuri Ribeiro].

Lovell, John. *Lovell's Montreal Directory, Containing Alphabetical and Street Directories of Greater Montreal*. Montreal: Lovell, 1952.

Masterman, J.C. *The Double Cross System in the War of 1939-1945*. Londres: Sphere, 1973.

McKenzie, John R.P. *Weimar Germany: 1918-1933*. Londres: Blandford, 1971.

McLoughlin, Barry. *Stalin's Terror: High Politics and Mass Repression in the Soviet Union*. Londres: Palgrave Macmillan, 2003.

Mendonça, Eliana Rezende Furtado de (dir.). *Os arquivos das polícias políticas: reflexos de nossa história contemporânea*. Rio de Janeiro: FAPERJ, 1994.

Mensing, Wilhelm. "Gestapo V-Leute kommunistischer Herkunft – auch ein Strukturproblem der KPD?" *Mitteilungsblatt des Instituts für soziale Bewegungen*", vol. XXXIV, 2005.

_____. *Von der Ruhr in den GULag: Opfer des Stalinschen Massenterrors aus dem Ruhrgebiet*. Essen: Klartext, 2001.

Meyer, Michael C. *Huerta: A Political Portrait*. Lincoln: University of Nebraska Press, 1972.

Millar, Alexander. "British Intelligence and the Comintern in Asia: The Noulens Case." tese de mestrado, Department of History, Cambridge University, 2006.

Modin, Yuri. *My Five Cambridge Friends: Philby, Burgess, Maclean, Blunt, and Cairncross by Their KGB Controller*. Anthony Roberts (trad.). Toronto: Knopf, 1995.

Monteiro, Frederico Mindêllo Carneiro. *Depoimentos biográficos*. Rio de Janeiro: Gráfica Olímpica, 1977.

Morais, Fernando. *Olga*. 3rd ed. São Paulo: Alfa-Omega, 1985.

Nasser, David. *Falta alguém em Nuremberg: torturas da polícia de Filinto Strubling Müller*. 4th ed. Rio de Janeiro: O Cruzeiro, 1966.

Palmér, Torsten e Hendrik Neubauer. *The Weimar Republic: Through the Lens of the Press*. Maike Dörries, Peter Barton, Mark Cole, e Susan Cox. (trad.). Colônia: Könemann, 2000.

Philby, Kim. *My Silent War*. Nova York: Grove, 1968.

Pincher, Chapman. *Too Secret Too Long*. Nova York: St. Martin, 1984.

Pinheiro, Paulo Sérgio. *Estratégias da ilusão: A revolução mundial e o Brasil, 1922-1935*. São Paulo: Companhia das Letras, 1991.

Pinto, Herondino Pereira. *Nos subterraneos do Estado Novo*. Rio de Janeiro: Germinal, 1950.

Plener, Ulla. "Auskünfte einer NKWD-Akte über letzten Weg und Tod deutscher Kommunisten in der Sowjetunion (1936-1939): Willy Leow-Hofmann, Hans Rogalla, Josef Schneider, Paul Scholze, Harry Wilde." *UTOPIEkreativ*, Heft 39-40, janeiro-fevereiro de 1994.

Portela, Fernando e Cláudio Bojunga. *Lampião: o cangaceiro e o outro*. São Paulo: Traço, 1982.

Prokhorov, A.M., (ed.). *Great Soviet Encyclopedia*. 3rd ed. Nova York: Macmillan, 1973, vol. III.

Pujol, Juan with Nigel West [Rupert Allason]. *Garbo*. Londres: Weidenfeld e Nicolson, 1985.

Rennspieß, Uwe. *Jenseits der Bahn: Geschichte der Ahlener Bergarbeiterkolonie und der Zeche Westfalen*. Essen: Klartext, 1989.

Roberts, J.A.G. *The Complete History of China*. Phoenix Mill, Gloucestershire: Sutton, 2003.

Rose, R.S. "Johnny's Two Trips to Brazil." *Luso-Brazilian Review*, vol. XXXVIII, nº 1, verão de 2001.

_____. *One of the Forgotten Things: Getúlio Vargas and Brazilian Social Control*, 1930-1954. Westport, CT: Greenwood, 2000.

_____. "Slavery in Brazil: Does It Still Exist?" *Review of Latin American Studies*, vol. IV, nº 1, 1991.

Roskill, S.W. *The War at Sea, 1939-1945*. Londres: H.M. Stationery Office, 1954.

_____. *White Ensign: The British Navy at War, 1939-1945*. Annapolis: United States Naval Institute, 1966.

Sarmento, Antonio Natanael Martins. "Os abalos de sabado à noite: do governo popular e revoloucionário em Natal à guerra do Largo da Paz em Recife, 1935." tese de mestrado, Departmento de História, Universidade Federal de Pernambuco, 1994.

Schafranek, Hans with Natalja Mussijenko. *Kinderheim Nr. 6: Österreichische und deutsche Kinder im sowjetischen Exil*. Viena: Döcker, 1989.

Smedley, Agnes. *The Great Road: The Life and Times of Chu Teh*. Nova York and Londres: Monthly Review, 1956.

Smith, Michael. *Foley: The Spy Who Saved 10,000 Jews*. Londres: Hodder e Stoughton, 1999.

_____. *The Spying Game: The Secret History of British Espionage*. Londres: Politico, 1996.

Snow, Edgar. *Red Star over China*. Nova York: Random House, 1938.

Sodré, Nelson Werneck. *História militar do Brasil*. Rio de Janeiro: Civilização Brasileira, 1965.

Sontag, Raymond J. *A Broken World, 1919-1939*. Nova York: Harper e Row, 1971.

Stafford, David. *Camp X*. Nova York: Dodd, Mead, 1986.

Stenton, Michael, Peterhouse Cambridge and Steven Lees (eds.). *Who's Who of British Members of Parliament: A Biographical Dictionary of the House of Commons Based on Annual Volumes of Dod's Parliamentary Companion and Other Sources*. Hassocks, Sussex: Harvester; Atlantic Highlands, N.J.: Humanities, 1979, vol. III.

Sullivan, William C. com Bill Brown. *The Bureau: My Thirty Years in Hoover's FBI*. Nova York: W.W. Norton, 1979.

Thornton, Richard C. *China, the Struggle for Power, 1917-1972*. Bloomington e Londres: Indiana University Press, 1973.

Vianna, Marly de Almeida Gomes. *Revolucionários de 35: sonho e realidade*. São Paulo: Companhia das Letras, 1992.

Waack, William. *Camaradas: Nos arquivos de Moscou: a histórias secreta da revolução brasileira de 1935*. São Paulo: Companhia das Letras, 1993.

Wasserstein, Bernard. *Secret War in Shanghai: An Untold Story of Espionage, Intrigue, and Treason in World War II*. Boston e Nova York: Houghton Mifflin, 1999.

Weber, Hermann. *Die Wandlung des deutschen Kommunismus: Die Stalinisierung der KPD in der Weimarer Republik*. Frankfurt am Main: Europäische 1969, vol. I.

Wenzel, Otto. *1923 — die gescheiterte deutsche Oktoberrevolution*. Münster: Lit, 2003.

_____. "Die kommunistische Partei Deutschlands im Jahre 1923." tesis de Ph.D, Institut für Philosophie, Freie Universität Berlim, 1955.

Whymant, Robert. *Stalin's Spy: Richard Sorge and the Tokyo Espionage Ring*. Nova York: St. Martin, 1998.

Willoughby, Charles A. *Shanghai Conspiracy: The Sorge Spy Ring, Moscow – Shanghai – Tokyo – San Francisco – Nova York*. Nova York: E.P. Dutton, 1952.

Wiśniewski, Artur. manuscrito sem título e não publicado, s.d.

## Entrevistas

Amado, Thomé, Rio de Janeiro, 28 de setembro de 1994.

Anônimo-1, por telefone Montreal/Brockville, ON, 18 de julho de 1995.

Armitage, Audrey, Brockville, ON, 14 de julho de 1995.

Armitage, Jack, Brockville, ON, 14 de julho de 1995.

Barclay, James O., Brockville, ON, 17 de julho de 1995.

Bargiello, Ted, por telefone Montreal/Brockville, ON, 16 de julho de 1995.

Barron, Harold, Hayward, CA, 15 de janeiro de 1994.

Basbaum, Leôncio, por John W.F. Dulles, São Paulo, 9 de novembro de 1967.

Benkendorf, Rosa, por telefone, Rio de Janeiro, 31 de julho de 1994.

Borer, Cecil, Rio de Janeiro, 13 de maio de 1998.

_____. Rio de Janeiro, 28 de maio de 1998.

_____. Rio de Janeiro, 29 de maio de 1998.

Cid, Pedro Vilela, por John W.F. Dulles, Natal, RN, 18 de outubro de 1968.

Clarke, Blake, Brockville, ON, 12 de julho de 1995.

Cordeiro, Cristiano, por John W.F. Dulles, Recife, PE, 11 de outubro de 1968.

De Graaf, Oscar, Ahlen, Alemanha, 26 de julho de 1996.

_____. Ahlen, Alemanha, 31 de agosto de 1996.

_____. Ahlen, Alemanha, 1 de setembro de 1996.

_____. Ahlen, Alemanha, 16 de agosto de 1997.

De Graff, John Henry, por Gordon D. Scott, Brockville, ON, s.d. março de 1975 a 1976.

_____. por Nancy Duffy, Brockville, ON, s.d. outuno de 1971.

Fegyverneky, Angela, Zánka, Hungria, 12 de agosto de 2002.

____. por telefone, Trelleborg, Suécia/Budapeste, 10 de julho de 2002.
Fegyverneky, Sándor, Zánka, Hungria, 12 de agosto de 2002.
Fenemore, Ross, Brockville, ON, 15 de julho de 1995.
Foster, Robert, Hoboken, NJ, 20 de junio de 2006.
Gabrielsson, Peter, Hamburg, 28 de julho de 2006.
Gallardo, Carlos Americo, San Martín, Argentina, 4 de junio de 1998.
Gracie, Robson, Rio de Janeiro, 6 de agosto de 1991.
Graul, Jens, Wilhelmshaven, Alemanha, 3 de agosto de 2006.
Headry, George, por telefone, Fresno, CA/Brockville, ON, 9 de agosto de 1995.
Knöß, Wilhelm, Wilhelmshaven, Alemanha, 1 de agosto de 2006.
Kovács, Andy, Brockville, ON, 17 de julho de 1995.
Krüger, Ernst, Praia de Mauá, RJ, 8 de dezembro de 1994.
____. Praia de Mauá, RJ, 12 de agosto de 1994.
____. Praia de Mauá, RJ, 19 de setembro de 1994.
____. Rio de Janeiro, 3 de dezembro de 1994.
____. Rio de Janeiro, 14 de dezembro de 1994.
____. Rio de Janeiro, 17 de dezembro de 1994.
____. Rio de Janeiro, 17 de outubro de 1994.
Krüger, Waltraud, Rio de Janeiro, 14 de dezembro de 1994.
Manzi, Norberto, San Martín, Argentina, 13 de fevereiro de 2000.
Melo, Severino Theodoro de, Rio de Janeiro, 14 de fevereiro de 2006.
____. Rio de Janeiro, 15 de fevereiro de 2006.
Mensing, Wilhelm, Bonn, 3 de julho de 2002.
____. Bonn, 4 de julho de 2002.
Merrifield, Peter, Londres, 1 de junio de 2004.
Oberschild, Marianne, por telefone de Wilhelm Mensing, Bonn/Ahlen, Alemanha, s.d. novembro 2000.
Oźlański, Bogdan, Osoweic, Poland, 9 de agosto de 2002.
Pollock, Neil, Calgary, AB, 16 de setembro de 1996.
____. por telefone, Bakersfield, CA/Calgary, AB, 28 de fevereiro de 2001.
____. por telefone, Fresno, CA/Calgary, AB, 9 de fevereiro de 1997.
____. por telefone, Fresno, CA/Calgary, AB, 21 de dezembro de 1997.
____. por telefone, Yuma, AZ/Calgary, AB, 19 de fevereiro de 2010.
____. por telefone, Yuma, AZ/Calgary, AB, 22 de fevereiro de 2010.
Prestes, Anita Leocadia, Rio de Janeiro, 17 de abril de 2004.
Prestes, Luís Carlos, Rio de Janeiro, 13 de agosto de 1987.
Prestes, Lygia, Rio de Janeiro, 17 de abril de 2004.
Reis Neto, Malvino, por John W.F. Dulles, s.c. 2 de setembro de 1963.
Ribeiro, Yuri, Rio de Janeiro, 16 de dezembro de 1994.
Rosso, Emilia, por telefone Rio de Janeiro, 24 de julho de 1994.
Sarmento, Antonio Natanael, por telefone Recife, 31 de janeiro de 2006.
Scott, Violet, Oshawa, ON, 20 de julho de 1996.
Sena, Jailson, Socorro, PE, 12 de janeiro de 2006.
Sterritt, N. Leslie, Brockville, ON, 14 de julho de 1995.

Stewart, Ron, por telefone, Fresno, CA/Ottawa, 8 de janeiro de 1997.
_____. por telefone, Fresno, CA/Ottawa, dezembro 14, 1997.
Ströhla, Heinz-Dieter, por telefone por Stefan Antheck, Wilhelmshaven, Alemanha, 2 de agosto de 2006.
Sveri, Knut, Estocolmo, 25 de julho de 2006.
Swayne, Don, Brockville, ON, 15 de julho de 1995.
Szabo, Eva, Brockville, ON, 17 de julho de 1995.
Szabo, Steven, Brockville, ON, 17 de julho de 1995.
Wanderley, Wandenkolk, por John W.F. Dulles, Recife, 17 de outubro de 1968.
Warren, Jim, por telefone Bakersfield, CA/Ottawa, 17 de fevereiro de 2001.
Wiśniewski, Artur, Osoweic, Poland, 9 de agosto de 2002.
Young, Wilmont, Brockville, ON, 12 de julho de 1995.

### Cartas e E-Mails

Alemanha, Polizei Dortmund [Adrian Klose], e-mail, 22 de julho de 2005.
Alemanha, Staatsarchiv Wilhelmshaven [Heinz-Dieter Ströhla], e-mail, 9 de julho de 2004.
Anderson, K.M., e-mail, 16 de agosto de 2004.
_____. e-mail, 30 de março de 2005.
Argentina, Secretaria de Seguridade Interior [Juan Carlos Severi], carta, 2 de setembro de 2004.
Association of Royal Navy Officers [M P Coombes], e-mail, 17 de setembro de 2003.
Australia, State Records of New South Wales, Western Sydney Records Centre [Selena Williams], e-mail, 30 de julho de 2003.
De Graaf III, Johnny, e-mail, 15 de agosto de 2004.
_____. e-mail, 18 de abril de 2006.
De Graaf, Oscar, carta, 5 de fevereiro de 1997 [postada].
De Graaf, Rudolf, carta, 30 de junio de 1994.
Finlândia, Suomen kommunistinen puolue [Yrjö Hakanen], e-mail, 14 de março de 2005.
Foley, Frank, carta [para John de Graff], s.d. janeiro de 1947.
Friedrich Ebert Stiftung [Regine Schoch], e-mail para Wilhelm Mensing, 1 de novembro de 2005.
Kitson, Ruth, carta, 24 de abril de 1996.
Krawczak, Tadeusz, carta, 23 de janeiro de 1997.
Krüger, Ernst, carta, 8 de junio de 1997.
_____. carta, 10 de outubro de 1996.
_____. carta, 10 de dezembro de 1994.
_____. Krüger, Joachim and Lieselotte Krüger, e-mail, 4 de agosto de 2005.
_____. e-mail, 5 de agosto de 2005.
Mensing, Wilhelm, e-mail, 5 de maio de 2002.
_____. e-mail, 8 de agosto de 2006.
_____. e-mail, 9 de março de 2010.
_____. e-mail, 11 de agosto de 2006.
_____. e-mail, 15 de julho de 2002.

_____. e-mail, 15 de setembro de 2004.
_____. e-mail, 18 de agosto de 2006.
_____. e-mail, 18 de julho de 2004.
_____. e-mail, 18 de setembro de 2004.
_____. e-mail, 20 de julho de 2002.
_____. e-mail, 29 de novembro de 2003.
Pollock, Neil, carta, 21 de dezembro de 1997.
_____. e-mail, 25 de junio de 2004.
Preston, Christine, e-mail, 4 de abril de 2003.
_____. e-mail, 19 de março de 2003.
Reino Unido, Foreign and Commonwealth Office [UKFCO] [M.T. Murray], carta, 17 de agosto de 1994.
_____. Biblioteca [Cerys Hearsey], e-mail, 5 de janeiro de 2005a.
_____. e-mail, 5 de janeiro de 2005b.
_____. e-mail, 10 de agosto de 2005.
_____. Biblioteca [Lorna Patterson], e-mail, 27 de outubro de 2003.
Reino Unido, Ministry of Defense, Naval Historical Branch [David Ashby], carta, 3 de outubro de 2003.
Reino Unido, National Archives [Lale Ozdemir], e-mail, 27 de outubro de 2005.
Rose, R.S., carta para ФСБРФ, 6 de novembro de 2001.
Rússia, Федеральнбя служба безопасности [Boris Marchuk], carta, 7 de agosto de 2001.
Sherman, D.W., carta, 15 de agosto de 1995 [postada].
Ströhla, Heinz-Dieter, e-mail, 9 de julho de 2004.
Tismaneanu, Vladimir, e-mail, 4 de agosto de 2005.
Warren, Jim, e-mail, 19 de fevereiro de 2001.
Wautier, Pierre, e-mail, para Christine Preston, 22 de março de 2003.

## Artigos na Internet

"Battle of Jutland — Order of Battle", <http://www.gwpda.org/naval/jutob.htm>, 5 de setembro de 2003.
"Bela Kun: The 133 Days", <http://www.vanguardnewsnetwork.com/temp/TerrorTimeline/1919_BelaKunThe133 Days.htm>, 26 de março de 2003.
"Eugene Dennis", <http://en.wikipedia.org/wiki/Eugene_Dennis>, 5 de agosto de 2005.
Fundação Getúlio Vargas. "Prestes, Luís Carlos", <http://www.cpdoc.fgv.br/dhbb/verbetes_htm/4366_1.asp>, 12 de março de 2005.
"German Prisoners of War at Feller during WW II", <http://www3.sympatico.ca/relger/POWcamp.html>, 19 de abril de 2003.
*"Great Romania (1919 — 1940)", <http://66.102.7.104/search?q=cache:-zY1V3dIRyYJ:media.ici.ro/history/eng08.htm+%22Romanian+Communist+Party%22+1930&hl=en>, 24 de julho de 2005.*
"Imperial German Navy Capital Ship Captains", <http://www.gwpda.org/naval/hsfcpco.htm>, 23 de agosto de 2003.

"Invergordon Mutiny", <http://www.masterliness.com/a/Invergordon.Mutiny.htm>, 28 de julho de 2005.

"Militärische Intervention und das Ende", <http://www.bikonline.de/histo/interv.html>, 18 de março de 2003.

Montag, Reinhard. "Das Lexikon der Deutschen Generale", <http://www.lexikon-deutschegenerale.de/l_pr2.html>, 3 de setembro de 2003.

Preston, Christine. "Scramble for Katanga", <http://216.239.33.100/search?q=cache:nrHxq6W1t04C:kolwezikat.free.fr/Publications/Kat2.rtf+slavery+%22Belgian+Africa%22&hl=en&ie=UTF-8>, 15 de março de 2003.

"Register of Ships Car-Cey", <http://www.webruler.com/gprovost/ShipsC1.htm>, 2 de agosto de 2003.

"Register of Ships N", <http://www.webruler.com/gprovost/ShipsN.htm>, 2 de agosto de 2003.

"Rosa Luxemburg (1871-1919)", <http://www.kirjasto.sci.fi/luxembur.htm>, 13 de agosto de 2003.

Sahr, Robert C., "Consumer Price Index (CPI) Conversion Factors 1774 to Estimated 2019 to Convert to Dollars of 2008", <http://oregonstate.edu/cla/polisci/sites/default/files/faculty-research/sahr/inflation-conversion/pdf/cv2008.pdf>, 30 de junio de 2010

"Stahlhelm",<http://en.wikipedia.org/wiki/Stahlhelm%2C_Bund_der_Frontsoldaten>, 28 de setembro de 2003.

"Stereoscopic Visions of War and Empire", <http://www.boondocksnet.com/stereo/sv289f.html>, 19 de março de 2003.

"The native (heathen) religion", <http://66.102.7.104/search?q=cache:SyqF0ApE0hQJ:www.geocities.com/reginheim/religion.html+%22Dusk+of+the+Gods%22+German+legend &hl=en>, 5 de setembro de 2005.

"The Scuttling of the German High Seas Fleet at Scapa Flow on the 21st of junio 1919", <http://www.ahoy.tk-jk.net/macslog/TheScuttlingoftheGermanHi.html>, setembro 5, 2003.

"The Steinwache Memorial Centre", <http://www.ns-gedenkstaetten.net/nrw/en/dortmund/beschreibung/>, 22 de julho de 2005.

Yu, Miin-ling, "Introduction to Materials in Russia on the Relations between the KMT, CCP and Comintern, 1920s — 1940s", <http://216.239.63.104/search?q=cache:v7eLBrj1DgAJ:ccs.ncl. edu.tw/Newscarta_79/P008_015.pdf+%22gekker%22 +comintern&hl=en>, 20 de março de 2005.

## Jornais e Periódicos

*Brockville Recorder and Times* (Brockville, ON), 1967-1988.

*Chicago Daily Tribune*, 1954.

*China Forum* (Shanghai), 1933.

*Diario de Pernambuco* (Recife), 1935.

*Hudson Dispatch* (Union City, NJ), 1917.

*International Press Correspondence* (Londres), 1936.

*Jornal do Brasil* (Rio de Janeiro), 1938.
*Jornal do Commercio* (Recife), 1935.
*La Nacion* (Buenos Aires), 1936-1937.
*Newsweek* (Nova York), 1942.
*New York Times*, 1913-1940.
*O Globo* (Rio de Janeiro), 1985.
*Ottawa Citizen*, 1954.
*Ottawa Journal*, 1954.
*Svenska Dagbladet* (Estocolmo), 1933-1934.
*The Gazette* (Montreal), 1951-1952.
*The Kingston Whig-Standard* (Kingston, ON), 1954.
*The Post Standard* (Syracuse, NY), 1954.
*The Telegraph-Journal* (Saint John, NB), 1953.
*The Times Colonist* (Victoria, BC), 2005.
*The Times* (Londres), 1926-1946.

# Índice

As remissões às fotografias e ilustrações estão em negrito e se referem ao encarte

Este livro foi composto na tipologia ClassGaramond BT,
em corpo 11/15, impresso em papel off-white 80g/m$^2$,
no Sistema Cameron da Divisão Gráfica
da Distribuidora Record.